Stefan Luft

Abschied von Multikulti

Wege aus der Integrationskrise

W0011491

Gewidmet

Jenen Lehrerinnen und Lehrern in den ethnischen Kolonien,
die mit ganzer Kraft für die ihnen
anvertrauten Kinder und Jugendlichen arbeiten.

Jenen Polizeibeamtinnen und -beamten, die mit
Klugheit, Konsequenz und Verständnis zum Zusammenleben
in den ethnischen Kolonien ihren Beitrag leisten.

Jenen Zuwanderern, die sich als positive Vorbilder für eine gelungene
Integration und ein friedliches Zusammenleben einsetzen.

Stefan Luft

Abschied von Multikulti

Wege aus der Integrationskrise

RESCH-VERLAG

Bibliographische Information der Deutschen Bibliothek:
Die Deutsche Bibliothek verzeichnet diese Publikation in der
Deutschen Nationalbibliographie; detaillierte bibliographische Daten
sind im Internet über http://dnb.ddb.de abrufbar.

Impressum:
1. Auflage 2006
© 2006 Verlag Dr. Ingo Resch GmbH
Maria-Eich-Straße 77, D-82166 Gräfelfing
Umschlag: Atelier Lehmacher, Augsburg
Produktion: DTP Team, Martinsried
Druck und Bindung: Grafik + Druck, München
Alle Rechte vorbehalten
Printed in Germany
ISBN-10: 3-935197-46-2
ISBN-13: 978-3-935197-46-5

Inhaltsverzeichnis

Vorwort

Die Debatte um Integration, Zuwanderung und die Rolle des Islam erlebt immer wieder Medienkonjunkturen: Attentate, „Ehrenmorde" an Frauen, Hilferufe von Lehrern in ethnischen Kolonien oder Krawalle in Nachbarländern der Bundesrepublik (wie in Frankreich und den Niederlanden) bieten die jeweiligen Anlässe. Wenn über das Thema jenseits der in der Tagespolitik verbreiteten Gemeinplätze nachgedacht werden soll, ist es unverzichtbar, sich zunächst eingehend mit den Bedingungen und Entstehungsursachen der Zuwanderung in die Bundesrepublik Deutschland zu beschäftigen. Nur so können Meinungen ob ihrer Berechtigung oder ihres Charakters als Vorurteil überprüft werden. Dabei geht es nicht um Schuldfragen aus der Vergangenheit. Die Kenntnis der Geschichte, so ist zumindest meine Hoffnung, könnte schließlich dazu beitragen, Fehler der Vergangenheit in Zukunft nicht ein weiteres Mal zu begehen.

Die Anwerbung der „Gastarbeiter" in großem Stil seit den 60er Jahren war eine folgenschwere Entscheidung, die – wie im Falle der Türkei – auch auf Druck der Entsendeländer zustande kam. Die wirtschaftlichen Interessen waren allseits dominierend. Die Industrie sah den „Import" von un- und angelernten Arbeitskräften als einfachste Reaktion auf Arbeitskräfteknappheit in einzelnen Branchen an, die Bundesregierungen konnten ihre sozialpolitischen Vorhaben leichter in die Tat umsetzen, die einheimischen Arbeitnehmer konnten die *bad jobs* anderen überlassen, und die Gastarbeiter konnten der teilweise tristen Wirklichkeit ihrer Heimatländer entkommen. Diese Interessenkonstellation sowie der Verzicht auf eine Durchsetzung des *Rotationsprinzips* ließen aus den Gastarbeitern Zuwanderer werden und eine unkontrollierte Zuwanderung entstehen. Versuche, sie wieder unter Kontrolle zu bringen, scheiterten

Menschen, die sich dauerhaft in einem anderen Land niederlassen, suchen die Gemeinschaft mit Landsleuten. Das war und ist in Deutschland nicht anders als in Großbritannien, den USA oder den Niederlanden. Sind die daraus entstehenden *ethnischen Kolonien* lediglich Durchgangsstationen, sind sie ein *durchlässiges System*, besteht wenig Gefahr, dass sie sich im Laufe der Zeit verfestigen und zu einer Integrationsbarriere werden. Kommt es zu einer ethnisch-sozialen Unterschichtung der Aufnahmegesellschaft durch große Zuwanderergruppen, so besteht allerdings die Gefahr zunehmender Isolation. Wie hat sich dieser Niederlassungsprozess in den 60er und 70er Jahren des vergangenen Jahrhunderts in Deutschland abgespielt? Das wird am Beispiel Berlins dargestellt. Auch hier ist es wichtig, die Strukturen und Mechanismen zu verstehen, um nicht einseitigen und unberechtigten Schuldzuweisungen aufzusitzen.

In den ethnischen Kolonien in Deutschland vollziehen sich seit Jahrzehnten sozial selektive Wanderungen, die eine zunehmende Ballung sozial schwacher und ethnischer Gruppen zur Folge haben. Wer es sich leisten kann, verlässt den Stadtteil. Die sozial schwachen Einheimischen, die nicht in „bessere" Wohngegenden ziehen können, sehen sich mit einer zunehmenden Dominanz fremder Lebensweisen und kultureller Ausdruckformen konfrontiert, die das Gefühl des „Fremdseins in der eigenen Heimat" entstehen lassen. Zu der sozial-räumlichen Polarisierung kommt die demografische Entwicklung, die in den Großstädten in den kommenden Jahren und Jahrzehnten eine Minderheitengesellschaft entstehen lassen wird, von denen die Einheimischen eine unter vielen sind. Kinder, die überwiegend in Armutsstadtteilen aufwachsen werden, sind von dieser Entwicklung doppelt betroffen: Weil sie sowohl als Kinder als auch als Einheimische in die Minderheit geraten.

Die deutsche Ausländerpolitik setzte lange Jahre auf die Bewahrung der „kulturellen Identität" der Zuwanderer. Sie stellte sich gegen eine *Angleichung* der Gastarbeiter und ihrer Nachkommen, die als *Eindeutschung* abgelehnt wurde. Lag bei den einen eine romantisierende Vorstellung der jeweiligen *Herkunftsidentitäten* vor (die die Kulturwissenschaft als *Exotismus* kennt), hatten die anderen die *Rückkehrfähigkeit* als Motiv, die sie erhalten sehen wollten.

Diese Haltung ist einer der Gründe, warum die Integration in das Bildungssystem weitgehend misslang und heute von einer *neuen Bildungskatastrophe* gesprochen werden muss. Damit wurden auch die desintegrierenden Auswirkungen der ethnischen Kolonien befördert, weil sich die soziale Mobilität nicht ausreichend entwickeln konnte. Milliardenschwere Sprach- und Integrationsangebote erzielten auf diese Weise nicht die beabsichtigte Wirkung. Heute muss die Verfestigung ethnischer Kolonien und die Entstehung parallelgesellschaftlicher Strukturen konstatiert werden. Dabei geht es weder darum, die Existenz solcher Strukturen zu bestreiten noch pauschal alle ethnischen Konzentrationen mit dem Begriff *Parallelgesellschaft* zu belegen.

Mit einer dauerhaften sozialen Randständigkeit geht eine hohe Kriminalitätsbelastung einher, die bei Jugendlichen aus dem türkisch-islamischen Raum besonders auffällig ist. Hier stehen nicht nur Polizei, Justiz und Schulen sondern die Gesellschaft als Ganzes vor einer großen Herausforderung.

Was bedeutet *Integration*? Darf sie überhaupt verlangt werden, und welche Bedingungen für gelingende Integration gibt es? Ist Integration in Zeiten weltweiter Mobilität und Vernetzung überhaupt noch eine sinnvolle Kategorie? Stellt der Staat noch ein sinnvolles Bezugssystem dafür dar? Welche Rolle spielt dabei die Verleihung der Staatsangehörigkeit? Gibt es eine *Integration durch das Recht*? Auf diese Fragen werden in einem weiteren Kapitel Antworten auf der Basis der Erfahrungen im In- und Ausland gegeben.

Einen Schwerpunkt des Buches bildet die Analyse des „Multikulturalismus" und seine Rolle für die Integrationspolitik in Deutschland. Er ist nicht erst in jüngster Zeit umstritten – im Zuge der Debatten nach dem Mord an Theo van Gogh und den Krawallen in Frankreich. Von politischen Lagern, die sich selbst als „links" oder „rechts" verstehen, wurde eine grundlegende Kritik daran geübt. Auch mit Blick auf die Entwicklungen in Großbritannien ist festzustellen, dass das Konzept des Multikulturalismus jene unter den Zuwanderern bestärkt, die bewusst auf Abgrenzung und Absonderung setzen.

Auf die Suche nach „Wegen aus der Krise" kann sich der Leser im letzten Kapitel begeben. Hier wird die Auffassung vertreten, dass Steuerung und Begrenzung der Zuwanderung wichtige Voraussetzungen für eine künftig besser gelingende Integration sind. Dabei wird auch der von starken politischen Kräften mit Vehemenz betriebene Beitritt der Türkei zur Europäischen Union kritisch auf seine möglichen Auswirkungen hin untersucht. Eine vertiefte Analyse der bisherigen Zuwanderung aus der Türkei in die Bundesrepublik Deutschland und die damit verbundenen strukturellen Probleme bilden dafür den Hintergrund. Lösungen, die eine Trendwende ermöglichen können, sind politisch schwer durchsetzbar und teuer. Sie deshalb von vornherein unter den Tisch fallen zu lassen, ist keine sinnvolle Alternative. Die vorgestellten Vorschläge resultieren nicht zuletzt aus zahlreichen Gesprächen mit Menschen „vor Ort": Kommunalpolitikern, Lehrern, Sozialarbeitern, Polizeibeamten, Mitarbeitern von Staatsanwaltschaften und Zuwanderern in Berlin, Bremen und anderen Städten.

„In allen Zielstaaten der Arbeitsmigration weisen die Eltern der als Migranten erfassten Jugendlichen eine kürzere Schulbesuchszeit und einen geringeren ökonomischen, sozialen und kulturellen Status auf als die Eltern von Nichtmigranten. Nirgendwo ist dieser Unterschied zwischen Familien mit und ohne Migrationshintergrund aber so stark wie in Deutschland. Das besonders niedrige soziale und kulturelle Kapital, das Jugendlichen aus Familien von Zugewanderten mit auf den Weg gegeben wird, ist ein zentraler Faktor der Migrationsproblematik in Deutschland."[1] Diese Feststellung des im Mai 2006 veröffentlichten Berichts „Bildung in Deutschland" lässt deutlich werden, dass es allen Anlass gibt, ernsthaft nach neuen Wegen zu suchen. Dabei geht es nicht darum, Bedrohungsszenarien an die Wand zu malen. Bedrohlich wird die Lage erst, wenn sich Politiker aller Ebenen nicht zu wirklicher Umsteuerung bereit finden und wenn es nicht gelingt, die negative Dynamik der Desintegration zu stoppen und positiv zu wenden. Die dauerhafte Randständigkeit ganzer Bevölkerungsgruppen in den Städten birgt jedenfalls erhebliches Konfliktpotential, und die Spannungen werden nicht zuletzt wegen der demografischen Entwicklungen zunehmen.[2]

In Zeiten der Globalisierung, in denen das deutsche Modell des Sozialstaats zunehmend in Frage gestellt wird, wird das Konfliktpotential zwischen den Zuwanderern, die an den unteren Rand der Gesellschaft (und insbesondere an die „Ränder der Städte"[3]) gedrängt wurden, und den einheimischen Unterschichten zunehmend von Bedeutung. Die

---

[1] Konsortium Bildungsberichterstattung (Hrsg.) Bildung in Deutschland, Bielefeld 2006, S. 172
[2] vgl. Kaufmann, Franz-Xaver: Schrumpfende Gesellschaft. Vom Bevölkerungsrückgang und seinen Folgen, Frankfurt/Main 2005, S. 166 f.
[3] So der gleichnamige Titel des von Häußermann, Kronauer und Siebel 2004 herausgegebenen Buches.

Leidtragenden der marodierenden französischen Jugendbanden waren nicht die bürgerlichen Schichten, sondern jene Einheimischen, die das Schicksal der Zugewanderten (in Hinsicht auf Bildungsstand, verfügbares Einkommen, Wohngegend und Marginalisierung) teilen. Deshalb geht es bei der Debatte um ethnische Kolonien und Integration auch um ein gesamtgesellschaftliches Problem.

Es reicht nicht, zu sagen, „Berlin ist nicht Paris"[4]. Konfliktpotentiale dürfen nicht aus dem Bewusstsein verdrängt werden. Die Berliner Frauenrechtlerin Seyran Ateş hat im August 2006 ihre Zulassung als Anwältin zurückgegeben. Sie war für etliche in der türkischen Gemeinde zum *Hassobjekt* geworden. Den ständigen Bedrohungen türkischer Männer konnte sie nicht länger standhalten. Ihr Rückzug ist ein weiteres deutliches Signal für das gegenwärtige Konfliktpotential. Es darf nicht länger unterschätzt werden. Allen muss klar sein, dass ein friedliches Zusammenleben der Menschen unterschiedlicher Herkunft in diesem Land nur dann gesichert werden kann, wenn man sich unvoreingenommen und eingehend mit den Problemen befasst. Hinzukommen muss die Bereitschaft, Lösungsmodelle umzusetzen, die der gesamten Stadtbürgerschaft viel abverlangen. Zu der notwendigen Auseinandersetzung will dieses Buch beitragen. Es richtet sich an Interessierte, die sich einen fundierten Überblick zum Thema Integration von Zuwanderern verschaffen wollen.

Zu Dank verpflichtet bin ich allen, die sich in den vergangenen Jahren als Gesprächspartner zur Verfügung gestellt und damit zu einem besseren Verständnis des Themas entscheidend beigetragen haben. Zu danken ist auch jenen, die bei der Erstellung der Grafiken und bei der Lektüre des Manuskripts mitgeholfen haben. Dank gebührt auch dem Verleger, Herrn Dr. Resch, der mit viel Geduld und guten Worten den Entstehungsprozess des Buches begleitet hat.

Dank gilt auch meiner Frau, die alles ermöglicht hat und mir mit Wort und Tat zur Seite stand.

Stefan Luft
Bremen, im September 2006

---

[4] „Berlin ist nicht Paris". Pressemitteilung des Beauftragten des Berliner Senats für Integration und Migration vom 7. November 2005

15

Ausgewählte Strukturdaten

I. Statistisch registrierte Ausländer in Deutschland[5]

1961: 0,69 Millionen
1971: 3,4 Millionen
1980: 4,5 Millionen
1990: 5,3 Millionen
2000: 7,3 Millionen
2003: 7,3 Millionen, entspricht einem Bevölkerungsanteil von 8,9 %
davon Türken: 1,9 Millionen, entspricht 25,6 Prozent aller Ausländer
in Deutschland

II. Gastarbeiter-Zuwanderung

Neu eingereiste Arbeitnehmer aus den Anwerbestaaten 1956 bis 1973[6]

Insgesamt: 5,155 Millionen (davon 2,4 Millionen „angeworben")
Davon aus der Türkei: 867.000

Familiennachzug

Familienangehörige von Gastarbeitern in Deutschland:[7]

1961: 137.000
1975: 2,1 Millionen
53 % der türkisch-stämmigen Einwohner wanderten über die Familienzusammenführung ein.[8]

---

[5] vgl. Bericht der Beauftragten für Migration und Flüchtlinge über die Lage der der Ausländerinnen und Ausländer in Deutschland, Berlin 2005, S. 559 ff.
[6] vgl. Jamin, Mathilde: Die deutsche Anwerbung: Organisation und Größenordnung, in: Eryilmaz, Aytac; Jamin, Mathilde: Fremde Heimat. Eine Geschichte der Einwanderung aus der Türkei, Essen 1998, S. 150
[7] vgl. Bodenbender, Wolfgang: Zwischenbilanz der Ausländerpolitik, in: Ronneberger, Franz (Hrsg.) Türkische Kinder in Deutschland (= Südosteuropa-Studien, Heft 26), Nürnberg 1976, S. 32
[8] Thalheimer, Philipp: Migration und Integration am Beispiel Türkei, in: Bundesamt für die Anerkennung ausländischer Flüchtlinge (Hrsg.): Wanderungsbewegungen (= Migration, Flüchtlinge und Integration, Schriftenreihe, Bd. 10), Nürnberg 2003, S. 83

III. Asylzuwanderung

Asylbewerber zwischen 1988 und 2000
Insgesamt 2,18 Millionen Personen

Aus der Türkei: 243.350

Deutschlands Anteil an allen Asylanträgen türkischer Asylbewerber in Europa:

2001: 40 %
2002: 38 %   *Quelle: www.bamf.de*

IV. Integrationsindikatoren (Bundesrepublik Deutschland)

Schulabschlüsse 2001/2002:

Hauptschulabschluss: Ausländische Schulentlassene: 40,8 %
                     Deutsche Schulentlassene: 24,1 %

Hochschulreife: Ausländische Schulentlassene: 9,5 %
                     Deutsche Schulentlassene: 25,1 %

Ohne Abschluss: Ausländische Schulentlassene: 19,5 %
                     Deutsche Schulentlassene: 8,2 %

Ausbildung

Ungelerntenquote (1996 bis 2004 im Durchschnitt) bei 15 bis 29 Jährigen mit ausländischer Staatsangehörigkeit:
29,6 Prozent gegenüber 8,6 Prozent bei Gleichaltrigen mit deutscher Staatsangehörigkeit.[9]

---

[9] Troltsch, Klaus: 1,6 Millionen Jugendliche im Abseits? Strukturelle Arbeitslosigkeit in Deutschland, in: Berufsbildung in Wissenschaft und Praxis, H. 3/2006, S. 45

Arbeitsmarkt

Jahresdurchschnitt 2005: 582.000 arbeitslose ausländische
Staatsangehörige[10]
Arbeitslosenquote 2005: 25,5 %

Sozialhilfequoten

1980: 1,5 Prozent (ausländische Staatsangehörige)
1,4 Prozent (deutsche Staatsangehörige)

2003: 8,9 Prozent (ausländische Staatsangehörige)
2,4 Prozent (deutsche Staatsangehörige)[11]

---

[10] Statistisches Bundesamt
[11] vgl.: Statistisches Bundesamt (Hrsg.): Sozialhilfe in Deutschland, Wiesbaden 2003, S. 9 ff.; Statistisches Bundesamt: „Mehr als 2,8 Mill. Sozialhilfeempfänger in Deutschland 2003", Pressemitteilung vom 9. August 2004

„Der Intensivtäter wird zum Vorbild. Es gibt für sie keine positiven
Vorbilder. Sie sind unter sich und lernen Jugendliche, die anders leben,
gar nicht kennen."[12]

Lehrerkollegium der „Rütli-Schule"

Die „Rütli-Schule": Medienereignis und Symbol deutscher Zuwanderungspolitik

„Wir müssen feststellen, dass die Stimmung in einigen Klassen zurzeit geprägt ist von Aggressivität, Respektlosigkeit und Ignoranz uns Erwachsenen gegenüber. Notwendiges Unterrichtsmaterial wird nur von wenigen Schüler/innen mitgebracht. Die Gewaltbereitschaft gegen Sachen wächst: Türen werden eingetreten, Papierkörbe als Fußbälle missbraucht, Knallkörper gezündet und Bilderrahmen von den Flurwänden gerissen. (...) Unsere Bemühungen, die Einhaltung der Regeln durchzusetzen, treffen auf starken Widerstand der Schüler/innen. Dieses Verhalten zu überwinden wird immer schwieriger. In vielen Klassen ist das Verhalten im Unterricht geprägt durch totale Ablehnung des Unterrichtsstoffes und menschenverachtendes Auftreten. Lehrkräfte werden gar nicht wahrgenommen, Gegenstände fliegen zielgerichtet gegen Lehrkräfte durch die Klassen, Anweisungen werden ignoriert. Einige Kollegen/innen gehen nur noch mit dem Handy in bestimmte Klassen, damit die über Funk Hilfe holen können. Die Folge ist, dass Kollegen/innen am Rande ihrer Kräfte sind. (...) Wir sind ratlos."[13] Dieser verzweifelte Hilferuf des Lehrer-Kollegiums der „Rütli-Schule" in Neukölln wurde Ende März 2006 publik. Er löste einen weiteren Medien-Tornado aus, nachdem bereits wenige Monate zuvor die Herbert-Hoover-Realschule in Berlin-Wedding einen solchen Ansturm über sich hatte ergehen lassen müssen.

Das Medienereignis – die Veröffentlichung des von der Gesamtkonferenz der Rütli-Schule verabschiedeten Schreibens an die zuständige

---

[12] Der Brief der kommissarischen Schulleiterin der Rütli-Schule vom 28. Februar 2006 an die zuständige Schulrätin wurde von der GEW-Berlin veröffentlicht: http://www.gew-berlin.de/060228_erklaerung-ruetli.pdf [10. April 2006]
[13] ebd.

Schulrätin – löste einen Ansturm auf die Schule aus. Endlich fand sie einmal Beachtung, wie sie sie schon seit Jahren benötigt hätte. Politiker ließen sich vorfahren und stürmten mit ihren Sicherheitsleuten zu den Pulks der Journalisten.[14] Der Zweck ihrer Auftritte dort war denn auch offensichtlich: das gewaltige Medieninteresse, das Medienereignis „Rütli-Schule" für die eigenen Zwecke zu nutzen. Hatte man die Probleme über Jahre ignoriert, die Lehrkräfte an der Schule alleine gelassen, so wollte man sich jetzt die Gelegenheit nicht entgehen lassen, einer breiten Öffentlichkeit Aktivität zu demonstrieren. Die Auftritte dort hatten etwas Voyeuristisches.

Am Fall der Rütli-Schule werden die Versäumnisse und Auswirkungen deutscher Zuwanderungspolitik sehr deutlich: Über Jahre hatten sich Lehrkräfte, Politiker und Fachleute aus dem Bezirk die Finger wund geschrieben und auf die sich dynamisch entwickelnde Desintegration mit deutlichen Worten hingewiesen. Die Zusammensetzung der Schülerschaft – der Anteil an Schülern nichtdeutscher Herkunft lag im April 2006 bei 81 Prozent[15] – dürfte nicht erst nach den Schlagzeilen im Frühjahr 2006 bekannt geworden sein. Gleiches gilt für die Tatsache, dass von den rund 60 Abgängern der Rütli-Schule im Schuljahr 2005/6 kein einziger einen Ausbildungsplatz bekommen hat.[16] Dabei ist die Rütli-Schule weder hinsichtlich ihrer Schülerschaft noch der sozialen Probleme ein Einzelfall, im Gegenteil.

Der Neuköllner Kinder- und Jugendhilfebericht 2002/2003 beschreibt das Gebiet um den Reuterplatz, in dem auch die Rütli-Schule liegt, so: „Das Bildungsniveau in den Migrantenfamilien ist als sehr gering einzuschätzen. Es fehlt den Jugendlichen insbesondere an schulischen und beruflichen Perspektiven. Schulverweigerung und erhöhte Gewaltbereitschaft und Zusammenschluss zu Gangs ist die vorherrschende Situation unter den Jugendlichen, aber auch zunehmend unter den Kindern. An vielen Stellen im Gebiet halten sich Kinder- und Jugendgruppen auf, die für die Bewohner zum Teil als bedrohlich empfunden werden. (...) Die so genannte Mittelschicht verlässt zunehmend das

---

[14] vgl. den Bericht im Tagesspiegel: „Im Ausnahmezustand" vom 3. April 2006
[15] „Böger zu Rütli-Schule: ‚Kein Schüler wird aufgegeben'", Pressemitteilung der Senatsverwaltung für Bildung, Jugend und Sport vom 3. April 2006
[16] So die ehemalige Schulleiterin in einem Interview mit der taz vom 6. April 2006 „Das ist Medienterror"

Wohngebiet. Eine soziale Mischung ist kaum zu erkennen."[17] Als Problemlagen werden aufgezählt: „Kaum intakte Familien, viele Jugendliche kommen aus Einelternfamilien, hohe Arbeitslosigkeit der Eltern, Missbrauchserfahrungen, ungewisser Rechtsstatus, Verhaltensauffälligkeiten, Straffälligkeit, Gewaltbereitschaft und aggressives und provozierendes Auftreten, massive Schulprobleme, mangelhafte Schulausbildung, kulturelle Identitätsprobleme und unzureichende und beengte Wohnverhältnisse."[18]

Diese Probleme dürften den Ende März 2006 an die Rütli-Schule eilenden Bundes- und Landespolitikern und -politikerinnen nicht unbekannt gewesen sein. Selbst wenn solche Berichte nicht zur Kenntnis genommen werden sollten – Neuköllns Bürgermeister Heinz Buschkowsky hatte in den vergangenen Jahren immer wieder auf die Dimension der Probleme und auf das damit zusammenhängende Konfliktpotential medienwirksam hingewiesen.

Aus soziologischer Sicht sind die seit Jahrzehnten festzustellen Entwicklungen in den „ethnischen Kolonien" keineswegs überraschend. Bereits vor über 30 Jahren wurde auf die Konflikthaltigkeit – insbesondere der Verhältnisse an den Schulen – ausdrücklich hingewiesen: „Gerade der Bereich des Bildungswesens dürfte der bei weitem neuralgischste Punkt der Infrastrukturproblematik sein. Problematisch ist dabei noch nicht einmal so sehr der quantitative Aspekt der absoluten Zahl der Ausländerkinder, die in das Bildungssystem einströmen oder ihr Anteil in bestimmten Schulen oder Klassen, obwohl auch hier nicht immer einfach zu überwindende Grenzen aufscheinen mögen. Viel wichtiger erscheint es, in diesem Zusammenhang ... auf die Tatsache der unterschichtenden Einwanderung hinzuweisen, die ja nicht vor der Schule haltmacht. Die Problematik des Unterschichtkindes im Bildungssystem ... wird aber potenziert, wenn fremdethnische Kinder in das System eintreten, die nach ihrer sozialen Herkunft meist noch unter der einheimischen Unterschicht angesiedelt sind und noch nicht

---

[17] Bezirksamt Neukölln von Berlin, Abteilung Jugend: Neuköllner Kinder- und Jugendbericht 2002/2003, Teil 2, Berlin 2003, S. 12
[18] ebd.

einmal über den ‚restringierten Code' der einheimischen Unterschicht-
kinder verfügen. (...) Diese Sachverhalte sind einmal mehr geeignet, eine
unmittelbare Abwehrreaktion der Einheimischen zu erzeugen, etwa
weil man Nachteile für die eigenen Kinder aus einem Absinken der
Qualität des Unterrichts befürchtet. Sie werden zum anderen noch
stärkere Abwehrreaktionen hervorrufen, nämlich dann, wenn sich zeigt,
dass das Bildungssystem eine neue Generation eines ausländischen
Subproletariats entlässt, das im Gegensatz zur Elterngeneration zumindest die *Ziele* der hoch entwickelten Gesellschaft internalisiert hat, auch
wenn ihm die *Mittel* zu ihrer Erreichung vorenthalten wurden. Es ist
vermutlich nicht abwegig, als Folge dieser Situation die Zunahme indivi-
dueller wie auch der Bandenkriminalität zu prognostizieren. Die Ge-
genreaktion der Einheimischen muss nicht näher beschrieben werden."[19]

Was ist schief gelaufen in den vergangenen Jahrzehnten? Was ist aus
den zahlreichen Gutachten und Stellungnahmen geworden, die der
Berliner Senat seit Beginn der 70er Jahre selbst angefertigt oder in Auftrag gegeben hat und die alle ein Thema hatten: Die Lage der zugewanderten Ausländer und die Suche nach Antworten auf die Fragen, wie
der sozialen Deklassierung und zunehmenden Isolation entgegengewirkt und eine „Entballung" in den betroffenen Stadtvierteln erreicht
werden könne?

Unabdingbare Voraussetzung für das Aufzeigen von „Wegen aus
der Integrationskrise" ist ein Verständnis der Ursachen, Motive und
Mechanismen der Zuwanderung in die Bundesrepublik Deutschland.
Deshalb sollen sie im Folgenden nachvollzogen und analysiert werden.
Zunächst soll der Blick allerdings auf die demografische Entwicklung
gerichtet werden.

---

[19] Hoffmann-Nowotny, Hans-Joachim: Sozial-strukturelle Konsequenzen der Kompensation eines
Geburtenrückgangs durch Einwanderung, in: Kaufmann, Franz-Xaver (Hrsg.): Bevölkerungsbewegung zwischen Quantität und Qualität. Beiträge zum Problem einer Bevölkerungspolitik in industriellen Gesellschaften, Stuttgart 1975, S. 77 f.

„Wir denken immer, wenn wir von Integration sprechen, an eine ‚deutsche' Mehrheitsgesellschaft, in die eine Minderheit zu integrieren ist. Es kommt aber genau umgekehrt. In den Großstädten kippt bei den unter 40-Jährigen schon ab 2010 das Mehrheitsverhältnis Deutscher zu Zugewanderten. Integration bedeutet dann: Wie integriere ich mich als Deutscher in eine neue Mehrheitsgesellschaft aus Zugewanderten?"

Herwig Birg, Bevölkerungswissenschaftler [20]

I. Blick nach vorne: Die Entwicklung der Wohnbevölkerung in den Städten

Die Zusammensetzung der Wohnbevölkerung in den Ballungszentren hat sich in den zurückliegenden Jahrzehnten durch die Zuwanderung stark verändert. Bedingt durch Altersstruktur, höhere Geburtenraten und weiteren Zuzug werden sich die Anteile von Zuwanderern weiter erhöhen. Das wird nicht nur Einfluss auf das Bild der Städte haben. Angesichts sich abzeichnender neuer Mehrheitsverhältnisse bei den Jüngeren in Ballungszentren wird von der Integration dieser Gruppen hinsichtlich Bildung und Arbeitsmarkt auch abhängen, wie sich das Zusammenleben zwischen Einheimischen und Zugewanderten entwickelt: ob die Grenzen zunehmend verschwimmen oder ob dauerhaft an den Rand gedrängte Gruppen ihre Chance nur noch im gewaltsamen Protest sehen. Angesichts der Bedeutung des Themas für die Integrationspolitik soll ein Überblick über die Bevölkerungsentwicklung an den Anfang dieser Arbeit gestellt werden.

Das Thema „Bevölkerungsentwicklung" war über viele Jahre Experten vorbehalten. Nur vereinzelt drangen Warnungen an die Öffentlichkeit, die Entwicklung der Bevölkerung in Deutschland werde sich negativ auf die Systeme der sozialen Sicherung – insbesondere die Rente – auswirken. Das Klima hat sich mittlerweile stark gewandelt: Die Verschiebungen innerhalb der Bevölkerungsstruktur (durch sinkende Geburtenraten und steigende Lebenserwartung) gehören inzwischen zu den Top-Themen. Die Veränderung der Alterspyramide ist

---

[20] „In den Großstädten werden sich die Deutschen integrieren müssen", Interview mit Herwig Birg, in: Die Welt vom 3. Januar 2002

inzwischen mittels plakativer und emotional besetzter Begriffe („Auf dem Weg in die Greisenrepublik") einem breiten Publikum vom Spiegel bis zur FAZ vermittelt worden. Die unterschiedlichen Geburtenraten der einheimischen und der zugewanderten Bevölkerung werden weniger häufig thematisiert – und wenn, dann nicht selten mit demagogischen und angstbesetzten Untertönen („Die Mehrheit kippt 2050"). Tatsächlich bringt die demografische Entwicklung nicht nur eine nachhaltige Veränderung der Altersstruktur mit sich, sondern auch eine Verschiebung der Anteile von Einheimischen und Zugewanderten.

In Deutschland ist die Geburtenrate von fünf Kindern pro Frau des Jahrgangs 1860 auf aktuell 1,5 Kinder pro Frau der Generation 1965 gesunken.[21] Derzeit liegt die allgemeine Geburtenziffer (Kinder pro Frau vom 15. bis 49. Lebensjahr) bei 1,4 in Deutschland. Die zur Erhaltung der Bevölkerungszahl notwendige Ziffer liegt bei 2,1.

Der Anteil der zeitlebens kinderlosen Frauen an einem Jahrgang hat sich innerhalb von 25 Jahren in Deutschland verdreifacht: Lag er beim Jahrgang 1940 noch bei 10,6 Prozent, so bleiben vom Frauenjahrgang 1965 fast ein Drittel kinderlos.[22] Damit zeichnet sich eine Spaltung der Gesellschaft ab: in einen Teil, der zeitlebens kinderlos bleibt, und in einen – wie es die Bevölkerungswissenschaftler nennen – „demografisch reproduktiven Familiensektor", bei dem die Zwei-Kind-Familie der häufigste Familientyp ist.[23] Der mittel- und langfristige Rückgang der Bevölkerung und die starke Zunahme des Anteils älterer Menschen sind zwei wesentliche Kennzeichen dieser Entwicklung. So geht die „10. koordinierte Bevölkerungsvorausberechnung" in ihrer mittleren Variante von einem Bevölkerungsstand im Jahr 2050 von 75 Millionen Einwohnern in Deutschland aus (gegenüber rund 82,5 im Jahr 2003).[24] Wollte man die gegenwärtige Altersstruktur halten, so müssten bis zum Jahr 2050 175 Millionen Menschen nach Deutschland einwandern.[25]

[21] vgl. Herwig Birg: Die demografische Zeitenwende. Der Bevölkerungsrückgang in Deutschland und Europa, München 2001, S. 51
[22] ebd., S. 73
[23] Birg, Herwig: Auswirkungen und Kosten der Zuwanderung nach Deutschland. Gutachten im Auftrag des Bayerischen Staatsministeriums des Innern, Bielefeld 2001, S. 5
[24] vgl. Statistisches Bundesamt, Pressestelle (Hrsg.): Bevölkerung Deutschlands bis 2050. 10. koordinierte Bevölkerungsvorausberechnung, Presseexemplar, Wiesbaden 2003, S. 27
[25] vgl. ebd., S. 34

Ein weiteres Merkmal besteht in einer Verschiebung der Bevölkerungsanteile zugunsten der Zuwanderer. Die Zahl der Lebendgeborenen bei Frauen mit deutscher Staatsangehörigkeit beläuft sich auf 1,2, bei Frauen mit ausländischer Staatsangehörigkeit auf 1,9 Kinder.[26] Im Einzelnen zeigt sich dort folgendes Bild: Diejenigen aus europäischen Herkunftsländern haben eine ähnlich niedrige Geburtenrate wie die deutsche Bevölkerung. Bei den aus der Türkei und aus der Dritten Welt Zugewanderten lag die Kinderzahl bei über zwei. So belief sich der Anteil der Familien mit drei und mehr Kindern 1998 bei den Deutschen auf 11 Prozent, bei den Ausländern war er mit 22,5 Prozent mehr als doppelt so hoch. Innerhalb der Gruppe der Ausländer war der entsprechende Anteil bei den Türken am höchsten (30 Prozent) und bei den Ausländern aus Ländern der Europäischen Union mit 16 Prozent am niedrigsten. Innerhalb der Gruppe von Familien, die vier und mehr Kinder hatten, war der Anteil der türkischen Familien mit 47 Prozent am größten.[27]

Blick zurück

Mit länger andauernden Aufenthalten der Gastarbeiter in der Bundesrepublik Deutschland stieg die Zahl der nachgeholten Ehepartner und Kinder. Damit begann gleichzeitig die Geburtenrate zu steigen. So stieg die Zahl der lebendgeborenen Kinder mit ausländischer Staatsangehörigkeit von 18.800 im Jahr 1962 (Ausländeranteil an der Gesamtzahl der Lebendgeborenen von 1,9 Prozent) auf einen ersten Höhepunkt im Jahr 1974 mit 108.270 Geburten (und damit einem Ausländeranteil an allen Geburten von 17,3 Prozent).[28] Bis zum Jahr 1985 (53.750 Lebendgeborene ausländischer Staatsangehörigkeit, entspricht einem Anteil von 9,2 Prozent) sank die Zahl stetig und stieg dann wieder kontinuierlich an bis zum Jahr 1997 auf 107.180 Geburten – das entspricht einem Ausländeranteil von 13,2 Prozent. Seit dem Jahr 2000 sank die Zahl der Geburten von Kindern mit ausländischer Staatsangehörigkeit auf unter

---

[26] Birg, Herwig: Dynamik der demographischen Alterung, Bevölkerungsschrumpfung und Zuwanderung in Deutschland. Prognosen und Auswirkungen. In: Aus Politik und Zeitgeschichte, B 20/2003 vom 12. Mai 2003, S. 6
[27] Birg: Die demographische Zeitenwende, S. 151 ff.
[28] Statistisches Bundesamt, zit. nach: Bericht der Beauftragten der Bundesregierung für Migration, Flüchtlinge und Integration über die Lage der Ausländerinnen und Ausländer in Deutschland, Berlin 2005, Tab. 3, S. 577 f.

50.000 jährlich. Dies ist allerdings eine statistische Auswirkung des neuen – von der rot-grünen Koalition verabschiedeten – Staatsangehörigkeitsrechts, nachdem rund die Hälfte aller Kinder ausländischer Eltern die deutsche Staatsangehörigkeit kraft Gesetzes erhalten.[29]

Die Zahl deutscher Staatsangehöriger fiel von 58,3 Millionen im Jahr 1970 auf 57,1 Millionen im Jahr 1980. Gleichzeitig stieg die Zahl der ausländischen Staatsangehörigen im gleichen Zeitraum von 2,7 auf 4,6 Millionen.[30] Als wichtigster Grund für diese gegenläufige Entwicklung sind das Geburtendefizit bei Deutschen und der Geburtenüberschuss

Abb. 1: Saldo von Geburten und Sterbefällen bei Deutschen und Ausländern

Seit Beginn der 1970er Jahre ist der Saldo von Geburten und Sterbefällen bei deutschen Staatsangehörigen negativ, das heißt, es sterben mehr Menschen als geboren werden. Mit dem Jahr 2000, dem Inkrafttreten des neuen Staatsangehörigkeitsrecht verliert die Statistik ihre Aussagekraft, da ein erheblicher Teil der Kinder ausländischer Eltern kraft Geburt zusätzlich die deutsche Staatsangehörigkeit verliehen bekommt. Damit gehen diese Kinder als deutsche Staatsangehörige in die Statistik ein.

Quellen: Paul, Christine: Eheschließung, Ehescheidungen, Geburten und Sterbefälle von Ausländern. Ergebnisse für das frühere Bundesgebiet im langfristigen Vergleich, in: Statistisches Bundesamt (Hrsg.): Wirtschaft und Statistik 11/1992, S. 772; Mitteilung des Statistischen Bundesamtes; eigene Berechnungen

bei Ausländern sowie deren – von wenigen Ausnahmen abgesehen – positiver jährlicher Wanderungssaldo anzusehen. Seit 1971 bis heute ist die Geburtenbilanz bei den deutschen Staatsangehörigen negativ: es sterben mehr Menschen als Menschen geboren werden.

Bevölkerungsentwicklung der Ausländer in den vergangenen Jahrzehnten (in Tausend)

	60er Jahre	70 Jahre	80er Jahre
natürlicher Saldo (Geburten abzügl. Sterbefälle)	27,4	76,7	60,1
Außenwanderungssaldo	145,4	103,3	86,7

Quelle: Statistisches Bundesamt, zit. nach: Bucher, Hansjörg; Kocks, Martina; Siedhoff, Mathias: Wanderungen von Ausländern in der Bundesrepublik Deutschland der 80er Jahre, in: Bundesforschungsanstalt für Landeskunde und Raumordnung (Hrsg.): Informationen zur Raumentwicklung, H. 7/8 1991, S. 502

Über die Jahre wuchs die Bedeutung des Geburtenüberschusses für die Entwicklung der Gesamtzahl der Ausländer in Deutschland: Von 16 Prozent in den 60er Jahren auf rund 40 Prozent in den 70er und 80er Jahren.[31] Dabei spielte die Altersstruktur eine entscheidende Rolle: Die Gastarbeiter waren wesentlich jünger als die deutsche Bevölkerung: So betrugen die Anteile der noch nicht Zehnjährigen bei den Ausländern 16,9 Prozent, bei den Deutschen hingegen nur 9,7 Prozent. Das Verhältnis bei den 20- bis 40jährigen war mit fast 46 Prozent bei den Ausländern und 27 Prozent bei den Deutschen besonders auffallend. Älter als 60 Jahre waren 20,4 Prozent der Deutschen, jedoch nur 3,1 Prozent der Ausländer.[32] Die Altersstruktur von Zuwanderern ist bis heute neben ihrer Geburtenhäufigkeit wesentlicher Grund für die wachsende Kinderzahl. „Die Altersstruktur der Ausländer hat zur Folge, dass noch für viele Jahre starke Geburtsjahrgänge in das Fort-

[29] vgl. Sommer, Bettina; Voit, Hermann: Bevölkerungsentwicklung 2000, in: Statistisches Bundesamt (Hrsg.): Wirtschaft und Statistik 7/2002, S. 558
[30] jeweils zum 31.12.; Quelle: Statistisches Bundesamt: Genesis-Tabelle Bevölkerung: Deutschland, Stichtag, Nationalität, Wiesbaden 2005
[31] vgl.: Bucher, Hansjörg; Kocks, Martina; Siedhoff, Mathias: Wanderungen von Ausländern in der Bundesrepublik Deutschland der 80er Jahre, in: Bundesforschungsanstalt für Landeskunde und Raumordnung (Hrsg.): Informationen zur Raumentwicklung, H. 7/8 1991, S. 501 f.
[32] vgl. Höhn, Charlotte; Mammey, Ulrich; Schwarz, Karl: Die demographische Lage in der Bundesrepublik Deutschland, in: Zeitschrift für Bevölkerungswissenschaft, Jg. 7, H. 2/1981, S. 148

pflanzungsalter nachwachsen und es noch länger dauert, bis diese Jahrgänge in das Alter erhöhter Sterblichkeit nachrücken. Auch bei einem völligen Einwanderungsstopp, der noch nicht einmal die Familienzusammenführung zuließe, würde also die Zahl der Ausländer in Deutschland für viele weitere Jahre zunehmen. Das gilt vor allem für Ausländer mit einer über dem Bestandserhaltungsminimum liegenden Geburtenhäufigkeit."[33]

In den 1970er Jahren war die Geburtenhäufigkeit der Ausländerinnen um 50 Prozent höher als bei den Deutschen.[34] Unterscheidet man die Geburtenziffern nach Nationalität, so war festzustellen, dass nur noch die Türkinnen eine Geburtenhäufigkeit aufwiesen, die deutlich über dem zur Bestandserhaltung Notwendigen lag. Alle anderen, insbesondere die Geburtenraten der Spanierinnen und Portugiesinnen, erreichten das zur Bestandserhaltung notwendige Niveau seit 1977 nicht mehr.

Zusammengefasste Geburtenziffern auf tausend Frauen

Staatsangehörigkeit der Mutter	1975	1976	1977	1978	1979
Deutsch	1.368	1.392	1.352	1.334	1.333
Ausländisch	2.378	2.267	2.088	2.008	2.005
Darunter:					
– Türkisch	4.282	4.074	3.781	3.639	3.609
– Griechisch	2.758	2.520	2.144	1.973	1.844
– Italienisch	2.229	2.164	1.965	1.886	1.940
– Jugoslawisch	1.945	1.921	1.841	1.789	1.818
– Portugiesisch	2.145	2.020	1.824	1.590	1.511
– Spanisch	1.817	1.826	1.654	1.507	1.421

Quelle: Wirtschaft und Statistik 2/81, S. 95 ff., zit. nach: Höhn, Charlotte; Mammey, Ulrich; Schwarz, Karl: Die demografische Lage in der Bundesrepublik Deutschland, in: Zeitschrift für Bevölkerungswissenschaft, H. 2, 1981, S. 167

---

[33] Schwarz, Karl: Die Kinderzahl der Ausländer und ihre Bedeutung für die Bevölkerungsentwicklung in den alten Bundesländern, in: Zeitschrift für Bevölkerungswissenschaft, Jg. 21, H. 1/1996, S. 63; vgl. auch: Dinkel, Rainer Hans; Lebok, Uwe: Demografische Aspekte der vergangenen und zukünftigen Zuwanderung nach Deutschland, in: Aus Politik und Zeitgeschichte B 48 (1994), S. 33 ff.
[34] vgl. Höhn/Mammey/Schwarz: Demographische Lage, S. 167

Die weit überdurchschnittliche Geburtenhäufigkeit bei Türkinnen nahm allerdings auch im Laufe des Aufenthaltes in der Bundesrepublik Deutschland kontinuierlich ab.[35] Das entspricht dem Trend in der Türkei und anderen Herkunftsländern.[36]

Generell spielt das generative Verhalten der türkischen Bevölkerung bis heute eine herausragende Rolle: Ihr Anteil an den Geburten ausländischer Mütter liegt seit Jahrzehnten weit über ihrem Anteil an der ausländischen Bevölkerung.[37]

Von 1984 bis 1994 war bei den Ausländern ein Geburtenüberschuss von 760.000 festzustellen. Im gleichen Zeitraum nahm die Zahl der ausländischen Staatsangehörigen in Deutschland um 2,51 Millionen zu. Damit geht etwa ein Drittel der Zunahme auf die Geburtenhäufigkeit zurück.[38]

Für die zweite Hälfte des 20. Jahrhunderts bleibt festzuhalten, dass Ausländer am Bevölkerungszuwachs in der Bundesrepublik Deutschland von 13 Millionen (von 1950 bis 1999) „zur Hälfte durch Zuwanderung und Geburtenüberschuss beteiligt" waren.[39]

Mehrstaatigkeit und Optionsrecht

Bei der Beurteilung der jüngsten Entwicklung sind die Auswirkungen der Einbürgerungspolitik der rot-grünen Bundesregierungen seit 1999 und das seit dem Jahr 2000 geltende neue Staatsangehörigkeitsrecht zu berücksichtigen:

– die stark gestiegene Zahl der Einbürgerungen von Ausländern (mit ebenso stark angestiegenem Anteil der Hinnahme von Mehrstaatigkeit sowie

– der Erwerb der deutschen Staatsangehörigkeit mit Geburt.

So ist zu beachten, dass Personen, die neben ihrer ausländischen Staatsangehörigkeit auch die deutsche besitzen, als deutsche Staatsange-

---

[35] vgl. ebd.
[36] Schwarz: Kinderzahl der Ausländer, S. 63
[37] vgl. ebd., S. 61; Roloff, Juliane: Die ausländische und deutsche Bevölkerung – ein bevölkerungsstatistischer Vergleich, in: Zeitschrift für Bevölkerungswissenschaft, Jg. 22, H. 1/1997, S. 83; Schwarz, Karl: Bericht 2000 über die demographische Lage in Deutschland, in: Zeitschrift für Bevölkerungswissenschaft, Jg. 26, H. 1/2001, S. 27 f.
[38] vgl. Schwarz: Kinderzahl der Ausländer, S. 65
[39] Schwarz: Bericht 2000, S. 6 f.

hörige in die Statistik eingehen. Hier wirken sich die massiven Einbürgerungen in den vergangenen Jahren aus:

Alleine in den letzten elf Jahren wurden rund 1,5 Millionen Menschen
eingebürgert, davon seit dem neuen, von der rot-grünen Koalition
durchgesetzten, Staatsangehörigkeitsrecht nahezu in jedem zweiten
Fall unter Hinnahme von Mehrstaatigkeit. (siehe Kapitel IX)

Den größten Anteil an den seit 1994 insgesamt erfolgten 1.457.427
Einbürgerungen von Ausländern stellen türkische Staatsangehörige
dar: 660.531 Personen, das entspricht rund 45 Prozent aller Einbürgerungen von Ausländern. Hinzu kommt der Erwerb der Staatsangehörigkeit durch Geburt, die das neue Staatsangehörigkeitsgesetz gemäß
§ 4 Abs. 3, Satz 1 vorsieht: Ein Kind ausländischer Eltern erwirbt nun
mit der Geburt in Deutschland die deutsche Staatsangehörigkeit, wenn
ein Elternteil seit acht Jahren rechtmäßig seinen gewöhnlichen Aufenthalt im Inland hat und eine Aufenthaltsberechtigung besitzt oder seit
drei Jahren eine unbefristete Aufenthaltserlaubnis hat. Zwischen dem
18. und dem 23. Lebensjahr muss es sich dann für eine Staatsangehörigkeit entscheiden (Optionspflicht). Geschieht dies nicht, soll die deutsche
Staatsangehörigkeit kraft Gesetzes verloren gehen.[40] Das Bundesinnenministerium ging davon aus, dass „jährlich etwa 60 % der in Deutschland geborenen Kinder von Ausländern die deutsche Staatsangehörigkeit
auf diesem Wege erwerben."[41] Diese Kinder werden nicht eingebürgert,
tauchen deshalb einerseits auch nicht in der Einbürgerungsstatistik auf.
Andererseits gehen sie aber – wegen ihrer dem Gesetz nach zeitlich begrenzten doppelten Staatsangehörigkeit – als deutsche Staatsangehörige
in die Bevölkerungsstatistik ein.

Am Beispiel Berlins bedeutet das: Von den 20.360 Kindern unter
fünf Jahren in ausländischen Familien (Stichtag: 31.12.2004) waren nur
weniger als die Hälfte (48 Prozent) mit einer ausländischen Staatsan-

---

[40] Zur Problematik des Optionsmodells vgl. Luft, Stefan: Ausländerpolitik in Deutschland. Mechanismen, Manipulation, Missbrauch, Gräfelfing ²2003, S. 343 ff.
[41] Bundesministerium des Innern: Modellrechnungen zur Bevölkerungsentwicklung in der Bundesrepublik Deutschland bis zum Jahr 2050, o.O. 2000, S. 23

gehörigkeit gemeldet. Besonders niedrig liegt der Anteil bei den türkischstämmigen Kindern: hier waren lediglich 20,5 Prozent als türkische Staatsangehörige registriert. Der Rest hatte jeweils die deutsche Staatsangehörigkeit gemäß der Optionsregelung.[42]

Diese beiden politisch herbeigeführten, gravierenden Veränderungen in der deutschen Einbürgerungspolitik machen sowohl die Analyse der aktuellen Bevölkerung als auch Bevölkerungsprognosen anhand des Kriteriums „Staatsangehörigkeit" obsolet. Die dort getroffenen Aussagen über Anteile ausländischer Bevölkerung haben mit der Lebenswirklichkeit nichts mehr gemein. So sinkt nach der „Bevölkerungsprognose für Berlin 2002–2020" deren Anteil bei 0- bis unter 18jährigen von 2002 mit 14,2 Prozent bis 2020 auf lediglich noch 11,5 Prozent.[43] Aktuelle Untersuchungen zum demografischen Wandel in deutschen Millionenstädten ignorieren das Thema vollständig.[44]

Der „Mikrozensus 2005" des Statistischen Bundesamtes ist auf dieses Thema ausführlich eingegangen.[45] Unter „Personen mit Migrationshintergrund" werden dort verstanden:

– Ausländer, darunter zugewanderte sowie in Deutschland geborene Ausländer;
– zugewanderte Deutsche mit Migrationshintergrund, darunter zugewanderte Deutsche (Spätaussiedler, eingebürgerte zugewanderte Ausländer) sowie nicht zugewanderte Deutsche mit Migrationshintergrund (eingebürgerte, nicht zugewanderte Ausländer, Kinder von Spätaussiedlern und eingebürgerten ausländischen Eltern, Kinder, die Kraft Geburt die deutsche Staatsangehörigkeit erhalten haben sowie Kinder, bei denen ein Elternteil einen Migrationshintergrund hat.[46]

[42] vgl. „Über die Hälfte der unter 5-jährigen Kinder ausländischer Eltern sind kraft Gesetzes Deutsche". Pressemitteilung des Statistischen Landesamtes Berlin Nr. 095/05 vom 20. Mai 2005
[43] vgl.: Senatsverwaltung für Stadtentwicklung (Hrsg.) Bevölkerungsprognose für Berlin 2002 – 2020, Bevölkerungsentwicklung in der Metropolregion 2002 – 2020, Berlin 2004, S. 34
[44] vgl.: Bomsdorf, Eckart; Babel, Bernhard: Deutschlands Millionenstädte im demografischen Wandel. Fakten und Perspektiven bis 2040 (= Materialien zur Bevölkerungswissenschaft, H. 116), Wiesbaden 2005
[45] Statistisches Bundesamt (Hrsg.): Leben in Deutschland – Haushalte, Familien und Gesundheit, Ergebnisse des Mikrozensus 2005, Wiesbaden 2006, S. 73-79
[46] vgl. ebd., S. 74

Nach diesen Prämissen haben 19 Prozent der Bevölkerung (15,3 Millionen Menschen) in Deutschland einen „Migrationshintergrund". 7,3 Millionen davon sind ausländische Staatsangehörige.[47]

Prognosen zur Bevölkerungsentwicklung aus den 1990er Jahren erwarten, dass der Anteil der ausländischen Bevölkerung (trotz zurückgehender Geburtenraten) vor allem wegen der günstigen Altersstruktur weiter deutlich ansteigen wird. Rainer Münz und Ralf Ulrich gehen in ihrer Prognose aus dem Jahr 1997 bei einer jährlichen Nettozuwanderung von 190.000 Ausländern von einem Anstieg auf 10,6 Millionen (13,2 Prozent Anteil an der Gesamtbevölkerung) im Jahr 2015 und 12,6 Millionen (17 Prozent) im Jahr 2030 im Bundesdurchschnitt aus. Die Zahl der deutschen Staatsangehörigen würde demnach auf 75 Millionen sinken.[48]

Der Bevölkerungswissenschaftler Herwig Birg hat errechnet, dass der Ausländeranteil in Deutschland von 1998 bis 2050 von 9 auf 27,9 Prozent ansteigen wird (ohne Staatsbürgerschaftswechsel). Besonders stark werden sich die Anteile im gleichen Zeitraum bei den unter 20-Jährigen verschieben: von 11,4 auf 38,1 Prozent.[49]

Diese Entwicklung wird sich in den Städten und Ballungsräumen besonders stark auswirken, die bereits in den 1960er Jahren einen deutlichen Siedlungsschwerpunkt der Zuwanderer bildeten – bedingt durch die Ansiedlung der angeworbenen ausländischen Arbeitnehmer in der Nähe der vorwiegend industriellen Arbeitsplätze. Die dort seit Jahrzehnten hohen Ausländeranteile werden durch Geburtenüberschüsse, weitere Zuwanderung und den Rückgang der einheimischen Bevölkerung weiter steigen. Für die kreisfreien Städte Nordrhein-Westfalens geht die amtliche Bevölkerungsprognose von 1998 bis zum Jahr 2015 bei der nichtdeutschen Bevölkerung von einem Geburtenüberschuss

---

[47] vgl. ebd., S. 73 ff.
[48] Münz, Rainer; Ulrich, Ralf: Das zukünftige Wachstum der ausländischen Bevölkerung in Deutschland. Demographische Prognosen bis 2030 (= Demographie aktuell Nr. 12), Berlin 1997, S. 38 ff.
[49] Birg, Herwig: Dynamik der demographischen Alterung, Bevölkerungsschrumpfung und Zuwanderung in Deutschland. Prognosen und Auswirkungen. In: Aus Politik und Zeitgeschichte, B 20/2003 vom 12. Mai 2003, S. 13

von 22,3 Prozent und bei der deutschen Bevölkerung von einem Geburtendefizit von minus 10,4 Prozent aus.[50]

Bei der Altersgruppe der bis 40jährigen wird der Anteil der Ausländer die 50-Prozent-Marke erreichen. In Berlin (West) wird der Anteil der Ausländer bei den unter 20jährigen bis 2015 auf 52 Prozent ansteigen.[51] Für 2010 werden für die westlichen Innenstadtbezirke (alten Zuschnitts) folgende Anteile (auf Basis von Daten aus dem Jahr 1995) prognostiziert:

Anteil der Ausländer an allen bis 18jährigen im Jahr 2010:

Kreuzberg: 54,3 %[52]
Wedding: 54,1 %[53]
Tiergarten: 47,9 %[54]
Neukölln: 42,6 %[55]

Dies hat für die Integrationsfähigkeit der Städte und Ballungsräume erhebliche Auswirkungen. So stellt der Bevölkerungswissenschaftler Herwig Birg fest: „Eine weitere Dimension der demografischen Veränderungen ... ist der absehbare Anstieg der zugewanderten Bevölkerung und ihrer Nachkommen bei der wichtigsten Altersgruppe der unter 40jährigen in den Ballungsräumen bis auf über 50 %. (...) Die bisherige Mehrheitsgesellschaft wandelt sich durch die Zuwanderungen und durch die hohen Geburtenüberschüsse der Zugewanderten zu einer Multi-Minoritäten-Gesellschaft, wobei keine dieser Minderheiten, auch nicht die Deutschen im Sinne der bisher geltenden Staatsangehörigkeit,

---

[50] Landesamt für Datenverarbeitung und Statistik Nordrhein-Westfalen (Hrsg.): Vorausberechnung der Bevölkerung in den kreisfreien Städten und Kreisen Nordrhein-Westfalens. Bevölkerungsprognose 1999 bis 2015/2040, Düsseldorf 1999, S. 47 ff.
[51] vgl. Birg, Herwig: Demographisches Wissen und politische Verantwortung, Überlegungen zur Bevölkerungsentwicklung Deutschlands im 21. Jahrhundert. In: Dorbitz/Otto: Demographie und Politik, Bonn 1999, S. 41
[52] Senatsverwaltung für Stadtentwicklung, Umweltschutz und Technologie (Hrsg.): Bevölkerungsprognose für Berlin bis zum Jahr 2010. Soziodemographische und teilräumliche Differenzierung, Berlin 1997, S. 65, eigene Berechnungen
[53] vgl. ebd., S. 59, eigene Berechnungen
[54] vgl. ebd., S. 57, eigene Berechnungen
[55] vgl. ebd., S. 81, eigene Berechnungen

die absolute Mehrheit hat. Dadurch verliert auch der Begriff der Mehrheitsgesellschaft, in die sich die zugewanderte Bevölkerung integrieren soll, an konzeptioneller Aussagekraft, denn eine Mehrheitsgesellschaft, die die absolute Mehrheit einbüßt, erleidet auch Einbußen an ihrer Integrationsfähigkeit."[56]

Das Bundesamt für Bauwesen und Raumordnung geht in einer Prognose aus dem Jahr 2002 für das Jahr 2020 von Integrationsaufgaben für 5,8 Millionen Menschen in Deutschland zusätzlich aus, die durch internationale Wanderungen und durch den Geburtenüberschuss zu leisten sind.[57]

Bevölkerungspolitik?

Bis heute argumentiert mit der demografischen Entwicklung, wer die Berechtigung der Zuwanderungspolitik begründen will. So wurde jüngst die Behauptung aufgestellt, dass es Kennzeichen eines modernen Staates sei, dass er „seine demografische Reproduktion über die Immigration regeln muss", was allerdings nicht näher begründet wurde.[58] Auch der „Think Tank der Deutsche Bank Gruppe" forderte im Juli 2006, mehr Zuwanderung zuzulassen: aus demografischen Gründen und um „Deutschlands Wettbewerbsfähigkeit im internationalen Vergleich" zu erhalten.[59]

Verbreitet waren und sind Hinweise auf positive Auswirkungen auf einzelne Politikbereiche. Die niedrigen Geburtenraten sollten durch Zuwanderer und deren höhere Fruchtbarkeit kompensiert werden – sich leerende Räume sollten besiedelt, Sozialversicherungssysteme intakt gehalten und der Arbeitsmarkt mit ausreichend Arbeitskräften versorgt werden. Für Raumplaner sollten Zuwanderer Bevölkerungs-

[56] Birg, Herwig: in: Perspektiven der demographischen Entwicklung Deutschlands an der Schwelle zum 21. Jahrhundert, in: Frankfurter Institut – Stiftung Marktwirtschaft und Politik (Hrsg.): Prosperität in einer alternden Gesellschaft, Bad Homburg 2000, S. 72 ff.
[57] Bucher, Hansjörg; Kocks, Martina; Schlömer, Claus: Künftige internationale Wanderungen und die räumliche Inzidenz von Integrationsaufgaben, in: Bundesamt für Bauwesen und Raumordnung (Hrsg.): Internationale Wanderungen und räumliche Integration (= Informationen zur Raumentwicklung, H. 8/2002), S. 426
[58] Maas, Utz: Sprache und Sprachen in der Migration im Einwanderungsland Deutschland, in: dies. (Hrsg.): Sprache und Migration (= IMIS-Beiträge 26) Osnabrück 2005, S. 99
[59] „Ausländer rein!" Die Folgen abnehmender Nettozuwanderung für Deutschland, Aktueller Kommentar von Alexander Landbeck vom 26. Juli 2006, http://www.dbresearch.de/servlet/reweb2.Re WEB?rwkey=u10159484 [26. Juli 2006]

rückgänge in einzelnen Regionen ausgleichen. So hieß es im Landesentwicklungsprogramm Bayern zur Planungsregion „Oberfranken-Ost" 1974: „Ohne entsprechende Ausländerzuwanderung und eine Beseitigung des negativen Wanderungssaldos gegenüber dem übrigen Bundesgebiet dürfte eine Tendenzumkehr in der Bevölkerungsentwicklung bei dieser Region nicht zu schaffen sein ... Eine Ausländerzuwanderung in die Region Oberfranken-Ost ... wirft zwar im Hinblick auf die gesellschaftlichen Integrationsmöglichkeiten Probleme auf; diese müssen jedoch im Interesse der Entwicklung der Region in Kauf genommen werden."[60]

Wirtschaftswissenschaftler stellten 1973 die Bedeutung der hohen Geburtenrate der Zuwanderer für das bundesdeutsche System der Rentenversicherung in den Vordergrund: „Aus Sicht der GRV [Gesetzlichen Rentenversicherung] ist sowohl eine wachsende Zahl ausländischer Beschäftigter als auch ihre Eingliederung im Inland wünschenswert, da der ausländische Bevölkerungsteil infolge der größeren Kinderfreundlichkeit hilft, die bundesdeutsche ‚Babylücke' zu schließen, und für das – zum reibungslosen Funktionieren der Gesetzlichen Rentenversicherung notwendige – Bevölkerungswachstum sorgt."[61]
Positive Auswirkungen auf den Arbeitsmarkt hob 1977 der für Ausländerfragen zuständige Unterabteilungsleiter im Bundesministerium für Arbeit- und Sozialordnung hervor: „Ich plädiere heute für eine emotionsfreie Diskussion dieser Frage unter Einbeziehung der ganz nüchternen Erkenntnis, dass die deutsche Bevölkerung insgesamt schrumpft und sich diese Tatsache zum Ende der 80er Jahre auch auf den Arbeitsmarkt auswirken wird ..."[62]

Dieses beliebte Argument, das so plausibel schien, hatte nur zwei Haken: Es unterstellte zunächst, dass gegen die sinkende Bevölke-

[60] Landesentwicklungsprogramm Bayern Teil A, in der Bekanntmachung des Bayerischen Staatsministeriums für Landesentwicklung und Umweltfragen, veröffentlicht im Amtsblatt Nr. 9, München 26. August 1974, zit. nach: Selke, Welf: Die Ausländerwanderung als Problem der der Raumordnungspolitik in der Bundesrepublik Deutschland. Eine politisch-geographische Studie, Bonn 1977, S. 78
[61] Höpfner, Klaus; Ramann, Bernd; Rürup, Bert: Ausländische Arbeitnehmer. Gesamtwirtschaftliche Probleme und Steuerungsmöglichkeiten (= Kleine Schriften der Gesellschaft für Regionale Strukturentwicklung), Bonn 1973, S. 47
[62] Bodenbender, Wolfgang: Zwischenbilanz der Ausländerpolitik, in: Ronneberger, Franz (Hrsg.): Türkische Kinder in Deutschland, Nürnberg 1977, S. 50

rungszahl nicht eine Erhöhung der Geburtenzahlen der eigenen Bevölkerung helfen könne, sondern nur der ersatzweise Zuzug von Ausländern. Diese „kompensatorische Zuwanderungspolitik"[63], die auch eine „Bevölkerungspolitik"[64] war, wurde hinsichtlich ihrer mittel- und langfristigen Auswirkungen allerdings nicht problematisiert. So stellt der Bevölkerungswissenschaftler Herwig Birg fest: „Der Übergang der Politik von der Erneuerungsstrategie durch Geburten zur Kompensationsstrategie mittels Wanderungen wurde in keinem Land durch öffentliche Debatten vorbereitet und durch demokratische Entscheidungen eingeleitet, sondern stillschweigend und mehr oder weniger unreflektiert vollzogen."[65]

Der zweite Haken an dieser Argumentation bestand in der Nicht-Prognostizierbarkeit wirtschaftlicher, medizinischer und gesellschaftlicher Entwicklungen sowie politischer Ereignisse und Entscheidungen, die erheblichen Einfluss auf die Bevölkerungsentwicklung in Deutschland haben: die deutsche Einheit, der Fall des Eisernen Vorhangs, die Demokratisierung der ost- und mitteleuropäischen ehemaligen Satellitenstaaten, die Aufnahme zehn neuer Mitglieder in die Europäische Union, der mit Vehemenz betriebene Beitritt der Türkei zur EU – alles verbunden mit zusätzlicher Mobilität und nicht oder nur schätzungsweise vorhersehbaren Wanderungsbewegungen.

Überfremdungsängste

Immer wieder werden Szenarien entworfen, wonach die einheimische deutsche Bevölkerung in wenigen Jahrzehnten von Zuwanderern verdrängt werde. Dies lässt sich durch die demografischen Prognosen nicht belegen. Erst recht gilt das für die Behauptung, Deutschland oder Europa werde in absehbarer Zeit muslimisch. [66] Gegenüber den häufig

[63] Birg, Herwig: Strategische Optionen der Familien- und Migrationspolitik in Europa, in: Leipert, Christian (Hrsg.) Demographie und Wohlstand. Neuer Stellenwert für Familie in Wirtschaft und Gesellschaft, Opladen 2003, S. 28
[64] ebd., S. 54; zur Problematik von „Bevölkerungspolitik" hinsichtlich Begriff und Inhalt vgl.: Kaufmann, Franz-Xaver: Schrumpfende Gesellschaft. Vom Bevölkerungsrückgang und seinen Folgen, Frankfurt/Main 2005, S, 174
[65] Birg: Strategische Optionen der Familien- und Migrationspolitik in Europa, S. 34
[66] „Europa wird am Ende des Jahrhunderts islamisch". Interview mit Bernard Lewis, in: Die Welt vom 28. Juli 2004

ressentiment- und angstbeladenen Debattenbeiträgen muss darüber hinaus festgehalten werden: Niemand (auch nicht Muslime) haben die Deutschen gezwungen, ihre Gebärfreudigkeit seit Anfang der 70er Jahre des 20. Jahrhunderts so zu drosseln, dass die einheimische Bevölkerung in den kommenden Jahrzehnten stark zurückgehen und die zugewanderte Bevölkerung stark zunehmen werden. Es sollte ein Anlass zur Freude sein, dass es noch Menschen in diesem Land gibt, die sich für Kinder entscheiden. Das Problem liegt nicht in der Existenz dieser Kinder, sondern in der zurzeit gegebenen Wahrscheinlichkeit, dass sie schlechte Chancen haben werden, sich erfolgreich in der Aufnahmegesellschaft zu etablieren. Nur wenn es gelingt, die strukturellen Bedingungen gelingender Integration zu verbessern, wird sich das abzeichnende Konfliktpotential entschärfen lassen.

Fazit:

– Setzt sich der Trend niedriger Geburtenraten fort und gibt es keine gravierenden äußeren Einflüsse, wird die Bevölkerung in Deutschland schrumpfen und altern.

– Was die Einheimischen betrifft, so sterben seit 1971 in der Bundesrepublik Deutschland mehr Menschen als geboren werden. Dass die Bevölkerung trotzdem wächst, geht wesentlich auf die hohen Geburtenraten, die Altersstruktur von Zuwanderern und auf positive Wanderungssalden zurück.

– Die Geburtenraten der Zuwanderer aus der Türkei und der Dritten Welt sind weiterhin überdurchschnittlich hoch, haben aber eine sinkende Tendenz.

– Aufgrund des neuen Staatsangehörigkeitsrechts, wonach in Deutschland geborene Kinder ausländischer Eltern die deutsche Staatsangehörigkeit kraft Geburt verliehen bekommen, sind statistische Aussagen über die künftige Zusammensetzung der Bevölkerung anhand der Staatsangehörigkeit nicht mehr möglich.

– Fest steht allerdings, dass in den Ballungszentren bei der Gruppe der unter 40jährigen der Anteil von Menschen ausländischer Herkunft („mit Migrationshintergrund") in den kommenden Jahren die 50-Prozent-Marke überschreiten wird. In einzelnen Stadtvierteln ist das bereits heute der Fall.

– Diese absehbare Entwicklung lässt die Bedeutung der Integrationspolitik unübersehbar werden: Bevor sich die Verhältnisse von Mehrheit und Minderheit nicht mehr nur in einzelnen Stadtvierteln umkehren, muss die Politik erhebliche Anstrengungen unternehmen, um eine Marginalisierung ganzer Generationen zu verhindern. Nur dann kann dem bereits heute vorhandenen interethnischen Gewaltpotential wirksam entgegengewirkt werden.

„Unsere Arbeitsmarktpolitik hat eine Völkerwanderung in Bewegung gesetzt, die sich ohne schwere politische Auseinandersetzungen nicht mehr stoppen, geschweige denn umkehren lässt. Die Wanderungswege sind durch zwischenstaatliche Verträge und europäisches Recht geebnet worden. Die Bewegung hält an, ohne dass wir über Sinn und Ziel auch nur den Umriss einer Übereinstimmung feststellen können. Diese Unsicherheit wirkt sich überall bis in die kleinsten Polizeireviere aus, da dort niemand Entscheidungen ausweichen kann.“[67]*

Günter Stephan, Vorstandsmitglied des DGB, 1967

„Die Ausländerbeschäftigung in der Bundesrepublik Deutschland ist aus rein ökonomischen Überlegungen entstanden. Sie hat sich allmählich, dann aber immer fühlbarer werdend, zum gesellschaftspolitischen Problem entwickelt. Es war und ist an der Zeit, die Weichen zu stellen und sie so zu stellen, dass uns die nächste Generation kein Versagen vorwerfen kann, das von erkannten sozialen Missständen in die soziale Konfrontation geführt hat.“[68]*

Josef Stingl, Präsident der Bundesanstalt für Arbeit, 1975

II. Wie alles begann – Die Anwerbung der „Gastarbeiter"

Die Zahl der Ausländer in der Bundesrepublik Deutschland erhöhte sich von 1961 bis 1971 von 700.000 auf drei Millionen und hat sich damit innerhalb eines Jahrzehnts mehr als vervierfacht. Der Zuwachs der Wohnbevölkerung von 1961 bis 1974 um 5,8 Millionen Personen ging zu 58 Prozent auf Ausländer zurück.[69] Der Zuzug von rund 5,1 Millionen Menschen aus den Anwerbestaaten, davon etwa 2,4 Mil-

[67] Stephan, Günter: Einstellung und Politik der Gewerkschaften, in: Papalekas, Johannes Chr. (Hrsg.): Strukturfragen der Ausländerbeschäftigung (= Bochumer Schriften zur Arbeitswissenschaft), Herford 1969, S. 39
[68] Stingl, Josef: Probleme der Beschäftigung ausländischer Arbeitnehmer in der Bundesrepublik Deutschland, in: Minoritäten, S. 66
[69] vgl. Huber, Peter: Bevölkerungspolitik durch Wanderungen? Demographische und regionalwirtschaftliche Grundlagen zur Beurteilung und Steuerung der Ausländerbeschäftigung in Europa, Tübingen 1977, S. 232

lionen offiziell als „Gastarbeiter" angeworben[70], stellte die größte Zuwanderung von Ausländern nach Deutschland dar, die dieses Land je gesehen hatte. Mit ihrer Eigendynamik bildete sie in den kommenden Jahrzehnten die Grundlage für die andauernde ungesteuerte Zuwanderung nach Deutschland, die sich seit den 1970er Jahren zunehmend vom Bedarf des Arbeitsmarktes löste. Auch in bevölkerungspolitischer Hinsicht wurden damit die Weichen für die kommenden Jahrzehnte gestellt. Die ethnische Zusammensetzung und die kulturelle Prägung des Staatsvolkes sollte sich durch diese „Völkerwanderung"[71] nicht unerheblich verändern. Die Anwerbung der Gastarbeiter – über viele Jahre als rein ökonomisches Thema betrachtet – stellte eine grundlegende Entscheidung für die Bundesrepublik Deutschland dar – in kultureller, sozialer und demografischer Hinsicht.

Von daher geht der wiederholte Hinweis auf die bereits zu Anfang des 20. Jahrhunderts große Zahl ausländischer Arbeitskräfte in Deutschland[72] (eine knappe Millionen 1907[73]) fehl: er sollte und soll die Dimension der Gastarbeiter-Zuwanderung seit den 1960er Jahren und die daraus resultierenden politischen und sozialen Herausforderungen relativieren. Bei einer rein quantitativen Betrachtung war der Hinweis zwar richtig, inhaltlich führte er aber nicht weiter, da sich die Strukturen (Herkunftsregionen, Rückkehrerquoten etc.) gravierend unterschieden. „Soweit es die Anteile an der Bevölkerung und auch der Erwerbsbevölkerung angeht, stimmt diese Feststellung. Darüber hinaus ist sie jedoch von geringem Wert. Der ausländische Arbeiter im Jahre 1910 wanderte zu aus Osteuropa, arbeitete in landwirtschaftlichen oder kleingewerblichen Betrieben und blieb eine Saison. Der ausländische Arbeiter im Jahre 1967 kommt aus anderen Ländern, arbeitet in anderen Industriezweigen und bestimmt seine Aufenthaltsdauer nur in Ausnahmefällen, etwa im Baugewerbe, nach jahreszeitlichen Abgrenzungen.

---

[70] vgl. Jamin, Mathilde: Die deutsche Anwerbung: Organisation und Größenordnung, in: Eryilmaz, Aytac; Jamin, Mathilde: Fremde Heimat. Eine Geschichte der Einwanderung aus der Türkei, Essen 1998, S. 149 ff.
[71] So der damalige Bundestagsabgeordnete Dieter Lattmann (SPD), zit. nach: Peksirin, Hilmi; Birkenfeld, Helmut: Türkisch-deutsche Schulprobleme, in: Birkenfeld, Helmut (Hrsg.): Gastarbeiterkinder aus der Türkei, München 1982, FN 1, S. 163
[72] vgl. u.a.: Bundesanstalt für Arbeitsvermittlung und Arbeitslosenversicherung (Hrsg.): Beschäftigung, Anwerbung, Vermittlung ausländischer Arbeitnehmer. Erfahrungsbericht 1964, Nürnberg 1965, S. 3f.
[73] vgl. Herbert, Ulrich: Geschichte der Ausländerpolitik in Deutschland, München 2001, S. 52 f.

Die Frage der rechtlichen Gleichbehandlung, die heute eine so wesentliche Rolle in der Diskussion spielt, lässt sich für die Zeit vor dem ersten Weltkrieg nicht sinnvoll stellen. Allenfalls könnten wir eine Gleichheit in der Rechtlosigkeit feststellen."[74] Die westdeutsche Nachkriegswirtschaft boomte, dementsprechend drängte sie auf den Import ausländischer Arbeitskräfte.[75] Insbesondere das Wirtschaftsministerium unterstützte diese Bestrebungen von Anfang an. Die Gewerkschaften wurden von Beginn an eingebunden. Sie setzten die tarifliche und sozialrechtliche Gleichstellung durch. Vereinbarungen zur Anwerbung wurden geschlossen – die erste 1955 mit Italien, obwohl damals in Westdeutschland noch 1,1 Millionen Arbeitslose registriert waren. 1960 überstieg die Zahl der offenen Stellen in Westdeutschland erstmals die Zahl der Arbeitslosen. Der Aufbau der Bundeswehr und die Abriegelung der DDR durch den Bau der Mauer (1961) taten ein Übriges.[76]

Es folgten Übereinkommen mit Spanien und Griechenland (1960), der Türkei (1961), Portugal (1964), Marokko (1963), Tunesien (1965) und Jugoslawien (1968). Die von den Auslandsdienststellen der „Bundesanstalt für Arbeitsvermittlung und Arbeitslosenversicherung" angeworbenen Gastarbeiter erhielten stets zunächst Aufenthalts- und Arbeitserlaubnis nur für ein Jahr.

1964 wurde die Ankunft des einmillionsten Gastarbeiters – des Portugiesen Armando Rodrigues de Sá – als Medienereignis gefeiert.[77] In dem ersten größeren konjunkturellen Einbruch der Nachkriegszeit, 1966/67, ging die Ausländerbeschäftigung kurzzeitig stark zurück. Sie sank 1967 um rund 320.000 Personen[78] – eine Art „Rotation" und ein Hinweis darauf, dass die Gastarbeiter in Teilen als „konjunkturelle

[74] Stephan, Günter: Einstellung und Politik der Gewerkschaften, in: Papalekas, Johannes Chr. (Hrsg.): Strukturfragen der Ausländerbeschäftigung (= Bochumer Schriften zur Arbeitswissenschaft), Herford 1969, S. 35
[75] vgl. Münz: Zuwanderung, S. 43 ff.
[76] vgl. Heckmann, Friedrich: Die Bundesrepublik als Einwanderungsland? Zur Soziologie der Gastarbeiterbevölkerung als Einwandererminorität, Stuttgart 1981, S. 150 ff.
[77] vgl. die Darstellung von Veit Didczuneit: Armonad Rodrigues de Sá, der einmillionste Gastarbeiter, das geschenkte Fahrrad und die öffentliche Wirkung. Rekonstruktionen. (2004) http://www.angekommen.com/iberer/Doku/tagung-ditsch.pdf [31. Mai 2006]
[78] vgl. Bundesanstalt für Arbeitsvermittlung und Arbeitslosenversicherung (Hrsg.): Ausländische Arbeitnehmer. Beschäftigung, Anwerbung, Vermittlung. Erfahrungsbericht 1968, Nürnberg 1969, S. 3

Manövriermasse"[79] fungierten. Ein (wenn auch abgeschwächter) Zusammenhang zwischen Wanderungen und konjunktureller Entwicklung (Bruttoinlandsprodukt, offene Stellen) blieb auch in den kommenden Jahrzehnten bestehen.[80]

In den Jahren 1962 bis 1974 kamen 8,8 Millionen Ausländer in die Bundesrepublik Deutschland und 5,2 Millionen verließen das Land wieder.[81]

Nachlassende Verdienstmöglichkeiten und wirtschaftliche Belebung in einzelnen Herkunftsländern verstärkten die Motivation, in die Heimat zurückzukehren: „Sobald sich die Verdienstmöglichkeiten nennenswert verschlechtern, ziehen es viele Ausländer erfahrungsgemäß vor, lieber wieder einmal in die Heimat zu ihren Familien zurückzukehren. Dabei handelt es sich überwiegend um solche Arbeitnehmer, die zu Hause einen Arbeitsplatz finden können, den sie nur bei wesent-

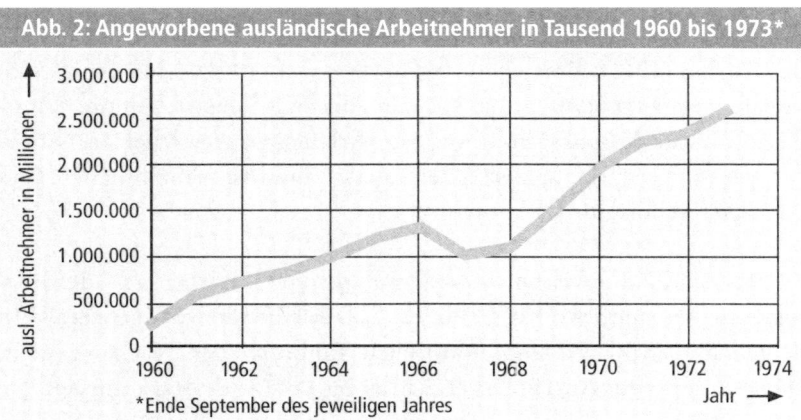

Abb. 2: Angeworbene ausländische Arbeitnehmer in Tausend 1960 bis 1973*

*Ende September des jeweiligen Jahres

Die Zahl der angeworbenen Gastarbeiter stieg kontinuierlich an. Lediglich von 1966 auf 1967 ging sie wegen des Konjunktureinbruchs zurück.

Quelle: Bundesanstalt für Arbeit (Hrsg.): Ausländische Arbeitnehmer. Beschäftigung, Anwerbung, Vermittlung – Erfahrungsbericht 1972/73 -, Nürnberg 1974, S. 5

[79] vgl. Bundesministerium für Raumordnung, Bauwesen und Städtebau (Hrsg.): Raumordnungspolitische Steuerung der Ausländerbeschäftigung. Alternative Steuerungskonzepte und räumliche Analyse der Ausländerbeschäftigung, bearbeitet von Jochem Langkau und Ursula Mehrländer, Bonn 1976, S. 69
[80] Ludäscher, Peter: Wanderungen und konjunkturelle Entwicklung in der Bundesrepublik Deutschland seit Anfang der sechziger Jahre, in: Geographische Zeitschrift Jg. 74, 1986, H. 1, S. 43-61
[81] vgl. Selke, Welf: Die Ausländerwanderung als Problem der der Raumordnungspolitik in der Bundesrepublik Deutschland. Eine politisch-geographische Studie, Bonn 1977, S. 37

lich besserer Verdienstmöglichkeit mit einem solchen im Ausland tauschen."[82]

Anwerbung wieder voll auf Touren

Das Absinken der Zahl der ausländischen Arbeitnehmer auf unter eine Million im Jahr 1967 und eine relativ hohe Arbeitslosenzahl von über 459.000 hätten zum Anlass genommen werden können, um die bisherige Anwerbepolitik zu überdenken und ein eigenständiges ausländerpolitisches Konzept zu entwickeln. Dies unterblieb allerdings. Im Gegenteil: Ab Frühjahr 1968 kam die Anwerbung noch einmal voll auf Touren, und die Bundesanstalt konnte einen „neuen Höchststand in der Nachkriegszeit"[83] nach dem anderen vermelden. 1968 vermittelten die Auslandsdienststellen der „Bundesanstalt für Arbeitsvermittlung und Arbeitslosenversicherung" sechsmal so viele Gastarbeiter wie 1967 (104.100 Personen).[84] Mitte 1969 erreichte die Ausländerbeschäftigung mit 1.372.100 ausländischen Arbeitnehmern einen „neuen Höhepunkt in der Nachkriegszeit".[85] Im September 1970 waren 1,95 Millionen Gastarbeiter beschäftigt, fast eine halbe Million und damit nahezu 30 Prozent mehr als ein Jahr zuvor.[86] Von 1967 bis 1973 nahm die Zahl der ausländischen Arbeitnehmer von 991.000 auf 2,6 Millionen zu.[87] Vor allem türkische und jugoslawische Gastarbeiter kamen in diesem Zeitraum in die Bundesrepublik: Von 1968 bis 1971 verdreifachte sich die Zahl der Türken (von 152.900 auf 453.100) und vervierfachte sich die Zahl der Jugoslawen (von 119.100 auf 478.300).[88] Anfang 1972 lösten die türkischen Gastarbeiter die italienischen Kollegen als stärkste Gruppe ab.[89]

---

[82] Bundesanstalt für Arbeit (Hrsg.): Repräsentativuntersuchung '72 über die Beschäftigung ausländischer Arbeitnehmer im Bundesgebiet und ihre Familien- und Wohnverhältnisse, Nürnberg 1973, S. 63
[83] vgl. u.a.: Bundesanstalt für Arbeit (Hrsg.): Ausländische Arbeitnehmer 1969. Beschäftigung, Anwerbung, Vermittlung – Erfahrungsbericht 1969, Nürnberg 1970, S. 3
[84] vgl. Bundesanstalt für Arbeitsvermittlung und Arbeitslosenversicherung (Hrsg.): Ausländische Arbeitnehmer. Beschäftigung, Anwerbung, Vermittlung. Erfahrungsbericht 1968, Nürnberg 1969, S. 27
[85] Bundesanstalt für Arbeit (Hrsg.): Ausländische Arbeitnehmer 1969. Beschäftigung, Anwerbung, Vermittlung – Erfahrungsbericht 1969, Nürnberg 1970, S. 3
[86] vgl. Bundesanstalt für Arbeit (Hrsg.): Ausländische Arbeitnehmer. Beschäftigung, Anwerbung, Vermittlung – Erfahrungsbericht 1970 -, Nürnberg 1971, S. 3
[87] vgl. Bundesanstalt für Arbeit (Hrsg.): Ausländische Arbeitnehmer. Beschäftigung, Anwerbung, Vermittlung – Erfahrungsbericht 1972/73 -, Nürnberg 1974, S. 5
[88] vgl. Bundesanstalt für Arbeit (Hrsg.): Ausländische Arbeitnehmer. Beschäftigung, Anwerbung, Vermittlung – Erfahrungsbericht 1971, Nürnberg 1972, S. 6
[89] vgl. Bundesanstalt für Arbeit (Hrsg.): Ausländische Arbeitnehmer. Beschäftigung, Anwerbung, Vermittlung – Erfahrungsbericht 1972/73 -, Nürnberg 1974, S. 9. f.

Rund 80 Prozent der ausländischen Arbeitnehmer waren im produzierenden Gewerbe und in der Bauwirtschaft tätig, 20 Prozent im Dienstleistungsgewerbe. Dabei übten sie überwiegend Tätigkeiten als Angelernte oder als Hilfsarbeiter aus.[90] Je höher der Mechanisierungsgrad war, desto höher lag der Anteil ungelernter Gastarbeiter. „Eine extrem hohe Türkenquote unter den Fordarbeitern hängt mit dem sehr hohen Mechanisierungsgrad der Arbeit bei Ford zusammen. Die Zerteilung der Arbeit in kurze und ständig zu wiederholende, gleichförmige Handgriffe ermöglicht es, Arbeiter ohne Qualifikation und ohne Kenntnis der deutschen Sprache einzusetzen; die Art der Arbeit erfordert es vielleicht sogar. Diese Entwicklungsstufe wurde erreicht, als man bei Ford zu Beginn der 60er Jahre von der Großserien- zur Massenproduktion überging."[91]

Konkurrenz und Aufstieg

In der Rezession kehrte ein Teil der Gastarbeiter zurück in die Herkunftsländer: Sie waren in besonders konjunkturempfindlichen Branchen tätig und wurden als an- und ungelernte Arbeitskräfte häufig als erste entlassen. Keineswegs waren es aber durchgängig die ausländischen Arbeitnehmer, die jetzt gekündigt und womöglich durch einheimische Kräfte ersetzt wurden. Im Gegenteil: aufgrund ihrer Leistungsbereitschaft im unteren Lohnsegment waren sie für viele Arbeitgeber unverzichtbar geworden: „Unter den Bedingungen der Rezession werden jetzt viele einheimische Arbeitskräfte gleichsam in die Zange genommen. Die Aufstiegsmöglichkeiten gehen zurück, ja es werden im oberen Teil der Qualifikationspyramide Positionen eingespart, vor allem Positionen, die ihre Existenz nur der Euphorie überdurchschnittlicher Wachstumsraten verdanken. Die als Alternative zur Entlassung für den einzelnen vielfach durchaus erwägenswerte Übernahme unterer Positionen ist aber nicht mehr realisierbar. Dort sind die ausländischen Arbeitskräfte tätig. Diese Alternative bestünde allerdings auch nicht, wenn man nicht ausländische Arbeitskräfte eingestellt hätte, sondern

---

90 vgl. Bundesanstalt für Arbeit (Hrsg.): Repräsentativuntersuchung '72, Nürnberg 1973, S. 8
91 Kleff, Hans-Günter: Vom Bauern zum Industriearbeiter. Zur kollektiven Lebensgeschichte der Arbeitsmigranten aus der Türkei, Mainz ²1985, S. 117

stattdessen mehr mechanisiert worden wäre. Für die Betroffenen besetzen aber Ausländer jetzt ‚ihren' Arbeitsplatz. Hinzu kommt, dass viele Ausländer gegenüber dem qualifizierten einheimischen Industriearbeiter die Rolle des Proletariats, des vierten Standes übernommen haben. Daran hatte man sich gewöhnt. In dieser Werthierarchie bestanden für die Einheimischen wenige Spannungen. Die Umstellung darauf, dass jetzt die Ausländer die Überlegenen sind, da sie wenigstens einen Arbeitsplatz besitzen, ist für viele nicht nachvollziehbar."[92]

Es waren vor allem die übrig gebliebenen einheimischen Geringqualifizierten, die die Gastarbeiter als ungeliebte Konkurrenten empfanden. „Der durch die Arbeitssituation hervorgerufene Pessimismus, das angesichts der sie umgebenden Türken und anderen Arbeitsmigranten besonders ausgeprägte Gefühl, gegenüber der Masse der Deutschen zu kurz gekommen zu sein, die Angst, den oft noch gesünderen und ausdauernderen ausländischen und türkischen Arbeitern beim Kampf um die Arbeitsplätze auf Dauer nicht gewachsen zu sein. Nur die wenigsten dieser deutschen Arbeiter werden in dieser Situation mit den Ausländern solidarisch sein. Die meisten werden sich aggressiv von den Ausländern abgrenzen und bei ihnen die Verantwortung für die eigene schlechte Position suchen."[93]

Im Produzierenden Gewerbe werden diese Verschiebungsprozesse besonders deutlich: So reduzierte sich innerhalb von zehn Jahren (von 1961 bis 1971) die Zahl der deutschen Beschäftigten um 870.000, gleichzeitig stieg die Zahl der ausländischen Arbeitnehmer um 1,1 Millionen. „Die beiden Wanderungsbewegungen haben sich gegenseitig bedingt und zeigen den Substitutionsprozess ‚Deutsche durch Ausländer' im Produzierenden Gewerbe", stellte die Bundesanstalt für Arbeit fest.[94] Die einheimischen Arbeitnehmer konnten Branchen mit niedrigem Lohnniveau, schlechten Arbeitsbedingungen und unsicheren Arbeitsplätzen verlassen. „Ungeachtet der nationalitätenspezifischen Beson-

---

[92] Landwehrmann, Friedrich: Probleme der Beschäftigung ausländischer Arbeitskräfte unter den Bedingungen der Rezession, in: Papalekas, Johannes Chr. (Hrsg.): Strukturfragen der Ausländerbeschäftigung (= Bochumer Schriften zur Arbeitswissenschaft), Herford 1969, S. 113
[93] Kleff: Vom Bauern zum Industriearbeiter, S. 126
[94] Bundesanstalt für Arbeit (Hrsg.): Ausländische Arbeitnehmer. Beschäftigung, Anwerbung, Vermittlung – Erfahrungsbericht 1972/73. Nürnberg 1974, S. 16

derheiten sind die ausländischen Arbeitnehmer u.a. von ihrer Ausbildung, ihrer wenig ausgeprägten Industrieerfahrung sowie von den vielfach geringen Deutschkenntnissen relativ mehr als ihre deutschen Kollegen vor allem in einfachen manuellen Arbeiten oder als Angelernte eingesetzt. Durch die Möglichkeit der Beschäftigung ausländischer Arbeitnehmer in solchen Positionen hat sich die Chance der deutschen Arbeiter, sich beruflich weiterzubilden und in der Betriebshierarchie aufzusteigen, zweifellos verbessert."[95] Der Import von Arbeitskräften aus dem Ausland verhinderte in diesen Branchen einen Lohnanstieg, den eine Arbeitskräfteknappheit bewirkt hätte.[96] Als Beispiel kann die Bauwirtschaft gelten: In den Jahren 1967 bis 1971 stieg die Zahl der beschäftigten Ausländer um 250.000, während die Zahl der einheimischen Arbeitnehmer um 320.000 zurückging. „Die Bauwirtschaft mit ihren spezifischen Arbeitsbedingungen in Verbindung mit dem häufigen Arbeitsplatzwechsel, mit der vielerorts saisonabhängigen und damit immer noch recht ungleichmäßigen Beschäftigung leidet unter dem Sog anderer florierender Wirtschaftszweige. Die Abwanderung aus der Bauwirtschaft hängt auch mit der Möglichkeit zusammen, ausländische Arbeitnehmer zu beschäftigen. Bestünde diese Rückgriffsmöglichkeit auf ausländische Arbeitskräfte nicht, so ergäben sich in der Bauwirtschaft tendenziell ein höheres Lohnniveau und ein höherer Technisierungsgrad der Bauproduktion. Dies wiederum hätte vermutlich die Abwanderungstendenz deutscher Arbeitnehmer aus der Bauwirtschaft abgebremst."[97] Vor diesem Hintergrund ist die Auffassung von Wirtschaftswissenschaftlern, von der Beschäftigung der Gastarbeiter hätten die Unternehmer (durch Verhinderung eines Anstiegs der Kosten im unteren Lohnsegment) sowie die deutschen Arbeitnehmer (die in besser bezahlte Branchen und höhere Positionen wechseln konnten) profitiert, nicht von der Hand zu weisen: „Man kann in diesem Fall von eindeutig positiven Verteilungseffekten zugunsten der Unternehmer und von (allerdings weniger deutlich ausgeprägten) Wirkungen zugunsten der deutschen Arbeitnehmerschaft sprechen; letzte-

[95] Bundesanstalt für Arbeit (Hrsg.): Repräsentativuntersuchung '72, Nürnberg 1973, S. 81
[96] vgl. Kade, Gerhard; Schiller, Günter: Gastarbeiterpolitik im Nebel, in: Wirtschaftsdienst, 53. Jg. H. 2/1973, S. 63 f.
[97] Bundesanstalt für Arbeit (Hrsg.): Ausländische Arbeitnehmer. Beschäftigung, Anwerbung, Vermittlung – Erfahrungsbericht 1972/73 -. Nürnberg 1974, S. 16

rer Effekt dürfte so lange bestehen, wie den ausländischen Arbeitskräften – bedingt durch die Ausbildungs- und Sprachbarriere sowie ihre soziale Isolierung – ein Aufstieg aus ihren inferioren Tätigkeiten verbaut ist."[98]

Billige Gastarbeiter statt höherer Löhne

Betriebswirtschaftliche Kalkulationen standen im Vordergrund. Die Gastarbeiter wurden als „Kostenfaktor" betrachtet.[99] Lohnerhöhungen und Rationalisierungsinvestitionen konnten auf diese Weise aufgeschoben werden. Es konnten jene Arbeitsplätze besetzt werden, die für einheimische Deutsche nicht mehr attraktiv waren – wegen schlechter Arbeitsbedingungen oder zu geringen Löhnen.[100] Die Alternative wäre gewesen, die Löhne gerade im unteren Lohnsegment zu erhöhen und die Arbeitsbedingungen zu verbessern.[101]

„Wäre dieses zusätzliche Arbeitspotential nicht verfügbar gewesen, hätten die gesamtwirtschaftliche Lohnquote erhöht und mehr arbeitssparende Kapitalinvestitionen (zum Zwecke der Automatisierung) durchgeführt werden müssen."[102]

Wirtschaftswissenschaftler haben den Mechanismus an Beispielen aus dem Dienstleistungssektor verdeutlicht: „So ist zu fragen nach dem Selbstverständnis einer Gesellschaft, die viele wichtige Funktionen bis hin zu den Pflegeberufen einkommens- und ansehensmäßig so weit deklassiert, dass sie von der einheimischen Bevölkerung gemieden werden. Vergleichen wir etwa den Beruf der Krankenschwester mit dem einer Sekretärin, so zeigt sich deutlich, dass die soziale Priorität in einem eklatanten Widerspruch zur faktischen sozialen Einstufung steht. Sekretärinnen und Krankenschwestern sind knapp. Im einen Fall wird der Beruf durch Geld und Prestige attraktiv gestaltet, im anderen

---

[98] Höpfner, Klaus; Ramann, Bernd; Rürup, Bert: Ausländische Arbeitnehmer. Gesamtwirtschaftliche Probleme und Steuerungsmöglichkeiten (= Kleine Schriften der Gesellschaft für Regionale Strukturentwicklung), Bonn 1973, S. 54 f
[99] vgl. hierzu u.a.: Luft: Ausländerpolitik in Deutschland, S. 21 ff. sowie: Voigt: Die volkswirtschaftliche Bedeutung der ausländischen Arbeitskräfte, München 1974, S.24 ff.
[100] vgl. Forschungsverbund „Probleme der Ausländerbeschäftigung": Integrierter Endbericht, o.O., 1979, S. 21 ff.
[101] In diesem Sinne äußerte sich auch der Wissenschaftliche Beirat beim Bundesministerium für Wirtschaft, in: ders.: Probleme der Ausländerbeschäftigung, 16. März 1974, S. 18

Fall wird zur Deckung des Bedarfs auf Korea und die Philippinen zurückgegriffen."[103]

Die Qualifikationsstruktur der Gastarbeiter und der durch die Ausländerbeschäftigung verzögerte Strukturwandel beeinträchtigten die Entwicklung des Volkseinkommens: „Eine negative Auswirkung auf das Volkseinkommen je Erwerbstätigen geht von der Minderung der durchschnittlichen beruflichen und fachlichen Qualifikation der Erwerbstätigen insgesamt aus, die aus der Ausländerbeschäftigung folgt. Modellrechnungen zeigten, dass die zu erwartende Verlangsamung der Kapitalintensivierung das intensive Wachstum ebenfalls ungünstig beeinflusst. Schließlich hemmt der u. E. wahrscheinliche Verzicht der Unternehmer auf forcierten technischen Fortschritt zugunsten der Beschäftigung ausländischer Arbeitskräfte die Entwicklung des Volkseinkommens je Erwerbstätigen zusätzlich", analysierten Wirtschaftswissenschaftler in einem Gutachten für die Landesregierung Baden-Württemberg die Auswirkungen schon 1972.[104]

Mit Hilfe der ausländischen Arbeitnehmer konnte die sinkende Erwerbsquote der Deutschen ausgeglichen werden: Arbeitszeitverkürzungen, Verlängerung der Ausbildungszeiten, Herabsetzung des Renteneintrittsalters, zurückgehende Frauenerwerbstätigkeit und ungünstige demografische Entwicklungen wurden durch die Arbeitskräfte aus dem Ausland ausgeglichen.[105] Die „Internationalisierung des Arbeitsmarktes"[106] wurde zunächst als unumstrittene Lösung angesehen.

In den 1960er Jahren wurde zudem von interessierter Seite immer wieder darauf hingewiesen, dass es sich bei der Beschäftigung ausländischer Arbeitnehmer um ein „gutes Geschäft" handele, schließlich zahlten sie Sozialversicherungsbeiträge wie ihre deutschen Kollegen. Aufgrund ihres niedrigen Durchschnittsalters und der damals nicht vorstellbaren Arbeitslosigkeit seien entsprechende Auszahlungen hingegen nicht zu befürchten. So erklärte der Staatssekretär im Bundesministerium für Arbeit und Soziales, Ludwig Kattenstroth, 1966: „Bei

[102] Voigt: Die volkswirtschaftliche Bedeutung der ausländischen Arbeitskräfte, S. 25
[103] Kade/Schiller: Gastarbeiterpolitik im Nebel, in: Wirtschaftsdienst, 53. Jg. H. 2/1973, S. 64 f.
[104] Bullinger, Siegfried et al.: Die volkswirtschaftliche Bedeutung der Beschäftigung ausländischer Arbeitnehmer in Baden-Württemberg, Tübingen 1972, S. 391

dem Lebensalter der ausländischen Arbeitnehmer wirkt sich das z. Z. vor allem für die deutsche Rentenversicherung sehr günstig aus, weil sie weit höhere Beiträge von den ausländischen Arbeitnehmern einnimmt, als sie gegenwärtig an Rentenleistungen für diesen Personenkreis aufzubringen hat. Nach neuesten Unterlagen beträgt in den deutschen Rentenversicherungen (Angestelltenversicherung, Arbeiterrentenversicherung, knappschaftliche Rentenversicherung und Unfallversicherung) gegenwärtig das Beitragsaufkommen auf Grund der Beschäftigung der ausländischen Arbeitnehmer jährlich rd. 1,2 Milliarden DM, während sich die Rentenzahlungen an ausländische Arbeitnehmer jährlich auf rd. 127 Millionen DM, also etwa ein Zehntel, belaufen. Hierdurch wird in fühlbarem Maße die wachsende finanzielle Belastung der Rentenversicherungen, die sich aus der kriegsbedingt verzerrten Bevölkerungsstruktur in Deutschland ergibt, entlastet."[107]

Als es Mitte der 1960er Jahre selbst unter den Gastarbeitern schwierig erschien, für besonders unbeliebte Jobs Bewerber zu finden, wurde nicht darüber nachgedacht, die Arbeitsbedingungen zu verbessern und die Entlohnung zu erhöhen, vielmehr wurden Forderungen erhoben, Arbeitskräfte aus Nordafrika anzuwerben, was (zumindest in größerem Umfang) trotz der bereits abgeschlossenen Anwerbeabkommen mit Marokko (1963) und Tunesien (1965) aus politischen Gründen allerdings unterblieb. Die Innenministerkonferenz sprach sich 1965 dagegen aus.[108]

„Wir kennen die Argumente, die dahin lauten, dass es schwierig ist, für schmutzige, schlecht bezahlte Arbeiten Arbeitnehmer aus dem europäischen Raum zu bekommen. Auf der anderen Seite wissen wir von der Bundesanstalt, dass es noch Bereiche in den Anwerbestaaten

105 vgl. Voigt: Die volkswirtschaftliche Bedeutung der ausländischen Arbeitskräfte, S. 26
106 Heckmann, Friedrich: Die Bundesrepublik als Einwanderungsland? Zur Soziologie der Gastarbeiterbevölkerung als Einwandererminorität, Stuttgart 1981, S. 152
107 Auf einer Tagung der Bundesvereinigung der Deutschen Arbeitgeberverbände am 30. und 31. März 1966, dokumentiert in: Magnet Bundesrepublik. Probleme der Ausländerbeschäftigung (= H. 42 der Schriftenreihe der Bundesvereinigung der Deutschen Arbeitgeberverbände), Bonn 1966, S. 14: in ähnlichem Sinn der Präsident der Bundesanstalt für Arbeitsvermittlung und Arbeitslosenversicherung, Anton Sabel: Die arbeitsmarktpolitische Bedeutung der Beschäftigung ausländischer Arbeitnehmer, in: ebd., S. 163
108 vgl. Auszug aus der Niederschrift über die Sitzung der Ständigen Konferenz der Innenminister der Länder am 3. und 4. Juni 1965 in Berlin, Punkt 9: Ausländerrecht: hier: Grundsätze der Ausländerpolitik [wurde dem Autor von der Geschäftsstelle der Ständigen Konferenz der Innenminister und -senatoren der Länder zur Verfügung gestellt.]

gibt, wo zahlreiche Leute sitzen, die bereit wären, sich für diese Arbeiten anwerben zu lassen", erklärte ein Vertreter des Bundesinnenministeriums 1966 auf einer Tagung der „Bundesvereinigung der Deutschen Arbeitgeberverbände".[109]

Keine eigenständige Ausländerpolitik

Eine eigenständige deutsche „Ausländerpolitik" oder „Zuwanderungspolitik" hat es zumindest bis zum Anwerbestopp Ende 1973 nicht gegeben. Der Staat vollzog das, was die Wirtschaft von ihm forderte. Die Wirtschaft entschied über die Anzahl der angeworbenen Gastarbeiter wie über deren Verteilung innerhalb der Bundesrepublik.[110] Helmut Rittsieg stellte 1974 fest: „Mitursächlich für die in mancher Hinsicht unbefriedigende Situation der in der Bundesrepublik lebenden und arbeitenden Ausländer ist das Fehlen einer staatlichen Ausländerpolitik. Der Wunsch der Wirtschaft nach billiger und abhängiger Arbeitskraft steht anstelle einer staatlichen Politik."[111]

Die Anwerbung ausländischer Arbeitnehmer wurde über viele Jahre ausschließlich unter wirtschaftlichen Gesichtspunkten betrachtet. Angesichts von Arbeitskräfteknappheit erschien dies allen Beteiligten – Arbeitgebern, Gewerkschaften und Bundesregierung – als die am nächsten liegende und einfachste Lösung. „Die Bundesregierungen der Nachkriegszeit haben es von Anfang an als ihre Aufgabe angesehen, vor allem in der Wiederaufbauphase der fünfziger und sechziger Jahre, die Wirtschaft im Rahmen ihrer Anforderungen mit Arbeitskräften zu versorgen. Die Bundesanstalt hat nach dem Arbeitsförderungsgesetz die Aufgabe, dafür zu sorgen, dass ein Mangel an Arbeitskräften weder eintritt noch fortdauert. Die prompte Vermittlung ist eine logische Konsequenz der Wachstumspolitik, auf die sich alle gesellschaftlich tragenden Kräfte in der BRD verständigt haben."[112]

---

[109] Magnet Bundesrepublik. Probleme der Ausländerbeschäftigung (= H. 42 der Schriftenreihe der Bundesvereinigung der Deutschen Arbeitgeberverbände), Bonn 1966, S. 130
[110] vgl. Mehrländer, Ursula: Bundesrepublik Deutschland, in: Gehmacher, Ernst; Kubat, Daniel; Mehrländer, Ursula (Hrsg.): Ausländerpolitik im Konflikt. Arbeitskräfte oder Einwanderer? Konzepte der Aufnahme- und Entsendeländer, Bonn 1978 (= Schriftenreihe des Forschungsinstituts der Friedrich-Ebert-Stiftung, Bd. 139), S. 119
[111] Rittsieg, Helmut: Gesellschaftliche und politische Perspektiven des Ausländerrechts, in: Ansay, Tuğrul; Gessner, Volkmar (Hrsg.) Gastarbeiter in Gesellschaft und Recht, München 1974, S. 56
[112] vgl. Lohrmann, Heinrich: Auswirkungen der Ausländerbeschäftigung auf die soziale Struktur der Bundesrepublik Deutschland, In: ders; Manfrass, Klaus (Hrsg.) Ausländerbeschäftigung und internationale Politik. Zur Analyse transnationaler Sozialprozesse, München, Wien, 1974, S. 117

Den Hebel umlegen

Die Realisierbarkeit der Rückkehrerwartung und der Rückkehrabsichten wurde nicht als Problem wahrgenommen – tatsächlich hatte es ja über die Jahre immer wieder auch Wanderungen erheblichen Ausmaßes zurück in die Herkunftsländer gegeben. So standen alleine von Oktober 1971 bis September 1972 473.000 neu eingereisten Arbeitskräften 362.000 Rückkehrer gegenüber.

Bei sinkendem Bedarf werde man den Hebel rechtzeitig umlegen, die Rückkehr der Gastarbeiter werde sich dann – so die verbreitete Erwartung – von selbst ergeben. „Bei Auftreten entsprechender Symptome [sinkendem Bedarf und Arbeitslosigkeit] würde rechtzeitig die weitere Anwerbung ausländischer Arbeitnehmer ausgesetzt. Im Falle einer Einstellung der Vermittlungstätigkeit in den Anwerbeländern würde die Zahl der ausländischen Arbeitnehmer schnell rückläufig sein. Schon in Jahresfrist würde sich der Bestand an ausländischen Arbeitskräften um

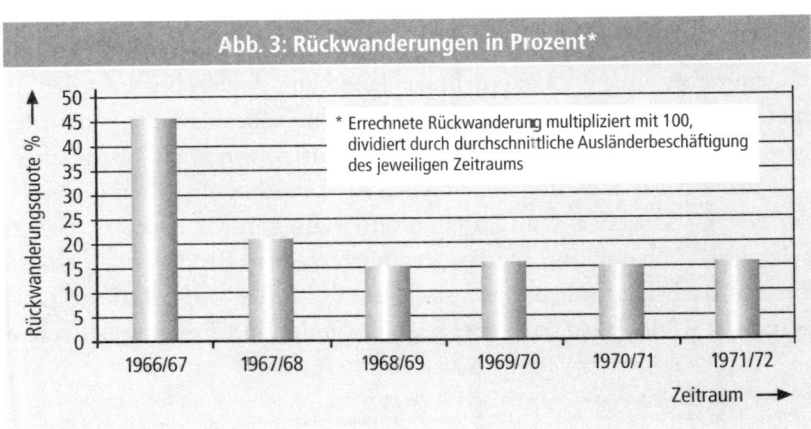

Abb. 3: Rückwanderungen in Prozent*

* Errechnete Rückwanderung multipliziert mit 100, dividiert durch durchschnittliche Ausländerbeschäftigung des jeweiligen Zeitraums

Rückwanderungsquote %

Zeitraum →

Im Zeitraum der ersten Konjunkturkrise der Nachkriegszeit 1966/67 wanderte nahezu jeder zweite Gastarbeiter zurück – Grundlage für die Annahme, dies werde sich nach dem Anwerbestopp 1973 und der Ölkrise wiederholen.

Quelle: Bundesanstalt für Arbeit (Hrsg.): Ausländische Arbeitnehmer. Beschäftigung, Anwerbung, Vermittlung – Erfahrungsbericht 1972/73 –, Nürnberg 1974, S. 5

ein Drittel reduzieren", erklärte 1966 der Präsident der Bundesanstalt für Arbeitsvermittlung und Arbeitslosenversicherung, Anton Sabel.[113]

Zweifel an dieser Vorstellung wurden allerdings ebenfalls angemeldet. So prognostizierte Rolf Weber, Abteilungsleiter bei der Bundesvereinigung der Deutschen Arbeitgeberverbände, 1967: „Es wird zweifellos außerordentlich schwierig sein, ausländische Arbeitskräfte, die längere Zeit in deutschen Betrieben waren und sich aufgrund ihrer Intelligenz und ihres Fleißes eine gutbezahlte Stellung errungen haben, nun zu bewegen, in die gleichen Verhältnisse zurückzukehren, die sie vor einigen Jahren verlassen haben."[114]

Kettenwanderung

Hinzu kam die „Kettenwanderung" – „Pioniere" holten Verwandte und Freunde nach. Sie nahm damals auf Betreiben der Unternehmen ihren Ausgang. Ein Drittel aller Anwerbungen aus der Türkei erfolgte bereits seit Mitte der 1960er Jahre namentlich[115], dieser Anteil stieg im Laufe der Jahre noch geringfügig an und galt für die gesamte Gruppe der Gastarbeiter[116]: Bereits ansässige Gastarbeiter hatten ihre Verwandten empfohlen, die die Unternehmen dann beim Arbeitsamt anforderten, nicht zuletzt, weil sie sich davon eine leichtere betriebliche Eingliederung und eine Verringerung möglichen Konfliktpotentials versprachen. „Letztlich wird auch der Arbeitgeber aus betriebspolitischen Gründen oft geneigt sein, den Wunsch eines ausländischen Mitarbeiters, den er sehr hoch schätzt, zu erfüllen, nämlich seinen Bruder oder seinen Freund nach Deutschland anzuwerben. Bei Beachtung all dieser Umstände ist es doch oft nahe liegend, Verwandte und Freunde der schon

---

[113] Sabel, Anton: Die arbeitsmarktpolitische Bedeutung der Beschäftigung ausländischer Arbeitnehmer, in: Magnet Bundesrepublik. Probleme der Ausländerbeschäftigung (= H. 42 der Schriftenreihe der Bundesvereinigung der Deutschen Arbeitgeberverbände), Bonn 1966, S. 166

[114] Weber, Rolf: Einstellung und Politik der Arbeitgeberverbände, in: in: Papalekas, Johannes Chr. (Hrsg.): Strukturfragen der Ausländerbeschäftigung (= Bochumer Schriften zur Arbeitswissenschaft), Herford 1969, S. 56

[115] So der Leiter der Deutschen Verbindungsstelle in der Türkei, Marquard, in: Magnet Bundesrepublik. Probleme der Ausländerbeschäftigung (= H. 42 der Schriftenreihe der Bundesvereinigung der Deutschen Arbeitgeberverbände), Bonn 1966, S. 62; hierzu auch: Bundesanstalt für Arbeit (Hrsg.): Ausländische Arbeitnehmer. Beschäftigung, Anwerbung, Vermittlung – Erfahrungsbericht 1972/73 –. Nürnberg 1974, S. 48; S. 57 f.

[116] vgl. Weichert, Lothar: Zwischenbetriebliche Mobilität und Beschäftigungschancen, in: in: Papalekas, Johannes Chr. (Hrsg.): Strukturfragen der Ausländerbeschäftigung (= Bochumer Schriften zur Arbeitswissenschaft), Herford 1969, S. 70

beschäftigten ausländischen Mitarbeiter anzuwerben."[117] Die auf diese Weise nach Deutschland übersiedelten Familienverbände galten allerdings als weniger betriebsverbunden und wechselten häufiger – als Gruppe – den Arbeitgeber. „Andere Betriebe jedoch, die – aus welchen Gründen auch immer (geringes Lohnniveau, schlechte Arbeitsbedingungen) – auf Ausländer angewiesen sind, sind bei der namentlichen Anforderung großzügiger. Viele Ausländer gehen deshalb in diese Betriebe, um ihre Verwandten nach Deutschland nachzuholen", berichtete ein Vertreter des Landesarbeitsamtes Düsseldorf 1967.[118]

Auch für die Gastarbeiter hatte das Zusammenkommen in der Bundesrepublik hohe Priorität – je länger die Dauer des Aufenthalts, desto ausgeprägter war der Wunsch, Verwandte nachkommen zu lassen.[119] Die Familie im weiteren Sinn half, die schwierige Situation in der neuen Umgebung zu bestehen. Die Anwesenheit von Verwandten und Freunden stabilisierte nicht nur in emotionaler Hinsicht, sondern trug auch in sozialer Hinsicht zur besseren Bewältigung der Herausforderungen bei. Zudem spielte die Verwandtschaft in den Herkunftsregionen insbesondere der türkischen Gastarbeiter eine herausragende Rolle, sie wurde als eine „Art Sozialversicherung" betrachtet, was vor dem Hintergrund der geringen Verbreitung einer staatlichen Sozialversicherung in der Türkei gesehen werden muss.[120]

So war es neben möglichst guten Verdienstmöglichkeiten vor allem dieser Wunsch, der bei der Vermittlung angemeldet wurde: „Häufig geht es den an einer Arbeitsaufnahme im Ausland Interessierten zunächst in erster Linie darum, im Familienverband ausreisen zu können oder im Bundesgebiet in die nähere Umgebung von Verwandten oder bekannten Landsleuten zu ziehen, möglichst sogar in die gleichen Betriebe vermittelt zu werden. Dabei überdeckt der Wunsch nach Verwirklichung derartiger Familienzusammenführungen nicht selten –

[117] So ein Vertreter des Baustoffherstellers Dyckerhoff 1966 bei einer Tagung der Bundesvereinigung der Arbeitgeberverbände, in: Magnet Bundesrepublik. Probleme der Ausländerbeschäftigung (= H. 42 der Schriftenreihe der Bundesvereinigung der Deutschen Arbeitgeberverbände), Bonn 1966, S. 57
[118] Weichert, Lothar: Zwischenbetriebliche Mobilität und Beschäftigungschancen, in: in: Papalekas, Johannes Chr. (Hrsg.): Strukturfragen der Ausländerbeschäftigung (= Bochumer Schriften zur Arbeitswissenschaft), Herford 1969, S. 70
[119] vgl. Bundesanstalt für Arbeit (Hrsg.): Ausländische Arbeitnehmer. Beschäftigung, Anwerbung, Vermittlung – Erfahrungsbericht 1971, Nürnberg 1972, S. 44 f.
[120] Akpinar, Ünal: Angleichungsprobleme türkischer Arbeiterfamilien, Bonn 1977, S. 71

zumindest anfänglich – alle anderen Überlegungen, so auch die im Zusammenhang mit dem beruflichen Arbeitsansatz."[121]

Die große Bedeutung der Kettenwanderung für die türkische Zuwanderung erklärt sich auch aus einer spezifischen Entsendepolitik der türkischen Regierung: Bevorzugt wurden Personen aus Regionen, die von Naturkatastrophen heimgesucht worden waren (Varto/Erzurum; Gediz/Kutahya sowie Konya und Isparta) sowie aus ländlichen Regionen, um durch sie die erwarteten Rücküberweisungen zu stärken.[122] Die hiermit entstehende Kettenmigration[123] und der Familiennachzug sollten wesentliche Elemente des Zuwanderungsprozesses der nächsten Jahrzehnte werden, der sich vom Bedarf des Arbeitsmarktes gelöst hatte. Aufgrund dieses Netzwerkeffektes haben sich drei Viertel aller Türken und 70 Prozent aller Jugoslawen innerhalb der EU in Deutschland niedergelassen.[124]

Ende 1973 hielten sich 528.000 türkische, 466.000 jugoslawische, 409.000 italienische, 268.000 griechische und 179.000 spanische Arbeitnehmer in der Bundesrepublik Deutschland auf – insgesamt 2,4 Millionen Menschen.[125]

Der Anwerbestopp

Anfang der 1970er Jahre wurden die Stimmen derjenigen immer lauter, die der ungestümen Fortsetzung der Anwerbepolitik skeptisch gegenüber standen und angesichts der sozialen Folgeerscheinungen eine deutliche Reduzierung erreichen wollten.[126] So mahnte Bundeskanzler Willy Brandt in seiner Regierungserklärung vom 18. Januar 1973: „Es

[121] Bundesanstalt für Arbeit (Hrsg.): Repräsentativuntersuchung '72, Nürnberg 1973, S. 83 f.
[122] vgl. Gitmez, Ali; Wilpert, Czarina: A Micro-Society or an Ethnic Community? Social Organization and Ethnicity among Turkish Migrants in Berlin, in: Rex, John; Joly, Daniele; Wilpert, Czarina (Hrsg.): Immigrant Associations in Europe, Aldershot 1987, S. 92 f.
[123] vgl. Albrecht, Günter: Soziologie der geographischen Mobilität. Zugleich ein Beitrag zur Soziologie des sozialen Wandels, Stuttgart 1972, S. 117 ff.
[124] Brückner, Herbert; Trübswetter, Parvati; Weise, Christian: EU-Osterweiterung: Keine massive Zuwanderung zu erwarten (= DIW Wochenbericht 21/00)
[125] Bundesanstalt für Arbeit (Hrsg.): Ausländische Arbeitnehmer. Beschäftigung, Anwerbung, Vermittlung – Erfahrungsbericht 1972/73 -. Nürnberg 1974, S. 11
[126] vgl. u.a.: Höpfner, Klaus; Rammn, Bernd; Rürup, Bert: Ausländische Arbeitnehmer. Gesamtwirtschaftliche Probleme und Steuerungsmöglichkeiten (= Kleine Schriften der Gesellschaft für Regionale Strukturentwicklung), Bonn 1973, S. 63

ist aber ... notwendig geworden, dass wir sehr sorgsam überlegen, wo die Aufnahmefähigkeit unserer Gesellschaft erschöpft ist und wo soziale Vernunft und Verantwortung Halt gebieten. Wir dürfen das Problem nicht dem Gesetz des augenblicklichen Vorteils allein überlassen. Also wird es auch gelten, diese Dinge im Zusammenhang darzustellen und Lösungsvorschläge daraus abzuleiten."[127]

Die im Juni 1973 vorgestellten Leitlinien eines „Aktionsprogramms" der Bundesregierung zur Ausländerbeschäftigung konkretisierten dies. Demnach sollten die Vermittlungsgebühren der Bundesanstalt für Arbeit „spürbar erhöht" und der Zuzug in Ballungsräume von der Sozialverträglichkeit abhängig gemacht werden. „Die Zulassung ausländischer Arbeitnehmer in überlasteten Siedlungsgebieten soll von der Aufnahmefähigkeit der sozialen Infrastruktur abhängig gemacht werden."[128]

Eine Reihe abgestufter Maßnahmen, die auf eine Absenkung der Nachfrage über den Preis hinausliefen, wurde bis zum Anwerbestopp ergriffen:

– Im November 1972 wurde der „zweite Weg" zur Arbeitsaufnahme in die Bundesrepublik Deutschland versperrt. Er bestand darin, über die Botschaften und Konsulate und unter Umgehung der Auslandsdienststellen der Bundesanstalt für Arbeit eine Aufenthalts- und Arbeitserlaubnis zu beantragen. Dies war generell ungern gesehen – so konnte das Auswahlverfahren der Bundesanstalt nicht greifen[129], und es entfielen die Untersuchungen durch Ärzte der Bundesanstalt[130]. Das Beschreiten des „zweiten Weges" war seitdem nur noch in Ausnahmefällen möglich.[131]

---

[127] In: Regierungserklärungen 1949-1973, zusammengestellt von Peter Pulte, Berlin, New York 1973, S. 285
[128] zit. nach: „Aktionsprogramm für Ausländerbeschäftigung", in: Sozialpolitische Informationen, hrsg. vom Bundesminister für Arbeit und Sozialordnung, Jg. VII/24, 22. Juni 1973, S. 50
[129] vgl. Voit, Otto: So sollten sie nur in Ausnahmen kommen. Zur Einstellung ausländischer Arbeitnehmer auf dem ‚zweiten Weg', in: der arbeitgeber, 6/1966, S. 144-146
[130] vgl. Bundesanstalt für Arbeitsvermittlung und Arbeitslosenversicherung (Hrsg.): Beschäftigung, Anwerbung, Vermittlung ausländischer Arbeitnehmer. Erfahrungsbericht 1964, Nürnberg 1965, S. 29 ff.. Hoeschel, Erich: So kommen sie zu uns! Die Voruntersuchung ausländischer Arbeitnehmer, in: der arbeitgeber 6/1966, S. 143 f.
[131] vgl. Bundesanstalt für Arbeit (Hrsg.): Ausländische Arbeitnehmer. Beschäftigung, Anwerbung, Vermittlung – Erfahrungsbericht 1972/73 –. Nürnberg 1974, S. 6

– In jedem Einzelfall musste von den Behörden geprüft werden, ob die Richtlinie des Arbeits- und Sozialministers vom 1. April 1971 zu den Mindeststandards der Unterkünfte[132] eingehalten wurde. Das legte das „Aktionsprogramm" der Bundesregierung vom 6. Juni 1973 fest.[133] Das „Gesetz über die Mindestanforderungen an Unterkünfte für Arbeitnehmer" vom 23. Juli 1973[134] bevollmächtigte die Behörden, die Unterkünfte „zu betreten und zu besichtigen".

– Seit 20. August 1973 durften die Arbeitsämter keine Arbeitserlaubnisse für eine Beschäftigung bei Verleihfirmen mehr erteilen.[135]

– Zur Begrenzung der Zuwanderung wurde die Pauschale, die die anfordernden Arbeitgeber für Gastarbeiter aus Nicht-EG-Ländern zu entrichten hatten, zum 1. Mai 1972 auf 300 DM und zum 1. September 1973 auf 1.000 DM pro Person erhöht und damit die Anwerbung weiter verteuert.[136] Die Tatsache, dass diese Verteuerung bereits Monate vor Inkrafttreten verkündet wurde, führte dazu, dass die Unternehmen auf Vorrat ausländische Arbeitnehmer anforderten und einstellten. Von September 1972 bis September 1973 stieg alleine die Zahl der Ausländer in Deutschland um 440.000 Personen, davon rund die Hälfte aus der Türkei.

Als Folge der Ölkrise und der sich abzeichnenden schweren Rezession 1974/75 wies der Bundesminister für Arbeit und Sozialordnung am 23. November 1973 die Bundesanstalt für Arbeit an, die Vermittlung ausländischer Arbeitnehmer einzustellen: „Es ist nicht auszuschließen, dass die gegenwärtige Energiekrise die Beschäftigungssituation in der Bundesrepublik Deutschland in den kommenden Monaten ungünstig beeinflussen wird. Unter diesen Umständen ist es nicht vertretbar, gegenwärtig weitere ausländische Arbeitnehmer über die Auslandsstellen

---

[132] Abgedruckt in: Bundesanstalt für Arbeit (Hrsg.): Repräsentativuntersuchung '72 über die Beschäftigung ausländischer Arbeitnehmer im Bundesgebiet und ihre Familien- und Wohnverhältnisse, Nürnberg 1973, S. 170 f.
[133] vgl. „Aktionsprogramm für Ausländerbeschäftigung", in: Sozialpolitische Informationen, hrsg. vom Bundesminister für Arbeit und Sozialordnung, Jg. VII/24, 22 Juni 1973, S. 50
[134] BGBL I, S. 905
[135] Bundesanstalt für Arbeit (Hrsg.): Ausländische Arbeitnehmer. Beschäftigung, Anwerbung, Vermittlung – Erfahrungsbericht 1972/73 –. Nürnberg 1974, S. 31
[136] vgl. Bundesministerium für Raumordnung, Bauwesen und Städtebau (Hrsg.): Raumordnungspolitische Steuerung der Ausländerbeschäftigung. Alternative Steuerungskonzepte und räumliche Analyse der Ausländerbeschäftigung, bearbeitet von Jochem Langkau und Ursula Mehrländer, Bonn 1976, S. 23 f.

der Bundesanstalt für Arbeit für eine Arbeitsaufnahme in der Bundesrepublik zu vermitteln. Nach Zustimmung durch das Bundeskabinett bitte ich unter Bezugnahme auf Para. 19 Abs. 4 AFG die Auslandsdienststellen der Bundesanstalt für Arbeit – ausgenommen die deutsche Kommission in Italien – anzuweisen, mit sofortiger Wirkung die Vermittlung ausländischer Arbeitnehmer einzustellen. Diese Maßnahme gilt bis auf Widerruf."[137]

Mit welcher Selbstverständlichkeit die Politik des Arbeitskräfteimports betrieben wurde, macht in diesem Zusammenhang die Tatsache deutlich, dass der Präsident der Bundesanstalt für Arbeit, Josef Stingl, noch im Februar 1973 Forderungen nach einer Begrenzung der Anwerbeaktivitäten eine Absage erteilt hatte. „Die Forderung, die Ausländerbeschäftigung abzubauen, wäre deshalb zum gegenwärtigen Zeitpunkt unrealistisch. Das gleiche gilt für eine Begrenzung auf den augenblicklichen Stand."[138]

Vor allem aus der Wirtschaft wurden sogleich Stimmen laut, die eine Aufhebung, zumindest aber Ausnahmeregelungen verlangten.[139] Bei der *Bundesvereinigung Deutscher Arbeitgeberverbände* war man sich bereits 1974 sicher, „dass wir nach Überwindung der derzeitigen konjunkturellen Situation die Tore für eine Anwerbung wieder öffnen müssen."[140] Dies allerdings bei befristeter Aufenthaltsdauer, ohne Familiennachzug und bei *sorgfältigerer Auswahl*: „Man wird auf die Anpassungsfähigkeit und -bereitschaft der Bewerber größeren Wert legen müssen."[141]

Die Weisung der Bundesanstalt für Arbeit vom 13. November 1974 zur Beschäftigung ausländischer Arbeitnehmer nahm denn auch von vornehrein die Branchen Bergbau, Fisch- und Konservenindustrie,

---

[137] Das Fernschreiben des Bundesministers für Arbeit und Sozialordnung vom 23. November 1973 an den Präsidenten der Bundesanstalt für Arbeit ist abgedruckt in: Albrecht, Georg (Hrsg.): Das Düsseldorfer Programm zum Ausländerrecht, Bonn 1976, S. 334; vgl. Bundesanstalt für Arbeit (Hrsg.): Ausländische Arbeitnehmer. Beschäftigung, Anwerbung, Vermittlung – Erfahrungsbericht 1972/73 –. Nürnberg 1974, S. 7
[138] Stingl, Josef: Wo liegt die Grenze der Ausländerbeschäftigung, in: Wirtschaftsdienst 53. Jg., H. 2/ Februar 1973, S. 66
[139] vgl. Münscher, Alice: Ausländische Familien in der Bundesrepublik Deutschland. Familiennachzug und generatives Verhalten (= Materialien zum Dritten Familienbericht der Bundesregierung) München 1979, S. 10
[140] Weber, Rolf: Das Gastarbeiterproblem aus Sicht der Arbeitgeber, in: Althammer, Walter: Das Gastarbeiterproblem – Rotation? Integration? Arbeitsplatzverlagerung?, München 1974, S. 56
[141] ebd., S. 57

Torfindustrie, Hotel- und Gaststättengewerbe vom Anwerbeverbot neuer ausländischer Arbeitnehmer aus.[142]

Insgesamt zeichnet sich Mitte der 70er Jahre eine Abkehr von der Politik ab, die einseitig auf die quantitative Vergrößerung des Arbeitskräftepotentials von außen setzte. Darauf weisen auch die Vorschläge der Bund-Länder-Kommission zur Ausländerbeschäftigung aus dem Jahr 1977 hin. Die Kommission sprach sich – nicht zuletzt vor der Hintergrund einer Million Arbeitsloser – gegen eine Lockerung des Anwerbestopps für einzelne Branchen aus. Verbesserte Arbeitsbedingungen seien ein gangbarer Weg, um auch für weniger beliebte Arbeitsplätze Personal zu finden. „Eine der Ursachen für die Schwierigkeit in manchen Branchen, inländische Arbeitskräfte zu gewinnen, liegt daran, dass ihre Beschäftigungskonditionen (Bezahlung, Arbeitsbedingungen, Ausbildung, sozialer Status) nicht schnell und flexibel genug den Bedingungen in der übrigen Wirtschaft angepasst worden sind. In diesen Fällen kann ein geschlossener Arbeitsmarkt einen heilsamen Schock ausüben, langfristig unerlässliche Umstellungen des Produktionsapparates vorzunehmen und die Arbeitsbedingungen humaner zu gestalten. Nur so wird es gelingen, die Arbeitsplätze der betroffenen Betriebe wieder attraktiver zu machen."[143]

Der Anwerbestopp für Gastarbeiter aus Staaten außerhalb der EG, der nachlassende Bedarf der Industrie und sich verbessernde Verhältnisse in der Heimatländern führten unter anderem dazu, dass rund 42 Prozent der griechischen und spanischen Arbeiter das Land verließen – die Anzahl der türkischen Gastarbeiter blieb allerdings nahezu konstant (-2,5 Prozent). Zwischen 1973 und 1976 kehrten rund 674.000 ausländische Arbeitnehmer in ihre Herkunftsländer zurück.[144]

---

[142] vgl. Weisung vom 13. November 1974, abgedruckt in: Münscher: Ausländische Familien, S. 82–87; Abschnitt 2, S. 84

[143] Der Bundesminister für Arbeit und Sozialordnung: Vorschläge der Bund-Länder-Kommission zur Fortentwicklung einer umfassenden Konzeption der Ausländerbeschäftigungspolitik, Bonn 1977, S. 26

[144] vgl. Statistisches Bundesamt, zit. nach: Korte, Hermann: Entwicklung und Bedeutung von Arbeitsmigration und Ausländerbeschäftigung in der Bundesrepublik Deutschland zwischen 1950 und 1976, in: Mommsen, Hans; Schulze, Winfried Hrsg.): Vom Elend der Handarbeit. Probleme historischer Unterschichtenforschung (= Geschichte und Gesellschaft, Bochumer Historische Studien, Bd. 24) Stuttgart 1981, S. 539

Ausländerbeschäftigung nach Nationalitäten 1973 bis 1980 (in tausend Personen)

Jahr	Ausländische Arbeitnehmer insgesamt	Italien	Griechenland	Spanien	Türkei	Portugal	Jugoslawien
1973	2.595	450	250	190	605	85	635
1974	2.286,6	331,5	229,2	149,7	606,8	78,5	466,7
1975	2060,5	292,9	203	129,1	550,5	70,2	416,6
1976	1924,8	274	178,4	110,8	523,5	63,5	387,7
1977	1872,2	277,3	160,6	99,6	512,9	60	374,4
1978	1857,4	284,3	146,3	92,4	510,8	58,7	366,8
1979	1924,4	257	139,1	89,6	535,8	58,9	364,4
1980	2018,3	304,5	132,2	86,1	578,2	58,5	353,7

Quelle: Bundesanstalt für Arbeit, zit. nach: Potts, Lydia: Weltmarkt für Arbeitskraft, Hamburg 1988, S. 176

Zumindest die Gastarbeiter aus EG-Staaten (von den klassischen Anwerbestaaten war dies zum damaligen Zeitpunkt nur Italien) rechneten sich die Möglichkeit aus, unter günstigeren Bedingungen noch einmal nach Deutschland zurückkommen zu können. Bei den Arbeitskräften aus der Türkei verstärkte der Anwerbestopp hingegen eher die Tendenz zum Verbleiben. Die Rechtslage machte eine erneute Arbeitsaufnahme nach Beendigung eines früheren Arbeitsverhältnisses nahezu unmöglich. Sie wurde zwar nicht grundsätzlich untersagt, war jedoch nur unter schwierigen Bedingungen und damit nur in wenigen Ausnahmefällen möglich. So mussten die Unternehmen nachweisen, „dass Bemühungen, inländische Arbeitsuchende zu gewinnen, über einen angemessenen Zeitraum erfolglos geblieben sind; insbesondere ist zu prüfen, ob dem Arbeitsamt rechtzeitig ein Vermittlungsauftrag erteilt wurde ...".[145]

Gastarbeiter – eine Übergangserscheinung?

Der damalige Präsident der *Bundesanstalt für Arbeit,* Josef Stingl, brachte 1975 die herrschende Einschätzung zu Gastarbeitern, die auch

[145] Weisung des Präsidenten der Bundesanstalt für Arbeit vom 13. November 1974, abgedruckt in: Münscher: Ausländische Familien, S. 83, Abschnitt 1.3

der Haltung der meisten Gastarbeiter selbst entsprach, auf den Punkt: „Die ausländischen Arbeitnehmer sind keine Auswanderer, die alle Brücken hinter sich abbrechen. Sie bleiben in der Heimat verwurzelt, betrachten ihren Aufenthalt beispielsweise in der Bundesrepublik Deutschland als Übergangserscheinung und wollen in der Regel wieder nach Hause zurückkehren."[146] Die Millionen un- und angelernter Arbeitskräfte sollten in Zeiten wirtschaftlichen Aufschwungs und Arbeitskräfteknappheit als „Konjunkturpuffer" dienen. Sollte die konjunkturelle Entwicklung die ausländischen Arbeitskräfte entbehrlich werden lassen, sollten sie wieder in ihre Heimatländer zurückkehren. „Aufgrund der bisherigen Erfahrungen geht die Bundesregierung auch weiter davon aus, dass die überwiegende Zahl der ausländischen Arbeitnehmer nicht auf Dauer in der Bundesrepublik bleibt."[147]

Über soziale und gesellschaftspolitische Auswirkungen eines sich immer deutlicher abzeichnenden dauerhaften Verbleibens vieler ausländischer Arbeitnehmer in Westdeutschland wurden keine konzeptionellen Erwägungen angestellt. „Erst später zeigte sich, dass sich das Problem der Gastarbeiterbeschäftigung nicht ausschließlich auf eine *ökonomische* Dimension, nämlich die Vermehrung des homogenen Produktionsfaktors Arbeit, reduzieren ließ ... Außerdem ergaben sich *soziale Probleme*, die erst von einer gewissen Schwelle ab spürbar wurden und reichlich spät in das Bewusstsein der Öffentlichkeit drangen. Die Gastarbeiter kamen nämlich nicht nur als Produktionsfaktor, als Anbieter von Arbeitsleistungen, sondern auch als Nachfrager nach Wohnungen, Infrastrukturleistungen und Kulturgütern. Bis heute wurde aber die menschliche und gesellschaftliche Perspektive der Beschäftigung von Gastarbeitern viel zu wenig gewürdigt", stellte der Wirtschaftswissenschaftler Fritz Voigt 1974 fest.[148]

---

[146] Stingl, Josef: Probleme der Beschäftigung ausländischer Arbeitnehmer in der Bundesrepublik Deutschland, in: Minoritäten in Ballungsräumen. Ein deutsch-amerikanischer Vergleich, hrsg. von Michael G. Eisenstadt und Werner Kaltefleiter (= Sozialwissenschaftliche Studien zur Politik, Bd. 6), S. 63
[147] „Politik der Bundesregierung gegenüber den ausländischen Arbeitnehmern in der Bundesrepublik Deutschland", Kleine Anfrage, Bundestagstagsdrucksache VI/3085 vom 31. Januar 1972, S. 4
[148] Voigt, Fritz: Die volkswirtschaftliche Bedeutung der ausländischen Arbeitskräfte, in: Althammer, Walter (Hrsg.): Das Gastarbeiterproblem. Rotation? Integration? Arbeitsplatzverlagerung? (= Südosteuropa-Studien, 23), München 1974, S. 21

Die Gastarbeiter übernahmen jedoch die ihnen zugedachte Funktion eines „Konjunkturpuffers" immer weniger. Die Vorstellung einer flexiblen Arbeitsmarktreserve, derer man sich bei wegfallendem Bedarf entledigt und somit die einheimischen Arbeitskräfte vor Arbeitslosigkeit schützt und die ausländischen Arbeitslosen in das Herkunftsland reexportiert, ließ sich nicht dauerhaft realisieren. So „wirken die wachsende Aufenthaltsdauer, veränderte rechtliche Vorschriften und die damit verbundene Senkung der periodischen Rückwanderquote auf einen Abbau der konjunkturellen Flexibilität der Ausländerbeschäftigung hin."[149]

So waren die Reallöhne seit 1968 stark angestiegen.[150] Die durchschnittliche Aufenthaltsdauer hatte sich verlängert und damit die Vertrautheit mit dem deutschen Sozialsystem und seinen Vorteilen gegenüber den Verhältnissen in den Herkunftsländern.[151] Die Sogwirkung der Bundesrepublik Deutschland hatte sich über die Jahre verstärkt.

Alle Erfahrungen zeigen, dass Deutschland mit einer über Jahrzehnte andauernden Politik des „laissez faire" in Sachen Zuwanderung in die Situation „hineingescheitert" ist. Die jeweiligen Bundesregierungen weigerten sich, in einer für die Zukunft des Landes entscheidenden Frage zu handeln – sie ließen geschehen und überließen das Handeln Dritten. So wurde es versäumt, in die Anwerbevereinbarungen mit den Herkunftsstaaten Regelungen zur Rückkehr und zu Hilfen zur Reintegration aufzunehmen. 1972 wurde das „Ankara-Abkommen" mit der Türkei geschlossen, das Qualifizierungsprogramme für Rückkehrer und die Förderung von Arbeitnehmergesellschaften vorsah.[152] Es war

---

[149] Bullinger, Siegfried et al : Die volkswirtschaftliche Bedeutung der Beschäftigung ausländischer Arbeitnehmer in Baden-Württemberg, Tübingen 1972, S. 385
[150] vgl. Schatz, Klaus-Werner: Wachstum und Strukturwandel der westdeutschen Wirtschaft im internationalen Verbund. Analysen und Prognosen, Tübingen 1974, S. 213
[151] vgl. Korte, Hermann: Entwicklung und Bedeutung von Arbeitsmigration und Ausländerbeschäftigung in der Bundesrepublik Deutschland zwischen 1950 und 1976, in: Mommsen, Hans; Schulze, Winfried Hrsg.): Vom Elend der Handarbeit. Probleme historischer Unterschichtenforschung (= Geschichte und Gesellschaft, Bochumer Historische Studien, Bd. 24) Stuttgart 1981, S. 555
[152] „Abkommen zwischen der Regierung der Bundesrepublik Deutschland und der Regierung der Republik Türkei über die Förderung der beruflichen Wiedereingliederung von in der Bundesrepublik Deutschland beschäftigten türkischen Arbeitnehmern in die türkische Wirtschaft, BGBl II, Nr. 88, Bonn 1973; dazu u.a.: Geiss, Bernd: Türkische Standpunkte zur deutschen Ausländerpolitik, in: Ronneberger, Franz (Hrsg.) Türkische Kinder in Deutschland (= Südosteuropa-Studien, Heft 26), Nürnberg 1976, S. 97

nicht von großem Erfolg gekrönt[153] – nicht zuletzt deshalb, weil die türkischen Regierungen kein Interesse an der Rückkehr ihrer Landsleute hatte. „Wegen der hervorragenden Bedeutung der Gastarbeiterüberweisungen für die türkische Wirtschaft ist auch die Regierung an einer Rückkehr der Türken aus dem Ausland nicht interessiert und unterstützt daher ihre individuellen Investitionen nicht."[154] Letztlich wurde den Gastarbeitern selbst die Entscheidung überlassen, ob sie zurückkehren oder sich in Deutschland dauerhaft niederlassen wollten.

Die Interessen der Wirtschaft, außenpolitische Rücksichten, die Furcht, unliebsamer Kontinuitäten zur jüngeren Vergangenheit geziehen zu werden und nicht zuletzt das „Familienideal" – all diese Elemente trugen dazu bei, dass das Rotationsmodell nie auch nur in Ansätzen in die Tat umgesetzt und über den Familiennachzug ein Niederlassungsprozess hingenommen wurden.[155]

Angesichts des zunehmenden Familiennachzugs seit Ende der 60er Jahre beklagte man von Arbeitgeberseite allerdings die daraus resultierende mangelnde Mobilität der ausländischen Arbeitskräfte und forderte, künftig die Aufenthaltsdauer zeitlich zu beschränken.[156] Die Gastarbeiter drohten ihre von der Industrie so geschätzte Funktion als mobile „industrielle Reservearmee" (Marx) zu verlieren. „Bei einem Rückgang der Beschäftigungssituation, mit dem jedoch .... kaum zu rechnen ist, müssten daher die Ausländer zuerst mit dem Verlust ihres Arbeitsplatzes rechnen. Aus diesem Grunde wäre es auch unsinnig, utopische Vorstellungen über eine Ansiedlung ausländischer Familien im großen Umfange zu nähren. Der große Wert der Ausländerbeschäftigung liegt darin, dass wir hiermit über ein mobiles Arbeitskräfte-

[153] vgl. Gümrükçü, Harun: Beschäftigung und Migration in der Türkei. Unter Berücksichtigung der Auswirkungen der Auswanderung auf die Volkswirtschaft der Bundesrepublik Deutschland (= Beiträge zur Arbeitsmarkt- und Berufsforschung 104) Nürnberg 1986, S. 170 ff.; vgl. Şen, Faruk: Türkische Arbeitnehmergesellschaften. Gründung, Struktur und wirtschaftliche Funktion der türkischen Arbeitnehmergesellschaften für die sozioökonomische Lage der Türkei, Frankfurt/Main 1980, S. 71 ff.; vgl. Pöschl, Angelika; Schmuck, Peter: Die Rückkehr – Ende einer Illusion. Türkische Gastarbeiterfamilien in der Bundesrepublik Deutschland und die Probleme der Rückkehr in die Türkei (= DJI Materialien) München 1984, S. 25 ff.
[154] Şen: Türkische Arbeitnehmergesellschaften, S. 56
[155] vgl. Pagenstecher, Cord: Ausländerpolitik und Immigrantenidentität. Zur Geschichte der der 'Gastarbeit' in der Bundesrepublik, Berlin 1994, S. 43 f.
[156] vgl. Weber, Rolf: Das Gastarbeiterproblem aus Sicht der Arbeitgeber, in: Althammer, Walter (Hrsg.): Das Gastarbeiterproblem. Rotation? Integration? Arbeitsplatzverlagerung? (= Südosteuropa-Studien, 23), München 1974, S. 5

potential verfügen. Es wäre gefährlich, diese Mobilität durch eine Ansiedlungspolitik größeren Stils einzuschränken", hieß es 1966 in der Zeitschrift der *Bundesvereinigung der Deutschen Arbeitgeberverbände*.[157] Auch Anfang der 1970er Jahre regte man von Arbeitgeberseite an, die Aufenthaltsdauer ausländischer Arbeitnehmer zu begrenzen und den Familiennachzug einzuschränken – um die drohenden Infrastrukturkosten zu minimieren und die „Flexibilität" dieser Arbeitsmarktreserve bei konjunkturellen Schwankungen zu erhalten. „Es fragt sich, ob künftig nicht auch in den Fällen, in denen eine Tätigkeit über eine Saisonbeschäftigung hinausgeht, die Aufenthaltsdauer des Ausländers bei uns zeitlich eingeschränkt werden sollte, um die Sesshaftmachung der Ausländer zu verhindern. (...) Sie würde den Vorteil haben, dass das Interesse an einer Familienzusammenführung zurückgeht und damit uns erheblich geringere Infrastrukturkosten entstehen würden. Der Umfang der Geldüberweisungen in die Heimatländer bliebe bestehen. Das Ausländerkontingent bliebe ein auch regional mobiles Arbeitsmarktpotential. Damit würden sektorale und regionale Arbeitsmarktschwankungen besser ausgeglichen werden können. Bei einer Familienzusammenführung sind die Ausländer – wie die Ereignisse der letzten Jahre gezeigt haben – genauso immobil wie deutsche Arbeitnehmer."[158]

„Innerhalb von drei Monaten waren diese Leute weg ..."

Dass die Gastarbeiter von politisch Verantwortlichen auch noch in den 70er Jahren als „Konjunkturpuffer" betrachtet wurden (die in Rezessionszeiten zurückgeschickt werden sollten) änderte nichts an der Tatsache, dass der Niederlassungsprozesses fortgesetzt und gefördert wurde. In einem Forum der Wochenzeitung „Die Zeit" argumentierte der damalige Staatssekretär im Bundesfinanzministerium, Karl Otto Pöhl: „... wir haben Ende 1973 die Ölkrise gehabt und 1974/75 die schwerste Rezession, die es in der Nachkriegszeit überhaupt gegeben hat. In dieser ganzen Zeit und trotz dieser ganz einmaligen Ereignisse ist die Zahl der Arbeitslosen – ich sage es bewusst provozierend – nur um etwa 600.000 Personen gestiegen. Es hat sich also gezeigt, dass

---

[157] Gienanth, Ulrich Freiherr von: So schnell geht es nicht!, in: der arbeitgeber, 6/1966, S. 138
[158] So der Vertreter der Bundesvereinigung der Deutschen Arbeitgeberverbände, Rolf Weber: Das Gastarbeiterproblem aus Sicht der Arbeitgeber, in: Althammer, Walter: Das Gastarbeiterproblem – Rotation? Integration? Arbeitsplatzverlagerung?, München 1974. S. 57

unser Wirtschaftssystem außerordentlich flexibel gewesen ist. ZEIT: Da haben Sie die zurück gewanderten Gastarbeiter aber nicht mitgezählt. Pöhl: Ich spreche von Arbeitslosigkeit, nicht vom Rückgang der Beschäftigten, das ist etwas anderes. Bei VW, wo Herr Schlecht [damaliger Staatssekretär im Bundeswirtschaftsministerium] und ich im Aufsichtsrat sind, haben wir Anfang des vorigen Jahres beschlossen, die Zahl der Beschäftigten bis Ende 1976 um 25.000 zu verringern. Innerhalb von drei Monaten waren diese Leute weg, ohne dass es einen einzigen Arbeitslosen gegeben hätte. ZEIT: Hier nicht, aber in der Türkei. Pöhl: Das ist ein anderes Problem."[159]

Dass innerhalb der Bundesregierungen der damaligen Zeit die Probleme durchaus gesehen wurden, macht ein „Entwurf von Thesen zur Ausländerpolitik" des Chefs des Bundeskanzleramtes vom Oktober 1975 deutlich, in dem die unterschiedlichen Positionen innerhalb der Regierung herausgearbeitet wurden. Er wurde 1976 veröffentlicht.[160] Die dort enthaltenen Sätze „Die Bundesregierung denkt nicht an Zwangsmaßnahmen zur Reduzierung der Zahl der ausländischen Arbeitnehmer. Auch eine zwangsweise ‚Rotation' wird aus humanitären Gründen abgelehnt." sollten nach Ansicht des Wirtschafts-, des Arbeitsministeriums und des Ministeriums für wirtschaftliche Zusammenarbeit gestrichen werden, die Mehrheit der anderen Ministerien wollten die Sätze beibehalten.[161]

Ausländische Wohnbevölkerung 1974 und 1980 nach Nationalitäten (in Tausend)

Jahr	Ausländische Staatsangehörige gesamt	Griechen	Italiener	Jugoslawen	Spanier	Türken
1974	4127,4	406,6	629,6	707,8	272,7	1027,8
1980	4450,0	298,0	618,0	632,0	180,0	1462,0
Veränderung in Prozent	+7,8 %	-26,7%	-1,8%	-10,7%	-34%	42,4%

Quelle: Statistisches Bundesamt, zit. nach: Korte, Hermann: Entwicklung und Bedeutung von Arbeitsmigration und Ausländerbeschäftigung in der Bundesrepublik Deutschland zwischen 1950 und 1976, in: Mommsen, Hans; Schulze, Winfried Hrsg.): Vom Elend der Handarbeit. Probleme historischer Unterschichtenforschung (= Geschichte und Gesellschaft, Bochumer Historische Studien, Bd. 24) Stuttgart 1981, S. 539

Die Gruppe der türkischen Staatsangehörigen war die einzige der Ausländer aus den Anwerbestaaten, die in den Jahren nach dem Anwerbestopp bis 1980 anwuchs. Bei den Türken stieg der Anteil der Frauen von 1974 bis 1979 um rund 21 Prozent, die Zahl der unter 15jährigen Gastarbeiterkinder aus der Türkei verdoppelte sich im gleichen Zeitraum auf rund 420.000.[162] Die Zahl ausländischer Schüler an allgemeinbildenden Schulen in Deutschland stieg vom Schuljahr 1973/74 bis 1978/79 um 59 Prozent auf rund 486.000. Rund 200.000 von ihnen sind türkische Staatsangehörige.

Bevölkerungsentwicklung 1973 bis 1980

Jahr	Wohnbevölkerung (in Tausend)	Deutsche Staatsangehörige	Ausländische Staatsangehörige	in Prozent
1973	62.008,6	58.122,4	3.966,2	6,4 %
1974	62.048,1	57.920,7	4.127,4	6,7 %
1975	61.746,0	57.656,4	4.089,6	6,6 %
1976	61.489,6	57.541,3	3.948,3	6,4 %
1977	61.389,0	57.440,7	3.948,3	6,4 %
1978	61.331,9	57.350,8	3.981,1	6,5 %
1979	61.402,2	57.358,4	4.143,8	6,7 %
1980	61.553,1	57.199,8	4.453,3	7,2 %

Quelle: Höhn, Charlotte; Mammey, Ulrich; Schwarz, Karl: Die demografische Lage in der Bundesrepublik Deutschland, in: Zeitschrift für Bevölkerungswissenschaft, H. 2, 1981, S. 141

Abgesenktes Kindergeld fördert Nachzug

Ende 1973 zahlte die Bundesrepublik Deutschland für knapp 900.000 Kinder von Gastarbeitern, die im Ausland lebten, Kindergeld. Um hier zu Einsparungen zu kommen, regelte der Gesetzgeber das Kindergeld zum 1. Januar 1975 neu.

[159] Arbeitslosigkeit – Schicksal für lange Zeit? Die Beschäftigungskrise in den Industrieländern – Ein ZEIT-Forum, in: Die Zeit vom 20. Februar 1976
[160] Entwurf von Thesen zur Ausländerpolitik eines Ausschusses der Bundesregierung vom 23. Oktober 1975, in: epd-Dokumentation Nr. 5/76, S. 4–10
[161] ebd., S. 5
[162] Hierzu und den folgenden Daten: vgl. Peter Siewert in seinem Nachwort „Zur Situation heute" in: Rist: Gastarbeiter, S. 238 ff.

Zahl der im Ausland lebenden Kindern von Gastarbeitern in Deutschland, für die Kindergeld gezahlt wurde:

Ende 1964: 240.000
Ende 1966: 382.000
Ende 1967: 237.000
Ende 1968: 288.000
Ende 1969: 434.000
Ende 1970: 603.000
Ende 1971: 745.000
Ende 1972: 808.000
Ende 1973: 868.000

Quelle: Bundesanstalt für Arbeitsvermittlung und Arbeitslosenversicherung (Hrsg.): Beschäftigung, Anwerbung, Vermittlung ausländischer Arbeitnehmer. Erfahrungsbericht 1964, Nürnberg 1965, S. 13; sowie: Bundesanstalt für Arbeit (Hrsg.): Ausländische Arbeitnehmer: Beschäftigung, Anwerbung, Vermittlung, Erfahrungsbericht 1972/73, Nürnberg 1974, S. 36

Danach wurde es einkommensunabhängig nach bestimmten Sätzen gezahlt. Die Höhe dieser Sätze sollte sich an den Lebenshaltungskosten in der Bundesrepublik Deutschland orientieren. Dementsprechend wurde das Kindergeld für Kinder in Deutschland erhöht, für Kinder, die im Ausland lebten, wurde, wegen der dortigen geringeren Lebenshaltungskosten, der alte Satz beibehalten.[163] Bei einer Familie mit vier Kindern belief sich die Differenz monatlich auf 205 DM.[164]

Diese Regelung beförderte nach allgemeiner Auffassung den Nachzug der Familienangehörigen.[165]

In der Befragung des „Forschungsverbundes ‚Probleme der Ausländerbeschäftigung‘" gaben 1978 53 Prozent der türkischen Arbeitneh-

[163] vgl. Neue Kindergeldregelung ab 1. Januar 1975. Vier Milliarden DM mehr für den Familienlastenausgleich, in: Der Bundesminister für Arbeit –und Sozialordnung (Hrsg.): Sozialpolitische Informationen. Sozialpolitik in der 7. Legislaturperiode, Bonn 1975, S. 158 f.
[164] Korte, Hermann: Entwicklung und Bedeutung von Arbeitsmigration und Ausländerbeschäftigung in der Bundesrepublik Deutschland zwischen 1950 und 1976, in: Mommsen, Hans; Schulze, Winfried Hrsg.): Vom Elend der Handarbeit. Probleme historischer Unterschichtenforschung (= Geschichte und Gesellschaft, Bochumer Historische Studien, Bd. 24) Stuttgart 1981, S. 545
[165] vgl. u.a.: vgl. Mehrländer, Ursula: Bundesrepublik Deutschland, in: Gehmacher, Ernst; Kubat, Daniel; Mehrländer, Ursula (Hrsg.): Ausländerpolitik im Konflikt. Arbeitskräfte oder Einwanderer? Konzepte der Aufnahme- und Entsendeländer, Bonn 1978 (= Schriftenreihe des Forschungsinstituts der Friedrich-Ebert-Stiftung, Bd. 139), S. 132; zur Kritik an der Regelung, vgl.: Albrecht, Georg: Das Düsseldorfer Reformprogramm zum Ausländerrecht, in: ders. (Hrsg.) Das Düsseldorfer Reformprogramm zum Ausländerrecht, Bonn 1976, S. 20 ff.

mer, die Kinder im Versorgungsalter hatten, an, alle oder einen Teil der Kinder noch im Herkunftsland zu haben.[166] Ein hoher entsprechender Anteil war auch bei den Gastarbeitern aus Jugoslawien festzustellen – für diese beiden Gruppen war das Nachzugspotential damit besonders hoch.

Begrenzung misslingt

Um ein massenhaftes Unterlaufen des Anwerbestopps und Familiennachzug in großem Umfang zu verhindern, wurde per Rechtsverordnung festgelegt, dass nach dem 30. November 1974 eingereiste Familienangehörige aus Nicht-EG-Staaten keine Arbeitserlaubnis mehr erhalten sollten.[167] Doch auch dieser Versuch, die einmal begonnene Zuwanderung zu steuern und zu begrenzen, schlug fehl: Wegen der zahlreichen Jugendlichen, die nach diesem Stichtag eingereist waren, und die nicht als Arbeitslose und Sozialhilfeempfänger in Deutschland leben sollten[168], legten die Arbeits- und Sozialminister einen neuen Stichtag fest: den 31. Dezember 1976. Bis dahin Eingereisten konnte noch eine Arbeitserlaubnis erteilt werden. Dabei versäumten die Minister nicht, in ihrem Beschluss darauf hinzuweisen, dass es sich bei dieser Verschiebung des Stichtags vor dem Hintergrund der angespannten Arbeitsmarktlage „nur um einen einmaligen Vorgang handeln kann."[169] Doch auch der zweite „Stichtag" erwies sich angesichts der kontinuierlichen Zuwanderung als nicht haltbar, so dass dieser Versuch ganz aufgegeben wurde. An seine Stelle trat im April 1979 eine Wartezeitenregelung.[170] Danach wurde nachziehenden Ehepartner nach vier Jahren Wartefrist ein Rechtsanspruch auf Erteilung einer Arbeitserlaubnis zugesprochen, bei Jugendlichen unter 20 Jahren galt eine Zwei-Jahres-Frist (die unter

[166] Forschungsverbund „Probleme der Ausländerbeschäftigung": Integrierter Endbericht, o.O., 1979, S. 58
[167] vgl. hierzu und im Folgenden: Schober, Karen: Zur Ausbildungs- und Arbeitsmarktsituation ausländischer Jugendlicher in der Bundesrepublik Deutschland – gegenwärtige Lage und künftige Perspektiven, in: Mitteilungen aus der Arbeitsmarkt- und Berufsforschung 14. Jg./1981, H. 1, S. 13
[168] vgl. Münscher, Alice: Ausländische Familien in der Bundesrepublik Deutschland. Familiennachzug und generatives Verhalten (= Materialien zum Dritten Familienbericht der Bundesregierung) München 1979, S. 50 ff.
[169] So heißt es im „Bericht zur Lage der Ausländer in Berlin", hrsg. vom Regierenden Bürgermeister von Berlin, Berlin 1978, S. 30; vgl. hierzu die Mitteilung des Bayerischen Staatsministeriums für Arbeit und Sozialordnung, abgedruckt in: Münscher, Alice: Ausländische Familien in der Bundesrepublik Deutschland. Familiennachzug und generatives Verhalten (= Materialien zum Dritten Familienbericht der Bundesregierung) München 1979, S. 88
[170] vgl. „Arbeitserlaubnis auch für ausländische Jugendliche. Nach langem Tauziehen gibt Bonn grünes Licht/Zweijährige Wartezeit statt Sperre", in: Süddeutsche Zeitung vom 9. Februar 1979

bestimmten Bedingungen noch verkürzt werden konnte). Politisch stand die Bundesregierung dabei von zwei Seiten unter Druck: zum einen durch Wirtschaftsverbände, die trotz Arbeitslosigkeit Engpässe in einzelnen Bereichen durch zugewanderte Arbeitskräfte ausgleichen wollten. Zum anderen durch Wohlfahrtsorganisationen, die im Sinne ihrer Klientel jede Restriktion ablehnten, unterstützt von Juristen, die eine Orientierung der Ausländerpolitik an „Belangen der Bundesrepublik Deutschland" als rechtsstaatlich unzulässig ansahen.[171] Offensichtlich hielten sie die dauerhafte Niederlassung und den Familiennachzug für ein Naturgesetz: „Die These vom ‚Nichteinwanderungsland' ist eine geradezu beschwörende Zauberformel geworden, mit der man glaubt, der *an die Anwerbung zwangsläufig geknüpften Folgelasten* enthoben zu sein ...".[172] [Hervorhebung durch den Verfasser]

Hier wurde die Auffassung vertreten, mit der einmal erfolgten Anwerbung sei im Sinne eines Vertrauensschutzes der deutsche Staat in der Pflicht, eine dauerhafte Zuwanderung mit all ihren Konsequenzen hinzunehmen. „Mit der Anwerbung hat die Bundesrepublik die Rechtspflicht übernommen, den angeworbenen Arbeitnehmern den Zugang zum Arbeitsmarkt zu öffnen *und offen zu halten. Dieser aus vorangegangenem Tun folgenden Pflicht* kann sie sich nicht aus Gründen entziehen, die der angeworbene ausländische Arbeitnehmer nicht zu vertreten hat. Der Gleichheitsgrundsatz, Treu und Glauben und andere elementare Verfassungsgrundsätze wären verletzt, wollte die Bundesrepublik Deutschland angeworbene ausländische Arbeitnehmer einseitig mit den Folgen der veränderten Arbeitsmarktlage belasten."[173]

Auf den Familiennachzug bezogen bedeutete das, dass aus Art. 6 Grundgesetz ein Recht gefolgert wurde, „mit seiner Familie räumlich eine Einheit bilden zu können"[174] und – ohne es ausdrücklich zu be-

171 So u.a. Fritz Franz: Hat der Entwurf eines Gesetzes über die Rechtsstellung der Ausländer in der Bundesrepublik Deutschland eine Chance?, in: Albrecht, Georg (Hrsg.) Das Düsseldorfer Reformprogramm zum Ausländerrecht, Bonn 1976, S. 312 ff.
172 Fritz Franz, zit. nach: Münscher, Alice: Ausländische Familien in der Bundesrepublik Deutschland. Familiennachzug und generatives Verhalten (= Materialien zum Dritten Familienbericht der Bundesregierung) München 1979, S. 34
173 Albrecht, Georg: Das Düsseldorfer Reformprogramm zum Ausländerrecht, in: ders. (Hrsg.) Das Düsseldorfer Reformprogramm zum Ausländerrecht, Bonn 1976, S. 29
174 Henke, Heidrun: Die aufenthaltsrechtliche Stellung der Familienangehörigen ausländischer Arbeitnehmer, in: Albrecht, Georg (Hrsg.) Das Düsseldorfer Reformprogramm zum Ausländerrecht, Bonn 1976, S. 108

nennen – dieses Recht auch in der Bundesrepublik Deutschland verwirklichen zu können. Nach dieser Auffassung verstoßen bereits Wartefristen für einen Nachzug von Familienangehörigen gegen das Grundgesetz.[175] Im Ergebnis sollte die Wartezeiten-Regelung den Familiennachzug noch einmal massiv fördern. Der Wanderungssaldo bei den 15- bis unter 20jährigen war erstmals seit 1978 wieder positiv.[176] Der Anteil der unter 18jährigen türkischen Staatsangehörigen an allen Zugezogenen aus der Türkei stieg von 18 Prozent 1968 auf fast 60 Prozent 1978.[177] 1979 zogen 97.000 mehr Kinder und Jugendliche in die Bundesrepublik Deutschland zu als fort.[178] „Von diesen fast 100.000 Kindern und Jugendlichen waren ungefähr 40 % im erwerbsfähigen Alter von 15 bis 20 Jahren und knapp zwei Drittel männlichen Geschlechts. Wenn man bedenkt, dass z. B. im Jahre 1979 bereits rund ein Drittel der hier lebenden 88.000 15-20jährigen Ausländer weder in einem Arbeits- noch in einem Ausbildungsverhältnis standen, kann man sich leicht vorstellen, wie schwierig es sein wird, die nachgezogenen Jugendlichen in den Arbeitsmarkt einzugliedern."[179] Die Zahl der arbeitslosen 15- bis 20jährigen Ausländer lag denn auch 1980 bei rund 100.000[180] (die Gesamtzahl der 15 bis 20-Jährigen lag bei rund 350.000).

Insgesamt blieb der Anteil der Ausländer aus den EG-Staaten zwischen 1974 und 1980 nahezu gleich (bei rund 21 Prozent); der Anteil der türkischen Staatsangehörigen erhöhte sich hingegen von 25 auf 33 Prozent. Bei den unter 15jährigen stieg der türkische Anteil von 31 Prozent 1974 auf 46 Prozent 1980.[181]

---

[175] vgl. ebd.
[176] Umfang und Struktur der Wanderungen von Ausländern zwischen dem Bundesgebiet und dem Ausland 1968 bis 1978, in: Statistisches Bundesamt: Wirtschaft und Statistik, H. 1/1980, S. 4*
[177] vgl. Umfang und Struktur der Wanderungen von Ausländern zwischen dem Bundesgebiet und dem Ausland 1968 und 1978, in: Wirtschaft und Statistik H. 1/1980, S. 24
[178] vgl. Peters, Anke: Zum Familiennachzug von Ehepartnern und Kindern ausländischer Arbeitnehmer, in: dies. (Hrsg.): Materialien zur Ausländerbeschäftigung (= Beiträge zur Arbeitsmarkt- und Berufsforschung 68), Nürnberg 1982, S. 25
[179] ebd.
[180] Schober, Karen: Ausländische Jugendliche: Ausbildungssituation und Arbeitsmarktlage, in: Peters, Anke (Hrsg.): Materialien zur Ausländerbeschäftigung (= Beiträge zur Arbeitsmarkt- und Berufsforschung der Bundesanstalt für Arbeit 68) Nürnberg 1982, S. 63
[181] Schober, Karen: Zur Ausbildungs- und Arbeitsmarktsituation ausländischer Jugendlicher in der Bundesrepublik Deutschland – gegenwärtige Lage und künftige Perspektiven, in: Mitteilungen aus dem Arbeitsmarkt- und Berufsforschung 14. Jg./1981, H. 1, S. 13 f.

Wanderungssalden von Ausländern 1968 bis 1978 (in Tausend)

Jahr	EG-Staaten insgesamt	Italien	Türkei	Jugos-lawien	Spanien	Griechen-land
1968	+ 69,1	+ 56,7	+52,0	+ 64,7	+ 11,4	+ 24,1
1969	+ 78,0	+ 58,5	+ 119,5	+ 165,8	+ 33,7	+ 63,5
1970	+ 71,3	+ 47,4	+ 134,6	+ 149,5	+ 29,4	+ 64,0
1971	+ 52,6	+ 28,5	+ 126,1	+ 51,7	+ 16,5	+ 30,9
1972	+ 41,9	+ 19,7	+ 109,5	+ 36,9	+ 8,4	+ 3,0
1973	+ 50,0	+ 31,1	+ 162,6	+ 59,9	+ 7,0	- 12,7
1974	- 26,4	- 34,7	+ 49,9	- 29,7	- 33,8	- 18,8
1975	- 51,4	- 53,6	- 49,9	- 54,4	- 32,5	- 47,5
1976	- 13,3	- 18,4	- 24,6	- 33,7	- 26,5	- 42,2
1977	+ 14,4	+ 4,8	+ 1,0	- 16,5	- 18,9	- 32,7
1978	+ 17,1	+ 9,1	+ 42,9	- 12,4	- 12,2	- 20,9

Quelle: Umfang und Struktur der Wanderungen von Ausländern zwischen dem Bundesgebiet und dem Ausland 1968 und 1978, in: Wirtschaft und Statistik H. 1/1980, S. 22

Mehr als zwei Drittel der türkischen Zuwanderer war 1979 bereits zehn Jahre oder länger in Deutschland – ein weiterer Beleg für dauerhafte Niederlassungsabsichten. „Dieses Ergebnis sollte die Erwartungen, dass ein größerer Teil der in der Bundesrepublik lebenden Türken in ihr Heimatland über kurz oder lang zurückkehren wird, weitgehend zerstören. Eher muss aus dem bisherigen Verlauf der Entwicklung der Ausländerzahlen das Fazit gezogen werden, dass sich die Zahl der Ausländer in der Bundesrepublik wie auch die Zahl der ausländischen Arbeitnehmer bei anhaltender Liberalisierung des Aufenthaltsrechts trotz des Festhaltens am Anwerbestopp weiter vergrößern wird", stellten Bevölkerungswissenschaftler 1981 fest.[182]

Von allen Staatsangehörigen aus Ländern mit Anwerbestopp wiesen im Jahr 1979 alleine die Türken einen – deutlich – positiven Wanderungssaldo auf, von allen anderen Nationalitäten waren mehr Personen fort- als zugezogen.[183] Mehr als die Hälfte der Zuzüge aus der Türkei (56 Prozent) waren Kinder und Jugendliche (beim Saldo lag der Anteil

---

[182] Höhn, Charlotte; Mammey, Ulrich; Schwarz, Karl: Die demographische Lage in der Bundesrepublik Deutschland, in: Zeitschrift für Bevölkerungswissenschaft, H. 2, 1981, S. 205

[183] vgl. Höhn, Charlotte; Mammey, Ulrich; Schwarz, Karl: Die demographische Lage in der Bundesrepublik Deutschland, in: Zeitschrift für Bevölkerungswissenschaft, H. 2, 1981, S. 203

bei 61 Prozent) – ein weiterer unübersehbarer Hinweis auf einen Zuwanderungsprozess.[184]

Insgesamt sank die Zahl der sozialversicherungspflichtig beschäftigten ausländischen Arbeitnehmer von 1973 bis 1978 von 2,6 auf 1,9 Millionen. Danach stieg sie wieder an.[185]

Hingegen stieg die Gesamtzahl der ausländischen Staatsbürger im gleichen Zeitraum um etwa 500.000 (von 3,9 auf 4,4 Millionen) an, die Zahl der deutschen Staatsangehörigen sank von 1973 bis 1980 um rund eine Million (von 58 auf 57 Millionen). Die Ursachen sind aus der Geburtenentwicklung (negativ bei den deutschen, positiv bei den ausländischen Staatsangehörigen) und dem Zuwanderungsüberschuss (bei beiden Grup-

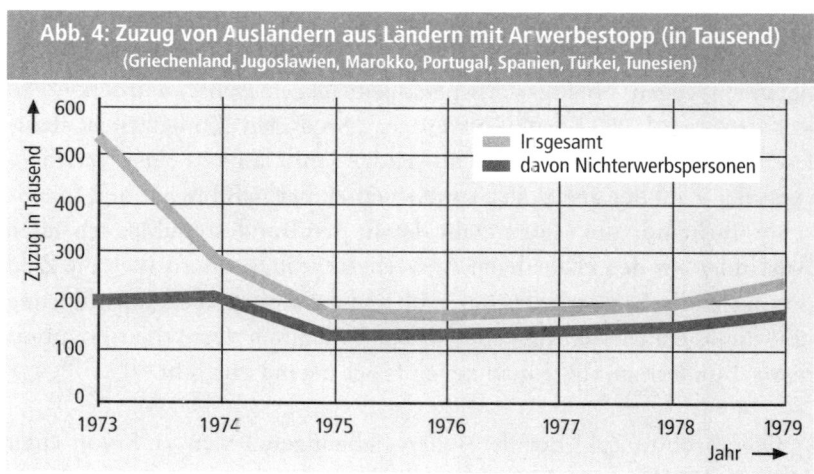

Abb. 4: Zuzug von Ausländern aus Ländern mit Anwerbestopp (in Tausend)
(Griechenland, Jugoslawien, Marokko, Portugal, Spanien, Türkei, Tunesien)

Nach dem Anwerbestopp Ende 1973 stieg der Anteil der Nichterwerbspersonen (alle Personen, die keinerlei auf Erwerb gerichtete Tätigkeit ausüben oder suchen) unter den Zuwanderern stark an und blieb über die kommenden Jahre auf hohem Niveau.

Quelle: Höhn, Charlotte; Mammey, Ulrich; Schwarz, Karl: Die demografische Lage in der Bundesrepublik Deutschland, in: Zeitschrift für Bevölkerungswissenschaft, H. 2, 1981, S. 201

[184] ebd., S. 204
[185] Höhn, Charlotte; Mammey, Ulrich; Schwarz, Karl: Die demographische Lage in der Bundesrepublik Deutschland, in: Zeitschrift für Bevölkerungswissenschaft, H. 2, 1981, S. 201
[186] vgl. Höhn, Charlotte; Mammey, Ulrich; Schwarz, Karl: Die demografische Lage in der Bundesrepublik Deutschland, in: Zeitschrift für Bevölkerungswissenschaft. H. 2, 1981, S. 143
[187] vgl. ebd., S. 143 f.

pen) zu sehen. Alleine aus dieser Entwicklung in den 1970er Jahren ließ sich mit einiger Sicherheit eine weiteres Anwachsen der ausländischen Bevölkerung vorhersagen.[186] Die berechtigte Annahme, ein großer Teil der nachgezogenen und der hier geborenen Kinder ausländischer Staatsbürger werde sich einmal für Heiratspartner aus dem Herkunftsland der Eltern entscheiden, sprach für die dauerhafte Rolle, die der Familiennachzug für die Zuwanderung nach Deutschland spielen sollte.[187]

Mit dem Anwerbestopp sprang die Zuwanderung von Nichterwerbspersonen (Familienangehörigen) von 21,1 Prozent im Jahr 1970 und 39 Prozent 1973 auf durchschnittlich zwischen 75 und 80 Prozent. Bei den aus der Türkei eingereisten Ausländern war 1968 jeder vierte, 1972 bereits jeder zweite eine Nichterwerbsperson. 1976 lag der entsprechende Anteil bei 86 Prozent.[188] Das zeigt, das hier „lediglich Erwerbspersonen gegen Nichterwerbspersonen ausgetauscht" wurden.[189] So konnte bereits 1980 bilanziert werden: „An diesen Tendenzen ist abzulesen, dass der Anwerbestopp nur einige Jahre lang zu einer Verringerung der Zahl der ausländischen Arbeitnehmer geführt hat und inzwischen nicht nur die Gesamtzahl der in der Bundesrepublik lebenden Ausländer aus den ehemaligen Anwerbeländern, sondern auch die Zahl der ausländischen Arbeitnehmer über die Familienzusammenführung und die liberalisierten Regelungen zur Erlangung der Arbeitserlaubnis in der Bundesrepublik einem neuen Höchststand zustrebt."[190]

Die absolute Zahl der deutschen Lebendgeborenen sank von einer Million (1965) auf 506.500 (1979), die der Lebendgeborenen mit ausländischer Staatsangehörigkeit stieg im gleichen Zeitraum von 37.800 auf 75.500[191], lag 1974 sogar bei rund 110.000.

[188] Umfang und Struktur der Wanderungen von Ausländern zwischen dem Bundesgebiet und dem Ausland 1968 und 1978, in: Wirtschaft und Statistik H. 1/1980, S. 23
[189] Höhn, Charlotte; Mammey, Ulrich; Schwarz, Karl: Die demographische Lage in der Bundesrepublik Deutschland, in: Zeitschrift für Bevölkerungswissenschaft, H. 2, 1981, S. 200
[190] ebd., S. 201
[191] vgl. ebd., S. 142

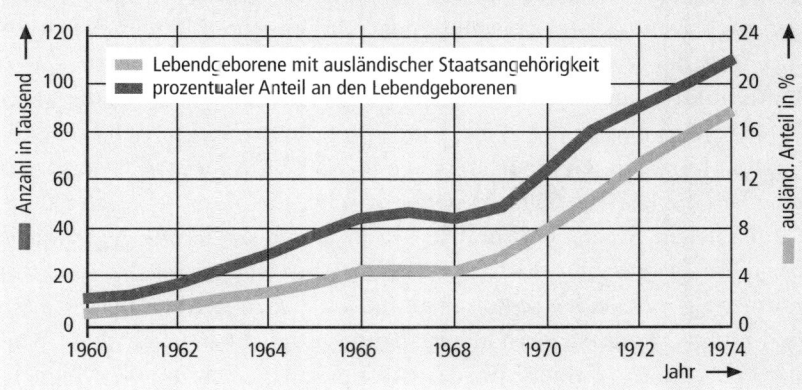

Abb. 5: Lebendgeborenen mit ausländischer Staatsangehörigkeit 1960 bis 1975

Der starke Anstieg der Geburtenzahlen von Zuwanderern ist ein weiterer Hinweis auf den sich abzeichnenden Niederlassungsprozess.

Quelle: Eheschließungen, Geburten und Sterbefälle von Ausländern 1974, in: Wirtschaft und Statistik H. 2/1976, S. 97

Die Zahl der Kinder, die in ausländischen Familien in der Bundesrepublik lebten, stieg von 1973 bis 1977 von 928.000 auf 1,5 Millionen.[192] Dabei spielten die Geburten eine noch stärkere Rolle als die Zuwanderung von außen.[193]

Nachzugspotential

1973 zahlte die Bundesrepublik Deutschland für 868.000 Kinder Kindergeld an Ausländer für deren im Heimatland lebende Kinder. Zu diesem Nachzugspotential kamen rund 300.000 Mütter hinzu.[194] Der amerikanische Sozialwissenschaftler Ray C. Rist berichtet in seiner 1978 (im amerikanischen Original) erschienenen Studie „Die ungewisse Zukunft der Gastarbeiter" von einer verbreiteten „Vogel-Strauß-Haltung" in Deutschland: Man war sich der Nachzugspotentiale wohl bewusst, verharrte aber abwartend, in der Hoffnung, der schlimmste Fall werde

[192] vgl. Münscher, Alice: Ausländische Familien in der Bundesrepublik Deutschland. Familiennachzug und generatives Verhalten (= Materialien zum Dritten Familienbericht der Bundesregierung) München 1979, S. 62
[193] Umfang und Struktur der Wanderungen von Ausländern zwischen dem Bundesgebiet und dem Ausland 1968 und 1978, in: Wirtschaft und Statistik H. 1/1980, S. 23
[194] vgl. ebd., S. 32

doch nicht eintreten. In seinen Interviews mit Beamten in Deutschland, gaben sie „immer wieder ihrer Sorge um die ständig wachsende Zahl der nach Deutschland einwandernden Arbeitnehmerkinder Ausdruck ... Unter der Voraussetzung, dass die Eltern die für Aufenthalt und Unterkunft vorgeschriebenen Bedingungen erfüllten, besteht die Möglichkeit, dass über eine Million Kinder von ihrem Recht, nach Deutschland zu kommen, Gebrauch machen werden. Am meisten besorgt war man um die fast 700.000 türkischen Kinder, die potentielle Einwanderer darstellen. Soweit bekannt ist, hat die Bundesregierung gegenwärtig für diese Eventualität noch keine Pläne ausgearbeitet, die sich mit der notwendig werdenden schulischen und ärztlichen Betreuung sowie mit den nötigen zusätzlichen Unterbringungsmöglichkeiten für diese Kinder befassen. (...) Es wird für das Beste gehalten, sich um die Möglichkeit einer solchen Bevölkerungsexplosion einstweilen gar nicht zu kümmern. Sollte sie sich dennoch ereignen, wird immer noch Zeit sein, die entsprechenden Maßnahmen zu treffen."[195]

Auf das Nachzugspotential machte auch 1979 das Memorandum des ersten Ausländerbeauftragten der Bundesregierung, Heinz Kühn (SPD), aufmerksam: „Zu den gegenwärtig in der Bundesrepublik lebenden rd. 1 Mio. Kinder ausländischer Eltern kommt schätzungsweise noch eine annähernd gleich große Zahl von in den Heimatländern verbliebenen Kindern und Jugendlichen die, weil ein oder beide Elternteile sich im Bundesgebiet aufhalten, als potentielle Nachzugskandidaten angesehen werden müssen."[196]

„Eine Grundsatzdebatte fand nicht statt"

Die Interessen der Arbeitgeber waren von Beginn der Anwerbung ausländischer Arbeitnehmer an maßgeblich. So forderte die *Bundesvereinigung der Deutschen Arbeitgeberverbände* das zuständige Bundesministerium für Arbeit und Sozialordnung bereits ein gutes Jahr nach Inkrafttreten des Anwerbeabkommens mit der Türkei – im Dezember 1962 – schriftlich auf, die darin ausdrücklich festgelegte Befristung der

[195] Rist, Ray C.: Die ungewisse Zukunft der Gastarbeiter. Eingewanderte Bevölkerungsgruppen verändern Wirtschaft und Gesellschaft, Stuttgart 1980, S. 93
[196] Kühn, Heinz: Stand und Weiterentwicklung der Integration der ausländischen Arbeitnehmer und ihrer Familien in der Bundesrepublik Deutschland. Memorandum des Beauftragten der Bundesregierung, Bonn 1979, S., S. 7

Aufenthalts- und Arbeitserlaubnisse auf zwei Jahre zu revidieren.[197] Gegen das Bundesinnenministerium setzte es diese Revision gemeinsam mit dem Bundeswirtschaftsministerium im Kabinett im Oktober 1963 durch. Im September 1964 trat eine Neufassung der deutsch-türkischen Anwerbevereinbarung in Kraft, in der die Befristung ersatzlos gestrichen worden war. Hiermit hatte man auch dem Drängen der Türkei nachgegeben, der ebenfalls an einer Revision gelegen war. Entscheidend ist in diesem Zusammenhang die Tatsache, dass hiermit die Weichen für eine dauerhafte Zuwanderung nach Deutschland gestellt wurden. „Damit war der entscheidende erste Schritt zur (zumindest möglichen) Niederlassung und De-facto-Einwanderung von Arbeitsmigranten aus der Türkei getan. Die wirtschaftlichen Interessen der deutschen Unternehmer hatten hierfür die Grundlagen geschaffen", stellt die Historikerin Mathilde Jamin zurecht fest.[198] Die Entscheidung des Jahres 1963 macht aber auch deutlich, dass die Politik zwar aus Opportunitätserwägungen gegenüber dem „Publikum" – der Öffentlichkeit – das Rotationsmodell hochhielt – offensichtlich aber zu keinem Zeitpunkt ernsthaft daran dachte, es durchzusetzen und auf diese Weise eine vorhersehbare massen- und dauerhafte Zuwanderung in die Bundesrepublik Deutschland zu verhindern. Dass hier nicht die Transparenz im Vordergrund stand, sondern, in erster Linie außenpolitischen Erwägungen geschuldet, eher der Versuch, etwas zu verschleiern, macht auch die Tatsache deutlich, dass die Übereinkunft mit der Türkei, Arbeitskräfte anzuwerben, zunächst geheim gehalten werden sollte.[199]

Der an dieser Stelle wieder offensichtlich werdende eklatante Mangel an öffentlicher Debatte über Handlungsoptionen und mögliche oder wahrscheinliche Auswirkungen stellt eine der wesentlichen Ursachen für die bis heute andauernde Misere der deutschen Ausländerpolitik dar. Johannes-Dieter Steinert kommt in seiner Untersuchung zu dem Schluss: „Allerdings fehlen in den staatlichen Akten Belege dafür, dass die Ausländerbeschäftigung insgesamt lediglich als eine kurzfristige

---

[197] Die entsprechenden Quellen wurden von der Historikerin Mathilde Jamin erschlossen: Jamin: Die deutsch-türkische Anwerbevereinbarung von 1961 und 1964, in: Eryilmaz, Aytac; Jamin, Mathilde: Fremde Heimat. Eine Geschichte der Einwanderung aus der Türkei, Essen 1998, S. 78 ff.
[198] Jamin, Mathilde: Fremde Heimat, in: Motte u.a. (Hrsg.) 50 Jahre Bundesrepublik – 50 Jahre Einwanderung. Frankfurt/New York 1999, S. 150
[199] vgl. Steinert, Johannes-Dieter: Migration und Politik. Westdeutschland – Europa – Übersee 1945-1961, Osnabrück 1995. S. 307 f.

Erscheinung betrachtet wurde. Die spärlichen Hinweise deuten eher auf das Gegenteil hin. Eine Grundsatzdebatte darüber fand nicht statt. Ebenso wenig wurden die sozialen Folgen der Ausländerbeschäftigung diskutiert. (...) Die ausländischen Arbeitnehmer blieben so in permanenter Unsicherheit über die letztendliche Dauer ihrer Aufenthalte in der Bundesrepublik. Sie lebten und arbeiteten in einer Gesellschaft, die nicht oder nur unzureichend über die Hintergründe und Ziele der deutschen Wanderungspolitik informiert war. Diese Politik blieb Verschlusssache, was wesentlich zu den bis heute anhaltenden ‚Irritationen' beigetragen hat."[200]

„Keine Zwangsrotation"

Mit zunehmender Beschäftigungsdauer erhielten die Gastarbeiter Ansprüche auf Aufenthaltsrechte. Ausländerrechtliche Maßnahmen zur Durchsetzung der Rückkehr oder gar Zwangsmaßnahmen – also Abschiebungen – wurden abgelehnt, das war langjähriger Konsens.[201] Bereits 1967 machte Günter Stephan, Vorstandsmitglied des DGB, auf das damit verbundene Problem aufmerksam: „Eine Rezession am Arbeitsmarkt werden wir mit Ausweisungen nicht meistern."[202] 1972 ließ die Bundesregierung lapidar verlauten: „Mit ausländerrechtlichen Maßnahmen wird nicht auf eine zeitliche Begrenzung des Aufenthalts ausländischer Arbeitnehmer hingewirkt."[203] In ihrem „Aktionsprogramm" zur Ausländerbeschäftigung vom 6. Juni 1973 wurden Zwangsmaßnahmen ausdrücklich ausgeschlossen: „Aus sozialen und humanitären Erwägungen lehnt es die Bundesregierung ab, den Aufenthalt ausländischer Arbeitnehmer nach Ablauf einer bestimmten Zeit

---

[200] Steinert: Migration und Politik, S. 336

[201] vgl. Pagenstecher, Cord: Ausländerpolitik und Immigrantenidentität. Zur Geschichte der ‚Gastarbeit' in der Bundesrepublik, Berlin 1994, S. 56 f.; zur Position der Gewerkschaften: Richter, Heinz: Der DGB und das Gastarbeiterproblem, in: Althammer, Walter (Hrsg.): Das Gastarbeiterproblem. Rotation? Integration? Arbeitsplatzverlagerung? (= Südosteuropa-Studien, 23), München 1974, S. 49; in gleichem Sinne äußerte sich auch der Wissenschaftliche Beirat beim Bundeswirtschaftsministerium, in: ders.: Probleme der Ausländerbeschäftigung, 16. März 1974, S. 10 sowie die 1976 eingesetzte Bund-Länder-Kommission, Vorstellungen zum weiteren Umgang mit den „Gastarbeitern" zu entwickeln, vgl.: Der Bundesminister für Arbeit und Sozialordnung: Vorschläge der Bund-Länder-Kommission zur Fortentwicklung einer umfassenden Konzeption der Ausländerbeschäftigungspolitik, Bonn 1977, S. 3

[202] Stephan, Günter: Einstellung und Politik der Gewerkschaften, in: Papalekas, Johannes Chr. (Hrsg.): Strukturfragen der Ausländerbeschäftigung (= Bochumer Schriften zur Arbeitswissenschaft), Herford 1969, S. 41

[203] „Politik der Bundesregierung gegenüber den ausländischen Arbeitnehmern in der Bundesrepublik Deutschland", Kleine Anfrage, Bundestagsdrucksache VI/3085 vom 31. Januar 1972, S. 4

durch behördliche Eingriffe zwangsweise zu beenden. Kein legal beschäftigter Ausländer soll gezwungen werden, in sein Heimatland zurückzukehren (kein Zwangsrotationsprinzip). Die Bundesrepublik Deutschland betrachtet sich aber auch nicht als Einwanderungsland. (...) Bei längerer Aufenthaltsdauer soll der aufenthaltsrechtliche Status der ausländischen Arbeitnehmer verbessert werden."[204] Hier lag ein grundsätzlicher Widerspruch: Einerseits betonte die Bundesregierung, man wolle die Bundesrepublik Deutschland nicht zum Einwanderungsland machen. Andererseits weigerte man sich aber, die offensichtliche Zuwanderung wirkungsvoll einzuschränken, ja man förderte den Familiennachzug und belohnte jene, die sich über einen längeren Zeitraum in Deutschland aufhielten. Dieser Widerspruch war offensichtlich auch innerhalb der Bundesregierung gesehen worden. In dem Entwurf von „Thesen zur Ausländerpolitik" der Bundesregierung aus dem Jahr 1975 drängte das Bundesarbeitsministerium darauf, den Satz zu streichen: „Sie [die Bundesregierung] strebt deshalb für die seit längerem in der Bundesrepublik Deutschland ununterbrochen tätigen ausländischen Arbeitnehmer eine angemessene und schrittweise Verfestigung des aufenthaltsrechtlichen Status an."[205]

Von juristischer Seite wurde gegen das Rotationsprinzip eingewandt, es degradiere den ausländischen Arbeitnehmer zur „Ware auf dem Arbeitsmarkt" und verstoße gegen das Grundgesetz und internationales Recht.[206]

1971 wurde ein Rechtsanspruch geschaffen, wonach die Arbeitserlaubnis unabhängig von der Arbeitsmarktlage nach fünfjähriger ununterbrochenen Tätigkeit oder einem rechtmäßigen Aufenthalt von acht Jahren zu erteilen war.[207] Bereits 1972 hatten etwa eine Million ausländischer Arbeitnehmer einen Rechtsanspruch auf Erteilung einer Arbeitserlaubnis erworben, darunter 460.000 Personen von außerhalb der EG. Alleine dieser Kreis konnte nicht mehr durch Verweigerung

---

[204] zit. nach: „Aktionsprogramm für Ausländerbeschäftigung", in: Sozialpolitische Informationen, hrsg. vom Bundesminister für Arbeit und Sozialordnung, Jg. VII/24, 22. Juni 1973, S. 51
[205] Entwurf von Thesen zur Ausländerpolitik eines Ausschusses der Bundesregierung vom 23. Oktober 1975, in: epd-Dokumentation Nr. 5/76, S. 8
[206] Rittstieg, Helmut: Gesellschaftliche und politische Perspektiven des Ausländerrechts, in: Ansay, Tuğrul; Gessner, Volkmar (Hrsg.) Gastarbeiter in Gesellschaft und Recht, München 1974, S. 68 f.
[207] vgl. Franz, Fritz: Hat der Entwurf eines Gesetzes über die Rechtsstellung der Ausländer in der Bundesrepublik Deutschland eine Chance?, in: Albrecht, Georg (Hrsg.) Das Düsseldorfer Reformprogramm zum Ausländerrecht, Bonn 1976, S. 316

einer Arbeitserlaubnis zur Rückkehr in sein Herkunftsland gezwungen werden.[208]

Über die Jahre wurde der ausländerpolitische Handlungsspielraum immer mehr eingeengt – durch nationales Recht wie durch internationale vertragliche Selbstbindungen. Mitte der 70er Jahre verfügten rund 80 Prozent der ausländischen Arbeitnehmer über einen verfestigten Aufenthaltsstatus. Man könne sich „nicht darüber hinwegtäuschen, dass sich gegenüber dem Vordringen völkerrechtlicher Absicherungen bei zunehmender Verweil- und Tätigkeitsdauer die staatliche Dispositionsbefugnis über das Millionenheer ausländischer Arbeiter nicht länger aufrechterhalten lässt", schrieb 1976 Fritz Franz, damals Richter am Oberwaltungsgericht Berlin.[209]

Druck der Arbeitgeber

Die deutsche Politik sprach zwar bei der Anwerbepolitik über viele Jahre von zeitlich befristeten Aufenthalten sowie dem Rotationsprinzip und befristete die Arbeits- und Aufenthaltserlaubnisse zunächst auf ein oder maximal zwei Jahre.[210] In der Praxis verhielt sie sich aber konträr und schuf – vor allem auf Drängen der Arbeitgeber – die Voraussetzungen für eine dauerhafte Zuwanderung. „Realisiert wurde dieses Prinzip allerdings nur ausnahmsweise, indem man in einigen Fällen nach drei- bis fünfjährigem Aufenthalt die Verlängerung der Aufenthaltserlaubnis verweigerte. In der Masse der Fälle wurde und wird jedoch der Aufenthalt verlängert; das folgt schon aus der ständig wachsenden Aufenthaltsdauer."[211]

Die Arbeitgeber lehnten einen regelmäßigen Austausch der ausländischen Arbeitnehmer ab. Einmal angelernte Arbeitskräfte wollte man vor allem aus Kostengründen behalten und nicht durch neu Anzulernende ersetzen.[212] Der damalige Präsident der Bundesanstalt für Arbeit,

[208] vgl. Bundesanstalt für Arbeit (Hrsg.): Repräsentativuntersuchung '72 über die Beschäftigung ausländischer Arbeitnehmer im Bundesgebiet und ihre Familien- und Wohnverhältnisse, Nürnberg 1973, S. 40 f.
[209] Franz, Fritz: Hat der Entwurf eines Gesetzes über die Rechtsstellung der Ausländer in der Bundesrepublik Deutschland eine Chance?, in: Albrecht, Georg (Hrsg.) Das Düsseldorfer Reformprogramm zum Ausländerrecht, Bonn 1976, S. 318
[210] vgl. Bundesministerium für Raumordnung, Bauwesen und Städtebau (Hrsg.): Raumordnungspolitische Steuerung der Ausländerbeschäftigung. Alternative Steuerungskonzepte und räumliche Analyse der Ausländerbeschäftigung, bearbeitet von Jochem Langkau und Ursula Mehrländer, Bonn 1976, S. 28 f.
[211] Rittstieg, Helmut: Gesellschaftliche und politische Perspektiven des Ausländerrechts, in: Ansay, Tuğrul; Gessner, Volkmar (Hrsg.) Gastarbeiter in Gesellschaft und Recht, München 1974, S. 61

Josef Stingl, wies 1983 ausdrücklich darauf hin: „Damals haben Herr Schleyer [Präsident des Bundesverbandes der Deutschen Industrie und der Bundesvereinigung der Deutschen Arbeitgeberverbände], und mit ihm die meisten Arbeitgeber, das muss man auch einmal sagen, eine solche Politik [der Rotation] de facto aber abgelehnt, weil er sagte, das kostet uns viel Geld, da müssen wir alle fünf Jahre neue Leute anlernen. Ich habe das für einen Fehler gehalten, und es zeigt sich jetzt, dass es ein Fehler war."[213]

Die kontinuierlich wachsende Beschäftigungs- und damit Aufenthaltsdauer entsprach gleichermaßen den Interessen der Unternehmer und der „Gastarbeiter": Die einen konnten ihre Kosten gering halten, die anderen ihre Einkommen in Deutschland dauerhaft sichern. So stellte die *Bundesanstalt für Arbeitsvermittlung und Arbeitslosenversicherung* 1968 fest: „Demnach waren die Arbeitgeber bestrebt, diejenigen ausländischen Arbeitnehmer zu halten, die sich in mehrjähriger Beschäftigung bewährt hatten, zumal bei ihnen die Anpassungs- und hier vor allem die Sprachschwierigkeiten im allgemeinen weitgehend überwunden waren. Aber auch diese ausländischen Arbeitnehmer selbst waren wohl aus ähnlichen Gründen in zunehmender Zahl bereit, sich auf einen längeren oder sogar auf einen Daueraufenthalt im Bundesgebiet einzurichten."[214]

Unentschlossenheit kennzeichnete zunächst auch die Haltung vieler „Gastarbeiter". Die Vorstellung, in kurzer Zeit so viel Geld zu verdienen, um sich danach im Heimatland eine selbständige Existenz aufbauen zu können, war über viele Jahre das zentrale Motiv des Aufenthalts in Deutschland.

Rückkehrorientierung
Der Niederlassung in Deutschland, die ihren Ausdruck im Umzug aus Wohnheimen in Mietwohnungen und durch das Nachholen von Ehe-

---

212 vgl. Pagenstecher, Cord: Ausländerpolitik und Immigrantenidentität. Zur Geschichte der der 'Gastarbeit' in der Bundesrepublik, Berlin 1994, S. 40 ff.
213 Integration ausländischer Mitarbeiter. Referate und Diskussionsbeiträge der 8. öffentlichen Vortragsveranstaltung der Gesellschaft für Unternehmensgeschichte e.V. am 25. Mai 1983 (= Zeitschrift für Unternehmensgeschichte, Beiheft 32), Wiesbaden 1984, S. 81
214 Bundesanstalt für Arbeitsvermittlung und Arbeitslosenversicherung (Hrsg.): Beschäftigung, Anwerbung, Vermittlung ausländischer Arbeitnehmer. Erfahrungsbericht 1967, Nürnberg 1968, S. 15

partnern und Kindern fand, entsprach lange keine Orientierung am dauerhaften Verbleiben in Deutschland. Das Ausbleiben einer bewussten Entscheidung für das Verbleiben in Deutschland, für eine „Einwanderung", ist eine wesentliche Ursache der bis heute feststellbaren Integrationsdefizite. Die Rückkehrorientierung hatte eine wichtige psychologische Bedeutung, sie verhinderte die Ausgrenzung aus der eigenen Landsleute-Gemeinschaft: „Bringt man die Funktionen der anhaltenden Rückkehrorientierung auf einen Nenner, so stabilisierte sie in erster Linie die ethnische Identität der Eingewanderten."[215]

Das Aufgeben der Rückkehrorientierung konnte daher mit der Ausgrenzung aus der türkischen Gemeinschaft verbunden sein, dokumentierte es doch die eindeutige Hinwendung zur „neuen Heimat". Für viele Gastarbeiter war die neue Heimat allerdings zur „ungeliebten Heimat" geworden – sie waren in den Verhältnissen ihrer Heimat anerkannte und wohlhabende Menschen, lebten in Deutschland hingegen am unteren Ende der sozialen Skala und empfanden sich nicht selten als verachtete Minderheit. Umgekehrt waren die Gastarbeiter, die nicht mehr gehen wollten, für viele Deutsche zu ungeliebten Gästen geworden. „Der Mensch aber möchte stets da leben, wo es ihm seiner Meinung nach besser geht, wo er anerkannt und respektiert wird. Die türkischen Gastarbeiter denken infolgedessen – verstärkt noch durch die unsichere Arbeits- und Wirtschaftslage in der Bundesrepublik – ständig an die Rückkehr, sind jedoch nicht imstande, sofort zurückzukehren, da sie auch in der Türkei eine unsichere Zukunft erwartet ... Ihr einziges Ziel ist es deshalb, hier Geld zu verdienen und zu sparen, solange es geht, und die Zukunft für sich und ihre Familien in der Türkei zu sichern."[216]

Die Tendenz zu einer dauerhaften Niederlassung in Deutschland zeichnete sich bereits relativ früh ab: Schon 1968 lebten 58 Prozent aller verheirateten männlichen ausländischen Arbeitnehmer mit ihren Ehefrauen in der Bundesrepublik Deutschland. 1972 lebten 62 Prozent der verheirateten Männer und 92 Prozent der Frauen mit den Ehepartnern in Deutschland.[217] 1968 lebten bereits die meisten Gastarbeiter in pri-

[215] Pagenstecher, Cord: Ausländerpolitik und Immigrantenidentität. Zur Geschichte der der ‚Gastarbeit' in der Bundesrepublik, Berlin 1994, S. 147
[216] Kurt, Cahit: Misslungene Integration? Türkische Gastarbeiter und ihre Familien in Deutschland, in: Türkische Kinder in unseren Schulen – Eine pädagogische Herausforderung, mit Beiträgen Ursula Coburn-Staege, Stuttgart 1982, S. 21

vaten Wohnungen (61 Prozent der Männer, 73 Prozent der Frauen).[218] 1972 lebten 92 Prozent der Ausländer in Privathaushalten.[219] Auch das war ein deutlicher Hinweis auf die Vorbereitung des Familiennachzugs und damit auf einen Zuwanderungsprozess.

Die Untersuchung des Forschungsverbundes „Probleme der Ausländerbeschäftigung" kam 1979 zu dem Ergebnis, dass Fragen der Existenzsicherung stärkster Beweggrund für die Wanderungsentscheidung waren.[220] Insgesamt blieb damit die Zielvorstellung „eher vage: So gab es später nicht den klaren Punkt, an dem man sagen konnte: ‚Jetzt habe ich geschafft, was ich wollte.'"[221] Die Vorstellungen vom zu erzielenden wirtschaftlichen Gewinn waren großteils ebenso unrealistisch wie die Vorstellungen vom Zielland Deutschland, die aufgrund eines traditionell positiven Deutschland-Bildes seit dem I. Weltkrieg zustande kamen.[222] Für die Türkei beschreibt Cord Pagenstecher die Situation: „In der Türkei entstand vor dem Hintergrund eines tradierten, noch heute wirksamen Mythos von der ‚Waffenbrüderschaft' mit den Deutschen im ersten Weltkrieg eine schillernde Vorstellung von einer fremden Ferne voller Luxus, Erotik und Unglauben."[223]

Die vagen Vorstellungen vom Zielland ließen auch keine konkreten Vorstellungen über die Dauer des Verbleibs aufkommen. „Wer nicht weiß, was ihn erwartet, kann kaum im Voraus wissen, wie lange er bleiben wird."[224]

Familiennachzug

Eine (unbeabsichtigte) Folge des Anwerbestopps war ein verstärkter Nachzug von Familienangehörigen. Er sollte die weitere Zuwanderung nach Deutschland wesentlich prägen: 1961 lebten rund 137.000 Famili-

---

[217] vgl. Bundesanstalt für Arbeit (Hrsg.): Repräsentativuntersuchung '72, Nürnberg 1973, S. 18
[218] vgl. Bundesanstalt für Arbeit (Hrsg.): Ergebnisse der Repräsentativ-Untersuchung vom Herbst 1968 über die Beschäftigung ausländischer Arbeitnehmer und ihre Familien- und Wohnverhältnisse, Nürnberg 1970, S. 58
[219] vgl. Haushalte von Ausländern in der Bundesrepublik Deutschland, in: Wirtschaft und Statistik H. 1/1979, S. 45
[220] vgl. Forschungsverbund „Probleme der Ausländerbeschäftigung": Integrierter Endbericht, o.O., 1979, S. 88 f.
[221] Pagenstecher, Cord: Ausländerpolitik und Immigrantenidentität. Zur Geschichte der der ‚Gastarbeit' in der Bundesrepublik, Berlin 1994, S. 81
[222] vgl. Habermeier, Eleonora: Türkische Arbeiter in Deutschland, in: Orient, H.1/1966, S. 121 f.
[223] Pagenstecher: Ausländerpolitik, S. 84; vgl. auch: Kleff: Vom Bauern zum Industriearbeiter, S. 291 f. sowie vgl. Akpinar: Angleichungsprobleme, S. 39 ff.
[224] Pagenstecher: Ausländerpolitik, S. 85

enangehörige von Gastarbeitern in der Bundesrepublik Deutschland (das entsprach 20 Prozent der Ausländer), 1975 waren es etwa 2,1 Millionen Familienangehörige (und damit mehr als die Hälfte der in der Bundesrepublik registrierten Ausländer).[225]

Angesichts der sich ständig verlängernden durchschnittlichen Aufenthaltsdauer konnte diese Entwicklung nicht überraschen: 1968 gaben bei der Repräsentativuntersuchung der *Bundesanstalt für Arbeitsvermittlung und Arbeitslosenversicherung* 90 Prozent an, noch längere Zeit in Deutschland bleiben zu wollen.[226] Auch die zunehmende durchschnittliche faktische Aufenthaltsdauer ließ deutlich werden, dass mit einer „Rotation", also einem zeitlich befristeten Aufenthalt mit anschließender Rückkehr bei einem großen Teil der Gastarbeiter nicht zu rechnen war.[227] Im Frühjahr 1973 lebten 30 Prozent der ausländischen Arbeitnehmer länger als neun Jahre in Deutschland – mit steigender Tendenz.[228]

Grundsätzlich galt: Je länger der Aufenthalt währte, desto größer war das Interesse, dauerhaft in Deutschland zu verbleiben.[229]

Wunsch, dauerhaft in der Bundesrepublik zu bleiben nach Aufenthaltsdauer

Einreisejahr	bisherige Verweildauer	Anteil der ausländischen Arbeitnehmer, die dauerhaft im Bundesgebiet tätig sein wollen
1972	höchstens vier Monate	
1971	5 Monate bis gut 1 Jahr	9 %
1970	gut 1 Jahr bis gut 2 Jahre	11 %
1969	gut 2 Jahre bis gut 3 Jahre	16 %
1968	gut 3 Jahre bis gut 4 Jahre	17 %
1967	gut 4 Jahre bis gut 5 Jahre	28 %
1966	gut 5 Jahre bis gut 6 Jahre	23 %
1965	gut 6 Jahre bis gut 7 Jahre	24 %
1964	gut 7 Jahre bis gut 8 Jahre	25 %
1963	gut 8 Jahre bis gut 9 Jahre	35 %
1962	gut 9 Jahre bis gut 10 Jahre	40 %
1961	gut 10 Jahre bis gut 11 Jahre	39 %
1960	gut 11 Jahre bis gut 12 Jahre	46 %
1959 bis 1957	gut 12 Jahre bis gut 15 Jahre	74 %
1956 und früher	mehr als 15 Jahre	83 %

Quelle: Bundesanstalt für Arbeit (Hrsg.): Repräsentativuntersuchung '72, Nürnberg 1973, S. 36

Die zunehmende Aufenthaltsdauer führte in der Konsequenz zum Nachzug der Familienangehörigen. So waren von den im September 1966 beschäftigten 975.000 ausländischen Arbeitnehmern 67 Prozent verheiratet, von den türkischen Staatsangehörigen 78 Prozent. Von den verheirateten Arbeitnehmern lebten 41 Prozent mit ihrer Ehefrau in der Bundesrepublik Deutschland, bei den Türken waren es sogar nur 21 Prozent.[230]

Dabei war klar: Der Nachzug von Familienangehörigen, insbesondere von Kindern, war ein unübersehbares Indiz für einen dauerhaften Niederlassungsprozess. Der Anteil derjenigen, die angaben, dauerhaft in Deutschland bleiben zu wollen, lag bei Gastarbeitern mit Kindern mit 37 Prozent deutlich über dem Durchschnitt. Mit wachsender Kinderzahl stieg der Wunsch, dauerhaft zu bleiben: Arbeitnehmer mit zwei Kindern wollten zu 39, mit drei und mehr Kindern zu 44 Prozent dauerhaft in Deutschland bleiben.[231]

Insgesamt müssen Angleichung der Erwerbsquoten, der Geschlechterrelation (Nachzug der Ehefrauen) sowie des Altersaufbaus (Nachzug von Kindern) von ausländischen Arbeitnehmern und Einheimischen als Hinweise auf den Niederlassungsprozess angesehen werden.[232]

Erwerbsquoten der inländischen und ausländischen Bevölkerung der Bundesrepublik Deutschland[233]

Jahr	Inländer	Ausländer	Differenz
1961	47 %	77,7 %	30,7
1970	43 %	70,8 %	27,0
1977	42,9 %	55,5 %	12,6
1978	43,2 %	54,3 %	11,1

Quelle: Heckmann, Friedrich: Die Bundesrepublik als Einwanderungsland? Zur Soziologie der Gastarbeiterbevölkerung als Einwandererminorität, Stuttgart 1981, S. 191

[225] vgl. Bodenbender: Zwischenbilanz der Ausländerpolitik, S. 32
[226] vgl. Bundesanstalt für Arbeit (Hrsg.): Ergebnisse der Repräsentativ-Untersuchung vom Herbst 1968 über die Beschäftigung ausländischer Arbeitnehmer und ihre Familien- und Wohnverhältnisse, Nürnberg 1970, S. 51
[227] vgl. Lepsius, M. Rainer Strategien für die Eingliederung der Gastarbeiter in der Bundesrepublik Deutschland, in: Minoritäten in Ballungsräumen. Ein deutsch-amerikanischer Vergleich, hrsg. von Michael G. Eisenstadt und Werner Kaltefleiter (= Sozialwissenschaftliche Studien zur Politik, Bd. 6), S. 11 ff.
[228] Stingl, Josef: Probleme der Beschäftigung ausländischer Arbeitnehmer in der Bundesrepublik Deutschland, in: Minoritäten, S. 58
[229] Bundesanstalt für Arbeit (Hrsg.): Repräsentativuntersuchung '72, Nürnberg 1973, S. 36
[230] vgl. Bundesanstalt für Arbeitsvermittlung und Arbeitslosenversicherung (Hrsg.): Beschäftigung, Anwerbung, Vermittlung ausländischer Arbeitnehmer. Erfahrungsbericht 1967, Nürnberg 1968, S. 19
[231] vgl. Bundesanstalt für Arbeit (Hrsg.): Repräsentativuntersuchung '72, Nürnberg 1973, S. 39
[232] vgl. Heckmann, Friedrich: Die Bundesrepublik als Einwanderungsland? Zur Soziologie der Gastarbeiterbevölkerung als Einwandererminorität, Stuttgart 1981, S. 187 ff.

Die ins Land geholten Arbeitskräfte waren überdurchschnittlich gut in den Arbeitsmarkt integriert (worauf die hohen Erwerbsquoten hinweisen)[234]. Gleichzeitig stiegen aber auch bei ihnen die Arbeitslosenquoten. Seit Mitte der 1970er Jahre liegen die Arbeitslosenquoten der Ausländer deutlich über den Gesamtarbeitslosenquoten. Das allgemeine sprunghafte Ansteigen der Arbeitslosigkeit 1974/75 traf die ausländischen Beschäftigten in besonderer Weise.[235]

Arbeitslosigkeit in der Bundesrepublik Deutschland

	1973	1974	1975	1976	1977	1978	1979	1980	1981
Arbeitslose Deutsche	253.000	513.000	923.000	954.000	932.000	889.000	783.000	782.000	1,4 Mio.
Arbeitslose Ausländer	20.000	69.000	151.000	106.000	98.000	104.000	93.000	107.000	168.000

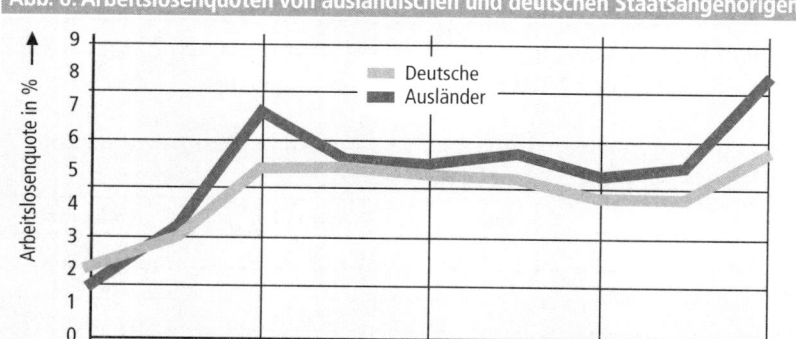

Abb. 6: Arbeitslosenquoten von ausländischen und deutschen Staatsangehörigen

Ausländische Arbeitnehmer waren von den wirtschaftlichen Entwicklungen besonders betroffen: Ihre Arbeitslosenquote koppelte sich nach dem Anwerbestopp von der der Deutschen ab.

Quelle: Deutsches Institut für Wirtschaftsforschung (Hrsg.): Ausländer und Ausländerbeschäftigung in der Bundesrepublik Deutschland, bearbeitet von Brasche, Ulrich; Schultz, Siegfried (= DIW-Wochenbericht 37/82) vom 16. September 1982, S. 458

In vergleichbarem Ausmaß, in dem die Arbeitslosigkeit zunahm, stieg auch die Zahl der Sozialhilfeempfänger unter den zugewanderten Ausländern an: von 20.000 Beziehern 1970 auf 75.000 1978. Ihr Anteil an den Sozialhilfeempfängern erhöhte sich damit innerhalb von acht Jahren von 1,3 Prozent auf 3,5 Prozent.[236]

Klare Vorstellungen, wie mit dieser Situation und den sich abzeichnenden Entwicklungen umgegangen werden solle, gab es lange nicht. Einerseits wurde öffentlich an der Vorstellung der Rückkehr der Gastarbeiter festgehalten. In einem Kommentar zum Ausländergesetz aus dem Jahr 1966 wurde der Zusammenhang deutlich gesehen: „Für ausländische Arbeitnehmer, die beabsichtigen, nach einigen Jahren in ihre Heimatländer zurückzukehren, kommt grundsätzlich der Nachzug Familienangehöriger nicht in Betracht. Die Bundesrepublik ist kein Einwanderungsland."[237] Andererseits wurde der Familiennachzug zunächst ausdrücklich gefördert: „Die Familienzusammenführung ist aber aus deutscher Sicht genauso wie aus der Sicht des ausländischen Arbeitnehmers eine dringende Aufgabe, die wir nachdrücklich fördern sollten", erklärte der Staatssekretär im Bundesministerium für Arbeit und Soziales, Kattenstroth, 1966.[238] Der Nachzug von Familienangehörigen wurde als sozial stabilisierende Maßnahme angesehen, die die Leistungsfähigkeit des einzelnen Arbeitnehmers steigern sowie der betrieblichen Fluktuation ebenso wie sozial abweichendem Verhalten entgegenwirken würde. Dass hier ein klarer Zusammenhang mit dauerhafter Zuwanderung bestand, dass der Nachzug der Familienangehörigen Ausdruck einer Niederlassungsabsicht in Deutschland war, wurde nicht gesehen oder geleugnet: „Eine stärkere Förderung der Familienzusammenführung liegt nicht nur im Interesse der ausländischen Arbeitnehmer, sondern auch im wohlverstandenen Interesse der Betriebe und letztlich auch der deutschen Bevölkerung. Denn je mehr der ausländische Arbeitnehmer von der Last und den Sorgen der Familientrennung befreit ist, umso mehr wird er sich im Betrieb und in der

---

233 Verhältnis der Erwerbspersonen (Erwerbstätige und Arbeitslose) zur Wohnbevölkerung
234 vgl. Heckmann, Friedrich: Die Bundesrepublik als Einwanderungsland? Zur Soziologie der Gastarbeiterbevölkerung als Einwandererminorität, Stuttgart 1981, S. 172 ff.
235 vgl. Deutscher Städtetag (Hrsg.): Statistische Materialien zur Ausländerfrage (= Reihe H DST-Beiträge zur Statistik und Stadtforschung, H. 19), Köln 1980, S. 29 f.
236 vgl. ebd., S. 31
237 So der Kommentar von Werner Kanein zum Ausländergesetz: Das Ausländergesetz und die wesentlichen fremdenrechtlichen Vorschriften, München, Berlin 1966, S. 26 f.
238 Magnet Bundesrepublik. Probleme der Ausländerbeschäftigung (= H. 42 der Schriftenreihe der Bundesvereinigung der Deutschen Arbeitgeberverbände), Bonn 1966, S. 18

Gesellschaft wohlfühlen. Umso weniger wird er aber auch mit den Strafgesetzen in Konflikt geraten. Die Bundesregierung verfolgt mit der Familienzusammenführung aber nicht das Ziel, die ausländischen Arbeitnehmer mit ihren Familien für dauernd im Bundesgebiet anzusiedeln."[239] Als Hemmschuh wurde lediglich die Beschaffung von ausreichendem Wohnraum angesehen.[240] „Das Problem der Familienzusammenführung und damit des Familienwohnungsbaues wird mit zunehmender Beschäftigungsdauer der ausländischen Arbeitnehmer immer dringlicher", mahnte die *Bundesanstalt für Arbeitsvermittlung und Arbeitslosenversicherung* bereits im Februar 1965.[241]

Die Haltung des „laissez faire" kennzeichnete die Politik über Jahrzehnte. So hieß es in den von Bund, Ländern, Kommunen, Tarifparteien und Wohlfahrtsorganisationen 1972 verabschiedeten „Grundsätzen zur Eingliederung ausländischer Arbeitnehmer und ihrer Familien" lapidar: „Der Familienzusammenführung kommt aus menschlichen Gründen besondere Bedeutung zu. Dabei ist unabdingbare Voraussetzung, dass eine angemessene Wohnung zur Verfügung steht."[242]

Der Nachzug von Kindern zu ihren Eltern war bis zu deren Volljährigkeit gestattet. 1981 wurde er auf unter 16jährige Kinder beschränkt. Ein Nachzug war nur dann erlaubt, wenn der Ausländer schon acht Jahre im Inland lebte und die Ehe mindestens ein Jahr Bestand hatte.[243]

Das Bundesarbeitsministerium strebte nach dem Entwurf der „Thesen zur Ausländerpolitik" Mitte der 70er Jahre an, die Voraussetzungen für den Familiennachzug einzugrenzen, womit es sich allerdings auch nicht durchsetzen konnte.[244] Auch in der Bund-Länder-Kommission zur Ausländerbeschäftigungspolitik setzte sich eine Gruppe dafür ein, die Zuwanderung über den Familiennachzug wirkungsvoll zu begrenzen. „Ein Teil der Mitglieder der Kommission hielt es für richtig, dass der Familiennachzug allen unverheirateten Jugendlichen bis zu 18 Jahren im bisherigen Rahmen gestattet werden sollte. Eine nicht kleinere

---

[239] ebd., S. 18 f.
[240] vgl. Anton Sabel: Die arbeitsmarktpolitische Bedeutung der Beschäftigung ausländischer Arbeitnehmer, in: ebd., S. 164
[241] Bundesanstalt für Arbeitsvermittlung und Arbeitslosenversicherung (Hrsg.): Beschäftigung, Anwerbung, Vermittlung Ausländischer Arbeitnehmer, Erfahrungsbericht 1964, Nürnberg 1965, S. 14
[242] „Grundsätze zur Eingliederung ausländischer Arbeitnehmer und ihrer Familien". Veröffentlicht in: Der Bundesminister für Arbeit und Sozialordnung (Hrsg.): Eingliederung ausländischer Arbeitnehmer, Bonn 1973, S. 8
[243] vgl.: Gutmann, Rolf: 40 Jahre Ausländerrecht für Türken in Deutschland, in: ZAR 1/2002, S. 24 f.

Gruppe hielt es im allgemeinen Interesse für geboten, Jugendlichen im erwerbsfähigen Alter (16- und 17-jährigen) die Einreise grundsätzlich nicht zu erlauben; reisen sie dennoch ein, müsste die Aufenthaltserlaubnis in der Regel versagt werden."[245]

Zwei unvereinbare Positionen standen sich gegenüber: Jene, die den Familiennachzug als humanitäres und verfassungsrechtliches Gebot ansahen, sowie jene, die in einer Untersagung des Familiennachzugs keinen Verstoß gegen diese Grundsätze erkennen konnten, da eine Zusammenführung der Familie auch im Herkunftsland möglich sei.[246] Letztere Gruppe hatte sicher die mehrheitliche Auffassung der einheimischen Bevölkerung hinter sich, konnte sich allerdings im politischen Entscheidungsprozess nicht durchsetzen.

Gleiches galt für die Voraussetzungen des Nachzugs: Auch hier konnte man sich lediglich auf ein ungekündigtes Arbeitsverhältnis sowie den Nachweis ausreichenden Wohnraums verständigen. Weitere, durchaus sinnvolle Kriterien wie der Nachweis von Sprachkenntnissen, waren nicht einigungsfähig.[247]

Rückkehrprämien

Der Vorschlag, Rückkehrprämien zu zahlen, den der damalige Baden-Württembergische Ministerpräsident Hans Filbinger (CDU) 1975 machte, wurde allerdings abgelehnt.[248] Erst im November 1983 verabschiedete der Deutsche Bundestag das „Gesetz zur Förderung der Rückkehrbereitschaft von Ausländern"[249]. Es sah unter anderem finanzielle Rückkehrhilfen an arbeitslose oder von Kurzarbeit betroffene ausländische Arbeitnehmer und die Erstattung der Arbeitnehmerbeiträge zur gesetzlichen Rentenversicherung ohne Wartezeit vor, wenn sich die betroffenen Ausländer zur dauerhaften Rückkehr entschieden.

[244] vgl. Entwurf von Thesen zur Ausländerpolitik eines Ausschusses der Bundesregierung vom 23. Oktober 1975, in: epd-Dokumentation Nr. 5/76, S. 8
[245] Der Bundesminister für Arbeit und Sozialordnung: Vorschläge der Bund-Länder-Kommission zur Fortentwicklung einer umfassenden Konzeption der Ausländerbeschäftigungspolitik, Bonn 1977, S. 38
[246] vgl. Münscher, Alice: Ausländische Familien in der Bundesrepublik Deutschland. Familiennachzug und generatives Verhalten (= Materialien zum Dritten Familienbericht der Bundesregierung) München 1979, S. 37
[247] vgl. ebd., S. 37
[248] vgl. Körner, Heiko: Das Gesetz zur Förderung der Rückkehrbereitschaft von Ausländern vom 28. November 1983 – Eine kritische Bilanz, in: ders.; Mehrländer, Ursula (Hrsg.): Die „neue" Ausländerpolitik in Europa. Erfahrungen in den Aufnahme- und Entsendeländern, Bonn 1986, S. 65 ff.
[249] BGBl. I S. 1377

Diese Hilfen waren auf die Dauer von zehn Monaten befristet. Rund 250.000 ausländische Arbeitnehmer und ihre Angehörigen (zu 85 Prozent türkische Staatsangehörige) sollen von diesen Möglichkeiten Gebrauch gemacht haben und in ihre Herkunftsländer zurückgekehrt sein.[250] Sie fanden vor allem in schrumpfenden Branchen (Bergbau, Eisen- und Stahlindustrie, Schiffbau) Anwendung und entlasteten damit sowohl den Arbeitsmarkt wie die Arbeitslosen- und Sozialversicherungsträger.[251]

Generell müssen die Möglichkeiten demokratischer Rechtsstaaten, auf einmal in Gang gesetzte Zuwanderungsprozesse steuernd einzuwirken, eher gering veranschlagt werden. Die wirtschaftlichen Verhältnisse, die Einflüsse der Wirtschaft, von Lobbygruppen und natürlich die Situation im Herkunftsland lassen den Handlungsspielraum als äußerst eng bemessen erscheinen. Der demokratische Rechtsstaat war nicht in der Lage, die sich dynamisch entwickelnde Zuwanderung – von der Gastarbeiteranwerbung über den Familiennachzug – wirkungsvoll zu begrenzen. Bei der Vorstellung, der Staat könne eine „optimale Dosierung der Ausländerbeschäftigung und /oder des ausländischen Anteils an der Wohnbevölkerung ... gewährleisten"[252] – durch welche „Konzepte" oder „Lenkungsmaßnahmen" auch immer – muss als Illusion bezeichnet werden.

Niedriges Qualifikationsniveau

Die Qualifikationsstrukturen der angeworbenen ausländischen Arbeitnehmer waren durch ein – verglichen mit den Verhältnissen in Deutschland – niedriges Bildungsniveau gekennzeichnet. Bezogen auf die Lage im Herkunftsland waren ihre formalen Abschlüsse eher überdurchschnittlich, für deutsche Verhältnisse deutlich unterdurchschnittlich. In ihrer „Repräsentativuntersuchung '72" geht die Bundesanstalt

[250] vgl. Europäisches Beschäftigungsobservatorium: Nationale Arbeitsmarktpolitiken: Wiedereingliederung von rückkehrwilligen Ausländern, www.eu-employment-oberservatory.net/ersep/d_d/00 800138.asp [8. Februar 2005]; Gümrükçü, Harun: Beschäftigung und Migration in der Türkei. Unter Berücksichtigung der Auswirkungen der Auswanderung auf die Volkswirtschaft der Bundesrepublik Deutschland (= Beiträge zur Arbeitsmarkt- und Berufsforschung 134) Nürnberg 1986, S. 179 ff.
[251] vgl. Körner: Das Gesetz zur Förderung, S. 69
[252] So Wirtschaftswissenschaftler in einem Gutachten aus dem Jahr 1973: Höpfner, Klaus; Ramann, Bernd; Rürup, Bert: Ausländische Arbeitnehmer. Gesamtwirtschaftliche Probleme und Steuerungsmöglichkeiten (= Kleine Schriften der Gesellschaft für Regionale Strukturentwicklung), Bonn 1973, S. 68

für Arbeit von 12 Prozent der ausländischen Arbeitnehmer (Türken: 16 Prozent) aus, die über „keinerlei deutsche Sprachkenntnisse" verfügen. Danach sprachen insgesamt 31 Prozent (Türken: 43 Prozent) schlecht Deutsch.[253] In der Untersuchung des „Forschungsverbundes ‚Probleme der Ausländerbeschäftigung'" gaben zehn Prozent der befragten Gastarbeiter (16 Prozent der Türken) an, nie eine Schule besucht zu haben – müssen also als Analphabeten gelten.[254] Einen deutschen Schulabschluss hatten nur sechs Prozent aller Befragten. 22 Prozent verfügten über einen Abschluss im Herkunftsland, der über die Pflichtschule hinausging. Bei der deutschen Vergleichsgruppe lag der Anteil bei 53 Prozent. Über keine Berufsausbildung oder keine abgeschlossene Berufsausbildung verfügten 73 Prozent der befragten Gastarbeiter (Türken: 78 Prozent). Bei den deutschen Befragten lag der Anteil bei 17 Prozent.

74 Prozent aller berufstätigen Ausländer waren demnach als ungelernte oder angelernte Arbeiter beschäftigt. Bei der deutschen Vergleichsgruppe lag der entsprechende Anteil bei zehn Prozent.[255] Bei Italienern und Türken war dieser Anteil besonders hoch: 82 und 80 Prozent. 19 Prozent der Ausländer und 34 Prozent der deutschen Staatsangehörigen arbeiteten als Facharbeiter.

Die ausländischen Arbeitskräfte konnten aufgrund ihrer eher niedrigen Qualifikationen, den relativ hohen Ausgaben, die die Zuwanderung verursachte, und dem Willen, in möglichst kurzer Zeit so viel Geld wie möglich zu verdienen, nicht „wählerisch" bei der Wahl des Arbeitsplatzes sein, sie mussten also ungünstige Arbeitsbedingungen eher in Kauf nehmen als Einheimische.[256] „Zur Disposition stehen Arbeitsaufgaben, die von Deutschen aufgrund steigender Erwartungen und Qualifikationen, die mit einem Anstieg des Lebensstandards und besserer und längerer Ausbildung einhergehen, abgelehnt werden, weil sie durch geringe Verdienstmöglichkeiten, niedrigen sozialen Status oder unangenehme Arbeitsbedingungen gekennzeichnet sind. Es sind dies Arbeitsaufgaben, die nicht oder noch nicht Maschinen übertragen

[253] vgl. Bundesanstalt für Arbeit (Hrsg.): Repräsentativuntersuchung '72, Nürnberg 1973, S. 29
[254] hierzu und im Folgenden: vgl.: Forschungsverbund „Probleme der Ausländerbeschäftigung": Integrierter Endbericht, o.O., 1979, S. 60 ff.
[255] vgl. ebd., S. 63
[256] Voigt: Die volkswirtschaftliche Bedeutung der ausländischen Arbeitskräfte, S. 35 ff.

werden können, in der Regel aber notwendige Bestandteile des Produktionsprozesses sind und insofern beim gegenwärtigen Stand der Technik und ihrer Anwendungsbedingungen als Voraussetzung für die Existenz von attraktiven Arbeitsplätzen gelten müssen."[257] Das Interesse, in kurzer Zeit so viel Geld wie möglich zu verdienen, war groß: 44 Prozent der ausländischen Arbeitnehmer, die in Deutschland in einem anderen als dem erlernten Beruf arbeiteten, taten dies wegen des höheren Verdienstes. „Dies zeigt deutlich, welche zentrale Rolle das Einkommen, speziell auch das Ausschöpfen aller Chancen zum ‚Besserverdienen‘, bei den ausländischen Arbeitnehmern für eine Arbeitsaufnahme im Ausland einnimmt. Nach den Erfahrungen der Auslandsdienststellen der Bundesanstalt wird von den ausreisewilligen ausländischen Arbeitnehmern bei der Arbeitsvermittlung am häufigsten der Wunsch geäußert, den ‚bestdotierten‘ Arbeitsvertrag – gleich um welche Arbeit es sich handelt – zu bekommen."[258] Dementsprechend waren auch die leistungssteigernden Lohnformen (Akkord- und Prämienlohn) bei den Gastarbeitern wesentlich stärker verbreitet als bei den deutschen Arbeitern. Das gleiche gilt für Schicht- und Nachtarbeit.[259] Leistungsbereitschaft und Unverständnis gegenüber den Organisationsformen industrieller Produktionsweisen waren ein wesentliches Moment beim Zustandekommen eines negativen Klimas zwischen deutschen und türkischen Arbeitern: „Gerade bei den aus vorkapitalistischem Milieu stammenden türkischen Arbeitern und Arbeiterinnen wirkt der Akkordlohn besonders leistungssteigernd. Es gab vor allem in der Anfangsphase der Anwerbung von Türken häufige Klagen der deutschen Arbeitskollegen darüber, dass die Türken beim Auftauchen eines Zeitnehmers an ihrem Arbeitsplatz ‚wie verrückt arbeiten‘ und dadurch die Akkordsätze verderben. Unter anderem hat in den Betrieben gerade dieses Verhalten zu einer starken Abneigung gegen die Türken geführt."[260]

[257] ebd., S. 36
[258] Bundesanstalt für Arbeit (Hrsg.): Repräsentativuntersuchung '72, Nürnberg 1973, S. 47
[259] vgl. ebd., S. 36 ff.
[260] Kleff, Hans-Günter: Vom Bauern zum Industriearbeiter. Zur kollektiven Lebensgeschichte der Arbeitsmigranten aus der Türkei, Mainz ²1985, S. 109 f.

Nicht zuletzt waren es die höhere Mobilität und Flexibilität[261] der – häufig in Deutschland ohne Familie lebenden – Gastarbeiter und ihre Leistungsbereitschaft, die sie anfangs als „industriellen Reservearmee" bei der Wirtschaft so begehrt und im Laufe der Jahre bei den einheimischen Arbeitskräften vielfach zum unbeliebten Konkurrenten machten. Dabei spielte auch ein niedrigeres Durchschnittsalter[262] eine wichtige Rolle. Die Altersstruktur war für die Arbeitgeber sehr viel günstiger: Die Altersgruppe zwischen 25 und 40 Jahren machte bei den männlichen Gastarbeitern 61 Prozent aus, bei den erwerbstätigen deutschen Männern hingegen nur 37 Prozent[263]: „Der ausländische Arbeitnehmer, der nur vorübergehend hier bleiben will, will sehr viel verdienen. Er ist im Akkord – und vielfach auch sonst – fleißiger, zumal er nicht für immer die harte Leistung erbringen und wie sein deutscher Kollege auf die Gesundheit bedacht sein muss (Haushalt mit den Kräften). Er stellt sich den Betriebsbelangen entsprechend für Nachtschichten, Schmutzarbeit, Sonntagsarbeit etc. gern zur Verfügung und hat daher bessere Chancen als ein Deutscher. Dies ist ein nicht zu leugnender Grund für Aversionen deutscher Arbeitnehmer gegenüber den Ausländern."[264]

1982 stellten Fachleute des *Instituts für Arbeitsmarkt- und Berufsforschung* der *Bundesanstalt für Arbeit* fest, dass fast zwei Drittel (64 Prozent) der ausländischen Wohnbevölkerung zu den „nicht formal Qualifizierten" zählten, das heißt, keine formale, berufliche Ausbildung abgeschlossen hatten. Bei der deutschen Wohnbevölkerung lag dieser Anteil bei etwas über einem Drittel (37,7 Prozent).[265] Die Gruppe der „nicht formal Qualifizierten" (NFQ) setzte sich über die Jahre

[261] vgl. Weichert, Lothar: Zwischenbetriebliche Mobilität und Beschäftigungschancen, in: Papalekas, Johannes Chr. (Hrsg.): Strukturfragen der Ausländerbeschäftigung (= Bochumer Schriften zur Arbeitswissenschaft), Herford 1969, S. 70 ff.; zu den jeweiligen Motivationsstrukturen für die Wahl eines Wohn- und Arbeitsortes von Deutschen und Ausländern, vgl.: Selke, Welf: Die Ausländerwanderung als Problem der der Raumordnungspolitik in der Bundesrepublik Deutschland. Eine politischgeographische Studie, Bonn 1977, S. 79 ff.
[262] vgl. Bundesanstalt für Arbeit (Hrsg.): Ergebnisse der Repräsentativ-Untersuchung vom Herbst 1968 über die Beschäftigung ausländischer Arbeitnehmer und ihre Familien- und Wohnverhältnisse, Nürnberg 1970, S. 47
[263] Bundesanstalt für Arbeit (Hrsg.): Repräsentativuntersuchung '72, Nürnberg 1973, S. 14
[264] Weichert: Zwischenbetriebliche Mobilität, S. 73
[265] vgl.: Gottsleben, Volkmar: Qualifikation bei Ausländern und Deutschen. Anteile nicht formal Qualifizierter (NFQ), in: Peters, Anke (Hrsg.): Materialien zur Ausländerbeschäftigung (= Beiträge zur Arbeitsmarkt- und Berufsforschung der Bundesanstalt für Arbeit 58) Nürnberg 1982, S. 43

mehr und mehr aus Zuwanderern zusammen: „Die Ausländer sammeln sich in der ‚sozialen Gruppe‘ der NFQ, während die Deutschen dieses ‚Milieu‘ langsam verlassen."[266]

Kein Anreiz zur Rückkehr

Arbeits- und sozialrechtlich waren die ausländischen den einheimischen Arbeitnehmern von Anfang an (das aktive Wahlrecht zum Betriebsrat wurde 1972 eingeführt) gleichgestellt. Dafür hatten die Gewerkschaften ihren Einfluss geltend gemacht. Erworbene Ansprüche und Versicherungszeiten werden auch bei Rückkehr in das Herkunftsland voll angerechnet. Arbeitslosenunterstützung und Arbeitslosenhilfe erhielten sie unter den gleichen Bedingungen wie die einheimischen Kollegen (bei einer gültigen Aufenthalts- und Arbeitserlaubnis).[267]

Die deutschen Gewerkschaften integrierten die Angeworbenen (rund 450.000 ausländische Arbeitnehmer waren Anfang der 70er Jahre im DGB organisiert[268]) und nahmen ihre Interessen wahr – anders als die amerikanischen, die die Amerikaner schwarzer Hautfarbe aktiv diskriminierten.[269]

Für die Herkunftsländer – wie die Türkei oder Jugoslawien – sind allgemein höhere Arbeitslosigkeit und niedrigeres Lohnniveau im Vergleich zur Bundesrepublik Deutschland festzustellen.[270] Von allen größeren Gastarbeiter-Gruppen waren die Türken jene, die den größten Sprung aus ihrer heimatlichen Welt nach Westdeutschland getan hatten. Die Lebensverhältnisse der „Gastarbeiter" und ihrer Nachkommen waren zwar für deutsche Verhältnisse äußerst bescheiden, im Vergleich zur Situation insbesondere in der Türkei waren sie jedoch nicht dazu angetan, die einmal vollzogene Niederlassung in Deutschland aufzugeben und sich in die – politisch instabilen – Verhältnisse in der Hei-

---

[266] ebd., S. 50
[267] vgl. Esser, Hartmut: Gastarbeiter, in: Benz, Wolfgang (Hrsg.): Die Bundesrepublik Deutschland. Geschichte in drei Bänden, Bd. 2: Gesellschaft, Frankfurt/Main 1983, S. 140 f.
[268] vgl. „450000 Ausländer sind im DGB", in: Frankfurter Rundschau vom 28. Januar 1972
[269] vgl. Altenstetter, Christa: Arbeitsplätze, Wohnunterkünfte und Schulen für ethnische Minderheiten in Verdichtungsräumen. Ein deutsch-amerikanischer Vergleich, in: Minoritäten in Ballungsräumen. Ein deutsch-amerikanischer Vergleich, hrsg. von Michael G. Eisenstadt und Werner Kaltefleiter (= Sozialwissenschaftliche Studien zur Politik, Bd. 6), S. 120 f.
[270] vgl. Peters, Anke: Die Bundesrepublik Deutschland als Beschäftigungsland für ausländische Arbeitnehmer: Ökonomische Attraktivität, rechtliche Situation und politische Mitwirkung (= Mitteilungen aus der Arbeitsmarkt- und Berufsforschung 4/1972), Nürnberg 1972, S. 309

mat mit einer außer Kontrolle geratenen Inflationsrate[271] zu reintegrieren. „Gegenüber dem, was sie in ihrer Heimat an ökonomischer Misere und sozialem Druck hinter sich gelassen haben, muss vielen ihr hiesiger Zustand geradezu paradiesisch erscheinen. Ist die Wohnsituation beengt, so war sie zu Hause oft bedrückend", beschreibt Helmut Rittstieg 1974 die Lage zahlreicher Gastarbeiter treffend.[272] Hinzu kamen Sozialleistungen, soziale Infrastruktur und der Standard der medizinischen Versorgung, die die Attraktivität des „Gastlandes" wesentlich ausmachten. „Was hinsichtlich der Arbeiter, die trotz wirtschaftlicher Schwierigkeiten in ihrem Aufnahmeland geblieben sind, ebenfalls beachtet werden muss, ist die Tatsache, dass Arbeitslose unabhängig davon, ob sie Bürger eines EG-Staates sind oder nicht, Anspruch auf Arbeitslosenunterstützung und vielfache andere Beihilfen haben, die die Härte der Arbeitslosigkeit mildern. Es stehen Umschulungsmöglichkeiten, Arbeitslosenunterstützung, Wohnbeihilfen, Kindergeld und ärztliche Betreuung zur Verfügung. Die Summe solcher Beihilfen ist sehr wahrscheinlich höher als der Arbeitslohn in den Heimatländern."[273] Der Ausbau des Sozialsystems im jeweiligen Zielland spielte bei den Erwägungen der Gastarbeiter, in welches Land sie wandern sollten, eine wichtige Rolle.[274]

Hinsichtlich verfügbarem Einkommen, der Stabilität der Beschäftigungsverhältnisse und dem System der sozialen Sicherung boten Westdeutschland und die Schweiz mit Abstand die besten Bedingungen (im Vergleich mit anderen Ländern mit größerer Zuwanderung in diesem Zeitraum wie Belgien, Frankreich, Niederlande).[275]

Die mit zunehmender Arbeitslosigkeit ansteigende Belastung der Arbeitslosenversicherung war auch vom Bundesarbeitsministerium gesehen worden. Es versuchte, die negativen Auswirkungen weiterer Zuwande-

---

[271] Bahadir, Sefik Alp: Vor- und Nachteile der Wanderung von Arbeitskräften für die türkische Volkswirtschaft (= Mitteilungen aus der Arbeitsmarkt- und Berufsforschung, 4, 1978, S. 478
[272] Rittstieg, Helmut: Gesellschaftliche und politische Perspektiven des Ausländerrechts, in: Ansay, Tuğrul; Gessner, Volkmar (Hrsg.) Gastarbeiter in Gesellschaft und Recht, München 1974, S. 59
[273] Rist, Ray C.: Die ungewisse Zukunft der Gastarbeiter. Eingewanderte Bevölkerungsgruppen verändern Wirtschaft und Gesellschaft, Stuttgart 1980, S. 31
[274] vgl. Peters, Anke: Die Bundesrepublik Deutschland als Beschäftigungsland für ausländische Arbeitnehmer: Ökonomische Attraktivität, rechtliche Situation und politische Mitwirkung (= Mitteilungen aus der Arbeitsmarkt- und Berufsforschung 4/1972), Nürnberg 1972, S. 316
[275] ebd, S. 309 ff.

rung zu begrenzen, konnte sich aber innerhalb der Bundesregierung damit nicht durchsetzen. So befürwortete es eine Begrenzung des Bezugs von Arbeitslosengeld für Zuwanderer ohne Arbeitserlaubnis. Im Entwurf der „Thesen zur Ausländerpolitik" von 1975 trat es als einziges Ressort dafür ein, den folgenden Passus vorzusehen: Die Bundesregierung „hält es … aus arbeitsmarkt- und haushaltspolitischen Gründen für gerechtfertigt, die Dauer des Bezugs von Arbeitslosengeld für arbeitslose Ausländer ohne Arbeitserlaubnis auf eine der Dauer der Beitragsleistung angemessene Zeit zu begrenzen. Um den grundsätzlichen Vorrang deutscher Arbeitnehmer vor ausländischen Arbeitnehmern wirksamer zu gestalten, müsste der Rechtsanspruch auf Erteilung einer Arbeitserlaubnis nach ununterbrochener fünfjähriger Tätigkeit oder die Regelung beseitigt werden, wonach Zeiten des Bezugs von Arbeitslosengeld die Fünfjahresfrist für den Erwerb eines Rechtsanspruchs auf Arbeitserlaubnis nicht unterbrechen (§ 2 der Arbeitserlaubnisverordnung)."[276]

So kam denn auch der Forschungsverbund „Probleme der Ausländerbeschäftigung" 1979 zu dem Schluss: „Diese Abhängigkeit der Rückkehrabsichten von den wirtschaftlichen Verhältnissen in den Herkunftsländern lässt so gut wie keinen Spielraum zur aktiven Beeinflussung der Aufenthaltsdauer durch politische Maßnahmen. Es sei denn, man würde die Lebensverhältnisse der Ausländer in der Bundesrepublik derartig nachhaltig verschlechtern, dass ein Leben am Rande des Existenzminimums in den Herkunftsländern vorteilhafter erschiene."[277] So lange überhaupt die Chancen zur Verbesserung der eigenen Lage gesehen wurden, wurde eine Rückkehr in das Herkunftsland hinausgeschoben. „Wenn die Befragten vor allem eine Verbesserung ihrer allgemeinen Lebensverhältnisse zum Ziel haben, werden sie auch dann eher länger in der Bundesrepublik bleiben, wenn dieses Ziel bisher noch nicht realisiert werden konnte (d. h. bisher relativ ungünstige Lebensbedingungen in Kauf genommen werden mussten), aber die Chance, diese Ziele in der Bundesrepublik zu erreichen, von den Be-

---

[276] Entwurf von Thesen zur Ausländerpolitik eines Ausschusses der Bundesregierung vom 23. Oktober 1975, in: epd-Dokumentation Nr. 5/76, S. 7
[277] Forschungsverbund „Probleme der Ausländerbeschäftigung": Integrierter Endbericht, o.O., 1979, S 234

94

fragten subjektiv unverändert höher eingeschätzt werden als die Chancen im Herkunftsland."[278]

Zusammenfassend wird festgestellt: „Wesentlicher Grund für die zunehmend längere Dauer des Aufenthaltes der ausländischen Bevölkerung in der Bundesrepublik ist die wirtschaftliche Situation in den Herkunftsländern. Solange die Herkunftsländer aus den verschiedensten Gründen keine echte Alternative bieten können, wird ein ursprünglich in der Regel für kürzere Zeit geplanter Aufenthalt auch bei relativ ungünstigen Lebensverhältnissen für die Ausländer in der Bundesrepublik ständig verlängert. (...) Diese Möglichkeit, die Probleme durch eine Rückwanderung in nennenswertem Umfang zu lösen, scheidet deshalb für kurz- und mittelfristige Zeiträume aus, obwohl sie für die meisten der Migranten die sicherlich objektiv und subjektiv beste Bewältigung der gegenwärtigen Situation darstellen würde."[279]

Unentschlossenheit und Widersprüchlichkeit kennzeichnete die Politik der 70er Jahre nach dem Anwerbestopp. Vor dem Hintergrund der ablehnenden Haltung weiter Teile der Wählerschaft hielt die Politik an der Rückkehroption der Zuwanderer fest. Dass aus Wanderarbeitern Zuwanderer geworden waren, wurde selten offen gesagt. Der Staatsrechtler Josef Isensee analysierte 1983 die Lage treffend. Er stellte fest, „dass die politische Nichtentscheidung des Ausländerproblems ein Unglück ist, und zwar ein Unglück für die Ausländer und für die Deutschen. Es ist merkwürdig, dass der Gesetzgeber heute zwar Fragen des Schulunterrichts regelt, nicht aber Fragen, von denen die Identität des Gemeinwesens und die Homogenität der Gesellschaft abhängen. Außerhalb des Gesetzgebungsverfahrens fällt die Entscheidung darüber, ob die Bundesrepublik ein Teilnationalstaat bleibt oder ein Vielvölkerstaat wird. (...) Das geltende Ausländerrecht, vor Jahrzehnten konzipiert und seither nur marginal verändert, ist nicht auf die neuen Probleme der Gegenwart zugeschnitten. (...) Dem geltenden Ausländerrecht fehlt die Konsequenz. Die staatlichen Maßnahmen folgen widersprüchlichen Zielen: hier Kindernachzug, dort Rückkehrhilfe; hier Integration in die deutsche Gesellschaft, dort Verweisung auf den Heimatstaat. Das Ergebnis ist perfekte Rechtsunsicherheit."[280]

[278] ebd., S. 238 f.
[279] ebd., S. 241

Diese Unsicherheit muss auch als ein wesentlicher Grund für die mangelnde Hinwendung der Gastarbeiter und ihrer Familien zur deutschen Gesellschaft angesehen werden: Erwartet wurde von vielen eher eine Verschlechterung der Lage, ein erhöhter Druck, wieder ins Herkunftsland zurückzukehren und eine Einschränkung der Möglichkeiten des Familiennachzugs. So sahen bei der Befragung des Forschungsverbundes „Probleme der Ausländerbeschäftigung" Ende der 70er Jahre rund die Hälfte der Befragten ihre Zukunft in Deutschland eher pessimistisch (49 Prozent), bei den Türken lag dieser Anteil bei 60 Prozent. „In einem solchen Klima der Unsicherheit ist eine realistische Planung des Aufenthaltes und erst recht eine Motivation zur Assimilation relativ unwahrscheinlich."[281]

Die deutsche Politik gab keine klaren Perspektiven: Weder wurde eine konsequente Politik der Rückkehr betrieben, noch wurden deutliche Signale in Richtung dauerhaftem Verbleib abgegeben. Verlässliche Perspektiven wären allerdings notwendig gewesen, um die Orientierung weg vom Heimatland hin zum Verbleib im Zuwanderungsland nachhaltig zu fördern. Der Forschungsverbund „Probleme der Ausländerbeschäftigung" versprach sich von einem so möglich gewordenen Perspektivenwechsel eine deutliche Schubwirkung: „Von einer solchen notwendigen Änderung der Ausländerpolitik würde wahrscheinlich ein Assimilationsschub verursacht, wie er durch noch so aufwendige Förderungsprogramme, unter den Bedingungen eines restriktiven Aufenthaltsrechts, das mindestens subjektiv eine erhebliche Unsicherheit bei den Ausländern hervorruft, niemals erreicht werden könnte."[282]

„Migrationsgeschichte als Leidensgeschichte"

Die Konzentration auf das Negative hat „Migrationsgeschichte fast ausschließlich als Leidensgeschichte"[283] erscheinen lassen. Nahezu durchgängig werden sie als entrechtete und diskriminierte „industrielle

---

[280] Isensee, Josef: Beitrag zur Podiumsdiskussion, abgedruckt in: Pohl, Hans (Hrsg.) Integration ausländischer Mitarbeiter. Referate und Diskussionsbeiträge der 8. öffentlichen Vortragsveranstaltung der Gesellschaft für Unternehmensgeschichte e.V. am 25. Mai 1983 in Köln (= Zeitschrift für Unternehmensgeschichte, Beiheft 32), S. 89 f.
[281] Forschungsverbund „Probleme der Ausländerbeschäftigung": Integrierter Endbericht, o.O., 1979, S. 244
[282] ebd., S. 251
[283] Jamin, Mathilde: Fremde Heimat, in: Motte u.a. (Hrsg.) 50 Jahre Bundesrepublik – 50 Jahre Einwanderung. Frankfurt/New York 1999, S. 159

Reservearmee" dargestellt. Unbestreitbar sind die Gastarbeiter auch auf Vorurteile und Diskriminierung gestoßen. Als Un- und Angelernte übernahmen sie häufig die schlecht bezahlten Jobs, die als „Drecksarbeiten" galten und die ihre deutschen Kollegen gerne anderen überlassen wollten („Unterschichtung").[284] Unbestreitbar haben sie auch das Wachstum der deutschen Volkswirtschaft kurz- und mittelfristig gefördert.[285]

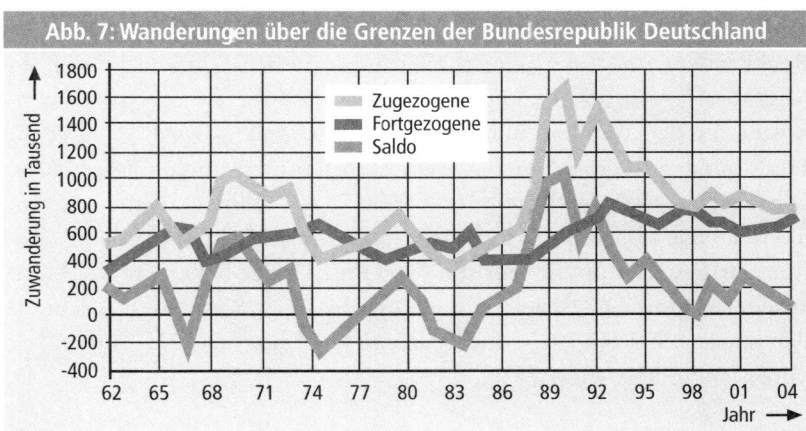

Abb. 7: Wanderungen über die Grenzen der Bundesrepublik Deutschland

Nur dreimal in der Geschichte der Bundesrepublik Deutschland wanderten mehr Personen aus als zuwanderten: In der ersten Konjunkturkrise der Nachkriegszeit 1967, nach dem Anwerbestopp 1974/75 und infolge der Rückkehrförderprogramme der Regierung Kohl Anfang der 80er Jahre.

Quelle: Statistisches Bundesamt

Zu den Tatsachen gehört aber auch, dass niemand gezwungen wurde, als Gastarbeiter nach Deutschland zu gehen. Die befristeten Arbeitsverträge und Aufenthaltserlaubnisse weckten auch keine falschen Erwartungen: der Aufenthalt in Deutschland sollte zeitlich eng begrenzt sein. Die Gastarbeiter haben das Wachstum der deutschen

---

[284] vgl. Lohrmann, Heinrich: Auswirkungen der Ausländerbeschäftigung auf die soziale Struktur der Bundesrepublik Deutschland, In: ders; Manfrass, Klaus (Hrsg.) Ausländerbeschäftigung und internationale Politik. Zur Analyse transnationaler Sozialprozesse, München, Wien, 1974, S. 97 ff.
[285] vgl. Voigt: Die volkswirtschaftliche Bedeutung der ausländischen Arbeitskräfte, München 1974, S. 32 ff.

Wirtschaft befördert und zweifellos „einen entscheidenden Anteil an der Steigerung der Lebens- und Arbeitsqualität sowie an der Erhöhung des Lebensstandards vieler deutscher Arbeitnehmer."[286] Sie kamen aber nicht, um das Wachstum in Deutschland zu befördern, sondern um Geld zu verdienen und die Chance zu nutzen, zu einem relativen Wohlstand zu kommen. Sie erhielten – in den allermeisten Fällen – die gleichen Löhne wie ihre deutschen Arbeitskollegen und erzielten damit Verdienste, die sie in ihren Heimatländern nicht erreicht hätten. Zu Recht wurde von einer „drastischen Einkommenserhöhung durch die Migration" gesprochen, „die auch durch die höheren Lebenshaltungskosten in der Bundesrepublik nicht aufgebraucht wird"[287]. Die im Herkunftsland verbliebenen Verwandten konnten unterstützt, zusätzlich konnte auch noch gespart werden. Das schließt nicht aus, dass übertriebene Hoffnungen auf einen rasch zustande kommenden Reichtum enttäuscht wurden. Für die Herkunftsländer bedeutete der Gastarbeiter-Export Deviseneinnahmen exorbitanten Ausmaßes: Alleine in der Jahren 1960 bis 1973 wurden rund 44 Milliarden DM in die Herkunftsländer überwiesen.[288]

Schon früh wurde erkannt, dass der Import von Arbeitskräften nach Deutschland mittel- und langfristig auch unter volkswirtschaftlichen Gesichtspunkten eine negative Bilanz aufwies. Der Bedarf an öffentlichen Leistungen und Investitionen – insbesondere in den Großstädten – stieg über die Jahre des Verbleibens dieser Zuwanderer exponentiell an. Hatten die Unternehmen die kurzfristigen Gewinne gemacht, so wurden diese Folgekosten allerdings vom Staat getragen. „Auch wenn weiterhin Gastarbeiter die kalkulatorisch und kostenmäßig günstigste Lösung für Unternehmen, die Arbeitskräfte suchen, sind, so sollte auf einen nur unternehmenspolitisch bedingten Arbeitskräfteimport in die Industrieländer verzichtet werden, da ... die volkswirtschaftlichen Kosten und die gesellschaftlichen Verpflichtungen bisher viel zu wenig berücksichtigt wurden", stellte der Wirtschaftswissenschaftler Fritz

[286] Bodenbender, Wolfgang: Zwischenbilanz der Ausländerpolitik, S. 27
[287] Knörzer, Wolfgang: Konflikte türkischer Migranten in der Bundesrepublik, in: Türkische Kinder in unseren Schulen, S. 43
[288] vgl. Bodenbender: Zwischenbilanz, S. 28

Voigt 1974 fest.[289] Dabei gilt der Erfahrungssatz: Je länger die Aufenthaltsdauer und je stärker die regionale Konzentration umso höher sind die Infrastrukturkosten und desto geringer der Vorteil, der durch ausländische Arbeitskräfte entsteht.[290] Der interministerielle Ausschuss der Bundesregierung, der „Thesen zur Ausländerpolitik" erarbeiten sollte, machte in seinem Entwurf von 1975 ebenfalls auf die sozialen Folgekosten der Gastarbeiter-Anwerbung hervor, die eine rein betriebswirtschaftliche Betrachtung ausblendet: „Die einzelwirtschaftlich meist positive Beurteilung der Beschäftigung von Ausländern ist wegen der fehlenden Zurechnung volkswirtschaftlicher Kosten (z.B. Folgekosten für Infrastruktur) nicht ohne weiteres auf die Gesamtwirtschaft zu übertragen."[291]

Fazit:

– Die Rezession 1966/67 wurde nicht zum Anlass genommen, um über die Zukunft der Anwerbepolitik nachzudenken. Die „unkontrollierte Expansion"[292] der Ausländerbeschäftigung ging weiter.

– Bis mindestens 1973 gab es keine eigenständige Ausländerpolitik. Die Politik vollzog bis zum Anwerbestopp nur nach, was die Wirtschaft von ihr forderte.

– Die Gewinne wurden privatisiert, die Kosten sozialisiert: Von der Gastarbeiter-Anwerbung profitierten in erster Linie die Unternehmen. Der Staat trug die Folgekosten.

– Da die *volkswirtschaftlichen* Kosten des Imports ausländischer Arbeitskräfte nicht von den beschäftigenden Unternehmen getragen wurden, wirkten sich zunehmende Belastungen der öffentlichen Infrastruktur und die daraus resultierenden ansteigenden öffentlichen Ausgaben (bis Ende 1973) nicht auf das Ausmaß der Anwerbung aus.

– Es gab keine Übereinstimmung zwischen der Lage auf dem Arbeitsmarkt, dem Aufenthalts- und Arbeitsrecht: je stärker der Bedarf zurückging, desto mehr verfestigten sich die Aufenthaltsrechte.

[289] Voigt: Die volkswirtschaftliche Bedeutung der ausländischen Arbeitskräfte, München 1974, S. 32
[290] vgl. Höpfner, Klaus: Auswirkungen der Ausländerbeschäftigung auf die Wirtschaft der Bundesrepublik Deutschland unter dem Aspekt außenwirtschaftlicher Beziehungen, in: Lohrmann, Heinrich; Manfrass, Klaus (Hrsg.): Ausländerbeschäftigung und internationale Politik. Zur Analyse transnationaler Sozialprozesse, München, Wien 1974, S. 78
[291] Entwurf von Thesen zur Ausländerpolitik eines Ausschusses der Bundesregierung vom 23. Oktober 1975, in: epd-Dokumentation Nr. 5/76, S. 5

– Die Gastarbeiter wuchsen über die Dauer ihres Aufenthaltes in einen verfestigten Aufenthaltsstatus hinein. So verringerte sich der Handlungsspielraum der Politik weiter.

– Die Politik schätzte die Faktoren, die die Wanderungsprozesse beeinflussen, falsch ein: Das galt sowohl für die „Sogfaktoren" des Aufnahmelandes Bundesrepublik Deutschland als auch für die „Schub-Faktoren"[293] der Herkunftsländer, insbesondere der Türkei. Das ist auch die Ursache für die verfehlten Erwartungen an den Anwerbestopp hinsichtlich der Rückwanderungseffekte.

– Die Rechnung ging nicht auf: Die Gastarbeiter erwiesen sich letztlich nicht als „flexible Arbeitsmarktreserve".

– Anders als man sich das vorgestellt hatte, konnten die sozialen Folgekosten nicht minimiert werden.

– Restriktive Maßnahmen – die in demokratischen Staaten stets einen politischen Vorlauf haben und öffentlich diskutiert werden – ziehen häufig verstärkte Zuzüge nach sich. Vergleichbare Erfahrungen wie mit dem Anwerbestopp in Deutschland hatten andere Länder bereits hinter sich: Hier sei nur auf den „Commonwealth immigration act" aus dem Jahr 1962 verwiesen. In Erwartung einer restriktiven Einwanderungsgesetzgebung verzeichnete Großbritannien in den anderthalb Jahren vor dem Gesetz mehr farbige Einwanderer als zwischen 1945 und 1955.[294]

[292] Esser, Hartmut: Gastarbeiter, in: Benz, Wolfgang (Hrsg.): Die Bundesrepublik Deutschland. Geschichte in drei Bänden, Bd. 2: Gesellschaft, Frankfurt/Main 1983, S. 99

[293] vgl. Nuscheler, Franz: Internationale Migration. Flucht und Asyl, Wiesbaden 2004, S. 102 ff.

[294] Kettenacker, Lothar: Die farbigen Einwanderer aus dem Neuen Commonwealth in der „multiracial society" Großbritanniens, in: Mommsen, Hans; Schulze, Winfried Hrsg.): Vom Elend der Handarbeit. Probleme historischer Unterschichtenforschung (= Geschichte und Gesellschaft, Bochumer Historische Studien, Bd. 24) Stuttgart 1981, S. 519

„Wenn man nicht nur das Phänomen ‚Arbeitsmigration' als solches begreifen, sondern auch verstehen will, was die meisten dieser Menschen, dieser Arbeitsmigranten, bewegt und was ihr Verhalten bestimmt, so muss man sich zunächst in der noch bäuerlichen Gesellschaft ihrer anatolischen Dörfer umschauen. Die Kenntnis dieser anatolischen Bauerngesellschaft, aber auch der sie verändernden und zerstörenden Tendenzen, ist der Schlüssel zum Verstehen der türkischen Arbeitsimmigranten in der Bundesrepublik."[295]

Hans-Günter Kleff

III. Türkische Interessen

Am Beispiel der Türkei – woher der größte Teil der Gastarbeiter und nachgezogenen Familienangehörigen stammt – wird deutlich, welche Ursachen und Motive zu Wanderungen größeren Ausmaßes führen. Die Verhältnisse im Herkunftsland sind dabei von entscheidender Bedeutung – sowohl für die Bereitschaft zur Auswanderung selbst als auch zur Rückwanderung. Deshalb soll hier ein Blick auf die Entwicklung der Türkei in der zweiten Hälfte des 20. Jahrhunderts geworfen werden.

Die Initiative für das deutsch-türkische Anwerbeabkommen ging, was wenig bekannt ist, von der Türkei aus.[296] Die Türkei hatte ein erhebliches Interesse daran, einen Teil der rasch anwachsenden Bevölkerung befristet als Gastarbeiter ins Ausland zu schicken. Neben der Entlastung des eigenen Arbeitsmarktes versprach sie sich zu Recht dringend benötigte Deviseneinnahmen sowie einen Modernisierungsschub durch zurückkehrende Gastarbeiter, die sich entsprechende Qualifikationen angeeignet haben würden. Rund 77 Prozent der Erwerbstätigen waren damals in der Landwirtschaft tätig, nur etwa zehn Prozent in der Industrie.[297] „Sowohl Anfang der sechziger Jahre als auch zu Beginn der siebziger Jahre war die Türkei darauf angewie-

---

[295] Kleff, Hans-Günter: Vom Bauern zum Industriearbeiter. Zur kollektiven Geschichte der Arbeitsmigranten aus der Türkei, Mainz ²1985, S. 8 f.
[296] Als erster bearbeitete die Quellen: Steinert, Johannes-Dieter: Migration und Politik. Westdeutschland – Europa – Übersee 1945-1961, Osnabrück 1995, S. 307 f.
[297] vgl. ebd., S. 305

sen, Arbeitskräfte ins Ausland zu schicken, da sie nur auf diese Weise die Arbeitslosigkeit im Lande reduzieren und mit Hilfe der regelmäßigen Gastarbeiterüberweisungen ihr hohes Außenhandelsdefizit ausgleichen konnte."[298]

Man wolle als NATO-Mitglied insbesondere gegenüber Griechenland – mit dem ein Anwerbeabkommen im März 1960 geschlossen worden war – nicht diskriminiert werden, ließ der Vertreter der türkischen Botschaft in Bonn im Dezember 1960 wissen.[299] Die deutsche Bundesregierung hatte zunächst keine Notwendigkeit gesehen, auch noch mit der Türkei oder anderen außereuropäischen Ländern ein Abkommen zu schließen, man wollte sich auf Arbeitskräfte aus Europa beschränken. Aus außenpolitischen Rücksichten – die Türkei sicherte die Südost-Flanke der NATO – entschied man sich allerdings anders. Noch vor Abschluss des Anwerbeabkommens wurde eine deutsche Verbindungsstelle der *Bundesanstalt für Arbeitsvermittlung und Arbeitslosenversicherung* im Juli 1961 im Gebäude des türkischen Arbeitsamtes in Istanbul bezogen.[300] Der Ansturm sei sofort erheblich gewesen, berichtet die deutsche Botschaft, das Generalkonsulat werde „von türkischen Arbeits- und Auskunftssuchenden geradezu überschwemmt und belagert."[301] War die offizielle Anwerbung schon begonnen worden, so waren hingegen die internen Abstimmungen innerhalb der Bundesregierung keineswegs abgeschlossen. Das Bundesinnenministerium legte – in weiser Voraussicht – Wert darauf, in der Anwerbevereinbarung die Aufenthaltsgenehmigungen jeweils auf maximal zwei Jahre zu beschränken. Es solle „deutlich gemacht werden, dass eine Dauerbeschäftigung türkischer Arbeitnehmer im Bundesgebiet und eine Einwanderung, auf die auch von der Türkei kein Wert gelegt wird, nicht vorgesehen sind."[302] Weiter verlangte das Innenministerium, alle Verweise auf einen möglichen Familiennachzug (wie er u. a. in der Anwerbevereinbarung mit Griechenland ausdrück-

[298] Şen, Faruk: Türkische Arbeitnehmergesellschaften. Gründung, Struktur und wirtschaftliche Funktion der türkischen Arbeitnehmergesellschaften für die sozioökonomische Lage der Türkei, Frankfurt/Main 1980, S. 38
[299] Steinert: Migration und Politik, S. 307
[300] vgl.: Habermeier, Eleonore: Türkische Arbeiter in Deutschland, in: Orient, H. 1/1966, S. 121
[301] zit. nach: Steinert: Migration und Politik, S. 309
[302] Jamin, Mathilde: Die deutsch-türkische Anwerbevereinbarung von 1961 und 1964, in: Eryilmaz, Aytaç: Jamin, Mathilde: Fremde Heimat. Eine Geschichte der Einwanderung aus der Türkei, Essen 1998, S. 73

lich enthalten war[303], zu streichen. Beiden Forderungen wurde – zunächst – entsprochen. So hieß es in der Fassung des Jahres 1961: „Die Aufenthaltserlaubnis wird über eine Gesamtaufenthaltsdauer von 2 Jahren hinaus nicht erteilt."[304] Zudem fehlte im Übereinkommen mit der Türkei jeglicher Hinweis auf möglichen Familiennachzug.

Dass die Anwerbevereinbarung mit der Bundesrepublik Deutschland auf Initiative und Druck der türkischen Regierung zustande kam, bleibt in der Literatur meist unerwähnt. Als Grund für die Arbeitsmigration wird in der gängigen Lesart auf den Arbeitskräftebedarf der westdeutschen Wirtschaft verwiesen.[305]

Bevölkerungsüberschuss

Das Interesse in der Türkei an einer Zuwanderung war seit Beginn der 1960er Jahre groß und blieb es über die Jahrzehnte.[306] Aufgrund des starken Bevölkerungswachstums überstieg das Arbeitskräfteangebot den Bedarf der einheimischen Wirtschaft erheblich. Die Förderung des „Exports" von Arbeitskräften wurde von der türkischen Politik seit den 1960er Jahren als „eine wesentliche beschäftigungspolitische Maßnahme eingesetzt."[307] Das „Ventil" Arbeitsmigration war für die Türkei von existenzieller Bedeutung. „Der Druck auf den Arbeitsmarkt konnte in der Vergangenheit, besonders bis zum Anwerbestopp von 1973, durch die hohe Auswanderung gemildert werden."[308]

---

[303] Bekanntmachung der Vereinbarung zwischen der Regierung der Bundesrepublik Deutschland und der Regierung des Königreichs Griechenland über die Anwerbung und Vermittlung von griechischen Arbeitnehmern nach der Bundesrepublik Deutschland vom 6. Januar 1961, abgedruckt in: Kanein, Werner: Das Ausländergesetz und die wesentlichen fremdenrechtlichen Vorschriften, München, Berlin 1966, S. 647-658; S. 652

[304] Deutsch-türkische Vereinbarung über die Vermittlung von türkischen Arbeitnehmern, abgedruckt in: Kanein, Werner: Das Ausländergesetz und die wesentlichen fremdenrechtlichen Vorschriften, München, Berlin 1966, S. 688-691; S. 691

[305] So fehlt sowohl bei Klaus J. Bade: Europa in Bewegung, München 2000 als auch bei Ulrich Herbert: Geschichte der Ausländerpolitik in Deutschland, München 2001, jeglicher Hinweis auf die 1995 veröffentlichten Forschungsergebnisse von Steinert; die gängige Lesart u.a. auch bei: Gümrükçü, Harun: Beschäftigung und Migration in der Türkei. Unter Berücksichtigung der Auswirkungen der Auswanderung auf die Volkswirtschaft der Bundesrepublik Deutschland (= Beiträge zur Arbeitsmarkt- und Berufsforschung 104) Nürnberg 1986, S. 124; ebenso bei Ghadban, Ralph: Reaktionen auf muslimische Zuwanderung in Europa, in: APuZ 26/2003, S. 30

[306] vgl. Şen, Faruk: Türkische Arbeitnehmergesellschaften. Gründung, Struktur und wirtschaftliche Funktion der türkischen Arbeitnehmergesellschaften für die sozioökonomische Lage der Türkei, Frankfurt/Main 1980, S. 33 ff

[307] Gümrükçü, Harun: Beschäftigung und Migration in der Türkei. Unter Berücksichtigung der Auswirkungen der Auswanderung auf die Volkswirtschaft der Bundesrepublik Deutschland (= Beiträge zur Arbeitsmarkt- und Berufsforschung 104) Nürnberg 1986, S. 2

[308] ebd., S. 124

So ließen sich von 1961 bis 1973 viermal so viele Bewerber bei der „Deutschen Verbindungsstelle" der Bundesanstalt für Arbeit registrieren, wie tatsächlich vermittelt wurden.[309] Der Präsident der *Bundesanstalt für Arbeitsvermittlung und Arbeitslosenversicherung*, Anton Sabel, berichtete 1966: „In der Türkei ist das Angebot gewaltig. Und bei jedem Besuch dort wird versucht, uns plausibel zu machen, wir sollten in der Türkei noch mehr Arbeitskräfte anwerben. Ich muss immer wieder deutlich machen, dass unsere Anwerbungen sich nach dem Bedarf richten. Das heißt, wir werben nur an, wo eben Kräfte angeboten sind. Aber es sind gewaltige Zahlen, die uns genannt werden. 400.000 Türken warten darauf, bei uns Beschäftigung zu finden."[310] Bis 1971 war die Zahl jener, die bei den türkischen Behörden für eine Arbeitsaufnahme im Ausland (insbesondere in Deutschland) gemeldet waren, auf über 1,2 Millionen angestiegen. „Das Gros der Bewerber sind Hilfsarbeiter, jedoch können auch beruflich qualifizierte bzw. teilqualifizierte Bewerber in größerem Umfange gewonnen werden ... Die Wartezeit bis zur Berücksichtigung einer Bewerbung um eine Arbeitsplatzvermittlung im Ausland beträgt derzeit für Hilfsarbeiter bereits sechs bis sieben Jahre. Bei den starken Geburtsjahrgängen in der Türkei, die in den nächsten Jahren neu in das Erwerbsleben eintreten, ist – selbst bei einer intensiveren Zunahme des Arbeitsplatzangebots in der Türkei – mit einem grundlegenden Wandel auf dem dortigen Arbeitsmarkt nicht zu rechnen. Insofern werden türkische Arbeitskräfte in größerer Zahl – auch langfristig gesehen – an einer Beschäftigung im Ausland interessiert sein", hieß es im „Erfahrungsbericht 1971" der *Bundesanstalt für Arbeit*.[311] Der Andrang blieb auch nach dem Anwerbestopp sehr groß. So berichtet „Die Zeit" im April 1976: „Als das deutsche Anwerbebüro vor einigen Monaten vorübergehend geschlossen wurde, standen noch eine Million Türken auf der Liste, Fachkräfte unter 45, Hilfsarbeiter unter 35 Jahren. Ohne dieses Alterslimit ... wären es drei Millionen, die

[309] Jamin, Mathilde: Die deutsche Anwerbung: Organisation und Größenordnung, in: Eryilmaz, Aytac; Jamin, Mathilde: Fremde Heimat. Eine Geschichte der Einwanderung aus der Türkei, Essen 1998, S. 151
[310] So Anton Sabel in seinem Vortrag bei der Tagung der Bundesvereinigung der Deutschen Arbeitgeberverbände im März 1966, in: Magnet Bundesrepublik: Probleme der Ausländerbeschäftigung (= H. 42 der Schriftenreihe der Bundesvereinigung der Deutschen Arbeitgeberverbände), Köln 1966, S. 54
[311] Bundesanstalt für Arbeit (Hrsg.): Ausländische Arbeitnehmer. Beschäftigung, Anwerbung, Vermittlung – Erfahrungsbericht 1971, Nürnberg 1972, S. 35

sofort in die Bundesrepublik aufbrechen wollten."[312] Der Überschuss an Arbeitskräften in der Türkei belief sich 1972 auf 1,6 Millionen, 1977 lag er bei 2,2 Millionen.[313]

Türkische Arbeitnehmer im Ausland 1977
(ohne Familienangehörige)

Gesamtzahl	710.209	Australien	12.000
Davon BRD	515.830	Saudi-Arabien	6.000
Frankreich	42.000	Dänemark	5.719
Niederlande	41.434	Schweden	5.600
Österreich	28.552	Iran	4.000
Belgien	16.030	England	2.500
Schweiz	16.000	Norwegen	1.694
Libyen	12.500	Kuwait	350

Quelle: Şen, Faruk: Türkische Arbeitnehmergesellschaften. Gründung, Struktur und wirtschaftliche Funktion der türkischen Arbeitnehmergesellschaften für die sozioökonomische Lage der Türkei, Frankfurt/Main 1980, S. 37

Geringe Rückkehrbereitschaft

Die wirtschaftlichen Verhältnisse in den Herkunftsländern der Gastarbeiter – vor allem in der Türkei – entwickelten sich eher negativ. Die schlechte wirtschaftliche Lage, verbunden mit hoher Arbeitslosigkeit – insbesondere unter der türkischen Landbevölkerung –, ließen die Gastarbeiter an den Chancen zweifeln, die sich ihnen bei einer möglichen Rückkehr in die Heimat geboten hätten. Ihre Reintegration in den heimischen Arbeitsmarkt wurde zusätzlich durch das hohe Bevölkerungswachstum erschwert. Auch die Nachrichten von Kollegen, die in ihre Heimat zurückgekehrt waren, klangen nicht ermutigend. Oftmals waren die Erwartungen zu hoch gesteckt und wurden daher enttäuscht.[314] Jene, die nach Jahren in Deutschland zurückkehren wollten, sahen sich

---

[312] „Tore zu – die Türken kommen. Im Wettlauf mit den Behörden drängen die Gastarbeiter weiter nach Norden", in: Die Zeit vom 16. April 1976
[313] vgl. Bahadir: Vor- und Nachteile der Wanderung von Arbeitskräften für die türkische Volkswirtschaft, S. 475
[314] vgl. Delhaes-Günther, Dietrich von; Haberl, Othmar Nikola; Schölch, Alexander: Abwanderung von Arbeitskräften aus Italien, der Türkei und Jugoslawien, in: Aus Politik und Zeitgeschichte B12/1976, S. 12 ff.

vor zahlreiche psychologische Barrieren gestellt – zu denen hohe Erwartungen der verbliebenen Verwandten und Freunde ebenso gehörten wie Fremdheitserfahrungen in der eigenen Heimat.[315] Bürgerkrieg und Militärputsch Ende der 70er und Anfang der 80er Jahre stärkten auch nicht das Vertrauen. Die gering ausgeprägte Rückkehrbereitschaft konnte allerdings auch deshalb nicht überraschen, weil die Türkei (in Teilen bis heute) als Entwicklungsland zu charakterisieren war: Rapides Bevölkerungswachstum verbunden mit Massenarbeitslosigkeit und Massenarmut, hohe Kindersterblichkeit, hohe Analphabetenrate und verbreitete Kinderarbeit sind nur einige Stichworte.[316] Von 1955 bis 1975 stieg die Bevölkerungszahl von 24 auf 40,2 Millionen Menschen – ein Wachstum von 2,4 Prozent jährlich.[317] Von 1965 an wuchs die Bevölkerung jährlich um rund 890.000 Personen.

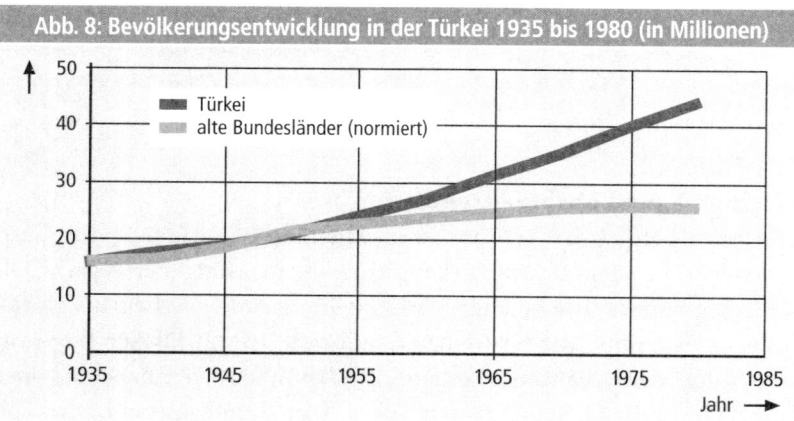

Abb. 8: Bevölkerungsentwicklung in der Türkei 1935 bis 1980 (in Millionen)

Innerhalb von 40 Jahren verdoppelte sich die Bevölkerung der Türkei: Das starke Bevölkerungswachstum war eines der wesentlichen Motive der türkischen Politik, Arbeitskräfte ins Ausland zu schicken. Zum Vergleich wurde eine auf das Jahr 1937 bezogene und normierte Darstellung der Bevölkerungsentwicklung im Gebiet der alten Bundesländer hinzugefügt. Dies soll die Einordnung der türkischen Wachstumsrate erleichtern.

Quelle: Gümrükçü, Harun: Beschäftigung und Migration in der Türkei. Unter Berücksichtigung der Auswirkungen der Auswanderung auf die Volkswirtschaft der Bundesrepublik Deutschland (= Beiträge zur Arbeitsmarkt- und Berufsforschung 104) Nürnberg 1986, S. 17

Die sehr großen Entwicklungs- und Strukturunterschiede zwischen städtischen und ländlichen Regionen in der Türkei sind auch hinsichtlich der Geburtenraten deutlich erkennbar: So lag sie durchschnittlich bei 7,4 Kindern pro Frau in der Osttürkei, in den wirtschaftlich entwickelten Gebieten in der Westtürkei bei 4,3 Kinder. Dies verschärfte die innertürkischen Diskrepanzen weiter: „Als Folge hat das anatolische Hochland eine stärkere Beteiligung an dem Bevölkerungsüberschuss. Gerade aber diese Region der Türkei ist besonders unterentwickelt. Dort hat die Industrialisierung kaum Fuß gefasst und der Arbeitsmarkt ist hauptsächlich durch landwirtschaftliche Arbeitsmöglichkeiten gekennzeichnet."[318]

Hinzu kam eine entwicklungsländertypische Altersstruktur mit einem breiten Sockel der Alterspyramide:

Altersstruktur der Bevölkerung der Türkei und Westdeutschland Anfang der 1980er Jahre

	0-14 Jahre (in Prozent)	15-64 Jahre (in Prozent)	65 und älter (in Prozent)
Türkei	38,3	57,5	4,2
Westdeutschland	17,2	67,6	15,2

Quelle: Gümrükçü, Harun: Beschäftigung und Migration in der Türkei. Unter Berücksichtigung der Auswirkungen der Auswanderung auf die Volkswirtschaft der Bundesrepublik Deutschland (= Beiträge zur Arbeitsmarkt- und Berufsforschung 104) Nürnberg 1986, S. 23

Bis 1980 waren in den ländlichen Regionen der Türkei nur zwei Prozent aller abhängig Beschäftigten sozialversichert.[319] Von der städtischen Bevölkerung waren mehr als 50 Prozent zumindest nicht ausreichend sozialversichert.[320]

---

[315] vgl. Pagenstecher, Cord Ausländerpolitik und Immigrantenidentität. Zur Geschichte der der ‚Gastarbeit‘ in der Bundesrepublik, Berlin 1994, S. 100 ff.
[316] vgl. u.a.: Sargut, Sener: Zur Sozialisation der Kinder türkischer Emigranten in Schule und Familie, in: Müller, Hermann (Hrsg.): Ausländerkinder in deutschen Schulen, Stuttgart 1974, S. 28 ff.; Ücüncü, Sadi: Die Situation der Kinder in der türkischen Gesellschaft, in: Birkenfeld, Helmut (Hrsg.): Gastarbeiterkinder aus der Türkei. Zwischen Eingliederung und Rückkehr, München 1982, S. 26 ff.
[317] vgl. Bahadir, Sefik Alp: Vor- und Nachteile der Wanderung von Arbeitskräften für die türkische Volkswirtschaft (= Mitteilungen aus dem Arbeitsmarkt- und Berufsforschung, 4, 1978, S. 474
[318] Gümrükçü, Harun: Beschäftigung und Migration in der Türkei. Unter Berücksichtigung der Auswirkungen der Auswanderung auf die Volkswirtschaft der Bundesrepublik Deutschland (= Beiträge zur Arbeitsmarkt- und Berufsforschung 104) Nürnberg 1986, S. 22
[319] vgl. ebd., S. 51
[320] vgl. ebd., S. 101 ff.

Das Lohngefälle zwischen Deutschland und der Türkei – das durchschnittliche Einkommen in der Türkei lag bei rund 25 Prozent des deutschen Durchschnittswertes – sorgte für eine erhebliche Sogwirkung nach Deutschland.[321]

Die türkische Wirtschaft war seit Mitte des Jahrhunderts nicht in der Lage, der stark wachsenden Bevölkerung Arbeitsplätze zu bieten. Starkes Bevölkerungswachstum ging einher mit massiver struktureller Unterbeschäftigung. Allein von 1950 bis 1960 verdoppelte sich der Arbeitskräfteüberschuss von 0,6 auf 1,2 Millionen Menschen. Der Überschuss stieg in den kommenden Jahrzehnten weiter an. „Es entstand hierdurch eine immer größere Diskrepanz zwischen der Bevölkerung im erwerbsfähigen Alter und dem Arbeitsplatzangebot."[322] 1977 lag er bei über zwei, 1983 bei über 3,5 Millionen.[323] Die Wachstumsraten lagen nicht im Entferntesten in der Nähe der Werte, die notwendig gewesen wären, um zumindest den Berufseinsteigern Chancen auf Arbeitsplätze zu ermöglichen. So stieg die Zahl der arbeitslosen Jugendlichen und Heranwachsenden (15 bis 24 Jahre) alleine zwischen 1977 und 1981 um 1,6 Millionen Erwerbspersonen.[324]

Binnenwanderung

Besonders in der Süd- und Südosttürkei blieben über Jahrzehnte „feudale und halbfeudale Produktionsverhältnisse"[325] bestehen. Die ländlichen Gebiete fielen wirtschaftlich immer weiter zurück. Immer weniger Bauern konnten das Existenzminimum mit ihren Klein- und Kleinstbetrieben erwirtschaften.[326] 1983 bezogen die Erwerbstätigen in der Landwirtschaft 6,8-mal weniger Einkommen als in der Industrie und 5,3-mal weniger als in der Dienstleistungsbranche.[327] Vor dem Hintergrund einer wachsenden, verarmten und unterbeschäftigten Landbevölkerung entstand ein hoher Wanderungsdruck von Erwerbsfähigen

---

[321] vgl. Sundhausen, Holm: Statistik türkischer Migrantenkinder in der Bundesrepublik Deutschland, in: Ronneberger, Franz: Türkische Kinder in Deutschland, Nürnberg 1976, S. 63
[322] ebd., S. 31
[323] ebd., S. 35
[324] ebd., S. 40
[325] ebd., S. 45
[326] ebd., S. 57 ff.
[327] Gümrükçü, Harun: Beschäftigung und Migration in der Türkei. Unter Berücksichtigung der Auswirkungen der Auswanderung auf die Volkswirtschaft der Bundesrepublik Deutschland (= Beiträge zur Arbeitsmarkt- und Berufsforschung 104) Nürnberg 1986, S. 55

auf die städtischen Zentren, wohingegen die Nichterwerbsfähigen zurückblieben. Die ländlichen Strukturen wurden auf diese Weise in die – nicht ausreichend aufnahmefähigen – Städte verlagert. Es handelte sich dabei „nicht um die Erweiterung der gewerblichen Bevölkerung, sondern vielmehr um eine ‚Pseudourbanisation', in der die Lebensmuster der neuen ‚Städter' kaum verändert werden und ihr ländliches Leben am Rande einer Großstadt fortgesetzt wird."[328] Die wachsende Industrialisierung reichte nicht aus, um die Zugewanderten in den Arbeitsmarkt zu integrieren. Im Ergebnis kam es zu einer „Umwandlung der ländlichen Unterbeschäftigung in städtische Arbeitslosigkeit".[328a]

Entwicklung der Stadtbevölkerung in der Türkei 1950 bis 1980

	1950	1955	1960	1965	1970	1975	1980
Stadtbevölkerung* (in Millionen)	3,035	4,364	6,755	8,759	11,505	15,133	18,699
Anteil der Stadtbevölkerung an der Gesamtbevölkerung	14,4 %	18,1 %	24,3 %	27,9 %	32,3 %	37,5 %	40,3 %

* in Siedlungen mit mehr als 20.000 Einwohnern

Quelle: Gümrükçü, Harun: Beschäftigung und Migration in der Türkei. Unter Berücksichtigung der Auswirkungen der Auswanderung auf die Volkswirtschaft der Bundesrepublik Deutschland (= Beiträge zur Arbeitsmarkt- und Berufsforschung 104) Nürnberg 1986, S. 78

Über 70 Prozent der fast 4,5 Millionen Binnenwanderer zogen nach Istanbul, Ankara und Izmir.[329] Für die Jahre 1950 bis 1980 wird die Zahl der Land-Stadt-Wanderer auf rund zehn Millionen Menschen geschätzt.[330] Im gleichen Zeitraum wurden in der verarbeitenden Industrie lediglich 664.000 Arbeitsplätze geschaffen. „Dieses extreme Missverhältnis kann in der Weise interpretiert werden, dass die freigewordenen Arbeitskräfte aus der Landwirtschaft kaum Beschäftigungsmöglichkeiten im städtisch-industriellen Sektor finden. Daher bleibt ihnen nur die Alternative, sich im städtisch-informellen Sektor niederzulassen oder ins Ausland zu emigrieren, sofern dies möglich war und ist."[331]

[328] ebd., S. 53
[328a] ebd., S. 82
[329] ebd., S. 70
[330] ebd., S. 87
[331] ebd., S. 116
[332] ebd., S. 75

Der Wanderungsprozess erfolgte für viele in zwei Stufen: vom Land in die städtischen Randgebiete und von dort ins Ausland.[332]

Gecekondus

„Die Entsendung von Arbeitskräften ins Ausland war für die türkischen Regierungen ein Ventil, aus welchem der steigende Druck eines rasch anwachsenden Arbeitslosen- und Unterbeschäftigtenheeres ländlicher Herkunft abgelassen wurde. In den Jahren 1950 bis 1960 war dieses ländliche Arbeitslosen- und Unterbeschäftigtenheer vor allem in die großstädtischen Zentren Ankara, Istanbul und Izmir gewandert. Zu Beginn der sechziger Jahre schien deren wirtschaftliche und soziale Aufnahmekapazität erschöpft zu sein. (...) Zumindest ein Teil der Landflüchtigen sollte nun aus den drei großstädtischen Zentren nach Westeuropa weiterwandern. In der Tat zeigen die Befragungen in den Jahren 1961 und 1963, dass zu Beginn der Auslandsvermittlung Istanbul, Ankara und Izmir zusammen 80 bzw. 50 Prozent der ins Ausland Vermittelten stellten. Es lässt sich belegen, dass ein erheblicher Teil der aus diesen Zentren in die Bundesrepublik vermittelten ursprünglich aus den ländlichen Gebieten der Türkei stammt."[333] Etwa 1,7 Millionen Menschen wanderten zwischen 1945 und 1960 in die städtischen Zentren.[334] In den 80er Jahren lebte rund ein Drittel der türkischen Bevölkerung außerhalb der Geburtsprovinz.[335] Die Bevölkerungsentwicklung und die wirtschaftlichen Veränderungen zwangen die Menschen zur Landflucht. „Es sind überwiegend Menschen, die um ihre landwirtschaftliche Existenz gebracht wurden."[336] Allerdings konnten die Städte der Masse keine wirtschaftliche Perspektive bieten.[337] Auch blieben die Wohnungsneubauten weit hinter dem Bedarf zurück.

In der zweiten Hälfte der 1960er Jahre betrug die Abwanderungsrate vom Land in fünf Jahren 18 Prozent. Die Zahl der industriellen Arbeitsplätze nahm im gleichen Zeitraum allerdings nur um 8 Prozent

---

[333] Kleff, Hans-Günter: Vom Bauern zum Industriearbeiter. Zur kollektiven Lebensgeschichte der Arbeitsmigranten aus der Türkei, Mainz ²1985, S. 7 f.
[334] vgl. ebd., S. 54
[335] vgl.: Ritter, Gert; Richter, Wolfgang: Aktuelle Urbanisierungstendenzen in der Türkei (= Geostudien 12), Leverkusen 1990, S. 29
[336] Planck, Ulrich: Zur Frage der Verdörflichung orientalischer Städte am Beispiel der Türkei, in: Orient, Deutsche Zeitschrift für den Modernen Orient, Jg.15, 1974, S. 44
[337] vgl. Kleff: Vom Bauern zum Industriearbeiter, S. 65

zu.[338] Der überwiegende Teil strandete in den „Gecekondus", dörflichen Großsiedlungen an den Stadträndern, in denen man sich wieder nach Herkunftsgebieten, ethnischen und religiösen Kriterien sortierte.[339] „Diese ohne Erlaubnis des Grundstückeigentümers und ohne amtliche Baugenehmigung errichteten Häuser sind gesetzeswidrig, sie dürfen jedoch, sofern sie ein provisorisches Dach haben, nicht mehr abgebrochen werden. Da die Bauausführung dieser Wohnstätten unter Zeitdruck und Nichtbeachtung der Vorschriften, ohne Fachleute, sondern vielmehr mit Hilfe von Freunden und Nachbarn erfolgt, weisen diese Häuser starke Mängel an der Wohn- und Bauqualität auf, die zum Teil durch das Fehlen von Versorgungsanschlüssen und Verkehrsverbindungen noch verstärkt werden."[340]

Anteil der Gecekondu-Bevölkerung an der Gesamtbevölkerung einzelner Städte 1972:[341]

Stadt	Prozent
Ankara	65 %
Istanbul	45 %
Ismir	35 %
Adana	45 %

Die Gecekondu-Bewohner standen als billige Arbeitskräfte zur Verfügung – entweder in den unteren Beschäftigungssektoren oder im informellen Sektor, oder sie waren arbeitslos. „Keiner dieser Exbauern ist Landwirt geblieben, aber die wenigsten fanden Gelegenheit, sich in städtische Industriearbeiter zu verwandeln. So bilden die Gecekondu-Bewohner eine amorphe Masse von Gelegenheitsarbeitern und kleinen,

[338] Planck, Ulrich: Zur Frage der Verdörflichung, S. 43
[339] vgl. Kleff: Vom Bauern zum Industriearbeiter, S. 66 ff.; Gümrükçü, Harun: Beschäftigung und Migration in der Türkei. Unter Berücksichtigung der Auswirkungen der Auswanderung auf die Volkswirtschaft der Bundesrepublik Deutschland (= Beiträge zur Arbeitsmarkt- und Berufsforschung 104) Nürnberg 1986, S. 82 ff.; vgl. Planck: Verdörflichung, S. 45
[340] Gümrükçü, Harun: Beschäftigung und Migration in der Türkei. Unter Berücksichtigung der Auswirkungen der Auswanderung auf die Volkswirtschaft der Bundesrepublik Deutschland (= Beiträge zur Arbeitsmarkt- und Berufsforschung 104) Nürnberg 1986, S. 83; vgl. auch: Ritter, Gert; Richter, Wolfgang: Aktuelle Urbanisierungstendenzen in der Türkei (= Geostudien 12), Leverkusen 1990, S. 107 ff.
[341] Ritter, Gert; Richter, Wolfgang: Aktuelle Urbanisierungstendenzen in der Türkei (= Geostudien 12), Leverkusen 1990, S. 110; vgl. Gümrükçü, Harun: Beschäftigung und Migration in der Türkei. Unter Berücksichtigung der Auswirkungen der Auswanderung auf die Volkswirtschaft der Bundesrepublik Deutschland (= Beiträge zur Arbeitsmarkt- und Berufsforschung 104) Nürnberg 1986, S. 86 f.

wenig produktiven Dienstleistenden."[342] Jenen, die nicht integriert werden konnten, blieb „zum Überleben nichts anderes übrig, als einen eigenen Betrieb zu gründen"[343], die „Flucht in die Selbständigkeit". Auch hier bot sich ihnen in vielen Fällen nur eine marginalisierte Existenz. „Die Beschäftigten in Kleinindustrie und Handwerk unterliegen, abgesehen von wenigen Ausnahmen, nicht den kollektiven Vereinbarungen über Lohnsätze und Arbeitsbedingungen zwischen den Unternehmerverbänden und Gewerkschaften. Für die Lohnarbeiter findet hier auch die staatliche Mindestlohngesetzgebung ebenso wenig wie eine Arbeitsschutzgesetzgebung Anwendung, so dass die Bezahlung der Lohnarbeiter nicht selten unter dem gesetzlichen Mindestlohn liegt. Bis 1972 existierte für die Beschäftigten in diesen Betrieben weder eine soziale Sicherung noch gab es eine Sozialgesetzgebung."[344]

Die Gecekondu-Siedlungen erwiesen sich aus mehreren Gründen nicht als Übergangsstationen, sondern als stabile Wohnformen. „Insgesamt aber erweisen sich die Gecekondu-Viertel als erstaunlich dauerhafte Siedlungsgebilde. Sie scheinen keine Übergangszonen zu bilden, wo die Neuankömmlinge vom Lande vorübergehend leben, um möglichst rasch in die eigentlich städtischen Wohnviertel zu ziehen. Offensichtlich fühlen sich die Gecekondu-Bewohner relativ wohl, wozu die Aufrechterhaltung bestimmter dörflicher Sozialstrukturen und Verhaltensweisen wesentlich beiträgt. Die Wohnmobilität ist, abgesehen von neuen Zuzügen aus ländlichen Bezirken, außergewöhnlich gering. Obwohl in manchen großen Städten mehr als die Hälfte der nominalen Stadtbevölkerung in Gecekondus lebt, sind die Gecekondu-Bewohner weder wirtschaftlich noch sozial oder kulturell voll in die Städte eingegliedert. Anders als in den westlichen Industrieländern entspricht daher dem Anwachsen der nominalen Stadtbevölkerung (1970: 40 Prozent der Gesamtbevölkerung) in der Türkei keine Urbanisierung der Bevölkerung."[345] 1985 wurden per Gesetz alle vor 1980 gebauten Siedlungen nachträglich legalisiert, wurden in der amtlichen Statistik als „Einfamilienhäuser" gezählt[346] und sind somit zumindest aus der Statistik ver-

---

[342] Planck, Ulrich: Zur Frage der Verdörflichung, S. 44
[343] Gümrükçü, Harun: Beschäftigung und Migration in der Türkei. Unter Berücksichtigung der Auswirkungen der Auswanderung auf die Volkswirtschaft der Bundesrepublik Deutschland (= Beiträge zur Arbeitsmarkt- und Berufsforschung 104) Nürnberg 1986, S. 99
[344] ebd., S. 103

schwunden. Auch hier stellt die Statistik keine brauchbaren Aussagen über die soziale Wirklichkeit zur Verfügung.

Die dörflichen Gecekondu-Strukturen sind in Ansätzen auch bei der Niederlassung in Deutschland verwirklicht worden. Die ethnisch ausgerichtete Infrastruktur entsprach den Bedürfnissen der Zuwanderer, ermöglichte sie ihnen doch ihre Umstellungsprobleme hinsichtlich Kommunikations- und Konsumgewohnheiten zu minimieren. In den türkischen Lebensmittelläden beispielsweise „können die Frauen beim Einkaufen türkisch reden, und es herrscht eine familiäre Atmosphäre wie man sie aus dem Dorf gewohnt ist. Für türkische Frauen, die in der Bundesrepublik nicht mehr wie im Dorf gemeinsame öffentliche Treffpunkte haben, sind die türkischen Krämerläden ein Ort der Kommunikation mit anderen Frauen."[347]

Die Übertragung heimatlicher Siedlungsstruktur mittels „Kettenwanderung" ist historisch betrachtet kein neues Phänomen. Die Auswanderung von Deutschen nach Amerika im 19. Jahrhundert war ebenfalls davon geprägt, dass sich ganze Dörfer in den USA wieder zusammenfanden.[348]

Fazit:

– Die Vereinbarung zur Anwerbung türkischer Arbeitnehmer kam auf Initiative und Druck der türkischen Regierung zustande. Die deutsche Bundesregierung hatte Anfang der 1960er Jahre kein Interesse an Arbeitskräften von außerhalb Europas.
– Das starke Bevölkerungswachstum im Entwicklungsland Türkei in der zweiten Hälfte des 20. Jahrhunderts und Strukturveränderungen in der Landwirtschaft führten zu einer starken Binnenmigration vom Land in die Städte. Die städtischen Zentren konnten die einströmen-

---

[345] Planck: Verdörflichung, S. 46
[346] vgl.: Ritter, Gert; Richter, Wolfgang: Aktuelle Urbanisierungstendenzen in der Türkei (= Geostudien 12), Leverkusen 1990, S. 84; S. 178
[347] Kleff, Hans-Günter: Vom Bauern zum Industriearbeiter. Zur kollektiven Lebensgeschichte der Arbeitsmigranten aus der Türkei, Mainz ²1985, S. 187; vgl. auch: Gitmez, Ali; Wilpert, Czarina: A Micro-Society or an Ethnic Community? Social Organization and Ethnicity among Turkish Migrants in Berlin, in: Rex, John; Joly, Daniele; Wilpert, Czarina (Hrsg.): Immigrant Associations in Europe, Aldershot 1987, S. 91 ff.
[348] vgl. Heckmann, Friedrich: Ethnische Minderheiten, Volk und Nation. Soziologie interethnischer Beziehungen, Stuttgart 1992, S. 99 ff.

den Massen allerdings weder sozial noch wirtschaftlich integrieren. Sie sammelten sich in Großsiedlungen an den Stadträndern, den „Gececondus", in denen sie die Strukturen ihrer Herkunftsregionen wieder nachbildeten.

– Die türkische Politik hatte ein elementares Interesse an einer zumindest befristeten Ableitung des Bevölkerungsüberschusses in wirtschaftlich entwickeltere Länder. Sie erhoffte sich erhebliche Deviseneinnahmen sowie eine Qualifizierung der Arbeitnehmer, so dass sie nach einer Rückkehr zur wirtschaftlichen Entwicklung des Landes beitragen könnten.

– Die Rückkehrbereitschaft war allerdings vor dem Hintergrund anhaltender Massenarbeitslosigkeit, fehlender Sozialversicherungssysteme und politischer Instabilität gering ausgeprägt.

IV. Die Entstehung „ethnischer Kolonien" – der Niederlassungsprozess der 70er Jahre

„Die starke räumliche Konzentration der Ausländerbeschäftigung in den Verdichtungsräumen hat zwar in diesen Gebieten bislang noch nicht zu schwerwiegenden sozialen Spannungen und Versorgungsengpässen im Bereich der Infrastruktur geführt, bei einem fortgesetzten starken Wachstum der Zahl der ausländischen Arbeitnehmer sind solche Fehlentwicklungen – wie die Erfahrungen in anderen Ländern zeigen – aber immer weniger auszuschließen."

Bundesanstalt für Arbeit (Hrsg.): Ausländische Arbeitnehmer. Beschäftigung, Anwerbung, Vermittlung – Erfahrungsbericht 1971, Nürnberg 1972, S. 18 f.

„Die zunehmende räumliche Konzentration der Ausländer, die verstärkte Ghettobildung, die Veränderung der ethnischen Struktur und die Verschärfung der Schulprobleme der Ausländerkinder haben eine bedrohliche Lage geschaffen, weil alle diese Faktoren die soziale Integration stark behindern bzw. sogar verhindern. Die Gefahren, die sich aus einer völlig unzureichenden sozialen Integration der Ausländer ergeben, müssen von der deutschen Bevölkerung sehr ernst genommen werden."

Wolfgang Bodenbender, Bundesministerium für Arbeit und Sozialordnung, 1976[349]

„Ethnische Kolonien", „Parallelgesellschaften" in deutschen Städten geraten immer öfter in den Fokus des öffentlichen Interesses. Ein Blick zurück in die Geschichte der Zuwanderung in die Bundesrepublik Deutschland lässt deutlich werden, dass sich die Entwicklung seit Jahr-

---

[349] Bodenbender: Zwischenbilanz der Ausländerpolitik, S. 38
[350] Gutachten zur Schul- und Berufsausbildung und zur sozialen Integration ausländischer Kinder in der Bundesrepublik. Herausgegeben vom Kommissariat der deutschen Bischöfe – Katholisches Büro Bonn – Oktober 1973; abgedruckt in: Müller, Hermann (Hrsg.): Ausländerkinder in deutschen Schulen, Stuttgart 1974, S. 198-206; S. 198f.
[351] vgl. Schuleri-Hartje, Ulla-Kristina: Integrationskonzepte auf städtischer Ebene, in: Bundesamt für Bauwesen und Raumordnung (Hrsg.): Internationale Wanderungen und räumliche Integration (= Informationen zur Raumentwicklung, H. 8/2002), S. 432; vgl. den Überblick in: Worbs, Susanne;

zehnten abzeichnet und daher alles andere als überraschend kommt. Seit mehr als 30 Jahren werden Tendenzen zur Segregation in deutschen Großstädten beschrieben und beklagt. „Die Tatsache, dass Gastarbeiter und ihre Familien in Ballungsbieten und in ländlichen Bereichen immer stärker dazu tendieren, geschlossene Wohnbereiche zu bilden, hat ihre starke Abschirmung nach außen zur Folge. Sie wirkt sich erschwerend auf eine schulische Integration aus. Die Segregation, die aus dem Desinteresse bzw. der Unfähigkeit zur gesellschaftlichen Integration sowohl auf ausländischer wie auf deutscher Seite erfolgt, führt zur Ghettobildung mit dem Charakter von Subkulturen." Diese Analyse veröffentlichte das Katholische Büro in Bonn im Oktober 1973.[350] Hier sollen die Prozesse und Motive dargestellt werden, die zur Bildung ethnischer Kolonien in vielen Großstädten führten.

Die Zuwanderung beeinflusste nicht nur die Alters- sondern auch die Siedlungsstruktur der Bevölkerung in Deutschland. 80 Prozent der Ausländer in Deutschland wohnen in Städten mit mehr als 100.000 Einwohnern (gegenüber 60 Prozent der Deutschen).[351] „Zuzüge von Ausländern aus dem Ausland konzentrieren sich auf hochverdichtete Regionen, während die ländlich geprägten und peripher gelegenen Regionen durchweg unterdurchschnittlich häufig als Wohnstandort gewählt werden."[352] Von neu zuziehenden Ausländern wählen mehr als die Hälfte die Kernstädte als ersten Wohnort. Weniger als ein Drittel der Gesamtbevölkerung wohnt dort.[353] Die Gastarbeiter-Zuwanderung verstärkte den Prozess der Verstädterung, der bereits durch die Vertriebenen und Flüchtlinge in den Jahren unmittelbar nach dem II. Weltkrieg vorangetrieben worden war.[354]

Die räumliche Verteilung der Gastarbeiter erfolgte von Süd nach Nord, von den industriellen Zentren Süddeutschlands zu jenen West-

Sinn, Annette; Roesler, Karsten; Schmidt, Hans-Jürgen: Räumliche Verteilung und Wohnsituation von Zuwanderern in Deutschland, in: Schader-Stiftung; Deutscher Städtetag et al. (Hrsg.): Zuwanderer in der Stadt. Expertisen zum Projekt, Darmstadt 2005, S. 13-51
[352] Bucher, Hansjörg; Kocks, Martina; Siedhoff, Mathias: Wanderungen von Ausländern in der Bundesrepublik Deutschland der 80er Jahre, in: Bundesforschungsanstalt für Landeskunde und Raumordnung (Hrsg.): Informationen zur Raumentwicklung, H. 7/8 1991, S. 504
[353] vgl. ebd., S. 505
[354] vgl. Rückert, Gerd-Rüdiger: Analysen und Kommentare zur gegenwärtigen Bevölkerungsentwicklung und ihren absehbaren Trends in der Bundesrepublik Deutschland, in: Kaufmann, Franz-Xaver (Hrsg.): Bevölkerungsbewegung zwischen Quantität und Qualität. Beiträge zum Problem einer Bevölkerungspolitik in industriellen Gesellschaften, Stuttgart 1975, S. 2

und schließlich Norddeutschlands.[355] Die Konzentration der Ausländerbeschäftigung auf die Ballungszentren lag in der Natur der Nachfrage und zeichnete sich von Anfang an ab: Jeder dritte Arbeitnehmer war dort beschäftigt, von den Gastarbeitern jeder zweite. In schwach strukturierten Gebieten waren hingegen zehn Prozent aller Arbeitnehmer, aber nur vier Prozent der ausländischen beschäftigt.[356]

Die Anwerbung von Gastarbeitern war vor allem eine Reaktion auf die Arbeitskräfteknappheit in den Ballungszentren. Aus raumordnungspolitischer Sicht ersparte sie den Unternehmen, die Arbeitsplätze in strukturschwache Regionen zu verlagern, wo inländische Arbeitskräfte verfügbar waren. „Das Vorhandensein eines mobilen ausländischen Arbeitskräftepotentials vermindert die Motivation des Unternehmers, aus Verdichtungsgebieten standortunabhängige Industriebetriebe, die unter Arbeitskräftemangel leiden, in die Fördergebiete mit einem Überschuss an Arbeitskräften zu verlagern."[357] Das Hereinholen einer mobilen Arbeitskraftreserve aus dem Ausland verschärfte die regionalen Ungleichgewichte in der Bundesrepublik, weil es die Konzentration in den Ballungszentren förderte und somit die strukturschwachen Gebiete weiter schwächte. Zu Recht wurde 1974 festgestellt: „Der Erfolgsindikator der regionalen Wirtschaftspolitik ist bis heute vor allem die Schaffung neuer Arbeitsplätze in schwach strukturierten Gebieten mit einem prognostizierten Arbeitsplatzdefizit."[358] Einer Raumordnungspolitik, deren Ziel darin bestand, mittel- und langfristig „die Gleichwertigkeit der Lebensverhältnisse in allen Teilen des Bundesgebiets zu schaffen"[359], die einen Ausgleich zwischen strukturschwachen und strukturstarken Regionen anstrebt[360], lief dies zuwider: „Diese Entwicklung verschärft sowohl die gesellschaftliche Situation des Miteinanderlebens der deutschen und der ausländischen Bevölke-

[355] vgl. Giese, Ernst: Räumliche Diffusion ausländischer Arbeitnehmer in der Bundesrepublik Deutschland 1960 – 1976, in: Die Erde. Zeitschrift der Gesellschaft für Erdkunde zu Berlin. Jg. 109, 1978, S. 100 ff.
[356] vgl. Bundesanstalt für Arbeit (Hrsg.): Ausländische Arbeitnehmer 1969. Beschäftigung, Anwerbung, Vermittlung – Erfahrungsbericht 1969, Nürnberg 1970, S. 10; zur Gesamtproblematik vgl.: Selke, Welf: Die Ausländerwanderung als Problem der der Raumordnungspolitik in der Bundesrepublik Deutschland. Eine politisch-geographische Studie, Bonn 1977
[357] Selke, Welf: Regionale Prognosen der Ausländerwanderung in der Bundesrepublik Deutschland und Möglichkeiten ihrer Steuerung, in: Informationen zur Raumentwicklung, H. 2, 1974, S. 41
[358] ebd.
[359] Der Bundesminister des Innern (Hrsg.): Raumordnungsbericht 1972 der Bundesregierung, Bonn 1972, S. 12
[360] vgl. Selke: Die Ausländerwanderung als Problem der der Raumordnungspolitik; Bonn 1977, S. 20 ff.

rung als auch generell die Problematik der Überlastung der Verdichtungsräume. Damit widerspricht die künftig regionale Verteilung der Ausländer den Zielen der Raumordnungspolitik, die eine ausgewogene, räumlich strukturelle Entwicklung des gesamten Bundesgebietes anstrebt."[361]

Gleichzeitig belastete die Ansiedlung ausländischer Arbeitnehmer die Kommunen, die die entsprechende Infrastruktur schaffen mussten.

„Die Schere zwischen selbständiger Arbeitsmarktentwicklung in Agglomerationsräumen durch unternehmerische Standort- und Investitionsentscheidungen einerseits und hierdurch induzierten sprunghaft wachsenden Infrastrukturbedarf in den Industriegroßstädten andererseits verbreitert sich seit 1968 rapide. Die ohnehin knappen und schwer lenkbaren kommunalen Ressourcen – mit denen kaum die Infrastrukturdefizite für die einheimische Bevölkerung gedeckt werden können – sind durch den stetigen Ausländerzuzug überfordert."[362]

Mit den Jahren traten die weitgehend ignorierten sozialen Folgekosten der Anwerbepolitik immer mehr ins Bewusstsein. Die regionale Konzentration der ausländischen Bevölkerung und die Bildung ethnischer Kolonien sollte sich durch die Sprachbarrieren, den teilweise versperrten Zugang zum Arbeitsmarkt für die „Nachgeholten" (nach November 1974 nachgezogene Ehepartner und eingereiste Jugendliche erhielten keine Arbeitserlaubnis)[363] in den kommenden Jahren deutlich verschärfen. „Die bereits 1961 feststellbaren Konzentrationen der Ausländer in den großen Ballungszentren der Bundesrepublik Deutschland, die stärker ausgeprägt sind als die der deutschen Bevölkerung, haben sich bis 1973, bedingt durch ein überdurchschnittliches Ausländerwachstum, noch verstärkt."[364] Von Beginn der Gastarbeiter-Anwerbung an lebten mehr als zwei Drittel der Ausländer in den Ballungszentren: 1961 waren es 68 Prozent, 1970 66 Prozent (bei den deutschen

---

[361] Selke, Wolf: Regionale Prognosen der Ausländerwanderung in der Bundesrepublik Deutschland und Möglichkeiten ihrer Steuerung, in: Informationen zur Raumentwicklung, H. 2/1974, S. 46
[362] Rothammer, Peter: Integration ausländischer Arbeitnehmer und ihrer Familien im Städtevergleich. Probleme. Maßnahmen, Steuerungsinstrumente. (Gutachten des Deutschen Instituts für Urbanistik), Berlin 1974, S. 364
[363] Seit dem 1. April 1979 konnte Jugendlichen nach zwei und Ehegatten nach vier Jahren eine Aufenthaltserlaubnis erteilt werden; vgl. Forschungsverbund „Probleme der Ausländerbeschäftigung", Integrierter Endbericht, o.O., 1979, S. 79
[364] Bundesministerium für Raumordnung, Bauwesen und Städtebau (Hrsg.): Raumordnungspolitische Steuerung der Ausländerbeschäftigung. Alternative Steuerungskonzepte und räumliche Analyse der Ausländerbeschäftigung, bearbeitet von Jochem Langkau und Ursula Mehrländer, Bonn 1976, S. 17

Staatsangehörigen: 51 Prozent).[365] In den Verdichtungsräumen waren im September 1971 50,4 Prozent der ausländischen Arbeitnehmer, aber nur 36,8 Prozent der deutschen beschäftigt.[366] Das Wachstum der Städte ging in dieser Zeit hauptsächlich auf die Zuwanderung ausländischer Arbeitnehmer zurück.[367] Während junge und wirtschaftlich stärkere Einheimische begannen, in das Umland und in Randzonen von Verdichtungsräumen zu ziehen („Suburbanisierung"), blieben sozial schwache und alte Menschen in den Stadtzentren zurück, Gastarbeiter und ihre Familienangehörigen zogen dorthin nach.[368]

Häufig wurden sie in der unmittelbaren Umgebung der sie beschäftigenden Betriebe untergebracht (wie dies deutlich wird unter anderem in Duisburg-Marxloh und in Hamburg-Wilhelmsburg). Für die Unternehmen war diese betriebsnahe Unterbringung von Vorteil, für die Kommunen bedeutete dies allerdings, dass sie die Folgekosten der sich daraus entwickelnden ethnischen Kolonien zu tragen hatten. So wurde schon Anfang der 70er Jahre bilanziert: „Bei der einzelnen Unternehmung dürfte der Nutzen der Ausländerbeschäftigung ... die Kosten bei weitem überwiegen; als Indiz dafür kann die Nachfrage nach ausländischen Arbeitskräften angesehen werden. Bei den Kommunen scheint es eher umgekehrt zu sein. Hier liegen die Infrastrukturmehrausgaben in der Regel erheblich über den Mehreinnahmen."[369] Der Anstieg der Beschäftigten in den Ballungsgebieten ging ausschließlich auf die über die Jahre ansteigende Zahl der ausländischen Arbeitnehmer zurück. Wegen der ursprünglichen Arbeitskräfteknappheit wären die expandierenden Unternehmen gezwungen gewesen, auch außerhalb der Ballungszentren verstärkt Arbeitsplätze zu schaffen. „Ohne die Möglichkeit des Rückgriffs auf ausländische Arbeitskräfte wäre in den Ballungsgebieten eine Neuansiedlung oder Erweiterung arbeitsintensiver

[365] ebd., S. 50
[366] vgl. Bundesanstalt für Arbeit (Hrsg.): Ausländische Arbeitnehmer. Beschäftigung, Anwerbung, Vermittlung – Erfahrungsbericht 1972/73, Nürnberg 1974, S. 25
[367] vgl. Der Bundesminister des Innern (Hrsg.): Raumordnungsbericht 1972 der Bundesregierung, Bonn 1972, S. 25 ff.
[368] vgl. ebd., S. 166
[369] Lohrmann, Heinrich: Auswirkungen der Ausländerbeschäftigung auf die soziale Struktur der Bundesrepublik Deutschland, In: ders; Manfrass, Klaus (Hrsg.) Ausländerbeschäftigung und internationale Politik. Zur Analyse transnationaler Sozialprozesse, München, Wien, 1974, S. 77; vgl. Bullinger, Siegfried et al.: Die volkswirtschaftliche Bedeutung der Beschäftigung ausländischer Arbeitnehmer in Baden-Württemberg, Tübingen 1972, S. 240 f.

Betriebe aus arbeitsmarktlichen Gegebenheiten – bei der aus verschiedenen Gründen geringeren Mobilität der heimischen Erwerbstätigen – tendenziell nicht mehr möglich gewesen. Die Regionalstruktur hätte sich tendenziell ausgeglichener entwickeln können."[370]

Überlastete Kommunen

Die Konzentration der Gastarbeiterniederlassung in den Ballungszentren und der sich zunehmend entwickelnde Familiennachzug ließen die Infrastrukturkosten (Kindergärten, Schulen, Krankenhäuser) und die sich durch den Zuzug verschärfende Wohnungsknappheit[371] (Anfang der 70er Jahre wurde der Bedarf nach neuen Wohnungen auf fünf Millionen geschätzt[372]) ergebenden Probleme immer stärker bewusst werden. So hieß es in einem Runderlass des Innenministers des Landes Nordrhein-Westfalen vom 13. Juni 1966: „Die Erfahrung hat gezeigt, dass der ungeregelte Nachzug von Familienangehörigen ausländischer Arbeitnehmer in das Bundesgebiet zu erheblichen Schwierigkeiten verschiedenster Art, nicht zuletzt auch zu unzumutbaren Belastungen der öffentlichen Hand bis hinunter zu den Gemeinden führt. (...) Die Bundesrepublik Deutschland ist kein Einwanderungsland. Sie hat zudem in der Folge des Zweiten Weltkrieges schon Millionen von Vertriebenen und Flüchtlingen aufgenommen, eine Entwicklung, die noch nicht abgeschlossen ist. Auch die Erlangung von Wohnungen bereitet nach wie vor größte Schwierigkeiten."[373]

Die Kosten, die infolge des Niederlassungsprozesses entstanden, waren ein wesentliches Argument für die Versuche, weitere Zuwanderung – vor allem über den Familiennachzug – in Grenzen zu halten.[374] In ausländerrechtlichen Richtlinien des Bayerischen Staatsministeriums des Innern vom 12. Januar 1976 hieß es dazu: „Die Zuwanderung einer großen Zahl ausländischer Familien kann die öffentliche Hand und die

---

[370] Bundesanstalt für Arbeit (Hrsg.): Ausländische Arbeitnehmer. Beschäftigung, Anwerbung, Vermittlung – Erfahrungsbericht 1972/73 –. Nürnberg 1974, S. 27
[371] vgl. Bullinger et al.: Die volkswirtschaftliche Bedeutung der Beschäftigung ausländischer Arbeitnehmer, Tübingen 1972, S. 234
[372] vgl. Der Bundesminister des Innern (Hrsg.): Raumordnungsbericht 1972 der Bundesregierung, Bonn 1972, S. 92
[373] zit. nach: Münscher, Alice: Ausländische Familien in der Bundesrepublik Deutschland. Familiennachzug und generatives Verhalten (= Materialien zum Dritten Familienbericht der Bundesregierung) München 1979, S. 19
[374] vgl. ebd., S. 20 ff.

gemeinnützigen Einrichtungen (Kindergärten, Heime, Schulen, Krankenhäuser usw.) insbesondere in zentralen Orten vor Aufgaben stellen, denen sie mitunter schon gegenüber der heimischen Bevölkerung nicht gewachsen sind. Der Familiennachzug kann deshalb, auch wenn die sonstigen Voraussetzungen vorliegen, nicht gestattet werden, wenn solche Einrichtungen den zusätzlichen Mehranforderungen nicht gewachsen sind und Abhilfe binnen angemessener Zeit nicht möglich ist."[375]

Der Zuzug ausländischer Arbeitnehmer erfolgte vor allem in solche städtische Bezirke, in denen die soziale Infrastruktur schon für die einheimische Bevölkerung nicht ausreichend ausgebaut war. Die „starken Wachstumsraten der ausländischen Erwerbs- und Wohnbevölkerung [verschärften] die Anforderungen an die soziale Infrastruktur vor allem in solchen Bereichen ...., in denen bereits der Bedarf der deutschen Bevölkerung nicht hinreichend gedeckt ist."[376]

Der Berliner Senat beschrieb die Lage 1972: „Infrastrukturmängel, die sich in nicht befriedigenden Versorgungsgraden selbst für die deutsche Bevölkerung, insbesondere im Bereich Wohnen, Kindertagesstätten und Schule zeigen, werden durch weitere Zuwanderung ausländischer Arbeitnehmer und zunehmende Familienzusammenführung potenziert."[377]

Immer unübersehbarer wurden in den betroffenen Vierteln – vor allem wegen des starken Familiennachzugs – die Anforderungen an die soziale Infrastruktur, insbesondere die Schulen, auf die die Stadtverwaltungen nicht vorbereitet waren. Zu lange hatten sie zugesehen, wie die Gastarbeiter aus den Sammelunterkünften ihrer Betriebe mit ihren Familienangehörigen in Wohnungen umgezogen waren, ohne ausreichende Vorkehrungen hinsichtlich der sozialen Infrastruktur zu treffen. Die Zahl der Kinder (bis 21 Jahren) hatte sich von 1968 bis 1972 auf

---

[375] abgedruckt in: ebd., S. 90–95; S. 93
[376] Rothammer, Peter: Integration ausländischer Arbeitnehmer und ihrer Familien im Städtevergleich. Probleme. Maßnahmen, Steuerungsinstrumente. (Gutachten des Deutschen Instituts für Urbanistik), Berlin 1974, S. 237
[377] Der Regierende Bürgermeister von Berlin (Hrsg.): Eingliederung der ausländischen Arbeitnehmer und ihrer Familien, Abschlussbericht, Berlin 1972, S. 18

mehr als rund 850.000 verdoppelt.[378] Insgesamt lebten Anfang 1973 953.000 Kinder mit ihren Eltern dauerhaft in der Bundesrepublik.[379] 307.000 besuchten die Schule, 85.000 gingen in den Kindergarten. Damit ging jedes zweite bis dritte Kind in den Kindergarten. Das entsprach der allgemeinen Versorgungsquote in Westdeutschland, nach der rund 41 Plätze für 100 Kinder (zwischen 3 und 6 Jahren) vorhanden waren.[380] Dies macht auch die sozialpolitische Herausforderung – insbesondere für die Kommunen – deutlich. Die Bundesanstalt für Arbeit stellte dazu 1973 fest: „So sehr aus der sozialen Verantwortung gegenüber den ausländischen Arbeitnehmern und ihren Kindern heraus diese – gemessen an der Gesamtversorgung mit Kindergartenplätzen in der Bundesrepublik – verhältnismäßig günstige Situation zu begrüßen ist, so deutlich wird auch, in welchem Ausmaß heute Kapazitäten in typischen Engpassbereichen durch die Ausländer gebunden werden."[381]

Ebenso wie sich die Zuwanderer in eine in vieler Hinsicht fremde Umgebung eingewöhnen mussten, so sahen sich auch die deutschen Behörden mit ungewohnten Verhaltensweisen konfrontiert, auf die sie reagieren mussten. Das galt unter anderem für den teilweise rigorosen Umgang berufstätiger Eltern mit ihren noch nicht schulpflichtigen Kindern. Die besonders ausgeprägte Orientierung der Gastarbeiter am Geldverdienen (dem Zweck ihres Aufenthalts in Deutschland), fehlende Kinderbetreuungseinrichtungen sowie die rechtlich begrenzten Nachzugsmöglichkeiten für Großeltern, die sich um die Kinder hätten kümmern können, spielten hier ebenso eine Rolle wie ein aus den Herkunftsländern gewohntes Verhalten. „Bekommen ausländische Arbeitnehmer keine Plätze in Kindertagesstätten, schließen sie oft ihre Kinder tagsüber in der Wohnung ein oder lassen sie auf den Straßen umherstreunen. Das sind keine Einzelbeobachtungen, sondern Jugendämter, Betreuungsorganisationen und Polizei berichten ständig gleichermaßen davon. Diese untragbaren Zustände veranlassten die Senatsverwaltung für Familie, Jugend und Sport erstmalig im Jahre 1971 Mittel für die Schaffung von Sonderbetreuungsstätten für Kinder ausländischer

---

[378] vgl. Bundesanstalt für Arbeit (Hrsg.): Repräsentativuntersuchung '72, Nürnberg 1973, S. 26
[379] vgl. ebd., S. 22
[380] vgl. ebd., S. 24
[381] ebd.

Arbeitnehmer bereitzustellen."[382] In leerstehenden Wohnungen und Läden richteten Wohlfahrtsorganisationen Räume für entsprechende Gruppen ein. Zum größten Teil wurden dafür ausländische Betreuerinnen engagiert. So blieben die Kinder sprachlich unter sich und beherrschten zu Schulbeginn die deutsche Sprache genauso wenig wie zuvor.[383]

Zuzug in Sanierungsgebiete

Bereits 1968 verfügten knapp zwei Drittel der Gastarbeiter und ihrer Angehörigen über privaten Wohnraum[384], 1977 lebten 97 Prozent der Ausländer in Deutschland in Privathaushalten und nur noch drei Prozent in Sammelunterkünften.[385] Der Familiennachzug hatte diese Entwicklung noch einmal beschleunigt – bereits 1972 lebten 90 Prozent der ausländischen Arbeitnehmer mit in Deutschland lebenden Kindern in abgeschlossenen Wohnungen.[386] Bei den Wohnungen handelte es sich nicht selten um sanierungsbedürftige, wenn nicht abbruchreife Altbauten in den Stadtkernen, die für die einheimische Bevölkerung im Zuge eines sich entspannenden Wohnungsmarktes unattraktiv geworden waren. Die *Frankfurter Rundschau* beschrieb die Lage in Berlin damals so: „Schon aus finanziellen Gründen hatten die Gastarbeiter meist nur hier eine Chance, Wohnraum zu bekommen. Hausbesitzern und Wohnungsbaugesellschaften kamen diese Gettobildungen oftmals gerade recht: sie forderten und erhielten Wuchermieten für Abrisswohnungen und erreichten noch nebenbei, deutsche Mieter aus Sanierungswohnungen zum ‚freiwilligen‘ Auszug zu bewegen."[387] So kann es nicht verwundern, dass Anfang 1972 noch fast jeder zweite Gastarbeiter in Berlin angab, nach einer neuen Wohnung suchen zu wollen.[388] Diese Beschreibung darf allerdings nicht verallgemeinert werden, wie Untersuchungen zur Wohnraumversorgung von Gastarbeitern im Ruhrgebiet

---

[382] Der Regierende Bürgermeister von Berlin (Hrsg.): Eingliederung der ausländischen Arbeitnehmer und ihrer Familien, Abschlussbericht, Berlin 1972, S. 35 f.; vgl. auch: Akpinar: Angleichungsprobleme, S. 77 ff.
[383] vgl. Der Regierende Bürgermeister von Berlin (Hrsg.): Bericht zur Lage der Ausländer in Berlin, Berlin 1978, S. 16
[384] Bundesanstalt für Arbeit (Hrsg.): Repräsentativuntersuchung '72, S. 101
[385] vgl. Forschungsverbund „Probleme der Ausländerbeschäftigung", Integrierter Endbericht, o.O., 1979, S. 17
[386] vgl. Bundesanstalt für Arbeit (Hrsg.): Repräsentativuntersuchung '72, Nürnberg 1973, S. 113
[387] „Konflikte in Berlins ‚verbotenen Bezirken‘ verschärft", in: Frankfurter Rundschau vom 1. April 1976

in der ersten Hälfte der 70er Jahre zeigen: Aus ihnen geht hervor, „dass ein größerer Teil dieser Arbeitskräfte in Wohnungen wohnt, die gleichwohl auch Deutsche beherbergen könnten."[389]

Tatsächlich stabilisierte die Nachfrage der Gastarbeiter nach spezifischem Wohnraum die Mietpreise auf dem sich insgesamt entspannenden Wohnungsmarkt, so dass es mit sozial schwachen Einheimischen nicht selten zur Konkurrenz um preiswerten Wohnraum kam. „Darüber hinaus dürften ... einkommensschwächere Personengruppen, wie Rentner und kinderreiche Familien (für die z. B. große Altbauwohnungen von Interesse sind), in ihren Möglichkeiten einer angemessenen Versorgung mit Wohnraum, vor allem in den dichtbesiedelten Räumen des Bundesgebietes, stärker begrenzt werden, als dies bei geringeren oder langsamer wachsenden Ausländerzahlen der Fall wäre."[390]

Die aufgrund der Qualifikationen deutlich niedrigeren Einkommen, das Interesse der Gastarbeiter an billigem Wohnraum und räumlicher Nähe zu den Landsleuten, mangelhafte Sprachkenntnisse, unzureichende Kenntnis der eigenen Rechtspositionen gingen hier einher mit den Interessen skrupelloser Vermieter und Spekulanten sowie ebenfalls anzutreffender bewusster Benachteiligung bei der Bereitschaft, Wohnungen an Gastarbeiter zu vermieten.[391] „Aus dem Zusammenspiel von strukturiertem Angebot und unterschiedlicher Ausstattung der Haushalte mit ökonomischem, sozialem, kulturellem und politischem Kapital ergibt sich die Verteilung der sozialen Gruppen im Raum der Stadt."[392] Bereits zu Beginn der 1970er Jahre zeichnete sich daher eine räumliche Konzentration der Gastarbeiterbevölkerung in den Städten ab. Hans-Günter Kleff stellt pointiert fest: „Je mehr schlechte und alte Wohnungen es in einem Gebiet gibt, desto höher ist die Türkenquote."[393] 1971 beklagte der Deutsche Städtetag: „Es gehört zu den

---

[388] vgl. Bundesanstalt für Arbeit (Hrsg.): Repräsentativuntersuchung '72, Nürnberg 1973, S. 136
[389] Hottes, Karlheinz: Die Integration der Gastarbeiter in die Stadt als soziales System, in: Minoritäten in Ballungsräumen. Ein deutsch-amerikanischer Vergleich, hrsg. von Michael G. Eisenstadt und Werner Kaltefleiter (= Sozialwissenschaftliche Studien zur Politik, Bd. 6), Bonn 1975, S. 88
[390] Bundesanstalt für Arbeit (Hrsg.): Repräsentativuntersuchung '72, Nürnberg 1973, S. 101
[391] vgl. u.a.: Der Regierende Bürgermeister von Berlin (Hrsg.): Eingliederung der ausländischen Arbeitnehmer und ihrer Familien, Abschlussbericht, Berlin 1972, S. 27 ff.; Kleff, Hans-Günter: Vom Bauern zum Industriearbeiter, Mainz ²1985, S. 180 ff.; Häußermann, Hartmut; Siebel, Walter: Die Mühen der Differenzierung, in: Löw, Martina (Hrsg.): Differenzierungen des Städtischen (= Stadt, Raum und Gesellschaft, Bd. 15), Opladen 2002, S. 31 ff.
[392] Häußermann/Siebel: Die Mühen der Differenzierung, S. 35
[393] Kleff, Hans-Günter: Vom Bauern zum Industriearbeiter, S. 186

erschreckenden Realitäten deutscher Städte, dass ihre Sanierungsgebiete vorzugsweise von ausländischen Arbeitnehmern bewohnt werden und dass die Existenz ausländischer Arbeitnehmer es als lohnend erscheinen lässt, Haus- und Grundbesitz in einem Sanierungsgebiet zu haben und zu halten."[394]

Neben wirtschaftlichen Interessen und davon ausgelösten Verteilungswirkungen auf dem Wohnungsmarkt gab es auch politische Fehleinschätzungen, die eine rechtzeitige und angemessene Reaktion auf die Niederlassung verhindert haben. „Der kontinuierliche Ausländerzuzug wurde zu lange als vorübergehende Erscheinung betrachtet, seine Auswirkungen auf die soziale Belastbarkeit hoch industrialisierter Ballungsräume unterschätzt."[395]

Die Städte wussten nicht, was auf sie zukommt. Die Anforderungen, die eine solch massenhafte Zuwanderung aus in nahezu jeder Hinsicht anders strukturierten Herkunftsräumen stellen würden, waren nicht vorherzusehen. Wissenschaftliche Hilfestellung gab es Anfang der 1970er Jahre nicht. Eine systematische Erfassung der sozialen Indikatoren, mit deren Hilfe der Bedarf in quantitativer wie in qualitativer Weise hätte eingeschätzt werden können, existierte nicht. Die Verwaltungen erwiesen sich in der Folge nicht selten als überfordert.[396]

Hier trat ein grundlegender Konflikt zutage: Die Kommunen waren es, die die wesentlichen Lasten der Gastarbeiter-Anwerbung zu tragen hatten. Die Verursacher, die Unternehmen, hatten den ökonomischen Vorteil daraus gezogen, die Folgekosten wurden auf den Steuerzahler abgewälzt. Die Anregung, die Profiteure der Gastarbeiter-Beschäftigung, die Unternehmen, die sie beschäftigten, an der Finanzierung der anstehenden Infrastrukturinvestitionen zu beteiligen, wurde nicht aufgegriffen.[397]

[394] Deutscher Städtetag (Hrsg.): Hinweise zur Hilfe für ausländische Arbeitnehmer, Köln 1971, S. 95
[395] Rothammer, Peter: Integration ausländischer Arbeitnehmer und ihrer Familien im Städtevergleich. Probleme. Maßnahmen, Steuerungsinstrumente. (Gutachten des Deutschen Instituts für Urbanistik), Berlin 1974, S. 8 f.
[396] vgl. Rothammer, Peter: Integration ausländischer Arbeitnehmer und ihrer Familien im Städtevergleich. Probleme. Maßnahmen, Steuerungsinstrumente. (Gutachten des Deutschen Instituts für Urbanistik), Berlin 1974, S. 131
[397] So Wirtschaftswissenschaftler in einem Gutachten für das Land Baden-Württemberg 1972: Bullinger, Siegfried et al.: Die volkswirtschaftliche Bedeutung der Beschäftigung ausländischer Arbeitnehmer in Baden-Württemberg, Tübingen 1972, S. 397

Tatsache ist, dass die Gastarbeiter zunächst weniger Leistungen in Anspruch nahmen, als sie durch ihre Steuern und Sozialversicherungsbeiträge finanziert hatten.[398] Mit Beginn des massiven Familiennachzugs in den 1970er Jahren stiegen die Ansprüche an die öffentliche – insbesondere kommunale – Infrastruktur deutlich an. Die Kommunen waren darauf nicht vorbereitet. „Da in den 60er Jahren die Zahl der ausländischen Arbeitskräfte und ihre Aufenthaltsdauer zunächst noch relativ gering waren, sind damals die für die Ausländerbeschäftigung eigentlich erforderlichen Investitionsausgaben teilweise unterblieben und die mit ihnen verbundenen laufenden Ausgaben nicht angefallen; auf diese Weise ist ein Nachholbedarf entstanden, dessen Deckung die öffentlichen Finanzen der kommenden Jahre belastet. (...) Obwohl die ausländischen Arbeitskräfte ebenso wie die deutsche Bevölkerung aus ihren Einkommen Steuern und andere öffentliche Abgaben zur Finanzierung öffentlicher Güter und Leistungen aufbringen, übersteigen ihre Beiträge zu den öffentlichen Einnahmen nunmehr die von ihnen verursachten öffentlichen Ausgaben nicht mehr, sondern bleiben eher dahinter zurück. Letzteres gilt vor allem für die Ballungsgebiete und im Hinblick auf die Ausgaben für die Integration der Ausländer in die deutsche Bevölkerung."[399]

Hier wird ein Defizit in der politischen Steuerung sichtbar, das bis heute wirksam ist und sich unter anderem bei Fragen der Integration von Zuwanderern zeigt: Die Kommunen sind institutionell nicht eigenständig in den politischen Willensbildungsprozess einbezogen – wenn man einmal von den drei Stadtstaaten absieht, die als Länder dem Bundesrat angehören (deren Existenzberechtigung aber zunehmend bestritten wird). „Die Kommune als ökonomisch schwächstes Glied in der Kette der Versorgungsträger mit gleichzeitig höchstem Anteil an sozialen Folgelasten – ohne adäquate Ausstattung im politischen Entscheidungsprozess."[400]

---

398 vgl.: Wissenschaftlicher Beirat beim Bundesministerium für Wirtschaft: Probleme der Ausländerbeschäftigung, 16. März 1974, S. 6
399 ebd., S. 16 f.
400 Rothammer, Peter: Integration ausländischer Arbeitnehmer und ihrer Familien im Städtevergleich. Probleme. Maßnahmen, Steuerungsinstrumente. (Gutachten des Deutschen Instituts für Urbanistik), Berlin 1974, S. 6

Hinzu kam, dass sich die ausländische Bevölkerung – insbesondere der türkische Teil – wesentlich stärker entwickelte als von Prognosen vorhergesehen wurde.

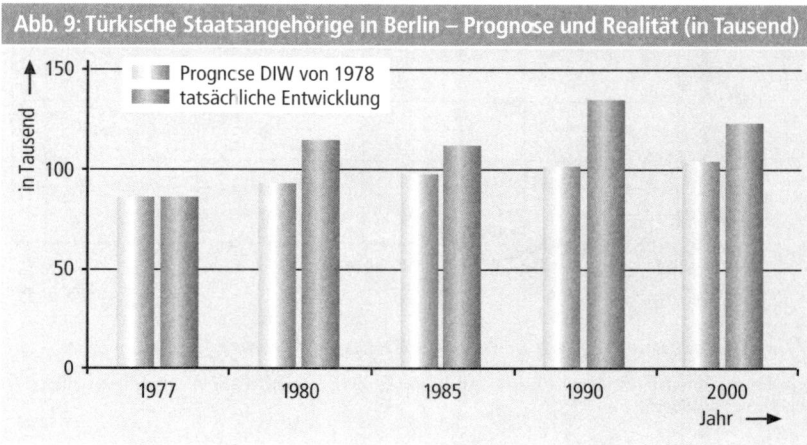

Abb. 9: Türkische Staatsangehörige in Berlin – Prognose und Realität (in Tausend)

Das Deutsche Institut für Wirtschaftsforschung prognostizierte 1978 für das Jahr 2000 rund 104.000 türkische Staatsangehörige in Berlin (in der Variante mit hoher Zuwanderung und niedriger Abwanderung) – die Zahl war bereits 1980 erreicht.

Quelle: Deutsches Institut für Wirtschaftsforschung (Hrsg.): Ausländer in Berlin (West). Demografische Perspektiven bis zum Jahr 2000, bearbeitet von Ingo Pfeiffer, (= DIW Wochenbericht 42/79) vom 18. Oktober 1979, S. 431-434

Berlin

In Berlin (West) begann die Anwerbung in großem Umfang erst 1968 und damit relativ spät[401] – hohe Anteile von Zuwanderern aus der Türkei und Jugoslawien waren die Folge. Die Zahl der ausländischen Arbeitnehmer verdreifachte sich von September 1968 bis September 1970[402].

---

[401] vgl. Deutsches Institut für Wirtschaftsforschung (Hrsg.): Ausländerbeschäftigung in Berlin (West): Hohe Arbeitsplatzverluste verschärfen Integrationsprobleme, bearbeitet von Gaulke, Klaus-Peter; Pfeiffer, Ingo (= DIW-Wochenbericht 37/82 vom 16. September 1982, S. 462
[402] vgl. Bundesanstalt für Arbeit (Hrsg.): Ausländische Arbeitnehmer. Beschäftigung, Anwerbung, Vermittlung – Erfahrungsbericht 1970 -, Nürnberg 1971, S. 11

Abb. 10: Ausländische Beschäftigte in Berlin 1960 bis 1981

- ausländische Arbeitnehmer
- türkische Staatsangehörige
- jugoslawische Staatsangehörige

Die Anwerbung begann in Berlin erst Ende der 60er Jahre.

Quelle: Statistisches Landesamt Berlin: Ausländer in Berlin (West) 1960 bis 1981, Sonderheft 342, 12/83, Berlin 1983, S. 97

Auch in Berlin fand auf dem Arbeitsmarkt durch die Zuwanderer eine „Unterschichtung" statt: Sie nahmen die Berufe mit den geringen Qualifikationen auf, die anderen blieben weitgehend den Einheimischen überlassen. Eine Analyse des „Deutschen Instituts für Wirtschaftsforschung" (DIW) kam 1982 zu dem Ergebnis: „Die Betrachtung der Ausländerbeschäftigung nach Berufen zeigt, dass einmal die Ausländeranteile in den Montage-, Verpackungs-, Transport- und sonstigen gewerblichen Hilfsberufen, zum anderen in den allgemeinen Dienstleistungsberufen, wie Köche, gastronomische Hilfskräfte, Reiniger am größten waren; diese Berufe können mithin als typische Ausländerberufe bezeichnet werden. Dagegen blieben Berufe mit mittleren bis höheren Qualifikationsanforderungen – in der Hauptsache ‚höhere' Angestelltenberufe – weitgehend den Deutschen vorbehalten: Gliedert man nach der beruflichen Qualifikation der Beschäftigten, dann zeigt sich, dass durchschnittlich nahezu 40 vH der Deutschen, aber über 75 vH der Ausländer keine berufliche Qualifikation beziehungsweise eine unbekannte Berufsausbildung aufweisen. In den ‚typischen' Ausländerberufen ist gleichzeitig auch der Anteil gering qualifizierter Arbeitskräfte hoch, während in den stärker mit Deutschen besetzten

128

Berufsordnungen sowohl die Deutschen als auch die dort beschäftigten Ausländer höher qualifiziert sind."[403] So konnte prognostiziert werden, dass die ohnehin bereits seit Ende der 70er Jahre überdurchschnittliche Arbeitslosigkeit ausländischer Staatsangehöriger in Berlin weiter steigen würde.[404]

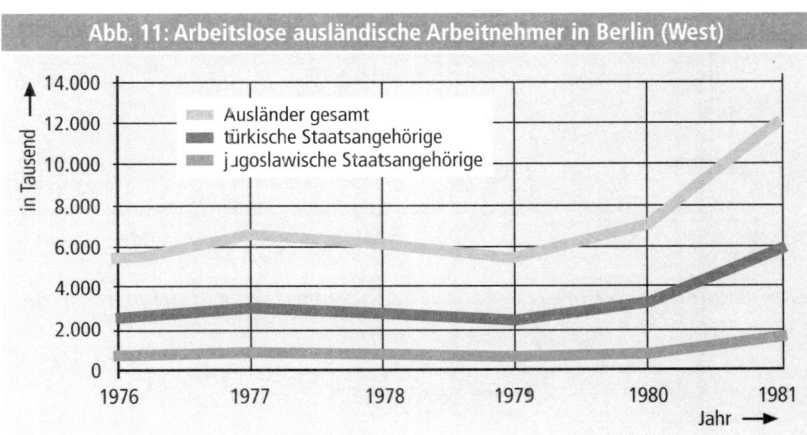

Abb. 11: Arbeitslose ausländische Arbeitnehmer in Berlin (West)

Ende der 70er Jahre begann die Zahl der arbeitslosen ausländischen Arbeitnehmer in Berlin (West) stark anzusteigen.

Quelle: Statistisches Landesamt Berlin: Ausländer in Berlin (West) 1960 bis 1981, Sonderheft 342, 12/83, Berlin 1983, S. 113

Die Verteilung im Stadtgebiet
Die Verteilung der Gastarbeiter und ihrer Angehörigen im Berliner Stadtgebiet vollzog sich in einem relativ kurzen Zeitraum Ende der 60er/Anfang der 70er Jahre:

---

[403] Deutsches Institut für Wirtschaftsforschung (Hrsg.): Ausländerbeschäftigung in Berlin (West): Hohe Arbeitsplatzverluste verschärfen Integrationsprobleme, bearbeitet von Gaulke, Klaus-Peter; Pfeiffer, Ingo (= DIW-Wochenbericht 37/82 vom 16. September 1982, S. 464 f.
[404] vgl. ebd., S. 465

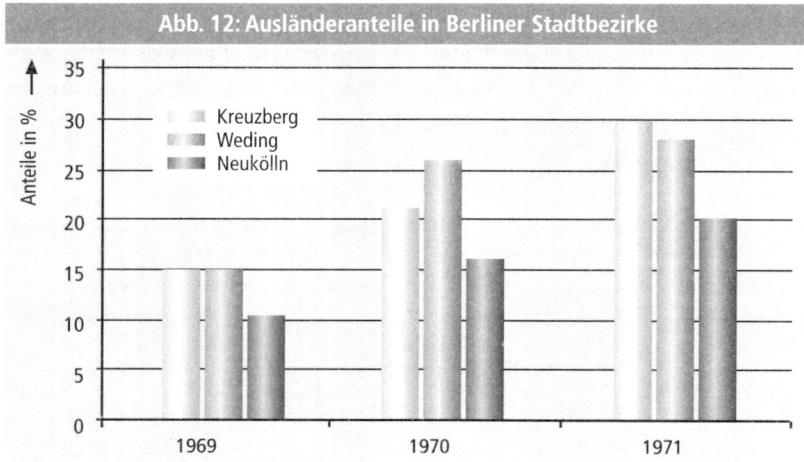

Der Niederlassungsprozess in den westlichen Innenstadtbezirken Berlins vollzog sich innerhalb weniger Jahre.

Quelle: Der Regierende Bürgermeister von Berlin (Hrsg.): Eingliederung der ausländischen Arbeitnehmer und ihrer Familien, Abschlussbericht, Berlin 1972, S. 28

81,2 Prozent aller türkischen Staatsangehörigen in West-Berlin waren in den fünf Innenstadtbezirken Tiergarten, Wedding, Kreuzberg, Neukölln und Schöneberg gemeldet (und 64,6 Prozent aller Ausländer).

Die einmal ausgelösten Niederlassungsprozesse in den Sanierungsgebieten entwickelten durch das Nachholen von Landsleuten (Verwandten, Bekannten) eine Eigendynamik, die die Verwaltung nicht mehr grundlegend beeinflussen konnte.

Die herausragende Bedeutung familiärer und sozialer Netzwerke für die Zuwanderung aus der Türkei und die Niederlassungsprozesse in Berlin haben Gitmez und Wilpert für kurdische Zuwanderer und Zuwanderer aus Ost-Anatolien an Fallbeispielen dargestellt:

– 35 Familien mit 180 Personen aus einer kleinen Region mit wenigen Dörfern aus Zentral-Ost-Anatolien (Malatya);

– über 100 Familien mit rund 550 Personen aus einem einzigen Dorf aus der Ost-Türkei (Erzincan);

– 140 Familien mit 1050 Personen aus sechs Dörfern der Süd-Ost-Türkei (Urfa);

– über 250 nicht-muslimische kurdische Familien mit rund 1850 Personen ebenfalls aus der Süd-Ost-Türkei (Siirt) sowie
– über 140 sunnitische Familien aus Dörfern in der Provinz Samsun nahe dem Schwarzen Meer.[405]

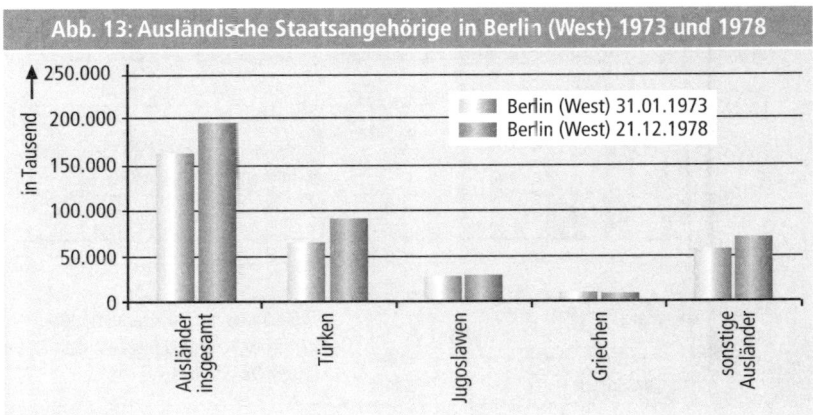

Trotz Anwerbestopp 1973 stieg auch in Berlin die Zahl der Ausländer in den darauf folgenden Jahren an.

Quelle: Der Regierende Bürgermeister von Berlin (Hrsg.): Wohnraumversorgung von Ausländern und Entballung überlasteter Gebiete durch städtebauliche Maßnahmen, Berlin 1980: Teil I: Freie Planungsgruppe Berlin GmbH: Flächendeckende Analyse, S. 27

Die lokale Verteilung der Ausländer aus den ehemaligen Anwerbestaaten – insbesondere der Türken – ist über die Jahrzehnte strukturell unverändert geblieben. Neukölln hat einen starken Zuzug türkischer Staatsangehöriger zu verzeichnen.

[405] vgl. Gitmez, Ali; Wilpert, Czarina: A Micro-Society or an Ethnic Community? Social Organization and Ethnicity among Turkish Migrants in Berlin, in: Rex, John; Joly, Daniele; Wilpert, Czarina (Hrsg.): Immigrant Associations in Europe, Aldershot 1987, S. 95

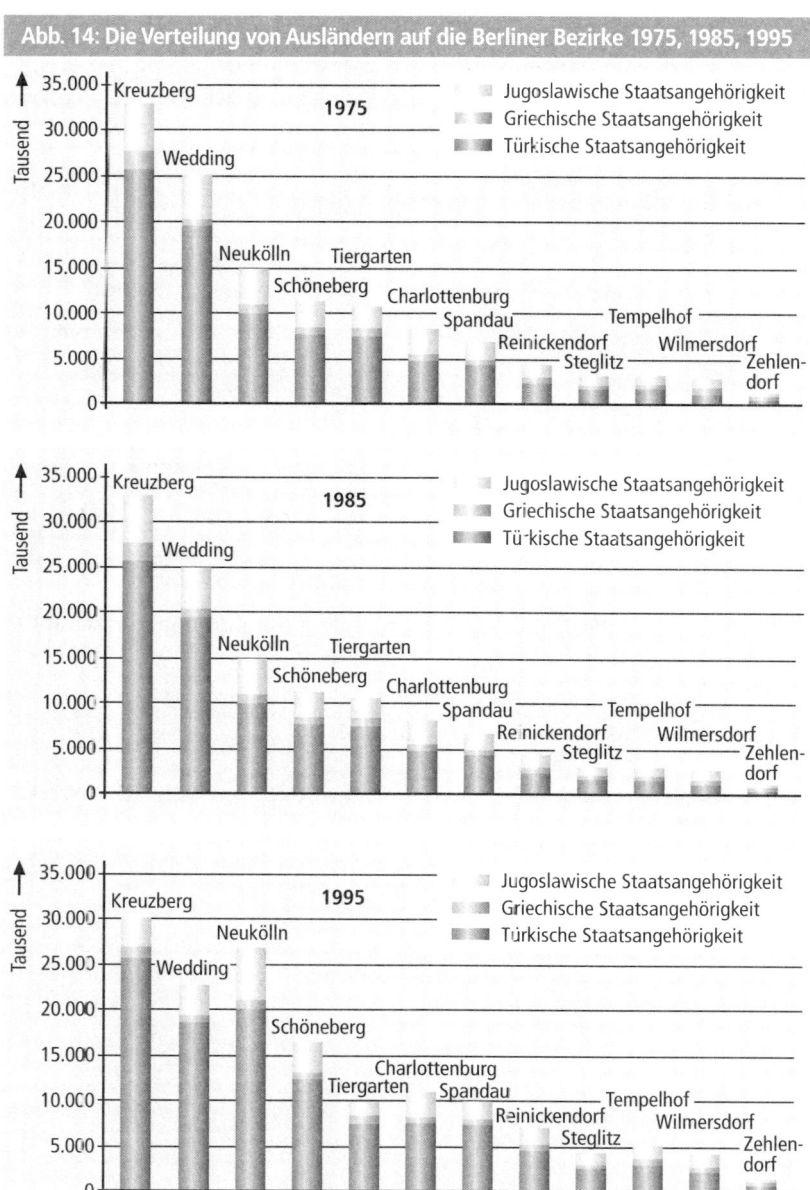

Abb. 14: Die Verteilung von Ausländern auf die Berliner Bezirke 1975, 1985, 1995

Quelle: Mitteilungen des Statistischen Landesamtes Berlin

In 29 Statistischen Gebieten, die im Auftrag des Berliner Senats untersucht wurden, lebten Ende der 70er Jahre drei Viertel aller registrierten Ausländer in Berlin, hingegen nur rund ein Drittel aller Einwohner von Berlin (West). Von Anfang an sammelte sich die türkische Bevölkerung stärker in diesen Wohngebieten als andere Ausländergruppen aus den Hauptanwerbeländern:

Summe der Wohngebiete	29 Statistische Gebiete (von 97 in Berlin-West)
Einwohneranteil in %	32,1 %
Fläche in %	14,0 %
Ausländeranteil 1978 in %	61,4 %
Anteil der Ausländer aus den drei Hauptanwerbeländern	74,5 %
Türkenanteil in %	79,6 %
Jugoslawenanteil in %	62,6 %
Griechenanteil in %	59,5 %

Quelle: Der Regierende Bürgermeister von Berlin (Hrsg.): Wohnraumversorgung von Ausländern und Entballung überlasteter Gebiete durch städtebauliche Maßnahmen, Berlin 1980: Teil I: Freie Planungsgruppe Berlin GmbH: Flächendeckende Analyse, S. 45

Die Ballung dieser Bevölkerungsgruppen führte auch zu einer weit überdurchschnittlichen Einwohnerdichte. Sie lag in den Hauptwohngebieten in der Innenstadt bei dem Dreifachen des gesamtstädtischen Durchschnitts (133 gegenüber 45 Einwohnern je Hektar).[406] 1976 lebten rund 70 Prozent der Ausländer und mehr als 80 Prozent der türkischen Staatsangehörigen auf nur zehn Prozent der Fläche von Berlin (West).[407]

Sozialstrukturell sammelten sich die Zuwanderer in jenen Stadtgebieten, in denen bereits einheimische Arbeiter und Personen mit niedriger formaler Schulbildung wohnten. „Überwiegend wohnten 1970 in den Gebieten, die 1978 als Hauptwohnorte der Ausländer angesehen werden können, deutsche Bevölkerungsgruppen, die ähnliche schichtspezifische Merkmale aufweisen wie die Ausländer heute. Dabei dürfte sich die sozialstrukturelle Zusammensetzung der deutschen Bevölke-

[406] Der Regierende Bürgermeister von Berlin (Hrsg.): Wohnraumversorgung von Ausländern und Entballung überlasteter Gebiete durch städtebauliche Maßnahmen, Berlin 1980: Teil I: Freie Planungsgruppe Berlin GmbH: Flächendeckende Analyse, S. 45
[407] ebd., S. 46

rung durch den Segegationsprozess eher noch in Richtung auf eine stärkere Konzentration der unteren Schichten verändert haben."[408] Teilweise lag der Anteil der deutschen Bewohner mit Hauptschulabschluss als höchstem Schulabschluss über dem entsprechenden Anteil bei der türkischen Bevölkerung.[409]

Die Innenstadtbezirke mit den höchsten Ausländeranteilen (Tiergarten, Wedding, Kreuzberg, Schöneberg, Neukölln) waren durch eine überalterte Bausubstanz und Wohnungen mit schlechter Ausstattung gekennzeichnet. So waren die Anteile von Wohnungen ohne WC überdurchschnittlich:

Wohnungsbestand 1978

Bezirk	Bauten vor 1918	Wohnungen ohne WC
Tiergarten	61,3 %	16,4 %
Wedding	61,6 %	17,7 %
Kreuzberg	69,4 %	25,4 %
Berlin (West)	37,9 %	8,4 %

Quelle: Der Regierende Bürgermeister von Berlin (Hrsg.): Wohnraumversorgung von Ausländern und Entballung überlasteter Gebiete durch städtebauliche Maßnahmen, Berlin 1980: Teil I: Freie Planungsgruppe Berlin GmbH: Flächendeckende Analyse, S. 54

Über 40 Prozent der ausländischen Kinder in Kindertagesstätten finden sich in den Bezirken Kreuzberg, Tiergarten, Wedding und Schöneberg.[410]

Ein Gutachten zur Wohnsituation von Zuwanderern charakterisierte 1980 deren Hauptwohngebiete in Berlin: „Von der Bevölkerungsstruktur her sind diese Gebiete durch weit überdurchschnittliche Ausländeranteile geprägt, wobei diese Repräsentanz der Ausländer bezogen auf die Gesamtbevölkerung bei den Altersgruppen der Kinder und Jugendlichen häufig um mehr als das Doppelte übertroffen werden. Insbesondere bei den unter 6jährigen stellen die Ausländer häufig schon mehr als die Hälfte aller Kinder dieser Altersgruppe.

Ein weiteres charakteristisches Merkmal ist die eindeutige Dominanz der Türken unter den Ausländern in den Hauptwohngebieten.

[408] ebd., S. 52
[409] ebd., S. 109
[410] vgl. Der Senator für Gesundheit, Soziales und Familie, Ausländerbeauftragter (Hrsg.): Miteinander leben. Ausländerpolitik in Berlin, Berlin ²1983, S. 29

Hier besteht gleichzeitig ein enger Zusammenhang zu der starken Repräsentanz der ausländischen Kinder und Jugendlichen, da die Türken nicht nur im Vergleich zu den Deutschen, sondern auch unter den Ausländern besonders hohe Geburtenquoten aufweisen und offenbar am stärksten den Familiennachzug praktizieren.

Das Wohnungsangebot in den Hauptwohngebieten ist geprägt durch eine überalterte Bausubstanz, deren Wohnungen häufig noch den derzeit üblichen Wohnkomfort im Hinblick auf Bad/WC und Zentralheizung vermissen lassen. Problemverschärfend kommt angesichts der überdurchschnittlichen Familiengröße hinzu, dass gerade in diesen Gebieten besonders viele kleine Wohnungen zu finden sind, die kaum als familiengerecht zu bezeichnen sind.

Auch im Bereich des Wohnumfeldes und der sozialen Infrastruktur sind die Gebiete durch eine deutliche Benachteiligung im gesamtstädtischen Vergleich geprägt. Städtebauliche Belastungen ergeben sich vorrangig aus der hohen Bebauungsdichte und dem geringen Grün- und Freiflächenanteil. Infrastrukturelle Mängel bestehen zum Teil aufgrund einer unterdurchschnittlichen Versorgungssituation bei den Einrichtungen für Kinder und Jugendliche, die zudem durch hohe Anteile ausländischer Benutzer belastet sind."[411]

Sanierungspolitik

Die Entwicklung hin zu ethnischen Kolonien ist in Berlin wesentlich durch die großflächige Sanierung ganzer Stadtteile beeinflusst worden. Betroffen waren unter anderem die beiden dichtbesiedelten traditionellen Arbeiterbezirke Kreuzberg und Wedding, die durch einen „Massenwohnungsbau für Arbeiter in der Gründerzeit" geprägt waren.[412] Noch Ende der 1970er Jahre wiesen sie die weitaus größten Arbeiteranteile an der Wohnbevölkerung (jeweils rund zwei Drittel) auf.[413] Teile der Bezirke wurden bereits 1963 zu Sanierungsgebieten erklärt.[414]

[411] Der Regierende Bürgermeister von Berlin (Hrsg.): Wohnraumversorgung von Ausländern und Entballung überlasteter Gebiete durch städtebauliche Maßnahmen, Berlin 1980: Teil I: Freie Planungsgruppe Berlin GmbH: Flächendeckende Analyse, S. 62
[412] Schulz zur Wiesch, Jochen: Die Sozialstruktur im Sanierungsprozess, in: Becker, Heidede; Schulz zur Wiesch, Jochen (Hrsg.): Sanierungsfolgen. Eine Wirkungsanalyse von Sanierungsmaßnahmen in Berlin (= Schriften des Deutschen Instituts für Urbanistik, Bd. 70), Berlin, Köln, Mainz 1982, S. 123
[413] vgl. Becker, Heidede: Die untersuchten Sanierungsgebiete, in: Becker, Heidede; Schulz zur Wiesch, Jochen (Hrsg.): Sanierungsfolgen. Eine Wirkungsanalyse von Sanierungsmaßnahmen in Berlin (= Schriften des Deutschen Instituts für Urbanistik, Bd. 70), Berlin, Köln, Mainz 1982, S. 47
[414] vgl. ebd., S. 49 ff;

Dabei lagen zwischen der Erklärung eines Gebietes zum „Sanierungsgebiet" und dem Beginn der Sanierungsarbeiten bis zu zwölf Jahre.[415] Diese Zeitspanne war durch einen Prozess der Verwahrlosung und des Verfalls der Bausubstanz gekennzeichnet. Für die Eigentümer lohnten sich selbst Instandhaltungsinvestitionen vor diesem Hintergrund nicht mehr.[416] Im Winter 1978/79 wurden die Folgen eines Frosteinbruchs so beschrieben: „geplatzte Toilettenabfallrohre; gefrorene Seen aus Kot auf den Hinterhöfen (da die Toiletten verstopft waren, hätten die Leute ihre Fäkalien aus dem Fenster geschüttet); Toilettenbecken wurden durch Eis gesprengt; Hinterhausbewohner, deren Toiletten nicht funktionierten, benutzten die Podesttoiletten im Vorderhaus. Die Folge: Streit, Beschimpfungen, Prügeleien, Beleidigungsklagen; als Folge von Wasserrohrbrüchen kam es zu Kurzschlüssen und Stromausfall."[417] Die alliierten Streitkräfte nutzten bereits leerstehende, „entmietete" Gebäude zu Nahkampfübungen.[418]

Waren alle rechtlichen Hürden genommen, mussten die Mieter „umgesetzt" werden – entweder in bereits sanierte Wohnungen oder in sanierungsreife Gebäude in anderen Gebieten. Ein großer Teil der ausländischen Familien wurde in noch zu sanierende Altbauten „umgesetzt".[419] Sie fungierten als „Übergangsbevölkerung"[420] Die Vermieter verdienten auf diese Weise am Verfall ihrer Häuser. Eine Folge dieses Vorgehens war, dass die Verslumung der Gebäude den ausländischen Bewohnern zugeschrieben wurde und nicht den wirtschaftlich bedingten Prozessen des Sanierungsverfahrens.[421]

---

[415] Lehmbrock, Michael: Sanierungsverfahren, in: Becker, Heidede; Schulz zur Wiesch, Jochen (Hrsg.): Sanierungsfolgen. Eine Wirkungsanalyse von Sanierungsmaßnahmen in Berlin (= Schriften des Deutschen Instituts für Urbanistik, Bd. 70), Berlin, Köln, Mainz 1982, S. 78
[416] vgl. ebd., S. 81 ff.
[417] Lehmbrock, Michael: Sanierungsverfahren, in: Becker, Heidede; Schulz zur Wiesch, Jochen (Hrsg.): Sanierungsfolgen. Eine Wirkungsanalyse von Sanierungsmaßnahmen in Berlin (= Schriften des Deutschen Instituts für Urbanistik, Bd. 70), Berlin, Köln, Mainz 1982, S. 85
[418] vgl. Becker, Heidede; Lehmbrock, Michael; Schulz zur Wiesch, Jochen: Untersuchungsergebnisse und Überlegungen zu einer veränderten Sanierungspraxis, in: Becker, Heidede; Schulz zur Wiesch, Jochen (Hrsg.): Sanierungsfolgen. Eine Wirkungsanalyse von Sanierungsmaßnahmen in Berlin (= Schriften des Deutschen Instituts für Urbanistik, Bd. 70), Berlin, Köln, Mainz 1982, S. 371
[419] vgl. Lehmbrock, Michael: Sanierungsverfahren, in: Becker, Heidede; Schulz zur Wiesch, Jochen (Hrsg.): Sanierungsfolgen. Eine Wirkungsanalyse von Sanierungsmaßnahmen in Berlin (= Schriften des Deutschen Instituts für Urbanistik, Bd. 70), Berlin, Köln, Mainz 1982, S., S. 98
[420] Schulz zur Wiesch, Jochen: Die Sozialstruktur im Sanierungsprozess, in: Becker, Heidede; Schulz zur Wiesch, Jochen (Hrsg.): Sanierungsfolgen. Eine Wirkungsanalyse von Sanierungsmaßnahmen in Berlin (= Schriften des Deutschen Instituts für Urbanistik, Bd. 70), Berlin, Köln, Mainz 1982, S. 147
[421] Becker, Heidede; Lehmbrock, Michael; Schulz zur Wiesch, Jochen: Untersuchungsergebnisse und Überlegungen zu einer veränderten Sanierungspraxis, in: Becker, Heidede; Schulz zur Wiesch, Jochen

Allerdings trug auch ein passives und desinteressiertes Verhalten der Zuwanderer zum Eindruck der „Verslumung" bei. „Doch stimmt es auch, dass ausländische Bewohner nichts oder wenig zur Instandhaltung der Häuser tun. Hinterhöfe werden zu Müllhalden, wenn sich Hausbesitzer und Mieter nicht darum kümmern."[422] In den entstehenden ethnischen Kolonien maßen die Zuwanderer dem öffentlichen Raum nicht die Bedeutung zu, die er in den ländlichen Herkunftsregionen hatte. Die Trennung zwischen privatem Wohnraum und öffentlichem Wohnumfeld, wie sie in Deutschland praktiziert wurde, war dort unüblich. Fremdheitserfahrungen, ablehnende Haltungen der Einheimischen ließen eine Haltung der „Wohnapathie" entstehen.[423] So wurden die Wohnungen sorgfältig gepflegt, das Wohnumfeld aber nicht selten ignoriert.

1974 wurde bereits eine dauerhafte ethnisch-soziale Segregation als Folge dieser Politik vorhergesagt: „Wenn die beschriebene Rotation der Mieter – Ausländer rücken in durch geförderten Wohnungsbau freigewordene Altbauwohnungen, die einen niedrigen Wohnwert haben und durch niedrige Mieten ausgezeichnet sind – weiter praktiziert wird, dürfte das in den betreffenden Gebieten zu einer Verslumung führen. Dabei könnte dann die Assoziation ‚schlechtes Wohnquartier' gleich ‚Ausländerviertel' abschreckend auf andere soziale Schichten wirken und – das gilt auch besonders für erneuerungsbedürftige Altstadtkerne – nach einer erfolgreichen Sanierung eine ethnische oder schichtenspezifische Segregation verewigen."[424]
Innerhalb von knapp 30 Jahren – bis Ende der 70er Jahre – ist die Bevölkerung in den Sanierungsgebieten zu großen Teilen ausgetauscht worden.[425]

(Hrsg.): Sanierungsfolgen. Eine Wirkungsanalyse von Sanierungsmaßnahmen in Berlin (= Schriften des Deutschen Instituts für Urbanistik, Bd. 70), Berlin, Köln, Mainz 1982, S. 378; vgl. auch: Berger, Hartwig: Kulturelle Identität und Wohnverhalten – Ausländerarbeit im Wohnbereich, in: Hamburger, Franz; et al. (Hrsg.): Sozialarbeit und Ausländerpolitik, Darmstadt, Neuwied 1983, S. 125 f.
[422] ebd., S. 126
[423] ebd., S. 129
[424] Geiger, Andreas: Ausländer im Ghetto – Eine missglückte 'Integration', in: Herlyn, Ulfert (Hrsg.): Stadt- und Sozialstruktur. Arbeiten zur sozialen Segregation, Ghettobildung und Stadtplanung, München 1974, S. 164 f.
[425] Schulz zur Wiesch, Jochen: Die Sozialstruktur im Sanierungsprozess, in: Becker, Heidede; Schulz zur Wiesch, Jochen (Hrsg.): Sanierungsfolgen. Eine Wirkungsanalyse von Sanierungsmaßnahmen in Berlin (= Schriften des Deutschen Instituts für Urbanistik, Bd. 70), Berlin, Köln, Mainz 1982, S. 131

In der Folge sank der Ausländeranteil in den Sanierungsgebieten, wohingegen er in den „Sanierungserwartungsgebieten" anstieg. Für einzelne Wohnblöcke im Sanierungsgebiet Wedding-Brunnenstraße (SWB) wird die Entwicklung so beschrieben: „Der Block hat nach 1970 bisher kaum Einwohner verloren (5 %). Bis zum Freimachungsbeginn war die Einwohnerzahl gegenüber 1970 sogar um ca. 10 % gestiegen. Hinter diesem Bevölkerungszuwachs verbergen sich die … gegenläufigen Wanderungsbewegungen: Fortzüge der Deutschen und Zuzüge von Ausländern. Dabei ergibt sich zwischen 1970 und 1979 folgendes Verlaufsmuster: Die Mehrzahl der deutschen Haushalte (60 %) verlassen ihre Wohnung bereits vor Beginn der Freimachung (1978). In die freiwerdenden Wohnungen ziehen ausländische Haushalte ein; vermutlich handelt es sich dabei vor allem um verdrängte Familien aus anderen Durchführungsabschnitten des Gebietes …, die sich nun in den verbleibenden, immer knapper werdenden Restbeständen der Althaussubstanz im SWB konzentrieren. (…) Die Alterstruktur entwickelt sich durch diesen Bevölkerungsaustausch geradezu dramatisch: Die Zahl der Vorschulkinder verdoppelt sich, die Zahl der Kinder von sechs bis 15 Jahren verdreifacht sich, während die Zahl der über 45jährigen Einwohner um 2/3 zurückgeht. Von den knapp 1000 Einwohnern des Blockes sind 1978 mehr als 30 % jünger als 15 Jahre und nur 7 % älter als 64 Jahre."[426]

Diese Verschiebungen der Wohnbevölkerung förderten die kleinräumigen Siedlungsschwerpunkte der ausländischen – insbesondere der türkischen – Wohnbevölkerung, die wiederum zur Isolation beitrugen.

Gebiete mit hohen Ausländeranteilen an der Wohnbevölkerung (31.12.1978)

Bezirk/ Statistisches Gebiet	Ausländer insgesamt	Anteil an der Gesamt- bevölkerung	Anteil bei den unter 15-Jährigen	Anteil türkischer Staatsangehöriger an der ausländischen Wohnbevölkerung
Wedding	25.965	16,8 %	36,5 %	66,3 %
Gesundbrunnen	5.715	21,1 %	42,5 %	78,9 %

426 ebd., S. 146

Bezirk/ Statistisches Gebiet	Ausländer insgesamt	Anteil an der Gesamt- bevölkerung	Anteil bei den unter 15-Jährigen	Anteil türkischer Staatsangehöriger an der ausländischen Wohnbevölkerung
Humboldthain	3 195	22,6 %	46,4 %	72,2 %
Leopoldplatz	10.808	19,9 %	42,4 %	61,7 %
Kreuzberg	33.206	22,5 %	45,5 %	65,6 %
Mariannenplatz	8.105	36,5 %	64,0 %	78,9 %
Wiener Straße	8.771	30,8 %	58,7 %	69,2 %
Urban	9.833	20,0 %	42,3 %	62,0 %
Schöneberg	21.808	13,4 %	25,7 %	46,8 %
Nollendorfplatz	3.941	24,4 %	39,3 %	38,9 %
Großgörschenstraße	6.353	23,9 %	45,2 %	63,1 %

Quelle: Presse- und Informationsamt des Landes Berlin (Hrsg.): Leitlinien und neue Initiativen zur Ausländerintegration, November 1979, S. 4

Konzentration in Straßenzügen und Wohnblöcken

Ein Gutachten der *prognos kommunalberatung* für den Berliner Senat aus dem Jahr 1980 hat in seiner „kleinräumigen Analyse" die Zunahme der türkischen Wohnbevölkerung nach einzelnen Wohnblöcken nachgezeichnet. So stiegen die Anteile der türkischen Staatsangehörige an allen Einwohnern in einzelnen Blöcken zwischen 1973 und 1977 von 20 auf über 60 Prozent an:

von zwischen 20 und 30 Prozent (31.12.1973),

auf 30 bis 40 Prozent (31.12.1974),

auf 40 bis 50 Prozent (31.12.1975),

auf 50 bis 60 Prozent (31.12.1976),

auf über 60 Prozent (31.12.1977).[427]

„Allerdings führten die dort im Zusammenhang der Sanierung aufgetretenen Konzentrationsprozesse zur fast vollkommenen Isolation des türkischen Bevölkerungsteils. Dadurch wird der Vorrang der auf die eigene Nationalität gegründeten sozialen Beziehungen zwar gestützt,

---

[427] Der Regierende Bürgermeister von Berlin (Hrsg.): Wohnraumversorgung von Ausländern und Entballung überlasteter Gebiete durch städtebauliche Maßnahmen, Berlin 1980: Teil II: PROGNOS AG Basel: Kleinräumige Analyse in Fallbeispielen, S. 28

die Interessen an Kontakten zu deutschen Bewohnern werden jedoch vollkommen ausgeblendet."[428]

Zu Beginn der 70er Jahre lebten 40 Prozent aller vorschulpflichtigen Kinder Berlins in den Bezirken Kreuzberg und Wedding.[429] Von Beginn des Gastarbeiter-Zuzugs Ende der 60er Jahre an, sammelte sich in diesen Stadtvierteln die ausländische Bevölkerung.

Ende der 70er/Anfang der 80er Jahre lebten 35 Prozent der in Berlin gemeldeten Ausländer in den drei Innenstadtbezirken Kreuzberg, Wedding und Tiergarten, die an der Gesamtbevölkerung nur einen Anteil von 18 Prozent hatten.[430]

Benachteiligung auf dem Wohnungsmarkt

Eine Befragung im Auftrag des Berliner Senats im Winter 1971/72 ergab, dass nur rund 17 Prozent der Befragten in einer Wohnung lebten, die mit Küche, Bad bzw. Dusche und WC ausgestattet war. Etwa die Hälfte lebte in Wohnungen ohne Bade- oder Duschmöglichkeit.[431] Nur 13 Prozent der Türken verfügten innerhalb ihrer Wohnung neben einer Küche auch über ein eigenes Bad bzw. Dusche und ein WC.[432] Die Ausstattung der Wohnungen verbesserte sich im Laufe der 70er Jahre, zur einheimischen Bevölkerung blieb allerdings ein deutlicher Abstand bestehen: So verfügten 1978 türkische Haushalte zu 30 Prozent über keine Toilette in ihrer Wohnung (ausländische Haushalte: 23 Prozent), bei den deutschen lag der Anteil nur bei 9 Prozent. Bad oder Dusche hatten nur 39 Prozent der türkischen Haushalte (ausländische Haushalte: 47 Prozent), bei den deutschen Haushalten lag der Anteil bei 90 Prozent. Türkische Haushalte wiesen eine deutlich schlechtere Ausstattung

---

[428] Heidtmann-Frohme, Susanne: Die Lage der türkischen Familien, in: Becker, Heidede; Schulz zur Wiesch, Jochen (Hrsg.): Sanierungsfolgen. Eine Wirkungsanalyse von Sanierungsmaßnahmen in Berlin (= Schriften des Deutschen Instituts für Urbanistik, Bd. 70), Berlin, Köln, Mainz 1982, S. 324
[429] Rothammer, Peter: Integration ausländischer Arbeitnehmer und ihrer Familien im Städtevergleich. Probleme. Maßnahmen, Steuerungsinstrumente. (Gutachten des Deutschen Instituts für Urbanistik), Berlin 1974, S- 97
[430] vgl. Der Senator für Gesundheit, Soziales und Familie, Ausländerbeauftragter (Hrsg.): Miteinander leben. Ausländerpolitik in Berlin, Berlin ²1983, S. 48
[431] vgl.: Abgeordnetenhaus von Berlin, Drs. 6/1052: Vorlage zur Kenntnisnahme über den Bericht über eine Befragung türkischer, jugoslawischer und griechischer Arbeitnehmer in Berlin (West) vom 12. Oktober 1973, S. 59
[432] vgl. ebd., S. 61

auf als griechische oder jugoslawische.[433] Türkische Haushalte wohnten – unabhängig von der Aufenthaltsdauer – zudem meist in überbelegten Wohnungen. Eine Befragung ergab Ende der 70er Jahre einen Anteil von rund 9C Prozent.[434] Zu Recht wurde darauf hingewiesen, dass in dieser Wohnsituation ein wichtiger Grund für die schlechten Leistungen türkischer Schüler zu sehen war.[435]

Das bis in die 1980er Jahre hinein unzureichende Wohnungsangebot in Berlin (West)[436] traf die Zuwanderer, vor allem die türkischen Staatsangehörigen unter ihnen, besonders. Es blieb die Tatsache bestehen, „dass die ausländischen Haushalte weit überproportional im Vergleich zur übrigen Berliner Bevölkerung in den von der Ausstattung her schlechteren Teilen des Berliner Wohnungsbestandes vertreten sind."[437] In den Innenstadtbezirken (Tiergarten, Wedding, Kreuzberg, Schöneberg, Neukölln) finden sich 70 Prozent der Berliner Altbauwohnungen mit unzureichender Sanitärausstattung (ohne Bad) sowie die höchsten Anteile an Zuwanderern.[438]

Landsleute und Arbeitskollegen vermittelten in den meisten Fällen die Wohngelegenheiten außerhalb der betriebseigenen Unterkünfte. Sowohl von den türkischen Untermietern als auch von den türkischen Hauptmietern gaben jeweils mehr als die Hälfte an, ihre Unterkunft durch die Vermittlung dieses Personenkreises bekommen zu haben. Makler oder Zeitungsannoncen spielten dagegen nur eine untergeordnete Rolle.[439] So wachsen per „Schneeballsystem" die Siedlungen von

[433] Der Regierende Bürgermeister von Berlin (Hrsg.): Wohnraumversorgung von Ausländern und Entballung überlasteter Gebiete durch städtebauliche Maßnahmen, Berlin 1980: Teil I: Freie Planungsgruppe Berlin GmbH: Flächendeckende Analyse, S. 116 f.
[434] Der Regierende Bürgermeister von Berlin (Hrsg.): Wohnraumversorgung von Ausländern und Entballung überlasteter Gebiete durch städtebauliche Maßnahmen, Berlin 1980: Teil II: PROGNOS AG Basel: Kleinräumige Analyse in Fallbeispielen, S. 101; vgl. auch: Hoffmeyer-Zlotnik, Jürgen: Der Prozess der Sukzession. Die Unterwanderung von Berlin-Kreuzberg (Diss.phil.), Hamburg 1976, S. 105 ff.
[435] vgl. Mertens, Gabriele: Strukturen türkischer Migrantenfamilien in ihrer Heimat und der Bundesrepublik Deutschland, Bonn 1977, S. 102
[436] vgl. Wohnungsversorgung in Berlin (West), Deutsches Institut für Wirtschaftsforschung, Wochenbericht 19/80 vom 9. Mai 1980
[437] Der Regierende Bürgermeister von Berlin (Hrsg.): Wohnraumversorgung von Ausländern und Entballung überlasteter Gebiete durch städtebauliche Maßnahmen, Berlin 1980: Teil I: Freie Planungsgruppe Berlin GmbH: Flächendeckende Analyse, S. 118
[438] vgl. ebd., S. 173
[439] vgl. Abgeordnetenhaus von Berlin, Drs. 6/1052: Vorlage zur Kenntnisnahme über den Bericht über eine Befragung türkischer, jugoslawischer und griechischer Arbeitnehmer in Berlin (West) vom 12. Oktober 1973, S. 64

Zuwanderern an. Hinzu treten die äußerst bescheidenen Wohnverhältnisse breiter ländlicher Schichten in der Türkei als auch derjenigen, die vom Land in die städtischen Armenviertel, die „Gecekondus" gewandert waren.[440] Insofern waren Hinweise auf niedrigere Ansprüche der türkischen Zuwanderer an ihre Wohnverhältnisse nicht per se Ausdruck von „Fremdenfeindlichkeit" oder „Rassismus".

Entscheidend waren die berufliche Stellung und damit das Einkommen kombiniert mit Benachteiligungen durch Vermieter. So stellen die Verfasser der 1979 erschienenen Untersuchung „Probleme der Ausländerbeschäftigung" fest: „Sowohl für alle ausländischen Befragtengruppen, als auch für die deutschen Befragten gilt, dass die Wahrscheinlichkeit, in günstigen Wohnverhältnissen zu leben, mit steigendem beruflichen Status ... ansteigt."[441] Gleichzeitig gilt aber auch, „dass in allen Statusgruppen ausländische Mieter im Vergleich zur entsprechenden deutschen Gruppe sehr deutlich benachteiligt sind. Dies gilt umso mehr, je niedriger der Status der ausländischen und deutschen Befragten ist. Das Zusammentreffen der beiden Statusmerkmale ‚Hilfsarbeiter' und ‚Ausländer' führt zu einer besonders drastischen Benachteiligung der Wohnungssuchenden (dies trifft auf drei Viertel der ausländischen Befragten zu ...)."[442]

Die Autoren kommen zu dem Schluss, „dass ein entscheidender Faktor für die Verbesserung der Wohnsituation auf eine Anhebung des beruflichen (d.h. immer auch sozialen) Status zurückzuführen ist. (Eine Tatsache, die in vollem Umfang auch für die Deutschen gilt.)"[443]

Unzweifelhaft war die Bereitschaft deutscher Vermieter gering ausgeprägt, an Gastarbeiter, deren sozialer Status als niedrig eingeschätzt wurde, in bürgerlichen Vierteln Wohnungen zu vermieten. Wie eingeschränkt die Auswahlmöglichkeiten von Zuwanderern waren, macht eine Befragung aus dem Jahr 1978 in Berlin deutlich, in der Ausländer nach den Gründen befragt wurden, aus denen sie in eine Wohnung

[440] vgl. u.a. Institut für Zukunftsforschung (Hrsg.): Ausländer oder Deutsche. Integrationsprobleme griechischer, jugoslawischer und türkischer Bevölkerungsgruppen. Mit einem Vorwort der Beauftragten der Bundesregierung für die Integration der ausländischen Arbeitnehmer und ihrer Familien, Köln 1981, S. 62 ff.
[441] Forschungsverbund „Probleme der Ausländerbeschäftigung", Integrierter Endbericht, o.O., 1979, S. 69
[442] ebd., S. 70
[443] ebd., S. 71

gezogen sind. Dabei gaben 42 Prozent der befragten Türken an, die betreffende Wohnung sei ihnen als einzige angeboten worden (Jugoslawen: 21 Prozent, Griechen: 25 Prozent).[444]

Dieses Verhalten deutscher Vermieter leistete dem Konzentrationsprozess und der Spirale der „sozialen Entmischung" nachhaltig Vorschub. Die Autoren des Forschungsverbundes beschreiben diesen Vorgang präzise: „Die vorliegenden Daten lassen es keinesfalls zu, die offensichtliche Benachteiligung der ausländischen Bevölkerung ausschließlich oder hauptsächlich auf deren niedriges Anspruchsniveau oder auf die mangelnde Bereitschaft zur Zahlung höherer Mieten zurückzuführen. (...) ... ein großer Teil der deutschen Vermieter [zeigt] nur geringe Neigung ..., gut ausgestattete Wohnungen in vorwiegend ‚deutschen' Gegenden an Ausländer zu vermieten. Damit sind die Ausländer auf ein bestimmtes Wohnungsangebot beschränkt. Dies ist einer der entscheidenden Gründe, die zu einer Konzentration der ausländischen Arbeitnehmer in bestimmten Gegenden führen. Wohnungen in qualitativ schlechtem Zustand verteilen sich in der Regel nicht zufällig über ein Stadtgebiet, sondern konzentrieren sich in bestimmten Gegenden und bestimmten Häusern. In der ersten Phase der beginnenden Konzentration verstärkt sich wegen des beschränkten Wohnungsangebotes für Ausländer allmählich der Zugang ausländischer Arbeitnehmer in diese Gebiete, ohne dass es zunächst zu einer auffälligen Konzentration kommt. Teils wegen des Zuzugs der Ausländer, teils wegen der tatsächlichen oder auch nur erwarteten Verschlechterung des Zustandes der Wohnungen und des Wohngebietes beginnen die sozial stärkeren Gruppen der deutschen Mieter, die finanziell dazu in der Lage sind, das Wohnungsgebiet vermehrt zu verlassen. Dies ermöglicht dann erst den Zuzug weiterer Ausländer, so dass es schließlich zu einer sichtbaren und relativ starken Konzentration der ausländischen Arbeitnehmer auf schlecht ausgestattete Wohngebiete und Häuser kommt. Soweit hier noch Deutsche wohnen, handelt es sich überwiegend um sozial schwächere Gruppen, die nicht ohne weiteres die Wohnung wechseln können. Es bilden sich dann häufig eine Reihe ethnischer Einrichtungen

[444] Der Regierende Bürgermeister von Berlin (Hrsg.): Wohnraumversorgung von Ausländern und Entballung überlasteter Gebiete durch städtebauliche Maßnahmen, Berlin 1980: Teil I: Freie Planungsgruppe Berlin GmbH: Flächendeckende Analyse, S. 131

(Geschäfte, Restaurants, etc.) heraus, die eine gewisse Attraktivität für die ausländischen Arbeitnehmer haben. Wichtig ist, dass der geschilderte Prozess sich teilweise aufgrund rein subjektiver Einschätzungen vollzieht, die zumindest in der Anfangsphase zu beeinflussen wären. Die deutschen Bewohner nehmen an, dass noch weitere Ausländer zuziehen und sich die Wohnsubstanz verschlechtert. Die Vermieter nehmen an, dass die deutsche Bevölkerung das Wohngebiet verlassen wird, dass sich die Wohnsubstanz verschlechtern wird und mehr Ausländer zuziehen. In dieser Situation werden Investitionen in der Regel unterlassen. Die Wohnsubstanz verschlechtert sich tatsächlich. Der Prozess der Ab- und Zuwanderung wird beschleunigt. Die zunächst subjektiven Befürchtungen bestätigen sich sozusagen als eine sich ‚selbsterfüllende Voraussage' nun auch objektiv."[445]

Vorzug für gemischte Wohngebiete

Der Prozess der Zusammenballung der Gastarbeiter in einzelnen Stadtgebieten kann – zumindest in seinen Entstehungszeiten – nicht als Ausdruck freiwilliger und bewusster Abschottung angesehen werden. Ein großer Teil der Betroffenen legte keineswegs in erster Linie Wert auf die Nachbarschaft von Landsleuten, sondern auf gute oder verbesserte Wohnbedingungen. Das zeigen Befragungen immer wieder.[446] So ergab die *prognos* Befragung, dass „eine freiwillige Ghettobildung ... nur von einer sehr kleinen Minderheit erwünscht ist. Fast die Hälfte der Befragten bevorzugt eine Ausgeglichenheit zwischen deutscher und türkischer Wohnbevölkerung, einem knappen Drittel wäre es lieber, wenn wenig Türken im Wohnquartier leben würden. Die Präferenzen zugunsten einer Mischung sind unverkennbar."[447] Je höher das Einkommen war, desto geringer war das Interesse an einer rein türkischen Wohngegend.[448]

[445] Forschungsverbund „Probleme der Ausländerbeschäftigung", Integrierter Endbericht, o.O., 1979, S. 72 ff.
[446] vgl. Der Regierende Bürgermeister von Berlin (Hrsg.): Wohnraumversorgung von Ausländern und Entballung überlasteter Gebiete durch städtebauliche Maßnahmen, Berlin 1980: Teil I: Freie Planungsgruppe Berlin GmbH: Flächendeckende Analyse, S. 134 f.; Heidtmann-Frohme, Susanne: Die Lage der türkischen Familien, in: Becker, Heidede; Schulz zur Wiesch. Jochen (Hrsg.): Sanierungsfolgen. Eine Wirkungsanalyse von Sanierungsmaßnahmen in Berlin (= Schriften des Deutschen Instituts für Urbanistik, Bd. 70), Berlin, Köln, Mainz 1982, S. 317 f.
[447] Der Regierende Bürgermeister von Berlin (Hrsg.): Wohnraumversorgung von Ausländern und Entballung überlasteter Gebiete durch städtebauliche Maßnahmen, Berlin 1980: Teil II: PROGNOS AG Basel: Kleinräumige Analyse in Fallbeispielen, S. 131
[448] vgl. ebd., S. 132, S. 139 f.

Der Umzug in bessere Wohngegenden scheiterte meist nicht an mangelnder Mietzahlungsbereitschaft. Sie war innerhalb bestimmter Grenzen durchaus vorhanden. Den Zuwanderern war sehr wohl bewusst, dass bessere Wohnbedingungen auch größere Ausgaben mit sich bringen.[449]

Grundsätzlich kann festgehalten werden: „Je niedriger der soziale Status einer Gruppe und je höher die ökonomischen Belastungen einzelner Haushalte (wie z.b. kinderreiche Familien), umso weniger kann von einer freiwilligen Segregation gesprochen werden und umgekehrt."[450]

Je mehr die räumliche Konzentration der Zuwanderer zunahm, desto unübersehbarer wurde sie, was die negativen Einschätzungen der einheimischen Bevölkerung verstärkte. „Wenn Ausländer ... von der einheimischen Bevölkerung als Konkurrenten um Arbeitsplätze und andere gesellschaftliche Ressourcen und als Bedrohung der Sicherheit und Ordnung wahrgenommen werden, dann erhöht die vermehrte Sichtbarkeit der Migranten dieses Gefühl der Bedrohung und damit gleichzeitig die negativen und feindseligen Einstellungen der deutschen Bevölkerung."[451]

Das gilt in besonderem Maß für die zuziehende türkische Bevölkerung, die sich in der zweiten Hälfte der 70er Jahre eine eigene Dienstleistungsinfrastruktur schuf und das Straßenbild zunehmend prägte. „Between 1975 and 1980 they were so successful in this area that, if one so desired, it would have been possible to fulfil most of one's needs for commercial or social relations within the Islamic community, avoiding all contact with non-Muslims."[452] Dies wiederum veranlasste die einheimische Bevölkerung zunehmend, diese Gebiete zu meiden und zu verlassen. „Die große und offenbar weiter zunehmende Zahl türkischer Geschäfte (Einzelhandel, Reisebüro, Gastwirtschaften etc.) bestimmen

---

[449] Der Regierende Bürgermeister von Berlin (Hrsg.): Wohnraumversorgung von Ausländern und Entballung überlasteter Gebiete durch städtebauliche Maßnahmen, Berlin 1980: Teil II: PROGNOS AG Basel: Kleinräumige Analyse in Fallbeispielen, S. 117 ff.

[450] Der Regierende Bürgermeister von Berlin (Hrsg.): Wohnraumversorgung von Ausländern und Entballung überlasteter Gebiete durch städtebauliche Maßnahmen, Berlin 1980: Teil I: Freie Planungsgruppe Berlin GmbH: Flächendeckende Analyse, S. 149

[451] Forschungsverbund, S. 228; vgl. auch: Der Regierende Bürgermeister von Berlin (Hrsg.): Wohnraumversorgung von Ausländern und Entballung überlasteter Gebiete durch städtebauliche Maßnahmen, Berlin 1980: Teil II: PROGNOS AG Basel: Kleinräumige Analyse in Fallbeispielen, S. 165 ff.; S. 212 f.

[452] Gitmez, Ali; Wilpert, Czarina: A Micro-Society or an Ethnic Community? Social Organization and Ethnicity among Turkish Migrants in Berlin, in: Rex, John; Joly, Daniele; Wilpert, Czarina (Hrsg.): Immigrant Associations in Europe, Aldershot 1987, S. 99

einerseits den Reiz der Untersuchungsgebiete für die türkischen Haushalte, andererseits verlieren diese Gebiete gerade hierdurch an Attraktivität für deutsche Haushalte. Wenn man außerdem das wenig gepflegte Straßenbild hinzunimmt, das in den Gebieten vorherrscht, so wird klar, weshalb davon gesprochen wird, für bestimmte Gebiete Berlins bestehe neben der faktischen Zuzugssperre für Ausländer eine analoge psychologische Zuzugssperre für deutsche Haushalte."[453] Diejenigen, die es sich leisten können, soziale Aufsteiger, verlassen das Wohngebiet, weil sie den sozialen Verfall befürchten. „Die verbleibende deutsche Bevölkerung (sog. Unterschichten) ist gerade jene Bevölkerungsgruppe, die die Konkurrenzbedrohung durch Migranten am stärksten wahrnimmt. (...) Die Beseitigung der Segregation ist deshalb die wichtigste Bedingung für die Aufnahme positiver Beziehungen zwischen Deutschen und Ausländern und die Möglichkeit assimilativer Lernprozesse."[453a]

Deutlich wird das an den Wanderungssalden in ausgewählten Berliner Bezirken im Jahr 1979. Dabei bleibt zu berücksichtigen, dass für die Bezirke Tiergarten, Wedding und Kreuzberg immer noch die Zuzugssperre für Ausländer galt:

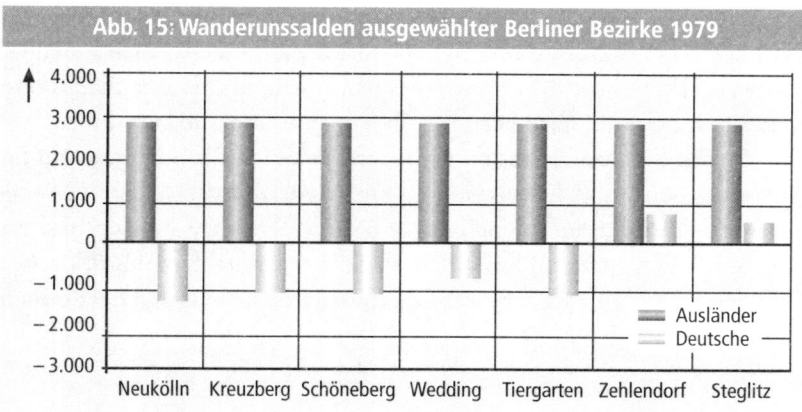

Die „Entmischung" der Bevölkerung in den ethnischen Kolonien begann bereits in den 70er Jahren.

Quelle: Institut für Zukunftsforschung Berlin: Kinder ausländischer Arbeitnehmer im schulischen und außerschulischen Bereich, Im Auftrag des Regierenden Bürgermeisters von Berlin (West) Senatskanzlei/Planungsstelle, Berlin 1980, S. 83

„Überlastete Siedlungsgebiete"

Immer häufiger artikulierte sich zudem Unmut in der einheimischen Bevölkerung, die insbesondere einen Verdrängungswettbewerb auf dem Arbeitsmarkt fürchtete.[454] 1975 einigten sich Bund und Länder auf Zuzugssperren für Ballungsräume, in denen der Ausländeranteil doppelt so hoch war wie der Bundesdurchschnitt von 6 Prozent. Diese Gebiete wurden als „überlastete Siedlungsgebiete" bezeichnet.[455] Dazu wurden die Möglichkeiten zur Beschränkung des Aufenthalts und zur Beschäftigung, die das Ausländergesetz bot, genutzt: So wurden Sperrvermerke für Ballungszentren bei der Verlängerung von Arbeits- und Aufenthaltserlaubnissen eingetragen und damit ihr Geltungsbereich begrenzt.[456] Das Bundesministerium für Arbeit und Sozialordnung beschrieb die Maßnahmen so: „Die rasche Zunahme der Ausländerbeschäftigung vor dem Anwerbestopp, der verstärkte Familiennachzug sowie die insgesamt längere Aufenthaltsdauer der Ausländer haben die soziale Infrastruktur stark belastet. Trotz aller Anstrengungen konnten Engpässe und soziale Unzulänglichkeiten nicht immer verhindert werden. Dies gilt insbesondere für die von den Ausländern besonders bevorzugten Verdichtungsgebiete, in denen teilweise jeder vierte Arbeitnehmer ein Ausländer ist. Daher haben Bund und Länder auf Initiative des Bundesministers für Arbeit und Sozialordnung ab April 1975 den weiteren Zuzug ausländischer Arbeitnehmer in überlastete Siedlungsgebiete begrenzt. Unmittelbar betroffen hiervon sind Städte und Kreise, in denen der Anteil der ausländischen Bevölkerung an der gesamten Wohnbevölkerung 12 Prozent und mehr beträgt. In diese Regelung können ferner Städte und Kreise einbezogen werden, in denen der

---

[453] Der Regierende Bürgermeister von Berlin (Hrsg.): Wohnraumversorgung von Ausländern und Entballung überlasteter Gebiete durch städtebauliche Maßnahmen, Berlin 1980: Teil II: PROGNOS AG Basel: Kleinräumige Analyse in Fallbeispielen, S. 184
[453a] Forschungsverbund: Probleme der Ausländerbeschäftigung, S. 228
[454] vgl. „Tore zu – die Türken kommen. Im Wettlauf mit den Behörden drängen die Gastarbeiter weiter nach Norden", in: Die Zeit vom 16. April 1976
[455] vgl. „Zuzug ausländischer Arbeitnehmer in Ballungsgebiete", in: Sozialpolitische Informationen, hrsg. vom Bundesminister für Arbeit und Sozialordnung, Jg. IX/6 24. März 1975, S. 199 f.; zur Problematik der Kriterien für die Einstufung als „überlastetes Siedlungsgebiet" vgl.: Stiens, Gerhard: Zur infrastrukturorientierten Plandierung der Ausländerbeschäftigung. Methodische Probleme des Infrastrukturbezugs, in: Informationen zur Raumentwicklung, H. 2, 1974, S. 49
[456] Die entsprechenden Erlasse sind abgedruckt in: Albrecht, Georg (Hrsg.): Das Düsseldorfer Reformprogramm zum Ausländerrecht, Bonn 1976, S. 377-385; vgl. „Städte ohne Gettos", Interview mit Hermann Ernst, Ministerialdirigent im Bundesministerium für Arbeit und Sozialordnung, in: Die Zeit vom 8. November 1974

147

Anteil der ausländischen Wohnbevölkerung 6 Prozent überschreitet.[457] Von Beginn an waren Städte und Landkreise in Nordrhein-Westfalen, Hessen, Baden-Württemberg und Bayern betroffen.[458]

Mit diesen Maßnahmen sollte die Binnenwanderung der bereits im Bundesgebiet lebenden ausländischen Arbeitnehmer gesteuert werden mit dem Ziel, die lokalen Konzentrationen der ausländischen Wohnbevölkerung zu reduzieren oder zumindest nicht weiter anwachsen zu lassen.

Dem Konzept einer regional gestaffelten Wirtschaftsabgabe, die in verdichteten Gebieten höher als in den übrigen Räumen sein sollte und die in Finanzierung von Infrastruktur fließen sollte, wurde nicht gefolgt.[459]

Insgesamt 50 Städte – darunter Köln, Frankfurt/Main, Hannover, München und Berlin (West) – wurden zu „überlasteten" Siedlungsgebieten erklärt, womit weiterer Zuzug aufgehalten werden sollte. Mit Wirkung vom 1. April 1977 wurde das Konzept der Zuzugssperren wieder aufgehoben (mit Ausnahme von Berlin-West). Zur Begründung wurde angeführt, dass man türkische Arbeitnehmer aufgrund eines Beschlusses des Assoziationsrates EG-Türkei von diesen Beschränkungen ausnehmen musste.[460]

Bereits zum 1. Januar 1975 hatte Berlin Zuzugssperren für die Bezirke Kreuzberg, Tiergarten und Wedding ausgesprochen.[461] Die Ausländeranteile lagen 1975 in Kreuzberg bei 24,7 Prozent, in Wedding bei 17,7 und in Tiergarten bei 15,3 Prozent. Fast die Hälfte der türkischen Bevölkerung Berlins lebte in diesen drei Bezirken.[462] Diese Maßnah-

---

457 zit. nach: Rist: Die ungewisse Zukunft der Gastarbeiter, S. 83
458 vgl. „Zuzug ausländischer Arbeitnehmer in Ballungsgebiete", in: Sozialpolitische Informationen, hrsg. vom Bundesminister für Arbeit und Sozialordnung, Jg. IX/6, 24. März 1975, S. 199
459 vgl. Bundesministerium für Raumordnung, Bauwesen und Städtebau (Hrsg.): Raumordnungspolitische Steuerung der Ausländerbeschäftigung. Alternative Steuerungskonzepte und räumliche Analyse der Ausländerbeschäftigung, bearbeitet von Jochem Langkau und Ursula Mehrländer, Bonn 1976
460 vgl. Mehrländer, Ursula: Bundesrepublik Deutschland, in: Gehmacher, Ernst; Kubat, Daniel; Mehrländer, Ursula (Hrsg.): Ausländerpolitik im Konflikt. Arbeitskräfte oder Einwanderer? Konzepte der Aufnahme- und Entsendeländer, Bonn 1978 (= Schriftenreihe des Forschungsinstituts der Friedrich-Ebert-Stiftung, Bd. 139), S. 123
461 vgl. u.a.: „Konflikte in Berlins ,verbotenen Bezirken' verschärft", in: Frankfurter Rundschau vom 1. April 1976
462 vgl. Der Senator für Gesundheit, Soziales und Familie, Ausländerbeauftragter (Hrsg.): Miteinander leben. Ausländerpolitik in Berlin, Berlin ²1983, S. 70 (Tab. 4)

men galten nicht für Familienangehörige von deutschen Staatsangehörigen, für Ausländer aus Nicht-EG-Staaten, die über eine längerfristige Aufenthaltsberechtigung verfügten, sowie für Ausländer aus Mitgliedstaaten der EG.[463] Zwar waren 1978 nur 36,9 % aller Ausländer Berlins in den drei Berliner Innenstadtbezirken registriert (gegenüber 46,3 Prozent vor der Zuzugssperre 1974), und es trat ein Verdrängungsprozess in die benachbarten Bezirke (Neukölln, Schöneberg, Charlottenburg, Spandau) ein.[464] Deren steigende prozentuale Anteile gingen aber auch auf die abwandernde einheimische Bevölkerung zurück.[465]

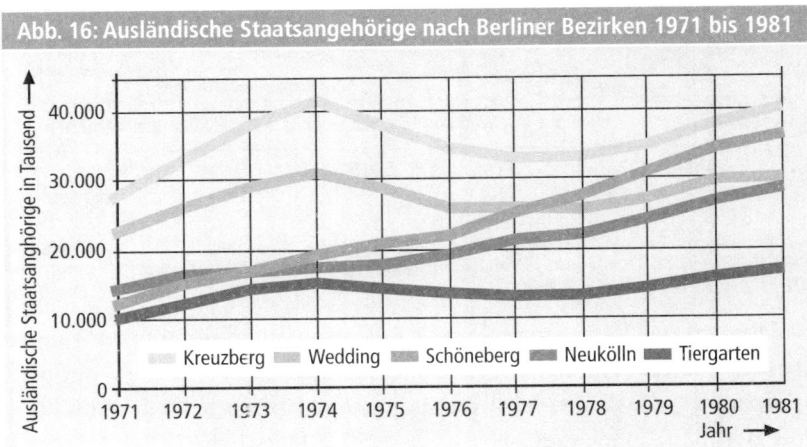

Abb. 16: Ausländische Staatsangehörige nach Berliner Bezirken 1971 bis 1981

Die Zuzugssperren in die westlichen Innenstadtbezirke Tiergarten, Kreuzberg und Wedding hatten nur geringe Auswirkungen – in den ersten Jahren bewirkten sie vor allem eine Verdrängung nach Neukölln und Schöneberg.

Quelle: Statistisches Landesamt Berlin: Ausländer in Berlin (West) 1960 bis 1981, Sonderheft 342, 12/83, Berlin 1983, S. 31

---

[463] vgl. Bundesministerium für Raumordnung, Bauwesen und Städtebau (Hrsg.): Raumordnungspolitische Steuerung der Ausländerbeschäftigung. Alternative Steuerungskonzepte und räumliche Analyse der Ausländerbeschäftigung, bearbeitet von Jochem Langkau und Ursula Mehrländer, Bonn 1976, S. 15 f.
[464] Der Regierende Bürgermeister von Berlin (Hrsg.): Wohnraumversorgung von Ausländern und Entballung überlasteter Gebiete durch städtebauliche Maßnahmen, Berlin 1980: Teil I: Freie Planungsgruppe Berlin GmbH: Flächendeckende Analyse, S. 28 ff.
[465] ebd., S. 14; S. 39 ff.

149

Vergleichbare lokale Verteilungsprozesse sind auch für die größte ausländische Bevölkerungsgruppe, die türkischen Staatsangehörigen, festzustellen:

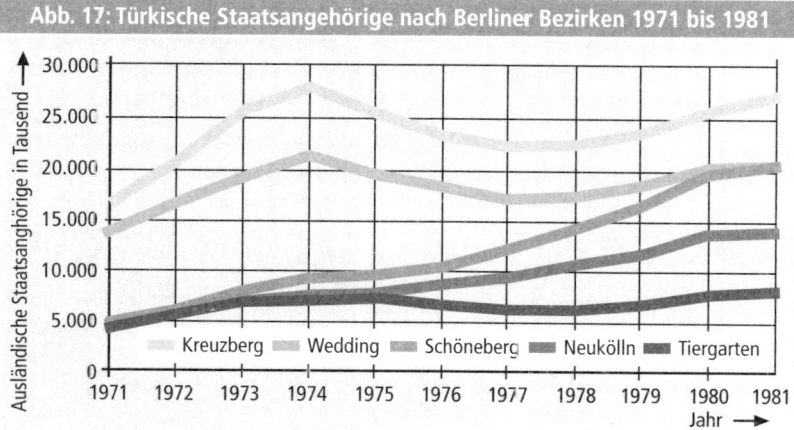

Abb. 17: Türkische Staatsangehörige nach Berliner Bezirken 1971 bis 1981

Quelle: Statistisches Landesamt Berlin: Die Ausländer in Berlin (West) 1960 bis 1978, Sonderheft 296, 7/80, Berlin 1980, S. 33; Statistisches Landesamt Berlin: Ausländer in Berlin (West) 1960 bis 1981, Sonderheft 342, 12/83, Berlin 1983, S. 33

Die Berliner Verwaltungs- und Oberverwaltungsgerichte erzwangen darüber hinaus zahlreiche Ausnahmeregelungen (u.a. für den Familiennachzug)[466], die die Steuerungsmöglichkeiten zusätzlich einschränkten. Die Berliner Zuzugssperren wurden 1990 aufgehoben.

Insgesamt zeigten die Versuche, die Binnenwanderung von Ausländern zu steuern (und damit zu reglementieren) nicht die gewünschte Wirkung: Die Geburtenentwicklung – der Geburtenüberschuss der ausländischen Bevölkerung stieg von 14,4 Prozent 1961 auf 23,2 Prozent 1972[467] –, das illegale Unterlaufen dieser Bestimmungen und mangelnde Kontrollen trugen ihren Teil dazu bei. Die Maßnahmen zur Einschränkung der Niederlassungsfreiheit stießen auch auf politischen Widerstand. „Es soll auch nicht verschwiegen werden, dass ein derartiges Steuerungskonzept den Bestrebungen zur Liberalisierung des bestehen-

---

[466] vgl. Leitlinien und neue Maßnahmen zur Ausländerintegration in Berlin und deren Durchführung, Abgeordnetenhaus von Berlin, Drs. 8/428 vom 2. Juni 1980, S. 4. S. 25 f.
[467] vgl. Bundesministerium für Raumordnung, Bauwesen und Städtebau (Hrsg.): Raumordnungspolitische Steuerung der Ausländerbeschäftigung. Alternative Steuerungskonzepte und räumliche Analyse der Ausländerbeschäftigung, bearbeitet von Jochem Langkau und Ursula Mehrländer, Bonn 1976, S. 55

den Ausländerrechts von Seiten einiger gesellschaftspolitischer Gruppen (Gewerkschaften, Kirchen) entgegensteht.[468] Besonders die Berliner Regelungen waren Gegenstand massiver juristischer Kritik. So wurde nicht nur ihre Wirksamkeit bestritten, sie wurden auch als Verstoß gegen die Konvention zum Schutze der Menschenrechte und Grundfreiheiten und das darin fixierte Freizügigkeitsrecht kritisiert.[469]

Grundsätzlich war der Gedanke richtig, der Segregation entgegenzuwirken. Ethnische Kolonien waren (und sind bis heute) ein wesentliches Integrationshindernis. Allerdings erreichten Zuzugssperren nicht ihr Ziel. Einmal entstandene ethnische Kolonien ließen sich auf diese Weise nicht wieder auflösen – dafür war es bereits zu spät. Der Empfehlung, eine „vorausschauende Sanierungspolitik" zu betreiben, „die das Abwirtschaften von Häusern und Wohnvierteln verhindert und so der Diskriminierung der ausländischen und der sozial schwachen deutschen Bevölkerung (die sich in einer durchaus vergleichbaren Situation befindet) die materielle Grundlage entzieht"[470], war offensichtlich nicht in ausreichendem Maße gefolgt worden. Die von den Gastarbeitern erwirtschafteten zusätzlichen Steuereinnahmen waren „nicht in angemessenem Umfang für entsprechende Investitionen verwendet" worden.[471]

„Da zunehmende Ausländerkonzentration ein relativ sicherer Indikator für die beginnende Verslumung städtischer Wohngebiete ist, wäre dies [die Auflösung der Konzentrationen in einzelnen Vierteln] gleichzeitig ein wesentlicher Beitrag zu einer vorausschauenden Sanierungspolitik. (...) Wirklich lösen lässt sich das Problem der Ausländerkonzentration allerdings nur durch einschneidende Sanierungsmaßnahmen in den betroffenen Gebieten. (...) [So] wird deutlich, dass die Lösung des sog. ‚Ausländerproblems' zu einem großen Teil identisch ist mit der Beseitigung der Benachteiligung und der verstärkten Integration der unterprivilegierten deutschen Bevölkerungsgruppen."[472]

---

[468] ebd., S. 29
[469] Hier sei nur auf die beiden Beiträge des Richters am Berliner Oberverwaltungsgericht, Fritz Franz, hingewiesen: "Überlastetes Siedlungsgebiet" Berlin?, in: Juristische Rundschau, H. 4/1976, S. 146–150 sowie H. 5/1976, S. 188-191
[470] Forschungsverbund „Probleme der Ausländerbeschäftigung", Integrierter Endbericht, o.O., 1979, S. 75 f.
[471] Bundesanstalt für Arbeit (Hrsg.): Ausländische Arbeitnehmer. Beschäftigung, Anwerbung, Vermittlung – Erfahrungsbericht 1972/73 –. Nürnberg 1974, S. 6

Erschwerend kam hinzu, dass es nicht gelang, die Zuwanderung in die Bundesrepublik Deutschland zu steuern und zu begrenzen. So wurden die ethnischen Kolonien immer wieder mit Neuzuwanderern aufgefüllt. 1980 stellten Gutachter für den Berliner Senat fest: „Wenn es nicht gelingt, den weiteren Zustrom der Ausländer – nicht nur im Bereich des Familiennachzugs – zu stoppen, ist abzusehen, dass die in den letzten Jahren verstärkt zu beobachtenden Ballungstendenzen weiter anhalten und zu einer Verschärfung der Problemsituation in den schon betroffenen Stadtquartieren – aber auch in den bisher noch nicht so stark belasteten Gebieten führen."[473]

Der zuständige Unterabteilungsleiter im Bundesarbeits- und Sozialministerium benannte die Konsequenzen sehr genau: „Ein so starker räumlicher Konzentrationsprozess im Rahmen einer dynamischen Geburtenhäufigkeit der ausländischen Bevölkerung wird die betroffenen Städte hinsichtlich ihrer Bevölkerungsstruktur völlig verändern."[474] Er sollte Recht behalten.

Kein deutsches Spezifikum

Die Konzentration der zugezogenen ausländischen Bevölkerung auf Ballungsräume war kein Spezifikum der deutschen Situation. Vergleichbare Erfahrungen machten Belgien und Frankreich.[475]

In Brüssel erreichte der Ausländeranteil in einigen Gemeinden 50 Prozent. Es vollzogen sich vergleichbare Mechanismen wie in deutschen Ballungszentren.[476] Die Zuwanderung hatte sich zunächst an den Interessen der Industrie orientiert, schließlich löste sie sich vom Bedarf des Arbeitsmarktes und entwickelte eine unkontrollierte Eigendynamik. Auch für Frankreich musste festgestellt werden: „Die unbeschränkte und vom Staat immer weniger kontrollierte Zuwanderung führte zu erheblichen sozialen Problemen, insbesondere zu chaotischen Zustän-

---

[472] Forschungsverbund, S. 229 f.
[473] Institut für Zukunftsforschung Berlin: Kinder ausländischer Arbeitnehmer im schulischen und außerschulischen Bereich, Im Auftrag des Regierenden Bürgermeisters von Berlin (West) Senatskanzlei/Planungsstelle, Berlin 1980, S. 80
[474] vgl. Bodenbender: Zwischenbilanz der Ausländerpolitik, S. 33 f.
[475] vgl. Werner, Heinz; König, Ingeborg: Ausländerbeschäftigung und Ausländerpolitik in einigen westeuropäischen Industriestaaten (= Beiträge zur Arbeitsmarkt- und Berufsforschung 89) Nürnberg 1984
[476] ebd., S. 18 ff.

den auf dem Wohnungsmarkt."[477] Es vollzogen sich vergleichbare Mechanismen im Niederlassungsprozess wie in deutschen Großstädten. „Absonderungstendenzen, die auf unterschiedliche Lebensgewohnheiten und kulturell-religiöse Faktoren zurückgehen, wurden verstärkt durch das ohnehin für alle Zuwanderer defizitäre Wohnungsangebot und haben zunächst die räumliche Konzentration nordafrikanischer Einwanderer in bestimmten Stadtvierteln – d.h. vorwiegend Altbau- und Abbruchviertel in den Stadtzentren, aber auch peripherer gelegene Vorortgebiete begünstigt."[478] In den „Bidonvilles", „provisorische(n) aber zählebige(n) Zusammenballungen von Bretter- und Blechbehausungen auf Brachflächen in den Außenbezirken der Großstädte, besonders in der Nähe von Paris und Marseille" hausten Ende der 60er/ Anfang der 70er Jahre alleine in der Region Paris mehr als 25.000 Zuwanderer.[479] „Ausländische Arbeiter wohnten in Behelfsunterkünften auf Baustellen und Werksgeländen, in leerstehenden Fabrikgebäuden und in den immer zahlreicher werdenden Abbruch- und Altstadtvierteln der einen rapiden Modernisierungs- und Expansionsprozess durchlaufenden Großstädte – dort sehr häufig in den zu Gastarbeiterunterkünften umgewandelten kleinen, veralteten und vor dem Abbruch stehenden Hotels."[480] Bei allen Unterschieden zur Lage in Deutschland (so wurden Arbeitgeber- und Arbeitnehmerorganisationen aus der französischen Anwerbe- und Zuwanderungspolitik herausgehalten, was zu wesentlich stärkeren sozialen Schieflagen beitrug) kann im Ergebnis doch festgehalten werden, dass sich auch in Frankreich die Zuwanderungspolitik nach dem II.Weltkrieg ausschließlich – in den Auswirkungen noch deutlicher als in der Bundesrepublik – an den Interessen der Arbeitgeber orientierte. „Die als chaotisch zu bezeichnende Wohnsituation der Ausländer bis Anfang der siebziger Jahre illustrierten am deutlichsten die im sozialen Bereich auftretenden Folgen einer staatlichen Politik der Arbeitskräftewanderung, die zu-

477 Werner, Heinz: Ausländerbeschäftigung und Ausländerpolitik in Frankreich, in: Mitteilungen aus der Arbeitsmarkt- und Berufsforschung, 16. Jg./1983, H. 4, S. 369
478 Manfrass, Klaus: Türken in der Bundesrepublik – Nordafrikaner in Frankreich: Ausländerproblematik im deutsch-französischen Vergleich, Bonn, Berlin 1991 (= Pariser Historische Studien, hrsg. vom Deutschen Historischen Institut Paris, Bd. 32), S. 35
479 Manfrass, Klaus: Die Politik der Ausländerbeschäftigung in Frankreich seit 1945, in: Dokumente. Zeitschrift für übernationale Zusammenarbeit, Jg. 36, H. 2, 1980, S. 115
480 ebd., S. 114

gunsten eines freien Spiels der wirtschaftlichen Kräfte auf den Gebrauch und Ausbau ihrer Interventions- und Regulierungsinstrumente verzichtete beziehungsweise diese Instrumente unwirksam werden ließ und eine Partizipation der direkt implizierten gesellschaftlichen Kräfte an der Konzeption und Durchführung der Ausländerpolitik nicht zuließ."[481] Erschwerend hinzu kamen die Konsequenzen des Algerien-Problems und der ehemaligen Kolonien.

Auch der französischen Politik gelang es nicht, die widerstrebenden Ansätze zu einer konsistenten Politik zusammenzuführen und damit zu einer gesteuerten Zuwanderung zu kommen. So war die Zuwanderungspolitik über viele Jahrzehnte von zwei gegensätzlichen Denkrichtungen geprägt: Jenen, die nach einem Rotationsmodell je nach Konjunktur und Arbeitsmarktlage kurzfristig Arbeitskräfte holen wollten und jenen, die von Anfang an auf eine „Einwanderung" einschließlich der Familienangehörigen setzten. „Die französische Ausländerpolitik ... ist ein ständiger Kompromiss dieser beiden Schulen geblieben – mit dem zeitweisen Hervortreten des einen oder des anderen Aspekts je nach Konjunkturlage – und keineswegs, wie in der Literatur und in der Presse oft als selbstverständlich angenommen wird, eine eindeutige Politik der Einwanderung mit demografischer Zielsetzung."[482]

Fazit:

– Mit der Niederlassung der Gastarbeiter zu Beginn der 70er Jahre wurden „Wanderarbeiter" zur „Wohnbevölkerung". Die damit entstehenden Kosten für die soziale Integration (insbesondere der Nutzung von schulischen und vorschulischen Einrichtungen) hatten die Kommunen zu tragen, die auf diese Herausforderungen nicht vorbereitet waren.

– Die sozialräumliche Verteilung der Zuwanderer erfolgte aufgrund von Mechanismen des Wohnungsmarktes und der Interessen der Zuwanderer nicht gleichmäßig über die Städte. Von Beginn des Niederlassungsprozesses an erfolgte eine Konzentration in sozial schwa-

---

[481] ebd., S. 115 f.
[482] ebd., S. 108; vgl. auch: Manfrass, Klaus: Türken in der Bundesrepublik – Nordafrikaner in Frankreich: Ausländerproblematik im deutsch-französischen Vergleich, Bonn, Berlin 1991 (= Pariser Historische Studien, hrsg. vom Deutschen Historischen Institut Paris, Bd. 32), S. 13 ff.

chen Stadtteilen, deren Infrastruktur bereits für die dort lebende einheimische Bevölkerung nicht ausreichte.

– Die Verteilung von Gruppen (ethnischen, sozialen) in den Städten hat sich nur äußerst begrenzt steuern lassen. Das zeigen alle Erfahrungen seit den 1970er Jahren. Die Mechanismen und Motive, die zu solchen Segregationen führen, sind zu vielfältig, die politischen Widerstände gegen staatliche Eingriffe zu stark, als dass sie von Kommunalpolitik hätten wirksam beeinflusst werden können.

V. „Laboratorium für Überlebensformen"? Ethnische Kolonien heute

„Die mittelfristig immer stärker durch Zuwanderungen ... geprägte Bevölkerungsentwicklung führt vor allem dort zu sozio-ökonomischen Integrationsproblemen, wo der Anteil der Ausländer bzw. der aus dem Ausland zugewanderten Personen an der Wohnbevölkerung schon heute sehr hoch und wo gleichzeitig das Angebot an preiswerten Wohnungen und / oder Erwerbsmöglichkeiten knapp ist. Aufgrund der starken räumlichen Konzentration der Zuwanderer aus dem Ausland auf die großen Agglomerationen vor allem im Westen des Bundesgebietes und dort wiederum auf die Kernstädte, sind hier die Anpassungsleistungen und sozio-ökonomischen Integrationsaufgaben am größten."

Hansjörg Bucher; Martina Kocks; Mathias Siedhoff: Die künftige Bevölkerungsentwicklung in den Regionen Deutschlands bis 2010[483]

Es gab lange Zeit eine ausgeprägte Tendenz, die gesellschaftliche Wirklichkeit in ethnischen Kolonien romantisierend zu verklären oder zumindest zu verdrängen. „Multikulturalität in der Kommune kann eine Art Übungsfeld werden, ein Laboratorium für Überlebensformen. Diese Utopie gilt es, als Chance zu begreifen."[484]

Das Eingeständnis des Berliner Bildungssenators und früheren Vorsitzenden der SPD-Fraktion im Abgeordnetenhaus, Klaus Böger, macht das Problem sehr deutlich: „Der Riss [durch die Stadt] wurde bei den Vorgängen an der Thomas-Morus-Schule, wo Jugendliche den Mord an einer jungen Türkin befürwortet haben, blitzartig sichtbar. Offenbar haben viele Menschen, mich eingeschlossen, in den vergangenen 15 Jahren diese gefährliche Entwicklung nicht gesehen. Jetzt halten wir dagegen, aber es ist ein langer Weg"[485]: Die triste Wirklichkeit in den Zuwandererkolonien, teilweise durch importierte Stammesstrukturen und durch archaische Verhaltensweisen bestimmt, wurde lange Jahre

---

[483] Bucher, Hansjörg; Kocks, Martina; Siedhoff, Mathias: Die künftige Bevölkerungsentwicklung in den Regionen Deutschlands bis 2010. Annahmen und Ergebnisse einer BfLR-Bevölkerungsprognose, in: Bundesforschungsanstalt für Landeskunde und Raumordnung (Hrsg.): Informationen zur Raumentwicklung, H. 12/1994, S. 840

[484] Hoffmann, Hilmar: Im Laboratorium fürs Überleben. Die Utopie von der multikulturellen Gesellschaft, in: Süddeutsche Zeitung vom 3. Juni 1989

[485] „Berlin landet bei Pisa im unteren Feld'. Bildungssenator Böger über Qualität und den Finanzsenator", in: Berliner Zeitung vom 23. Februar 2005

ignoriert. Auch wer sie ohne Dramatisierung oder Effekthascherei thematisierte, wurde nicht selten des Rassismus oder der Fremdenfeindlichkeit geziehen. Stattdessen delektierten sich weite Teile der deutschen Linken und einer uninformierten Öffentlichkeit am „Karneval der Kulturen" in Kreuzberg. Die Situation der Zuwanderer in den ethnischen Kolonien ist allerdings weder idyllisch noch bunt. Darauf weisen insbesondere türkisch-stämmige Intellektuelle wie die Berliner Rechtsanwältin Seyran Ates hin. Der *tageszeitung* erklärte sie, dass „die Idylle trügt. Dass in Berlin, in Kreuzberg zum Beispiel, das Bunte nur von den Deutschen kommt – nicht von den Türken selbst. Die türkische Kultur dort ist grau... (...) Niemand schaut nach oben [beim Karneval der Kulturen]. Die Häuser sind hoch. Dort sieht man die Frauen, die auf keinen Fall mitmachen dürfen, die gucken hinter ihren Gardinen zu. Frauen, die manchmal nicht mal wissen, wo sie sind – sie sind eingesperrt."[486]

Die Bevölkerungsverteilung

Im Folgenden werden die Verhältnisse in Berlin beleuchtet. In anderen Großstädten sind ähnliche Entwicklungen festzustellen.[487] Mit der 2001 in Kraft getretenen Bezirksreform wurden die ursprünglich 23 Berliner Bezirke zu zwölf Bezirken zusammengefasst.[488] So wurde aus Wedding, Tiergarten und Mitte der neue Bezirk „Mitte". Aufgrund ihrer heterogenen Bewohnerstruktur sind die Angaben auf dieser Ebene nur noch eingeschränkt aussagefähig. In den westlichen innerstädtischen Berliner Bezirken Wedding, Kreuzberg, Tiergarten, Schöneberg, Neukölln und Charlottenburg (wie sie bis zur Gebietsreform 2001 bestanden) leben rund 30 Prozent der Berliner und 57 Prozent der registrierten Ausländer.[489] Werden einzelne „Statistische Gebiete" (in

---

[486] „Multikulti ist verantwortungslos'", Interview mit Seyran Ateş in: taz vom 28. Februar 2005
[487] Auf die Situation in Duisburg und Hamburg vgl.: Luft: Ausländerpolitik, S. 134 ff. und S. 144 ff. mit den entsprechenden Literaturhinweisen; zu Duisburg aktuell u.a.: Brink, Henning van den: Ethnisch-kulturelle Konflikte: Ursachen, Folgen und Handlungsempfehlungen am Beispiel der Stadt Duisburg, hrsg. vom Institut für Geographie der Universität Duisburg-Essen (= Diskussionspapier 1/2004), Duisburg 2004
[488] vgl. Statistisches Landesamt Berlin: Bezirksreform – die Darstellung der Ergebnisse statistischer Erhebungen ab Januar 2001, Dezember 2000, http://www.statistik-berlin.de/berl/regional/gebietsreform.pdf
[489] vgl. Paffhausen, Jürgen: Ausländer in Berlin 2004 – eine kleinräumige Betrachtung, in: Statistisches Landesamt Berlin (Hrsg.): Berliner Statistik, Monatsschrift, Nr. 7/2005, S. 226; Schulz, Marlies: Ethnische Segregation im wiedervereinigten Berlin, in: Fassmann, Heinz et al.(Hrsg.): Zuwanderung und Segregation, Klagenfurt 2002, S, 130 ff.

denen jeweils rund 30.000 Bewohner registriert sind) in diesen sechs Bezirken zugrunde gelegt, so leben dort 15,4 Prozent der Gesamtbevölkerung und 39,1 Prozent der ausländischen Staatsangehörigen in Berlin.[490]

Nach der Neugliederung der Bezirke liegen die höchsten Anteile von Bewohnern mit ausländischer Staatsangehörigkeit zwischen 25 und 30 Prozent (nach dem alten Zuschnitt liegt er erheblich höher)[491]: So leben in Wedding 48,4 Prozent der Einwohner des neuen Bezirks Mitte, allerdings 61 Prozent der Sozialhilfeempfänger des Bezirks.[492] Generell konzentrieren sich unter anderem die Sozialhilfeempfänger in den westlichen Altbezirken Wedding und Tiergarten. Auch innerhalb der früheren Bezirke gibt es noch große Unterschiede. So ist etwa der Neuköllner Süden eher gutbürgerlich geprägt und weist deutlich geringere Anteile von Sozialhilfebeziehern[493] und von Bewohnern ausländischer Staatsangehörigkeit auf[494], so dass die Ebene der „Quartiere", „Planungsräume" oder „Statistischen Gebiete" für die Lebenswirklichkeit in den Bezirken am aussagekräftigsten ist.[495]

Auch auf der Ebene von „Statistischen Gebieten" sind Siedlungsschwerpunkte von Zuwanderergruppen in einzelnen Straßenzügen feststellbar: hier Familienclans aus dem ehemaligen Jugoslawien (Sinti- bzw. Romafamilien), dort arabische Großfamilien.[496]

Ausländeranteile in den Innenstadtbezirken (nach neuer Struktur)
Stand: 31.12.2004[497]

Mitte:	27,5 Prozent
Friedrichshain-Kreuzberg:	23,1 Prozent
Neukölln:	21,8 Prozent

[490] vgl. Paffhausen: Ausländer in Berlin, S. 226.
[491] vgl. Statistisches Landesamt Berlin, Pressemitteilung 220/04 vom 14.10.2004: „Ausländeranteil in Wedding höher als in Kreuzberg"
[492] vgl. Hagemeister, Ulrike: Soziale Polarisation in Berlin Mitte. Zur räumlichen Konzentration und Sozialstruktur der Sozialhilfeempfänger in Berlin Mitte, hrsg. vom Institut für angewandte Demographie, Berlin 2004, S. 55
[493] vgl. Senatsverwaltung für Gesundheit, Soziales und Verbraucherschutz (Hrsg.): Konzepte und Methoden zur Abbildung von Lebenslagen – Bildung von Lebenslagen-Indices am Beispiel der Berliner Sozialhilfestatistik, Spezialbericht 2005-1, von Kerstin Schmidtke, Berlin 2005, S. 76
[494] vgl. Ohliger, Rainer; Raiser, Ulrich: Integration und Migration in Berlin. Zahlen – Daten – Fakten, hrsg. vom Beauftragten des Senats von Berlin für Integration und Migration, Berlin 2005, S. 13
[495] vgl. Hagemeister: Soziale Polarisation, S. 56 ff.
[496] vgl. u.a. zum Statistischen Gebiet 75 „Reuterplatz": Bezirksamt Neukölln von Berlin, Abteilung Jugend: Neuköllner Kinder- und Jugendbericht 2002/2003. Teil 2, Berlin 2003, S. 15

Ausländeranteile in den westlichen Innenstadtbezirken (nach alter Struktur):
Stand: 31. 12. 2004

Wedding:	33,8 Prozent
Tiergarten:	29,6 Prozent
Kreuzberg:	31,8 Prozent

„Soziale Entmischung"

Alle Strukturdaten deuten darauf hin, dass sich in Stadtbezirken wie in Neukölln in den zurückliegenden Jahren eine „soziale Entmischung" vollzogen hat: Einheimische Bewohner, die es sich leisten konnten, verließen den Bezirk ebenso wie jene Ausländer, die sich zumindest wirtschaftlich erfolgreich integriert hatten. „Die hohe Jugendarbeitslosigkeit, der hohe Anteil ausländischer Kinder und Jugendlicher in den Schulen und die zunehmende Verwahrlosung des öffentlichen Raumes beschleunigen die Spirale des Wegzugs der deutschen Mittelschichtfamilien und des Zuzugs armer Bevölkerungsschichten."[498]

Infolge der Anziehungskräfte, die die dort seit Jahrzehnten bestehenden ethnischen Kolonien entwickelt haben, lassen sich auch die meisten nach Berlin hinzuziehenden Ausländer dort nieder. Eine Analyse der Anteile von Ausländeranmeldungen von 2000 bis 2003 durch das Statistische Landesamt Berlin belegt dies. „Mit wenigen Ausnahmen konzentrieren sich die überdurchschnittlichen Anteile von Ausländeranmeldungen im westlichen innerstädtischen Bereich. ... der Anteil der Anmeldungen von Ausländern ist besonders hoch in Statistischen Gebieten mit einem schon hohen Ausländeranteil und umgekehrt."[499]

Gleichzeitig weisen Tiergarten, Wedding und Kreuzberg die meisten Fortzüge in andere Bezirke auf[500] und verlieren Einwohner an sie.[501] Es findet weiterhin ein Einwohneraustausch statt: Die deutsche Bevölkerung zieht weg, die ausländische zieht zu. Der Wanderungssaldo der deutschen Bevölkerung zeigt, „dass die Statistischen Gebiete mit dem

[497] vgl. Statistisches Landesamt Berlin: Melderechtlich registrierte Einwohner am Ort der Hauptwohnung in Berlin am 31. Dezember 2004 nach Bezirken (Mitteilung an den Verfasser)
[498] Hagemeister: Soziale Polarisation, S. 52
[499] Paffhausen, Jürgen: Ausländer in Berlin 2004 – eine kleinräumige Betrachtung, in: Statistisches Landesamt Berlin (Hrsg.): Berliner Statistik, Monatsschrift, Nr. 7/2005, S. 228
[500] vgl. Senatsverwaltung für Gesundheit, Soziales und Verbraucherschutz: Sozialstrukturatlas Berlin 2003 – Ein Instrument der quantitativen, interregionalen und intertemporalen Sozialraumanalyse und -planung, Spezialbericht 2004 – 1, Berlin 2004, S.151
[501] vgl. ebd., S. 170

ungünstigsten Sozialindex 2003 innerhalb der drei Bezirke [Tiergarten, Wedding, Kreuzberg] bzw. mit der am stärksten ausgeprägten Sozialstrukturverschlechterung 1998 – 2002 eher verlassen werden als die übrigen, bei denen die Sozialstruktur weniger ungünstig ist. Für die ausländische Bevölkerung gilt, dass in diese Gebiete eher Zuzüge stattfinden." [502]

Die „Abstimmung mit dem Möbelwagen" zeitigt unübersehbare Folgen: So liegt der Anteil der Bewohner im erwerbsfähigen Alter ohne Einkommen bei 18 Prozent (Nord-Neukölln: rund 25 Prozent), der Anteil mit einem Einkommen unter der Armutsgrenze von 700 Euro bei 47, in Nord-Neukölln bei rund 65 Prozent. Die Zahl der Arbeitslosen stieg von 1994 bis 2005 um 55 Prozent: von 22.700 auf 35.200. Die Zahl der Empfänger von Sozialhilfe stieg im gleichen Zeitraum um 63 Prozent von 24.560 auf 40.000 Personen. Die Zahl der „integrierten" Bewohner sinkt, gleichzeitig steigt die Zahl derjenigen, die nicht integriert sind. So ist auch die deutsche „Restbevölkerung" nicht geeignet, der nichtdeutschen Mehrheit in ihrem Stadtviertel als Vorbild zu dienen: „Die Ausländer trifft man in der Moschee, die Deutschen in der Selbsthilfegruppe für Alkoholiker".[503]

„Deutsche Kultur" wird in diesen Vierteln von den Zugewanderten mit zerrütteten Familien, Drogenmissbrauch, Arbeits- und Perspektivlosigkeit verbunden. Der öffentliche Raum wird an vielen Stellen von Problemgruppen dominiert, wie sie der Neuköllner Kinder- und Jugendbericht 2002/2003 aufführt: „Obdachlose, psychisch kranke, alte, desorientiert wirkende Menschen, Alkoholiker, Drogenabhängige, Dealer, Sinti und Roma".[504] Das wiederum fördert Distanzierung und Abgrenzung, nicht zuletzt um den eigenen Nachkommen eine vergleichbare Zukunft zu ersparen.

Sozialstruktur

Im „Sozialstrukturatlas Berlin 2003" wird eine aktualisierte „Rangskala der sozialen Belastung" vorgelegt. Die Bevölkerungs- und Haushalts-

---

[502] vgl. ebd., S. 174
[503] „Der türkische Halbmond über Deutschland. Berliner Muslime zwischen Integration und Abgrenzung", in: Neue Zürcher Zeitung vom 22. Januar 2005
[504] Bezirksamt Neukölln von Berlin, Abteilung Jugend: Neuköllner Kinder- und Jugendbericht 2002/2003, Teil 2, Berlin 2003, S. 27

struktur wurden hierbei ebenso berücksichtigt wie Erwerbsleben, Einkommen und Gesundheitszustand.[505]

Dabei weisen die westlichen Innenstadtbezirke Kreuzberg, Wedding, Tiergarten und Neukölln den schlechtesten Sozialindex auf, sie belegen von 23 Bezirken alter Gliederung die letzten vier Plätze.[506] Die Rangfolge ist seit Mitte der 90er Jahre nahezu unverändert.[507] Wenn es einen Trend gibt, dann hin zur weiteren Verschlechterung der ohnehin schwachen Gebiete: „Tendenziell kann gesagt werden, je schlechter die Sozialstruktur, umso größer auch ihre Verschlechterung in der zeitlichen Entwicklung und umgekehrt."[508]

Sozialindikatoren der westlichen Innenstadtbezirke sind unter anderem:
– die höchsten Anteile an Sozialhilfeempfängern,
– die höchsten Anteile an Personen mit einem verfügbaren Nettoeinkommen unterhalb der Armutsschwelle[509],
– die niedrigste Lebenswartung.[510]

Auffallend ist auch, dass die Armutsquote bei Haushalten mit Bezugsperson deutscher Staatsangehörigkeit bei 11,5 Prozent und bei Bezugspersonen mit ausländischer Staatsangehörigkeit bei 36 Prozent liegt.[511] Auch unter der Gruppe der Empfänger von Sozialhilfe gibt es erhebliche Unterschiede was die Bildungsabschlüsse, die Dauer von Arbeitslosigkeit, die Gesundheit etc. angeht. Von Sozialwissenschaftlern sind diese Indikatoren in dem Konzept „Lebenslagen" zusammengefasst worden. Auch die dort zusammengefassten Indikatoren geben deutliche Hinweise auf die soziale Integration einzelner Gruppen: „Eine Differenzierung nach unterschiedlichen Herkunftsländern zeigt, dass nicht alle Personen mit Migrationshintergrund per se eine schlechte Lebenslage aufweisen. Es sind *vor allem die Ausländerinnen und Ausländer,*

---

[505] vgl. Senatsverwaltung für Gesundheit, Soziales und Verbraucherschutz: Sozialstrukturatlas Berlin 2003 – Ein Instrument der quantitativen, interregionalen und intertemporalen Sozialraumanalyse und -planung, Spezialbericht 2004 – 1, Berlin 2004, S. 18 ff.
[506] vgl. ebd., S. 29
[507] vgl. ebd., S. 57
[508] ebd., S. 84
[509] vgl. ebd., S. 105
[510] vgl. ebd., S. 22
[511] vgl. ebd., S. 107

die in großer Zahl in Deutschland wohnen – nämlich Menschen aus der Türkei, dem Libanon und dem ehemaligen Jugoslawien – die eine *signifikant schlechtere Lebenslage als die Deutschen aufweisen.*"[512] [Hervorhebung durch den Verfasser]

Wie bei allen Strukturdaten (wie Bevölkerungsanteil, Anteil an Arbeitslosen oder an Sozialhilfeempfängern) ist stets die in Berlin besonders hohe Einbürgerungsquote zu berücksichtigen. So wurden alleine in den Jahren 1991 bis 2004 rund 127.000 Menschen eingebürgert.[513] Von 1945 bis 2004 erhielten 57.416 türkische Staatsangehörige in Berlin die deutsche Staatsangehörigkeit.[514]

Arbeitslosenquoten

Niedrige Schulabschlüsse erschweren den Weg in die Berufsausbildung, fehlende Berufsausbildung weist den Weg in die Arbeitslosigkeit: Von allen Arbeitslosen in Berlin verfügten im Jahr 2002 rund 42 Prozent über keine abgeschlossene Berufsausbildung, bei den Arbeitslosen mit ausländischer Staatsangehörigkeit lag der Anteil hingegen bei 77,4 Prozent.[515] Bei den türkischstämmigen Arbeitslosen in Berlin verfügen 90 Prozent über keinen Berufsabschluss.[516]

Im Vergleich zu deutschen sind ausländische Staatsbürger wesentlich stärker von Arbeitslosigkeit betroffen. Im Durchschnitt des Jahres 2004 lag ihre Quote in Deutschland bei 20,5 Prozent gegenüber der Gesamtquote von 11,7 Prozent.[517] In Berlin ist mehr als jeder dritte Ausländer arbeitslos. Die Arbeitslosenquote der Ausländer in Berlin lag 2004 mit 38,4 Prozent fast doppelt so hoch wie die Gesamtarbeitslosenquote

---

[512] Senatsverwaltung für Gesundheit, Soziales und Verbraucherschutz (Hrsg.): Konzepte und Methoden zur Abbildung von Lebenslagen – Bildung von Lebenslagen-Indices am Beispiel der Berliner Sozialhilfestatistik, Spezialbericht 2005-1, von Kerstin Schmidtke, Berlin 2005, S. 64
[513] vgl. Statistisches Landesamt: Einbürgerungen in Berlin 2004. Statistische Bericht A I 9 – j 05, Berlin 2005, S. 9
[514] vgl. Abgeordnetenhaus Berlin: Antwort auf die Kleine Anfrage „Türkische Mitbürger in Berlin" des Abgeordneten Rainer-Michael Lehmann vom 9. August 2004: „Türkische Mitbürger in Berlin", Drs. 15/11587, S. 1 sowie: Pressemitteilung des Statistischen Landesamtes Berlin 076/05 vom 14. April 2005: „Zahl der Einbürgerungen leicht zurückgegangen"
[515] vgl. Abgeordnetenhaus von Berlin: Antwort auf die Kleine Anfrage des Abgeordneten Giyasettin Sayan vom 30. September 2004: „Auswirkungen von Hartz IV auf Migrantinnen und Migranten", Drs. 15/11826, S. 2
[516] vgl. Türkischer Bund in Berlin-Brandenburg e.V.: Arbeitslosigkeit in der türkischen Community Berlins, Oktober 2001, S. 1
[517] vgl. Arbeitsmarktzahlen 2004-2004, http://www.arbeitsagentur.de/content/de_DE/hauptstelle/a-01/importierter_inhalt/pdf/anl_01_05.pdf [9. April 2005]

(20 Prozent).[518] Fachleute gehen von einer Arbeitslosigkeit unter der türkischen Bevölkerung Berlins von 50 Prozent aus.[519] Das geht vor allem auf den Abbau von industriellen Arbeitsplätzen zurück, die in erster Linie von un- und geringqualifizierten Arbeitnehmern besetzt wurden. Bei den 16-21jährigen türkischen Jugendlichen ist mehr als jeder Zweite arbeitslos – die Quote liegt bei 52 Prozent.[520] Bei den deutschen Staatsangehörigen im Alter zwischen 15 und 65 Jahren waren im Jahr 2003 48,2 Prozent sozialversicherungspflichtig beschäftigt, bei den ausländischen Staatsangehörigen lag die Quote bei nur 18,9 Prozent.[521]

Die überdurchschnittliche Arbeitslosigkeit von Zuwanderern in Berlin entstand nicht erst mit dem Abbau von Industriearbeitsplätzen nach dem Fall der Mauer. Bereits Anfang der 1980er Jahre war eine Abkoppelung von der allgemeinen Arbeitsmarktentwicklung festzustellen: schwankte die Arbeitslosenquote der Ausländer von 1976 bis 1980 noch um die sechs Prozent, so betrug sie im Mai 1982 13,3 Prozent (die Quote insgesamt lag in Berlin bei 8,1 Prozent). Ende 1981 betrug der Anteil der Ausländer an allen Arbeitslosen 20 Prozent.[522]

In einer Analyse des Türkischen Bundes Berlin-Brandenburg heißt es: „Die bestehende Qualifikationsstruktur der türkischstämmigen Arbeitslosen wird auch bei einer Belebung der wirtschaftlichen Konjunktur nicht nachgefragt werden. Die Arbeitslosigkeit in dieser Bevölkerungsgruppe ist daher kein Teilproblem der allgemeinen Arbeitslosigkeit, sondern ein eigenes Problem, das gezielte Lösungen erfordert. Diese Bevölkerungsgruppe hat migrations- und milieubedingte Defizite, die noch durch die soziale Zugehörigkeit zur Unterschicht verstärkt werden."[523]

---

[518] vgl. Statistisches Bundesamt: Erwerbstätigkeit Berlin 2004, http://www.statistikportal.de/Statistik-Portal/de_zs02_bl.asp [15. März 2005]
[519] vgl. Pütz, Robert: Transkulturalität als Praxis. Unternehmer türkischer Herkunft in Berlin, Bielefeld 2004, S. 89, FN 22
[520] vgl. Kolat, Kenan: Strategien und Perspektiven zur Gleichbehandlung von Jugendlichen mit Migrationshintergrund beim Zugang zur Ausbildung, in: Migration-Online, Bildungswerk des DGB, www.migration-online.de/beitrag._X19wcmludD0xJnBpZD0yMyZ2ZD0xNDkzJl89_.html [18. Februar 2005]
[521] Ohliger/Raiser: Integration und Migration, S. 25
[522] vgl. Der Senator für Gesundheit, Soziales und Familie, Ausländerbeauftragter (Hrsg.): Miteinander leben. Ausländerpolitik in Berlin, Berlin ²1983, S. 41
[523] Türkischer Bund in Berlin-Brandenburg e.V.: Arbeitslosigkeit in der türkischen Community Berlins, Oktober 2001, S. 3

„Ethnische Ökonomie" und Selbstausbeutung

Auf der anderen Seite gibt es 5.100 Unternehmen türkischer Gewerbetreibender in Berlin[524] mit geschätzten 28.800 Mitarbeitern.[525] Mehr als die Hälfte davon (52 Prozent) sind Kleinst- und Familienbetriebe. 55 Prozent beschäftigen nur oder auch Familienangehörige. Nach einer Untersuchung von Robert Pütz dominieren dabei Formen der Selbstausbeutung der Selbstständigen und ihrer Angehörigen: So wird deutlich „dass die unentgeltliche Mitarbeit von Familienangehörigen ... ein entscheidender Faktor ist, um das wirtschaftliche Überleben der Betriebe zu gewährleisten. (...) Ohne die ‚Selbstausbeutung' der Unternehmer und ihrer Familien könnten viele Läden am Markt kaum bestehen. Was zunächst als Wettbewerbsvorteil erscheint, wird mittelfristig aber zu einem schwerwiegenden Nachteil, wenn nämlich die mithelfenden Unternehmerkinder aufgrund der Beschäftigung im Familienbereich ihre eigene Ausbildung vernachlässigen müssen."[526]

Die Mit- oder Aushilfe im Familienbetrieb stellt für viele Jugendliche eine Belastung dar – nicht nur in persönlicher Hinsicht (Einschränkung der Freizeit) sondern auch in Hinsicht auf die eigene Ausbildung, die häufig darunter zu leiden hat.[527]

62 Prozent der Unternehmen beschäftigen ausschließlich türkischstämmige Mitarbeiter, 22 Prozent türkischstämmige *und* deutsche Mitarbeiter. [528] Lediglich 13 Prozent der Unternehmen bilden aus.

Tatsache ist, dass hier in vielen Fällen eine „Flucht in die Selbständigkeit" vorliegt. Einer Untersuchung des *Zentrums für Türkeistudien* zufolge verfügen rund 36 Prozent der türkischstämmigen Unternehmen in Berlin über keinen beruflichen Abschluss.[529] Ein großer Teil hat

---

[524] vgl. „Berliner Wirtschaft wird immer internationaler", Pressemitteilung der IHK Berlin vom 20. Januar 2005, http://www.berlin.ihk24.de/ [21. Januar 2005]
[525] hierzu und im Folgenden: Şen, Faruk; Sauer, Martina: Türkische Unternehmer in Berlin. Struktur – Wirtschaftskraft, Problemlagen, hrsg. von: Der Beauftragte des Senats von Berlin für Migration und Integration. Berlin 2005, S. 29 ff.; die Autoren gehen allerdings von 6.000 „türkischen Unternehmen" in Berlin aus.
[526] Pütz, Robert: Transkulturalität als Praxis. Unternehmer türkischer Herkunft in Berlin, Bielefeld 2004, S. 70 f.
[527] vgl. Mauruszat, Regine: Expertise „Sicherung von Ausbildungserfolg bei Auszubildenden mit Migrationshintergrund" (= Berliner Beiträge zur Integration und Migration, hrsg. Vom Beauftragten des Senats für Integration und Migration), Berlin 2004, S. 22
[528] vgl. Şen/Sauer: Türkische Unternehmer in Berlin, S. 33
[529] vgl. ebd., S. 13

somit seine Chancenlosigkeit auf dem Arbeitsmarkt gegen eine prekäre Situation als Selbstständiger getauscht. Arbeitslosigkeit gilt dementsprechend als eines der zentralen Motive für den Weg in die Selbstständigkeit.[530] So stellt Robert Pütz für türkische Unternehmer in Berlin fest: „Für die überwiegende Mehrheit ist Selbstständigkeit gleichbedeutend mit einem permanenten Kampf um das wirtschaftliche Überleben. (...) Der größte Teil befindet sich damit in einer ökonomisch marginalisierten Position."[531]

Trotz steigender Gründungsaktivitäten von Unternehmen nimmt der Anteil derjenigen, die sich beraten lassen, ab: So gaben nur 8,9 der Befragten an, sich bei der Unternehmensgründung beraten lassen zu haben, ein Drittel davon wiederum von Familienangehörigen oder Freunden.[532]

Hier kommt eine distanzierte Haltung gegenüber den Institutionen zum Ausdruck: „Gründe hierfür sind nach den praktischen Erfahrungen mangelndes Vertrauen und generelles Misstrauen gegenüber der Bürokratie insgesamt, Sprachschwierigkeiten sowie Unkenntnis über Beratungsmöglichkeiten."[533]

Allerdings gaben fast drei Viertel (72 Prozent) der Befragten an, hauptsächlich deutsche oder deutsche und türkischstämmige Kunden zu haben.[534]

Robert Pütz kommt zu dem Schluss: „Die hohe Arbeitslosigkeit in Berlin und die ökonomisch marginalisierte Position der Bevölkerung türkischer Herkunft, die einen Teil der Kunden stellt, verschärft diesen negativen Trend weiter. ‚Selbstausbeutung' der Unternehmer und unentgeltliche Mitarbeit von Familienangehörigen werden dann häufig zu den einzigen Erfolgsfaktoren, um die Existenz des Betriebs zu erhalten. Für einen Großteil der Unternehmer muss damit konstatiert werden, dass sie ihre marginalisierte Position auf dem Arbeitsmarkt letztlich mit einer marginalisierten Position als Unternehmer getauscht haben."[535]

[530] vgl. Pütz: Transkulturalität, S. 92
[531] Pütz: Transkulturalität, S. 75
[532] vgl. S. 17
[533] ebd., S. 18
[534] vgl. ebd., S. 26 ff.
[535] Pütz, Robert: Unternehmer türkischer Herkunft in Deutschland. ‚Gründungsboom' aus makroanalytischer Perspektive, das Beispiel Berlin, in: Geographische Rundschau 55 (2003), H. 4, S. 29

Insofern ist die Behauptung, „der Gründungsboom bei türkischen Unternehmen [sei] ein wirtschaftspolitisches Erfolgsthema"[536], mit dem man gelungene Integration exemplarisch darstellen könne, leider nur bedingt richtig. Vielfach aus der Not geboren erfolgt die „Flucht in die Selbständigkeit", die nicht die Voraussetzung für einen erfolgreichen sozialen und wirtschaftlichen Aufstieg schafft.

Ein „Experten-Forum" sieht die „Migranten-Ökonomie im Quartier" als besonders geeignet an, „Zuwanderern die Teilnahme am Erwerbsleben und die Unabhängigkeit von staatlichen Transferleistungen zu ermöglichen und ihnen damit die Integration zu ermöglichen."[537] Hier bleiben die dargestellten Zusammenhänge unberücksichtigt, die eher darauf schließen lassen, dass die Orientierung auf die wirtschaftlichen Strukturen der Zuwanderer eine Integrationshemmende Wirkung haben. „Wenn Menschen mit Migrationshintergrund alternativlos darauf angewiesen sind, dort Arbeit zu finden, können sich für sie die Mauern zur Arbeits- und Lebenswelt der Mehrheitsgesellschaft zusätzlich erhöhen."[538]

Sozialhilfe als „rentenähnliche Dauerleistung"

In Berlin bezogen 2004 rund 74.100 Bewohner mit ausländischer Staatsangehörigkeit Sozialhilfe, das entspricht einem Anteil von 26,9 Prozent (gegenüber 8,1 Prozent der Gesamtbevölkerung). „Bezogen auf 1.000 Einwohner der jeweiligen Bevölkerungsgruppe ist die Zahl der ausländischen Sozialhilfeempfänger mit 163 mehr als zweimal so hoch wie die der deutschen Hilfeempfänger (69)."[539] Hinzu kommen die Aufwendungen für insgesamt rund 12.700 Asylbewerber, abgelehnte Bewerber, die zur Ausreise verpflichtet sind, und Bürgerkriegsflüchtlinge, die Zahlungen nach dem Asylbewerberleistungsgesetz erhalten: 2004 rund 103,4 Millionen Euro.[540]

---

[536] Ruhrmann, Georg: Medienberichterstattung über Ausländer: Befunde – Perspektiven – Empfehlungen, in: Butterwege, Christoph; Hentges, Gudrun; Sarigöz, Fatma (Hrsg.): Medien und multikulturelle Gesellschaft, Opladen 1999, S. 105
[537] Zuwanderer in der Stadt (Hrsg.): Empfehlungen zur stadträumlichen Integrationspolitik, Darmstadt 2005, 37
[538] Stephan Reiß-Schmidt: Warum das Ziel der sozialräumlichen Integration und Mischung für die Europäische Stadt ohne Alternative ist, S. 2 www.kommunale-info.de/asp/search.asp?ID=2625 [4. Mai 2006]
[539] vgl. „Erneuter Anstieg der Sozialhilfeempfänger vor HARTZ IV", Pressemitteilung 151/05 vom 10. August 2005 des Statistischen Landesamtes Berlin
[540] vgl. „Deutlich weniger Empfänger von Asylbewerberleistungen", Pressemitteilung 150/05 vom 9. August 2005 vom Statistischen Landesamt Berlin

Empfänger laufender Hilfe zum Lebensunterhalt außerhalb von Einrichtungen 2004 in Berlin:

Gesamt: 275.691
Ausländer: 74.092, entspricht 26,9 Prozent

Nach Bezirken (neue Struktur):
Mitte:
Insgesamt: 42.212
Ausländer: 17.850, entspricht 42,3 Prozent aller Sozialhilfeempfänger

Friedrichshain-Kreuzberg:
Insgesamt: 33.726
Ausländer: 12.425, entspricht 36,8 Prozent

Neukölln:
Insgesamt: 43663
Ausländer: 15.886, entspricht 36,4 Prozent[541]

Nach den alten Bezirksstrukturen bezieht in Wedding und Tiergarten nahezu jeder zweite Bewohner mit ausländischer Staatsangehörigkeit Sozialhilfe (Hilfe zum Lebensunterhalt): Wedding: 47,6 Prozent; Tiergarten: 44,1 Prozent.[542]

Dabei nimmt die Dauer des Bezugs von Sozialhilfe zu – sie ist in diesen Stadtvierteln nicht mehr in erster Linie eine Überbrückung in schwieriger Lebenslage und Hilfe zur Selbsthilfe. So leben in Wedding nahezu 40 Prozent der Kinder bis zu einem Alter von fünf Jahren in Sozialhilfe beziehenden Familien.[543] Bei den bis sechsjährigen Kindern ausländischer Staatsangehörigkeit liegt die Sozialhilfedichte im Bezirk Mitte bei rund 60 Prozent, das heißt, sechs von zehn ausländischen Kindern dieser Altersgruppe leben in Familien, die Sozialhilfe beziehen.[544] Dabei muss auch hier berücksichtigt werden, dass zahlreiche

[541] vgl. „Erneuter Anstieg der Sozialhilfeempfänger vor HARTZ IV", Pressemitteilung 151/05 vom 10. August 2005 des Statistischen Landesamtes Berlin; eigene Berechnungen
[542] vgl. Hagemeister: Soziale Polarisation, S. 55
[543] ebd., S. 68
[544] ebd., S. 74 f.

Kinder ausländischer Eltern nach dem neuen Staatsangehörigkeitsrecht bei der Geburt zusätzlich die deutsche Staatsangehörigkeit erhalten und deshalb in der Statistik als Deutsche registriert werden.

Der überproportionale Sozialhilfebezug beschränkt sich nicht auf Kinder und Jugendliche, sondern gilt für alle Altersgruppen – inzwischen auch für die Rentner. So beziehen im Bezirk Mitte 22,2 Prozent der ausländischen Rentner Sozialhilfe, bei den deutschen liegt der Anteil bei vier Prozent.[545]

Bei vielen Betroffenen hat sich der Sozialhilfebezug über viele Jahre bereits verfestigt – ist also kein Durchgangsstadium mehr. So leben im Bezirk Mitte 63,2 Prozent der 12 bis 17jährigen in Haushalten, die bereits seit drei Jahren ohne Unterbrechung Sozialhilfe erhalten haben, 45 Prozent bereits seit mehr als fünf Jahren.[546]

Sozialhilfe wird immer mehr zur Daueralimentation größerer Bevölkerungsgruppen, die auf dem Arbeitsmarkt keine Chance haben. „Wenn wie in Wedding fast zwei Drittel der nichtdeutschen Kinder oder wie im Planungsraum Soldiner Straße etwa jeder dritte Zuwanderer Sozialhilfe empfängt und wenn diese Armutslagen dazu noch dauerhaft sind, dann ist davon auszugehen, dass sich in Berlin Mitte bereits Milieus entwickelt haben, in denen der Empfang von Sozialhilfe als eine rentenähnliche Dauerleistung – und damit ein dauerhaftes Leben an der Grenze zur Einkommensarmut generationenübergreifend zur Lebensnormalität geworden ist."[547]

[545] vgl. ebd., S. 75
[546] vgl. ebd., S. 86
[547] ebd., S 92 f.

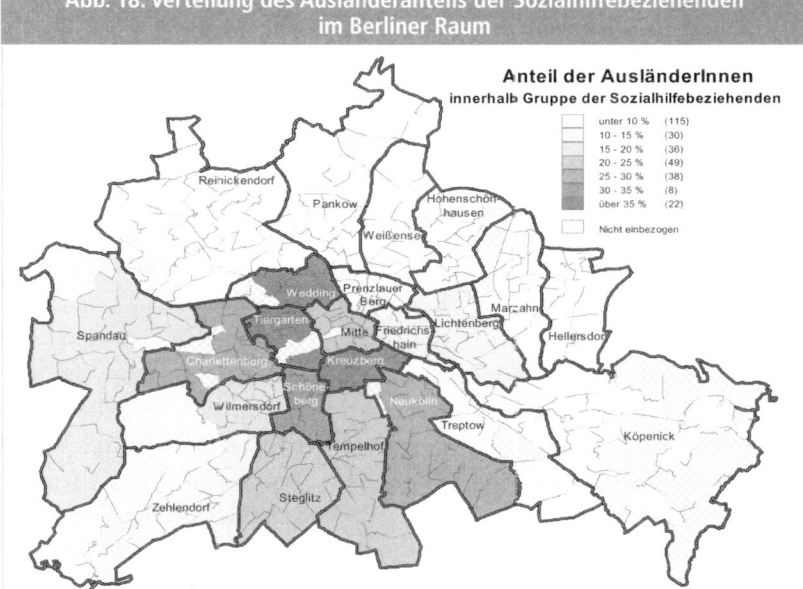

Abb. 18: Verteilung des Ausländeranteils der Sozialhilfebeziehenden im Berliner Raum

Anteil der AusländerInnen
innerhalb Gruppe der Sozialhilfebeziehenden

unter 10 %	(115)
10 - 15 %	(30)
15 - 20 %	(36)
20 - 25 %	(49)
25 - 30 %	(38)
30 - 35 %	(8)
über 35 %	(22)
Nicht einbezogen	

Quelle: Senatsverwaltung für Gesundheit, Soziales und Verbraucherschutz (Hrsg.): Konzepte und Methoden zur Abbildung von Lebenslagen – Bildung von Lebenslagen-Indices am Beispiel der Berliner Sozialhilfestatistik, Spezialbericht 2005 -1, von Kerstin Schmidtke, Berlin 2005, S. 83

Die Lebenslagen-Analyse von Berliner Sozialhilfeempfängern kommt zu dem Ergebnis: Die Gruppe der ausländischen Empfänger von Sozialhilfe in den westlichen Innenstadtbezirken ist durch eine *„Überrepräsentanz an ausländischen Großfamilien* charakterisiert, [sie] ist nur in den *zentrumsnahen West-Bezirken Kreuzberg, Wedding* und *Tiergarten*, im *nördlichen Teil von Neukölln* sowie in zwei Verkehrszellen *Schönebergs* (Nollendorfplatz und Großgörschenstraße) vertreten. (…) In Kreuzberg, Tiergarten und Wedding und im nördlichen Neukölln leben in der Mehrzahl ausländische Großfamilien in kleinen Wohnungen bei niedrigem Einkommen; sie besitzen eine geringe Bildung und gehören einer defizitären Lebenslagen-Schicht an; ihre Verweildauer in der Sozialhilfe ist überdurchschnittlich hoch."[548]

---

[548] Senatsverwaltung für Gesundheit, Soziales und Verbraucherschutz (Hrsg.): Konzepte und Methoden zur Abbildung von Lebenslagen – Bildung von Lebenslagen-Indices am Beispiel der Berliner Sozialhilfestatistik, Spezialbericht 2005-1, von Kerstin Schmidtke, Berlin 2005, S. 96

So nimmt es nicht Wunder, dass die „Transferausgaben" (Sozial-leistungen) im Haushalt des Bezirks Neukölln 61 Prozent (350 von 570 Millionen Euro) ausmachen. Für Investitionen und bauliche Unter-haltung blieben gerade einmal drei Prozent (15 Millionen Euro) übrig.

In den ethnischen Kolonien fehlen positive Vorbilder im Alltag. Für den Bezug von Sozialhilfe sind keine Anstrengungen von Nöten – auch keine Integrationsleistungen. Das Leben dort endet in einer Sack-gasse. „Diese Kinder und Jugendlichen wachsen in einem sozialen Umfeld auf, in dem die Nichtteilhabe am Erwerbsleben und die Abhängigkeit von staatlicher Unterstützung Normalität sind. Dies hat Konsequenzen für die Integrations- und Leistungsbereitschaft. Zur Bewältigung der Normalität ‚Lebensunterhalt durch Sozialhilfebezug' sind schulische Leistungen nicht erforderlich. Für den Sozialhilfebezug benötigt man auch keine Sprachkenntnisse. Warum sollten die Kinder und Jugendlichen hier Anstrengungen unternehmen? Wenn eine Inte-gration in das Erwerbsleben keine greifbare Perspektive mehr ist, ent-steht zwangsläufig eine Parallelgesellschaft mit anderen Werten und Normen. (...) Bei diesen Größenverhältnissen reicht eine pädagogische Einflussnahme nicht aus, um zu verhindern, dass die Kinder und Jugendlichen sich auf ein Leben in der Sozialhilfe hin orientieren. Erforderlich sind strukturelle Veränderungen in der Sozialhilfevergabe-praxis, die die Bereitschaft zum Lernen fördern und Aktivität und En-gagement unterstützen", heißt es im Neuköllner Kinder- und Jugend-hilfebericht 2002/2003.[549]

In der Bundesrepublik Deutschland ist der Ausländeranteil an den Sozialhilfeempfängern zwischen 1965 und 2003 von 3 auf 22 Prozent angestiegen. 1980 erhielten nur 1,5 Prozent der in Deutschland leben-den Ausländer Sozialhilfe, 2003 waren es 8,4 Prozent. Die Sozialhilfe-quote der deutschen Staatsangehörigen erhöhte sich im gleichen Zeit-raum lediglich von 1,4 auf 2,9 Prozent.[550]

---

[549] Bezirksamt Neukölln von Berlin, Abteilung Jugend: Neuköllner Kinder- und Jugendbericht 2002/2003, Teil 1, Berlin 2003, S. 24
[550] vgl.: Statistisches Bundesamt (Hrsg.): Sozialhilfe in Deutschland, Wiesbaden 2003, S. 9 ff.; Statisti-sches Bundesamt: „Mehr als 2,8 Mill. Sozialhilfeempfänger in Deutschland 2003", Pressemitteilung vom 9. August 2004

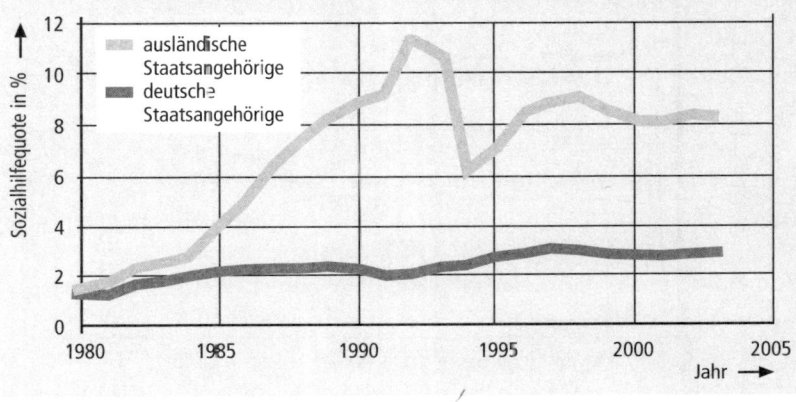

Die Sozialhilfequoten haben sich seit Beginn der 80er Jahren entkoppelt.

Quelle: Statistisches Bundesamt, Sozialhilfestatistik

Die Ballung ethnisch-sozialer Gruppen an den Schulen

Vom Schuljahr 1969/70 bis zum Schuljahr 1981/82 stieg die Zahl der Schüler mit ausländischer Staatsangehörigkeit um etwa das Zehnfache. 1981 verzeichneten bereits 66 von 230 Grundschulen und 21 von 48 Hauptschulen einen Ausländeranteil von über 40 Prozent.[551] 1978 lag der Anteil der ausländischen Staatsangehörigen bei den unter 15Jährigen bei 45,5 Prozent.[552]

[551] vgl. Der Senator für Gesundheit, Soziales und Familie, Ausländerbeauftragter (Hrsg.): Miteinander leben. Ausländerpolitik in Berlin, Berlin ²1983, S. 32
[552] Der Regierende Bürgermeister von Berlin (Hrsg.): Wohnraumversorgung von Ausländern und Entballung überlasteter Gebiete durch städtebauliche Maßnahmen, Berlin 1980: Teil I: Freie Planungsgruppe Berlin GmbH: Flächendeckende Analyse, S. 36

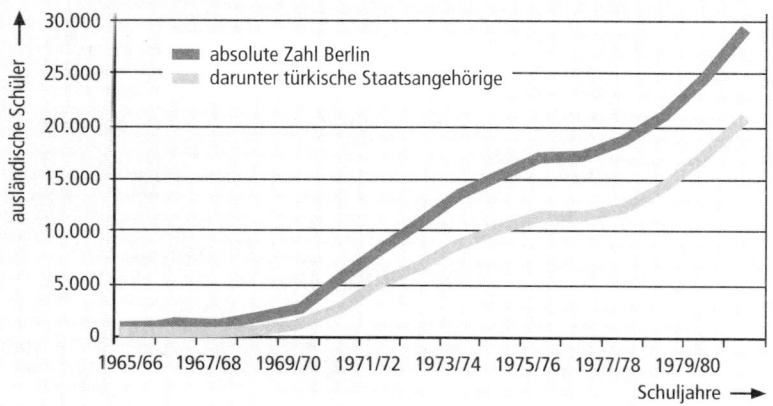

Abb. 20: Schüler ausländischer Staatsangehörigkeit an Grund- und Hauptschulen

Quelle: Institut für Zukunftsforschung

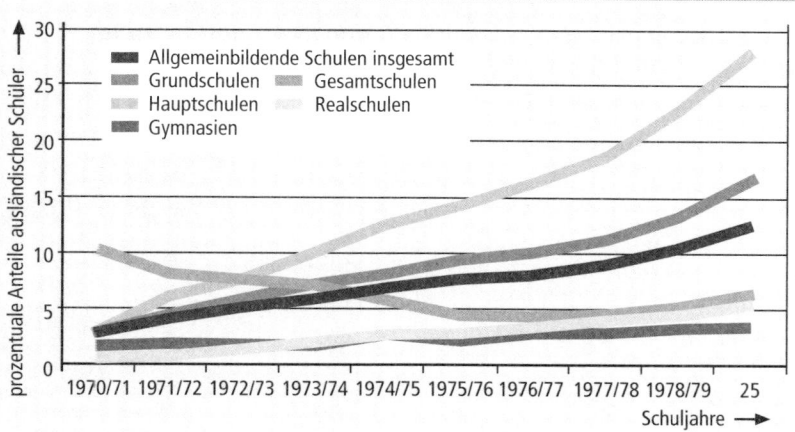

Abb. 21: Anteile ausländischer Schüler in Berlin (West) nach Schularten (in Prozent)

Die Verteilung der ausländischen Schüler auf die einzelnen Schularten zeichnet sich von Anfang an deutlich ab: An Hauptschulen verneunfachte sich der Anteil, an Gymnasien verdoppelt er sich lediglich. Die sinkenden Ausländeranteile an den Gesamtschulen gehen auf den Verdrängungsprozess der deutschen Schüler aus den Hauptschulen zurück: So verdreifacht sich zwar die Zahl der ausländischen Schüler (von 630 auf

1.895) an Gesamtschulen in Berlin, aber die Zahl der deutschen Schüler verfünffacht sich (von 5535 auf 27.786) im gleichen Zeitraum.

Quelle: Institut für Zukunftsforschung Berlin: Kinder ausländischer Arbeitnehmer im schulischen und außerschulischen Bereich, Im Auftrag des Regierenden Bürgermeisters von Berlin (West) Senatskanzlei/Planungsstelle, Berlin 1980, S. 176

Insgesamt ist in Berlin in den zurückliegenden fünf Jahren die Zahl der Schüler um 9,7 Prozent gesunken, die Zahl der Schüler nichtdeutscher Herkunftssprache hingegen um 9,2 Prozent gestiegen.[553]

Im Schuljahr 2004/5 haben 25 Prozent aller Berliner Schülerinnen und Schüler eine nichtdeutsche Herkunftssprache, 16,8 Prozent eine ausländische Staatsangehörigkeit.

Schüler insgesamt, ausländische Schüler, Schüler nichtdeutscher Herkunftssprache (ndH), absolut und prozentual[554]

Schuljahr	Schüler	Ausländische Schüler	in %	Schüler ndH	in %
2000/01	361.223	54.696	15,1 %	72.633	20,1 %
2001/02	349.045	54.538	15,6 %	73.786	21,1 %
2002/03	339.101	54.820	16,2 %	77.169	22,8 %
2003/04	330.531	54.537	16,5 %	79.080	23,9 %
2004/05	321.978	54.125	16,8 %	80.374	25,0 %

Bei den Schulanfängern betrug der Anteil im Schuljahr 2004/5 30,5 Prozent.

Schulanfänger insgesamt, darunter Schulanfänger nichtdeutscher Herkunftssprache (ndH)

Schuljahr	Schulanfänger	Schulanfänger ndH	in %
2000/01	24.844	7.402	29,8
2001/02	24.324	7.280	29,9
2002/03	25.440	7.759	30,5
2003/04	26.228	7.973	30,4
2004/05	26.706	8.148	30,5

Auffällig ist auch hier die regionale Verteilung:[555]

[553] Mitteilung des Senats von Berlin an das Abgeordnetenhaus über Integration durch Bildung vom 11. Mai 2005, S. 8
[554] ebd., S. 5
[555] Quelle: ebd., S. 12 f.

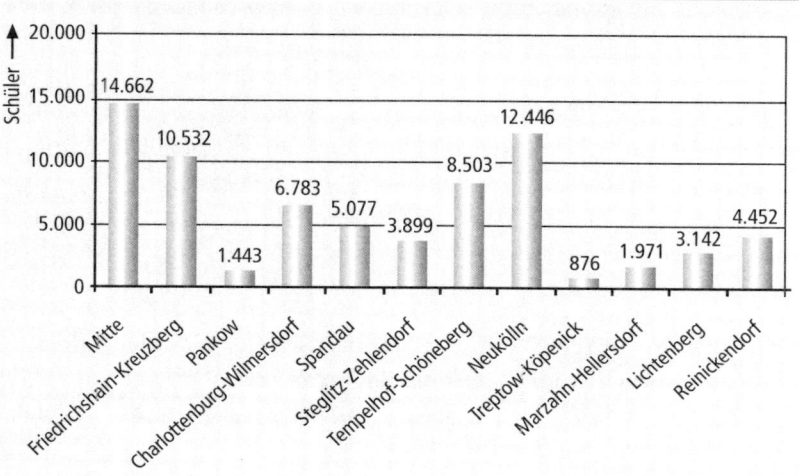

Abb. 22: Verteilung Schüler nichtdeutscher Herkunftssprache nach Bezirken 2001/02

Quelle: Integration durch Bildung. Bericht des Senats von Berlin, Berlin 2005, S. 12 f.

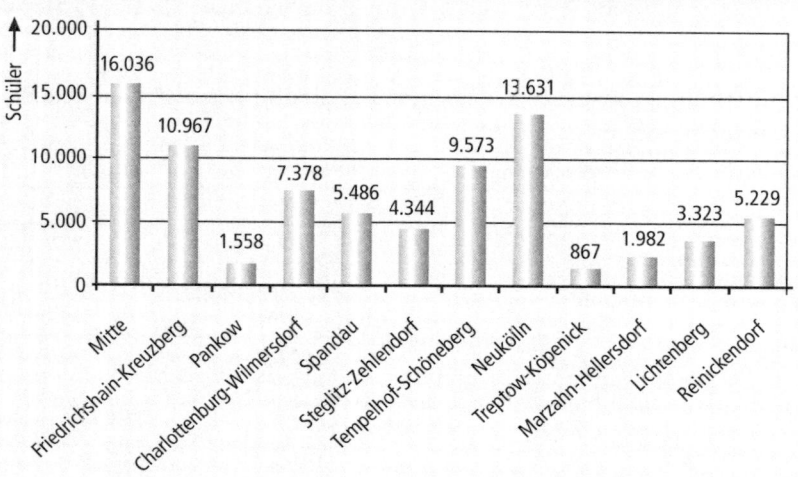

Abb. 23: Verteilung Schüler nichtdeutscher Herkunftssprache nach Bezirken 2004/05

174

Bereits Ende der 70er Jahre waren die Zuwandereranteile an den Schulen in den „ethnischen Kolonien" Berlins deutlich ausgeprägt:

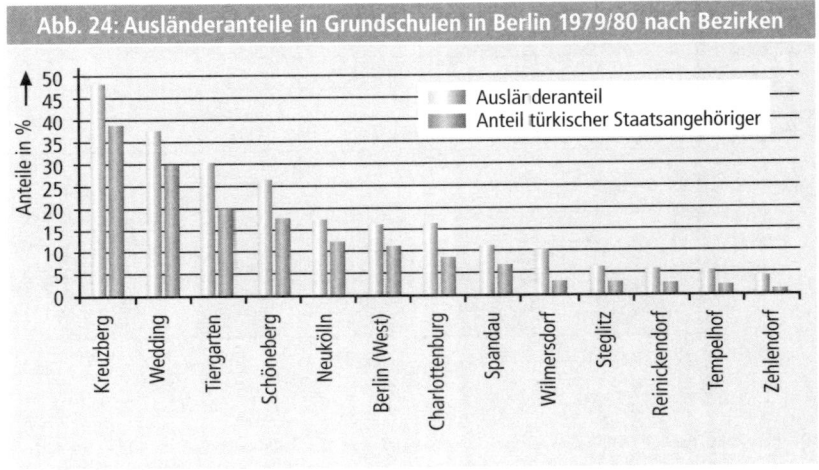

Abb. 24: Ausländeranteile in Grundschulen in Berlin 1979/80 nach Bezirken

Quelle: Institut für Zukunftsforschung Berlin: Kinder ausländischer Arbeitnehmer im schulischen und außerschulischen Bereich, Im Auftrag des Regierenden Bürgermeisters von Berlin (West) Senatskanzlei/Planungsstelle, Berlin 1980, S. 179; eigene Berechnungen

Ausländeranteile 1978 in Kindertagesstätten und Allgemeinbildenden Schulen in Prozent

Bezirke insgesamt	Kita insgesamt Grundschule	Kinderkrippe Hauptschule	Allg. Schulen
Tiergarten 26,0 %	33,6 % 32,7 %	45,5 %	22,9 %
Wedding 32,9 %	31,6 % 38,1 %	43,2 %	24,9 %
Kreuzberg 44,1 %	34,2 % 49,2 %	44,9 %	35,7 %
Schöneberg 20,4	31,7 % 26,9 %	44,6 %	16,2 %

Quelle: Der Regierende Bürgermeister von Berlin (Hrsg.): Wohnraumversorgung von Ausländern und Entballung überlasteter Gebiete durch städtebauliche Maßnahmen, Berlin 1980: Teil I: Freie Planungsgruppe Berlin GmbH: Flächendeckende Analyse, S. 60

Die ethnischen Kolonien nehmen seit ihrer Entstehung den allergrößten Teil der ausländischen und der türkischen Schüler Berlins auf:

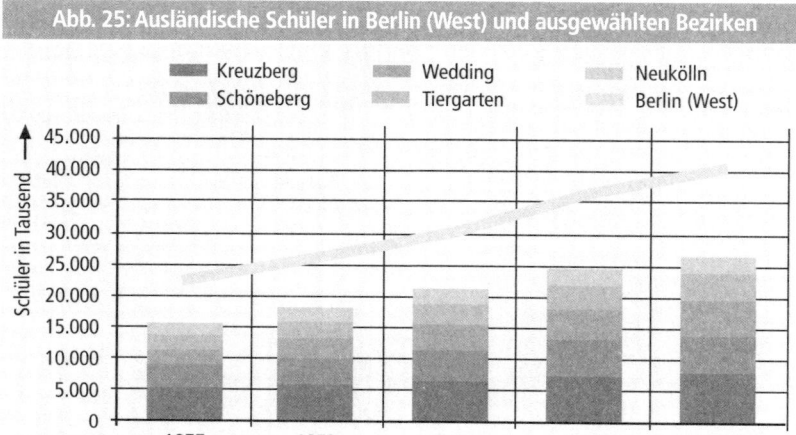

Abb. 25: Ausländische Schüler in Berlin (West) und ausgewählten Bezirken

Quellen: Statistisches Landesamt Berlin: Die Ausländer in Berlin (West) 1960 bis 1978, Sonderheft 296, 7/80, Berlin 1980, S. 72; Statistisches Landesamt Berlin: Ausländer in Berlin (West) 1960 bis 1981, Sonderheft 342, 12/83, Berlin 1983, S. 73 f.

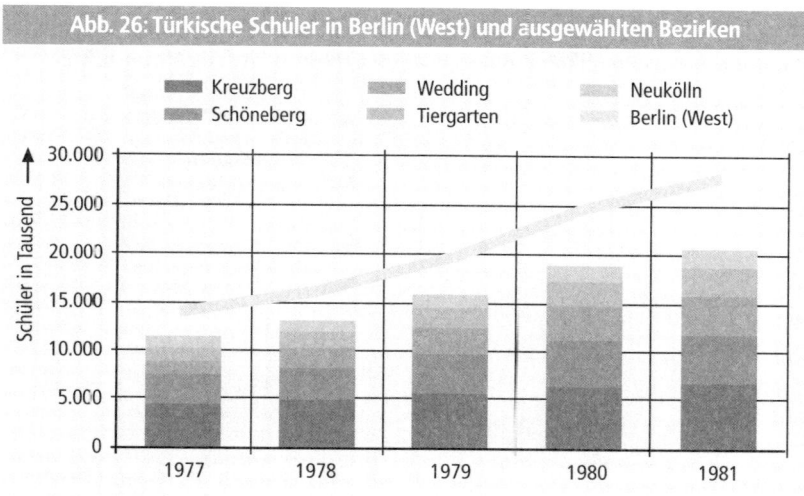

Abb. 26: Türkische Schüler in Berlin (West) und ausgewählten Bezirken

Quellen für die Abb. 25 und 26: Statistisches Landesamt Berlin: Die Ausländer in Berlin (West) 1960 bis 1978, Sonderheft 296, 7/80, Berlin 1980, S. 72; Statistisches Landesamt Berlin: Ausländer in Berlin (West) 1960 bis 1981, Sonderheft 342, 12/83, Berlin 1983, S. 73 f.

Prozentualer Anteil von Schüler/innen nichtdeutscher Herkunftssprache an der Gesamtschülerzahl nach Bezirken 2002 bis 2005

Bezirk	Schuljahr		
	2002/2003	2003/2004	2004/2005
Mitte	52,4 %	55,3 %	56,5 %
Friedrichshain-Kreuzberg	45,3 %	46,3 %	47,7 %
Neukölln	43,1 %	45,2 %	45,9 %
Tempelhof-Schöneberg	28,3 %	29,7 %	31,2 %
Charlottenburg-Wilmersdorf	27,5 %	27,2 %	28,0 %
Spandau	22,5 %	23,8 %	24,0 %
Reinickendorf	17,5 %	17,3 %	18,7 %
Steglitz-Zehlendorf	13,8 %	14,2 %	14,5 %
Lichtenberg	11,0 %	12,3 %	13,3 %
Marzahn-Hellersdorf	6,0 %	6,3 %	7,0 %
Pankow	5,1 %	5,2 %	5,4 %
Treptow-Köpenick	3,8 %	4,1 %	4,1 %

Quelle: Mitteilung des Senats von Berlin an das Abgeordentenhaus über Integration durch Bildung vom 11. Mai 2005, S. 14

In drei Viertel aller Schulen in Berlin-Wedding, Kreuzberg, Tiergarten und Neukölln liegt der Anteil der Schüler „mit Migrationshintergrund" bei über 50 Prozent.[556] In Neukölln liegt der Anteil der Kinder nichtdeutscher Herkunft an den Grundschulen bei 50 Prozent, in dem ausgesprochenen Problemviertel Nord-Neukölln bei 75 Prozent.[557] Der Anteil der Kinder nichtdeutscher Herkunft in den Vorschulen liegt in Neukölln bei 61, in Nord-Neukölln bei 82 Prozent. Vom zu zahlenden Lernmittelanteil wurden in Neukölln 35 Prozent und in Nord-Neukölln jeder zweite Schüler befreit.

[556] vgl.: Bildungskommission der Länder Berlin und Brandenburg: Bildung und Schule in Berlin und Brandenburg – Herausforderungen und gemeinsame Entwicklungsperspektiven, Berlin 2003, www.sens-js.berlin.de, S. 140
[557] Diese und die folgenden Zahlen: Mitteilung des Bezirksamtes Neukölln „Soziostrukturdaten Bezirk Neukölln" vom 21. Februar 2005 an den Verfasser

Anteile der Schüler nichtdeutscher Herkunft nach Schularten in Berliner Bezirken 2004 [558]

Bezirk	Gesamt	Grundsch.	Hauptsch.	Realsch.	Gymnasium	Gesamtsch.
Mitte	56,5 %	63,1 %	59,9 %	61 %	36,5 %	69,7 %
Friedrichshain-Kreuzberg	47,5 %	56,2 %	71,5 %	26,1 %	25,3 %	53,6 %
Neukölln	45,9 %	50,9 %	68,7 %	59,3 %	30,1 %	33,4 %

Dass an einzelnen Schulen der Anteil der Schüler mit „nichtdeutscher Herkunftssprache" die 100 Prozent-Marke erreicht, kann nicht überraschen: Lag der Anteil der Schüler nichtdeutscher Herkunft an der Eberhard-Klein-Oberschule in Kreuzberg 1996 noch bei 60 Prozent, so haben von insgesamt 339 Schülern mittlerweile die letzten fünf mit Deutsch als Muttersprache die Schule verlassen.[559] 80 Prozent der Schüler sind türkischer, zehn Prozent arabischer Herkunft. In einer Mitteilung des Berliner Senats vom Februar 2005 heißt es: „So weisen vor allem die Schulen in dem angesprochenen Ortsteil [Kreuzberg] einen Anteil nichtdeutscher Herkunft von über 80 %, an der in unmittelbarer Nachbarschaft zur Eberhard-Klein-Oberschule liegenden Gerhard-Hauptmann-Schule von über 90,4 % auf. An der Borsig-Schule als einziger Realschule im Ortsteil Kreuzberg stieg der Anteil der Schülerinnen und Schüler nichtdeutscher Herkunft innerhalb der letzten 5 Jahre um 25 % auf mittlerweile 86 %."[560] Eine Gegensteuerung hinsichtlich der Zusammensetzung der Schülerschaft ist nahezu unmöglich, da Eltern deutschsprachiger Schüler diese Schulen gezielt meiden, weil sie Nachteile für ihre Kinder befürchten. Der Berliner Bildungssenator berichtet von deutschen Eltern, „die ihre Kinder bereits angemeldet hatten [und] nach der Aufnahmefeier ihre Kinder wieder abmeldeten, weil ihnen bekannt wurde, dass die deutschen Schülerinnen und Schüler nur einen sehr geringen Anteil an der Gesamtschülerschaft haben und

---

[558] vgl.: Antwort auf die Kleine Anfrage des Abgeordneten Özcan Mutlu: Anteil der Schüler/-innen mit nichtdeutscher Herkunftssprache an der Eberhard-Klein-Oberschule, Abgeordnetenhaus Berlin, Drs. 15/12110 vom 10. Februar 2005, S. 4

[559] vgl. „Schule in der Hauptstadt erstmals ohne Schüler deutscher Herkunft", Die Welt vom 9. Juni 2005

[560] Antwort auf die Kleine Anfrage des Abgeordneten Özcan Mutlu: Anteil der Schüler/-innen mit nichtdeutscher Herkunftssprache an der Eberhard-Klein-Oberschule, Abgeordnetenhaus Berlin, Drs. 15/12110 vom 10. Februar 2005, S. 2

sie befürchteten, dass dies zu einer Belastung ihrer eigenen Kinder und zu ungenügenden Lernfortschritten insbesondere im Bereich der Entwicklung der Sprachkompetenz führen könnte."[561] Die schulische Situation wurde bereits in den 70er Jahren als zentrales Problem von der betroffenen Elternschaft (unabhängig vom Bildungsniveau) wahrgenommen.[562] Ausweichreaktionen wurden seit dieser Zeit registriert.[563]

Angesichts der seit Jahrzehnten vorliegenden Erfahrungswerte[564] und der Ergebnisse der PISA-Studie müssen diese Befürchtungen als mehr als berechtigt angesehen werden. Die Lehrer haben immer öfter Schwierigkeiten, zu den eigentlichen Inhalten durchzudringen. Nach der PISA-Studie „sind ab einem 20-prozentigen Anteil von Migranten, in deren Familie Deutsch nicht Umgangssprache ist, deutlich niedrigere mittlere Leistungen auf Schulebene zu beobachten."[565] Die regulären Schulbücher können im Unterricht nicht eingesetzt werden, die Sprachkenntnisse der Schüler reichen dazu nicht aus.

Die Schulsozialarbeiterin der Eberhard-Klein-Schule beschreibt die Schwierigkeiten im Umgang mit den Eltern: „Die Eltern sind häufig damit überfordert, ihren eigenen Alltag zu meistern und die nötige Fürsorge für ihre Kinder aufzubringen. Elternkontakte in der Schule und bei Hausbesuchen geben dabei oftmals einen Einblick in den häuslichen Erziehungsnotstand: Zu spät in den Unterricht kommen in der Regel diejenigen, die morgens nicht geweckt werden und mit denen keiner frühstückt. Als Ursache hierfür werden von den Eltern Krankheit und Depression genannt, die zur Einschränkung von Handlungsmöglichkeiten bei den betroffenen Eltern führen. So herrscht zuhause nicht selten eine eingeschränkte Kommunikation, die davon geprägt ist, dass wenig Wissen über die Alltagsgestaltung anderer Familienmitglieder vorhanden ist. Insgesamt sind die Elternhäuser als bildungsfern zu

.

---

561 ebd., S. 3 f.
562 Der Regierende Bürgermeister von Berlin (Hrsg.): Wohnraumversorgung von Ausländern und Entballung überlasteter Gebiete durch städtebauliche Maßnahmen, Berlin 1980: Teil II: PROGNOS AG Basel: Kleinräumige Analyse in Fallbeispielen, S. 168 f.
563 Der Regierende Bürgermeister von Berlin (Hrsg.): Wohnraumversorgung von Ausländern und Entballung überlasteter Gebiete durch städtebauliche Maßnahmen, Berlin 1980: Teil I: Freie Planungsgruppe Berlin GmbH: Flächendeckende Analyse, S. 65
564 vgl. Arbeitsgruppe Bildungsbericht am Max-Planck-Institut für Bildungsforschung: Das Bildungswesen in der Bundesrepublik Deutschland. Strukturen und Entwicklungen im Überblick, Einbeck 1994, S. 393
565 Baumert, Jürgen u.a. (Hrsg.) PISA 2000, Ein differenzierter Blick, Berlin 2003, S. 56

bezeichnen, wobei die Bandbreite zwischen bekundetem Bildungs-
wunsch und Apathie groß ist."[566]

Obwohl rund 96 Prozent der Kinder in Berlin Vorklassen oder Kindertagesstätten besuchen, „kommen zu viele Kinder ohne ausreichende
Deutschkenntnisse in die Schule", stellt die Berliner Schulbehörde
fest.[567] Grundsätzlich sei der Besuch vorschulischer Einrichtungen
auch hinsichtlich der Sprachkenntnisse positiv zu bewerten, dennoch
gebe es „eine *nicht kleine* Anzahl von diesen Kindern ..., bei denen
trotz mehrjährigen Besuchs *kein nennenswerter Erwerb* der deutschen
Sprache stattfindet."[568] (Hervorhebungen durch den Verfasser).

Die Berliner Schulbehörde fasst zusammen: „Verglichen mit der
Gesamtschülerschaft
– machen weniger als die Hälfte der ausländischen Schüler/innen Abitur.
– erhält ein Drittel weniger ausländischer Schüler/innen den Realschulabschluss,
– verlassen fast doppelt so viele ausländische Schüler/-innen bereits
nach der 9. Klasse mit einem Hauptschulabschluss die Schule.
– erreichen fast doppelt so viele ausländische Schüler/-innen sogar nach
der 10. Klasse nur einen Hauptschulabschluss und
– mehr als doppelt so viele ausländische Schüler/-innen erreichen überhaupt keinen qualifizierten Abschluss." [569]

Im Durchschnitt der Jahre 1994 bis 2003 verließen 22,8 der Schüler
ausländischer Staatsangehörigkeit die Berliner Schulen ohne Abschluss.
Bei den deutschen Staatsangehörigen lag der Anteil bei 10,2 Prozent.[570]

---

[566] Christine Baur: Bildung als zentrales Handlungsfeld sozialräumlicher Integration von Migranten und
Migrantinnen, Papier vom 4. April 2006, [http://www.schader-stiftung.de/docs/praesentation_baur.pdf,
2. Mai 2006], S. 1
[567] Mitteilung des Senats von Berlin an das Abgeordnetenhaus über Integration durch Bildung vom
11. Mai 2005, S. 14
[568] ebd.
[569] ebd., S. 17f.
[570] vgl. Ohliger/ Raiser: Migration und Integration, S. 35; eigene Berechnung

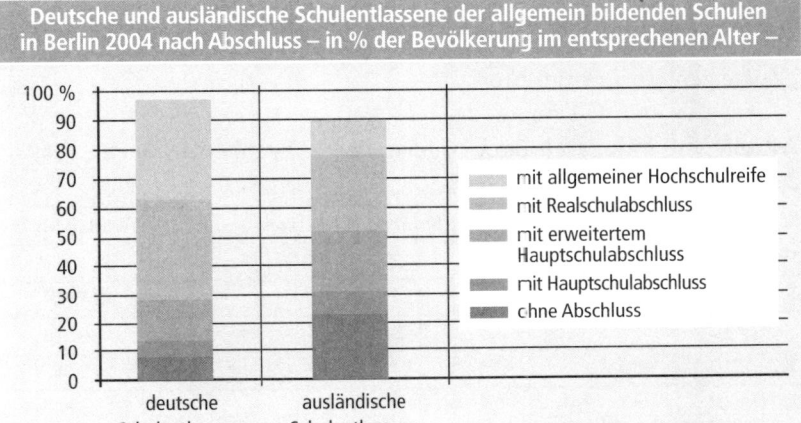

Quelle: Nenning, Gertraud: Schulische und berufliche Bildung im Wandel, in: Statistisches Landesamt Berlin (Hrsg.): Berliner Statistik, Monatsschrift, Nr. 1 / 2006, S. 19

Die Anteile der ausländischen Schüler, die die Hauptschulen Berlins ohne Abschluss verlassen, haben sich seit den 70er Jahren zwar halbiert, liegen aber in den vergangenen Jahren immer noch konstant zwischen 31 und 38 Prozent:

Anteile von Hauptschulabgängern ohne Abschluss in Berlin (West) 1972–1978

Schuljahr	Deutsche	Ausländer
1972/73	31,8 %	82,3 %
1973/74	28,9 %	74,0 %
1974/75	25,8 %	72,9 %
1975/76	22,2 %	66,0 %
1976/77	24,0 %	49,3 %
1977/78	26,3 %	62,4 %
1978/79	30,0 %	70,5 %

Quelle: Institut für Zukunftsforschung Berlin: Kinder ausländischer Arbeitnehmer im schulischen und außerschulischen Bereich, Im Auftrag des Regierenden Bürgermeisters von Berlin (West) Senatskanzlei/Planungsstelle, Berlin 1980, S. 224

Der Anstieg der Anteile von ausländischen Hauptschulabgängern ohne Abschluss seit dem Schuljahr 1977/78 war auch auf die älteren „Zusteiger" zurückzuführen.

Anteile von Hauptschulabgängern ohne Abschluss in Berlin 1999 – 2003

Schuljahr	Deutsche Staatsangehörige	Ausländer
1999/2000	28,7	38,1 %
2000/2001	23,2	30,8 %
2001/2002	26,6	37,6 %
2002/2003	27,1	36,9 %
2003/2004	22,8	31,4 %

Quelle: Abgeordnetenhaus Berlin: Antwort auf die Kleine Anfrage des Abgeordneten Özcan Mutlu (Bündnis 90/Die Grünen): Ausbildungsbeteiligung von Jugendlichen mit Migrationshintergrund, Drs. 15/13064 vom 11. Januar 2006; eigene Berechnungen

Der Übergang in Ausbildung und Beruf

Vor dem Hintergrund mangelhafter Sprachkenntnisse und unterdurchschnittlicher formaler Bildungsabschlüsse misslingt der Übergang in das Berufsleben häufig schon bei der Suche nach einem Ausbildungsplatz: So liegt der Anteil der Schüler mit ausländischer Staatsangehörigkeit an Berufsschulen in Berlin im Schuljahr 2004/5 bei 4,8 Prozent, der Anteil von Schülern mit nichtdeutscher Herkunftssprache bei 7,5 Prozent.[571] Die Ausbildungsquote bei türkischen Jugendlichen liegt bei fünf Prozent. Die Ausbildungsbeteiligung (Anteil der Auszubildenden an der jeweils 16- bis 20jährigen) ist bei Jugendlichen ausländischer Staatsangehörigkeit in den zurückliegenden Jahren stark gesunken: von 16,3 Prozent im Jahr 1993 auf 10,7 Prozent in 2003. Bei den deutschen Staatsangehörigen sank die Quote im gleichen Zeitraum von 37,4 auf 34,5 Prozent.[572] Das bedeutet, dass nur jeder zehnte Jugendliche nichtdeutscher Staatsangehörigkeit eine Ausbildung absolviert.

[571] Mitteilung des Senats von Berlin an das Abgeordnetenhaus über Integration durch Bildung vom 11. Mai 2005, S. 20
[572] vgl. Ohliger/ Raiser: Migration und Integration, S. 32

Entwicklung der Schülerzahlen – Auszubildende – an öffentlichen und privaten Berufsschulen und Sonderberufsschulen [573]

Schul- jahr	Schüler Insgesamt	Darunter Schüler nichtdeutscher Herkunftssprache		Von Schüler insgesamt ausländische Schüler	
		abs.	%	abs.	%
2000/2001	63.937	5.105	8,0	3.628	5,7
2001/2002	63.355	3.363	5,3	3.474	5,5
2002/2003	60.800	4.995	8,2	3.247	5,3
2003/2004	58.814	4.486	7,6	2.907	4,9
2004/2005	58.531	4.372	7,5	2.785	4,8

Von 31.229 Ausbildungsverträgen im Bereich der Industrie- und Handelskammer Berlin in 2004 wurden 1.239 mit ausländischen Jugendlichen abgeschlossen (4 Prozent).[574] Auch hier sind natürlich die Einbürgerungen zu berücksichtigen.

Der Berliner Senatsverwaltung für Wirtschaft, Arbeit und Frauen fasst die Ursachen dieser Misere zusammen: „Neben noch immer bestehenden Sprachdefiziten ist für diese Entwicklung eine wesentliche Ursache, dass ausländische Jugendliche überproportional häufig die allgemeinbildende Schule ohne Abschluss bzw. nur mit dem einfachen Hauptschulabschluss verlassen. Mit dem Schulabschluss fehlen jedoch elementare Voraussetzungen für die Aufnahme einer Berufsausbildung. Auch der einfache Hauptschulabschluss eröffnet in der Regel nur geringe Chancen für eine betriebliche Ausbildung. Rd. 26 % aller Schulabgängerinnen und Schulabgänger, die 2004 die allgemeinbildende Schule ohne bzw. nur mit einem einfachen Hauptschulabschluss, d.h. ohne eine für die betriebliche Ausbildung ausreichende schulische Vorbildung verlassen haben, sind ausländische Jugendliche. Das ist fast ein Drittel (32,3 %) aller ausländischen Schulabgängerinnen und Schulabgänger. Hingegen sind ausländische Jugendliche bei den Schulabgängerinnen und Schulabgängern mit Realschulabschluss, insbesondere mit Hochschulreife, unterrepräsentiert. Vor dem Hintergrund eines stärker

---

[573] Mitteilung des Senats von Berlin an das Abgeordnetenhaus über Integration durch Bildung vom 11. Mai 2005, S. 20
[574] vgl. Abgeordnetenhaus Berlin: Kleine Anfrage des Abgeordneten Özcan Mutlu (Bündnis 90/Die Grünen): Ausbildungsbeteiligung von Jugendlichen mit Migrationshintergrund, Drs. 15/13064 vom 11. Januar 2006, S. 2

gewordenen Verdrängungswettbewerbs auf dem Ausbildungsstellen-
markt ist dies ein schwer wiegender Nachteil."[575]

Jugendliche ausländischer Herkunft werden auf diese Weise häufig
auf wenig attraktive Ausbildungsberufe (geringeres Lohnniveau, wenig
Aufstiegsmöglichkeiten) abgedrängt: Arzthelfern, Friseurin und „Fach-
kraft im Gastgewerbe" bilden die Schwerpunkte.[576]

Mangelhafte Sprachkenntnisse, vor allem in der Schriftsprache, mangelhafte Fähigkeit im Umgang mit Konflikten, fehlende Ausbildungs-
erfahrung der Eltern, Verpflichtungen im elterlichen Betrieb gehören
zu den Gründen, warum der Anteil der vorzeitigen Abbrecher bei der
Berufsausbildung und derjenigen, die die Prüfung nicht bestehen, bei
den ausländischen Jugendlichen deutlich höher ist als bei den Deutschen:

**Schulabgänger aus der Berufsschule (nur Auszubildende) nach
Staatsangehörigkeit und Art des Abgangs im Schuljahr 2003/04**

Ausbildung ...	Erfolgreich abgeschlossen	Beendet ohne Prüfungserfolg	Vorzeitig beendet	Abgänger insgesamt
Ausländer	55,6 %	19,8 %	24,7 %	1.306
Deutsche	76,6 %	10,9 %	12,6 %	19.471

Quelle: Landesschulamt Berlin, zit. nach: Vgl. Mauruszat, Regine: Expertise „Sicherung von Ausbildungserfolg bei Auszubildenden mit Migrationshintergrund" (= Berliner Beiträge zur Integration und
Migration, hrsg. Vom Beauftragten des Senats für Integration und Migration), Berlin 2004, S 24

Hier wird die Grundlage für den hohen Anteil an Sozialhilfeempfängern gelegt: So gaben 33 Prozent der ausländischen Sozialhilfebezieher
im Berliner Bezirk Mitte an, keinen Schulabschluss zu haben, bei den
deutschen Empfängern liegt der Anteil bei 12,4 Prozent.[577] Zwei Drittel
der ausländischen Sozialhilfebezieher gaben an, über keinen Berufsabschluss zu verfügen und sich auch nicht in Ausbildung zu befinden.[578]

In Neukölln, Tiergarten und Wedding liegt der Anteil derjenigen
Sozialhilfeempfänger, die keine Ausbildung oder Lehre abgeschlossen
haben, bei 44,5 Prozent.[579]

---

[575] ebd.
[576] vgl. Mauruszat, Regine: Expertise „Sicherung von Ausbildungserfolg bei Auszubildenden mit
Migrationshintergrund" (= Berliner Beiträge zur Integration und Migration, hrsg. vom Beauftragten
des Senats für Integration und Migration), Berlin 2004, S. 13 ff.
[577] vgl. Hagemeister: Soziale Polarisation, S. 81
[578] vgl. ebd., S. 82
[579] vgl. Senatsverwaltung für Gesundheit, Soziales und Verbraucherschutz (Hrsg.): Konzepte und
Methoden zur Abbildung von Lebenslagen – Bildung von Lebenslagen-Indices am Beispiel der Berliner Sozialhilfestatistik, Spezialbericht 2005 -1, von Kerstin Schmidtke, Berlin 2005, S. 77

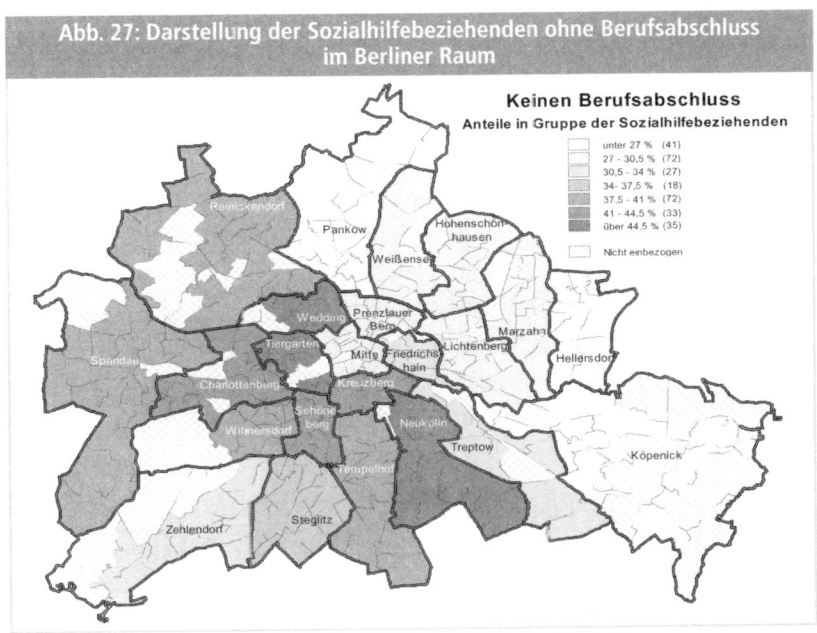

Abb. 27: Darstellung der Sozialhilfebeziehenden ohne Berufsabschluss im Berliner Raum

Keinen Berufsabschluss
Anteile in Gruppe der Sozialhilfebeziehenden

	unter 27 % (41)
	27 - 30,5 % (72)
	30,5 - 34 % (27)
	34- 37,5 % (18)
	37,5 - 41 % (72)
	41 - 44,5 % (33)
	über 44,5 % (35)
	Nicht einbezogen

Quelle: Senatsverwaltung für Gesundheit, Soziales und Verbraucherschutz (Hrsg.): Konzepte und Methoden zur Abbildung von Lebenslagen – Bildung von Lebenslagen-Indices am Beispiel der Berliner Sozialhilfestatistik, Spezialbericht 2005 -1, von Kerstin Schmidtke, Berlin 2005, S. 81

Die mangelnden oder zumindest sehr schlechten Bildungsabschlüsse vieler Jugendlicher in den ethnischen Kolonien können nicht verwundern: Ob die zu Hause und im Umfeld gesprochene Sprache die Landessprache ist oder nicht hat wesentlichen Einfluss auf die schulischen Leistungen der Kinder.[580] Wenn zu Hause, beim Medienkonsum und in der Begegnung mit Gleichaltrigen die Herkunftssprache dominiert, können kaum andere Ergebnisse erwartet werden.

Neukölln

Am Beispiel Neuköllns sollen hier die Strukturen und sozialen Probleme zusammengefasst dargestellt werden. Wie bereits festgestellt, sind die Strukturen in Neukölln sehr heterogen: Nord-Neukölln (die Altstadt Neuköllns) weist hinsichtlich ethnischer Zusammensetzung der

---

[580] vgl. Kristen, Cornelia: Ethnische Unterschiede im deutschen Schulsystem, in: APUZ B 21-22/ 2003, S. 30

185

Wohnbevölkerung und hinsichtlich der sozialen Strukturen ganz andere Charakteristika auf als Süd-Neukölln. Der Anteil der Bewohner mit ausländischer Staatsangehörigkeit liegt in Nord-Neukölln bei durchschnittlich etwas über einem Drittel, in Süd-Neukölln bei etwa zehn Prozent.[581]

„Während im Süden Einfamilienhäuser und Neubausiedlungen das Stadtbild prägen, handelt es sich bei Neukölln-Nord um ein dicht bebautes Wohngebiet mit um die Jahrhundertwende entstandenen Mietskasernen. Hier wohnt es sich vergleichsweise billig, insbesondere in den noch zahlreich vorhandenen Hintergebäuden und Seitenflügeln. Wohnungsleerstand, Armut und Verwahrlosung bestimmen das Bild."[582] Deshalb sind statistische Angaben, die sich auf den gesamten Bezirk beziehen, meist wenig aussagekräftig.

„Alte Leute = alte Deutsche"

Die Altersstruktur der Zuwanderer unterscheidet sich deutlich von der der einheimischen Bevölkerung. Die zugewanderten Gastarbeiter haben in vielen Fällen noch nicht das Rentenalter erreicht. Der Ausländeranteil bei den Kindern und den alten Menschen ist sehr unterschiedlich (Stand: 2002):

	Ausländeranteil Nord-Neukölln	Ausländeranteil Süd-Neukölln
3 bis 6Jährige	42 %	13,1 %
61 und älter	16,7 %	3,6 %

Quelle: Statistisches Landesamt; zit. nach: Bezirksamt Neukölln von Berlin, Abteilung Jugend: Neuköllner Kinder- und Jugendbericht 2002/2003, Teil 1, Berlin 2003, S. 5

Im Neuköllner Kinder- und Jugendhilfebericht heißt es dazu: „Aktuell sehen wir uns mit dem Problem konfrontiert, dass sich für die nichtdeutschen Jugendlichen das Bild ergibt, dass alte Leute alte Deutsche sind. Eine große Zahl junger, weitgehend schlecht gebildeter und unausgebildeter, vom regulären Arbeitsmarkt ausgeschlossener und ökonomisch schlecht gestellter Migrantenkinder sieht sich einer großen Menge deutscher, noch relativ gut abgesicherter Rentner/innen gegen-

---

[581] Hierzu und zum folgenden: Bezirksamt Neukölln von Berlin, Abteilung Jugend: Neuköllner Kinder- und Jugendbericht 2002/2003, Teil 1, Berlin 2003, S. 5 ff.
[582] Splettstößer, Jens: Bericht aus Neukölln. Polizeiliche Alltagsarbeit in einem multikulturellen Bezirk, in: Deutsches Polizeiblatt 4/2005, S. 2

über. Damit besteht die Gefahr, dass sich der Generationenkonflikt durch einen ethnischen Konflikt verstärkt."[583]

Hinzu kommen unterschiedliche Geburtenraten. In Nord-Neukölln wohnt die aktivere Bevölkerung, was den Nachwuchs anbelangt: Das führt dazu, dass der Anteil der 3-bis 5jährigen innerhalb von drei Jahren in Süd-Neukölln um 16 Prozent zurückgehen, in Nord-Neukölln im gleichen Zeitraum aber um 9,5 Prozent ansteigen wird. Bei den 6- bis 8jährigen ist ein Rückgang von rund 4 Prozent in Süd-Neukölln, im Norden Neuköllns hingegen eine Zunahme von etwa 15 Prozent zu erwarten.[584]

Auch hier zeigen sich die bereits genannten Auswirkungen des seit dem Jahr 2000 geltenden Staatsangehörigkeitsrechts: Eine Analyse der ethnischen Zusammensetzung der Wohnbevölkerung anhand der Staatsangehörigkeit ist nicht mehr möglich. Die Sprachstandserhebung „Bärenstark" aus dem Jahr 2002 ermittelte für Nord-Neukölln einen Anteil von Schülern mit nichtdeutscher Herkunftssprache von 72,7 Prozent, der Anteil der registrierten 6jährigen mit ausländischer Staatsangehörigkeit liegt hingegen bei 49,9 Prozent. Im Süden Neuköllns liegen die entsprechenden Anteile bei 28,8 Prozent und 13,6 Prozent.[585]

Die Verschlechterung der sozialen Lage wird deutlich bei den durchschnittlichen Netto-Einkommen der Haushalte mit Kindern, die jünger als 18 Jahre sind: Stiegen die Einkommen in Berlin von 1991 bis 2001 um 30 Prozent an, so sanken sie in Neukölln um zwölf Prozent. Legte man die (nicht zur Verfügung stehenden) Zahlen Nord-Neuköllns zugrunde, würde die sich hier öffnende Schere noch deutlicher sichtbar.[586]

Der Nord-Osten Neuköllns, die „Köllnische Heide", bis in die 1980er Jahre hinein ein „gut bürgerliches" Viertel, ist durch einen Prozess sozialer Desintegration geprägt. „Konflikte unter den verschiedenen Ethnien, ansteigende Kriminalität und Gewaltbereitschaft, fehlende

---

[583] Bezirksamt Neukölln von Berlin, Abteilung Jugend: Neuköllner Kinder- und Jugendbericht 2002/2003, Teil 1, Berlin 2003, S. 6
[584] vgl. ebd., S. 8
[585] vgl. ebd., S. 11
[586] vgl. ebd., S. 19 f.

Nachbarschaftlichkeit und Drogenkonsum prägen das Klima im Sozialraum. Kitas und Schulen berichten über zunehmende Sprachprobleme bei Eltern nichtdeutscher Herkunft, die zu einer mangelnden gesundheitlichen Vorsorge und Schwierigkeiten bei Behördengängen führen. Übereinstimmend wird auch vom RSD [Regionaler Sozialpädagogischer Dienst] die mangelnde Mitarbeit der Eltern und eine zunehmende Erziehungsunfähigkeit festgestellt. Kinder sind beim Kita-Eintritt oft nicht altersgemäß entwickelt."[587]

Exkurs: Die „Grundschule in der Köllnischen Heide"

Mit diesen Herausforderungen sehen sich unter anderen die Lehrer und Erzieher der „Grundschule in der Köllnischen Heide" konfrontiert. Die Schule wurde in den 70er Jahren gebaut und ist eine der größten Ganztagsschulen in der Bundesrepublik: Sie liegt auf einem 2,3 Hektar großen Gelände, mit eigenem Sportplatz, einer wettkampfgeeigneten neuen Sporthalle, zwei Spielplätzen sowie einem Freizeitgebäude. An das Schulgebäude schließt sich ein Park mit weiteren Spielplätzen an. Für rund 650 Schüler stehen 100 Lehrer und Erzieher zur Verfügung. Von den Schülern sind drei Viertel nichtdeutscher Herkunft, davon 90 Prozent türkisch-stämmig. Zwei Drittel der Familien beziehen Sozialhilfe. Die sechsjährige Grundschule ist von 6 bis 18 Uhr geöffnet, von 8 bis 16 Uhr finden regulär Unterricht und Betreuung statt.

Astrid Busse leitet die Schule von der Größe eines mittelständischen Unternehmens seit 1992. Alleine die Koordination der Lehrer und Erzieher, die in Teams zusammenarbeiten, erfordert ein professionelles Personalmanagement. „Unsere Schule hat das Ziel, die schul- und sozialpädagogischen Aspekte sowie Unterricht und Freizeit sinnvoll miteinander zu verbinden. Neben der Wissensvermittlung ist uns die Anleitung zu sinnvoller Freizeitbeschäftigung mit einer verlässlichen Betreuung wichtig. Die Schule soll ein Lebensraum für Kinder sein, wo sie nach Lust und Laune und individuellen Bedürfnissen lernen, spielen und Freundschaften schließen können." Wichtig ist es den Pädagogen auch, dass die Schüler einmal aus dem Kiez herauskommen. Deshalb unternehmen alle Klassen regelmäßig Ausflüge innerhalb Berlins und seines

[587] Bezirksamt Neukölln von Berlin, Abteilung Jugend: Neuköllner Kinder- und Jugendbericht 2002/2003, Teil 2, Berlin 2003, S. 40

Umlandes, aber auch darüber hinaus (wie zur Leipziger Buchmesse oder in den Braunkohletagebau nach Jänschwalde). Nach dem Mittagessen können sich die Kleinsten hinlegen und erholen. Ansonsten werden vielfältige Kurse (Computer-, Koch-, Musik-, Bastelkurse etc.) angeboten. Die Räume sind hell, und die Schüler machen einen entspannten und doch konzentrierten Eindruck.

Zu kämpfen haben Astrid Busse und ihre Kolleginnen und Kollegen mit Unterschicht-Problemen (mangelndes Interesse der Eltern an der Schule, unkontrollierter und exzessiver Fernsehkonsum der Kinder), auf niedrigem Niveau stagnierenden Sprachkenntnissen der Kinder sowie einer schleichenden, aber inzwischen deutlich spürbaren Islamisierung: religiös begründete Aggressivität, Verweigerungshaltung im Sportunterricht und bei anderen Gelegenheiten: „Vor 20 Jahren war der Einfluss des Islam hier für uns noch kein Problem. Heute spüren wir die Abgrenzung deutlich", sagt sie.

„Es wird geprügelt, aber nicht erzogen"

Mit zunehmendem sozialem Verfall nimmt die Gewalttätigkeit zu und wird für die Schulen zum Problem, die so dass „die Akteure vor Ort den Problemen mit den männlichen, ausländischen Jugendlichen der 5. und 6. Klassen aus bildungsfernen Familien nicht mehr gewachsen sind. Die Jugendlichen sind nicht nur verbal aggressiv, sondern häufig in gewalttätige Auseinandersetzungen verwickelt. Sie haben keine positiven Vorbilder. Meistens sind ihre Väter arbeitslos und die väterliche Autorität, die früher wenigstens noch pro forma bestand und der Familie finanzielle Sicherheit gab, ist durch die sozial veränderte Rolle des Vaters verschwunden. Es wird geprügelt, aber nicht erzogen."[588] Das Lehrerkollegium der „Rütli-Schule" beschrieb die Situation so: „Der Intensivtäter wird zum Vorbild. Es gibt für sie keine positiven Vorbilder. Sie sind unter sich und lernen Jugendliche, die anders leben, gar nicht kennen."[589]

Das Jugendamt von Neukölln wies in einem Positionspapier vom Februar 2004 auf die Abwärtsspirale, die Verfestigung von Strukturen

[588] ebd., S. 44
[589] Der Brief der kommissarischen Schulleiterin der Rütli-Schule vom 28. Februar 2006: http://www. gew-berlin.de/060228_erklaerung-ruetli.pdf [10. April 2006]

und die Dominanz von Verhaltensweisen hin, die zu einer zunehmenden Abkoppelung von der Aufnahmegesellschaft führen. „Da die Migranten einen Großteil der Neuköllner Bevölkerung ausmachen und die Integration in die deutsche Gesellschaft auf breiter Front missglückt ist, bildet sich immer stärker eine Parallelgesellschaft heraus. In dieser Parallelgesellschaft gelten zum Teil andere Werte und Normen als in der herkömmlichen deutschen Gesellschaft.

– Regelmäßiger Schulbesuch und Verpflichtung zum Lernen in der Schule erscheinen nicht wichtig, da ohnehin kaum eine Chance auf einen Ausbildungs- oder Arbeitsplatz besteht

– Das Schulschwänzen wird von autoritär geprägten, stark konservativen muslimischen Eltern häufig geduldet, da die Eltern den demokratischen Einfluss der deutschen Lehrer auf ihre Kinder fürchten.

– Das Erlernen der deutschen Sprache ist nicht erforderlich, da sich innerhalb der Einwanderungsgruppen eine eigene Infrastruktur herausgebildet hat.

– In Bezug auf die handlungsleitenden Werte besteht entweder Orientierungslosigkeit oder aber Rückgriff auf die traditionellen Werte und die religiöse Orientierung des Herkunftslandes. Wenn in diesem Zusammenhang von einer zunehmenden Islamisierung der Neuköllner Altstadt gesprochen wird, so meint das nicht nur das absolut legitime und durch das Grundgesetz abgesicherte Recht zur freien Religionsausübung, sondern leider auch eine Zunahme unzeitgemäßer fundamentalistischer und auch extremistischer Strömungen bis hin zur Befürwortung eines ‚Heiligen Kriegs‘.

– Mafiöse Strukturen mit Schutzgelderpressungen, Drogen und Menschenhandel etablieren eine Ordnung jenseits des staatlichen Gewaltmonopols.

Die Situation in Neukölln hat inzwischen einen Zustand erreicht, der nicht mehr länger mit einem ‚innewohnenden Konfliktpotential‘ o. ä. zu beschreiben ist. Die Verhältnisse sind offen krisenhaft bis hin zur Gewalttätigkeit – in der Familie, in der Schule und auf der Straße."[590]

---

[590] Bezirksamt Neukölln von Berlin, Abteilung Jugend: „Mehr Vorsorge – Weniger Nachsorge" vom 5. Februar 2004, S. 6 f. [http://www.berlin.de/imperia/md/content/baneukoelln/67.pdf , 10. April 2006]

Da die Familien aus der Türkei und dem arabischen Raum zu einem großen Teil „bildungsfernen" Schichten entstammen, sehen sie häufig nicht die Notwendigkeit, ihre Kinder zu einem regelmäßigen Schulbesuch anzuhalten. Wenn die Kinder die einzigen Mitglieder der Familie sind, die morgens früh aufstehen müssen, und niemand darauf achtet, dass sie es auch tatsächlich tun, dann bleiben sie in vielen Fällen der Schule fern. So werden in Neukölln rund 17 Prozent der schulpflichtigen Kinder nicht rechtzeitig zum Unterricht angemeldet.[591] Die hohe Zahl der „Schulverweigerer" in Berlin – die Senatsverwaltung für Bildung geht von rund 15.000 Schülerinnen und Schülern aus – wird auf diese Weise nachvollziehbar. Danach fehlen rund 11.000 Schüler durchschnittlich 21 bis 40 Tage und etwa 4.000 Schüler mehr als 40 Tage. Die höchsten Anteile an von Schulschwänzern haben die Schulen in den Bezirken Neukölln, Mitte und Friedrichshain-Kreuzberg zu verzeichnen.[592] „In den meisten Familien sind unsere Schüler/innen die einzigen, die morgens aufstehen. Wie sollen wir ihnen erklären, dass es trotzdem wichtig ist, in der Schule zu sein und einen Abschluss anzustreben?", fragte das Kollegium der Rütli-Schule ratlos.[593]

Generell gilt, dass Kinder von Langzeitarbeitslosen und Sozialhilfeempfängern in vielfacher Hinsicht benachteiligt sind: Sie erfahren nicht nur seltener Förderung und Motivation, sondern sie „stören" nicht selten den Tagesablauf ihrer Eltern: „Haben sie Eltern, die von Langzeitarbeitslosigkeit betroffen sind, so ‚stören' sie mit der Strukturiertheit ihres Tagesablaufs aufgrund einer Erwerbstätigkeit den Tagesablauf der Familie, der schon lange nicht mehr derart geregelt ist, dass man sehr früh aufstehen muss und zur Arbeit geht."[594]

„Importbräute"

Rund 60 Prozent der Ehen türkischer Staatsbürger in Deutschland werden nach Einschätzung von Fachleuten mit einem Partner oder einer

[591] vgl. „Schulverweigerer: 'Bußgelder reichen nicht'", in: Die Welt vom 1. Februar 2005
[592] vgl. Schulversäumnisse in Berlin – Datenerhebung und Auswertung für das 2. Schulhalbjahr 2001/2002 (Stand November 2002), http://www.senbjs.berlin.de/bildung/bildungsstatistik/Schuldistanz.pdf [8. März 2005]
[593] Der Brief der kommissarischen Schulleiterin der Rütli-Schule vom 28. Februar 2006: http://www.gew-berlin.de/060228_erklaerung-ruetli.pdf [10. April 2006]
[594] vgl. Solga, Heike: Ausbildungslose und ihre soziale Ausgrenzung. Selbstständige Nachwuchsgruppe „Ausbildungslosigkeit: Bedingungen und Folgen mangelnder Berufsausbildung" Working Paper 4/2002, Max-Planck-Institut für Bildungsforschung, Berlin 2002, http://www.mpib-berlin.mpg.de/de/forschung/nwg/NWG_solga_WP4_2002.pdf [15. September 2005], S. 24

Partnerin aus der Türkei geschlossen.[595] Hier findet ein entscheidender Prozess zur „Auffüllung" der ethnischen Kolonien statt. Durch die Niederlassung junger künftiger Eltern (von denen zumindest der unmittelbar aus der Türkei gekommene kein Deutsch spricht und keine Kenntnisse über das Aufnahmeland verfügt) wird die Distanz zur Aufnahmegesellschaft in den ethnischen Kolonien auf Dauer bewahrt. Bei den Frauen handelt es sich in vielen Fällen um so genannte „Importbräute": junge Frauen, die aufgrund von Vereinbarungen ihrer Eltern mit den künftigen Schwiegereltern mit fremden jungen Männern verheiratet und dann nach Deutschland verbracht werden. Die „Importbraut" lebt von der deutschen Umwelt isoliert in einer türkisch-islamischen Parallelwelt, in der der Wille ihrer Ehemannes und ihrer Schwiegermutter gilt, in der sie möglichst rasch gesunde Söhne zur Welt bringen muss, die sie – nicht anders könnend – in der Sprache und dem Geist erzieht, wie sie sie aus ihrer Heimat kennt.[596] Die Soziologin Necla Kelek beschreibt das Phänomen: „Die typische Importbraut ist meist gerade eben 18 Jahre alt, stammt aus einem Dorf und hat in vier oder sechs Jahren notdürftig lesen und schreiben gelernt. Sie wird von ihren Eltern mit einem ihr unbekannten, vielleicht verwandten Mann türkischer Herkunft aus Deutschland verheiratet. Sie kommt nach der Hochzeit in eine deutsche Stadt, in eine türkische Familie. Sie lebt ausschließlich in der Familie, hat keinen Kontakt zu Menschen außerhalb der türkischen Gemeinde. Sie kennt weder die Stadt, noch das Land, in dem sie lebt. Sie spricht kein Deutsch, kennt ihre Rechte nicht, noch weiß sie, an wen sie sich in ihrer Bedrängnis wenden könnte. In den ersten Monaten ist sie total abhängig von der ihr fremden Familie, denn sie hat keine eigenen Aufenthaltsrechte. Sie wird tun müssen, was ihr Mann und ihre Schwiegermutter von ihr verlangen. Wenn sie nicht macht, was man ihr sagt, kann sie von ihrem Ehemann in die Türkei zurückgeschickt werden – das würde ihren sozialen oder realen Tod bedeuten. Sie wird bald ein, zwei, drei Kinder bekommen. Ohne das gilt sie nichts und könnte wieder verstoßen werden. Damit ist sie auf

---

[595] Straßburger, Gaby: Warum aus der Türkei? Zum Hintergrund transnationaler Ehen der zweiten Migrantengeneration. In: Zeitschrift für Migration und Soziale Arbeit (2001) H. 1, S. 34; vgl. dies.: Heiratsverhalten, S. 98 f.

[596] vgl. u.a.: Toprak, Ahmet: Das schwache Geschlecht – die türkischen Männer. Zwangsheirat, häusliche Gewalt, Doppelmoral der Ehre, Freiburg im Breisgau 2005. S. 129 ff.

Jahre an das Haus gebunden. Da sie nichts von der deutschen Gesellschaft weiß und auch keine Gelegenheit hat, etwas zu erfahren, wenn es ihr niemand aus ihrer Familie gestattet, wird sie ihre Kinder so erziehen, wie sie es in der Türkei gesehen hat. Sie wird mit dem Kind türkisch sprechen, es so erziehen, wie sie erzogen wurde, nach islamischer Tradition. Sie wird in Deutschland leben, aber nie angekommen sein."[597]

Familiennachzug und Heiratsmigration

Der Familiennachzug im Allgemeinen und der Nachzug von Ehepartnern im Besonderen stellt eine der hauptsächlichen Ursachen für die ungesteuerte Zuwanderung und damit für die Zuwanderung Nicht-Qualifizierter dar. Die Berliner Erfahrungen bei der Nachfrage nach Volkshochschulkursen für Deutsch als Zweitsprache zeigen dies deutlich: „Viele der lernwilligen Migranten und Migrantinnen in den VHS-Kursen Deutsch als Zweitsprache haben einen bildungsfernen Hintergrund, keinen oder nur einen gering qualifizierten Schulabschluss und kaum eine abgeschlossene oder anerkannte Berufsausbildung. Dies trifft besonders auf die nachgezogenen Ehepartner/innen zu, die mit normalen Kursangeboten nur schwer erreichbar waren und erst durch das Zielgruppenprogramm der ‚Mütterkurse' Zugang zu Bildungsangeboten gefunden haben. ‚Mütterkurse' finden während der Unterrichtszeit in den Schulen statt. 2003 haben die Volkshochschulen ‚Mütterkurse' im Umfang von rd. 46.000 Unterrichtsstunden mit rd. 6.000 Teilnehmerinnen durchgeführt. Für etwa 10 % der Frauen war eine vorgeschaltete Alphabetisierungsphase notwendig."[598] 28 Prozent dieser Frauen haben die Schule im Herkunftsland nur bis zur fünften, 26 Prozent bis zur achten Klasse besucht.[599]

Bi-nationale Eheschließungen oder Eheschließungen zwischen bereits Zugewanderten und Nachzugswilligen sind ein wichtiges Moment im internationalen Wanderungsgeschehen. Dabei gibt es erhebliche Er-

[597] Kelek, Necla: Die fremde Braut. Ein Bericht aus dem Innern des türkischen Lebens in Deutschland, Köln 2005, S. 171 f.
[598] Mitteilung des Senats von Berlin an das Abgeordnetenhaus über Integration durch Bildung vom 11. Mai 2005, S. 24
[599] Pressemitteilung der Senatsverwaltung für Bildung, Jugend und Sport „Informationsmaterial ‚Mütterkurse'" vom 11. November 2005

fassungsschwierigkeiten: So sind die Eheschließungsstatistiken nicht nur wegen der großen Zahl an Einbürgerungen nicht aussagefähig[600], sondern auch weil das Internationale Privatrecht seit 1986 vorsieht, dass in Konsulaten geschlossene Ehen nicht mehr automatisch, sondern nur noch auf Antrag der Ehegatten in das deutsche Personenstandsregister übertragen werden.[601] Die einschlägigen Statistiken enthalten deshalb den größten Teil der vor Konsulaten und die im Ausland geschlossenen Ehen nicht.[602] Insbesondere für die Türkei orientiert sich die „Standortwahl der Eheschließung" aufgrund der Binnenlogik des dort vorherrschenden „Heiratsregimes" am „Herkunftsort der Abstammungsgemeinschaft".[603] Fachleute rechnen damit, dass rund 80 Prozent dieser Trauungen in der deutschen Heiratsstatistik fehlen.[604]

Eheschließungen zwischen Zuwanderern und Nachzugswilligen dienen häufig instrumentellen Zwecken – in erster Linie der Erlangungen eines Aufenthaltsstatus. Nicht selten handelt es sich um „Scheinehen".[605] Grundsätzlich ist der Familiennachzug eines der wesentlichen Momente ungesteuerter Zuwanderung nach Deutschland. Ethnische Kolonien und Parallelgesellschaften ergänzen sich durch diese Art der Zuwanderung über Generationen. Heiratsmigration „trägt dazu bei, dass auch bei den etablierten Zuwanderer-Nationalitäten weiterhin mit einer kontinuierlichen Neuzuwanderung und daher mit Migranten zu rechnen ist, die den Eingliederungsprozess erneut, d.h. ‚von vorn'

[600] vgl. Nauck, Bernhard: Familienbeziehungen und Sozialintegration von Migranten, in: Bade, Klaus J.; Bommes, Michael (Hrsg.): Migration – Integration – Bildung. Grundfragen und Problembereiche (= IMIS-Beiträge 23/2004), Osnabrück 2004, S. 86 f.
[601] vgl. Straßburger, Gaby: Heiratsverhalten und Partnerwahl im Einwanderungskontext. Eheschließungen der zweiten Migrantengeneration türkischer Herkunft, Würzburg 2003, S. 115
[602] vgl. u.a.: Klein, Thomas: Binationale Partnerwahl – Theoretische und empirische Analysen zur familialen Integration von Ausländern in die Bundesrepublik, in: Sachverständigenkommission 6. Familienbericht (Hrsg.): Familien ausländischer Herkunft in Deutschland. Empirische Beiträge zur Familienentwicklung und Akkulturation (= Materialien zum 6. Familienbericht, Bd. 1), Opladen 2000, S. 314 ff.; Straßburger, Gaby: Heiratsverhalten und Partnerwahl im Einwanderungskontext. Eheschließungen der zweiten Migrantengeneration türkischer Herkunft, Würzburg 2003, S. 23, S. 69
[603] Straßburger, Gaby: Heiratsverhalten und Partnerwahl im Einwanderungskontext. Eheschließungen der zweiten Migrantengeneration türkischer Herkunft, Würzburg 2003, S. 66 ff.; Nauck, Bernhard: Generationenbeziehungen und Heiratsregimes – theoretische Überlegungen zur Struktur von Heiratsmärkten und Partnerwahlprozessen am Beispiel der Türkei und Deutschland, in: Klein, Thomas (Hrsg.): Partnerwahl und Heiratsmuster. Sozialstrukturelle Voraussetzungen der Liebe, Opladen 2001, S. 54
[604] Straßburger: Heiratsverhalten, S. 69
[605] vgl. Luft: Ausländerpolitik, S. 77 ff.
[606] Nauk, Bernhard: Familienbeziehungen und Sozialintegration von Migranten, in: in: Bade, Klaus J.; Bommes, Michael (Hrsg.): Migration – Integration – Bildung. Grundfragen und Problembereiche (= IMIS-Beiträge 23/2004), Osnabrück 2004, S. 93

absolvieren."[606] Dieser Weg in die westeuropäischen Staaten wird in Zukunft – mangels anderer Zugangsmöglichkeiten – verstärkt genutzt werden.[607] In zahlreichen europäischen Ländern vollzieht sich Zuwanderung „im Rahmen des Familien- und Ehegattennachzugs als schlecht zu kontrollierende Spätfolge von Arbeitskräfteanwerbung und Kolonialismus. Die Besonderheit der europäischen Situation besteht deshalb darin, dass, abgesehen vom Asylverfahren, vereinzelten Sonderregelungen und einigen kolonialgeschichtlich bedingten Optionen, dem Familien- und Ehegattennachzug die Bedeutung des einzigen legalen Zuwanderungskanals zukommt. Aus diesem Grund erhält gerade transnationales Heiratsverhalten der im Land lebenden Migrantenbevölkerungen zentrale Bedeutung."[608] Die Heirat von Töchtern türkischer Zuwanderer wird häufig als einzige legale Möglichkeit gesehen, nach Deutschland auszuwandern und damit der Misere in der Heimat zu entkommen. Junge Türkinnen in Deutschland sind daher in der Türkei „gefragte Ehepartnerinnen".[609] „Eine Migration nach Deutschland erscheint vielen von Armut und Arbeitslosigkeit betroffenen Bewohnern der ländlichen Türkei als verlockend, eine Möglichkeit dazu bietet eine Ehe mit einem in Deutschland lebenden Türken. Durch die Verheiratung eines Sohnes mit einer Cousine aus der Türkei wollen die Eltern ihre Verwandtschaft in der Türkei unterstützen. Die These heißt, ‚wenn die Verwandten nicht legal nach Deutschland einreisen dürfen, dann sorgen wir dafür, dass sie im Rahmen der Eheschließung nach Deutschland kommen können.' Mit dieser Vorgehensweise wird der Anwerbestopp an Arbeitskräften aus dem Jahr 1973 umgangen. Bei Frauen, die Männer in der Türkei heiraten und später in Deutschland leben, kann man die gleichen Motive beobachten."[610] Töchter sind darüber hinaus vor allem für Familien in den ländlichen Gebieten und den Gecekondu-Siedlungen der Türkei eine wichtige Finanzquelle.[611] Dabei besteht der Brautpreis nicht nur in einer Summe Geldes, sondern auch in der dadurch zustande kommenden Verbin-

[607] vgl. ebd., S. 103 f.
[608] Straßburger, Gaby: Heiratsverhalten und Partnerwahl im Einwanderungskontext. Eheschließungen der zweiten Migrantengeneration türkischer Herkunft, Würzburg 2003, S. 24
[609] Straßburger: Heiratsverhalten, S. 157
[610] Toprak, Ahmet: Das schwache Geschlecht – die türkischen Männer. Zwangsheirat, häusliche Gewalt, Doppelmoral der Ehre, Freiburg im Breisgau 2005, S. 123
[611] vgl. Toprak, ebd., S. 76 f.; S. 99 ff.

dung nach Deutschland: „Deutschland als Brautpreis" nennt Ahmet Toprak diesen Mechanismus.[612]

Die Sog-Wirkung eines (im Verhältnis zu den Herkunftsverhältnissen) Lebens im Luxus wird dabei von den werbenden Männern (bzw. den Familien) gezielt ins Spiel gebracht. Dabei bedarf es keiner großen Überredungskünste um die künftigen Schwiegereltern angesichts solcher Perspektiven zur Zustimmung zu bringen: „Um die zukünftige Braut bzw. Schwiegertochter zu einer Eheschließung zu motivieren, argumentieren die Eltern des Mannes bei der Brautwerbung mit Vorteilen in Deutschland. Hierbei werden die ökonomischen Ressourcen, wie z. B. eine schöne Wohnung mit fließendem warmen Wasser, Auto, Waschmaschine, Kühlschrank, Kranken- und Arbeitslosenversicherung, Sozialhilfe etc. als Argumente in den Vordergrund gestellt. Bei der Beschreibung der Biografien konnte festgestellt werden, dass gerade diese materiellen Dinge, die in Deutschland eine Selbstverständlichkeit sind, in den Heimatdörfern der Mädchen mit großem Luxus verbunden werden. (...) ... [So] kann die These aufgestellt werden, dass der persönliche Brautpreis der Mädchen ein luxuriöses Leben in Deutschland impliziert. Die Interviewpartner argumentieren bei der Brautwerbung mit weiteren gut funktionierenden sozialen Sicherungssystemen in Deutschland, wie z. B. Arbeitslosengeld oder Sozialhilfe, die in dieser Form in der Türkei nicht existieren."[613] Toprak zitiert einen Interviewpartner, der die Argumentation prägnant wiedergibt: „Wir wollten eine Frau aus der Türkei holen. Dann hat der Vater gefragt, ne, was mache ich beruflich und so. Ich habe dann gesagt, momentan bin ich arbeitslos oder so. Ja, dann hat er gesagt, wie hast du das Auto gekauft und so. (...) Ich habe gesagt, ich bekomme Arbeitslosengeld und später Sozialhilfe. Wenn man kein Arbeit hat, kann man vom Staat bekommen oder so. Und auch Sozialhilfe oder so. Das gibt es in der Türkei nicht, ne (...) Der Vater hat dann gesagt. Das ist schön in Deutschland. Man bekommt vom Staat Geld. Danach war kein Problem."[614]

[612] ebd., S. 101
[613] ebd., S. 103 ff.
[614] ebd., S. 105

Motive für die Brautwahl aus der Türkei

Türkisch-stämmige Männer aus Deutschland orientieren sich vorwiegend an Frauen aus ländlichen türkischen Regionen (und nicht an Frauen in Deutschland) weil sie nicht „angekränkelt" sind vom westlichen „Geist", von Vorstellungen westlicher Lebensweise und dem Wunsch nach Gleichberechtigung. Sie fügen sich widerspruchsloser den Vorstellungen der beteiligten Familien. Der Erziehungswissenschaftler Ahmet Toprak beschreibt in einer 2005 vorgelegten Untersuchung die wesentlichen Motive: „Der Hauptgrund für die Orientierung in die Türkei bei den Männern besteht darin, dass sie das Verhalten der türkischen Mädchen in Deutschland unehrenhaft finden. (...) Den meisten Interview-Partnern agieren die türkischen Mädchen in Deutschland zu selbstbewusst, zu selbständig und zu eigenverantwortlich, indem sie sich den Wünschen und Vorstellungen der Männer nicht unterordnen. Dem Wunsch nach einer Frau, die sich anpasst, nicht widerspricht, und die konventionelle Geschlechterrolle annimmt, entsprechen die Mädchen, die in konservativen Umfeldern in der ländlichen Türkei aufgewachsen sind."[615] Dort verbreitete Erziehungsziele und Erziehungspraxis lassen diese Wünsche auch als realistisch erscheinen.[616]

Das Wohnen bei den Schwiegereltern in Deutschland wird nicht nur aus Kostengründen praktiziert, sondern auch, weil sich die Ehemänner eine wirksame soziale Kontrolle der Ehefrau davon versprechen.[617] Die Schwiegereltern wiederum erwarten sich von der Schwiegertochter eine Entlastung im eigenen Haushalt. „Zugespitzt könnte man sagen, dass die Eltern beziehungsweise der Mann sich eine kostenlose Haushaltshilfe holen, die sich nicht wehren kann beziehungsweise darf. Darüber hinaus erfüllt die unbezahlte ‚Haushaltshilfe' eine weitere Aufgabe, nämlich die sexuelle Befriedigung des Ehemannes. In dieser Rolle darf sich die Frau nicht nach ihren eigenen Wünschen und Vorstellungen richten: Nicht ihre persönlichen Interessen sind handlungsweisend, sondern die gesamte Befindlichkeit der Gemeinschaft, der Familie beziehungsweise des Ehemannes steht im Mittelpunkt des Interesses."[618]

---

[615] ebd., S. 90
[616] vgl. S. 107 f.
[617] vgl. ebd., S. 86
[618] ebd., S. 127

Hinzu kommt, dass die Segregation in den ethnischen Kolonien auch die Wahrscheinlichkeit erhöht, einen Partner oder eine Partnerin ebenfalls mit dem gleichen Zuwanderungshintergrund zu finden. „... je größer und in sich differenzierter eine Migrantengruppe ist und je konzentrierter sie lebt, d.h. je segregierter Wohnviertel, Arbeitsstätten und Erziehungsinstitutionen sind, um so leichter ist es einerseits, innerhalb der Migrantengruppe passende Ehepartner(innen) zu finden, und um so schwerer ist es andererseits, sich über die soziale Kontrolle hinwegzusetzen, der interethnische Beziehungen oft unterworfen sind."[619] Hinzu kommt, dass die Wahl eines Ehepartners für die Tochter starken Einfluss auf das Sozialprestige der Eltern und der gesamten Familie hat, der in ethnischen Kolonien von besonderer Bedeutung ist. „Je stärker ... die Eltern darauf angewiesen sind, in der eigenethnischen Gruppe anerkannt zu werden, um so eher sind ihre Kinder aufgefordert, eine in der Migrantenbevölkerung als positiv bewertete Partnerwahl zu treffen."[620] Der Frauenmangel innerhalb der türkischen Bevölkerungsgruppe in Deutschland führt auch nicht dazu, dass türkische Männer häufiger Frauen nicht-türkischer Herkunft ehelichen. Vielmehr hat der „transnationale Heiratsmarkt in der Türkei" für sie an Bedeutung gewonnen.[621] Auch Frauen türkischer Herkunft bevorzugen Ehepartner aus der Türkei.[622] Straßburger stellt zusammenfassend fest: „Das Heiratsverhalten der hier aufgewachsenen zweiten Migrantengeneration ist ... offenkundig keineswegs hauptsächlich durch die Struktur des hiesigen Heiratsmarktes verursacht. Stattdessen kann davon ausgegangen werden, dass der relevante Heiratsmarkt transnational ist und deshalb soziale, kulturelle, politische und rechtliche Momente ausschlaggebend sind ...".[623]

Dem Nachzug von Ehepartnern aus den Herkunftsregionen kommt für das Fortbestehen ethnischer Kolonien und verfestigter, parallelgesellschaftlicher Strukturen große Bedeutung zu. Das *Zentrum für Türkeistudien* macht zwei Personengruppen aus: „Es gibt eine verhält-

---

[619] Straßburger: Heiratsverhalten, S. 58 f.
[620] ebd., S. 307
[621] ebd., S. 126
[622] ebd., S. 126 f.
[623] ebd., S. 127

nismäßig homogene Gruppe, in der alle fünf Merkmale, die ihre Träger als mögliche Angehörige einer türkischen Parallelgesellschaft ausweisen, am ausgeprägtesten sind: Hierbei handelt es sich um ältere Angehörige der Gastarbeitermigration sowie jüngere Heiratsmigranten und Menschen mit sehr kurzen Aufenthaltsdauern in Deutschland, die sich durch eher geringe formale Bildung und schlechtere Sprachkenntnisse auszeichnen. Diese Subgruppe ist am ehesten prädestiniert, parallelgesellschaftliche Strukturen hervorzubringen."[624]

„Ein Stück der Heimat nach Deutschland holen"

Die Revolutionierung der internationalen Medienlandschaft in den vergangenen 25 Jahren führte zu einer weltweiten Verbreitung heimatsprachlicher Sender (über Satelliten) sowie durch die Zulassung privater Anbieter zu einer Vervielfältigung des Programmangebots. Alleine die Zahl arabisch-sprachiger Satellitensender liegt mittlerweile bei mehr als 40. Der Preissturz der technischen Ausstattung in der Vergangenheit trugen ebenfalls zur massenhaften Verbreitung bei.

In den Großsiedlungen der ethnischen Kolonien (wie in Neukölln-Nord) fällt die flächendeckende Installation von Satellitenschüsseln dem Beobachter ins Auge.

Eine Befragung von 200 arabischen Haushalten im Rhein-Main-Gebiet[625] ergab, dass 95 Prozent der Haushalte über Satellitenschüsseln verfügen, mit denen arabisch-sprachige Sender empfangen werden können.

Als Hauptgründe für den Konsum arabisch-sprachiger Sender wurden in der Befragung angegeben:
– die Sprache
– ein intensiverer Kontakt zum Herkunftsland
– die Vermittlung der „arabischen ‚Sichtweise der Dinge'".[626]

Die Untersuchung ergab weiter, dass die heimatsprachlichen Sender nicht zusätzlich zu deutschen oder englischsprachigen Sendern genutzt

---

[624] Halm, Dirk; Saier, Martina; Faruk, Şen: Religiöse Rückbesinnung. Im Zusammenleben von Deutschen und Türken wird der Dialog mit den Muslimen wichtiger", in: Frankfurter Rundschau vom 2. August 2005
[625] vgl. Al-Hamarneh, Ala: Re-Arabisierung arabischer Einwanderer in Deutschland durch Satellitenfernsehen, in: Meyer, Günter (Hrsg.): Die Arabische Welt im Spiegel der Kulturgeographie (= Veröffentlichungen des Zentrums für Forschung zur Arabischen Welt, Bd. 1) Mainz 2004, S. 448–452
[626] vgl. ebd., S. 450

werden, sondern alternativ. „Im Vordergrund steht ... die umfassende Nutzung eines vollständigen Alternativangebots möglichst vieler Sendertypen und Programminhalte. Dieses Angebot birgt die Gefahr, das deutsche Angebot auf lange Sicht zu verdrängen und zu ersetzen – ein Effekt, der teilweise schon heute beobachtet werden kann."[627]

Diese Nutzung des Fernsehangebots hat gravierende Auswirkungen auf die Reichweite der alltäglichen Kommunikation: Teilnehmen kann nur derjenige, der diese Sendungen gesehen und verstanden hat, also die Sprache spricht. Damit sind Einheimische in aller Regel vom Austausch zu diesen Themen ausgeschlossen. „Wer die arabische Sprache nicht beherrscht, kann bestimmte Sendungen nicht ansehen, im Alltag mit Freunden, Bekannten und Arbeitskollegen nicht über beliebte Sendungen reden und befindet sich damit nicht nur sprachlich, sondern auch thematisch außerhalb des arabischen Medienraums."[628] Der Medienkonsum wirkt sich unmittelbar auf die Struktur von Netzwerken aus, er reduziert die Gelegenheitsstrukturen, mit Einheimischen auf Deutsch Kontakte zu pflegen. „Arabische Nachbarinnen suchen auch deshalb untereinander Kontakt, um sich über beliebte Fernsehprogramme zu unterhalten. Mit deutschen, kroatischen oder türkischen Nachbarinnen ist eine solche Unterhaltung nicht möglich; ähnlich geht es den Männern am Arbeitsplatz und den Kindern in der Schule. Der Konsum einzelner Fernsehsendungen wie der Sendung ‚Superstar‘ im libanesischen Future-TV, aber auch von Sportereignissen und Wahlen sowie der Al-Jazeera Berichte während der Irak-Krise 2002/2003 stellten zunehmend Anlässe dar, um sich zu treffen und sich über das Gesehene auszutauschen."[629]

Sicherlich gibt es je nach Grad der Integration und der Einbindung in ethnische Zusammenhänge unterschiedliche Grade der Nutzung muttersprachlicher Medien.[630] Festzuhalten bleibt: Zwar kann die Nutzung dieser Medien nicht als *die* Ursache mangelnder Integration angesehen werden, dennoch verstärkt die Orientierung am Herkunftsland über die „virtuelle Heimat", die die Satellitensender bieten, die Tenden-

[627] ebd., S. 451
[628] ebd.
[629] ebd., S. 452
[630] vgl. Hafez, Kai: Türkische Mediennutzung in Deutschland: Hemmnis oder Chance der gesellschaftlichen Integration? Eine qualitative Studie im Auftrag des Presse- und Informationsamtes der Bundesregierung, Hamburg/Berlin 2002

zen zur Konzentration auf die eigenen ethnischen und kulturellen Bezüge zweifellos.

Esser weist darauf hin, „dass es bei ethnischen Segmentationen, dem Verbleiben ausschließlich im Rahmen von binnenethnischen Beziehungen und der Orientierung auf binnenethnische Kommunikationen, wie beispielsweise neuerdings durch die Möglichkeiten des Empfangs heimatlicher Fernsehprogramme über Parabolantennen, ... zu Verschiebungen kommt, die eine Investition in eine weiterführende Bildung immer unwahrscheinlicher werden lässt."[631]

Einfluss des Islamismus

In den ethnischen Kolonien finden islamistische Orientierung bei jungen Menschen, die arbeitslos sind und denen sich keinerlei positive Perspektive bietet, immer wieder Anklang.

Sie bieten geistige Orientierung, seelischen Halt und sinnvolle Beschäftigung im Alltag.[632]

Der offizielle Unterricht in Schulen, aus Steuergeldern finanziert, spielt dabei eine wichtige Rolle. So hat sich in Berlin die *Islamische Föderation* – ein Zusammenschluss von Vereinigungen, die der Islamischen Gemeinschaft Milli Görüs (IGMG) zuzurechnen sind – in einem langwierigen Verfahren das Recht auf islamischen Religionsunterricht erstritten.[633] Damit ist das Land Berlin zur weitgehenden Finanzierung dieses Religionsunterrichtes verpflichtet. Im Schuljahr 2005/2006 wurden 4.300 Kinder und Jugendliche an 33 Grundschulen unterrichtet.[634] Lehrer in ethnischen Kolonien wie Berlin-Kreuzberg beklagen, dass die zaghaften Öffnungsversuche hin zur deutschen Gesellschaft durch die Indoktrination im Religionsunterricht, den Islamisten erteilen, wieder zunichte gemacht werden und die Abgrenzung weiter gefördert wird.[635]

---

631 Esser, Hartmut: Assimilation, Integration und ethnische Konflikte. Können sie durch „Kommunikation" beeinflusst werden?, in: Schatz, Heribert; Holtz-Bacha, Christina; Nieland, Jörg-Uwe (Hrsg.): Migranten und Medien. Neue Herausforderungen an die Integrationsfunktion von Presse und Rundfunk, Wiesbaden 2000, S. 35

632 ausführlicher dazu: Luft: Ausländerpolitik, S. 247 ff.

633 vgl. Kesici, Burhan: Chancen und Probleme der Kooperation mit staatlichen Stellen am Beispiel der Bestrebungen nach einem islamischen Religionsunterricht an staatlichen Schulen. In: Die Beauftragte der Bundesregierung für Ausländerfragen: Islamischer Religionsunterricht, S. 56–62; „Ein Signal, aber kein Präzedenzfall". In: Die Welt vom 25. Februar 2000

634 vgl. Abgeordnetenhaus Berlin: Antwort auf die Kleine Anfrage des Abgeordneten Özcan Mutlu „Islamischer Religionsunterricht im Schuljahr 2005/2006, Drs. 15/13408 vom 18. April 2006, S. 1 f.; „Mehr Geld für Muslime". In: Focus vom 7. Juni 2004

Dass davon besonders Schülerinnen betroffen sind, die sich mühsam und mit Unterstützung der Lehrkräfte vom häufig reaktionären Elternhaus zu befreien versuchen, ist offensichtlich. Anfangs verfügten nur vier von 23 Lehrkräften der Islamischen Föderation über „einwandfreie Deutschkenntnisse".[636] Inzwischen ist zumindest in dieser Hinsicht eine Verbesserung eingetreten.[637] Allerdings erfüllt nur eine Lehrkraft der Islamischen Föderation (von insgesamt 24) die mit dem novellierten Berliner Schulgesetz vorgeschriebene Qualifikation eines Hochschulstudiums.[638]

In immer mehr Stadtvierteln fassen die „Islamische Gemeinschaft Milli Görüs" oder von ihr dominierte Organisationen Fuß. Aufgrund der zahlreichen Angebote insbesondere für Kinder und Jugendliche und – wie in Berlin – aufgrund des Religionsunterrichts können sie einen erheblichen sozialen Anpassungsdruck verbreiten. Insbesondere in den Schulen wird zunehmend eine strengere Haltung zu islamischen Regeln beobachtet.[639] Die Einschüchterungen von Mädchen und von Eltern zeigen zunehmend Wirkung. An einzelnen Schulen ist die verweigerte Teilnahme an Klassenfahrten und Sportunterricht für die Schülerinnen mit Kopftuch die Regel und nicht die Ausnahme.[640]

Von islamistischen Gruppen werden auch immer wieder antisemitische Töne laut.[641] Das gilt nicht nur für das „Sprachrohr" der IGMG[642], die Zeitung *Milli Gazete*, in der immer wieder derartige

[635] vgl. „Zwei Arten von Menschen". In: Süddeutsche Zeitung vom 17./18. April 2004; „Allah an der Tafel". In: Die Zeit vom 9. Juni 2004 sowie: Zentrum Demokratische Kultur (Hrsg.): Aspekte der Demokratiegefährdung im Berliner Bezirk Mitte und Möglichkeiten der demokratischen Intervention, Berlin 2004, S. 136 ff.
[636] „Zwei Arten von Menschen". In: SZ vom 17./18. April 2004
[637] vgl. Abgeordnetenhaus Berlin: Antwort auf die Kleine Anfrage des Abgeordneten Özcan Mutlu „Islamischer Religionsunterricht im Schuljahr 2005/2006", Drs. 15/13408 vom 18. April 2006, S. 3
[638] ebd., S. 2
[639] Borstel, Dirk; Claudia Dantschke: Demokratiegefährdende Phänomene in Friedrichshain-Kreuzberg und Möglichkeiten der Intervention. Eine Kommunalanalyse im Berliner Bezirk Friedrichshain-Kreuzberg, hrsg. vom Zentrum Demokratische Kultur, Berlin 2003, S. 140 f.; vgl. auch: „Zum Islamunterricht gedrängt?", in: Berliner Morgenpost vom 26. Mai 2004
[640] vgl. „Richtig Deutsch spricht allein der Lehrer", in: Der Tagesspiegel vom 8. Februar 2005; hierzu auch: „Botschaften aus der Parallelwelt", in: Frankfurter Rundschau vom 6. Dezember 2004
[641] vgl. Zentrum Demokratische Kultur (Hrsg.): Aspekte der Demokratiegefährdung im Berliner Bezirk Mitte und Möglichkeiten der demokratischen Intervention, Berlin 2004, S. 33 ff.
[642] So der bayerische Verfassungsschutz. In: Bayerisches Staatsministerium des Inneren (Hrsg.): Verfassungsschutzbericht 2002, München 2003, S. 160; hierzu auch: Bundesministerium des Innern (Hrsg.): Verfassungsschutzbericht 2003, Berlin 2004, S. 198: „Aussagen in der Milli Gazete" werden daher als repräsentativ für das Islamverständnis der „Milli Görüs"-Bewegung und damit auch für das der IGMG angesehen." Der damalige Vorsitzende der IGMG, Mehmet S. Erbakan, bekannte sich laut einem Zeitungsbericht selbst zu dem beherrschenden Einfluss seiner Organisation auf die „Milli Gazete". „Letztlich zählt nur der Koran". In: Die Welt vom 2. Oktober 2001

Ausfälle verbreitet werden. Besonders abstoßend ist der massive Antisemitismus, der über die Zeitschrift Milli Gazete seit Jahren verbreitet wird. Im aktuellen Verfassungsschutzbericht des Bundes heißt es dazu: „Wenngleich die IGMG in ihren offiziellen Verlautbarungen Antisemitismus grundsätzlich verurteilt, vertritt die ‚Milli Gazete' antisemitische Positionen: Wahlweise werden ‚Die Zionisten', ‚die Juden' oder der Staat Israel für das Übel in der Welt verantwortlich gemacht. Häufig werden diese Verschwörungstheorien noch durch den Hinweis untermauert, dass bereits in zahlreichen Koranversen vor den Juden gewarnt würde. Mit dieser Haltung liegt die ‚Milli Gazete' auf einer Linie mit Necmettin ERBAKAN, der einem Artikel der Zeitung zufolge im Rahmen eines Kongresses betonte, dass ‚die Zionisten die größte Geißel der Menschheit sind, die gesamte Erde ausbeuteten, um die Welt zu beherrschen. Um ihre Pläne zu verwirklichen, verüben sie heute Massenmorde im Nahen Osten.'"[643] [Hervorhebung im Original]

Zu antisemitischen Vorfällen in ethnischen Kolonien tragen daher unter anderem auch arabisch- und türkischstämmige Jugendliche und Heranwachsende bei.[644]

Den Einfluss auf junge Menschen versuchen islamistische Organisationen auch durch die Einrichtung von Internaten zu festigen.[645] Dabei werden die Unsicherheitsgefühle und Ängste von Eltern genutzt, die ihre Kinder vor schädlichen Einflüssen aus der fremdgebliebenen und meist wenig einladenden Wohnumgebung schützen wollen.

Mit ihren vielfältigen Aktivitäten versuchen islamistische Organisationen „islamisierte Räume" zu schaffen, „Milieus, in denen das gesamte Leben der Gemeinschaft den religiösen Vorschriften entsprechend gestaltet wird, einschließlich der Rechtsordnung."[646] Mittels Konformitätsdruck werden islamische Schülerinnen zur Einhaltung von Kleidungsvorschriften veranlasst. Zunehmend werden auch nicht-muslimische Mädchen entsprechend eingeschüchtert.[647] Mädchen und Frauen, die kein Kopftuch tragen, sowie Frauen, die als „Deutsche" identifi-

---

[643] Milli Gazete vom 24. April 2004, zit. nach: Bundesministerium des Inneren (Hrsg.) Verfassungsschutzbericht 2004, Berlin 2005, S. 217
[644] Zentrum Demokratische Kultur (Hrsg.): Aspekte der Demokratiegefährdung im Berliner Bezirk Mitte und Möglichkeiten der demokratischen Intervention, Berlin 2004, S. 72 ff.
[645] vgl. ebd., S. 110 ff.
[646] ebd., S. 122
[647] vgl. u.a.: ebd., S. 181 f.

ziert werden, gelten als „Freiwild" und müssen damit rechnen, von jungen Männern belästigt zu werden.[648] Eltern, deren Kinder nicht den Islam-Unterricht in der Schule oder in der Moschee aufsuchen, werden von Vertretern dieser Organisationen bei Hausbesuchen unter Druck gesetzt. Hier findet eine Auseinandersetzung um die „kulturelle Hegemonie" statt, in deren Zentrum der Einfluss auf Kinder und Jugendliche steht.

Ethnische Kolonien, Gewalt und Kriminalität

In ethnischen Kolonien leben überwiegend Menschen, die sozial schwachen Schichten zugerechnet werden können. Neben überdurchschnittlicher Abhängigkeit von staatlichen Transferleistungen, hoher Arbeitslosigkeit und anderen Indikatoren ist unter anderem eine hohe Gewalt- und Kriminalitätsbelastung festzustellen. In einer Studie für die Weltgesundheitsorganisation wurde für das Ruhrgebiet und die Stadt Essen nachgewiesen, dass die Konzentration von Armut und Gewaltkriminalität in einem engen Verhältnis stehen.[649] In den Wohngebieten der städtischen Unterschichten wohnen die meisten Täter, die meisten Opfer und geschehen die meisten Verbrechen. „The determinants of robbery are high levels of unemployment and poverty and a high propotion of non-German-inhabitants. (…) And most of the crimes are committed in areas where most of the criminals live. (…) It is in the poorer segments of the city where we find the highest crime rates and the largest proportion of violent criminals. Violence in big cities is part of the everyday experience of the people in the poor quarters."[650] Für Berlin stehen entsprechende Auswertungen der Eingangsstatistik der Polizei nach lokalen Bezügen nicht zur Verfügung.

Im Folgenden werden verschiedene Erscheinungen von Gewalt und Kriminalität dargestellt.

Wie Jugendliche ausländischer Herkunft vielfach wahrgenommen werden, wie einheimische Einwohner ihrem Verhalten hilflos gegenüber

---

[648] ebd., S. 189 ff.; 196 ff.
[649] vgl. Strohmeier, Klaus Peter: Determinanants of Urban Violence in the Ruhr and their interlinkages – An Analysis of Ecological Distributions and Correlations, in: Strohmeier, Klaus Peter; Köhler, Götz; Laaser, Ulrich (Hrsg.) Pilot Project on Urban Violence an Health. Determinants and Mangament. A Study in Jakrata, Karachi and Conurban Ruhrgebiet, Lage 2001, S. 173-200
[650] ebd., S. 197 f.

stehen und wie es zur Verfestigung von abweichendem Verhalten kommt, schildert ein Polizeihauptkommissar, der Präventionsbeauftragter für einen Polizeiabschnitt ist, in dem auch das Gebiet Schöneberg-Nord liegt, das als sozialer Brennpunkt mit hohem Zuwandereranteil gilt:

„Bisher ist es nicht so, dass sich Kinder und Jugendliche zur Begehung von Straftaten in Banden zusammentun. Vielmehr ziehen sie mangels sinnvoller Beschäftigung gelangweilt durch die Straßen und lassen ihren Frust an Gegenständen und Menschen aus. Hier werden Taten verübt, die häufig knapp unter der Schwelle zur Straftat liegen, diese in Einzelfällen aber auch überschreiten. Im Vordergrund steht das Bestreben nach Beachtung, wobei sie sehr schnell lernen, dass man auch mit destruktivem Handeln Beachtung erhalten kann. So werden deutsche Bewohner provoziert, es wird gegen Scheiben von Geschäften geschlagen und es werden auch schon mal die Auslagen oder Aushänge beschädigt. Der Schritt zur Beleidigung oder Gewalttat ist dann nicht mehr weit. Die Betroffenen wehren sich jedoch häufig gar nicht mehr, da sie inzwischen resigniert haben. In der Vergangenheit wurden, nachdem sie die Übeltäter verbal gemaßregelt hatten, mit den älteren Geschwistern konfrontiert, die – zur Hilfe gerufen – undifferenziert die Sichtweise ihres jüngeren Familienmitgliedes übernahmen und sofort eine drohende Haltung einnahmen oder Gewalt androhten bzw. ausübten. So eingeschüchtert gehen die Betroffenen jeder Konfrontation mit den Kindern und Jugendlichen aus dem Weg. Die Kinder haben so ihre ersten ,erfolgreichen' Grenzüberschreitungen begangen, ohne dass ihnen jemand das Unrecht ihres Tuns klarmacht. Im Gegenteil, das eigene Fehlverhalten wird durch Familienmitglieder aus falsch verstandener Solidarität gestützt. In der Verbindung mit dem Verhalten in der Gruppe, in der der Starke über den Schwachen bestimmt, wird hier der Grundstein zu einem zukünftigen Verhalten außerhalb der Rechtsnorm gelegt. Gerade bei Serientätern hat man festgestellt, dass diese am Beginn ihrer Entwicklung zum Straftäter nie Grenzen aufgezeigt wurden, so dass sie über einen langen Zeitraum mit der Gewissheit leben konnten, ihr Verhalten wird zumindest hingenommen."[651]

[651] Maiwald, Henry: Praktische Polizeiliche Erfahrungen bei der Präventionsarbeit, in: Landeskommission Berlin gegen Gewalt (Hrsg.): Jugenddelinquenz. Entwicklungen und Handlungsstrategien (= Berliner Forum zur Gewaltprävention 17), Berlin 2004, S. 43

„Mauer des Schweigens"

Über die Kriminalitätsbelastung von Zuwanderern ist seit den 1970er Jahren intensiv debattiert worden. Sie soll hier nicht erneut aufgerollt werden.[652] Eine Bemerkung soll genügen: Es trifft zu, dass sich die zugewanderte Bevölkerung hinsichtlich sozialer Schichtung, Bildungsniveau und Altersstruktur von der nicht-zugewanderten Bevölkerung unterscheidet und dass deshalb aus statistischen und allgemein sozialwissenschaftlichen Gründen Vergleiche nur zwischen ähnlich strukturierten Gruppen hergestellt werden sollten. Richtig ist aber auch, und das wird regelmäßig übersehen, dass sowohl die Strafverfolgungsbehörden als auch die Bevölkerung – insbesondere die Opfer – mit dem absoluten Kriminalitätsaufkommen konfrontiert sind, weshalb es nicht statistisch „wegdiskutiert" werden darf.

Insgesamt liegt der Anteil der nichtdeutschen Tatverdächtigen an allen Tatverdächtigen in Deutschland im Durchschnitt der Jahre 2000 bis 2005 bei 24,0 Prozent.[653] In den Großstädten sieht die Lage allerdings ganz anders aus: Im Durchschnitt der Jahre 2000 bis 2005 stellten in Frankfurt/Main Ausländer 60,4 Prozent aller Tatverdächtigen, gefolgt von München mit 43,3 Prozent und Stuttgart mit 42,4 Prozent.

Anteile nichtdeutscher Tatverdächtiger an allen Tatverdächtigen in Großstädten

Stadt	2000	2001	2002	2003	2004	2005	Durchschnitt 2000–2005
Frankfurt/Main	62,2 %	62 %	61,2 %	62,3 %	57,5 %	57,1 %	60,4 %
München	43,1 %	44,2 %	43,3 %	45,4 %	43,0 %	40,8 %	43,3 %
Stuttgart	45,2 %	44,7 %	42,9 %	40,9 %	40,7 %	39,8 %	42,4 %

Quellen: Bundeskriminalamt (Hrsg.): Polizeiliche Kriminalstatistik (PKS) 2000, Tab. T47; PKS 2001, S. 84, Tab. T47; PKS 2002, S. 84, Tab. T47; PKS 2003, S. 86, Tab T47;PKS 2004, S. 86, Tab. T47; eigene Berechnung; Mitteilung der Landeskriminalämter Hessen, Bayern und Baden-Württemberg

---

[652] Eine Zusammenfassung der Kontroversen mit den einschlägigen Daten u.a. bei: Luft: Ausländerpolitik, S. 190 ff.
[653] PKS 2005, Kurzbericht http://www.bka.de/pks/pks2005/pks2005_kurzbericht_imk.pdf [28. Juni 2006], S. 23, eigene Berechnungen

Anteile nichtdeutscher Tatverdächtiger an allen Tatverdächtigen in Großstädten (ohne Illegale, Stationierungsstreitkräfte, Touristen/ Durchreisende)

Stadt	2000	2001	2002	2003	2004	2005	Durchschnitt 2000–2005
Frankfurt/Main	35,4 %	37,2 %	34,9 %	32,8 %	32,7 %	33,5 %	34,4 %
München	34,0 %	33,7 %	33,2 %	34,5 %	34,3 %	33,2 %	33,8 %
Stuttgart	39,2 %	38,0 %	36,7 %	31,9 %	35,8 %	35,6 %	36,2 %

Quelle: Mitteilung der Landeskriminalämter Hessen, Bayern und Baden-Württemberg

Der Ausländeranteil an der Wohnbevölkerung betrug 2005 in Frankfurt/Main 25,7 Prozent, in München 23,3 Prozent und in Stuttgart 21,9 Prozent.[654]

Der Anteil nichtdeutscher Tatverdächtiger in Berlin liegt seit Jahren bei rund 30 Prozent.

Anteile nichtdeutscher Tatverdächtiger an einzelnen Delikten in Berlin 2005

Delikte	Anteil nichtdeutscher Tatverdächtiger	Erfasste Fälle insgesamt
Insgesamt	30,8 %	509.175
Mord	43,8 %	48
Totschlag	42,5 %	96
Vergewaltigung	38,5 %	610
Raubüberfälle in Wohnungen	27,7 %	250
Gefährliche/schwere Körperverletzung auf Straßen, Wegen oder Plätzen	31,6 %	6.674
Taschendiebstahl	69,1 %	17.188
Diebstahl in /aus KFZ	57,6 %	34.237
Geschäftseinbruch	50,9 %	3.928
Urkundenfälschung	45,7 %	6.740
Sonstiger Sozialleistungsbetrug[655]	51,8 %	851

Quelle: Der Polizeipräsident in Berlin (Hrsg.): Polizeiliche Kriminalstatistik 2005 Berlin, Berlin 2006

654 Aus den Internet-Auftritten der jeweiligen Statistischen Ämter.

Sicher beeinflusst auch ein mehr oder weniger professionelles Abschottungsverhalten einzelner Tätergruppen die Fallzahlen der Polizeilichen Kriminalstatistik. Besonders in den „ethnischen Kolonien" der deutschen Großstädte machen die Beteiligten ihre Konflikte häufig „unter sich" aus, um die Polizei und damit staatliche Intervention außen vor zu halten. Der Berliner Innensenator sprach bezogen auf Ausländergruppen aus dem arabischen Raum von einer „Mauer des Schweigens".[656] Über die Abschottung besonders nach Gewalttätigkeiten innerhalb türkischer Gruppen berichtet ein Berliner Oberstaatsanwalt, zuständig für Jugendgruppengewalt: „Zum Beispiel passiert es, dass man sich in bestimmten türkischen Kreisen untereinander über das Verfahren außergerichtlich einigt. Dann machen die alles dicht, dann erfährt man nichts mehr, dann ist Schweigen nach allen Seiten, dann wird blockiert und die deutsche Justiz ist außen vor. Ich habe also in diesen Kreisen den Eindruck, dass die nicht in dieser Gesellschaft leben, sondern in einer Sondergesellschaft, die ihre Belange privat regelt und dann völlig dicht macht."[657]

Zu den Tatsachen gehört auch, dass die Polizei immer häufiger auf extrem aggressiv auftretende ethnisch strukturierte Jugendgruppen trifft, wie das der Bundesvorsitzende der Gewerkschaft der Polizei beklagte.[658] Nicht selten kommt es bei polizeilichem Auftreten (wie bei Verkehrskontrollen) zu extrem aggressiven Reaktionen und zu Solidarisierungseffekten unter Zugewanderten. Meist sieht man sich in solchen Fällen als Opfer „ausländerfeindlichen Verhaltens".[659]

Ein leitender Polizeibeamter schildert einen Vorfall in Neukölln am 2. Mai 2004: „Nachdem sich bereits am 7. und 8. März sowie am frühen Nachmittag dieses Tages kleinere Auseinandersetzungen zwischen ara-

[655] „betrügerisches Erlangen von staatlichen Zuschüssen aus sozialen Gründen , z. B. unberechtigtes Beziehen von Arbeitslosenhilfe, Wohngeld, Sozialunterstützung etc.", in: Der Polizeipräsident in Berlin (Hrsg.): Polizeiliche Kriminalstatistik 2005 Berlin, Berlin 2006, S. 42
[656] So der Berliner Innensenator Ehrhart Körting „Wo es brennt im Kiez". in: Der Tagesspiegel vom 13. Januar 2004
[657] Czujewicz, Claus: Erfahrungen der Justiz mit nichtdeutschen Jugendlichen, in: Landeskommission Berlin gegen Gewalt (Hrsg.): Kriminalität, Gewalt und Gewalterfahrungen von Jugendlichen nichtdeutscher Herkunft in Berlin, S. 125
[658] vgl. „Polizei trifft immer öfter auf offenen Widerstand", Interview mit Konrad Freiberg in der Neuen Osnabrücker Zeitung vom 2. April 2005
[659] vgl. Splettstößer, Jens: Bericht aus Neukölln. Polizeiliche Alltagsarbeit in einem multikulturellen Bezirk, in: Deutsches Polizeiblatt 4/2005, S. 4

bischstämmigen Neuköllner und türkischstämmigen Kreuzberger Jugendlichen ereigneten, kommt es am Rande der ‚Neuköllner Maientage' zum großen ‚Showdown'. 100 bis 150 Migrantenkinder beteiligen sich an einer Massenschlägerei unter Einsatz von Holzknüppeln, Metallrohren und Messern. Zwei ‚Kreuzberger' retten sich vor der Neuköllner Übermacht, indem sie Schutz bei einer zur Überwachung des Jahrmarktes anwesenden Polizeistreife suchen. Nur durch Ziehen der Schusswaffe und Einsatz des Reizstoffsprühgerätes können die Beamten verhindern, dass ihnen die hilfesuchenden Kreuzberger Kids wieder ‚entrissen' werden. Nach Eintreffen von Verstärkungskräften gelingt es gerade noch, fünf der Angreifer festzunehmen. Ein weiterer, flüchtender Täter schießt mit einer Gaspistole auf die polizeilichen Verfolger und kann entkommen. Bei einer nachträglichen Absuche des ‚Kampfplatzes' werden insgesamt 14 Schlaghölzer, zwei Metallrohre, zwei Teleskop-Schlagstöcke, drei Messer sowie ein Schraubendreher und ein Hammer aufgefunden. Sowohl Täter als auch Geschädigte können und wollen bei den anschließenden Vernehmungen zu Tathergang und -motiv keinerlei sachdienliche Angaben machen.“[660]

Der Park „Hasenheide" in Neukölln gilt als ein wesentlicher Umschlagsplatz von Drogen in Neukölln. Er erlangte im Frühjahr 2006 traurige Berühmtheit durch die Ermordung eines Polizeibeamten. Als Tatverdächtiger gilt ein türkischstämmiger Arbeitsloser, der der Polizei bereits durch Straftaten bekannt geworden war.[661]

„Haschisch und Marihuana sind die Drogen, die in Neukölln an den beiden bekannten Handelsplätzen Hermannplatz und Volkspark Hasenheide angeboten werden; zum Erwerb von Heroin und Kokain muss man in der Regel ins benachbarte Kreuzberg. Die ... Volksgruppen [Araber und Schwarzafrikaner] haben dabei ihre Reviere fest abgesteckt: die Araber den Hermannplatz und einen kleinen Teil der Hasenheide, die Schwarzafrikaner den größten Teil des Parks. Beiden Gruppen ist gemein, dass sie als Asylbewerber (vorgegeben oder tatsächlich) Staatsangehörigkeiten für Regionen besitzen, in die derzeit nicht abge-

[660] ebd., S. 3
[661] „Mord an Berliner Polizisten aufgeklärt, in: Die Welt vom 23. März 2006

schoben werden darf und dass sie bei polizeilichen Überprüfungen lediglich mit Mengen angetroffen werden, für die kein Richter einen Haftbefehl ausstellen würde. Trotz täglicher, verdeckt und offen durchgeführter Kontrollen durch Einzeldienst und Einsatzeinheiten gelingt es daher nicht, den Handel nachhaltig zu unterbinden."[662] Immer wieder berichten Polizeibeamte, dass sie bestimmte Zonen einzelner Stadtviertel meiden, weil sie dort auf ein Aggressionspotential treffen, dem sie nicht mehr Herr werden. So räumt der Bürgermeister von Berlin-Mitte, Joachim Zeller, ein: „Auch in meinem Bezirk haben wir Gebiete, wo der Staat nur noch marginalen Zugang hat."[663]

Jugend und Gewalt

Die Gewaltkriminalität ist besonders stark von ausländischen Tatverdächtigen gekennzeichnet: So lag deren Anteil bei diesen Straftatengruppen in Berlin 2005 bei 33,3 Prozent, wovon wiederum nahezu jeder zweite (40,7 Prozent) jünger als 21 Jahre alt war.

Die „Tatverdächtigenbelastungszahl" (Tatverdächtige je 100.000 der jeweiligen Bevölkerungsgruppe) lag bei deutschen Staatsangehörigen im Alter zwischen acht und 21 Jahren bei 6.768, bei ausländischen Tatverdächtigen lag sie mit 13.408 fast doppelt so hoch (wobei schon Illegale, Touristen und Durchreisende, die nicht in der Bevölkerungsstatistik erfasst sind, herausgerechnet sind).[664] Bei den jugendlichen Tatverdächtigen (14 bis 18 Jahre) lag die Tatverdächtigenbelastungszahl um 115,8 Prozent über der Gruppe mit deutscher Staatsangehörigkeit, bei den heranwachsenden (18 bis 21-Jährigen) nichtdeutschen Tatverdächtigen um 127,5 Prozent über der vergleichbaren Gruppe.[665]

Die Berliner Polizei kommt zu dem Schluss: „Die Kriminalität männlicher jugendlicher Nichtdeutscher ist insgesamt überproportional hoch und dies insbesondere im Bereich der Rohheits- und Gewaltdelikte, hierunter speziell bei Sexualdelikten und Raubtaten in der Öffentlichkeit. (...)

[662] Splettstößer, Jens: Bericht aus Neukölln. Polizeiliche Alltagsarbeit in einem multikulturellen Bezirk, in: Deutsches Polizeiblatt 4/2005, S. 4
[663] In einem Interview mit dem „Tagesspiegel" vom 5. Dezember 2004: „Ich sah Plakate mit dem Aufruf zum Heiligen Krieg"
[664] Der Polizeipräsident in Berlin (Hrsg.): Polizeiliche Kriminalstatistik 2005 Berlin, Berlin 2006, S. 60
[665] vgl. ebd., S. 62 f.

Während im Jahr 2005 annähernd jeder achte männliche deutsche Jugendliche mit einer Straftat in Erscheinung trat, war dies bei männlichen nichtdeutschen Jugendlichen fast jeder dritte. Männliche nichtdeutsche Jugendliche traten bezogen auf ihren Bevölkerungsanteil insgesamt 2,3 mal so oft in Erscheinung wie männliche deutsche Jugendliche (Vorjahr 2,0 mal)."[666]

Männliche nichtdeutsche Jugendliche wurden im Verhältnis zu ihrem Bevölkerungsanteil bei folgenden Delikten häufiger der Polizei bekannt als männliche deutsche Jugendliche:

3,0 mal so oft bei Sexualdelikten insgesamt;
7,5 mal so oft bei Vergewaltigung;
2,0 mal so oft bei Straßenkriminalität;
3,4 mal so oft bei Gewaltkriminalität;
3,1 mal so oft bei gefährlicher und schwerer Körperverletzung;
3,6 mal so oft beim Straßenraub;
2,4 mal so oft beim Handtaschenraub;
3,6 mal so oft beim Erschleichen von Leistungen.

Jugendliche deutscher Staatsangehörigkeit traten hingegen bei Sachbeschädigung 1,4 mal so oft auf wie ihre Altersgenossen nichtdeutscher Staatsangehörigkeit [667]

Die Einbürgerungen und ihre Auswirkungen auf die Statistik lässt eine Auswertung der Berliner Polizei für die „Jugendgruppengewalt" deutlich werden. Danach besaßen im Jahr 2005 26,6 Prozent der Tatverdächtigen nicht die deutsche Staatsangehörigkeit, weitere 16,2 Prozent der deutschen Tatverdächtigen wiesen eine nichtdeutsche Herkunft auf. Im Ergebnis sind damit 42,8 Prozent aller ermittelten Tatverdächtigen nichtdeutscher Herkunft.[668] Entsprechende Ergebnisse gibt es auch bei einer Analyse der Tatverdächtigen zum Drogenhandel. Mit der Kategorie „nichtdeutscher Herkunft" werden Tatverdächtige mit deutscher Staatsangehörigkeit erfasst, „wenn er oder ein Elternteil eine

[666] ebd., S. 63 f.
[667] vgl. ebd., S. 64
[668] vgl. ebd., S. 66

andere Staatsbürgerschaft hatten, oder er bzw. ein Elternteil in einem anderen Land geboren sind. Es genügt ein erfülltes Kriterium."[669]

Wie stark sich die Verhältnisse je nach örtlichen Gegebenheiten unterscheiden lässt die Tatsache deutlich werden, dass alleine in der Polizeidirektion 5 (Kreuzberg-Friedrichshain und Neukölln) 80,7 Prozent aller Täter aus dem Bereich Jugendgruppengewalt nichtdeutscher Herkunft sind. „Selbst unter Berücksichtigung der Tatsache, dass die unter 18-jährigen Nichtdeutschen mit 26,4 % mehr als ein Viertel der gleichaltrigen Wohnbevölkerung stellen, ist das ein besorgniserregender Zustand", analysiert ein leitender Polizeibeamter.[670]

Intensivtäter

Eine besondere Problemgruppe stellen die „Intensivtäter" dar.[671] Nach der Definition der Berliner Innen- und Justizverwaltung sind Intensivtäter „Straftäter, die verdächtig sind, 1. den Rechtsfrieden besonders störende Straftaten, wie z.B. Raub-, Rohheits- und /oder Eigentumsdelikte in besonderen Fällen, begangenen zu haben oder 2. innerhalb eines Jahres in mindestens zehn Fällen Straftaten von einigem Gewicht begangen zu haben und bei denen die Gefahr einer sich verfestigenden kriminellen Karriere besteht."[672]

Nach Angaben des zuständigen Berliner Oberstaatsanwalts[673] haben im März 2006 von dort insgesamt registrierten 425 Intensivtätern 330 (77,7 %) einen „Migrationshintergrund": einheimische Deutsche stellen demnach 22,4 Prozent, Intensivtäter arabischer Herkunft 31,3 Prozent, türkischer Herkunft 27,3 %. Nach der Staatsangehörigkeit waren 51,5 Prozent deutsche Staatsangehörige, darunter also zahlreiche Eingebürgerte.

Die Erfahrungen von Polizei und Justiz zeigen, dass dieser Personenkreis dem Erziehungsgedanken des Jugendgerichtsgesetzes mit seinen

---

[669] Polizeiliche Kriminalstatistik Berlin 2004, S. 55
[670] Splettstöhser, Jens: Bericht aus Neukölln. Polizeiliche Alltagsarbeit in einem multikulturellen Bezirk, in: Deutsches Polizeiblatt 4/2005, S. 3
[671] Hierzu ausführlich: Luft: Ausländerpolitik, S. 219 ff.
[672] Reusch, Roman: Intensivtäterbekämpfung in Berlin – Konzept und bisherige Erfahrungen bei der Staatsanwaltschaft, in: der kriminalist, H. 05/2006, S. 206
[673] Mitteilung gegenüber dem Autor.

abgestuften Sanktionen wenig oder gar nicht zugänglich ist. Der Abteilungsleiter der Staatsanwaltschaft Berlin für die Intensivtäterbekämpfung, Roman Reusch, schildert die Erfahrungen mit dieser Gruppe: „Die Angehörigen dieser Tätergruppe zeichnen sich insbesondere durch völlig fehlende Unrechtseinsicht und weitgehende Resistenz gegen polizeiliche und justizielle Maßnahmen aus. War dies früher nur ein sich aufdrängender Eindruck, so ist nunmehr in zahllosen Fällen durch Erstellung der Lebensläufe bewiesen, dass weder polizeiliche Vorladungen und Vernehmungen noch gerichtliche Hauptverhandlungen für sich genommen auch nur den geringsten Eindruck auf diese Täter machen. Selbst kurzzeitige Freiheitsentziehungen wie vorläufige Festnahmen und Arreste gehen spurlos an ihnen vorbei. Nicht einmal der Erlass von Haftbefehlen mit sofortiger Haftverschonung oder die drohende Verurteilung zu einer Jugendstrafe mit Bewährung respektive Vorbewährung können sie von weiterer serienmäßiger Begehung schwerer Straftaten abhalten. Selbst in einer solchen Lage lassen sie die Hauptverhandlungen in gelangweilt-belästigter Attitüde über sich ergehen und sind von ihren Verteidigern nur unter großen Mühen zu einigen Floskeln des Bedauerns und vorgeblicher Einsicht zu bewegen. Es gibt nur eine einzige Maßnahme, die sie wirklich beeindrucken könnte, nämlich die Haft. So entspricht es polizeilichen Erfahrungen, dass Täter, die bereits einige Monate Untersuchungshaft hinter sich haben, in ihrem Auftreten und Verhalten deutlich vorsichtiger geworden sind. Dem entsprechen die hiesigen Erfahrungen mit diesem Täterkreis, die darauf hindeuten, dass die Wirkung vollzogener Untersuchungshaft meist mehrere Monate anhält und ggf. auftretende Rückfälligkeit sich meist in eher leichteren und deutlich weniger Taten niederschlägt."[674]

Die „Erniedrigung des Opfers"

Insbesondere bei den Delikten der Straßenkriminalität (Raub, „Abziehen") waren die Opfer nichtdeutscher jugendlicher Tatverdächtiger meist ihre deutschen Altersgenossen.[675] Ihnen gelten Neid und Ressentiments, und von ihnen erwarten die Täter mit türkischem, kurdischem

---

674 Reusch: Intensivtäterbekämpfung in Berlin, S. 209
675 vgl. Tertilt, Hermann: Turkish Power Boys. Ethnographie einer Jugendbande, Frankfurt/Main 1996, S. 220 ff.

oder arabischem Hintergrund keine Gegenwehr, wie in ihren eigenen Kreisen. „Das größte Risiko, Opfer solcher Gewalt zu werden, tragen den meisten Aussagen zufolge Kinder und Jugendliche aus der deutschen Mittelschicht, die aufgrund ihrer Erziehung unerfahrener im Umgang mit Bedrohungen sind. Sie gelten als ‚einfache' Opfer – auch deshalb, weil sie individualisierter leben und mögliche Täter nicht die Rache einer Clique fürchten müssen."[676]

Auch die jüngste Schülerbefragung des *Kriminologischen Forschungsinstituts Niedersachsen* aus dem Jahr 2005 belegt diese Einschätzung: Demnach trafen von den befragten deutschen Opfern 56 Prozent auf einen Täter einer anderen Ethnie.[677]

Die Art der Tatbegehung, das Ausmaß an Gewalt selbst gegenüber eindeutig unterlegenen Opfern, die bereitwillig alles den Angreifern überlassen, was diese fordern, lässt deutlich werden, dass es hier nicht nur um das Erlangen materieller Güter durch Raub geht. Die Täter demonstrieren mit diesen Gewalttaten auch *Macht*. Die Opfer erleben dies als traumatisierend. Die Berliner Polizei beschreibt die Vorgehensweise entsprechender Jugendgruppen: „Weiterhin trifft es vermehrt zu, dass die Täter ihre Opfer nach Hause begleiten, um sie dort zu berauben oder zu demütigenden Handlungen zu zwingen. Die Art der Tatbegehung in der Jugendgruppengewalt hat sich nicht geändert. Mehrere Täter umringen ein einzelnes oder mehrere unterlegene Opfer und bringen ihr Gegenüber durch Bedrohung (auch unter Vorhalten einer Waffe), Beleidigung und Körperverletzung in eine hilflose Lage. In vielen Fällen werden die Opfer von den Tätern durchsucht, wenn sie die Herausgabe ihres Eigentums verweigern, aber auch, wenn das geforderte Raubgut schon unter Zwang herausgegeben wurde. Typisch sind das Schlagen mit den Fäusten, Fußtritte und Anspucken sowie verbale Beleidigungen und Demütigungen des Opfers. Weiterhin besteht unter

[676] Germershausen, Andreas: Handlungsperspektiven im Umgang mit Delinquenz Jugendlicher nichtdeutscher Herkunft, in: Landeskommission (Hrsg.): Jugenddelinquenz, Berlin 2004, S. 60
[677] Baier, Dirk; Pfeiffer, Christian; Windzio, Michael: Ethnische Gruppen und Gewalt. Junge Migranten als Opfer und Täter (Beitrag für die Bundeszentrale für politische Bildung, Veröffentlichung geplant im Sommer 2006), S. 8
[678] Der Polizeipräsident in Berlin (Hrsg.): Jugenddelinquenz in Berlin, Berlin 2004, S. 26 f.
[679] Tertilt, Hermann: Turkish Power Boys. Ethnographie einer Jugendbande, Frankfurt/Main 1996, S. 227

den jungen Tätern der Trend, dem Opfer Dinge zu rauben, an denen sie eigentlich gar nicht interessiert sind und die sie oftmals kurz nach der Tat wegwerfen. Häufig nehmen die Täter dem Opfer die Personalpapiere ab, um ihm seine Identifizierbarkeit zu verdeutlichen, falls es Anzeige erstatten sollte."[678]

Eine ausgeprägte Gewaltbereitschaft, eine „aus der Außenperspektive kaum nachvollziehbare Feindseligkeit" gegenüber Opfern und sich einmischenden Passanten wurde bereits Anfang der 1990er Jahre in einer Langzeitfeldstudie über die eine türkische Jugendbande in Frankfurt am Main festgestellt.[679] Für den Autor, der mit der Gruppe zwei Jahre in engstem Kontakt verbracht hatte, „gibt ihre Grausamkeit und Rücksichtslosigkeit doch Rätsel auf. Gewalthandlungen ... versetzen die Jungen in einen Zustand äußerster Erregung. Während einer Prügelei zitterten sie regelrecht am ganzen Körper, als seien sie elektrisiert und von einer inneren Anspannung überwältigt. Sie waren außer sich, ohne jede Beherrschung und schlugen so lange auf jemanden ein, bis er am Boden lag und sich nicht mehr rühren konnte. Erst danach begann sich die Anspannung zu lösen. Die wenigen gewaltsamen Auseinandersetzungen, die ich direkt erlebt habe, glichen einem kurzzeitigen Rausch, einem exzentrischen Anfall, den die Jugendlichen selbst als ‚Ausflippen' bezeichneten. (...) Charakteristisch scheint mir für viele Gewaltsituationen, dass der Handlungsverlauf gar nicht dem Muster von Provokation und Gegenprovokation folgte, es also keineswegs um die Verteidigung der Ehre ging, sondern Gewalt eine eigentümliche Bedeutung aus der Erniedrigung des Opfers gewann."[680]

Die Opfer werden offensichtlich auch in ihrer Eigenschaft als *Angehörige der Aufnahmegesellschaft* ausgesucht, welche ihnen aus ihrer Sicht Anerkennung, erfolgreiche Integration und damit Aufstieg aus der sozialen Randständigkeit verweigert.

Wie schwer es politisch Verantwortlichen fällt, die Wirklichkeit wahr – und vor allem die Probleme der Menschen ernst zu nehmen, macht in diesem Zusammenhang die immer wieder vorgebrachte These deutlich, die betreffenden Bezirke würden vor allem „schlechtgeredet".

[680] ebd., S. 236

„Ich setze mich für eine Entdramatisierung der Diskussion um die Kriminalität junger Zuwanderer ein. Die Angst vor Kriminalität und die Diskussion um den sozialstrukturellen Niedergang einiger Stadtviertel sollte nicht ethnisiert und die Berliner Einwanderer-Kieze nicht länger schlechtgeredet werden", erklärte der Integrationsbeauftragte des Berliner Senats, Günter Piening.[681] Auch ohne *Dramatisierung* sind die Verhältnisse in den ethnischen Kolonien für die dort lebenden und arbeitenden Menschen in vieler Hinsicht stark belastend.

Ursachen der Gewaltbelastung

Zugewanderte Jugendliche – insbesondere aus dem islamischen Raum – sind hinsichtlich Gewalttätigkeit deutlich stärker auffällig als andere Gruppen. Dies gilt sowohl hinsichtlich der durch die Strafverfolgungsbehörden offiziell registrierten Kriminalität („Hellfeld") als auch für jene Kriminalität, die nicht zur Anzeige gebracht wird („Dunkelfeld"). Wo sind die Gründe zu suchen? Ist es die schwierige Lebenslage als Zuwanderer in einer fremden Umgebung? Ist es die soziale und wirtschaftliche Erfolglosigkeit, die vor allem junge Menschen in die Gewalttätigkeit treibt? Oder sind die Gründe in religiös-kulturellen Dispositionen zu suchen?

Aufschlussreich für das Problemfeld sind die Untersuchungen des *Kriminologischen Forschungsinstituts Niedersachsen* (KFN). Auf der Basis umfangreicher Befragungen von 16.190 Jugendlichen in München und acht anderen deutschen Städten nach ihren Gewalterfahrungen 1998 wurden wichtige Analysen geliefert – nicht nur zur Erforschung des Dunkelfeldes der Kriminalität.[682] Dabei wurden genau jene Bedingungen erfüllt, deren Fehlen Kritiker bei der PKS bemängeln und mit der sie ihre angeblich mangelnde Aussagekraft zu belegen versuchen: Es wurden vergleichbare soziale Gruppen gleichen Geschlechts und Alters unter deutschen und ausländischen Jugendlichen gegenüber-

---

[681] Vorwort zu: Gesemann, Frank: Junge Zuwanderer und Kriminalität in Berlin. Bestandsaufnahme-Ursachenanalyse-Präventionsmaßnahmen, Berlin 2004, S. 9
[682] Die umfangreichste Darstellung findet sich in: Wetzels, Peter u.a.: Jugend und Gewalt. Eine repräsentative Dunkelfeldanalyse in München und acht anderen deutschen Städten, Baden-Baden 2001; weitere (zuvor veröffentlichte) Berichte über die Untersuchung: Christian Pfeiffer; Peter Wetzels: Zur Struktur und Entwicklung der Jugendgewalt in Deutschland. Ein Thesenpapier auf Basis aktueller Forschungsdaten (1999), www.kfn.de/strukturentwicklungjugendgewalt.htm sowie Christian Pfeiffer; Peter Wetzels: Junge Türken als Täter und Opfer von Gewalt (= KFN-Forschungsbericht Nr. 81), Hannover 2000, www.kfn.de

gestellt. Ebenso wurde nicht ausschließlich auf die aktuelle Staatsangehörigkeit abgestellt, sondern auch die Frage eines „Zuwanderungshintergrundes" einbezogen. Die Untersuchung kommt unter anderem zu folgenden Ergebnissen:

1. *Bei Jugendlichen ausländischer Herkunft – insbesondere bei Türken – ist eine deutlich stärkere Gewaltbelastung gegeben – sowohl aus der Sicht der Täter als auch aus der Sicht der Opfer.*

2. *Auch aus der Opferperspektive stehen türkische Jugendliche an der Spitze der Gewalttätigkeitsskala. Selbst junge Türken geben Landsleute überdurchschnittlich oft als Täter an.*

3. *Die Ursachen der höheren Gewaltbelastung lassen sich nicht auf die häufig schwierigen sozialen Lagen reduzieren.*

Auch wenn der soziale Status der Familien (Sozialhilfebezug oder Arbeitslosigkeit der Eltern, niedriges Bildungsniveau) statistisch ausgeblendet wird, bleibt für männliche türkische Jugendliche eine eindeutig höhere Täterbelastung bestehen. Bei weiblichen Jugendlichen türkischer Herkunft gilt dies allerdings nicht. „Es handelt sich", so die Autoren, „bei der Feststellung einer höheren Gewaltbelastung der jungen Türken in München nicht um einen artifiziellen Befund, der mit Hinweis auf Unterschiede der sozialen Lagen zu erklären wäre."[683]

4. *Je länger die Aufenthaltsdauer, desto größer die Gewaltbelastung.*

Je länger die Aufenthaltsdauer in Deutschland währte, desto häufiger gaben die befragten türkischen Jugendlichen an, im Zeitraum der zurückliegenden zwölf Monate Gewalttaten begangen zu haben – am häufigsten, wenn sie in Deutschland geboren waren. Ein vergleichbares Bild ermittelte die Studie auch für andere ethnische Gruppen.[684] Ähnliches ergibt sich auch aus den Befragungen für das Niveau innerfamiliärer Konflikte: Je länger die Aufenthaltsdauer, desto häufiger werden Konflikte innerhalb der Familien angegeben.[685]

5. *Bei türkischen Familien zeigt sich eine außerordentlich hohe Gewalt- und Misshandlungsrate.*

Die Gewaltbelastung innerhalb der Familien ist danach auch bei den verschiedenen Ethnien stark unterschiedlich ausgeprägt. Die stärkste

---

[683] Wetzels, Peter u.a.: Jugend und Gewalt. Eine repräsentative Dunkelfeldanalyse in München und acht anderen deutschen Städten, Baden-Baden 2001, S. 215
[684] ebd., S. 207
[685] ebd., S. 210

Belastung durch schwere elterliche Gewalt in der Kindheit zeigt sich bei Jugendlichen aus türkischen Familien, unabhängig davon, ob sie bereits in Deutschland eingebürgert sind oder nicht. „Bei ihnen fallen vor allem die deutlich höheren Misshandlungsraten ins Auge, welche bei den nicht eingebürgerten jugendlichen Türken um das dreifache über der Rate der einheimischen Deutschen liegen."[686] Ähnliches gilt auch für die von Jugendlichen beobachtete Gewalt zwischen den Eltern. Die türkischen Jugendlichen berichten dreimal häufiger als die einheimischen Deutschen, im letzten Jahr Partnergewalt der Eltern beobachtet zu haben. Gleiche Raten weisen auch eingebürgerte Jugendliche türkischer Herkunft auf.[687]

6. *Die höhere Gewaltbelastung ist real.*

Weder die häufig schlechte soziale Lage, das niedrige Bildungsniveau, noch ein selektives Anzeigeverhalten oder Mechanismen der Strafverfolgungsbehörden können also die höhere Gewaltbelastung insbesondere Jugendlicher türkischer Herkunft erklären. „Es ist nicht so, dass junge Migranten lediglich häufiger registriert werden, sondern es ist festzustellen, dass sie in der Tat häufiger Gewaltdelikte begehen", stellen die Autoren fest.[688]

„Gewaltlegitimierende Männlichkeitsnormen"

Sie führen die höhere Gewaltbelastung nach längerer Aufenthaltsdauer auf eine Integrationskrise und einen „inneren Kulturkonflikt" zurück. Die Vorstellungen der zugewanderten Jugendlichen orientieren sich im Laufe des Aufenthalts in Deutschland zunehmend an den hiesigen und treten in Konflikt zu den traditionellen Haltungen ihrer Eltern. Hinzu kommen die überdurchschnittlichen Gewalterfahrungen, die insbesondere türkische Kinder und Jugendliche innerhalb der eigenen Familien machen müssen. Solche Erlebnisse haben erfahrungsgemäß einen prägenden Einfluss auf das soziale Verhalten und die Bereitschaft, selbst

---

[686] ebd., S. 243; vgl. auch: Toprak, Ahmet: Das schwache Geschlecht – die türkischen Männer. Zwangsheirat, häusliche Gewalt, Doppelmoral der Ehre, Freiburg im Breisgau 2005, S. 132 ff.
[687] Wetzels, Peter u.a.: Jugend und Gewalt. Eine repräsentative Dunkelfeldanalyse in München und acht anderen deutschen Städten, Baden-Baden 2001, S. 244
[688] ebd., S. 289; Ähnliche Tendenzen zeigen auch Friedrich Lösel und Thomas Bliesener in ihrer Arbeit „Aggression und Delinquenz unter Jugendlichen. Untersuchungen von kognitiven und sozialen Bedingungen", München, Neuwied 2003, auf. Sie haben in ihrer Schülerbefragung im Nürnberger Raum allerdings die Sonderschulen ausgelassen. Auch konnten nur Schüler mit ausreichenden Deutschkenntnissen an der Befragung teilnehmen (ebd., S. 60; S. 84 ff.)

Gewalt zur (vermeintlichen) Lösung von Konflikten oder zur Durchsetzung des eigenen Willens einzusetzen.

Als weiteres Moment treten bei den männlichen Jugendlichen vor allem jene aus dem islamischen Kulturkreis stammenden Männlichkeitsvorstellungen hinzu, bei denen Gewalt eine herausgehobene Rolle spielt. „Die besonders hohe Gewaltrate männlicher türkischer Jugendlicher erscheint damit auch als Ausdruck eines Männlichkeitskonzeptes, das unter den sozialen Rahmenbedingungen unseres Landes mit wachsender Aufenthaltsdauer in eine tiefe Legitimationskrise gerät."[689] Das *Kriminologische Forschungsinstitut Niedersachsen* hat die Schülerbefragung im Jahr 2000 wiederholt.[690] Die wesentlichen Ergebnisse der Studie aus dem Jahr 1998 wurden dabei bestätigt. Die Autoren messen „gewaltlegitimierenden Männlichkeitsnormen" im Rahmen einer „Kultur der Ehre", bei denen Jugendliche türkischer Herkunft die höchsten, die einheimischen Deutschen die niedrigsten Werte aufweisen, besondere Bedeutung zu.[691] Sie kommen zu dem Schluss: „Offensichtlich sind gewaltlegitimierende Männlichkeitsnormen generell zur Erklärung der Gewaltdelinquenz junger Männer bedeutsam. Ihre ethnisch-spezifische Ausprägung ist, neben der erlittenen Elterngewalt und der Bildungsbenachteiligung ein entscheidender Faktor zur Erklärung der erhöhten (Gewalt)delinquenz bestimmter Ethnien."[692]

In einer 2004 veröffentlichten Studie haben die Autoren ihre Thesen modifiziert.[693] Sie verweisen darauf, dass „gewaltlegitimierende Männlichkeitsnormen" auch bei einheimischen Jugendlichen mit niedrigerem sozioökonomischem Status „deutlich stärker ausgeprägt" sind. Daher müssen als Ursachenbündel soziale Marginalisierung, jugend- und geschlechtsspezifische Entwicklungsaufgaben sowie „durch Migrantenstatus geförderte Tendenzen zu kollektivistischen Orientierungen und subkulturelle Vergemeinschaftungen" angesehen werden. „Gewaltlegitimierende Männlichkeitsnormen finden sich nicht allein innerhalb

---

689 Pfeiffer/Wetzels: Junge Türken als Täter und Opfer von Gewalt, S. 22
690 Wilmers, Nicola; Enzmann, Dirk; Schaefer, Dagmar u.a.: Jugendliche in Deutschland zur Jahrtausendwende: Gefährlich oder gefährdet? Baden-Baden 2002
691 ebd., S. 171 ff.
692 ebd., S. 184
693 Enzmann, Dirk; Brettfeld, Katrin; Wetzels, Peter: Männlichkeitsnormen und die Kultur der Ehre. Empirische Prüfung eines theoretischen Modells zur Erklärung erhöhter Delinquenzraten jugendlicher Migranten, in: Oberwittler, Dietrich; Karstedt, Susanne (Hrsg.): Soziologie der Kriminalität (= Kölner Zeitschrift für Soziologie und Sozialpsychologie) Wiesbaden 2004, S. 264–287

von Gruppen jugendlicher Migranten, erfahren dort jedoch unter besonderen soziostrukturellen Bedingungen von Marginalisierung sowie äußeren und inneren Kulturkonflikten eine besondere Ausprägung."[694]

„So verläuft die Trennlinie zwischen den stärker und weniger stark delinquenten Migrantengruppen nicht entlang der ethnischen Zugehörigkeit, sondern entlang der Ausgrenzung aus der deutschen Gesellschaft: Während eingebürgerte männliche Jugendliche ehemals türkischer Nationalität keine signifikant höhere Gewaltbelastung aufweisen, findet sich bei nicht eingebürgerten türkischen Jugendlichen ebenso wie bei Jugendlichen aus dem ehemaligen Jugoslawien und in der Gruppe der anderen Ausländer eine deutlich erhöhte Gewaltdelinquenz."[695]

Dies dürfte allerdings nichts mit einer integrationsfördernden Wirkung von Einbürgerungen zu tun haben, sondern damit, dass sich damals in vielen Fällen erfolgreich integrierte Personen um die deutsche Staatsangehörigkeit bemühen. Mit dem „Optionsmodell", nach dem die Staatsangehörigkeit kraft Geburt massenhaft verliehen wird (wie bereits dargestellt), werden sich auch diese Befunde ändern.

Christian Pfeiffer et al. verweisen in einem Beitrag für ein für Sommer 2006 angekündigtes Buch, dass alle empirischen Daten (auch eine neue Schülerbefragung des KFN aus dem Jahr 2005) darauf hindeuten, dass ein Ursachenbündel für die überdurchschnittliche Gewaltbelastung einzelner Gruppen von Zuwanderern verantwortlich ist:

Die Tatsache, dass sich überdurchschnittlich viele Jugendliche mit Zuwanderungshintergrund sozial und wirschaftlich nicht erfolgreich in der Aufnahmegesellschaft platzieren können, wodurch Frustration, Neid und Aggression entstehen. Die Tatsache, dass sich – insbesondere in „ethnischen Kolonien" – Normen verstärken, die mit der Herkunftskultur und der Subkultur zu tun haben, in der die Jugendlichen aufwachsen und aufgrund ausbleibender Integration auch verbleiben. Schließlich die Tatsache, dass diese Gruppe häufiger angezeigt und von den Strafverfolgungsbehörden häufiger ins Visier genommen wird als einheimische Jugendliche.[696] Die kulturelle Dimension darf also kei-

[694] ebd., S. 269 f.
[695] ebd., S. 280 f.
[696] Baier, Dirk; Pfeiffer, Christian; Windzio, Michael: Ethnische Gruppen und Gewalt. Junge Migranten als Opfer und Täter (Beitrag für die Bundeszentrale für politische Bildung, Veröffentlichung geplant im Sommer 2006), S. 2 f.

neswegs ausgeblendet werden: „Es bedarf also Faktoren, die die kulturellen Divergenzen zwischen Deutschen und Migranten berücksichtigen, um die höhere Gewaltbelastung der Migranten zu erklären."[697]

Die Kriminologin Susanne Karstedt hat auf die Bedeutung kollektiver kultureller Grundhaltungen (wie kollektivistisch oder individualistisch) für die Entstehung von Gewalt in einer Gesellschaft hingewiesen. Im interkulturellen Vergleich weisen kollektivistisch ausgerichtete Gesellschaften ein höheres Gewaltaufkommen auf.[698] Dabei können solche Befunde nicht auf die Individuen, sondern nur auf soziale Einheiten bezogen werden: Es bleibt festzuhalten, „dass ein interkultureller Vergleich nicht impliziert, dass Individuen mit kollektivistischen Orientierungen tendenziell eher zu Gewalthandlungen neigen oder ihre Gewaltbereitschaft höher ist. Der interkulturelle Vergleich bezieht sich auf ein gesamtes kulturelles Muster innerhalb eines Kollektivs, und daher kann er zunächst nur demonstrieren, dass das Ausmaß von Gewalt in sozialen Einheiten – Gruppen, Ländern – höher ist, in denen kollektivistische Orientierungen vorherrschen."[699]

Ethnische Kolonien, wie sie sich in Deutschland entwickelt haben, stellen vielfach „gesellschaftliche Nischen kollektivistischer Orientierung ... [dar], die dann auch mit einem hohen Gewaltniveau verbunden sind."[700]

Das Verständnis von Ehre im traditionell türkisch-islamischen Raum ist – wie bereits angedeutet – eine der wesentlichen Ursachen für das hohe Gewaltpotential der aus den ländlichen Räumen und den Gecekondus der türkischen Großstädte kommenden Bevölkerung. Sie steht in engem Zusammenhang mit dem traditionellen Frauenbild, der Haltung zur Sexualität und der damit verbundenen Rechtfertigung von Gewalt. Ahmet Toprak spricht in diesem Zusammenhang von einer „Doppelmoral der Ehre"[701], weil einerseits den Jungen und Männern sexuelle Freizügigkeit zugebilligt wird (oder zumindest nicht mit gesellschaftlichen Sanktionen versehen wird) und andererseits Frauen

697 ebd., S. 14
698 vgl. Karstedt, Susanne: Die moralische Stärke schwacher Bindungen. Individualismus und Gewalt im Kulturvergleich, in: Monatsschrift für Kriminologie und Strafrechtsreform, 2001, H. 84, S. 226–243
699 ebd., S. 238
700 ebd., S. 240
701 Toprak, Ahmet: Das schwache Geschlecht – die türkischen Männer. Zwangsheirat, häusliche Gewalt, Doppelmoral der Ehre, Freiburg im Breisgau 2005, S. 149

jeder Anspruch auch auf ein Mindestmaß an Selbstbestimmung und vor allem an Menschenwürde versagt bleibt.[702] „Die Eigenschaften eines ehrenhaften Mannes sind Virilität, Stärke und Härte. Er muss in der Lage sein, auf jede Herausforderung und Beleidigung, die seine Ehre betrifft, zu reagieren und darf sich nicht versöhnlich zeigen."[703]

Religiöse Orientierung und Gewalt

Den Zusammenhang von religiöser Orientierung und Bindung jugendlicher Zuwanderer haben Peter Wetzels und Katrin Brettfeld untersucht.[704] Sie legen dabei die Daten aus der repräsentativen KFN-Befragung des Jahres 2000 von 11.000 Schülern aus vier Städten und einem Landkreis in Deutschland zugrunde. Sie kommen zu folgenden Ergebnissen:

Muslimische Jugendliche messen ihrer Religion im Alltag – unabhängig von der Aufenthaltsdauer in Deutschland – eine herausragende Bedeutung zu. Für rund zwei Drittel der Befragten ist der Islam „wichtig" oder „sehr wichtig". „Damit ist die subjektive Bedeutsamkeit der Religion im Vergleich zu allen anderen Religionsarten für die muslimischen Jugendlichen mit Abstand am höchsten. Auffallend ist, dass dies besonders für die muslimischen Jugendlichen aus der Türkei, dem Nahen Osten und Nordafrika gilt. In etwas geringerem Maße ist das bei jenen aus dem ehemaligen Jugoslawien anzutreffen."[705]

Statistisch besteht ein Zusammenhang zwischen ausgeprägt islamischer Orientierung, sozialer Deklassierung und mangelnder Integration. „Während bei einheimischen Jugendlichen eine hohe Religiosität mit günstigen sozioökonomischen Rahmenbedingungen einhergeht, verhält sich dies bei den Migranten umgekehrt: Im Falle hoher Religiosität ist bei ihnen der sozioökonomische Status der Eltern niedriger, die

---

702 vgl. ebd., S. 140 ff.; zu Männlichkeitsvorstellungen unter türkischen Jugendlichen vgl. auch: Tertilt, Hermann: Turkish Power Boys. Ethnographie einer Jugendbande, Frankfurt/Main 1996, S. 189 ff.
703 Toprak: Das schwache Geschlecht, S. 152
704 Wetzels, Peter; Brettfeld, Katrin: Auge um Auge, Zahn um Zahn? Migration, Religion und Gewalt junger Menschen. Eine empirisch-kriminologische Analyse der Bedeutung persönlicher Religiosität für Gewalterfahrungen, -einstellungen und -handeln muslimischer junger Migranten im Vergleich zu Jugendlichen anderer religiöser Bekenntnisse (= Hamburger Studien zur Kriminologie und Kriminalpolitik, Bd. 34) Münster 2003

Wohnsituation beengter, der elterliche Bildungsabschluss geringer sowie das eigene Bildungsniveau der Jugendlichen ebenfalls niedriger. Deutlich ist allerdings bei den muslimischen Jugendlichen, dass das Bildungsniveau dann am niedrigsten im Vergleich aller Migrantengruppen ausfällt, wenn ihre Religiosität stark ausgeprägt ist. Ferner erweist sich, dass die sprachlich-soziale Integration der muslimischen Jugendlichen im Vergleich aller Religionsarten und auch innerhalb der Migrantengruppen am geringsten entwickelt ist. Diese fällt innerhalb der Gruppe der muslimischen Jugendlichen dann besonders niedrig aus, wenn eine sehr hohe religiöse Bindung festzustellen ist. (...) In der Summe sind von daher stark islamisch religiös geprägte Jugendliche jene Gruppe, bei der sowohl wirtschaftliche Rahmenbedingungen, über Bildung vermittelte Zukunftsoptionen als auch die sprachlich-soziale Integration vergleichsweise am schlechtesten ist."[706]

Muslimische Jugendliche erleben wesentlich häufiger als andere innerfamiliäre Gewalt. Gewalt hat als Mittel der Erziehung einen hohen Stellenwert. „Je stärker diese [religiöse] Bindung ausgeprägt ist, desto deutlicher ist bei den muslimischen Jugendlichen die Tendenz, Gewalt als Erziehungsmittel einzusetzen."[707] Die Einstellung zur Gewalt ist im „Islam, anders als in allen anderen religiösen Gemeinschaften, dass mit erhöhter Religiosität keine stärkere Ablehnung jugendlichen Gewalthandelns durch die Eltern verbunden ist. Insofern findet sich in mehrfacher Hinsicht ein bemerkenswerter Unterschied zwischen muslimischen Jugendlichen und Jugendlichen anderer religiöser Bekenntnisse mit Blick auf ihre familiären Sozialisationserfahrungen und normativen Erwartungen seitens der Eltern, die in Richtung auf eine stärkere Gewaltakzeptanz und Gewalterfahrung bei muslimischen Jugendlichen wirken."[708]

Islamisch-religiöse Orientierungen und gewaltlegitimierende Männlichkeitsnormen korrelieren: „In der Summe lässt sich somit festhalten, dass muslimische Jugendliche in stärkerem Maß zur Übernahme nor-

[705] ebd., S. 95
[706] ebd., S. 124
[707] ebd., S. 142
[708] ebd., S. 143

mativer Vorstellungen im Sinne des Konzeptes der Kultur der Ehre neigen, als das für Jugendliche anderer Religionsgruppen festgestellt werden kann. Dabei gilt weiter, dass bei muslimischen Jugendlichen diese Akzeptanz umso ausgeprägter ist, je stärker ihre religiöse Bindung ist, bei christlichen Migranten ist das nicht der Fall."[709]

Wirkt sich die religiöse Orientierung im christlichen Bereich als „Schutzfaktor" vor Gewalt aus, kann dies im muslimischen Zusammenhang nicht festgestellt werden.[710]

Unterliegen muslimische Mädchen einer ausgeprägten elterlichen Kontrolle (im Vergleich zu den Jungen), so bleibt festzustellen, dass auch sie eine besonders hohe Gewaltbefürwortung aufzuweisen haben.[711]
Elterliche Kontrolle findet vor allem gegenüber den Töchtern statt, sie ist gegenüber Söhnen unabhängig vom Grad der Religiosität wesentlich geringer ausgeprägt. Dabei ist festzustellen, dass sich *elterliche Kontrolle nicht gewaltreduzierend auswirkt:* „Die Einzelbetrachtung offenbart, dass sich nun die Muslime von den christlichen Ausländern signifikant abheben, d. h. bei gleicher sozialer Lage und gleicher familiärer Gewalterfahrung wirkt offenkundig die elterliche Supervision bei den muslimischen Jugendlichen weniger stark als das für die christlichen Ausländer gilt. Dies unterstreichen die ... Zweifel hinsichtlich der gewaltreduzierenden Effekte elterlicher Supervision bei muslimischen Jugendlichen, angesichts ihrer normativen Haltung gegenüber Jugendgewalt, also dem, was ein Inhalt der Supervision sein kann."[712]

Die Autoren der Studie kommen zu dem Schluss: „Zusammenfassend lässt sich feststellen, dass jugendliche Angehörige islamisch geprägter Kulturen Gewalt deutlich stärker befürworten als Jugendliche mit christlicher Religionszugehörigkeit. Während bei christlichen Jugendlichen weiter gilt, dass mit erhöhter religiöser Bindung auf der Einstellungsebene eine deutlich verringerte Befürwortung von Gewalt festzustellen ist, gilt dies für die muslimischen Jugendlichen nicht.

[709] ebd., S. 159
[710] ebd., S. 165
[711] vgl. ebd., S. 173
[712] ebd., S. 181

Allerdings lässt sich eine These, wonach eine hohe religiöse Bindung innerhalb des Islam mit vermehrter Gewaltbefürwortung einhergeht, empirisch so nicht stützen. Es ist vielmehr so, dass die religiöse Bindung im Falle des Islam nicht den Schutzfaktor mit Blick auf Gewalteinstellungen darstellt, wie es bei christlichen Jugendlichen der Fall ist. Eine einfache Gleichung der Art, je stärker islamisch-religiös, desto gewaltbereiter, trifft die tatsächlichen empirischen Verhältnisse nicht. (...) Insgesamt ergibt sich somit ein konsistentes Bild dahingehend, dass muslimische Jugendliche sowohl auf der Einstellungs- als auch auf der Verhaltensebene eine deutlich stärkere Neigung zu Gewalt erkennen lassen. Diese scheint vor dem Hintergrund kulturell und insofern partiell auch über religiöse Traditionen beschreibbarer Konzepte von Ehre und Selbstwertbehauptung, die Gewaltanwendung normativ teilweise sogar fordern, erklärlich zu sein."[713]

„Ethnisch abgeschottete Subkulturen"[714]

Hochkriminelle und extrem abgeschottete Clan-Strukturen kennzeichnen große Teile der Libanon-Flüchtlinge sowie die Angehörigen der religiösen Minderheit der „Yeziden", vorwiegend türkische Kurden. Ihre regionalen Schwerpunkte in Deutschland liegen in Berlin, Bremen, Niedersachsen (unter anderem Celle) und Nordrhein-Westfalen. Sie weisen eine besonders hohe Kriminalitätsbelastung auf (vor allem bei der Gewalt- und der Organisierten Kriminalität)[715]. Spätestens hier ist die Rede von „Parallelgesellschaften" in jeder Hinsicht gerechtfertigt.

Der Personenkreis ist meist vor dem „Türkisierungsdruck" in der Heimat geflohen und baut in Deutschland die „religiösen, ihre Stammes-, Dorf- und Sippengemeinschaften" wieder auf.[716] Untersuchungen belegen darüber hinaus ein besonders ausgeprägtes Abschottungsverhalten, das sich trotz langjährigen Aufenthalts eher verstärkt hat. Polizeifachleute aus Bund und Ländern sprechen deshalb von „ethnisch abgeschotteten Subkulturen".[717] So stellt das Jugendamt Neukölln fest:

[713] ebd., S. 186 f.
[714] hier beziehe ich mich auch auf meine Darstellung in: Ausländerpolitik in Deutschland, S. 156 ff.
[715] vgl. ebd., S. 227 ff.
[716] Kleff, Hans-Günter: Vom Bauern zum Industriearbeiter. Zur kollektiven Lebensgeschichte der Arbeitsmigranten aus der Türkei, Mainz ²1985, S. 246

„Die fachübergreifenden Regionalteams des Jugendamts Neukölln haben übereinstimmend festgestellt, dass bei den Eltern in den beiden Nordregionen kaum eine Bereitschaft zur Zusammenarbeit besteht. Insbesondere arabische Eltern scheinen völlig unzugänglich."[718]

Bei den „Libanon-Flüchtlingen" handelt es sich um Bürgerkriegsflüchtlinge, die kein Asyl zugesprochen bekamen, die aber nicht abgeschoben werden konnten: entweder weil der Flughafen Beirut wegen der Kampfhandlungen geschlossen war oder weil sie durch die Vernichtung oder das Verstecken ihrer Reisedokumente und die Angabe falscher Namen massenhaft ihre Identität verschleierten und auf diese Weise die Beendigung ihres unrechtmäßigen Aufenthaltes in Deutschland verhinderten.[719] Auch der Libanon verhinderte durch Visa-Vorschriften, dass insbesondere Palästinenser wieder zurückkehrten.[720] Am Umgang mit diesem Personenkreis werden einmal mehr die Hilflosigkeit und das Fehlen von Konzepten in der deutschen Asylpolitik überdeutlich.

Die Gruppe setzt sich zusammen aus Libanesen, Palästinensern und einer ursprünglich aus der Südosttürkei stammenden kurdischen Minderheit, den Mhallamiye-Kurden. Sie galten in vielen Fällen als Staatenlose oder als Personen mit ungeklärter Staatsangehörigkeit. Eine Recherche im Berliner Einwohnermelderegister ergab, dass jene in der Ausländerstatistik unter „Staatenlos" oder „Staatsangehörigkeit ungeklärt" Erfassten, zum allergrößten Teil Palästinenser und Kurden aus dem Libanon (oder der Türkei) sind.[721] Schlepperorganisationen brachten sie in den 80er Jahren über die DDR und Berlin (Ost) nach West-Berlin. Aufgrund geltender Abschiebestopps stellten sie häufig gar keinen Asylantrag, sondern beantragten eine Duldung. Dies hatte den Vorteil, dass sie in Berlin – bei bereits dort lebenden Landsleuten – blei-

---

717 Über eine bisher unveröffentlichte Untersuchung von Fachleute der Polizeien von Bund und Ländern berichtet der *Spiegel*: „Blutige Selbstjustiz. Polizeiexperten warnen: Ethnisch abgeschottete Mafia-Clans sind kaum noch zu durchdringen. Die Gerichte tragen Mitschuld", Spiegel 50/2004
718 Bezirksamt Neukölln von Berlin, Abteilung Jugend: „Mehr Vorsorge – Weniger Nachsorge" vom 5. Februar 2004, S. 8 [http://www.berlin.de/imperia/md/content/baneukoelln/67.pdf , 10. April 2006]
719 hierzu die grundlegende Arbeit: Ghadban, Ralph: Die Libanon-Flüchtlinge in Berlin. Zur Integration ethnischer Minderheiten, Berlin 2000, S. 7 ff.
720 ebd., S. 76
721 Henninger, Marcus: „Importierte" Kriminalität und deren Etablierung am Beispiel der libanesische, insbesondere „libanesisch-kurdischen" Kriminalitätsszene Berlins, November 2002, S. 11, www.berlin.de/polizei/Download/impKrim_oeff11.pdf ; Ghadban: Libanon-Flüchtlinge, S. 69

ben konnten und nicht auf die anderen Länder verteilt wurden. Durch Berliner Altfallregelungen der Jahre 1984 und 1987 erhielten sie ein verfestigtes Aufenthaltsrecht (eine Aufenthaltserlaubnis) – obwohl sie nie Asyl zugesprochen bekommen hatten und unabhängig davon, ob sie Sozialhilfe bezogen oder nicht.[722] Dieser Aufenthaltsstatus gab ihnen umfassende Rechte. er macht für die Betroffenen „keine bedeutenden Unterschiede zwischen den Besitzern einer Aufenthaltserlaubnis und Eingebürgerten"[723]. Die Frage einer möglichen Rückführung nach Beendigung der gewalttätigen Auseinandersetzungen in der Herkunftsregion war offensichtlich nirgends ernsthaft erwogen worden. „Die Gefahr, nach dem Ende des Bürgerkriegs im Libanon 1990 die Aufenthaltsbefugnis zu entziehen, hat nie bestanden. Alle Betroffenen gingen davon aus, dass die Behörden aus humanitären Gründen nie zu dieser

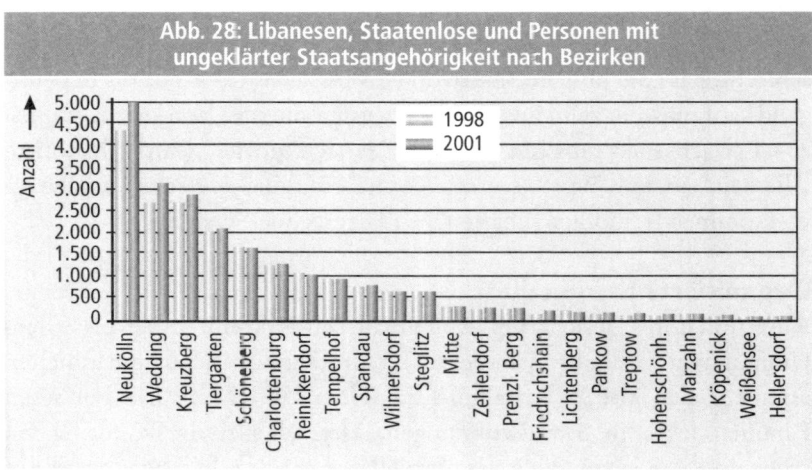

Abb. 28: Libanesen, Staatenlose und Personen mit ungeklärter Staatsangehörigkeit nach Bezirken

Libanesische Staatsangehörige, Staatenlose und Personen mit ungeklärter Staatsangehörigkeit gehören zum allergrößten Teil dem gleichen Personenkreis an: Palästinensern und Kurden aus dem Libanon (oder der Türkei). Ihre Verteilung auf das Berliner Stadtgebiet weist über die Jahre eindeutige Schwerpunkte in den ethnischen Kolonien auf.

Quelle: Statistisches Landesamt Berlin

---

[722] Ghadban: Libanon-Flüchtlinge, S. 9 f., S. 165 f.
[723] ebd., S. 196
[724] ebd., S. 196
[725] ebd., S. 197 f.

Maßnahme greifen werden, was auch nicht der Fall war."[724] Ein großer Teil des Personenkreises wurde schließlich eingebürgert, obwohl er nie zu den anerkannten Flüchtlingen gehörte und in sehr vielen Fällen Sozialhilfe bezog. Die Einbürgerungsquote war ausgerechnet hier überdurchschnittlich hoch.[725] Sie wiederum erleichterte den Nachzug von Ehepartnern aus dem Libanon.

Die Untersuchung des arabischstämmigen langjährigen Flüchtlingsberaters und Sozialwissenschaftlers Ralph Ghadban weist nach, dass diese Personengruppe im Laufe der Jahre und Jahrzehnte ihres Aufenthalts in Deutschland keinerlei Integrationsfortschritte gemacht hat, sich viel mehr zunehmend separiert und auf ihre Großfamilien, die Clanstrukturen und die Herkunft konzentriert hat. Von den von Ghadban befragten Personen waren 80 Prozent in Berlin geboren oder lebten seit über fünf Jahren in der Stadt.[726] Die Sprachkenntnisse waren so schlecht, dass die übliche Skala von eins bis sechs (sehr gut bis ungenügend) auf eins bis zehn ausgeweitet werden musste. Von den befragten 234 Erwachsenen mussten alleine 52 der Kategorie „zehn" (Personen, „die kein einziges Wort Deutsch kannten und die deutsche Sprache als vollkommen fremd betrachteten"[727]) zugerechnet werden.

Organisierte Kriminalität

Aufgrund ihres gesicherten Aufenthaltsstatus konnten sie in vollem Umfang von wohlfahrtsstaatlicher Versorgung profitieren. Sie erhielten nunmehr den vollen Sozialhilfesatz. Über die Hälfte der befragten Familien lebte in Sozialwohnungen. Drei Viertel der Väter waren arbeitslos; von jenen, die einer offiziellen Arbeit nachgingen, bezog ein Teil noch ergänzende Sozialhilfe.[728] Bei diesen Familien mit vielen Kindern wird ohne (oder nur durch geringe) eigene Arbeitsleistung ein Wohlstand erreicht, der in der Heimat nie erreicht worden wäre. Die wohlfahrtsstaatliche Versorgung bedeutet für die Betroffenen, die in ihrer Heimat zu den Ärmsten gehörten, einen enormen sozialen Aufstieg. Ralph Ghadban kommt zu dem Ergebnis: „Verglichen mit den

---

[726] ebd., S. 172
[727] ebd., S. 173
[728] ebd., S. 203 f.

Slums und Flüchtlingslagern im Libanon, wo sie lebten, stellen die jetzigen Unterkünfte eine enorme Verbesserung dar. Es ist, als ob sie im Libanon mehrere soziale Stufen erklommen hätten, von der alleruntersten bis zur mittleren Stufe der Mittelschicht. Sie verdienen alle z. B. mehr als ein Professor an der Amerikanischen Universität in Beirut. Selbst unter deutschen Verhältnissen schneiden sie nicht schlecht ab."[729] Zum einen stehen für die häufig mangelhaft qualifizierten Zuwanderer und ihre Nachkommen aufgrund des Strukturwandels keine Arbeitsplätze zur Verfügung. Zum anderen besteht auch keinerlei Anreiz, durch die Aufnahme legaler Arbeit den Lebensunterhalt zu bestreiten. So war der Wille, geregelter Arbeit nachzugehen, nach den Feststellungen Ghadbans bei den Libanon-Flüchtlingen angesichts der Höhe der Sozialleistungen nur schwach ausgeprägt. „In den Gesprächen wurde klar, dass in vielen Fällen eine Arbeit überhaupt nicht gesucht wurde. (...) [Angesichts der für die Wohnungen] bezahlten Vermittlungsgelder und der Ausstattung der Wohnungen sowie den Reisen in den Libanon ... kann die Arbeitssituation des Personenkreises wie folgt eingeschätzt werden: Ein Drittel, aber keineswegs weniger, bis zur Hälfte, eher mehr als die Hälfte, der Väter wollen keine geregelten Arbeitsverhältnisse, weil das Einkommen kaum die Sozialhilfe erreichen wird. Eine Arbeit würde bedeuten, zeitlich gebunden zu sein ohne Einkommenssteigerung. Aus diesem Grund läuft die Lebensplanung in eine andere Richtung, nämlich die Sozialhilfe als festes Einkommen zu betrachten und die noch freie Arbeitskraft in der Schwarzarbeit einzusetzen. Das führt zu spürbaren Einkommensverbesserungen."[730]

Dass diese „Einkommensverbesserungen" auch auf Erlöse aus schwerkrimineller Betätigung zurückgehen können (wie Rauschgifthandel, Aktivitäten im Rot-Licht-Milieu) darauf verwies der damalige Inspektionsleiter für Organisierte Kriminalität beim Landeskriminalamt (LKA) Berlin, Marcus Henninger. Von den 14 namentlich erwähnten Interviewpartnern Ralph Ghadbans sind ihm mindestens drei als „relevante Personen des OK-Milieus" bekannt.[731]

---

[729] ebd., S. 201
[730] ebd., S. 205
[731] Henninger: „Importierte" Kriminalität, S. 15

Der Rauschgifthandel gehört zum bevorzugten Beschäftigungsfeld dieser Personengruppe. Markus Henninger schildert ein Beispiel: „Bei einer libanesisch-kurdischen Großfamilie wurden zehn Kilo Kokain bei der Einfuhr aus Paris sichergestellt. Insgesamt konnten über diese Gruppierung die Einfuhr von über 60 Kilo Kokain nach Berlin nachgewiesen werden. Der Organisator war Sozialhilfeempfänger und bei der Durchsuchung wurden 415.000 DM in seinem Tresor gefunden, dazu ein Daimler-Benz im Wert von 120.000 DM."[732]

Die Täter aus diesem Personenkreis gelten allgemein als besonders brutal und aggressiv.[733]

Einer der berüchtigten Berliner Clan-Chefs trat als „Personenschützer" beim Besuch von Yassir Arafat in Deutschland auf. Die ARD dokumentierte dies in ihrer Sendung „Report": „Khaled Ali Khan ist der Organisator und Mitglied einer Großfamilie, die seit Jahren mit Schießereien um die Vorherrschaft auf dem Drogenmarkt kämpft. Der 28-jährige wurde später zu zehn Jahren Haft verurteilt. Arnd Bödeker von der Staatsanwaltschaft Berlin erzählt: ,Der Verurteilte ist nach den Feststellungen des Urteils auch im Besitz einer halbautomatischen Selbstladewaffe gewesen, obwohl er dafür nicht die erforderliche Erlaubnis hatte'. Nur wenige Wochen vor seiner Festnahme begleitete der schwerkriminelle Libanese mit der Pistole in der Tasche Yassir Arafat bei seinem Berlinbesuch als Bodyguard – auf Tuchfühlung mit Bundeskanzler Gerhard Schröder und Bundespräsident Johannes Rau. Eine unvorstellbare Sicherheitslücke und ein Beweis dafür, wie weit nach oben Berlins kriminelle Libanesen bereits gekommen sind."[734]

Konflikte zwischen den Clans werden meist außerordentlich gewalttätig ausgetragen. Außen vor bleiben die deutschen Strafverfolgungsorgane in diesen Fällen dann, wenn sich der traditionelle „Friedensrichter" einschaltet und die Auseinandersetzung auf seine Weise regelt.

---

[732] Sendung vom 10. Mai 2004, http://www.br-online.de/daserste/report/archiv/2004/00138/ [10. März 2005]
[733] vgl. Luft: Ausländerpolitik, S. 200 f.
[734] ebd.

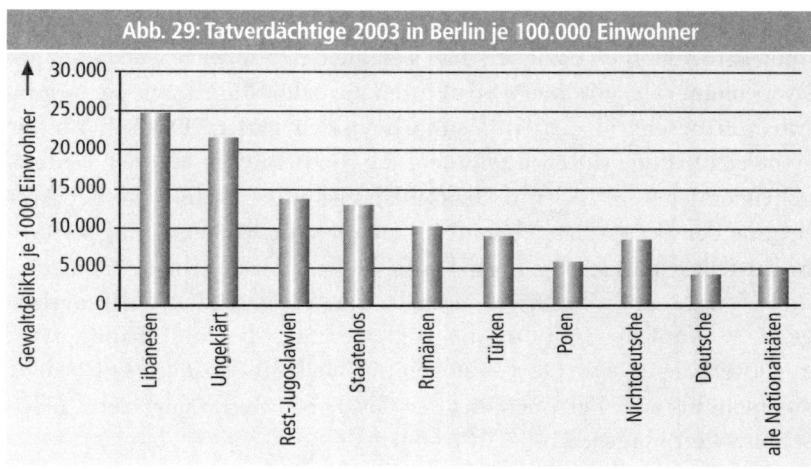

Abb. 29: Tatverdächtige 2003 in Berlin je 100.000 Einwohner

Quelle: Mitteilung des Landeskriminalamtes Berlin

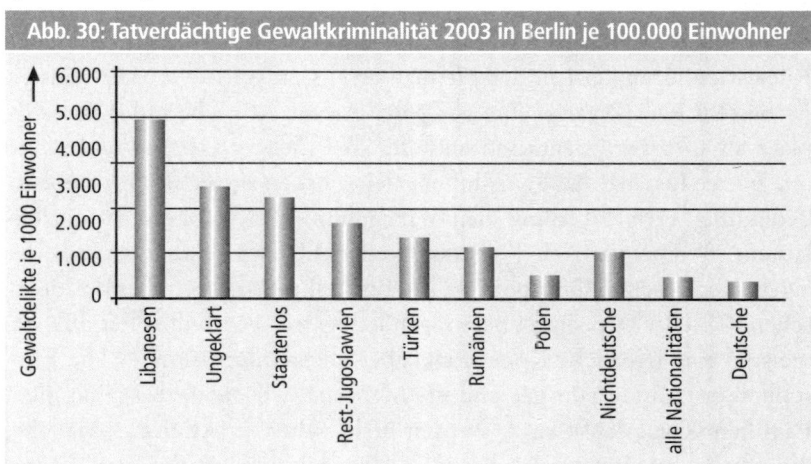

Abb. 30: Tatverdächtige Gewaltkriminalität 2003 in Berlin je 100.000 Einwohner

Die weitgehend identische Personengruppe „Libanesen", Staatsangehörigkeit ungeklärt" und „staatenlos" weist eine besonders hohe Kriminalitätsbelastung auf. „Illegale", Touristen und Durchreisende sind hier bereits herausgerechnet.

Quelle: Mitteilung des Landeskriminalamtes Berlin

Die Einnahmen aus Sozialhilfe, Schwarzarbeit oder Kriminalität machen die Aufnahme einer geregelten Arbeit weitgehend überflüssig.

231

Die Sozialhilfe wird als „Regeleinkommen" betrachtet.[735] Das wiederum trägt wesentlich dazu bei, dass sich die Betroffenen wieder stark auf überkommene traditionelle Strukturen zurückbesinnen, wie sie sich im Libanon bereits in der Auflösung befunden hatten. Das gilt für die Arbeitsaufnahme durch Ehefrauen, die die befragten Männer weitestgehend ablehnten. „Hier in Deutschland ist es den Vätern mit der Aufhebung der akuten materiellen Not möglich, die Rollenteilung wiederherzustellen, mindestens formal – die meisten Väter arbeiten ja nicht – ihre ‚Würde' nach ihrem patriarchalischen Verständnis wiederzuerlangen."[736] Ähnliches gilt für die Geburtenrate, die im Libanon stark zurückgegangen war. Dort bestehen nur noch elf Prozent der Familien aus mehr als acht Personen, bei der Gruppe in Berlin liegt der Durchschnittswert hingegen bei 7,7 Personen.[737]

Einbettung in den Wohlfahrtsstaat

Die Einbettung in das wohlfahrtsstaatliche System ermöglicht die Rückorientierung auf in der Heimat bereits aufgelöste soziale Muster. Es besteht kein Zwang, eine geregelte Arbeit zu suchen, der Arbeitsplatz als Ort der Integration entfällt. „Bei unserer Gruppe fehlt diese integrative Instanz. Als Sozialhilfebezieher haben sie die bessere Lebensbedingung erreicht, ohne den dazugehörenden Prozess zu durchlaufen."[738] Die sozialen Kontakte finden überwiegend innerhalb der eigenen ethnischen Gruppe statt, die Einstellungen gegenüber der deutschen Gesellschaft sind überwiegend negativ. Vorstellbar ist für die meisten eine friedliche Koexistenz, aber keine Integration.[739] Die Eheschließung Minderjähriger und die Mehrehe, wie sie nach islamischem Familienrecht erlaubt sind, werden nicht selten praktiziert. „Manche, die schon verheiratet sind, heiraten islamisch eine zweite Frau, in der Regel eine deutsche Frau. Das stellt keinen Verstoß gegen das Gesetz dar, weil die zweite Ehe nicht vom deutschen Staat anerkannt wird, aber in den Augen des Betroffenen völlig gültig ist. Eine nicht seltene Praxis in den 80er Jahren bestand darin, eine deutsche Frau wegen des

[735] ebd., S. 205
[736] ebd.
[737] ebd., S. 206
[738] ebd., S. 209
[739] ebd., S. 263 f.

Aufenthalts zu heiraten. Dafür ließen sich die Männer vor dem Standesamt von ihren arabischen Frauen scheiden, um neu zu heiraten. Die alte Ehe blieb aber islamisch bestehen, und die Männer pendelten zwischen beiden Wohnungen."[740]

Fachleute gehen von über 20.000 Personen in Berlin aus, die diesem Kreis zuzurechnen sind. Hinzukommen einige tausend, die die deutsche Staatsangehörigkeit erlangt haben. Ihr Siedlungsgebiet liegt vor allem in Wedding und Neukölln-Nord.

Die Gemeinschaft der Yeziden hat sich aus der Türkei inzwischen nahezu vollständig nach Deutschland verlagert und hier die überkommenen Dorfstrukturen faktisch wiederhergestellt. Heiratsregeln werden strikt durchgesetzt, häufig wird in der unmittelbaren Verwandtschaft geheiratet. Ein extrem ausgeprägtes Verständnis von „Ehre" ist die Ursache gehäuft auftretender Tötungsdelikte.[741] Deutliche Verbindungen sind auch zu den Nachfolgeorganisationen der in Deutschland verbotenen PKK festzustellen. Angehörige der Minderheit der Yeziden sind auch stark an der organisierten Kriminalität beteiligt – unter anderem am Drogenhandel und der Prostitution.

Exkurs: Alias-Identitäten

In vielen Fällen haben diese Personen ihre Aufenthaltsrechte in Deutschland von Beginn an unter falschen Behauptungen erlangt. Auf diese Weise bezogen sie über viele Jahre unberechtigter Weise für ihre Großfamilien Sozialleistungen erheblichen Umfangs. Der Öffentlichkeit ist davon wenig bekannt, teilweise wird es ihr absichtlich verschwiegen.

Ein Fall soll hier dokumentiert werden:

Mahmut B. (alias: Mahmmoud Alzayn) behauptete, im März 1986 mit seinen Eltern in die Bundesrepublik Deutschland eingereist zu sein. Seine Eltern gaben im Rahmen des Asylverfahrens an, sie seien Staatenlose aus dem Libanon, ihr Sohn sei 1975 in Beirut geboren. Später wurde als Geburtsjahr 1968 genannt.

Der Asylantrag wurde 1987 zurückgezogen und Aufenthaltsgenehmigungen als Staatenlose beantragt. Im April 1987 stellte Mahmut B.

[740] ebd., S. 257
[741] vgl. den Beitrag in der ZDF-Sendung „Frontal 21" vom 14. Februar 2005 „Zum Heiraten gezwungen": http://www.zdf.de/ZDFde/inhalt/28/0,1872,2261788,00.html [10. März 2005]

unter dem Alias Namen „Ahmet Omeirat" (geboren 1968 in Beirut) einen erneuten Asylantrag. Jetzt behauptete er, 1987 nach Deutschland eingereist zu sein, aus dem Libanon zu stammen und kurdischer Volkszugehörigkeit zu sein.

Erneut wurde der Asylantrag zurückgezogen und eine Aufenthaltsgenehmigung als Staatenloser beantragt. 1990 heiratete Mahmut B. nach islamischem Recht die in Bremen lebende Zabida Al-Zain (die angab, 1972 im Libanon geboren zu sein). In den Jahren 1991 bis 2002 wurden sieben Kinder geboren. Im Dezember 1991 präsentierte Mahmut B. eine Bescheinigung der libanesischen Botschaft, wonach er nicht die libanesische Staatsangehörigkeit besitze und daher von dort auch keinen Pass erhalten könne. Im Oktober 2002 wurde er dem türkischen Generalkonsul in Essen vorgeführt. Gürci B. (alias: Zabida Alzain) behauptete, im Oktober 1988 nach Deutschland eingereist zu sein und stellte unter der Alias-Personalie „Zabida Al-Zain, geboren 1972 in Beirut" einen Asylantrag. Dabei behauptete sie, libanesische Staatsangehörige zu sein.

Nachdem sie zunächst mit ihrer Familie untergetaucht war, stellte ihre Mutter für sich und die Kinder einen neuen Asylantrag. Als Identität wurde „Leila Nahmi, geboren 1973 in Bir Hassan" angegeben. Sie seien Kurden aus dem Libanon. Diese Anträge wurden später wieder zurückgezogen.

Im Dezember 1991 beantragte Gürci B. unter der Alias-Identität „Zabida Alzayn" eine Aufenthaltsgenehmigung. Diese erhielt sie, weil sie aufgrund ihrer Falsch-Angaben dem Kreis der staatenlosen Kurden aus dem Libanon zugerechnet wurde, für den man eine Rückkehr für nicht zumutbar hielt.

Umfangreiche Ermittlungen deutscher Behörden – in Zusammenarbeit mit türkischen Stellen – ergaben, dass sowohl Mahmut B. als auch seine Ehefrau zweifelsfrei türkische Staatsangehörige sind. Sowohl Gürci B. als auch ihre Eltern und ihre 14 Geschwister sind im türkischen Standesregister als türkische Staatsangehörige aufgeführt. Unter anderem konnte ermittelt werden, dass Gürci B. in Izmir eine Grundschule besucht hat.

Mahmut B., seine Eltern und seine beiden Brüder sind ebenfalls als türkische Staatsangehörige im türkischen Standesregister eingetragen.

Die in Deutschland geborenen Kinder sind nach türkischem Recht ebenfalls türkische Staatsangehörige. Inzwischen wurden Passpapiere beschafft und die Ehefrau mit den Kindern in die Türkei abgeschoben. Der Ehemann konnte sich der Abschiebung bisher entziehen, da er den türkischen Wehrdienst verweigerte und deshalb ausgebürgert wurde. Er hat damit erfolgreich sein Abschiebungshindernis selbst geschaffen.

Beim Landtag Nordrhein-Westfalen wurde eine Petition eingereicht, wonach die Frau und die Kinder nach Deutschland zurückgeholt werden sollten, um die Familie in Deutschland zusammenzuführen.

Nach Angaben des Kreises Soest/Westfalen hat die Stadt Soest für die Familie B. (von 1986 bis Mitte 2003) insgesamt rund 214.000 € Sozialhilfe aufgebracht. Hinzu kommt die Arbeitslosenhilfe in Höhe von rund 50.000 €: Insgesamt hat die Familie damit rund 265.000 € staatlicher Unterstützung erhalten, wobei die Krankenversicherungskosten noch nicht enthalten sind.

Sämtliche Aufenthaltstitel wurden durch Täuschung der deutschen Behörden mittels Angabe falscher Identitäten und damit durch Straftaten erlangt. Durch ihr Verhalten haben sich die Eheleute Sozialleistungen größeren Ausmaßes erschlichen und dem deutschen Staat damit erheblichen Schaden zugefügt.

Dass in einer Lokalzeitung für diesen Clan noch zu Spenden aufgerufen wurde, lässt die Kluft zwischen dem Informationsstand der Öffentlichkeit und den tatsächlichen Gegebenheiten einmal mehr offensichtlich werden. [742]

Exkurs: Parallelgesellschaft und Todesstrafe

Zwei Morde schreckten die Öffentlichkeit in den vergangenen Jahren besonders auf: Die Hinrichtung des niederländischen Filmemachers und Provokateurs Theo van Gogh durch einen islamischen Extremisten im November 2004 und der Berliner Türkin Hatun Sürücü im Februar 2005 durch einen ihrer Brüder. Bei der Ermordung in Berlin handelte es sich bereits um den sechsten „Ehrenmord" vor islamischem Hintergrund in fünf Monaten in dieser Stadt.[743] Vier der Täter und der Opfer

---

[742] vgl. Weser Kurier vom 12. März 2004: „Dank Spenden mühsam überlebt. Deutsche Initiative half abgeschobener Mutter und ihren sieben Kindern in der Türkei"
[743] „UN: Weltweit 5000 Opfer pro Jahr", in: Die Welt vom 19. Februar 2005

stammten aus den kurdischen Gebieten der Türkei.[744] Unter den Kurden Ost- und Südanatoliens spielen Stammestraditionen bis in die Gegenwart eine zentrale Rolle.[745] Das kurdischstämmige Mitglied des Berliner Abgeordnetenhauses, Giyasettin Sayan, analysiert den Hintergrund und die Motive der Berliner Morde: „Sie [Opfer und Täter] stammten aus kurdischen Gebieten, aus Gebieten, wo noch feudale Verhältnisse, also Stammesstrukturen, herrschen, wo die Familie eine große Rolle spielt, Blutsverwandtschaft sehr wichtig ist und die Menschen sich gegenseitig kontrollieren. (...) Dort heißt es, die Frau ist eine Ehre des Mannes, des Stammes, der Familie. Wenn jemand diese Ehre verletzt, ist das eine Kränkung der Familie und des Stammes, eine kollektive Entehrung, und dann muss etwas geschehen. Das kann heißen, die Tötung der Frau und auch des Mannes, der das getan hat. Das ist ein ungeschriebenes Stammesgesetz in dieser Kultur."[746]

Diese überkommenen Vorstellungen wurden zunächst durch die innertürkische Binnenwanderung in die Gecekondus der großen Städte getragen und von dort aus in die westdeutschen Industriezentren. Fanden diese archaischen Vorstellungen von Ehre und Moral und ihre inhumanen Konsequenzen, solange sie sich „weit hinten in der Türkei" abspielten, keine besondere Beachtung, so stehen Ehrenmorde jetzt im Zentrum des öffentlichen Interesses.[747] Zu Recht stellt der türkische Schriftsteller Aras Ören fest: „Es gibt verschiedene kulturelle Zeiten, die nebeneinander am gleichen Ort existieren."[748]

Generell finden solche Morde „im Namen der Ehre" auf Beschluss des Familienrates statt. Ein – aus Sicht der Familie so empfundener – „Fehltritt" einer Tochter wird in der ethnischen Gruppe als Skandal interpretiert, das Ansehen der Familie – insbesondere die Ehre ihrer männlichen Mitglieder – gilt als verletzt. Dies erfordert Genugtuung. Für die daraus resultierenden Gewalttätigkeiten, wie Mordversuche,

[744] vgl. „Tatmotiv Ehre?", in: taz vom 22. September 2005
[745] vgl. Kleff, Hans-Günter: Vom Bauern zum Industriearbeiter. Zur kollektiven Lebensgeschichte der Arbeitsmigranten aus der Türkei, Mainz ²1985, S. 33 f.
[746] „Diese Familien leben nach Stammesgesetzen". Interview mit Giyasettin Sayan in: taz vom 22. September 2005
[747] vgl. Bundeskriminalamt (Hrsg.): Presseinformation zu den Ergebnissen einer Bund-Länderabfrage zum Phänomenbereich „Ehrenmorde in Deutschland", Wiesbaden 2006, http://www.bka.de/pressemitteilungen/2006/060519_pi_ehrenmorde.pdf [21. Mai 2006]
[748] „Das ist eben auch ein Teil dieser Kultur". Interview mit Aras Ören in der taz vom 5. Oktober 2005

werden meist die jüngeren Brüder ausgesucht, weil darauf spekuliert wird, dass sie noch unter das Jugendstrafrecht fallen. „Ein solcher Beschluss wird häufig auf die minderjährigen (männlichen) Familienmitglieder übertragen, weil bekannt ist, dass das deutsche Strafrecht für Jugendliche ‚lediglich' eine Höchststrafe von zehn Jahren vorsieht. Welches männliche Familienmitglied den Anschlag verübt, ist unerheblich, entscheidend ist, dass die Familie reagiert und der Schaden beziehungsweise die Strafe, die der Täter auf sich nimmt, so gering wie möglich ist."[749]

Zum Thema wurde das Phänomen erst, als ein Schulleiter in einem offenen Brief die rechtfertigenden Reaktionen türkischstämmiger Schüler beklagte: „Worüber wir aber geschockt sind, ist die Tatsache", schrieb er in einem offenen Brief an Schüler, Eltern und Lehrerkollegium, „dass einige Schüler unserer Schule den Mord an der jungen Frau gut finden und sich an der allgemeinen Hetze und an Aktionen gegen Frauen, die nicht so sind wie sie ‚sein müssen', beteiligen. Diese Schüler zerstören den Frieden des Schullebens
– wenn sie den Mord gutheißen,
– wenn sie äußern, die Frau hätte sich „wie eine Deutsche" benommen,
– wenn sie Mitschülerinnen hier in der Schule beleidigen und provozieren, weil diese Mädchen kein Kopftuch tragen oder anders leben."[750]

Die sehr zögerliche Wahrnehmung des Themas und schließlich die öffentliche Debatte darüber sind bemerkenswert. Welcher Aufschrei wäre durch die Medien gegangen, wenn einheimische, deutsche Rassisten innerhalb von fünf Monaten sechs Frauen aus dem türkischen und arabischem Umfeld getötet hätten! Welche Wogen der öffentlichen Erregung brandeten durch die Medienlandschaft, wenn Schüler Verständnis für diese Morde geäußert hätten. „Würden Rechtsradikale eine 23-jährige Deutsche türkischer Herkunft auf offener Straße erschießen, wäre ganz schön was los. Wenn eine 23-jährige Deutsche türkischer

[749] Toprak, Ahmet: Das schwache Geschlecht – die türkischen Männer. Zwangsheirat, häusliche Gewalt, Doppelmoral der Ehre, Freiburg im Breisgau 2005, S. 159; vgl. Kleff: Vom Bauern zum Industriearbeiter, S. 210 ff.
[750] Der Brief liegt dem Autor vor; er ist auch abgedruckt in: Berliner Morgenpost vom 17. Februar 2005: „Der Brief des Schulleiters im Wortlaut"

Herkunft auf offener Straße von ihren eigenen Brüdern erschossen wird, ist nicht wirklich was los. Kein Aufstand der Anständigen, keine Sondersendung, keine Lichterketten: Die Reflexe engagierter Bürger versagen, auch weil das Täter-Opfer-Bild plötzlich schief hängt", kommentiert die *tageszeitung*.[751]

Ist der Mord erst ein paar Tage vergangen und sind die unvermeidlichen Bekundungen der Abscheu erfolgt, beginnt auch schon die öffentliche Relativierung: „So berechtigt die Empörung über die jüngsten Gewalttaten und Morde an Frauen mit Migrationshintergrund ist – sie wird unglaubwürdig, wenn dabei die Gewalt in alteingesessenen deutschen Kreisen verschwiegen wird", erklärt der Bürgermeister und Frauensenator Wolf gerade einmal drei Wochen nach dem letzten Mord.[752] Wiederum: Was außer dem Rücktritt und der allgemeinen Ächtung bliebe einem deutschen Politiker, der nach Morden deutscher Rassisten öffentlich feststellte, das sei ja alles schlimm genug, aber glaubwürdig bleibe in der Debatte nur, wer auch die Gewalttätigkeit, die von Ausländern ausginge, zur Sprache brächte? An diesem Beispiel zeigt sich, welche Defizite und Verzerrungen es in der öffentlichen Wahrnehmung solcher Vorgänge gibt.

Die politische Botschaft dieser öffentlichen Hinrichtungen wurde zwar von der politischen Klasse weitgehend ignoriert, gleichwohl ist sie unmissverständlich und für die Adressaten unüberhörbar: Auf den Ausbruch aus der Parallelgesellschaft steht die Todesstrafe. Hintergrund dieser Morde sind nicht individuelle Eifersuchtsdramen, sondern der Versuch, mittels Einschüchterung die kulturelle Hegemonie und die männlich bestimmte Ordnungsmacht in der Parallelgesellschaft aufrecht zu erhalten. Mittels dieser öffentlichen Hinrichtungen wird jedes Ausbrechen mit dem Tode bedroht. Die Wirkung wird nicht verfehlt werden. Deshalb verfehlen auch alle (relativierenden) Hinweise auf Gewalttaten zwischen deutschen Männern und ihren Frauen die zentrale Botschaft dieser Hinrichtungen. Hier wird der Charakter einer „Parallelgesellschaft" sehr deutlich. „Das ist das Schlimme, dass Fami-

---

[751] „Wenn das Familiengericht tagt", in: taz vom 22. Februar 2005
[752] Mitteilung der Berliner Senatsverwaltung für Wirtschaft, Arbeit und Frauen: „Frauensenator Harald Wolf zum internationalen Frauentag", vom 8. März 2005

lien, die sich seit Jahrzehnten hier befinden, noch immer unter der Kulturhoheit des Stammes, des *asiret*, stehen, und auch unter dessen Bildungs- und Erziehungshoheit – dass also nicht Berliner oder deutsche Institutionen, Erziehungsinstitutionen, Schule etc., die Hoheit über die Kinder haben, sondern der Stamm und die Familie. Das ist ein Phänomen, über das man wirklich sehr viel mehr forschen und berichten müsste."[753]

Auf einen weiteren Aspekt hat die Sozialwissenschaftlerin Necla Kelek hingewiesen: Die mutmaßlichen Mörder ihrer Schwester sind in Deutschland aufgewachsen und zur Schule gegangen. Offensichtlich ist es nicht gelungen, ihnen in der Erziehung elementare Grundwerte der deutschen Gesellschaft zu vermitteln. „Was muss geschehen, bevor ein Bruder seiner wehrlosen Schwester in den Kopf schießt? Nicht aus versehen, nicht im Affekt, sondern hinterhältig, gezielt unter den Augen seiner Brüder? Wie wurden diese jungen Menschen erzogen? Sie sind soviel wir wissen, in Berlin aufgewachsen, sind auf Berliner Schulen gegangen. Konnten wir ihnen nicht verständlich machen, dass jeder Recht auf sein eigenes Leben hat? Waren sie auf der Koranschule? Hat man ihnen da nicht beigebracht, was Liebe und Ehrfurcht vor dem Leben ist? Was haben die Eltern ihren Kindern für ein Weltbild vermittelt? Ist er einfach böse, oder waren Schläge, Zwang und Angst oder Gehirnwäsche nötig, um den 18jährigen zu solch einer Tat zu bringen? Haben sie dem Jungen das Paradies versprochen? Haben sie gesagt ‚Tu es für Gott'? Oder wollten sie den ‚guten Ruf' ihrer Familie in der muslimischen Gemeinde wiederherstellen? Wir müssen fragen, was ist das für eine soziale Gruppe, in der man durch Mord Ansehen erlangt?"[754]

Zweifellos war die Entscheidung des Schulleiters der Thomas-Morus-Oberschule in Neukölln richtig, die Reaktionen seiner Schüler öffentlich zu machen. Gespräche mit Lehrern aus Schulen in einschlägigen Stadtvierteln ergeben, dass ihre türkisch- und arabischstämmigen Schüler immer wieder in hochemotionalen und aggressiven „Ausbrü-

---

[753] „Diese Familien leben nach Stammesgesetzen". Interview mit Giyasettin Sayan in: taz vom 22. September 2005
[754] Kelek, Necla: Die andere Kultur ist keine Entschuldigung, in: Der Tagesspiegel vom 27. Februar 2005

chen" derartiges Gedankengut aus dem Elternhaus oder den islamischen Vereinen und Koranschulen erkennen lassen.[755] Hierüber darf nicht der Mantel des Schweigens gedeckt werden. Dennoch reicht dies nicht, das Klima der Angst nachhaltig zu verändern: Entscheidend wird sein, ob der Ankündigung des Schulleiters „Wer Mobbing will, hat bei uns keinen Platz. Wir werden diese intoleranten Schüler zur Verantwortung ziehen", auch tatsächliche Konsequenzen haben wird oder nicht.

Die öffentliche Bekundung von Abscheu, Appelle und Podiumsdiskussionen reichen nicht. Sie durchdringen die Abschottung längst nicht mehr. Die Demonstration aus Anlass der Ermordung der Hatun Sürücü war denn auch nach Ansicht von Beobachtern eine Versammlung von Berufsdemonstranten, eine „geschlossene Veranstaltung von deutschen Feministinnen und anderen Vertretern des linksalternativen Milieus".[756] Türkische Männer standen gelangweilt am Straßenrand und ignorierten die Veranstaltung. Seyran Ates: „Die Linken und Liberalen und Feministinnen sind immer nur ratlos und veranstalten Tagungen und suchen den Konsens – das ist zu wenig."[757]

Gewalt gegen Frauen

Einer repräsentativen Untersuchung im Auftrag des Bundesministeriums für Familie, Senioren, Frauen und Jugend aus dem Jahr 2004 zufolge, leiden türkische und türkischstämmige Frauen in Deutschland unter einem außerordentlich hohen Maß an Gewalt.[758] Vor dem Hintergrund der bereits vorgestellten Befunde kann dies nicht überraschen.

So gaben 30 Prozent der türkischstämmigen befragten Frauen an, die zum Befragungszeitpunkt in einer festen Paarbeziehung lebten, durch den Partner körperliche oder sexuelle Gewalt erlebt zu haben (gegenüber 18 Prozent der osteuropäischen Migrantinnen und 13 Prozent aller Befragten).[759] Dabei lag sowohl die Schwere der Gewalthandlun-

---

[755] Neben zahlreichen Gesprächen mit Lehrern in Bremen und Berlin vgl.: „Schule hat viel zu wenig Einfluss", in: Berliner Morgenpost vom 19. Februar 2005
[756] „Geschlossene Gesellschaft", in: Berliner Zeitung vom 7. März 2005
[757] „Multikulti ist verantwortungslos'", Interview mit Seyran Ateş in: taz vom 28. Februar 2005
[758] vgl. Bundesministerium für Familie, Senioren, Frauen und Jugend (Hrsg.): Lebenssituation, Sicherheit und Gesundheit von Frauen in Deutschland. Eine repräsentative Untersuchung zu Gewalt gegen Frauen in Deutschland, Berlin 2004
[759] vgl. ebd., S. 121

gen besonders hoch als auch der Anteil jener Frauen, die angaben, in den vergangenen fünf Jahren mehrfach von Gewalttätigkeit betroffen gewesen zu sein.[760] Die Täter stammen meist aus Familie und Verwandtschaft. Die Untersuchung zeigt auf, dass „insbesondere die türkischen Migrantinnen Gewalt vergleichsweise häufig durch Partner oder andere Personen aus der Familie erfahren und vergleichsweise selten durch unbekannte oder flüchtig bekannte Personen sowie durch Personen aus Arbeit, Ausbildung, Schule, Nachbarschaft oder Beruf."[761]

Zwangsheiraten/Ehrenmorde

Die Untersuchung gibt auch Hinweise auf den Anteil der Zwangsheiraten unter Türkinnen in Deutschland. Ein Viertel der befragten verheirateten türkischen Frauen gab an, ihren Partner vor der Heirat *nicht* kennen gelernt zu haben. Bei der Hälfte aller türkischen Frauen war der Partner von Verwandten ausgesucht worden, davon gaben 23 Prozent an, sie hätten ihren Partner lieber selbst ausgesucht, 17 Prozent gaben an, sie hätten das Gefühl gehabt, zu der Ehe gezwungen worden zu sein, drei Viertel waren mit der Wahl einverstanden.[762] Die Autoren kommen zu dem Schluss: „Zwar sind diese Ergebnisse aufgrund der geringen Fallzahlen nicht verallgemeinerbar, sie deuten aber darauf hin, dass ein Teil der türkischen Migrantinnen – in einer Größenordnung von etwa 10 % (je nach Definition) – in Ehen lebt, die nicht freiwillig eingegangen oder erzwungen wurden."[763]

Hier ist der türkisch-stämmigen Berliner Frauenrechtlerin Seyran Ateş zuzustimmen: „Ob es zehn oder 20 Prozent sind, ist irrelevant. Tatsache ist doch, dass erschreckend viele junge Frauen türkischer Herkunft Sklavinnen auf dem muslimischen Heiratsmarkt sind. Und die Folgen sind gravierend: unglückliche Ehen, ungewünschte Kinder, die keine Liebe kennen – ein Tumor in unserer Gesellschaft."[764]

Die Anzahl der „Ehrenmorde" in Deutschland kann nur geschätzt werden. Das hat in erster Linie mit den Erfassungskriterien der *Polizei-*

---

[760] vgl. ebd., S. 124 ff.
[761] ebd., S. 128
[762] ebd., S. 130 f.
[763] ebd., S. 131
[764] Seyran Ateş in einem Interview mit „Focus" vom 4. April 2005 „Zwangsehen sind wie ein Tumor"

lichen Kriminalstatistik zu tun, die das Delikt „Mord im Namen der Ehre" nicht kennt. Hinzu kommt, dass nur teilweise Staatsangehörigkeiten von Opfern und Tätern erfasst werden und auch die erfassten Zahlen aufgrund der zahlreichen Einbürgerungen nur bedingt aussagekräftig sind. Auch sind als Selbstmorde erscheinende oder getarnte „Ehrenmorde" nicht erfasst.[765]

Eine Abfrage des Bundeskriminalamtes unter den Ländern ergab Hinweise auf 55 Fälle (einschließlich Versuche) innerhalb von acht Jahren (1996 bis 2004).[766] Von den 70 Tatverdächtigen hatten 50 die türkische Nationalität.[767]

Fazit:

– Zuwanderer aus den Unterschichten ihrer Herkunftsländer leben in Deutschland in ethnischen Kolonien, die Teile städtischer Armutszonen sind. In ihnen haben sich in einem langjährigen Prozess sozialer Entmischung jene randständigen Gruppen niedergelassen, für die ein sozialer Aufstieg nur unter schwierigen Bedingungen möglich ist. Positive Vorbilder fehlen sowohl in der Gruppe der Zugewanderten wie in der Gruppe der Nicht-Zugewanderten.

– Ethnische Kolonien haben eine starke Binnenintegration und eine erhebliche Anziehungskraft entwickelt, so dass sie nicht nur durch die Geburtenhäufigkeit sondern auch durch Zuzug von außen immer wieder personell „aufgefrischt" werden. Dabei spielt die „Heiratsmigration" eine wichtige Rolle.

– In den Schulen spiegelt sich die Ballung ethnisch-sozialer Gruppen wider. Die Schulen sind nicht in der Lage, die benachteiligten Kinder so zu fördern, dass ihre Defizite aufgrund ihrer Herkunft ausgeglichen würden. Entsprechend sind die Abschlüsse seit Jahrzehnten unterdurchschnittlich und der Übergang in Ausbildung und Arbeitsmarkt schwierig.

---

[765] Schirrmacher, Christine; Spuler-Stegemann, Ursula: Frauen und die Scharia. Die Menschenrechte im Islam, Kreuzlingen, München 2004, S. 206 f.
[766] Bundeskriminalamt (Hrsg.): Presseinformation zu den Ergebnissen einer Bund-Länderabfrage zum Phänomenbereich „Ehrenmorde in Deutschland", Wiesbaden 2006, http://www.bka.de/pressemitteilungen/2006/060519_pi_ehrenmorde.pdf [21. Mai 2006], S. 9
[767] vgl. ebd., S. 14

– Zahlreiche (über Satellit empfangbare) muttersprachliche Fernsehsender tragen dazu bei, dass Zuwanderer in einer Zwischenwelt zwischen Aufnahme- und Herkunftsland leben können.

– Islamistische Gruppen nutzen die Fremdheitserfahrungen von Zuwanderern aus dem islamischen Raum aus und versuchen, durch vielfältige Angebote vor allem junge Menschen an sich zu binden.

– Die hohe Gewaltbelastung einzelner Zuwanderergruppen ist einerseits als Reaktion auf empfundene mangelnde Anerkennung durch die Aufnahmegesellschaft zu erklären. Andererseits zeigen breit angelegte empirische Studien, dass auch mit dem Islam im Zusammenhang stehende kulturelle Gründe als Ursachen hoher Gewaltbelastung (sowohl innerfamiliär als auch nach außen) angesehen werden müssen.

– Im Ergebnis entwickeln sich in den ethnischen Räumen parallelgesellschaftliche Strukturen, die vor allem Frauen ein Ausbrechen sehr schwierig werden lassen.

– Neben der allgemein hohen Gewaltbelastung unter türkischstämmigen Zuwanderern muss von einer außergewöhnlich hohen Gewaltrate gegen Frauen ausgegangen werden.

„Die sich verstärkende Tendenz zur Konzentration der Ausländer in
bestimmten Wohnvierteln korreliert mit ihrer abnehmenden Bereit-
schaft, Verhaltensformen der sie umgebenden Umwelt anzunehmen und
führt zur Beibehaltung der eigenen ursprünglichen Verhaltensmuster."

Andreas Geiger, 1974[768]

„Wir können daher feststellen, dass es in der sozialen Realität der Bun-
desrepublik Tendenzen zur Ausbildung von ‚Parallelgesellschaften' gibt
und damit auch, dass dieses Analysekonzept nicht nur theoretisch
begründbar, sondern auch empirisch gehaltvoll und demokratietheore-
tisch relevant ist. Die theoretischen und die verfügbaren empirischen
Erklärungsansätze rechtfertigen die Vermutung, dass Parallelgesell-
schaften Hindernisse auf dem Wege der sozialen, ökonomischen und
politischen Integration darstellen."[769]

Thomas Meyer, 2002

VI. Integrationsbarrieren: Ethnische Kolonien, Armutsstadtteile und Parallelgesellschaften

„Ethnic communities are formed, grow, and disappear; they go through a life-cycle."[770] Dieser Erfahrungssatz aus dem Amerika der ersten Hälfte des 20. Jahrhunderts kann für die Bundesrepublik Deutschland (und auch für andere westeuropäische Staaten) keine Wahrscheinlichkeit für sich beanspruchen: die Verhältnisse sind grundlegend andere. Gegen die optimistische Annahme, dass sich die Integration in die Mehrheitsgesellschaft nach verschiedenen Phasen nahezu „automatisch" ergibt, sprechen mehrere Gründe: Die Zuwanderer gehören in vielen Fällen zur Unterschicht des Herkunftslandes. Strukturveränderungen auf dem Arbeitsmarkt sorgen dafür, dass die Zuwanderer mit ihren Qualifikationen außen vor bleiben. Die sozialstaatliche Einbindung der Zuwanderer – insbesondere in der Bundesrepublik – fängt sie

---

[768] Geiger, Andreas: Ausländer im Ghetto – Eine missglückte ‚Integration', in: Herlyn, Ulfert (Hrsg.): Stadt- und Sozialstruktur. Arbeiten zur sozialen Segregation, Ghettobildung und Stadtplanung, München 1974, S. 166
[769] Meyer, Thomas: Identitätspolitik. Vom Missbrauch kultureller Unterschiede, Frankfurt/Main 2002, S. 220
[770] Breton, Raymond: Institutional Completeness of Ethnic Communities; in: The American Journal of Sociology, Jg. 70, 1964, S. 205

im sozialen Netz auf und trägt dazu bei, eine „Subventionsmentalität" entstehen zu lassen. Im Folgenden sollen die Auswirkungen sozialer und ethnischer „Entmischung" (Segregation) diskutiert werden.

Mit Wanderungsprozessen geht meist die Entstehung „ethnischer Kolonien" einher. Die Zuwanderergruppen suchen die Nähe zu Landsleuten und zu Verwandten im Aufnahmeland, um sich in ihrer schwierigen und von Unsicherheit gekennzeichneten Lage in fremder Umgebung gegenseitig stützen zu können. Ethnische Kolonien entstehen prinzipiell formal freiwillig, wenn auch Mechanismen des Wohnungsmarktes indirekten „Zwang" ausüben. Dies ist der grundsätzliche Unterschied zum „Ghetto", das ausschließlich durch Zwang von außen zustande kommt und zusammengehalten wird.[771] „Es ist daher auch nur folgerichtig, in den europäischen Städten, speziell den deutschen, nicht von ‚Gettoisierung' einzelner ethnischer Minoritäten zu sprechen. Definiert man nämlich Ghetto als eine stadträumliche Teileinheit, die deren Bewohner freiwillig nicht verlassen können, so gibt es keine Ghettos in den deutschen Städten."[772]

Integrationszyklen

In den USA wurden verschiedene Modelle der Eingliederung von Einwanderern entwickelt.[773] Von der amerikanischen Sozialökologie, der Chicagoer Schule, sind zu Beginn des vergangenen Jahrhunderts Bevölkerungsbewegungen in den Großstädten analysiert worden.[774] Demnach vollziehen sie sich in Zyklen und erreichen unweigerlich ein Stadium, so die optimistische Annahme, in dem eine erfolgreiche Integration erfolgt. So sieht der „Race-Relations Cycle" von Bogardus aus den zwanziger Jahren sieben Phasen in den Beziehungen zwischen Ein-

[771] vgl. Heckmann, Friedrich: Ethnische Minderheiten, Volk und Nation. Soziologie inter-ethnischer Beziehungen, Stuttgart 1992, S. 96 ff.
[772] Friedrichs, Jürgen: Vor neuen ethnisch-kulturellen Konflikten? Neuere Befunde der Stadtsoziologie zum Verhältnis von Einheimischen und Zugewanderten in Deutschland, in: Heitmeyer, Wilhelm; Dollase, Rainer, Backes, Otto (Hrsg.): Die Krise der Städte. Analysen zu den Folgen desintegrativer Stadtentwicklung für das ethnisch-kulturelle Zusammenleben, Frankfurt/Main 1998, S. 255
[773] vgl. Esser, Hartmut: Aspekte der Wanderungssoziologie. Assimilation und Integration von Wanderern, ethnischen Gruppen und Minderheiten. Eine handlungstheoretische Analyse, Darmstadt, Neuwied 1980, S. 34 ff.
[774] Zur Chicagoer Schule vgl. u.a.: Krämer-Badoni, Thomas: Die Stadt als sozialwissenschaftlicher Gegenstand. Ein Rekonstruktionsversuch stadtsoziologischer Theoriebildung, in: Häußermann, Hartmut; Ipsen, Detlev; Krämer-Badoni, Thomas (Hrsg.): Stadt und Raum. Soziologische Analysen, S. 17 ff. sowie: Lindner, Ralf: Walks on the wilde side, Frankfurt/Main 2004, S. 113–135

wanderern und Einheimischen – am Beispiel der in die USA einwandernden Japaner und Chinesen[775]:

1. Den Neuankömmlingen wird mit neugierigem Interesse und Mitleid begegnet. Fremdheit und die geringe Anzahl lassen sie hilfsbedürftig erscheinen.
2. Ihr wirtschaftlicher Erfolg macht sie zu willkommenen Fremden. Sie wollen so viel Geld wie möglich verdienen. Ihr Fleiß und die Bereitschaft, zu Bedingungen zu arbeiten, die von den Einheimischen nicht mehr akzeptiert werden, zeichnen sie aus. Die Umstände ermutigen sie, Verwandte und Freunde nachzuziehen.
3. Wirtschaftlich und sozial motivierte Feindseligkeit entsteht. Es kommt zu Ausbrüchen von offener Ablehnung und Feindschaft seitens der Aufnahmegesellschaft. Der wirtschaftliche Erfolg der Einwanderer lässt Konkurrenzängste laut werden. Ihre Leistungsbereitschaft wird als unfairer Wettbewerb und Sozialdumping angeprangert. In diese Phase des „Geschreis und Gezeters" mischen sich auch chauvinistische Töne. Die schnell anwachsende Zahl der Einwanderer und ihre hohen Geburtenraten lassen Ängste vor Überfremdung entstehen. „Sheer numbers of immigrants plus high birth-rates constitute a tremendous threat against the established order."[776]
Die sozialen Aufsteiger unter den Einwanderern wollen die ethnischen Kolonien verlassen und in „bessere" Wohngebiete ziehen. Dort sind sie allerdings nicht willkommen: Die Immobilienbesitzer befürchten einen Wertverfall. Einige wenige „fremde Nachbarn" könnten die Vorhut eines Zustroms sein, der schließlich zum vollständigen Austausch der Wohnbevölkerung führen könnte.
4. Gesetzliche Maßnahmen zur Abwehr und zur Beschränkung von Einwanderung werden ergriffen: Kampagnen gegen „unerwünschte" Einwanderer werden geführt.
5. Gegenreaktionen des „fair-play" entstehen: Bewegungen, die die Einwanderer vor ungerechtfertigten Angriffen in Schutz nehmen, lassen sie das Vertrauen in das amerikanische Leben und die amerikanischen Prinzipien nicht verlieren.

[775] Bogardus, Emory S.: A race-relations cycle, in: American Journal of Sociology, Jg. 35, 1929/30, S. 612–617
[776] ebd., S. 615

246

6. Es kehrt Ruhe ein. Nachdem die restriktiven Gesetze beschlossen wurden, kommen die Anti-Einwanderer-Aktivitäten zum Erliegen.

7. Probleme der zweiten Generation entstehen: Die Kinder der Einwanderer haben sich weitgehend assimiliert und den Kontakt zum Herkunftsland ihrer Eltern verloren. Dennoch werden sie in den USA als dem Land ihrer Geburt und ihrer Staatsangehörigkeit aufgrund ihrer Hautfarbe oder kultureller Eigenarten nur teilweise akzeptiert.

Robert E. Park ging davon aus, dass sich die sozialen Distanzen auf die räumlichen Distanzen übertragen, das heißt, je größer die soziale Distanz zwischen Stadtbewohnern ist, desto weiter wohnen sie voneinander entfernt. Das gelte vor allem für unterschiedliche ethnische Gruppen.[777] Eine weitere Annahme ging davon aus, dass die kulturellen, sprachlichen und rassischen Eigenarten von Einwanderern im Laufe des Aufenthalts an Bedeutung verlieren und es auf Dauer zu einer Angleichung an die Aufnahmegesellschaft kommt. Voraussetzung dafür sind nach Park die Auflösung des ethnischen Zusammenhangs im Aufnahmeland, der räumlichen Konzentration und der Identifikation mit der Herkunftsgruppe. „... die Stärkeren, Energiereicheren und Ehrgeizigeren [werden] sehr bald ihre Ghettos und Immigrantensiedlungen verlassen, um dann in eine zweite Immigrantensiedlung zu ziehen oder vielleicht auch in eine kosmopolitische Gegend, in der Mitglieder verschiedener Immigrantengruppen zusammentreffen und nebeneinander leben. Bindungen, die auf Rassen-, Sprach- und Kulturbasis aufgebaut sind, werden dabei schwächer, denn die erfolgreichen Individuen dieser Gruppen verlassen sie und finden schließlich ihren Platz im Geschäftsleben und in den Berufsgruppen innerhalb der älteren Bevölkerung, die nicht mehr mit einer bestimmten Sprach- oder Rassengruppe identifiziert werden kann. Deshalb ziehen Veränderungen im wirtschaftlichen oder sozialen Status gewöhnlich einen Wohnungswechsel nach sich."[778]

Diese amerikanischen Erfahrungen sind vor dem Hintergrund einer Einwanderung zu verstehen, die nicht vorwiegend aus den Unterschich-

---

[777] vgl. Friedrichs, Jürgen: Ethnische Segregation im Kontext allgemeiner Segregationsprozesse in der Stadt, in: Harth, Annette; Scheller, Gitta; Tessin, Wulf (Hrsg.) Stadt und soziale Ungleichheit, Opladen 2000, S. 180 f.
[778] Park, Robert E.: Die Stadt als räumliche Struktur und als sittliche Ordnung, in: Atteslander, Peter; Hamm, Bernd (Hrsg.): Materialien zur Siedlungssoziologie, Köln 1974, S. 94

ten der Herkunftsländer stammte. Dies war in den europäischen Ländern in der zweiten Hälfte des 20. Jahrhunderts allerdings grundlegend anders.

Mangels sozialstaatlicher Einbettung existierte in den ethnischen Kolonien in den Vereinigten Staaten ein Aufstiegsstreben, das mit dem Willen zum Verlassen des jeweiligen Viertels verknüpft war. In den USA wurden bestimmte Stadtbezirke zu „Durchgangsstationen" für neu ankommende Zuwanderer, die immer wieder von nachrückenden Gruppen eingenommen wurden.[779]

Invasion und Sukzession

„Ethnische Kolonien"[780] als „eigenständiges Sozialsystem" von Minoritäten[781] entstehen aufgrund verschiedener Motive und Ursachen – Filtermechanismen am Wohnungsmarkt, Interesse an möglichst niedrigen Kosten für den Aufenthalt und an der Gemeinsamkeit mit Landsleuten sowie Rückzugsverhalten der Alteinwohner.[782] Dabei kann keine dieser Ursachen (etwa der Wille, mit Landsleuten aus der Heimat zusammenzuleben) aus dem Bündel herausgelöst und verabsolutiert werden. Am Beginn der Entstehung einer ethnischen Kolonie steht die „Invasion" einer ethnischen Minderheit in ein städtisches Wohngebiet. Sie hat wiederum eine „Sukzession" zur Folge: die Abwanderung der angestammten Wohnbevölkerung und damit einen Bevölkerungsaustausch und Nutzungswandel in dem Gebiet. Die sozialen Aufsteiger aus der Zuwanderergruppe verlassen diese Gebiete spätestens in der zweiten Generation.[783]

Die zunehmende Vervollständigung der eigenethnischen Infrastruktur führt zu stärkerer Abschließung und reduziert damit die Kontakte zur „Außenwelt". Das Leben in ethnischen Kolonien fördert das Ent-

---

[779] vgl. Hoffmeyer-Zlotnik, Jürgen: Der Prozess der Sukzession. Die Unterwanderung von Berlin Kreuzberg (Diss.phil.), Hamburg 1976, S. 29 ff.
[780] Zur Begrifflichkeit vgl. Heckmann, Friedrich: Die Bundesrepublik als Einwanderungsland? Zur Soziologie der Gastarbeiterbevölkerung als Einwandererminorität, Stuttgart 1981, S. 215 ff. sowie ders.: Ethnische Minderheiten, Volk und Nation. Soziologie interethnischer Beziehungen, Stuttgart 1992, S. 96 ff.
[781] Heckmann: Die Bundesrepublik als Einwanderungsland, S. 215
[782] vgl. Hoffmeyer-Zlotnik, Jürgen: Der Prozess der Sukzession. Die Unterwanderung von Berlin Kreuzberg (Diss.phil.), Hamburg 1976, S. 102 f.
[783] ebd., S. 22 f.

stehen von Ressentiments auf allen Seiten: bei den zugewanderten Gruppen ebenso wie bei der verbliebenen ursprünglichen Bevölkerung als auch bei der einheimischen Bevölkerung im Allgemeinen. Je größer, je „sichtbarer" die Gruppe ist, je mehr sie sich abhebt von den Einheimischen, desto stärker sinkt die Akzeptanz in der Aufnahmegesellschaft.

„Je höher aber die institutionelle Geschlossenheit einer ethnischen Gruppe ist, desto reduzierter ist die aus der Kolonie herausführende Mobilität ihrer Mitglieder. Ein Ausbruch aus der eigenen und eine Integration in die dominante Gruppe ist hierbei für das einzelne Gruppenmitglied schon durch die eigene Gruppe sehr beschränkt. Segregation bedeutet jedoch nicht nur ein Erhalten des eigenen Gruppencharakters, sondern bewirkt auf der Gegenseite, bei der Majorität, zunehmende Missverständnisse und soziale und damit räumliche Distanzierung, besonders wenn in der Minorität nur die Arbeitskraft und nicht der Mensch gesehen wird. (...) Wird die Distanz zwischen den segregierten Gruppen zu groß, und finden nur wenige oder keine sozialen Kontakte zwischen der Minorität und der Majorität statt, so gerät die Minorität in die Isolation."[784]

Bei den einheimischen Bewohnern entsteht das Bild einer In-Besitznahme ihres heimatlichen Umfeldes durch die Fremden. Das gilt insbesondere dann, wenn die zuziehenden Fremden im Haus, im Wohnblock oder im Straßenzug zur Mehrheit werden.

Besonders bedeutsam ist in diesem Zusammenhang der öffentliche Raum, der von den Neuzugewanderten und ihren abweichenden Verhaltensmustern zunehmend dominiert wird: Kopftuch tragende, verschleierte Frauen, fremdsprachige Beschilderungen, häufig in Gruppen auftretende Erwachsene[785], Gruppen von türkischen Jugendlichen auf Plätzen und Grünflächen und in öffentlichen Freizeiteinrichtungen, bei denen türkische Jungen die tonangebende und damit ausgrenzende Kraft sind. Auf diese Weise werden sie als Bedrohung empfunden.[786]

---

[784] Hoffmeyer-Zlotnik, Jürgen: Der Prozess der Sukzession, S. 22 f.
[785] vgl. Hoffmeyer-Zlotnik, Jürgen: Der Prozess der Sukzession. Die Unterwanderung von Berlin-Kreuzberg (Diss.phil.), Hamburg 1976, S. 114 ff.
[786] vgl. Der Regierende Bürgermeister von Berlin (Hrsg.): Bericht zur Lage der Ausländer in Berlin, Berlin 1978, S. 41 ff.

Hinzu kommt eine andere und sehr viel ausgeprägtere Nutzung des öffentlichen Raums durch Zugewanderte: ein reges Straßenleben, das bei den Alteingesessenen den Eindruck der Verdrängung entstehen lässt. All das lässt die gewohnte Vertrautheit schwinden, es entsteht das Gefühl „fremd in der eigenen Heimat" zu sein.

Die Bildung ethnischer Kolonien wird von den damit konfrontierten sozial Schwachen nicht als Ausdruck des Zusammengehörigkeitsgefühls der ethnischen Minderheit betrachtet, sondern als Bedrohung empfunden. So „ist die Wahrscheinlichkeit ... hoch, dass die im Umgang mit fremden Kulturen ungewohnten Unterschichtangehörigen die kulturelle Andersartigkeit nicht lediglich als Ausdruck interner Kohäsion der Gruppe, sondern als provozierende Bedrohung empfinden."[787] Diese internen und externen Faktoren verstärken sich gegenseitig und bewirken auf eine „wechselseitige Verstärkung von externen sozialen Distanzierungen und interner Milieubildung"[788].

In den ethnischen Kolonien ist man ethnisch und sozial „unter sich". Auf diese Weise begegnet man auch im Alltag keinen Personen mehr, die ihr Leben durch reguläre Arbeit finanzieren und auch anderweitig ein „bürgerliches" Leben führen. „So fehlen z.B. durch den Wegzug besser gestellter Familien zunehmend positive Vorbilder, also Personen, die andere Lebensmöglichkeiten als Arbeitslosigkeit, Sozialhilfebezug oder illegale Aktivitäten vorleben. (...) Wenn Jugendliche in ihrer Familie und im Bekanntenkreis keine Personen mehr kennen, die einer geregelten Erwerbsarbeit nachgehen, oder die sich legal ihren Lebensunterhalt verdienen, dann können sie auch nicht erfahren, dass dies auch eine Möglichkeit der Lebensgestaltung darstellt."[789] In den ethnischen Kolonien besteht nach erfolgtem Bevölkerunksautausch nahezu ausschließlich Kontakt zu marginalisierten Gruppen der Aufnahmegesellschaft. Das erschwert eine erfolgreiche Integration zusätzlich.

---

[787] Esser, Hartmut: ‚Binnenintegration' oder gesellschaftliche Integration?, in: Hoffmeyer-Zlotnik, Jürgen H.P, (Hg.): Segregation und Integration. Die Situation von Arbeitsmigranten im Aufnahmeland, Mannheim 1986, S. 110
[788] ebd., S. 115
[789] vgl. Hagemeister: Soziale Polarisation, S. 37

Die Gruppengröße

Solange die Zahl der Zuwanderer noch sehr gering ist, ist eine Angleichung an die Mehrheitsgesellschaft nahezu unvermeidlich. Deshalb waren für die „Pioniere" unter den Zuwanderern Kenntnisse der deutschen Sprache noch unumgänglich.[790] Eine gewisse Gruppengröße ist sowohl in sozialer als auch in wirtschaftlicher Hinsicht Voraussetzung für ethnische Segmentation, für die Bildung ethnischer Kolonien.[791]

Hartmut Esser hat darauf hingewiesen, dass „ethnische Kolonien immer an die Anwesenheit einer hinreichend großen Anzahl von Migranten eines ähnlichen ‚Schicksals' gebunden sind: die bloße Anwesenheit von Personen ähnlicher Sprache, Kultur und Orientierung schafft die Opportunitäten, die zur Herausbildung von ethnischen Kolonien und deren institutioneller Verfestigung notwendig sind."[792] Alleine aufgrund der großen Anzahl der zugezogenen Landsleute übersteigt der Anpassungsdruck innerhalb der ethnischen Kolonie die Anziehungskraft der sie umgebenden Mehrheitsgesellschaft. Die zugewanderten Minderheiten sind in Kreuzberg, Wedding oder Tiergarten längst zur dominierenden Mehrheit geworden.

„Institutionelle Vollständigkeit"

Für immer wieder neu aus den Herkunftsländern hinzukommende Zuwanderer haben diese Viertel eine erhebliche Anziehungskraft entwickelt, denn nur hier finden sie eine ethnisch und kulturell ausgerichtete Infrastruktur, die die Umstellungs- und Eingewöhnungsprobleme minimiert. „Später, wenn die Gruppe schon stark angewachsen ist und begonnen hat, eigene Institutionen zu etablieren, ist es für die Neuankömmlinge nur noch eine Frage der Vernunft, hier zu siedeln, wo sie am ehesten eine ihren Bedürfnissen entsprechende Infrastruktur vorfinden dürften."[793]

---

[790] Hoffmeyer-Zlotnik, Jürgen: Der Prozess der Sukzession. Die Unterwanderung von Berlin-Kreuzberg (Diss.phil.), Hamburg 1976, S. 112
[791] vgl. Esser, Hartmut: Soziale Differenzierung als ungeplante Folge absichtsvollen Handelns: Der Fall der ethnischen Segmentation, in: Zeitschrift für Soziologie, Jg. 14, H. 6, 1985, S. 442
[792] Esser, Hartmut: ‚Binnenintegration' oder gesellschaftliche Integration?, in: Hoffmeyer-Zlotnik, Jürgen H.P, (Hg.): Segregation und Integration. Die Situation von Arbeitsmigranten im Aufnahmeland, Mannheim 1986, S. 109
[793] Hoffmeyer-Zlotnik, Jürgen: Der Prozess der Sukzession, S. 34

Der Zusammenhalt der Großfamilien und das soziale Geflecht mit einer ausgeprägten Selbsthilfebereitschaft – an sich positive Faktoren – bewirken eine zunehmende Abschottung. Diese Stadtviertel bieten eine ethnisch ausgerichtete Angebotsvielfalt, die den Interessen und Bedürfnissen der ausländischen Wohnbevölkerung nahezu optimal entspricht. Eine sich vervollständigende türkischsprachige Dienstleistungsinfrastruktur beispielsweise – Gaststätten, Teehäuser, Ärzte, Patientenberatung, Anwälte, Lebensmittelhändler, Friseure, Reisebüros, Moscheen mit verschiedensten Angeboten, Kaufhäuser, vereinzelte Internate – macht Beziehungen dieser Bevölkerungsgruppe zur deutschen Gesellschaft seit Mitte der 70er Jahre weitgehend überflüssig und begrenzt die sozialen Kontakte auf die ethnische Kolonie. Bereits 1976 stellte Jürgen Hoffmeyer-Zlotnik in seiner Analyse zu Berlin-Kreuzberg fest: „Die Motivation zum Erlernen der fremden Sprache ist für die Mitglieder der eindringenden Minorität teils jedoch sehr gering. Im Prinzip benötigen sie die fremde Sprache (die Arbeitswelt vielleicht einmal ausgeklammert) dann kaum noch oder nicht mehr, sobald ihre Kolonie groß und etabliert genug ist und ein ausreichendes Versorgungs- und Kommunikationssystem entwickelt hat, so dass die Minorität ohne wesentliche alltägliche Kontakte zur ethnisch anderen Umwelt in ihrer Kolonie existieren kann. Das Beherrschen der Sprache des Aufnahmelandes ist also nicht mehr unbedingt erforderlich, sobald alle (oder doch ein großer Teil) der alltäglich wichtigen Kontaktpersonen des privaten Bereiches der eigenen ethnischen Gruppe angehören (...), was zur Folge hat, dass die Integration Deutsche-Türken sich nicht entwickelt."[794]

Selbst wenn die Zuwanderer zu staatlichen Stellen Kontakt aufnehmen müssen – etwa bei Anträgen zur Sozialhilfe – führen sie mehrsprachige Beschilderungen in den Rathäusern und Ämtern zum Ziel. Zu fast jedem relevanten Thema sind seit den 1970er Jahren Broschüren und Merkblätter in türkischer Sprache erstellt worden.[795] „Wir brauchen hier die deutsche Sprache nicht", meint denn auch ein 20-jähriger Kreuzberger türkischer Staatsangehörigkeit im Gespräch mit dem damaligen Berliner Innensenator Jörg Schönbohm.[796]

---

[794] Hoffmeyer-Zlotnik, Jürgen: Der Prozess der Sukzession. Die Unterwanderung von Berlin-Kreuzberg (Diss.phil.), Hamburg 1976, S. 109 f.
[795] vgl. Der Regierende Bürgermeister von Berlin (Hrsg.): Bericht zur Lage der Ausländer in Berlin, Berlin 1978, S. 57, S. 102

Dass Kinder türkischer Herkunft in einem mehrsprachigen Umfeld aufwachsen, wie es türkische Verbände behaupten, trifft für die ethnischen Kolonien eben gerade nicht zu. Deshalb gilt es auch lediglich für eine kleine Schicht Gebildeter, was die *Föderation türkischer Elternvereine in Deutschland* als Wunschvorstellung beschreibt: „Wenn ihre Sprachkompetenz sowohl von den Kindertagesstätten und Schulen als auch von ihren Eltern konsequent ständig gefördert und gepflegt wird, könnte der größte Teil dieser Kinder dreisprachig, nämlich deutsch-türkisch-englisch, aufwachsen."[797]

Die ethnische Infrastruktur dient dem Zusammenhalt der Gruppe. Sie ersetzt Kontakte zur Aufnahmegesellschaft und verdichtet die sozialen Netzwerke innerhalb der Gruppen.[798] Die muttersprachlichen Medien (sowohl Zeitungen als auch Hörfunk und Fernsehen) spielen hier eine wichtige Rolle und sind im Zeitalter globaler Kommunikation (Satellitensender) gegenwärtiger denn je. Die in Deutschland präsenten türkischen Medien betreiben (nicht zuletzt zur Stärkung ihrer „Leser-Blatt-Bindung") eine rigorose pro-türkische Interessenpolitik[799], die vor dem Hintergrund der politisch heterogenen Medienstruktur in europäischen Ländern für Außenstehende befremdlich wirkt. Sie nehmen, gemeinsam mit den Wortführern ethnischer Organisationen, erheblichen Einfluss auf die Themen, über die in der ethnischen Gemeinde diskutiert wird und beeinflussen die Debatten inhaltlich.[800]

Je stärker und differenzierter sich die Strukturen der Landsleute herausgebildet haben, desto weniger ist die Motivation ausgeprägt, außerhalb der eigenen Strukturen Kontakte aufzunehmen. „Bei institutioneller Vollständigkeit einer ethnischen Kolonie hat kein einziger Minderheitsangehöriger Anlass, für eventuell auftretende Problem-

[796] „Ghettos gibt es nicht in Deutschland". In: taz vom 5./6. September 1998
[797] „21 Februar – Internationaler Tag der Muttersprache der UNESCO", Pressemitteilung der „Föderation Türkischer Elternvereine in Deutschland" vom 17. Februar 2005
[798] vgl. hierzu und im Folgenden: Breton, Raymond: Institutional Completeness of Ethnic Communities and the Personal Relations of Immigrants, in: The American Journal of Sociology, Jg. 70, 1964, S. 198 f.
[799] vgl. Halm, Dirk: Die Medien in der türkischen Bevölkerung in Deutschland. Berichterstattung, Nutzung und Funktion, in: Geißler, Rainer; Pöttker, Horst (Hrsg.) Integration durch Massenmedien. Medien und Migration im internationalen Vergleich, Bielefeld 2006, S. 82 ff.
[800] vgl. u.a. zur Kontroverse um die Reform des deutschen Staatsangehörigkeitsrechts Ende der 1990er Jahre: Sauer, Martina: Die Einbürgerung türkischer Migranten in Deutschland. Befragung zu Einbürgerungsabsichten und dem Für und Wider der Einbürgerung, in: Goldberg, Andreas; Halm, Dirk; Sauer, Martina (Hrsg.): Migrationsbericht des Zentrums für Türkeistudien, Münster 2001, S. 173 f.

lösungen die interethnische Option zu wählen."[801] Insbesondere Neuzuwanderer kommen auf diese Weise nicht in die Versuchung, Kontakte
zur Mehrheitsgesellschaft aufzunehmen.

Die Bedeutung des Wohnumfeldes und der Kontaktmöglichkeiten
zu Einheimischen sind – darauf wurde schon vor mehr als 25 Jahren
hingewiesen – von entscheidender Bedeutung für Erfolg oder Misserfolg von Integration: „Nicht die schlechte Ausstattung der Wohngegend, sondern die damit einhergehenden Merkmale und Eigenschaften der Bewohner sind die wesentlichen Ursachen des ... sichtbaren
Assimilationsnachteils. (...) Es ist durchaus plausibel anzunehmen, dass
negative Kontakterlebnisse ... dann besonders häufig sind, wenn ein
niedriger Sozialstatus der deutschen Umgebungsbevölkerung, ein hoher
‚Grad an Fremdheit' (kultureller Verschiedenheit) und eine starke Ausländerkonzentration vorliegen."[802]

Binnenintegration

Die sozialwissenschaftliche Debatte war lange Zeit von der Vorstellung
geprägt, dass die Bildung ethnischer Kolonien ein notwendiges Durchgangsstadium auf dem Weg in die Gesellschaft des Aufnahmelandes
sei.[803] Sie helfe den Zugewanderten in ihrer schwierigen, spannungs-
reichen und von Unsicherheit gekennzeichneten Lage, sich durch
Rückzug in die eigene Ethnie zu stabilisieren. Hier könnten sie das
Selbstbewusstsein, das notwendig ist für aktives Handeln in der Aufnahmegesellschaft, entwickeln und sich – in Selbsthilfe – das nötige
Alltagswissen aneignen.[804] Deshalb seien solche Strukturen nicht von
vorneherein und nicht ausschließlich als Ausdruck von Abschottung zu

[801] Esser, Hartmut: ‚Binnenintegration' oder gesellschaftliche Integration?, in: Hoffmeyer-Zlotnik, Jürgen H.P, (Hg.): Segregation und Integration. Die Situation von Arbeitsmigranten im Aufnahme-land, Mannheim 1986, S. 110
[802] Forschungsverbund „Probleme der Ausländerbeschäftigung": Integrierter Endbericht, o.O., 1979, S. 112 f.
[803] Hierzu und zur Literatur Luft: Ausländerpolitik in Deutschland, S. 169 ff.
[804] vgl. u.a.: Elwert, Georg: Probleme der Ausländerintegration. Gesellschaftliche Integration durch Binnenintegration?, in: Kölner Zeitschrift für Soziologie und Sozialpsychologie, Jg. 34, 1982, S. 720 ff.; Richter, Helmut: Subkulturelle Segregation zwischen Assimilation und Remigration – Identitäts-theoretische Grundlegungen für einen dritten Weg in der Ausländerpolitik, in: Hamburger, Franz; et al. (Hrsg.): Sozialarbeit und Ausländerpolitik, Darmstadt, Neuwied 1983, S. 106-125; Häußermann, Hartmut; Siebel, Walter: Die Mühen der Differenzierung, in: Löw, Martina (Hrsg.): Differenzierun-gen des Städtischen (= Stadt, Raum und Gesellschaft, Bd. 15), Opladen 2002, S. 39 ff.

werten, sondern könnten auch als positives Moment der Daseinsbewältigung in der Fremde betrachtet werden. Das setzt allerdings voraus, dass die ethnische Kolonie durchlässig ist und die Notwendigkeit gesehen wird und der Wille besteht, sich zur Mehrheitsgesellschaft zu öffnen: „Die Kultur der Immigranten muss ein lernfähiges System bleiben."[805]

Die Orientierung auf die *eigene* Herkunft und Gemeinschaft kann zwar in der schwierigen Migrationssituation zu einem gestärkten Selbstbewusstsein beitragen. Voraussetzung erfolgreicher Integration wäre allerdings eine Orientierung an der Aufnahmegesellschaft und deren Maßstäben. Darauf hat Hartmut Esser in der Auseinandersetzung mit der Vorstellung von der „Binnenintegration" hingewiesen: „Die Entstehung selbstgenügsamer ethnischer Kolonien und Subkulturen, die identifikative Aufwertung innerethnischer und die Abwertung interethnischer Beteiligungen verstärken den Ausschluss von innen her. Beides hat objektive strukturelle Folgen: Der Ausschluss sorgt für die Benachteiligung im Erwerb von Fertigkeiten, Ressourcen und Aspirationen, die zum ‚Wettbewerb' befähigt hätten. (...) Sofern man unter ‚Integration' auch die Abwesenheit von nach ethnischen Kriterien systematischen ökonomischen Ungleichheiten versteht, dürfte die ethnische Koloniebildung somit unter einer sehr großen Vielzahl von Bedingungen eine deutliche Behinderung dieser strukturellen Integration darstellen. Wahrscheinlicher als die schließlich sich vollziehende Integration in die umgebende Aufnahmegesellschaft (bei Erhalt der kulturellen Identität) ist eine andere Folge: durch ethnische Koloniebildung wird durchaus das Selbst gestärkt, dieses aber unter der Gefahr einer kulturellen und sozialen Abschottung einerseits und der Ausgliederung aus den strukturellen Aufstiegsmöglichkeiten, für die die ethnische Kolonie die erforderlichen formalen und ‚peripheren' Qualifikationserfordernisse nicht bereitstellen kann."[806]

Esser kommt zu dem Schluss, dass ein erfolgreicher Aufstieg in der Mehrheitsgesellschaft nur durch ein Verlassen der ethnischen Kolonien möglich ist. „In allen Fällen, in denen die zentralen Positionen von

[805] Elwert: Probleme der Ausländerintegration, S. 724
[806] Esser, Hartmut: ‚Binnenintegration' oder gesellschaftliche Integration?, in: Hoffmeyer-Zlotnik, Jürgen H.P, (Hg.): Segregation und Integration. Die Situation von Arbeitsmigranten im Aufnahmeland, Mannheim 1986, S. 115

Angehörigen der Mehrheitskultur kontrolliert werden und in denen infolgedessen gesellschaftlicher Aufstieg nur unter Erwerb von Qualifikationen möglich ist, die sich an den Kriterien der Aufnahmegesellschaft orientieren, wird eine strukturelle Eingliederung nur unter Entfremdung von der ethnischen Kolonie möglich sein."[807]

In den deutschen Großstädten (wie auch in den französischen und britischen) haben sich die ethnischen Kolonien in vielen Fällen nicht als Durchgangsstation erwiesen. Der massenhafte Wegfall einfacher Arbeitsplätze, das soziale Netz, das – im Vergleich zum Herkunftsland – einen erheblichen Wohlstand ermöglichte und damit eigene Anstrengungen erübrigte, der zunehmende Einfluss islamistischer Gruppen, all das trug dazu bei, dass in den ethnischen Kolonien eine „Dynamik der Desintegration" einsetzte. Sie ist gekennzeichnet durch eine Rückbesinnung auf Tradition und Kultur, die in vielen Fällen selbst im Herkunftsland nicht mehr praktiziert wurde.

Die „Mobilitätsfalle"

Hartmut Esser geht von der Überlegung aus, dass Menschen in dem Sinne „rational" handeln, in dem sie die Handlung wählen, „von der sie annehmen, dass sie ihnen im Vergleich zu den anderen, vorstellbaren Alternativen die relativ höchste Nutzenerwartung gewährleistet."[808] Für die Option „Aufnahme von interethnischen Beziehungen" (Wohnort, Arbeitsplatz) oder Verbleib im ethnischen Kontext heißt das, dass jene Option gewählt wird, die den größten Nutzen und damit die geringsten Kosten verspricht. Konkret: Je ausgeprägter und größer die ethnische Kolonie im Aufnahmeland ist, desto größer ist die Wahrscheinlichkeit, dort auch zu verbleiben. Grundsätzlich ist die Orientierung zur eigenen ethnischen Gruppe mit geringerem Aufwand, mit weniger Anstrengung verbunden als die Hinwendung zur Aufnahmegesellschaft, in der eine andere Sprache gesprochen wird und andere Fertigkeiten erlernt werden müssen, um erfolgreich zu sein. Hinzu kommen Abstoßungskräfte wie Diskriminierung in der Aufnahmegesellschaft. Von Bedeutung ist auch ein erheblicher Anpassungsdruck in den

[807] ebd., S. 116
[808] Esser, Hartmut: Soziale Differenzierung als ungeplante Folge absichtsvollen Handelns: Der Fall der ethnischen Segmentation, in: Zeitschrift für Soziologie, Jg. 14, H. 6, 1985, S. 439
[809] Esser: ‚Binnenintegration' oder gesellschaftliche Integration?. S. 114 f.

ethnischen Kolonien und Parallelgesellschaften (bis zu Gewalt und Zwang als Mittel), der die „Konformität zu den Normen der jeweiligen Binnengruppe"[809] bewahren soll. Beide Wirkungen verstärken sich gegenseitig.

Hier kommt es zu einer „Mobilitätsfalle"[810]: Für Zuwanderer erscheint eine Arbeitsaufnahme im ethnischen Kontext in vielfacher Hinsicht näher liegend, Erfolg versprechender und mit geringerem Aufwand verbunden als ein Engagement in der Aufnahmegesellschaft.[811] Das Verbleiben im ethnischen Kontext führt allerdings auch in sehr vielen Fällen dazu, dass es nur ein geringes Maß an sozialem und wirtschaftlichem Aufstieg gibt – mit dem Ergebnis einer ethnisch-sozialen Unterschichtung.

Die Entscheidung für eine berufliche Orientierung hin zur Aufnahmegesellschaft oder hin zur eigenen Minderheitengruppe wird einerseits durch die größere Anstrengung bestimmt, die für eine Karriere in der Aufnahmegesellschaft notwendig ist und andererseits durch die geringere Wahrscheinlichkeit, dort tatsächlich zu einem Erfolg zu kommen. Auch wenn die Aufnahmegesellschaft die attraktiveren Jobs bietet, entscheiden sich junge Angehörige eher für eine Berufstätigkeit in der ethnischen Ökonomie. Auch dies trägt im Ergebnis zu einer Verfestigung ethnisch-sozialer Schichtungen bei. „Auf diese Weise wird leicht erklärlich, dass sich Minderheitsangehörige, sofern es nur eine mit einer internen Struktur versehene ethnische Kolonie gibt, in aller Regel und sehr rasch zu einer innerethnische Karriere entscheiden, und dass auf diese Weise ethnische Schichtungen sich auch stabilisieren, ohne dass es offene Diskriminierungen oder ein die Ungleichheit legitimierendes Wertesystem geben müsse. Die Folge ist jedenfalls für alle die geschilderten Bedingungen die gleiche: Ethnische Koloniebildung führt auf unterschiedliche Weise zur ethnischen Schichtung."[812]

Die ethnische Ökonomie lebt von der Selbstausbeutung der „Unternehmer" und der Ausbeutung ihrer familiären Netzwerke. Dadurch können Kosten minimiert und die prekäre wirtschaftliche Lage durchgestanden werden. „Durch die Ausbeutung ethnischer Solidaritäten (und

[810] vgl. Wiley, Norbert F.: The Ethnic Mobility Trap and Stratification Theorie, in: Rose, Peter I. (Hrsg.): The Study of Society. An Integrated Anthology, New York ³1973, S. 400-411
[811] vgl. Esser: Soziale Differenzierung als ungeplante Folge absichtsvollen Handelns, S. 437 f.
[812] Esser: ‚Binnenintegration' oder gesellschaftliche Integration?, S. 11

Notlagen) sind z. B. die Produktionskosten ethnischer Unternehmen deutlich geringer, und Kosten zur Überwindung sozialer Distanzen von Seiten der Aufnahmegesellschaft fallen nicht an. Das gilt insbesondere dann, wenn die ethnische Gruppe im Zuge der Kettenmigration größer wird und so die Marktchancen für die ethnischen Produkte steigen. Räumliche Segregation und ethnische Netzwerke begünstigen das Erreichen solcher kritischen Massen."[813]

Die türkische „ethno-religiöse Subnation"

Insbesondere Türken, die von allen Gastarbeitergruppen am ehesten als „fremd" wahrgenommen wurden und deshalb auch relativ häufig Diskriminierungserfahrungen machen mussten, ließen sich von Beginn an in Vierteln mit hohem Anteil ausländischer Wohnbevölkerung nieder.[814]

Bereits 1979 stellten Sozialwissenschaftler fest: „In Häusern mit hohem Ausländeranteil (die Hälfte der Bewohner oder mehr sind Ausländer) wohnen fast 50% (!) der Türken und zwischen 41 und 42% der Befragten bei den anderen Nationen. Dabei sind gerade bei den Türken die ausländischen Mitbewohner häufig, überwiegend oder ausschließlich Landsleute. Von allen Befragten, die Ausländer im Wohnhaus haben, geben 60% der Türken an, dass es sich überwiegend oder ausschließlich um Landsleute handelt ... Das bedeutet, dass etwa 30% (!) aller Türken und etwa zwischen 15 und 17% der Befragten aus den anderen Nationen in Bezug auf das Wohnhaus in ghettoähnlichen Zuständen leben."[815] Die Forscher kommen zu dem Schluss, dass „die ethnische Mischung im Wohnhaus für die Häufigkeit der Kontaktaufnahme eine wesentliche Rolle spielt."[816]

Es ist daher kein Zufall, dass die türkischen Staatsangehörigen und ihre Nachkommen von Beginn an in vielen Städten ethnische Kolonien gebildet haben: Je mehr sich eine Zuwanderergruppe von der Aufnahmegesellschaft unterscheidet und je weniger ihre Angehörigen über berufliche Qualifikationen verfügen, die in der Aufnahmegesellschaft nachgefragt werden, desto leichter bilden sich ethnische Kolonien mit

---

[813] Esser, Hartmut: Ist das Konzept der Assimilation überholt?, in: geographische revue, Jg. 5, 2003. H. 2, S. 16

[814] vgl. Forschungsverbund „Probleme der Ausländerbeschäftigung": Integrierter Endbericht, o.O., 1979, S. 112

[815] ebd., S. 213

[816] ebd.

ihren eigenen Institutionen: „The more different the people of a certain ethnicity are from the members of the native community, the easier it will be for them to develop their own institutions to satisfy their needs."[817]

Bis heute unterscheidet sich die räumliche Verteilung der türkischen Bevölkerungsgruppe deutlich von der anderer Gruppen aus den ehemaligen Anwerbestaaten. So ist die Segregation bei Italienern und Griechen zurückgegangen, bei der türkischen Gruppe auf hohem Niveau weitgehend stabil geblieben.[818]

Der Sprecher des *Türkischen Bundes Berlin-Brandenburg* wird in der *Frankfurter Allgemeinen Zeitung* mit der Einschätzung wiedergegeben: „Irgendwann in den letzten Jahren hat das türkische Leben Berlins jene Dichte erlangt, ab welcher die eigene Schwerkraft den Anpassungssog des deutschen Umfelds übertrifft. Der integrierende Einfluss der Mehrheitsgesellschaft dringt seither nicht mehr durch."[819]

Bei den türkischen Gastarbeitern und ihren Nachkommen fließen mehrere Aspekte zusammen: Sie kamen von allen Gastarbeitergruppen als letzte und waren damit auf die Wohnungen und Arbeitsplätze verwiesen, die die vor ihnen Gekommenen nicht eingenommen hatten.[820] Sie wiesen die größte kulturelle Distanz zur Aufnahmegesellschaft auf, und sie bildeten die größte Gruppe unter den Gastarbeitern, somit bot sich ihnen am ehesten die Gelegenheit, eigene Strukturen zu schaffen.

Hartmut Esser weist auf die Sonderentwicklung der Türken in Deutschland hin: „Sie bilden, bei aller Assimilation in Teilbereichen, entgegen allen Prognosen der Assimilationsmodelle so etwas wie eine ethno-religiöse Subnation der Bundesrepublik. Zwar steigen auch hier – wie bei allen anderen Gruppen – Aufenthaltsdauer und Sprachkenntnisse, neuerdings sogar die Bereitschaft zur Einbürgerung; aber sowohl in den sozialen Beziehungen wie – insbesondere – in der ethnischen Identifikation und den kulturellen Orientierungen sind sie eine eigene

---

[817] Breton, Raymond: Institutional Completeness of Ethnic Communities and the Personal Relations of Immigrants, in: The American Journal of Sociology, Jg. 70, 1964, S. 204
[818] vgl. Institut für Landes- und Stadtentwicklung und Bauwesen des Landes Nordrhein-Westfalen (ILS NRW) (Hrsg.): Sozialraumanalyse. Soziale, ethnische und demographische Segregation in den nordrhein-westfälischen Städten, Dortmund 2006, S. 96 ff.
[819] Schuller, Konrad: „Deutschland kommt im Alltag nicht mehr vor". In: FAZ vom 10. März 1998
[820] vgl. Esser, Hartmut: Ist das Ausländerproblem in der Bundesrepublik Deutschland ein „Türkenproblem"?, in: Italiaander, Rolf (Hrsg.): „Fremde raus?" Fremdenangst und Ausländerfeindlichkeit, Frankfurt/Main 1983, S. 175

Gruppe geblieben. Ökonomisch stehen sie nach wie vor am unteren Ende der Positionsskala. Sie ‚unterschichten' ... die Gesellschaft der Bundesrepublik Deutschland. Verstärkt wird die Segmentation der Türken ohne Zweifel auch durch ihre Zugehörigkeit zum islamischen Glauben. Und schon die schiere Anzahl trägt dazu bei, dass die ganz unter sich bleiben können: Zwei Millionen sind schon deutlich mehr als eine ‚Minderheit', und wer irgendetwas sucht, braucht deshalb seine ethnische Gemeinde nicht zu verlassen."[821]

Stadt und Segregation

Soziale und ethnische Gruppen waren nie gleichmäßig über das Gebiet der Städte verteilt. Die Verstädterung im 19. und 20. Jahrhundert war untrennbar verbunden mit sozialen Disparitäten und sozialräumlichen Spaltungen.[822] Sie waren – historisch betrachtet – der Normalfall.[823] Das Wirtschaftswachstum der Nachkriegszeit ermöglichte eine Sozialpolitik, die das Integrationspotential der Städte nachhaltig stärkte. Damit bildeten die Jahre 1950 bis 1975, darauf hat Thomas Krämer-Badoni hingewiesen, eine Ausnahmeerscheinung, „denn nur in dieser Phase war die Stadtentwicklung vor allem durch eine quantitativ bedeutsame Verwirklichung des sozialen Wohnungsbaus (entstanden war dieser ja schon in der Weimarer Republik) Ausdruck einer sozial ausgleichenden Gesellschaftspolitik. Eine vergleichsweise soziale Durchmischung der Stadt, wie sie der soziale Wohnungsbau der 50er- und 60er Jahre im Rahmen des sich rasant entfaltenden Fordismus in der Bundesrepublik Deutschland bewirkt hat, hat es in dieser Ausprägung meines Wissens weder in Großbritannien noch in Frankreich oder in Italien gegeben ..."[824]

Deshalb wäre es verfehlt, diesen Zeitraum bundesdeutscher Sozialstaatsentwicklung (er wird inzwischen auch als „Goldenes Zeitalter"

---

[821] Esser, Hartmut: Ist das Konzept der Integration gescheitert? – Zur Bilanz der Migrationspolitik, in: Theorie und Praxis der Sozialen Arbeit, Nr. 4/98, S. 132

[822] vgl. Reulecke, Jürgen: Geschichte der Urbanisierung in Deutschland, Frankfurt/Main 1985, S. 91 ff.; Zimmermann, Clemens: Die Zeit der Metropolen, Frankfurt/Main 1996, S. 11 ff.

[823] vgl. Häußermann, Hartmut; Kronauer, Martin; Siebel, Walter: Stadt am Rand: Armut und Ausgrenzung, in: dies. (Hrsg.): An den Rändern der Städte. Armut und Ausgrenzung, Frankfurt/Main 2004, S. 10

[824] Krämer-Badoni, Thomas: Urbanität, Migration und gesellschaftliche Integration, in: Löw, Martina (Hrsg.): Differenzierungen des Städtischen, Opladen 2002, S. 72 f.

bezeichnet[825]) „normativ zum Normalfall" zu erheben.[826] Es verleitete zu unhistorisch-negativen Einordnungen der gegenwärtigen Prozesse.

Arm und kinderreich

Unabhängig von diesen Bewertungsfragen bleibt festzuhalten, dass sich seit mehr als 30 Jahren eine verstärkte sozialräumliche Polarisierung sowie eine soziale und ethnische „Entmischung" der Wohnbevölkerung in deutschen Städten bemerkbar machen.[827] Sie sind zurückzuführen

– auf die sozial-selektiven Stadt-Umland-Wanderungen („Suburbanisierung") und damit die Tatsache, dass vor allem Familien der Mittelschicht die Städte verlassen haben und somit das Umland der Großstädte zur „Familienzone der mobilen Mittelschichten" geworden ist[828]. Die Folge besteht darin, dass dort der Anteil der Kinder und Familien besonders hoch und die Sozialhilfedichte besonders niedrig ist, in den Großstädten hingegen ist der Anteil der Kinder gering, aber die Sozialhilfedichte deutlich höher als im Umland. „Je weniger Kinder also in einer Stadt (bzw. in einem Kreis) leben, desto mehr davon sind arm."[829]

– auf Strukturveränderungen auf dem Arbeitsmarkt, die vor allem Zuwanderer benachteiligen: „Fallen Arbeitsplätze im produzierenden Gewerbe weg, so verlieren mehr Ausländer ihr Beschäftigungsverhältnis als Deutsche. Gelingt der Stadt hingegen eine wirtschaftliche Revitalisierung zugunsten neuer Industrien und einem Ausbau des Dienstleistungssektors, so haben sie wiederum aufgrund ihrer minderen Qualifikation geringe Chancen, eine neue Anstellung zu finden."[830]

– auf Bevölkerungsentwicklungen (Rückgang und Alterung der Bevölkerung).

---

[825] So Stephan Leibfried und Michael Zürn im Vorwort zu: dies (Hrsg.): Transformationen des Staates, Frankfurt/Main 2006, S. 11
[826] Krämer-Badoni: Urbanität, Migration. S. 84
[827] vgl. Häußermann, Hartmut: Marginalisierung als Folge sozialräumlichen Wandels in der Großstadt, in: Gesemann, Frank (Hrsg.): Migration und Integration in Berlin. Wissenschaftliche Analysen und politische Perspektiven, Opladen 2001, S. 63-85
[828] Kersting, Volker: Städte und Stadtteile in Nordrhein-Westfalen – Der Versuch einer sozialräumlichen Typisierung, in: vhw Forum Wohneigentum. Zeitschrift für Wohneigentum in der Stadtentwicklung und Immobilienwirtschaft, H. 5/2005, S. 253
[829] Strohmeier, Klaus-Peter; Kersting, Volker: Segregierte Armut in der Stadtgesellschaft. Problemstrukturen und Handlungskonzepte im Stadtteil, in: Informationen zur Raumentwicklung, H. 3/4, 2003, S. 235

Hinzu kommt die Zuwanderung, die mit einem Niederlassungsprozess in den sozial schwachen Stadtvierteln verbunden war. Waren zunächst lediglich soziale (arm/reich) und demografische Segregation (alt/jung, kinderlos/kinderreich) registriert worden, kam in den 80er Jahren eine ethnische Komponente hinzu. Sie korreliert inzwischen mit den beiden anderen Faktoren so stark, dass ethnische Konzentration in Stadtvierteln heute (von wenigen Ausnahmen abgesehen) gleichbedeutend ist mit Armut und Kinderreichtum. „Die ethnische Segregation war lange kein eigenständiger Faktor, sondern war Teil der Armutssegregation. Im Zeitverlauf ist der Zusammenhang dieser drei Dimensionen stärker geworden, d. h. die meisten ‚Ausländer' leben heute in den Stadtteilen, in denen auch die meisten armen ‚Inländer' leben. In diesen Stadtteilen wohnen heute (zumindest in den Städten) auch die meisten Familien und Kinder."[831] Familie ist, statistisch betrachtet, heute in den Städten „die Lebensform der sozial Benachteiligten und der Migranten."[832] Für Nordrhein-Westfalen ist in einer 2006 veröffentlichen „Sozialraumanalyse" festgestellt worden, dass „die weitaus meisten der inzwischen zahlreicheren ‚Ausländer' ... heute in den Stadtteilen [leben], in denen auch die meisten armen ‚Inländer' leben, und dort leben heute (zumindest in den Städten) auch die meisten Familien und Kinder. So ist es zu erklären, dass in unseren ‚repräsentativen' Stadtteilanalysen der Ausländeranteil mittlerweile das statistisch bedeutendste Unterscheidungsmerkmal der Stadtteile geworden ist, denn er ist zugleich ein Armutsindikator und ein Indikator für die demografische Struktur des Stadtteils."[833]

Hier ist es im zurückliegenden Jahrzehnt zu einer „Verfestigung" gekommen, was vor allem in steigenden Sozialhilfedichten in den einschlägigen Vierteln zum Ausdruck kommt. Immer mehr Stadtteile sind von Armutssegregation geprägt und drohen zu „kippen". Zudem ist

---

[830] Friedrichs, Jürgen: Vor neuen ethnisch-kulturellen Konflikten? Neuere Befunde der Stadtsoziologie zum Verhältnis von Einheimischen und Zugewanderten in Deutschland, in: Heitmeyer, Wilhelm; Dollase, Rainer, Backes, Otto (Hrsg.): Die Krise der Städte. Analysen zu den Folgen desintegrativer Stadtentwicklung für das ethnisch-kulturelle Zusammenleben, Frankfurt/Main 1998, S. 253
[831] Institut für Landes- und Stadtentwicklung und Bauwesen des Landes Nordrhein-Westfalen (ILS NRW) (Hrsg.): Sozialraumanalyse. Soziale, ethnische und demographische Segregation in den nordrhein-westfälischen Städten, Dortmund 2006, S. 7
[832] ebd., S. 31
[833] ebd., S. 38

eine „Auseinanderentwicklung von armen und wohlhabenden Stadtteilen zu beobachten."[834]

Die Entmischung nimmt vor allem in kleinräumlichen Einheiten (unterhalb der Ebene von Stadtteilen) zu. „Es wird überwiegend eine Zunahme von sozialer und ethnischer Segregation auf der Ebene von Baublöcken, Straßenzügen oder einzelnen Häusern konstatiert. Diesbezüglich ist interessant, dass sich nach der Wahrnehmung der Experten Segregation in bereits benachteiligten Gebieten verstärkt."[835]

Die Verbindung von sozialer und räumlicher Ungleichheit kommt nicht nur in der zunehmenden Verbreitung von Armutsvierteln sondern auch in der Bildung von „Reichenvierteln" zum Ausdruck. Diese Art von Segregation wird, darauf wird immer wieder hingewiesen, in der öffentlichen Debatte nicht problematisiert. Der Grund hierfür liegt darin, dass die sozial schwachen Stadtteile, denen auch die allermeisten ethnischen Kolonien zuzurechnen sind, benachteiligende Wirkungen für ihre Bewohner haben. Zahlreiche Mechanismen wirken hier – wie wir gesehen haben – zusammen (vgl. Kapitel V).[836]

Insgesamt ist festzustellen: „Der größere Teil der nachwachsenden Generation wächst in den großen Städten unter Lebensbedingungen auf, die die alltägliche Erfahrung der Normalität von Armut, Arbeitslosigkeit, sozialer Ausgrenzung und Apathie, gesundheitlichen Beeinträchtigungen, gescheiterten Familien, möglicherweise auch Gewalt und Vernachlässigung beinhalten. *Kinder in den Armutsstadtteilen erfahren eine abweichende gesellschaftliche Normalität.* (...) Die Mehrheit der Kinder in den großen Städten wird künftig unter solchen Voraussetzungen aufwachsen. Sie werden, wenn es gut geht, vielleicht Fähigkeiten erwerben, die ihnen das Überleben in dieser abweichenden Normalität ermöglichen, sie haben jedoch kaum eine Chance, die Nützlichkeit jener Kompetenzen, die das ‚Humanvermögen' ausmachen, Solidarität, Empathie, Vertrauensfähigkeit und Vertrauenswürdigkeit, zu erfahren ... In der Verfügung über dieses ‚kulturelle' Kapital und in der Verfügung über das ‚soziale Kapital' bei Bedarf hilfreicher sozialer Beziehungen – und weniger im Mehrbesitz an ökonomischem Kapital –

[834] ebd., S. 8
[835] ebd.
[836] vgl. u.a. ebd., S. 20 ff.

liegt der entscheidende Startvorteil von Kindern aus bürgerlichen Mittelschichten."[837] [Hervorhebung im Original]

Von der ethnischen Kolonie zur Parallelgesellschaft?

In jüngerer Zeit ist immer wieder die Rede davon gewesen, in deutschen Großstädten hätten sich ethnisch strukturierte „Parallelgesellschaften" herausgebildet. Gegen den Gebrauch dieses Begriffs ist heftig polemisiert worden: es sei ein „verheerender Kampfbegriff", ein „Kulturkampf-Ideologem"[838], eine „Legende"[839]. Inhaltlich wurde kritisiert, dass er sich gegen die „multikulturelle Gesellschaft" richte[840], Muslime diskriminiere, die legitime Vielfalt städtischen Lebens ignoriere.[841] Die Kritik legte vor allem die politisch bedingten Wahrnehmungsblockaden der Kritiker bloß und trug wenig zu einem besseren Verständnis der Prozesse in den ethnischen Kolonien bei.

Thomas Meyer hat die „empirisch zu begründende Auffassung [vertreten], dass sich hierzulande in einer Reihe ethnisch-verdichteter Wohngebiete kollektive Wohnformen entwickeln, die die begrifflichen Merkmale der Parallelgesellschaft weitgehend erfüllen."[842] 2002 hat er dazu einen Kriterienkatalog vorgeschlagen, der erfüllt sein müsse, wenn man von einer Parallelgesellschaft sprechen wolle. Soziale Kollektive müssten demnach folgende Merkmale haben:
„1. sozial homogen oder heterogen;
2. ethnokulturell bzw. kulturell-religiös homogen;
3. nahezu vollständige lebensweltliche und zivilgesellschaftliche [Segregation] sowie weitgehende Möglichkeiten der ökonomischen Segregation;
4. nahezu komplette Verdoppelung der mehrheitsgesellschaftlichen Institutionen;

[837] Strohmeier, Klaus-Peter; Kersting, Volker: Segregierte Armut in der Stadtgesellschaft. Problemstrukturen und Handlungskonzepte im Stadtteil, in: Informationen zur Raumentwicklung, H. 3/4, 2003, S. 238 f.
[838] So der Titel eines Beitrages zum Thema „Parallelgesellschaften" im Rheinischen Merkur vom 19. Mai 2005
[839] Gaitanides, Stefan: Die Legende der Bildung von Parallelgesellschaften, in: Zeitschrift für Migration und soziale Arbeit, Nr. 3 / 4, 2001, S. 16–25
[840] Butterwegge, Christoph: Migrationsberichterstattung, Medienpädagogik und politische Bildung, in: ders., Hentges, Gudrun (Hrsg.): Massenmedien, Migration und Integration, Wiesbaden 2006, S. 200
[841] vgl. Gestring, Thomas: Parallelgesellschaften – ein Kommentar, in: ders., Glasauer, Herbert; Hannemann, Christine et al. (Hrsg.): Jahrbuch StadtRegion 2004/05, Wiesbaden 2005, S. 163–169
[842] Meyer, Thomas: Identitätspolitik. Vom Missbrauch kultureller Unterschiede, Frankfurt/Main 2002, S. 212

5. formal freiwillige Form der Segregation;
6. siedlungsräumliche oder nur sozial-interaktive Segregation, sofern die anderen Merkmale alle erfüllt sind."[843]

Es ist zurecht bemerkt worden, dass hier „die Latte sehr hoch gelegt" worden ist.[844] Es gibt ein einheitliches Zivil- und Strafrecht in Deutschland, es gibt weder an ethnischen noch an kulturellen Linien entlang orientierte Parteien oder Gewerkschaften. Allerdings ist festzuhalten, dass innerhalb der ethnischen Kolonien, insbesondere in den „ethnisch abgeschotteten Subkulturen" der libanesisch-kurdischen Großclans, der Druck erheblich ist, eigene Normen durchzusetzen, deren Nichtbefolgung abzustrafen, insgesamt Konflikte „unter sich" auszumachen und die deutsche Justiz außen vor zuhalten. Die „Ehrenmorde" an mehreren Frauen in Berlin haben ein Schlaglicht darauf geworfen, stellen aber keinesfalls die einzigen Fälle von an den Normen der Herkunftsgesellschaft orientierter Selbstjustiz dar. Thomas Meyer hat seine Kriterien in dieser Hinsicht erläutert: „Von einem eigenständigen Rechtskreis kann faktisch ... auch dann gesprochen werden, wenn ein erheblicher sozialer oder soziokultureller Druck innerhalb der betreffenden Gemeinschaft besteht, wesentlich staatlich garantierte Grundrechte nicht zu nutzen oder im Streitfall nicht die staatlichen Gerichte, sondern ‚eigenethnische' bzw. ‚kulturell-religiöse' Schiedsstellen anzurufen und sich deren Urteil zu unterwerfen. Der Druck, sich hergebrachten Normen der eigenen Gruppe unter Verzicht auf wesentliche verbriefte Rechte der Aufnahmegesellschaft zu unterwerfen und sogar im Falle einer entgegengesetzten eigenen Auffassung auf die Anrufung der staatlichen Gerichte zu verzichten, um den sozialen Sanktionen der Parallelgesellschaft zu entgehen, kann in der Praxis ja durchaus überwältigend sein."[845]

Negative Dynamik

Es gibt – wie wir gesehen haben (vgl. Kapitel IV) – eine Vielzahl von Gründen, warum Zuwanderergruppen ethnische Kolonien bilden (wie Mechanismen auf dem Wohnungsmarkt). Ebenso gibt es eine Vielzahl

---

[843] ebd., S. 210
[844] vgl. Halm, Dirk; Sauer, Martina: Parallelgesellschaft und ethnische Schichtung, in: Aus Politik und Zeitgeschichte 1-2/2006, S. 19
[845] Meyer: Identitätspolitik, S. 211

von Mechanismen, die dazu führen, dass sich in einem Zeitraum die Verhältnisse so verfestigen, dass man von parallelen Strukturen sprechen kann. Dazu gehören wirtschaftliche und soziale Mechanismen ebenso wie kulturelle und religiöse. Es bedeutet auch nicht, dass jedes Stadtviertel, das von Zuwanderern dominiert wird, gerechtfertigterweise als „Parallelgesellschaft" bezeichnet werden könnte oder dass jeder einzelne, der in einem Viertel lebt, das als ethnische Kolonie mit parallelgesellschaftlichen Strukturen bezeichnet werden kann, abgeschottet und nur bezogen auf die eigene Gemeinschaft lebt. Die Ausbildung parallelgesellschaftlicher Strukturen ist auch nicht zwingend an abgegrenzte Wohngebiete gebunden. Parallelgesellschaften „können sich ebenso gut durch ein dichtes und ausschließendes Netzwerk ‚eigen-ethnischer' Gruppenbeziehungen aus verstreuten Wohnanlagen heraus oder durch die ausschließliche Nutzung ‚eigen-ethnischer' Kommunikationsstrukturen ausbilden."[846] Deswegen ist auch die Feststellung, dass mit besseren Bildungsabschlüssen und besserer beruflicher Stellung auch die Kontakte zur einheimischen Bevölkerung steigen, alles andere als überraschend. So stellen Mitarbeiter des „Zentrums für Türkeistudien" als Ergebnis ihrer repräsentativen Befragungen von Türken in Nordrhein-Westfalen fest: „Am sichtbarsten ist der Zusammenhang von Segregation und Deutschkenntnissen. Bei sehr oder eher schlechten Kenntnissen der deutschen Sprache ist die Wahrscheinlichkeit, in parallelgesellschaftlichen Strukturen zu leben, deutlich größer als bei guten oder sehr guten Sprachkenntnissen. Einfluss auf die Tendenz zum Leben in Parallelgesellschaften haben aber auch das formale Bildungsniveau, das in Deutschland erworben wurde, sowie die berufliche Stellung. Migranten, die nur eine geringe formale Bildung aufweisen oder als Arbeiter tätig sind, sind häufiger unter den Segregierten anzutreffen als Migranten mit hohem Bildungsniveau und Angestellte."[847] Gleiches gilt für die Häufigkeit der Kontakte mit Deutschen. „Junge Befragte mit langer Aufenthaltsdauer oder hier Geborene mit guten Sprachkenntnissen und mittlerer bis höherer Bildung und einer qualifizierten beruflichen Stellung haben überdurchschnittlich häufig inter-

---

[846] Meyer, Thomas: Parallelgesellschaft und Demokratie, in: Friedrich-Ebert-Stiftung (Hrsg.): Die Bürgergesellschaft: Perspektiven für Bürgerbeteiligung und Bürgerkommunikation, Bonn 2002, S. 348
[847] Halm/Sauer: Parallelgesellschaft und ethnische Schichtung, in: Aus Politik und Zeitgeschichte 1-2/2006, S. 23

kulturelle Kontakte. Wenig deutsche Freunde haben ältere Migranten, die als Gastarbeiter einreisten oder solche, die im Zuge des Ehegattennachzugs als Erwachsene gekommen sind sowie Migranten, deren Sprachkenntnisse schlecht sind und die über eine formal niedrige Bildung und keine qualifizierte berufliche Stellung verfügen."[848] Genau hier liegt das entscheidende Problem: In den Parallelgesellschaften hat über Jahrzehnte eine negative Dynamik hin zu immer stärkerer Isolation stattgefunden. „Diese Spirale erzeugt starke Triebkräfte zum Selbsterhalt der Parallelgesellschaften weit über den gerechtfertigten und sozial produktiven Anlass der ursprünglichen Integrationshilfe für Neuankömmlinge hinaus."[849]

Immer wieder wird in der öffentlichen Debatte auf die Tatsache verwiesen, dass viele Gruppen ein Eigenleben führen. Die Hinweise auf

– 35.000 *Deutsche auf Mallorca*, die dort dauerhaft leben und von denen mehr als die Hälfte die Landessprache nicht sprechen und die meisten auf Deutschland hin orientiert sind[850],

– die *brasilianische Stadt Blumenau*, eine von Deutschen im 19. Jahrhundert gegründete Siedlung, eine prosperierende Wirtschaftsregion, in der jährlich das Oktoberfest gefeiert wird und viele Menschen noch deutsch sprechen[851],

– auf *Studentenverbindungen* an Universitäten[852]

gehen allerdings allesamt fehl: Es geht nicht um die kollektive Pflege von Brauchtum, um *Folklore*, sondern um eine nahezu vollständige Abschottung der jeweiligen Gruppe gegenüber der Mehrheitsgesellschaft. So sind weder die deutsch-stämmigen Brasilianer (die meist zur wirtschaftlichen Oberschicht des Landes gehören) in der Versuchung, eigene Rechtskreise zu installieren, noch fallen die Deutschen auf Mallorca, die deutsche Medien konsumieren und die Landessprache nicht

848 Halm, Dirk; Sauer, Martina: Das Zusammenleben von Deutschen und Türken – Entwicklung einer Parallelgesellschaft?, in: WSI-Mitteilungen, Monatszeitschrift des Wirtschafts- und Sozialwissenschaftlichen Instituts der Hans-Böckler-Stiftung 10/2004, S.
849 Meyer, Thomas: Identitätspolitik, S. 214
850 vgl. Hentges, Gudrun: Irreale Bedrohungsszenarien und reale Politik: „Ein Gespenst geht um in Europa – das Gespenst der multikulturellen Gesellschaft, in: Butterwegge, Christoph et al. (Hrsg.): Medien und multikulturelle Gesellschaft, Opladen 1999, S. 36, FN 4
851 vgl. „Preußen und Islam", Vortrag von Volker Tschapke, Präsident der Preußischen Gesellschaft Berlin-Brandenburg vom 14. März 2006, S. 8
852 vgl. Kötter, Matthias: Rechtskultur statt Leitkultur. Zur Versachlichung der Integrationsdebatte, in: Blätter für deutsche und internationale Politik, H. 1/2005, S. 83

beherrschen, in großen Teilen auf die Alimentation des spanischen Staates zurück.

Fazit

– Die amerikanische Stadtforschung ging von einem sich zyklisch vollziehenden Integrationsprozess von Einwanderern aus: Die Integration sollte nach verschiedenen Phasen nahezu zwangsläufig erfolgen. Ethnische und kulturelle Unterschiede zur Mehrheitsbevölkerung sollten zusehends verschwinden. In westeuropäischen Ländern zeichnet sich allerdings eine andere Entwicklung ab.

– Die Niederlassung von Zuwanderern in einzelnen Stadtvierteln zieht die Abwanderung der Einheimischen nach sich. Es bilden sich – aufgrund vielfältiger Ursachen und Motive – ethnische Kolonien.

– Zunächst bilden ethnische Kolonien einen Raum, in dem sich die Zuwanderer orientieren und gegenseitig unterstützen können. Je mehr sich die eigenethnische Infrastruktur allerdings vervollständigt, desto größer werden die Bindungskräfte der ethnischen Gruppe und desto geringer wird die Motivation, sich zur Aufnahmegesellschaft hin zu orientieren. Das gilt sowohl für den Erwerb der Sprache des Aufnahmelandes wie für den Arbeitsmarkt (ethnische Ökonomie). Neben der institutionellen Vollständigkeit spielt dabei auch die Größe der Gruppe eine wichtige Rolle.

– Nach einer Phase verstärkter sozialer Integration in den Städten in der Nachkriegszeit ist seit rund 30 Jahren eine sich vertiefende sozialräumliche Spaltung und Polarisierung der Städte feststellbar. In den Armutsstadtteilen sammeln sich vor allem zugewanderte und kinderreiche Familien.

– Aufgrund der demografischen Veränderungen werden Kinder in den Städten künftig mehrheitlich in den Armutsstadtteilen aufwachsen, was erhebliche Auswirkungen auf die Entwicklung kultureller Kompetenz hat.

– Die ethnischen Kolonien haben sich aus mehreren Gründen in den zurückliegenden Jahrzehnten zunehmend verfestigt und teilweise parallelgesellschaftliche Strukturen entwickelt. Die Folge ist ein erheblicher Druck, sich hergebrachten Normen und Verhaltenserwartungen sowie innerethnischen Rechts- und Schlichtungsinstitutionen zu unterwerfen.

*„Das deutsche Schulsystem war auf den ungeheuren Ansturm der Aus-
länderkinder überhaupt nicht vorbereitet und war hinsichtlich der daraus
entstehenden Probleme völlig überfordert."*

*Wolfgang Bodenbender, Bundesministerium
für Arbeit und Sozialordnung, 1976*[853]

*„Die Konzeptionslosigkeit in der Ausländerpolitik wirkt sich auch auf
die Bildungspolitik aus. Sie führt immer wieder zu ad-hoc-Regelungen,
die unter Handlungszwang getroffen werden, begünstigt das Entstehen
nationaler Ghettos auch im Schulsystem und erschwert letztlich das
Zusammenleben zwischen Deutschen und Ausländern."*

Detlef Friberg; Manfred Hohmann 1976[854]

VII. Zwischen „Eindeutschung" und „multi-kultureller Schule" – Die Bildungspolitik seit den 1970er Jahren

Kinder müssen im Zusammenhang mit der Gastarbeiter-Zuwanderung
einerseits als die eigentlich Leidtragenden der Veränderungen angesehen werden, die mit der Wanderung ihrer Familie einhergehen. Sie
mussten mit den häufig belastenden Konsequenzen umgehen – oftmals
ohne ausreichende Unterstützung ihrer Eltern. Andererseits eröffneten
sich ihnen meist größere Chancen als in ihren Herkunftsländern, in den
deutschen Schulen wurden andere pädagogische Konzepte befolgt als
beispielsweise in türkischen Schulen. So „empfinden Kinder, die bereits
in der Türkei in die Schule gegangen sind, es als angenehm, dass in
deutschen Schulen ein liberaleres Klima herrscht als in türkischen, dass
sie beispielsweise in deutschen Schulen von den Lehrern nicht geschlagen werden."[855]

[853] Bodenbender: Zwischenbilanz der Ausländerpolitik, S. 34
[854] Friberg, Detlef; Hohmann, Manfred: Schulpflicht und Schulrecht. Die Situation in den einzelnen
Bundesländern, in: Hohmann, Manfred (Hrsg.): Unterricht mit ausländischen Kindern, Düsseldorf
1976, S 18
[855] Kleff, Hans-Günter: Vom Bauern zum Industriearbeiter. Zur kollektiven Lebensgeschichte der
Arbeitsmigranten aus der Türkei, Mainz ²1985, S. 210

Im April 1970 lebten in den Ausländerfamilien in der Bundesrepublik Deutschland 557.000 Kinder, davon 211.000 (38 Prozent) im schulpflichtigen Alter.[856] Von 1970 bis 1975 kamen in der Bundesrepublik Deutschland rund 600.000 Kinder von Ausländern zur Welt.[857] Innerhalb von 15 Jahren – vom Schuljahr 1965/66 bis zum Schuljahr 1980/81 – hatte sich die Gesamtzahl der ausländischen Schüler verzwanzigfacht: von 35.000 auf 637.000.[858]

Kamen in Nordrhein-Westfalen 1969 noch 44 Grundschüler auf einen ausländischen Mitschüler, so hatte sich das Verhältnis innerhalb von fünf Jahren auf 16:1 verändert. An den Hauptschulen lag das Verhältnis 1969 noch bei 70:1, 1974 bereits bei 19:1. Dabei handelt es sich um Durchschnittswerte des bevölkerungsreichsten Landes, in Ballungszentren wie Duisburg oder Essen sah die Situation bereits deutlich anders aus.[859]

Trotz des rasanten Anwachsens der Schülerzahlen ausländischer Herkunft innerhalb weniger Jahre ignorierte die Bildungspolitik die damit verbundenen Herausforderungen bis in die zweite Hälfte der 1970er Jahre hinein.[860]
Die Schulen – insbesondere in den ethnischen Kolonien – waren auf diese Herausforderungen nicht vorbereitet – weder hinsichtlich der Lehrerausbildung noch der Ausstattung mit geeigneten Lehrmitteln oder mit räumlichen Kapazitäten.[861] „Diesen Kindern und Jugendlichen eine Schul- und Berufsausbildung zu vermitteln, ist mit dem herkömmlichen Ausbildungssystem nahezu unmöglich, weil sie ohne Deutschkenntnisse kommen und die Zeit für eine qualifizierte Schulausbildung zu kurz ist. Die bis zum äußersten belasteten Schulen der

---

[856] Der Bundesminister des Innern (Hrsg.): Raumordnungsbericht 1972 der Bundesregierung, Bonn 1972, S. 26
[857] vgl. Bodenbender: Zwischenbilanz, S. 33
[858] Quelle: Statistische Veröffentlichungen der Kultusministerkonferenz: Ausländische Schüler in der Bundesrepublik Deutschland 1965 bis 1979, S. 2
[859] vgl. Sundhausen, Holm: Statistik türkischer Migrantenkinder in der Bundesrepublik Deutschland, in: Ronneberger, Franz: Türkische Kinder in Deutschland, Nürnberg 1976, S. 80
[860] vgl. Arbeitsgruppe Bildungsbericht am Max-Planck-Institut für Bildungsforschung: Das Bildungswesen in der Bundesrepublik Deutschland. Strukturen und Entwicklungen im Überblick, Einbeck 1994, S. 368 f.
[861] vgl. u.a.: Abgeordnetenhaus von Berlin: Vorlage zur Kenntnisnahme über Maßnahmen zur weiteren sozialen Eingliederung der ausländischen Arbeitnehmer und ihrer Familien, Mitteilungen des Präsidenten. Nr. 95, Drs. 6/1496 vom 16. August 1974, S. 14 ff.

Ausländerballungsgebiete können diese schwierige Aufgabe weder quantitativ noch qualitativ bewältigen."[862] Hinzu kam, dass der Nachwuchs in vielen Fällen erst nach Abschluss der Schulausbildung im Heimatland nach Deutschland zum Geldverdienen geholt wurde. Einen Hinweis darauf geben die Kindergeldzahlungen. So wurde 34,8 Prozent der türkischen Staatsangehörigen in der Bundesrepublik Kindergeld für in der Türkei lebende Kinder im Alter von bis zu 15 Jahren gezahlt, ab dem 16. Lebensjahr nur noch in 4,9 Prozent der Fälle.[863] Der Nachzug zum spätest möglichen Zeitpunkt – die Altersgrenze lag bei 16 Jahren – erschwerte die Integration in die hiesigen Verhältnisse erheblich.[864] Die neu dazukommenden Kinder und Jugendlichen ("Zusteiger") bereiteten den Schulen erhebliche Probleme, was "zum Teil an nicht verlässlichen Altersangaben in den Pässen, zum Teil an zu unterschiedlicher schulischer Vorbildung [lag]. (...) Für jedes Kind musste mit dem Erstunterricht in der deutschen Sprache neu begonnen werden."[865] Diese Kinder – vorsichtige Schätzungen für Berlin gingen alleine für die Jahre 1978 von rund 6.200 und 1979 von 7.100 aus[866] – kamen während des laufenden Schuljahres hinzu. Gemeinsam mit den "Aussteigern" – Kindern, die unentschuldigt dauerhaft dem Unterricht fernblieben – sorgten sie für eine erhebliche Fluktuation in den Klassen.[867] "Die Bandbreite der Zusteiger reicht vom Analphabeten bis zum Gymnasiasten", waren die Erfahrungen der betroffenen Schulen.[868] Durch den Zugang von Ausländerkindern zu den Hauptschulen setzten Verdrängungsprozesse ein und es verstärkte sich deren Charakter als "Restschulen". Die leistungsfähigeren einheimi-

---

[862] Presse- und Informationsamt des Landes Berlin (Hrsg.): Leitlinien und neue Initiativen zur Ausländerintegration, November 1979, S. 7
[863] vgl. Stingl, Josef: Beitrag in der Podiumsdiskussion, in: Pohl, Hans (Hrsg.) Integration ausländischer Mitarbeiter. Referate und Diskussionsbeiträge der 8. öffentlichen Vortragsveranstaltung der Gesellschaft für Unternehmensgeschichte e.V. am 25. Mai 1983 in Köln (= Zeitschrift für Unternehmensgeschichte, Beiheft 32), S. 76
[864] vgl. Mehrländer, Ursula: Soziale Aspekte der Ausländerbeschäftigung (= Schriftenreihe des Forschungsinstituts der Friedrich-Ebert-Stiftung Bd. 103, im Auftrag des Bundesministers für Arbeit und Sozialordnung), Bonn 1974, S. 200 ff.
[865] Der Regierende Bürgermeister von Berlin (Hrsg.): Bericht zur Lage der Ausländer in Berlin, Berlin 1978, S. 20
[866] vgl.: Institut für Zukunftsforschung Berlin: Kinder ausländischer Arbeitnehmer im schulischen und außerschulischen Bereich, Im Auftrag des Regierenden Bürgermeisters von Berlin (West) Senatskanzlei/Planungsstelle, Berlin 1980, S. 36
[867] vgl. ebd., S. 256 f.
[868] Institut für Zukunftsforschung Berlin: Kinder ausländischer Arbeitnehmer im schulischen und außerschulischen Bereich, Im Auftrag des Regierenden Bürgermeisters von Berlin (West) Senatskanzlei/Planungsstelle, Berlin 1980, S. 59

schen Schüler wechselten verstärkt in die Gesamtschulen. „In der Hauptschule ist eine deutliche Absetzbewegung von bildungswilligen deutschen Schülern zu beobachten. Sie besuchen in stärkerem Maße die Gesamtschule, in der sich der Hauptschüleranteil stark erhöht. In der Hauptschule verbleibt ein Rest von deutschen Schülern, der immer weniger in der Lage ist, Ausländern eine Integrationsperspektive aufzuzeigen bzw. integrationsorientierte Verhaltensweisen zu vermitteln."[869]

„Das Entstehen eines ausbildungs- und arbeitslosen Subproletariats von ausländischen Jugendlichen im Ausländer-Ghetto mit all seinen Gefahren hat bereits begonnen", warnten 1980 Gutachter für den Berliner Senat.[870]

Generell galt, dass viele Kinder schlechte Voraussetzungen mitbrachten: „Ihre Beschulungsvoraussetzungen für die deutsche Schule sind völlig unzureichend. Ihre muttersprachlichen Inkompetenzen (verkürzte Dialekt-Muttersprache, deutsche Sprachbrocken mit eingeschränkter semantischer Anbindung) sind die negativen Voraussetzungen für Misserfolg auf der deutschen Schule und ein späteres Leben am Rande der deutschen Gesellschaft, der Gesellschaft des Heimatlandes und der eigenen Familie."[871]

Die Integration in den Arbeitsmarkt wurde von Anfang an durch das späte Nachholen der Kinder und die mangelnde Durchsetzung der Schulpflicht durch Staat und Elternhäuser erschwert. Fachleute schätzten, dass Ende der 1970er/Anfang der 80er Jahre „höchstens die Hälfte der berufsschulpflichtigen ausländischen Jugendlichen auch tatsächlich die Berufsschule besucht."[872] Allerdings wurde auch von Fällen berichtet, dass Ausländer wegen Platz- oder Lehrermangels abgewiesen oder auf Wartelisten gesetzt wurden.[873]

---

[869] ebd., S. 61
[870] Institut für Zukunftsforschung Berlin: Kinder ausländischer Arbeitnehmer im schulischen und außerschulischen Bereich, Im Auftrag des Regierenden Bürgermeisters von Berlin (West) Senatskanzlei/Planungsstelle, Berlin 1980, S. 259
[871] ebd., S. 40
[872] Schober, Karen: Zur Ausbildungs- und Arbeitsmarktsituation ausländischer Jugendlicher in der Bundesrepublik Deutschland – gegenwärtige Lage und künftige Perspektiven, in: Mitteilungen aus der Arbeitsmarkt- und Berufsforschung 14. Jg./1981, H. 1, S. 18
[873] vgl. ebd.

Mehr als 92.000 ausländische Jugendliche zwischen 15 und 19 Jahren (57 Prozent dieser Altersgruppe) erhielten keinerlei berufliche Qualifizierung. 75.000 junge Ausländer (rund ein Drittel der Altersgruppe) standen weder in einem Arbeits- noch in einem Ausbildungsverhältnis.[874] Die Chancen auf einen Ausbildungsplatz waren eindeutig wesentlich geringer als bei den einheimischen Altersgenossen: Von den ausländischen Hauptschülern, die die Schule ohne Abschluss nach der 7. oder 8. Klasse verließen, gelang nur 16 Prozent der Übergang in eine betriebliche Berufsausbildung, bei der deutschen Vergleichsgruppe lag der Anteil bei 31 Prozent.[875]

Die Unterschiede beim Übergang in die Berufsausbildung und Berufstätigkeit fasst eine Studie des *Instituts für Arbeitsmarkt- und Berufsforschung* der *Bundesanstalt für Arbeit* 1982 zusammen:

„Während von den deutschen Hauptschülern nach der neunten Klasse 51% eine duale Ausbildung begonnen haben, liegt der entsprechende Anteil bei den ausländischen Jugendlichen bei nur 36%.

– Deutsche Hauptschüler verbleiben nach der neunten Klasse zu 14% im allgemeinbildenden Schulsystem, ausländische Jugendliche zu 8%.

– Ausländische Hauptschüler mündeten dreimal so häufig direkt in eine Erwerbstätigkeit (ohne Ausbildung) wie deutsche Jugendliche (10% zu 3%)

– Ausländische Jugendliche – insbesondere Mädchen – erhalten häufiger als deutsche weder einen Ausbildungsplatz noch einen Arbeitsplatz und verbleiben daher im Haushalt der Eltern (6%, deutsche Jugendliche 1%).“[876]

Bewahrung der Muttersprache

In der schulischen Bildung wurde großer Wert auf die Beibehaltung der Muttersprache gelegt, um der „kulturellen Identität" willen und um die Fähigkeit zur Reintegration in das Herkunftsland aufrecht zu erhalten. „Die ausländischen Schüler sollen die Möglichkeit haben, auch an mut-

[874] Schober, Karen: Zur Ausbildungs- und Arbeitsmarktsituation ausländischer Jugendlicher in der Bundesrepublik Deutschland – gegenwärtige Lage und künftige Perspektiven, in: Mitteilungen aus dem Arbeitsmarkt- und Berufsforschung 14. Jg./1981, H. 1, S. 19 f.
[875] vgl. Stegmann, Heinz: Ausländische Jugendliche zwischen Schule und Beruf, in: Mitteilungen aus der Arbeitsmarkt- und Berufsforschung 14. Jg./1981, Nr. 1, S. 10
[876] Stegmann, Heinz: Zur Ausbildungs- und Berufswahl ausländischer Jugendlicher, in: Peters, Anke (Hrsg.): Materialien zur Ausländerbeschäftigung (= Beiträge zur Arbeitsmarkt- und Berufsforschung der Bundesanstalt für Arbeit 68) Nürnberg 1982, S. 76

tersprachlichem Unterricht teilzunehmen. Seine Aufgabe ist es, um die Erhaltung der Verbindung der Schüler zur Sprache und Kultur ihrer Heimat bemüht zu sein", hieß es in einer Rahmenvereinbarung der Kultusministerkonferenz aus dem Jahr 1971.[877]

Doch hier begannen nicht selten schon die Schwierigkeiten: Welches war die „Muttersprache"? Das „zehnjährige Kind, das als Herkunftsland Jugoslawien angibt, kommt aus dem Bundesstaat Makedonien und gehört einer der dortigen nationalen Minderheiten an, der türkischen. Seine Erstsprache ist demnach Türkisch, es wird hier noch mit den Eltern gesprochen; seine Zweitsprache ist Makedonisch (eine südslawische Sprache), das es in den ersten Klassen der makedonischen Grundschule lernte und das es heute mit den älteren Geschwistern spricht; seine Drittsprache ist Serbokroatisch (die wichtigste slawische Sprache Jugoslawiens), das in der makedonischen Schule von der zweiten Klasse an unterrichtet wird und das heute die Sprache des nationalen Zusatzunterrichts ist, außerdem wird es mit den anderen jugoslawischen Kindern in der deutschen Schule gesprochen; die Viertsprache schließlich ist Deutsch, in den Varianten Süddeutsch und Normdeutsch, gesprochen mit deutschen Spielkameraden bzw. mit den deutschen Lehrern."[878]

Für die Kultusministerkonferenz war die Erhaltung der „sprachlichen und kulturellen Identität" der ausländischen Schüler von zentraler Bedeutung.[879] Dazu bedurfte es einer doppelten Orientierung – sowohl hin auf einen Erfolg im deutschen Schulwesen als auch auf eine mögliche Wiedereingliederung in das Schulwesen des Herkunftslandes: Ziel sei es, „ den ausländischen schulpflichtigen Kindern und Jugendlichen eine erfolgreiche Mitarbeit in den deutschen Schulen zu ermöglichen und ihnen die Wiedereingliederung in die heimatlichen Schulen offen zu halten. Es geht darum, die ausländischen Schüler zu befähigen, die deutsche Sprache zu erlernen und die deutschen Schulabschlüsse zu erreichen sowie die Kenntnisse in der Muttersprache zu erhalten und zu erweitern."[880]

[877] „Unterricht für Kinder ausländischer Arbeitnehmer. Beschluss der KMK vom 3. Dezember 1971", abgedruckt in: Müller, Hermann (Hrsg.): Ausländerkinder in deutschen Schulen, Stuttgart 1974, S. 188
[878] Stölting, Wilfried: Zur Zweisprachigkeit ausländischer Kinder – Probleme und Aufgaben, in: Müller, Hermann (Hrsg.): Ausländerkinder in deutschen Schulen, Stuttgart 1974, S. 144
[879] Sekretariat der Ständigen Konferenz der Kultusminister der Länder in der Bundesrepublik Deutschland (Hrsg.): Neufassung der Vereinbarung „Unterricht für Kinder ausländischer Arbeitnehmer" Beschluss der Kultusministerkonferenz vom 8. April 1976, Darmstadt 1977, S. 3
[880] ebd.

Die ausländischen Kinder waren häufig durch den regulären Schulbesuch, muttersprachlichen Ergänzungsunterricht und möglicherweise den Besuch einer Koranschule überfordert. Darauf hatte die Bund-Länder-Kommission zur Ausländerbeschäftigungspolitik bereits 1977 hingewiesen.[881] In Berlin nahmen am muttersprachlichen Unterricht etwa 25 Prozent der türkischen Kinder, 36 Prozent der jugoslawischen und 50 Prozent der griechischen Kinder teil. 1978 besuchten rund 2.000 Kinder Koranschulen.[882]

Der muttersprachliche Unterricht sollte „in der Regel" durch Lehrer des Heimatlandes erteilt werden. Die einzelnen Länder konnten darüber entscheiden, ob er in ihrer Verantwortung oder der der diplomatischen Vertretungen stehen sollte.[883] Damit begab sich der deutsche Staat seines Rechtes auf Schulaufsicht und verzichtete auf die Überprüfung der Qualifikation der eingesetzten Lehrkräfte.[884]

Der muttersprachliche Ergänzungsunterricht durch Lehrkräfte aus der Türkei behinderte die Entwicklung von deutscher Sprachkompetenz und förderte ein idealisiertes Bild der türkischen Verhältnisse. „Die im Ergänzungsunterricht eingesetzten Bücher, häufig Unterrichtswerke, die in der Türkei zugelassen sind, thematisieren weder die den Schülern vertrauten Lebenssituationen in der Bundesrepublik, noch sind sie geeignet, ein realistisches Bild von der heutigen Türkei zu vermitteln. Für die türkischen Schüler relevante Situationen, ihre Konflikte mit der Familie oder der deutschen Umwelt werden in der Regel nicht zum Gegenstand des Unterrichts gemacht. Nicht nur die Entwicklung einer deutschen Sprachkompetenz, vor allem der Aufbau einer personalen und sozialen Identität und, in Verbindung damit, die Entwicklung von sozialer Kompetenz werden durch den muttersprachlichen Ergänzungsunterricht in seiner gegenwärtigen Form massiv eingeschränkt ..."[885] Ursula Mehrländer kommt zu dem Schluss: „Dieser

881 Der Bundesminister für Arbeit und Sozialordnung: Vorschläge der Bund-Länder-Kommission zur Fortentwicklung einer umfassenden Konzeption der Ausländerbeschäftigungspolitik, Bonn 1977, S. 15
882 vgl. Institut für Zukunftsforschung Berlin: Kinder ausländischer Arbeitnehmer im schulischen und außerschulischen Bereich, Im Auftrag des Regierenden Bürgermeisters von Berlin (West) Senatskanzlei/Planungsstelle, Berlin 1980, S. 299
883 „Unterricht für Kinder ausländischer Arbeitnehmer. Beschluss der KMK vom 3. Dezember 1971", abgedruckt in: Müller, Hermann (Hrsg.): Ausländerkinder in deutschen Schulen, Stuttgart 1974, S. 188
884 Forschungsverbund „Probleme der Ausländerbeschäftigung", Integrierter Endbericht, o.O., 1979, S. 80
885 vgl. Institut für Zukunftsforschung (Hrsg.): Ausländer oder Deutsche. Integrationsprobleme griechischer, jugoslawischer und türkischer Bevölkerungsgruppen. Mit einem Vorwort der Beauftragten der Bundesregierung für die Integration der ausländischen Arbeitnehmer und ihrer Familien, Köln 1981, S. 138

muttersprachliche Sonderunterricht verhindert also den Schulerfolg der Ausländerkinder in den deutschen Klassen, ohne dass sichergestellt ist, dass zurückgekehrte Schüler den Anschluss an das Schulsystem im Heimatland finden."[886]

„Vorbereitungsklassen" als „Heimatschule"

Bei einer entsprechend großen Anzahl sollten Kinder, die nicht des Deutschen mächtig waren, in sprachlich homogenen „Vorbereitungsklassen" gesammelt werden. Diese sollten „den Prozess der Eingewöhnung in deutsche Schulverhältnisse ... erleichtern und ... beschleunigen" und waren „Bestandteil der deutschen Schule"[887] und sollten auf ein Jahr begrenzt bleiben. Das Ziel, den Übergang in die Regelklassen zu fördern, ließ sich in der Praxis aber häufig nicht wie geplant erreichen. Mehrjährige „Vorbereitungsklassen", in denen die Kinder aus einem Herkunftsland unter sich blieben und der Versuch der Regierungen der Heimatländer, über ihre Lehrkräfte politischen und ideologischen Einfluss zu nehmen, waren einer Integration in die deutschen Verhältnisse nicht förderlich. Auch der Unterricht in den Koranschulen war in vielen Fällen nicht geeignet, die Integrationsfähigkeit und die Integrationsbereitschaft zu fördern.[888]

In vielen Fällen wurden sprachhomogene, d.h. im Regelfall türkischsprachige „Vorbereitungsklassen" an den Grundschulen in den ethnischen Kolonien gebildet. Der zum Spracherwerb notwendige Kontakt zu deutschsprachigen Mitschülern war in diesen Klassen nicht möglich, in vielen Fällen verzögerte sich der beabsichtigte Übergang in die Regelklassen, was die negativen Effekte noch verstärkte. In Berlin-Kreuzberg waren 1979/80 von 61 ersten Klassen 21 reine Ausländerklassen, davon 17 Vorbereitungsklassen.[889] „Die befragten Schulleiter

---

[886] vgl. Mehrländer, Ursula: Bundesrepublik Deutschland, in: Gehmacher, Ernst; Kubat, Daniel; Mehrländer, Ursula (Hrsg.): Ausländerpolitik im Konflikt. Arbeitskräfte oder Einwanderer? Konzepte der Aufnahme- und Entsendeländer, Bonn 1978 (= Schriftenreihe des Forschungsinstituts der Friedrich-Ebert-Stiftung, Bd. 139), S. 133
[887] „Unterricht für Kinder ausländischer Arbeitnehmer. Beschluss der KMK vom 3. Dezember 1971", abgedruckt in: Müller, Hermann (Hrsg.): Ausländerkinder in deutschen Schulen, Stuttgart 1974, S. 186
[888] vgl. Institut für Zukunftsforschung (Hrsg.): Ausländer oder Deutsche. Integrationsprobleme griechischer, jugoslawischer und türkischer Bevölkerungsgruppen. Mit einem Vorwort der Beauftragten der Bundesregierung für die Integration der ausländischen Arbeitnehmer und ihrer Familien, Köln 1981, S. 143 ff.
[889] Institut für Zukunftsforschung Berlin: Kinder ausländischer Arbeitnehmer im schulischen und außerschulischen Bereich, Im Auftrag des Regierenden Bürgermeisters von Berlin (West) Senatskanzlei/Planungsstelle, Berlin 1980, S. 52 f.

sind sich hierin einig, dass mit der zunehmenden Anzahl der türkischen Kinder insgesamt eine gravierende Abnahme der Integrationsbereitschaft zu verzeichnen ist (die sich nicht allein auf die Bereitschaft, Deutsch zu lernen, beschränkt), die durch die rein türkischen Klassen in besonderem Maße verstärkt wird."[890]

Die Kinder, die nach Ableistung einer fünfjährigen türkischen Schulpflicht nach Deutschland kamen, wo sie dann wieder schulpflichtig waren, waren den Leistungsanforderungen in der Hauptschule nicht gewachsen, so dass in Berlin die Quote derjenigen, die die Hauptschule ohne Abschluss verließen, zunächst bei 90 Prozent lag und dann auf 50 Prozent (1977) gesenkt wurde.[891]

Den deutschen Schulen, die weder pädagogisch noch personell auf diese neuen Aufgaben vorbereitet waren, fehlten unter anderem lange Zeit geeignete Schulbücher und Lehrmittel.[892] So kam es immer wieder zu öffentlichen Kontroversen. Das *Kommissariat der deutschen Bischöfe* monierte 1973: „In der Praxis haben sich die Einführungs- und Übergangsklassen, in denen auch Unterricht in der Heimatsprache erteilt wird, überhaupt nicht bewährt. Vor allem im Bewusstsein der Eltern stellen sie eine Art Heimatschule dar."[893] Der *Deutsche Gewerkschaftsbund* beklagte: „In den meisten Schulen werden ... aus den Vorbereitungs- bzw. Einführungsklassen mehrjährige Nationklassen mit fast ausschließlichem muttersprachlichem Unterricht. (...) Die Gründe für die heute festzustellende Pervertierung der nominellen Vorbereitungsklassen in soziale Sackgassen sind ... in schulorganisatorischen Schwächen, im Lehrermangel sowie in der fehlenden politischen Durchsetzungskraft gegenüber heimatstaatlichen Vertretungen und manchen ausländischen Lehrern zu suchen. Auf diesem Gebiet müssen unverzüglich einschneidende Maßnahmen getroffen werden. Der Grundsatz, dass Lehrer, Inhalte und Zeitplan des Unterrichts in den Vorbereitungsklassen eben dem Ziel der Eingewöhnung und Integrationsförderung

[890] Quelle: ebd., S. 245
[891] Der Regierende Bürgermeister von Berlin (Hrsg.): Bericht zur Lage der Ausländer in Berlin, Berlin 1978, S. 25
[892] vgl. Friberg, Detlef; Hohmann, Manfred: Schulpflicht und Schulrecht. Die Situation in den einzelnen Bundesländern, in: Hohmann, Manfred (Hrsg.): Unterricht mit ausländischen Kindern, Düsseldorf 1976, S. 15
[893] „Thesen und Forderungen. Gutachten zur Schul- und Berufsbildung und zur sozialen Integration ausländischer Kinder in der Bundesrepublik. Herausgegeben vom Kommissariat der deutschen Bischöfe – Katholisches Büro Bonn, Oktober 1973, abgedruckt in: Müller, Hermann (Hrsg.): Ausländerkinder in deutschen Schulen, Stuttgart 1974, S. 201

zu dienen haben, muss mit aller Konsequenz zur Anwendung kommen."[894] Auch solle der muttersprachliche Unterricht zwingend in der Verantwortung der deutschen Kultusverwaltungen erteilt werden: „Nur so kann gewährleistet werden, dass Lehrinhalte und Methoden den Anforderungen unserer Zeit und dem Interesse der Kinder dienen und dass Unterricht und Lehrbücher dem Grundgesetz der Bundesrepublik und den Verfassungen der Bundesländer entsprechen."[895]

Da sowohl die deutsche Politik als auch viele Gastarbeiter mit einer Rückkehr in die jeweiligen Herkunftsländer rechneten, war auch die Haltung der Eltern gegenüber der schulischen Bildung in Deutschland entsprechend zwiespältig, sie sollte keinesfalls eine Reintegration der Kinder im Heimatland erschweren: „Die ausländischen Arbeitereltern sind bemüht, die kulturellen Bedingungen und Orientierungen ihrer Kinder zu erhalten, die zugleich Verbindungen mit der Familie und mit der Heimat darstellen. Sie fürchten eine Entfremdung, die den Kindern bei Rückkehr in die Heimat die weiteren Bildungs-, Berufs- und Lebenswege erschwert. Die Erziehung und Bildung ihrer Kinder in der BRD soll deshalb die bisherige Erziehung und Bildung nicht blockieren oder abbauen, die Kinder also nicht ‚germanisieren'."[896] Die Orientierung der Kinder innerhalb der Familien erfolgte auf ein Leben in der Minderheit und nicht in der Gesamtgesellschaft.[897]

„Bildungsaskese" und „heimlicher Lehrplan"

Bereits Anfang der 70er Jahre wurde eine Verweigerungshaltung festgestellt: „Vielen ausländischen Eltern erscheint als Konsequenz einer Ablehnung der Assimilation eine möglichst weitreichende bildungsmäßige Askese der beste Weg, um ihren Kindern bei Rückkehr in die Heimat Bildungs- und Sozialchancen zu erhalten. Das ist deshalb eine falsche und die Kinder schädigende Einstellung, weil die entscheiden-

---

[894] „Stellungnahme und Forderungen des Deutschen Gewerkschaftsbundes zum Unterricht für Kinder ausländischer Arbeitnehmer vom 7. Mai 1973", abgedruckt in: Müller, Hermann (Hrsg.): Ausländerkinder in deutschen Schulen, Stuttgart 1974, S. 191
[895] ebd., S. 192
[896] Müller, Hermann: Deutsch für ausländische Kinder – Integrationskonzepte und ihre Auswirkungen auf den Sprachunterricht, in: ders. (Hrsg.): Ausländerkinder in deutschen Schulen, Stuttgart 1974, S. 162
[897] vgl. ders.: Bildungs- und Erziehungsprobleme von Minderheiten und Randgruppen in der Bundesrepublik, in: Minoritäten in Ballungsräumen. Ein deutsch-amerikanischer Vergleich, hrsg. von Michael G. Eisenstadt und Werner Kaltefleiter (= Sozialwissenschaftliche Studien zur Politik, Bd. 6), S. 37

den Prozesse der Persönlichkeitsbildung nicht auf Eis gelegt oder in einen Dornröschenschlaf versetzt und bei Rückkehr in die Heimat wieder abgerufen werden können."[898]

Die Angst vor Entfremdung von Familie und Herkunftskultur, vor einer Verletzung des heimatlichen Sittenkodex, wirkte sich auch auf die Haltung der Eltern zum deutschen Schulwesen und dort vermittelte Inhalte aus. So wurde die Einrichtung der „Vorklassen" von vielen Eltern als national homogene Klasse, in der die heimatliche Kultur vermittelt wurde, verstanden (und nicht als befristete Hilfe zum Übergang in die allgemeine Regelklasse). Dementsprechend protestierten zahlreiche türkische und griechische Eltern gegen die Abschaffung der Vorklassen als „Dauereinrichtung" und kritisierten dies als Maßnahme zur „Zwangsintegration".[899]

Berliner Lehrer gaben an, es gebe einen „heimlichen Lehrplan" für reine Ausländerklassen (meist Klassen mit türkischen Kindern), so werde „die Lerneinheit zur sexuellen Aufklärung weggelassen, da die Kinder bereits die Arbeit mit Bildern verweigern, auf denen nur halbbekleidete Menschen dargestellt sind. Meist ist das Weglassen oder Vereinfachen von Lehrinhalten jedoch durch sprachliche Schwierigkeiten begründet."[900]

„Gerade auch mit der Problematik der geschlechtsspezifischen Erziehung haben die Schulen in den reinen Ausländerklassen besonders zu kämpfen, die Mädchen (ab 10 Jahren etwa) weigern sich, im Unterricht ihre Kopftücher abzunehmen und am Sportunterricht teilzunehmen, die Gewalttätigkeit der Jungen hat erschreckende Ausmaße angenommen."[901]

Je höher der Anteil nicht-deutschsprachiger Schüler in einer Klasse war, desto schwieriger wurde es, die Lehrinhalte zu vermitteln und desto eingeschränkter wurde die Stoffvermittlung. Die Erfahrungen zeigten bereits Ende der 1970er Jahre, dass auch in gemischten Regel-

---

[898] Müller, Hermann: Deutsch für ausländische Kinder, S. 166 f.
[899] vgl. Gomolla, Mechtild; Radtke, Frank-Olaf: Institutionelle Diskriminierung. Die Herstellung ethnischer Differenz in der Schule, Bielefeld 2002, S. 106
[900] Institut für Zukunftsforschung Berlin: Kinder ausländischer Arbeitnehmer im schulischen und außerschulischen Bereich, Im Auftrag des Regierenden Bürgermeisters von Berlin (West) Senatskanzlei/Planungsstelle, Berlin 1980, S. 249
[901] ebd., S. 240 f.

klassen „insgesamt eine Niveauverschlechterung relativ zum Anteil der Kinder mit sprachlichen Schwierigkeiten festgestellt werden muss."[902]

Zu der widersprüchlichen Orientierung der Gastarbeiter und der deutschen Bildungspolitik kam die „Bildungsferne" vieler Gastarbeiter und ihrer Angehörigen: Eine repräsentative Befragung von Gastarbeitern im Jahr 1971 ergab, dass 71 Prozent der türkischen Männer lediglich einen bis fünfjährigen Grundschulbesuch vorzuweisen hatten, 6 Prozent sechs Jahre und mehr, 7 Prozent gaben an, überhaupt keine Schule besucht zu haben. Mehr als die Hälfte (51 Prozent) hatten nach eigenen Angaben keinen Beruf erlernt.[903]

So erwiesen sich viele Eltern als überfordert, ihre Kinder auf die schulischen Anforderungen vorzubereiten und ihnen die notwendigen Hilfestellungen zu geben und die Motivation zu vermitteln. Grund für ein gewisses Misstrauen war auch die Begegnung mit Verhaltensweisen anderer Kinder – und auch bei den eigenen Kindern – die sie als respektlos und unangemessen empfanden. Für viele war es auch nicht nachvollziehbar, dass ihr Kind, das im Herkunftsland bereits seine Schulpflicht absolviert hatte, in Deutschland noch einmal zur Schule gehen sollte.

Vor diesem Hintergrund ist es auch erklärlich, dass ein hoher Anteil der schulpflichtigen ausländischen Kinder in der Bundesrepublik keine Schule besuchte – so gingen im Schuljahr 1971/72 rund 211.000 Schüler auf eine allgemeinbildende Schule. Die Gesamtzahl der Kinder und Jugendlichen wurde damals auf über 950.000 geschätzt, davon waren rund 350.000 schulpflichtig.[904] Befragungen Anfang der 70er Jahre ergaben einen Anteil von 20 Prozent der Gastarbeiterkinder, die trotz Schulpflicht nicht zur Schule gingen.[905]

[902] Ebd., S. 249
[903] vgl. Mehrländer, Ursula: Soziale Aspekte der Ausländerbeschäftigung (= Schriftenreihe des Forschungsinstituts der Friedrich-Ebert-Stiftung, Bd. 103, im Auftrag des Bundesministers für Arbeit und Sozialordnung), Bonn 1974, S. 29 f.
[904] vgl. Sundhausen, Holm: Statistik türkischer Migrantenkinder in der Bundesrepublik Deutschland, in: Ronneberger, Franz: Türkische Kinder in Deutschland, Nürnberg 1976, S. 76
[905] Mehrländer, Ursula: Soziale Aspekte der Ausländerbeschäftigung (= Schriftenreihe des Forschungsinstituts der Friedrich-Ebert-Stiftung Bd. 103, im Auftrag des Bundesministers für Arbeit und Sozialordnung), Bonn 1974, S. 209

„Pidgin-Deutsch"

Mangelnde Deutschkenntnisse waren für die Betriebe von Anfang an
ein großes Problem: Nicht nur wurde die Integration in die betriebsin-
ternen Arbeitsabläufe dadurch erschwert und die Unfallhäufigkeit hing
damit zusammen, Sprachkurse verursachten auch Kosten. Immer häufiger gingen Betriebe dazu über, anstelle regulärer Sprachkenntnisse nur
noch rudimentäre Grundwortschätze zu vermitteln. So berichtet ein
Vertreter des Unternehmensverbandes Ruhrbergbau 1966: „Anfangs
haben wir einen Fehler gemacht, indem wir Sprachlehrer, d. h. gelernte
Pädagogen, damit beauftragt hatten, den Sprachunterricht zu erteilen.
Sie sind im Allgemeinen dabei gescheitert, weil ein Lehrer seine Ehre
daran setzt, den Ausländern ein richtiges Deutsch zu vermitteln, er
betrachtet die Sprache als Kulturgut. Nun hat die Sprache ja zwei verschiedene Funktionen. Einmal die Funktion, ein Kulturgut zu sein und
dann die Funktion, ein Verständigungsmittel zu sein. Wir haben vollständig umschalten müssen auf die Sprache als primitives Verständigungsmittel und bemühen uns, in diesen 4 Wochen den Ausländern
einen Sprachschatz von 400 Hauptwörtern zu vermitteln, die wir sorgfältig ausgewählt und in einem Bilderbuch zusammengestellt haben.
Dieses kleine Büchlein, Format DIN A5, enthält auf der ersten Seite
ihre Personalien und das Heim, in dem sie wohnen, damit wenn sie
irgendwo im betrunkenen Zustand von der Polizei aufgegriffen werden,
sie nur diese Seite vorzuzeigen brauchen, und dann weiß die Polizei,
wo sie sie abzuliefern hat."[906] Mit einem solchen „Pidgin-Deutsch"[907],
das häufig ein Leben lang beibehalten wurde, war zwar eine elementare
Verständigung in den Arbeitsabläufen in den Betrieben möglich, eine
Integration im außerbetrieblichen Wohnumfeld war damit hingegen
weder beabsichtigt noch möglich. Man konnte mit dieser pragmati-
schen Lösung den Aufwand minimieren und den Verständigungsnot-
wendigkeiten entsprechen. Diese Sprachform prägte die Gastarbeiter-
Generation. Sie erwies sich allerdings auch als Hindernis für eine
weitergehende Integration in das deutsche Lebensumfeld, weil die Her-

---

[906] Magnet Bundesrepublik. Probleme der Ausländerbeschäftigung (= H. 42 der Schriftenreihe der
Bundesvereinigung der Deutschen Arbeitgeberverbände), Bonn 1966, S. 81 f.
[907] So der Geschäftsführer des Internationalen Bundes für Sozialarbeit, Jugendsozialwerk e.V., Bogun,
in: Magnet Bundesrepublik. Probleme der Ausländerbeschäftigung (= H. 42 der Schriftenreihe der
Bundesvereinigung der Deutschen Arbeitgeberverbände), Bonn 1966, S. 84

kunftssprache im außerbetrieblichen Alltag dominierend blieb. Festzustellen ist, „dass die Menschen der ‚Gastarbeitergeneration' mit dieser Form seit 30 Jahren in Deutschland erfolgreich mit Deutschen im Alltag kommunizieren. Der kritische Punkt liegt darin, dass es für sie offensichtlich nicht nötig war, diese Sprachform im Laufe der Jahre weiter auszubauen. (...) In Lebenssituationen, wie sie für die ‚Gastarbeiter" typisch sind, ist Deutsch eine Nebensprache mit sehr begrenzten Funktionsbereichen: in der Familie, der Nachbarschaft, überhaupt in weiten Bereichen der informellen Öffentlichkeit sprechen sie türkisch o. ä."[908]

Hier gingen die Interessen der Unternehmen einerseits und der Gastarbeiter andererseits konform: Die Unternehmen wollten die Kosten für die Einarbeitung der ausländischen Arbeitskräfte möglichst niedrig halten, die Gastarbeiter wollten Verdiensteinbußen weitgehend vermeiden und soviel Geld wie möglich nach Hause mitnehmen. Die Mehrheit der Gastarbeiter war auf eine Rückkehr und eine Maximierung des Erlöses ihres „Ausfluges" hin orientiert, deshalb war ihr Interesse unter anderem an der deutschen Sprache und an Weiterbildung in nachvollziehbarer Weise nur sehr begrenzt. 1967 stellte ein Vertreter des DGB fest: „Auch heute noch strömen Zehntausende ausländischer Arbeiter herein in der Absicht, durch spartanische Lebensführung, primitives Wohnen und zahlreiche Überstunden sich das Kapital zu einer Existenz oder einem Eigenheim zu ersparen. (...) In Deutschland verhindert das psychologische Getto, das er aus Heimweh und Sparsamkeit um sich erreichtet, jede weitergehende Einsicht. Schließlich ziehen auch bei uns Schulabgänger das Moped der Berufsausbildung vor."[909]

Sprachkenntnisse und Aufstiegsmöglichkeiten hingen – wenig überraschend – deutlich miteinander zusammen: „Ausländische Arbeitnehmer mit Kenntnissen in der deutschen Sprache nehmen im Allgemeinen eine höherwertige Stellung im Betrieb ein als jene, die überhaupt nicht Deutsch sprechen" stellte die *Bundesanstalt für Arbeit* bereits 1968 in

---

[908] Maas, Utz: Sprache und Sprachen in der Migration, in: dies.: Sprache und Migration (= IMIS Beiträge 26) Osnabrück 2005, S. 104 f.
[909] Stephan, Günter: Einstellung und Politik der Gewerkschaften, in: Papalekas, Johannes Chr. (Hrsg.): Strukturfragen der Ausländerbeschäftigung (= Bochumer Schriften zur Arbeitswissenschaft), Herford 1969, S. 41

ihrer Repräsentativuntersuchung fest.[910] Der Facharbeiteranteil unter den Gastarbeitern lag bei jenen mit sehr guten Deutschkenntnissen mehr als doppelt so hoch wie der Gesamtdurchschnitt. „Dies deutet darauf hin, dass ausländische Arbeiter – wenn sie mit der deutschen Sprache gut vertraut sind und hinreichende Fachqualifikationen besitzen – in der Betriebshierarchie tendenziell ähnlich häufig Facharbeiterpositionen einnehmen wie vergleichbare deutsche Arbeiter. (...) Die ungünstigere Situation der ausländischen Arbeiter ohne jegliche Deutschkenntnisse kommt noch stärker darin zum Ausdruck, dass 56 % von ihnen, von den Frauen sogar 60 %, zum Zeitpunkt der Befragung in einfachen Hilfsarbeiten tätig waren. Mit zunehmenden deutschen Sprachkenntnissen fällt der Anteil der Ungelernten bis auf 16 % unter den Arbeitern, die sehr gut Deutsch sprechen."[911]

So stellte der Leiter der Personalabteilung bei den Kölner Ford-Werken 1967 fest, „dass der größte Teil der ausländischen Arbeiter von der Ausbildung her einem Niveau zuzuordnen ist, welches eindeutig unter dem der deutschen ungelernten und angelernten Arbeitskräfte liegt. Zwar haben die meisten Ausländer eine Schule besucht. Doch sind sie häufig nur formal in die Schule gegangen und sind nicht selten wegen Witterungsverhältnissen oder Ernte der Schule ferngeblieben. Die Ausländer bringen in den seltensten Fällen die fachliche Voraussetzung für einen Aufstieg mit."[912]

Nach der „Repräsentativuntersuchung '72" der *Bundesanstalt für Arbeit* gaben 59 Prozent der ausländischen Befragten an, ihre Deutschkenntnisse am Arbeitsplatz erworben zu haben. Nur 6 Prozent gaben an, Sprachkurse besucht zu haben.[913] Angesichts ihrer Konzentration auf das Geldverdienen sahen sie offensichtlich nur selten die Möglichkeit, zusätzlich Zeit und Energie für – teilweise – unentgeltlich angebotene Kurse aufzuwenden. Hinzu kommt, dass diese didaktisch und

---

[910] Bundesanstalt für Arbeit (Hrsg.): Ergebnisse der Repräsentativ-Untersuchung vom Herbst 1968 über die Beschäftigung ausländischer Arbeitnehmer und ihre Familien- und Wohnverhältnisse, Nürnberg 1970, S. 88
[911] Bundesanstalt für Arbeit (Hrsg.): Repräsentativuntersuchung '72, Nürnberg 1973, S. 75 f.
[912] Habbel, Wolfgang R.: Innerbetriebliche Mobilität und Aufstiegschancen, in: in: Papalekas, Johannes Chr. (Hrsg.): Strukturfragen der Ausländerbeschäftigung (= Bochumer Schriften zur Arbeitswissenschaft), Herford 1969, S. 67
[913] vgl. Bundesanstalt für Arbeit (Hrsg.): Repräsentativuntersuchung '72, Nürnberg 1973, S. 31

inhaltlich häufig nicht auf die Gastarbeiter ausgerichtet waren. „Eingestanden werden muss ... auch, dass das Niveau mancher Sprachkurse im Vergleich zur Schulbildung der ausländischen Arbeitnehmer, die ... oft nur wenige Jahre dauerte, einfach zu hoch angesetzt ist und der Ausländer dadurch schon sehr bald nach dem Anlaufen der Kurse die Lust am Mitmachen verliert."[914]

Deutschkenntnisse und Aufstiegschancen

Sprachkenntnisse spielen eine entscheidende Rolle für die Möglichkeit von Integration. Das galt von Beginn der Zuwanderung nach Deutschland. Jene Gastarbeiter, die nur einen niedrigen Schulabschluss, aber gute oder sehr gute Deutschkenntnisse hatten oder sich aneigneten, hatten deutliche höhere Chancen zum Facharbeiter aufzusteigen.[915] Je besser die Sprachfertigkeiten, desto höher der Verdienst, desto höher die Aufstiegschancen und desto häufiger – das ist wenig überraschend – der Kontakt zu Einheimischen.[916]

So waren die Sprachkenntnisse der türkischen Gastarbeiter besonders gering[917] und ihre Aufstiegschancen besonders schlecht[918], ihre innerethnischen Kontakte waren am deutlichsten ausgeprägt[919], ihre Abgrenzung von den Deutschen (gemeinsam mit den Griechen) am stärksten.[920]

Die Bildung ethnischer Kolonien hatte auch gravierende negative Auswirkungen für die betroffenen Kinder. Je verfestigter die ethnischen Kolonien in den Städten wurden, desto geringer war die Notwendigkeit der sprachlichen Anpassung – zumal die Umgebung ja durchaus „einsprachig" war: geprägt durch die Sprache des Herkunftslandes. Auch dies zeichnete sich bereits vor mehr als 30 Jahren ab. So stellte der Sozialwissenschaftler Hermann Müller 1974 fest: „Eine wachsende Aufgabe des Deutschunterrichts ist die Aufhebung kommunikativer Barrieren. Ausländerghettos und reine Ausländerklassen wie -schulen

---

[914] ebd.
[915] vgl. Forschungsverbund „Probleme der Ausländerbeschäftigung": Integrierter Endbericht, o.O., 1979, S. 126 f.
[916] ebd., S. 216
[917] vgl. ebd., S. 114
[918] ebd., S. 153
[919] ebd., S. 183
[920] ebd., S. 189

sind solche Barrieren. Warum sollen ausländische Kinder hier Deutsch lernen und sprechen, wenn sie diese Sprache in ihrer Umgebung gar nicht brauchen?"[921]

Die Ergebnisse waren nicht überraschend: Rund 60 Prozent aller Kinder ausländischer Staatsangehöriger erreichten in den 70er Jahren den Hauptschulabschluss nicht.[922]

Statt „Eindeutschung" die „multikulturelle Gesellschaft"

Der Wirklichkeit an den Schulen in ethnischen Kolonien der 70er und 80er Jahre wurde zu lange mit abstrakten Formeln begegnet, die weder Lehrkräften noch Schülern und Eltern in ihrer konkreten Situation gerecht wurden oder gar weiter halfen. Sie überbetonten die Rolle der Herkunftskultur und unterschätzten die Anpassungsleistungen, die notwendige Bedingung für eine erfolgreiche Integration und damit die Voraussetzung für sozialen Aufstieg waren. „Die durch das Integrationsproblem an unsere Gesellschaft herangetragenen bildungspolitischen Herausforderungen müssen angenommen werden. Das bedeutet, dass ethnische Minderheiten als multikultureller Faktor in das Bildungssystem aufzunehmen sind – nicht als störender, lästiger Einfluss, sondern als wünschenswerte kulturelle Bereicherung"[923], formulierten etwa Gutachter für den Berliner Senat 1980.

Sie sahen in der Beibehaltung und Entwicklung der Erstsprache einen „wichtigen Entwicklungs- und Stabilisierungsfaktor" für ausländische Kinder, und setzten auf die Förderung der Erstsprache und „bilingualen Unterricht" als wesentlichen Beitrag zur Lösung der Integrationsprobleme.[924]

Das Problem lag allerdings nicht im mangelnden „bilingualen und bikulturellen Bildungsweg", sondern vielmehr darin, dass in einer „multikulturellen Erziehung" die Lösung der Probleme gesehen wurde. Das Ziel bestand darin, die von der Herkunft bestimmte Identität der Kinder und Jugendlichen bewahren zu wollen. Einerseits wurde der „Kenntnis" der deutschen Sprache und Kultur eine wesentliche Rolle für die

[921] Müller: Deutsch für ausländische Kinder, S. 169
[922] vgl. Bodenbender: Zwischenbilanz der Ausländerpolitik, S. 35
[923] Institut für Zukunftsforschung Berlin: Kinder ausländischer Arbeitnehmer im schulischen und außerschulischen Bereich, Im Auftrag des Regierenden Bürgermeisters von Berlin (West) Senatskanzlei/Planungsstelle, Berlin 1980, S. 26
[924] ebd., S. 30; S. 97 ff.

Möglichkeit der Integration zugesprochen, andererseits „soll seine [des Jugendlichen] persönliche und nationale Identität, seine Bindung an seine Familie, seine Muttersprache und die Kultur des Herkunftslandes nicht verloren gehen."[925]

Während den deutschen Schulen die Aufgabe zugedacht wurde, sich zu „internationalisieren" und „multikulturelle Lerneinheiten für alle Grundschüler" anzubieten[926], stand bei den Kindern der Zuwanderer die Bewahrung der eigenen „Identität" im Vordergrund. Dass sich während eines Zuwanderungs-, Niederlassungs- und vor allem Integrationsprozesses die Identität des Zuwanderers zwangsläufig wandelt, geriet dabei in den Hintergrund.

Auf eine bilinguale und multikulturelle Erziehung wurden große Hoffnungen gesetzt. Geradezu euphorisch werden die erwarteten Auswirkungen beschrieben: „Berlin (West) könnte eine beispielhafte, fortschrittliche Rolle im europäischen Bildungswesen einnehmen, wenn es sich entschieden abwenden würde von einer einseitig auf Eindeutschung ausgerichteten Schulpolitik hin zu dem Ziel einer multikulturellen Gesellschaft. Der erste Schritt dazu wäre (dem Beispiel Großbritanniens und Schwedens folgend) die bildungspolitische Entscheidung für eine multikulturelle Schule, die ausländischen Kindern und Jugendlichen die Möglichkeit zum Erwerb ihrer deutschen (Schul-)Bildung in ihrer jeweiligen Heimatsprache einräumen würde, mindestens aber das Recht zum vollständigen Erwerb ihrer Heimatsprache bis hin zu deren abgeschlossener Alphabetisierung und deren grundsätzlicher Anerkennung als erster Fremdsprache. Eine derartige bildungspolitische Entscheidung würde den Konzeptionsmangel der bestehenden Integrationsversuche und deren relativen Misserfolg beseitigen, dem Mengenproblem der zweiten und dritten Ausländergeneration besser gerecht werden, die Chancengleichheit – die im Grundgesetz und im Schulgesetz verankert ist – in Bezug auf den Erwerb von Bildung erst realisieren und das Recht des Einzelnen auf freie Entfaltung seiner Persönlichkeit verwirklichen. (...) Sie wäre Teil einer Integrationspolitik, die eine multikulturelle Gesellschaft als positives Ziel dem einer einseitigen Anbindung

[925] ebd., S. 97
[926] ebd., S. 94

von Ausländern an deutsche Sprache und Kultur entgegensetzen würde."[927] Die Erwartungen sollten enttäuscht werden.

Fazit:

– Berufliche Aufstiegschancen setzen einwandfreie deutsche Sprachkenntnisse voraus. Hinzu kommen Mentalität und Lebensgewohnheiten der Menschen im Aufnahmeland, mit denen sich Zuwanderer vertraut machen müssen.

– Die Bildungspolitik legte hingegen von Anfang an – aus unterschiedlichen Motiven – großen Wert auf die Bewahrung der „nationalen" und „kulturellen" Identität der Schüler. In erster Linie ging es dabei um die Pflege der Muttersprache. Dazu diente der „muttersprachliche Ergänzungsunterricht". Die Kinder wurden dabei widersprüchlichen Erwartungen ausgesetzt: Sie sollten die „Heimatkultur" bewahren und in der Schule mit ihren deutschen Mitschülern gleichziehen. Das stellte in vielen Fällen eine Überforderung dar.

– Die Bildungspolitik orientierte sich an Vorstellungen von Multikulturalität. Dies lief in der Praxis vor allem auf eine Pflege der Herkunftssprache hinaus und trug nicht dazu bei, das Bewusstsein für die notwendigen Anpassungsleistungen der Zuwanderer als Grundlage erfolgreicher sozialer Integration zu entwickeln.

– Sprachlich homogene „Vorbereitungsklassen", die als Übergangslösung bis zum Eintritt in die deutschen Regelklassen gedacht waren, erwiesen sich häufig als „andauernde Provisorien" und erschwerten die Integration der Kinder in ihre neue, deutsche Umwelt.

– Die Schulen in den betroffenen Stadtvierteln waren der rapiden Zunahme der ausländischen Schüler nicht gewachsen.

– Die Kinder – meist „Zusteiger", die einen Großteil ihrer Schulpflicht bereits im Heimatland absolviert hatten – brachten denkbar schlechte Voraussetzungen mit: Neben der Herkunft der Eltern aus „bildungsfernen Schichten" führten mangelnde Sprachkenntnisse zu äußerst hohen Quoten von Schülern, die selbst die Hauptschule ohne Abschluss verließen.

[927] ebd., S. 102 f.

– Aufgrund unzureichender Durchsetzung der Schulpflicht besuchten in den 70er Jahren erhebliche Teile der ausländischen Schüler in Deutschland trotz für sie geltender Schulpflicht keine Schule.

– Auch das Erlernen der deutschen Sprache durch die „Gastarbeiter" orientierte sich von Anfang an in erster Linie an den Bedürfnissen der Arbeitswelt. Systematische Grundlagen wurden nicht geschaffen, ein „Pidgin-Deutsch" sollte ausreichen um sich am Arbeitsplatz verständigen zu können. Integration der Ausländer als Menschen wurde nicht angestrebt und damit der soziale Aufstieg limitiert.

„Unter den europäischen Staaten mit Arbeitsmigration ist Deutschland dasjenige Land, dessen Zuwanderer sich hinsichtlich Bildungshintergrund und sozialem Status am meisten von der übrigen Bevölkerung unterscheiden. Eine Besonderheit ist auch, dass die 1. Generation, mit relativ vielen Aussiedlern, bei Kompetenzmessungen in Sekundarschulen besser dasteht als die 2. Generation, in der Jugendliche mit türkischem Hintergrund stärker vertreten sind."

Konsortium Bildungsberichterstattung, Mai 2006[928]

„Die schlechte Position des deutschen Bildungssystems nach Ergebnissen der Pisa-Studie ist das Ergebnis insbesondere der im Vergleich klar schlechteren Situation der Migrantenkinder – und eben nicht der Kinder der einheimischen Bevölkerung."

Hartmut Esser[929]

VIII. Die neue Bildungskatastrophe

40 Prozent aller Jugendlichen mit ausländischem Pass bleiben in Deutschland im Anschluss an ihre Pflichtschulzeit ohne jede Ausbildung (gegenüber 15 Prozent der deutschen Jugendlichen). Auf mehr als eine Million Menschen schätzen Fachleute jene Gruppe der Zuwanderer und deren Nachkommen, die ihre Schul- und Ausbildungszeit in Deutschland verbracht haben, aber über keine berufliche Qualifizierung verfügen.[930] Die Chancen junger Menschen, in Deutschland erfolgreich ins Berufsleben zu starten, haben sich insgesamt verschlechtert: Die Zahl der Abgänger aus allgemein bildenden Schulen *wächst* seit Anfang der 90er Jahre und hat mit rund 950.000 im Jahr 2005 einen Höchststand erreicht. Gleichzeitig *sinkt* die Zahl der Lehrstellen im gleichen Zeitraum von 722.000 auf 563.000.[931] Besonders stark von

[928] Konsortium Bildungsberichterstattung (Hrsg.): Bildung in Deutschland, Bielefeld 2006, S. 179
[929] Esser, Hartmut: Was ist dran am Begriff der „Leitkultur"?, in: Kecskes, Robert: Wagner, Michael; Wolf, Christof (Hrsg.): Angewandte Soziologie, Wiesbaden 2004, S. 212
[930] vgl. Boos-Nünning, Ursula: Berufliche Bildung von Migrantinnen und Migranten. Ein vernachlässigtes Potential für Wirtschaft und Gesellschaft, in: Friedrich-Ebert-Stiftung (Hrsg.): Kompetenzen stärken, Qualifikationen verbessern, Potentiale nutzen. Berufliche Bildung von Jugendlichen und Erwachsenen mit Migrationshintergrund, Bonn 2006, S. 20
[931] Ulrich, Joachim Gerd; Granato, Mona: „Also, was soll ich noch machen, damit die mich nehmen?" Jugendliche mit Migrationshintergrund und ihre Ausbildungschancen, in: Friedrich-Ebert-Stiftung (Hrsg.): Kompetenzen stärken, Qualifikationen verbessern, Potentiale nutzen. Berufliche Bildung von Jugendlichen und Erwachsenen mit Migrationshintergrund, Bonn 2006, S. 31

dieser negativen Entwicklung betroffen sind allerdings ausländische Jugendliche und Jugendliche „mit Migrationshintergrund". Strukturell weisen Zuwanderer und deren Nachkommen in Deutschland ein wesentlich schlechteres Bildungsniveau auf als Einheimische. Sie verfehlen wesentlich häufiger einen Schulabschluss, sie sind an Sonder- und Hauptschulen stark überrepräsentiert, ihr Risiko sitzen zu bleiben ist höher, die Chancen, höhere Abschlüsse zu erhalten, sind geringer. Seltener ist die Suche nach einem Ausbildungsplatz erfolgreich, öfter wird die Ausbildung abgebrochen, der Übergang ins Erwerbsleben misslingt häufiger. Diese Entwicklung muss als „neue Bildungskatastrophe" bezeichnet werden.

Im Einzelnen sind folgende Feststellungen zu treffen:

Je später der Zuzug, desto schwieriger ist die erfolgreiche Integration in das Bildungswesen: „Schülerinnen und Schüler in deutschen Grundschulen, die selbst im Ausland geboren und mit ihren Eltern eingewandert sind, zeigen sehr schwache Leseleistungen [deutschsprachiger Texte] und die Differenz zu den Gleichaltrigen ohne Migrationshintergrund ist größer als in anderen Staaten."[932]

Je älter Zuwanderer sind, wenn sie nach Deutschland einreisen, desto größer ist der Anteil der Ungelernten.[933] Auf den Zusammenhang von Einreise oder Nachzug und Bildungserfolg weist auch der Berufsbildungsbericht der Bundesregierung hin: „Sind Jugendliche außerhalb Deutschlands geboren, steigt der Anteil junger Erwachsener ohne Berufsabschluss stark an (38,1 %), derjenigen über 24 Jahre auf 41,2 %."[934]

Auch das Deutsche Institut für Wirtschaftsforschung (DIW) kommt in seiner Untersuchung über die deutsche Sprachfähigkeit von Zuwanderern zu einem eindeutigen Ergebnis: „Insbesondere die Kinder, die kurz nach der Einreise ihrer Eltern die Schule besuchen, haben deutlich unterdurchschnittliche Bildungschancen und leiden ein (Arbeits-) Leben daran."[935]

932 Konsortium Bildungsberichterstattung (Hrsg.): Bildung in Deutschland, S. 173
933 Troltsch, Klaus: Bildungsbeteiligung und -chancen von ausländischen Jugendlichen und jungen Erwachsenen mit Migrationshintergrund, in: Bundesinstitut für Berufsbildung (Hrsg.): Integration durch Qualifikation. Chancengleichheit für Migrantinnen und Migranten in der beruflichen Bildung, Bonn 2003, S. 52 ff.
934 Berufsbildungsbericht 2000. Deutscher Bundestag Drs. 14/3244, S. 65
935 DIW-Wochenbericht 24/01: Deutsche Sprachfähigkeit und Umgangssprache von Zuwanderern, www.diw.de/deutsch/publikationen/wochenberichte/docs/01.24-2.html

Es gibt einen starken *Zusammenhang zwischen Schulart und sozialer sowie ethnischer Zusammensetzung* der jeweiligen Schülerschaft. Bei den Gymnasien dominieren Einheimische mit höherem sozialen Status, in den Hauptschulen und integrierten Gesamtschulen sind Zuwanderer und Schüler aus Familien mit niedrigem sozialen Status sehr stark vertreten. Die Verteilung – insbesondere der Zuwanderer – weist auf „Tendenzen der Segregation" hin.[936] Ein hoher Migrantenanteil geht in der Regel einher mit einem niedrigen sozialen Status der Familien, aus denen die Schüler stammen. „Hier fallen dann verschiedene Problemlagen zusammen, ergänzen oder verstärken sich wechselseitig. Soziale Segregation und ‚ethnische' Segregation sind in Deutschland eng aneinander gekoppelt und stellen eine wichtige Herausforderung für die Bildungspolitik dar."

Auf die erfolgte *sozial-räumliche Trennung* der Bevölkerungsgruppen weist sehr deutlich hin, dass jeder vierte Jugendliche mit, aber nur jeder zwanzigste ohne Migrationshintergrund eine Schule besucht, in der Zuwanderer die Mehrheit stellen.[937]

In Schulen mit mehr als 50 Prozent Zuwandereranteil dominieren jene Jugendlichen, die zu Hause kein Deutsch sprechen. Hier wird auch der *Zusammenhang zwischen ethnischer Konzentration im Wohnumfeld und Nutzung der Zweitsprache (Deutsch)* deutlich: Jeder sechste Schüler solcher Schulen verwendet die Herkunftssprache auch im Freundeskreis. Jugendliche Zuwanderer, die Schulen mit niedrigem Zuwandereranteil (weniger als ein Viertel) besuchen, sprechen hingegen zum überwiegenden Teil (93 Prozent) mit Freunden Deutsch. „Schulen mit sehr hohem Migrantenanteil arbeiten offenbar in einem sozialen Umfeld, das insgesamt durch Abschottung sozialer und ethnischer Gruppen geprägt ist."[938]

Über *keinen beruflichen Abschluss* verfügen in der Altersgruppe zwischen 25 und 35 Jahren 15 Prozent der Einheimischen, hingegen 41 Prozent der Zuwanderer.[939]

[936] vgl. Konsortium Bildungsberichterstattung (Hrsg.): Bildung in Deutschland, Bielefeld 2006, S. 161
[937] vgl. ebd., S. 162
[938] ebd.,163
[939] ebd., S. 146

Dabei gibt es erhebliche *Unterschiede zwischen den verschiedenen Zuwanderer-Gruppen* (Ausländer, Eingebürgerte, Spätaussiedler etc.). Der Bericht „Bildung in Deutschland" analysiert: „Innerhalb der Bevölkerung mit Migrationshintergrund verfügt die Gruppe der Ausländer tendenziell über das niedrigste, die ‚Sonstigen Deutschen mit Migrationshintergrund' [Personen, die die Staatsangehörigkeit kraft Geburt verliehen bekommen haben und Personen in der 2. Generation in Deutschland mit einem zugewanderten Elternteil] sowie über das relativ höchste, die (Spät-) Aussiedler und die Eingebürgerten – mit einer gewissen internen Differenz – über ein mittleres Bildungsniveau. Diese Relation wiederholt sich tendenziell bei den beruflichen Bildungsabschlüssen, wobei allerdings die ‚Sonstigen Deutschen mit Migrationshintergrund' und die (Spät-) Aussiedler/innen die höchsten Bildungsabschlüsse aufweisen. Differenziert man bei Ausländern und Eingebürgerten weiter nach (früherer) Staatsangehörigkeit, so wird deutlich, dass die Migranten aus den ehemaligen Anwerbestaaten, insbesondere aus der Türkei, über das niedrigste Qualifikationsniveau verfügen."[940]

„Restschulen"

Jugendliche ohne Schulabschluss kommen zu 90 Prozent aus Haupt- und Sonderschulen.[941] Die Bildungsexpansion der zurückliegenden Jahrzehnte hat die Haupt- und Sonderschulen noch stärker zu „Restschulen" werden lassen. Die soziale Auslese zu ihren Ungunsten hat sich durch den Bildungsaufstieg breiter Schichten noch einmal verstärkt. „Die soziale Distanz zwischen Haupt- und Realschülern – ganz zu schweigen von der zu Gymnasiasten – ist deutlich größer geworden."[942] Bereits im Bildungssystem wird die Grundlage für berufliches und gesellschaftliches Scheitern oder für erfolgreiche Integration gelegt. Von den 20- bis 29-jährigen ausländischen Jugendlichen ohne Schulabschluss bleiben 83 Prozent ohne Ausbildung, jene mit Hauptschulabschluss zu 33 Prozent.[943]

---

[940] ebd., S. 146 f.
[941] vgl. Solga, Heike: Ausbildungslose und ihre soziale Ausgrenzung. Selbstständige Nachwuchsgruppe „Ausbildungslosigkeit: Bedingungen und Folgen mangelnder Berufsausbildung" Working Paper 4/2002, Max-Planck-Institut für Bildungsforschung, Berlin 2002, http://www.mpib-berlin.mpg.de/de/forschung/nwg/NWG_solga_WP4_2002.pdf [15. September 2005], S. 16
[942] ebd., S. 17
[943] ebd., S. 20

Seit den 1970er Jahren sind *nichtdeutsche Schüler an Sonderschulen* mit steigender Tendenz deutlich überdurchschnittlich vertreten: 1999 lag er bei nahezu 15 Prozent (der Anteil der nichtdeutschen Schüler an allen Schülern lag hingegen bei 9,4 Prozent).[944] Der Anteil an den Sonderschülern im Förderschwerpunkt „Lernen" [Sonderschulen für Kindern mit Lernbehinderungen] lag bei 17,7 Prozent.[945]

20 Prozent der ausländischen Jugendlichen auf Sonderschulen verlässt sie ohne Abschluss, 2,5 mal mehr als deutsche Jugendliche. Damit sind ihre Chancen auf einen Arbeitsplatz und auf einen erfolgreichen Einstieg ins Arbeitsleben ausgesprochen gering.[946]

Trotz hoher Einbürgerungszahlen, die die Statistik entsprechend verzerren, weisen Jugendliche ausländischer Staatsangehörigkeit die *höchsten Ungelerntenquoten* auf.[947] Im Durchschnitt der Jahre 1996 bis 2004 war sie mehr als drei Mal so hoch wie bei 15- bis 29 Jährigen mit deutscher Staatsangehörigkeit: 29,6 Prozent gegenüber 8,6 Prozent.[948]

„Besorgniserregend ist insbesondere der erhebliche Rückgang der Ausbildungsquote in den letzten zehn Jahren um insgesamt rund 10 Prozentpunkte, der auch überproportional zu den deutschen Jugendlichen ausfiel. Lag die Ausbildungsquote bei ausländischen Jugendlichen 1994 noch bei 43,5%, so sank sie auf 34% im Jahr 2002 (der Rückgang bei den deutschen Jugendlichen betrug rund 6 Prozentpunkte von 69,7 % auf 63,5 %). Dem Problem der Ausbildungslosigkeit ausländischer Jugendlicher ist in den nächsten Jahren verstärkte Aufmerksamkeit zu widmen", heißt es im Berufsbildungsbericht der Bundesregierung 2004.[949]

---

[944] vgl. Powell, Justin J. W.; Wagner, Sandra: Daten und Fakten zu Migrantenjugendlichen an Sonderschulen in der Bundesrepublik Deutschland, Selbständige Nachwuchsgruppe Working Paper 1/2001, Max-Planck-Institut für Bildungsforschung, Berlin 2001, http://www.mpib-berlin.mpg.de/en/forschung/nwg/NWG_PowellWagner-WP1=2001.pdf [15. September 2005], S. 9
[945] vgl. ebd., S. 14 sowie: Kornmann, Reimer: Zur Überrepräsentation ausländischer Kinder und Jugendlicher in „Sonderschulen mit dem Schwerpunkt Lernen", in: Auernheimer, Georg (Hrsg.): Schieflagen im Bildungssystem. Die Benachteiligung der Migrantenkinder, Opladen 2003, S. 82 ff.
[946] vgl. Powell/Wagner: Daten und Fakten, S. 23
[947] Bundesministerium für Bildung und Forschung (Hrsg.): Berufsbildungsbericht 2005, Berlin 2005, S. 95
[948] Troltsch, Klaus: 1,6 Millionen Jugendliche im Abseits? Strukturelle Arbeitslosigkeit in Deutschland, in: Berufsbildung in Wissenschaft und Praxis, H. 3/2006, S. 45
[949] Bundesministerium für Bildung und Forschung (Hrsg.): Berufsbildungsbericht 2004, Berlin 2004, S. 79

Nur jeder vierte Jugendliche mit Migrationshintergrund hat 2005 eine duale Ausbildung beginnen können (insgesamt: 47 Prozent).[950] Insgesamt ist die Ausbildungsquote (Anteil der Auszubildenden an den Jugendlichen zwischen 18 und 21) bei den ausländischen Jugendlichen wesentlich stärker zurückgegangen als bei den deutschen: von 33,2 Prozent 1995 auf 25,2 Prozent 2004, bei darunter bei den männlichen Jugendlichen von 41 auf 27,6 Prozent. Bei den deutschen Jugendlichen ging die Quote von 66 auf 58,8 Prozent zurück (männliche Jugendliche von 77,1 auf 69,1 Prozent).[951]

Diese negative Entwicklung ist auch auf einen *Verdrängungsprozess* zurückzuführen: Aufgrund des insgesamt ungünstigeren Lehrstellenmarktes drängen verstärkt deutsche Jugendliche in Ausbildungsberufe, die bisher als unattraktiv galten und vorwiegend von ausländischen Bewerbern übernommen wurden. „Bis Mitte der 90er Jahre mündeten Jugendliche ausländischer Nationalität verstärkt in solche Segmente ein, die sich für junge Deutsche im Hinblick auf Kriterien wie Übernahmemöglichkeiten, Arbeitsmarktchancen, Bezahlung, Arbeitsbedingungen u. ä. als weniger attraktiv darstellten. In Zeiten der Lehrstellenknappheit werden sie offensichtlich von deutschen Mitbewerbern verdrängt."[952]

Jugendliche mit höheren Abschlüssen verdrängen zunehmend solche mit niedrigen Abschlüssen auf dem Lehrstellenmarkt: Jugendliche ohne Hauptschulabschluss haben so gut wie keine Chance auf einen Ausbildungsplatz, Jugendliche mit Hauptschulabschluss nur geringe Chancen. Der Verdrängungsprozess durch Realschüler und Abiturienten trifft also zugewanderte Jugendliche besonders stark.[953]

Jugendliche mit ausländischem Pass stellen rund 7 Prozent der Schüler an beruflichen Schulen. Mit 15,5 Prozent der Schüler nehmen ausländische Jugendliche einen *hohen (und überproportionalen) Anteil im Berufsvorbereitungsjahr und im Berufsgrundbildungsjahr* ein. Diese

---

[950] Friedrich, Michael: Jugendliche in Ausbildung: Wunsch und Wirklichkeit. Chancen der Jugendlichen 2005 erneut verschlechtert, in: Berufsausbildung in Wissenschaft und Praxis, H.3/2006, 8
[951] Uhly, Alexandra; Granato, Mona: Werden ausländische Jugendliche aus dem dualen System der Berufsausbildung verdrängt, in: Berufsbildung in Wissenschaft und Praxis, H. 3/2006, S. 52
[952] ebd., S. 54
[953] Konsortium Billdungsberichterstattung (Hrsg.): Bildung in Deutschland, Bielefeld 2006, S. 83

Bildungsgänge werden meist als Ausweich- und Übergangsmöglichkeit genutzt, wenn kein Ausbildungsplatz gefunden werden konnte sowie zur Qualifizierung und damit für bessere Vermittlungschancen. In den weiterführenden Zweigen des beruflichen Schulwesens sind die Anteile Jugendlicher mit ausländischer Staatsangehörigkeit hingegen eher gering (Fachoberschulen: 5,6 Prozent; Fachschulen: 4,4 Prozent).[954]

Jugendliche ausländischer Staatsangehörigkeit *brechen Berufsvorbereitungsmaßnahmen mehr als doppelt so häufig ab* wie ihre deutschen Altersgenossen (17,4 gegenüber 8,4 Prozent).[955]

Zuwanderer können Schulabschlüsse schlechter verwerten als Einheimische – sie *erreichen seltener eine Berufsausbildung.* „Übertrieben formuliert liegen die Übergangschancen bei Migranten mit Hauptschulabschluss oder Mittlerer Reife mit 59,2 oder 56,9 Prozent beinahe auf dem Niveau deutscher Jugendlicher, die entweder keinen Schulabschluss oder nur ein Abgangszeugnis besitzen bzw. eine Sonderschule abgeschlossen haben. (47,1 Prozent). Deutsche Jugendliche mit Haupt- oder Realschulabschluss beginnen dagegen nach Schulabgang zu 78,3 bzw. 81,6 Prozent eine berufliche Ausbildung. Mit 17,1 Prozent haben Migranten ohne Schulabschluss de facto keine Möglichkeit zur beruflichen Ausbildung. In der Konsequenz übernehmen drei von vier Jugendlichen aus diesen Gruppen entweder eine Tätigkeit als ungelernte Arbeitskraft oder im Haushalt."[956]

Männliche ausländische Jugendliche brechen zu 60 Prozent ihre Berufsausbildung ab (Frauen: 35 Prozent).[957]

Mehr als jeder zweite jugendliche Zuwanderer ohne abgeschlossene Berufsausbildung (53,8 Prozent) *sucht gar nicht erst einen Ausbildungsplatz.* „Die Jugendlichen antizipieren in der Hauptsache ungünstige persönliche Voraussetzungen für die Aufnahme einer Ausbildung.

[954] vgl. Berufsbildungsbericht 2004, S. 79 f.
[955] vgl. ebd., S. 55 f.
[956] Troltsch, Klaus: Bildungsbeteiligung und -chancen von ausländischen Jugendlichen und jungen Erwachsenen mit Migrationshintergrund, in: Bundesinstitut für Berufsbildung (Hrsg.): Integration durch Qualifikation, Bonn 2003, S. 54
[957] vgl. ebd., S. 58

Auch sind sie – aufgrund ihrer nach eigener Einschätzung fehlenden Lernbereitschaft – stärker an einer praktischen Arbeit oder an Alternativen zu einer Ausbildung interessiert."[958]

Unabhängig von formalen Kriterien – wie Schulabschluss und Noten – *haben Zuwanderer schlechtere Erfolgschancen am Ausbildungs- und Arbeitsmarkt.* Der „Migrationshintergrund beeinflusst die Erfolgsaussichten von Bewerbern auch unabhängig von den Schulabschlüssen und Schulnoten – und zwar negativ. D. h. der Migrationshintergrund ist für sich allein genommen ein Merkmal, das mit größeren Schwierigkeiten beim Zugang zu einer dualen Ausbildung verbunden ist."[959]

Zuwanderer aus der Türkei

Insgesamt hat die „Bildungsungleichheit" in den vergangenen Jahrzehnten zugenommen. Dabei bilden türkische Staatsangehörige jene Gruppe, „die sich am deutlichsten von den Deutschen unterscheidet".[960]

Dabei zeigt der deutliche Anstieg der Zahl der türkisch-stämmigen Studenten an deutschen Hochschulen, dass ein Aufstieg prinzipiell möglich ist.[961] So hat die Zahl der studierenden türkisch-stämmigen Frauen in den zurückliegenden 20 Jahren nahezu verzehnfacht.[962]

Gleichzeitig vergrößert sich aber die Kluft zwischen den Aufsteigern und jenen, die zurückgelassen werden: „Während auf der einen Seite inzwischen eine wachsende Gruppe gut ausgebildeter, zum Teil hoch qualifizierter Jugendlicher mit Migrationshintergrund steht, wächst auf der anderen Seite die Gruppe derjenigen, die auf Sonderschulen mit

---

[958] ebd., S. 56 f.
[959] Ulrich, Joachim Gerd; Granato, Mona: „Also, was soll ich noch machen, damit die mich nehmen?" Jugendliche mit Migrationshintergrund und ihre Ausbildungschancen, in: Friedrich-Ebert-Stiftung (Hrsg.): Kompetenzen stärken, Qualifikationen verbessern, Potentiale nutzen. Berufliche Bildung von Jugendlichen und Erwachsenen mit Migrationshintergrund, Bonn 2006, S. 46
[960] Kalter, Frank; Granato, Nadia: Sozialer Wandel und strukturelle Assimilation in der Bundesrepublik. Empirische Befunde mit Mikrodaten der amtlichen Statistik, in: in: Bade, Klaus J.; Bommes, Michael (Hrsg.): Migration – Integration – Bildung. Grundfragen und Problembereiche (= IMIS-Beiträge 23/2004), Osnabrück 2004, S. 80
[961] vgl. Schulze, Erika; Soja, Eva-Maria: Verschlungene Bildungspfade. Über Bildungskarrieren von Jugendlichen mit Migrationshintergrund, in: Auernheimer: Schieflagen, S. 200
[962] Boos-Nünning, Ursula; Yasemin: Welche Ressourcen haben junge Migrantinnen. Plädoyer für einen Perspektivenwechsel, in: Migration und Soziale Arbeit, 27. Jg.. H.3/4, Oktober 2005, S. 222

dem Förderschwerpunkt Lernen verwiesen werden und in ihrer schulischen Laufbahn scheitern."[963]

Die im November 2005 veröffentlichte PISA-Studie („PISA 2003") stellt fest, dass drei Viertel der Jugendlichen mit Eltern aus der Türkei in Deutschland geboren und aufgewachsen sind. „Umso auffälliger ist, dass weniger als ein Drittel dieser Schülerinnen und Schüler im Alltag vorwiegend deutsch spricht und fast 20 Prozent sogar angeben, hauptsächlich die türkische oder die kurdische Sprache zu verwenden."[964] Dabei steht fest, dass die Beherrschung der Unterrichtssprache „eine entscheidende Voraussetzung für den Lernerfolg in der Schule" ist.[965] Auch werden die Unterschiede unter den Zuwanderer-Gruppen deutlich: Die Aussiedler-Kinder sprechen zu über 40 Prozent vorwiegend deutsch, obwohl fast 90 Prozent von ihnen nicht in Deutschland geboren sind. „Umgekehrt stellt sich die Situation für die Jugendlichen türkischer Abstammung dar. Fast drei Viertel von ihnen sind in Deutschland geboren. Aber weniger als ein Drittel gehört zur Gruppe der ‚Deutschsprachigen'".[966]

Die Autoren kommen zu dem Schluss: „Die Gruppe der hier geborenen fünfzehnjährigen Schülerinnen und Schüler mit Eltern aus der Türkei ist anhand dieser Ergebnisse offenbar als eine Gruppe einzuschätzen, für deren soziale und wirtschaftliche Herkunft eine unzureichende Grundlage besteht. Nur eine Minderheit von ihnen spricht im Alltag vorwiegend deutsch und ihre mit fünfzehn Jahren erreichten Kompetenzen liegen im Durchschnitt auf einem niedrigeren Niveau. Dieser Befund ist alarmierend, gerade in Anbetracht der Tatsache, dass diese Jugendlichen bereits in Deutschland geboren worden sind, ihre gesamte Schulzeit in Deutschland verbracht haben und diese Gruppe einen relativ großen Anteil in der Bevölkerung aufweist."[967]

Auffallend ist die hohe Rate von jungen Zuwanderern aus der Türkei, die über keinerlei Schulabschluss verfügen oder einen Hauptschul-

[963] Schulze/Soja: Verschlungene Bildungspfade, S. 2001
[964] PISA-Konsortium Deutschland (Hrsg.): PISA 2003. Der zweite Vergleich der Länder in Deutschland – Was wissen und was können Jugendliche? Münster, New York 2005, S. 279
[965] ebd., S. 283
[966] ebd., S. 291
[967] ebd., S. 294

abschluss erreichen, jedoch keine berufliche Ausbildung abschließen – der Anteil liegt bei 56,1 Prozent.[968]

Angesichts der sozialen Herkunft der türkischen Zuwanderer können diese Befunde nicht überraschen. Mit einer Einschulungsrate von nur 68 Prozent bei Mädchen liegt die Türkei weltweit an 110. Stelle. Landesweit besuchen mehr als 600.000 schulpflichtige Mädchen nicht die Schule. Nach Angaben von UNICEF verfügt in einigen Provinzen die Hälfte der jungen weiblichen Bevölkerung über keine Schulausbildung.[969] Noch in den 80er Jahren des 20. Jahrhunderts lag die Analphabetenquote bei Mädchen und Frauen in der Osttürkei nur in drei Provinzen über 50 Prozent, ansonsten weit darunter.[970]

Zuwanderer aus der Türkei und ihre Nachkommen (erste und zweite Generation), die die Hauptschule abgeschlossen haben, verzeichnen die *niedrigste Ausbildungsquote* unter den Zuwanderern, Aussiedler die höchste. „Offensichtlich gelingt auch die Integration der in Deutschland geborenen Türken ins Berufsausbildungssystem nicht" heißt es im Bericht „Bildung in Deutschland".[971]

Nach Abschluss einer beruflichen Ausbildung müssen türkische junge Männer mit einer um die Hälfte erhöhten Wahrscheinlichkeit (gegenüber deutschen jungen Männern) den Beruf wechseln.[972]

Sehr häufig *misslingt der Übergang ins Erwerbsleben*: Zwei Fünftel der Türken zwischen 20 und 26 Jahren sind entweder erwerbslos (16 Prozent) oder Nichterwerbspersonen (23 Prozent), nur knapp ein Viertel befindet sich in Ausbildung, 37 Prozent in Beschäftigung. Insgesamt zeigt sich, dass das Erwerbspersonenpotential bei den jungen Menschen mit Zuwanderungshintergrund nicht ausgeschöpft wird.

[968] Kristen, Cornelia: Ethnische Unterschiede im deutschen Schulsystem, in: APUZ B 21-22/2003, S. 27
[969] vgl. Türkei: Auf in die Schule, Mädchen!, http://www.unicef.de/index.php?id=2045 [25. Juli 2006]
[970] vgl.: Ritter, Gert; Richter, Wolfgang: Aktuelle Urbanisierungstendenzen in der Türkei (= Geostudien 12), Leverkusen 1990, S. 32
[971] Konsortium Bildungsberichterstattung (Hrsg.): Bildung in Deutschland, Bielefeld 2006, , S. 155
[972] Boos-Nünning, Ursula: Berufliche Bildung von Migrantinnen und Migranten. Ein vernachlässigtes Potential für Wirtschaft und Gesellschaft, in: Friedrich-Ebert-Stiftung (Hrsg.): Kompetenzen stärken, Qualifikationen verbessern, Potentiale nutzen. Berufliche Bildung von Jugendlichen und Erwachsenen mit Migrationshintergrund, Bonn 2006, S. 12

Bevölkerung im Alter von 20 bis unter 26 Jahren 2005 nach Migrationshintergrund, Herkunftsregionen* und Ausbildungs-/ Erwerbsstatus

	in Ausbildung	erwerbstätig	erwerbslos	Nichterwerbspersonen
Deutsche ohne Migrationshintergrund	41,3 %	43,2 %	9,0 %	6,6 %
Personen mit Migrationshintergrund	37,7 %	35,6 %	11,8 %	15,0 %
Spätaussiedler	40,3 %	39,8 %	10,0 %	9,5 %
Türkei	24,4 %	36,9 %	16,2 %	22,5 %

* Derzeitige oder frühere 1. Staatsangehörigkeit der Befragten oder der Eltern

Quelle: Statistisches Bundesamt: Mikrozensus, zit. nach: Konsortium Bildungsberichterstattung (Hrsg.): Bildung in Deutschland, Bielefeld 2006, S. 159

Besonders auffallend sind hier auch die *Unterschiede bei den Frauen*: Liegt die Quote der Nichterwerbspersonen bei den einheimischen Frauen (ohne Migrationshintergrund) bei unter zehn Prozent, liegt sie bei den Frauen mit Migrationshintergrund bei 23 Prozent, bei den Türkinnen bei 37 Prozent.

Der Bericht „Bildung in Deutschland" sieht vor diesem Hintergrund „zwei grundlegende Probleme jenseits des Arbeitsmarktes sichtbar werden ...: zum einen ein fundamentales Bildungs- und Qualifizierungsproblem, das sich schwerpunktmäßig auf die Zugewanderten aus der Türkei und den sonstigen Staaten [weder sonstige Anwerbestaaten noch EU-Staaten noch Aussiedler] bezieht: zum anderen das kulturelle Problem der Erwerbsbeteiligung der Frauen. In Anbetracht der zentralen Rolle der Frauen in der Erziehung kann man dieses Problem für das Gelingen von Integration auch für die nachfolgende Generation auf längere Sicht nicht ernst genug nehmen."[973]

Eine herausragende Rolle spielt die *Sprachkompetenz*: „Das Erklärungsmodell belegt, dass gerade in Deutschland der sprachlichen Integration besondere Bedeutung zukommt und ein besonderes Augenmerk auf Jugendliche der 2. Generation gelegt werden muss, zu denen viele mit türkischem Migrationshintergrund gehören."[974]

[973] vgl. Konsortium Bildungsberichterstattung (Hrsg.): Bildung in Deutschland, Bielefeld 2006, S. 160
[974] ebd., S. 175

Ursachen der Misere

Wo sind die Ursachen für die strukturellen Defizite zu suchen? Sind sie in erster Linie in den Institutionen des Aufnahmelandes und ihrer Organisationslogik zu sehen? Oder sind sie bei den Zuwanderern zu suchen, die nicht die Voraussetzungen mitbringen oder die Absicht haben, ihren Kindern zu einem erfolgreicheren Einstieg in das deutsche Bildungs- und Ausbildungswesen zu verhelfen? Welche Bedeutung haben ein anderes Verständnis von Bildung und Pädagogik, von Aufgaben der Schule und Aufgaben der Eltern in den Herkunftsländern? Welche Rolle spielen der ethnische Zusammenhang im Aufnahmeland und die ethnischen Kolonien für die Entwicklung der sprachlichen Kompetenzen? Diese Themen sollen hier erörtert werden.

Mechanismen der Segregation

Eltern, die es sich leisten können, betätigen sich als „Schulschleuser" und meiden Schulen mit hohen Ausländeranteilen. Die Möglichkeit, die Kinder an Schulen außerhalb des jeweiligen Schulsprengels anzumelden, wird von (einheimischen und zugewanderten) Eltern genutzt, die ein sozial schwieriges und nachteiliges Umfeld für ihre Kinder vermeiden wollen. Dieses Verhalten trägt auch zu hohen Zuwandereranteilen in den Schulen bei. „Die Entmischung der Schülerpopulation durch Schulwahl geht jedenfalls nicht von ‚integrationsunwilligen', ethnisch vergemeinschafteten Migranten aus, sondern von deutschen und ausländischen Eltern, die über das notwendige soziale und kulturelle Kapital verfügen, um wählen und ihre Wahl auch realisieren zu können."[975] Frank-Olaf Radtke kommt zu dem Ergebnis, dass in der deutschen Grundschullandschaft zunehmend Auswahlmechanismen greifen, die „unter der Hand eine ethnische Ungleichverteilung" befördern. So versuchen auch Grundschulen verstärkt, pädagogische Schwerpunkte zu setzen und damit ein eigenes Profil zu gewinnen, was eine Lenkung der Schülerströme (mittels Aufhebung oder Relativierung des örtlichen Einzugsgebietes als Zugangskriterium) möglich macht. „Soziale und ethnische Herkunft werden auf diese Weise zum dominanten

---

[975] Radtke, Frank-Olaf: Die Illusion der meritokratischen Schule. Lokale Konstellationen der Produktion von Ungleichheit im Erziehungssystem, in: Bade, Klaus J.; Bommes, Michael (Hrsg.): Migration – Integration – Bildung. Grundfragen und Problembereiche (= IMIS-Beiträge 23/2004), Osnabrück 2004, S. 170

Organisationsprinzip der Grundschulen, ohne dass jemand der absichtsvollen Segregation geziehen werden könnte. Die sich einstellende ethnische Konzentration ist nicht ein unabänderliches Ereignis, sondern das Resultat einer Reihe unkoordinierter Entscheidungen unterschiedlicher Akteure in den Organisationen, aber auch der Eltern, die eine verdeckte Auseinandersetzung um Startvorteile in der Gesellschaft führen."[976]

Institutioneller Rassismus?

Mechtild Gomolla und Frank-Olaf Radtke haben die Mechanismen untersucht, nach denen Schüler auf die Schularten verteilt und innerhalb der Schulen behandelt werden. Sie setzen dabei nicht bei den Schwierigkeiten an, die Zuwandererkinder vor allem in den ethnischen Kolonien häufig mitbringen, sondern bei den Interessen der Organisation Schule. Danach liege es im Interesse der Grundschulen, Schüler ausländischer Herkunft in Sonderschulen abzudrängen, um die eigene Problemlast zu reduzieren. Gomolla und Radtke erblicken hierin einen Fall „institutioneller Diskriminierung"[977], sie sehen „Muster der Diskriminierung und Abweisung"[978].

Sonderschulen sind aber keineswegs besonders auf die Förderung von Jugendlichen mit Migrationshintergrund ausgerichtet. Es „kann faktisch kein Beleg dafür gefunden werden, dass Sonderschulen besondere Kompetenzen in der Vermittlung von (Fremd-) Sprachen und der Anwendung von Didaktik besitzen, die zur Überwindung von Problemlagen nichtdeutscher Jugendlicher beitragen."[979] „Anderssprachigkeit" wird auf diese Weise in „Lernbehinderung" umdefiniert: „Migrantenjugendliche werden bereits lange vor ihrem Übergang auf den Ausbildungsmarkt zu ‚Lernbehinderten' gemacht."[980]

---

[976] ebd., S. 170 f.

[977] vgl. Gomolla, Mechtild; Radtke, Frank-Olaf: Institutionelle Diskriminierung. Die Herstellung ethnischer Differenz in der Schule, Bielefeld 2002, S. 194 ff.; Gomolla, Mechtild: Fördern und Fordern alleine genügt nicht! Mechanismen institutioneller Diskriminierung von Migrantenkindern und -jugendlichen im deutschen Schulsystem, in: Auernheimer: Schieflagen, S. 97 ff.; vgl. Radtke, Frank-Olaf: Die Illusion der meritokratischen Schule. Lokale Konstellationen der Produktion von Ungleichheit im Erziehungssystem, in: Bade, Klaus J.; Bommes, Michael (Hrsg.): Migration – Integration – Bildung. Grundfragen und Problembereiche (= IMIS-Beiträge 23/2004), Osnabrück 2004, S. 143–178

[978] Gomolla: Fördern und Fordern, S. 105

[979] Powel/Wagner: Daten und Fakten, S. 19

[980] Solga, Heike: Ausbildungslose und ihre soziale Ausgrenzung. Selbstständige Nachwuchsgruppe „Ausbildungslosigkeit: Bedingungen und Folgen mangelnder Berufsausbildung" Working Paper 4/2002, Max-Planck-Institut für Bildungsforschung, Berlin 2002, http://www.mpib-berlin.mpg.de/de/forschung/nwg/NWG_solga_WP4_2002.pdf [15. September 2005], S. 20

Gomolla und Radtke unterstellen, die Schulen sortierten jene Schüler aus, die nicht der erwünschten „Norm" entsprechen (Sprachdefizite, schwierige soziale Herkunft, kulturell bedingte Fremdheiten). Sie ersparen sich auf diese Weise die Schwierigkeiten und den größeren Aufwand, der mit der Aufnahme solcher Schüler verbunden wäre, und entsprechen den Funktions- und Bestandsinteressen ihrer Organisation. Dieser Ansatz schärft den Blick für Argumentationsmuster und Mechanismen, die diskriminierende Wirkung entfalten können. Die Frage, ob in Grundschulen bei Übergangsempfehlungen diskriminierende Praktiken festgestellt werden müssen, ist umstritten: Das „Konsortium Bildungsberichterstattung" hält es für wahrscheinlich, dass Kinder mit Zuwanderungshintergrund bei Übergangsempfehlungen der Grundschulen benachteiligt werden.[981] Eine Studie von Cornelia Kristen kommt hingegen zu einem anderen Ergebnis: „Türkische und deutsche Kinder weisen damit bei gleichen Zensuren auch nahezu identische Chancen auf eine Empfehlung für einen der beiden höheren Bildungsgänge auf. Insgesamt ergeben die Analysen also keine Hinweise darauf, dass die Lehrerinnen und Lehrer Empfehlungen in Abhängigkeit der ethnischen Herkunft aussprechen."[982]

Mit der Vorstellung einer „institutionellen Diskriminierung" wird allerdings weit über das Ziel hinausgeschossen, wenn die *objektiven* Probleme und Defizite, die Kinder von Zuwanderern, insbesondere in ethnischen Kolonien, mitbringen, als *bloße Konstruktionen und Vorwände* interpretiert werden und jeglicher Hinweis darauf als Ausdruck von „Kulturrassismus" gewertet wird.[983] Den Lehrkräften wird unterstellt, sie würden nur nach passenden Argumenten suchen, um die Schule (und damit auch sich selbst) vor Belastungen und Problemen zu schützen. So ist der Versuch, über Quoten die Anteile von Migrantenkindern an der eigenen Gesamtschule in Grenzen zu halten, sicher nicht nur in dem Interesse der Lehrkräfte und der Schulleitungen zu

---

[981] Konsortium Bildungsberichterstattung (Hrsg.) Bildung in Deutschland, Bielefeld 2006, S. 165

[982] Kristen, Cornelia: Ethnische Diskriminierung in der Grundschule? Die Vergabe von Noten und Bildungsempfehlungen, in: Kölner Zeitschrift für Soziologie und Sozialpsychologie, Jg. 58, H. 1, 2006, S. 92

[983] vgl. Gomolla/Radtke: Institutionelle Diskriminierung, S. 266

[984] vgl. ebd., S. 272

sehen, in der Liga der Gymnasien mitspielen zu dürfen.[984] Tatsächlich liegt eine Mischung und die Vermeidung von Konzentration im Interesse *aller* betroffenen Schüler – unabhängig von ihrer ethnischen oder kulturellen Herkunft.

Unterstellungen nationalistisch gefärbter Voreingenommenheit bei Lehrern wie: „Der Verweis auf sprachliche Defizite im Rahmen negativer Schullaufbahnentscheidungen fungiert oft als Synonym für eine als homogen imaginierte ‚deutsche Kultur'"[985], ignoriert auch die essentielle Bedeutung, die die Beherrschung der Sprache des Aufnahmelandes – nicht nur in Deutschland – für eine erfolgreiche Integration objektiv hat.

Dass ein Leitbild einer „multikulturellen Schule" anstelle einer „deutschen Schule" hier weiterhelfen kann, muss ebenfalls bezweifelt werden. Auch der Hinweis auf das niederländische schulische Integrationskonzept[986] kann angesichts der dortigen Integrationsbilanz nicht überzeugen.

„Das Versäumnis der Politik, die Bildungsinstitutionen systematisch an die migrationsbedingte sprachliche und kulturelle Pluralisierung anzupassen, öffnet das Feld für vielfältige Formen der Diskriminierung im pädagogischen Alltag."[987] Dieses Argumentationsmuster sieht die Ursache stets in unzureichenden Leistungen der Schulen in Deutschland (und nicht bei den Leistungen, die die Zuwanderer zu erbringen hätten). Hinzu kommt, dass man sich auch von einer stärkeren „sprachlichen und kulturellen Pluralisierung" der Schulen keine Wende zum Besseren erwarten darf (worauf weiter unten eingegangen wird).

Im schulischen Alltag sind die Lehrkräfte allerdings in vielen Fällen mit besonders aggressiv auftretenden Kindern mit islamischem Hintergrund konfrontiert. Lehrer kommen häufig zu den eigentlichen Inhalten nicht mehr durch: Schüler nehmen nicht am Unterricht teil, Auseinandersetzungen mit aggressiven, unbeherrschten und unkonzentrierten Jugendlichen verbrauchen Zeit. Der Kampf kostet Zeit und

985 Gomolla, Mechthild: Fördern und Fordern alleine genügt nicht! Mechanismen institutioneller Diskriminierung von Migrantenkindern und -jugendlichen im deutschen Schulsystem, in: Auernheimer: Schieflagen, S. 105
986 vgl. ebd., 20, FN 20
987 Gomolla: Fördern und Fordern, S. 106

Kraft, die fehlen, wenn es um das Vermitteln der eigentlichen Lehrinhalte geht. Das gilt insbesondere für viele Hauptschulen, an denen eine „hoch verdichtete Gewaltkultur" vorherrscht.[988] Die Eltern sind sehr häufig nicht kooperationsbereit. Sie demonstrieren gegenüber den Problemen der Kinder und damit auch der Schule ausgeprägtes Desinteresse. Hinzu kommt der Einfluss islamistischer Gruppen, wie der Unterricht durch die „Islamische Föderation" in Berlin, die negativ auf die Integrations- und damit auch Anpassungsbereitschaft der Kinder einwirken. Überkommene Familien- und festgefügte Clanstrukturen sind es zudem, die die Integrationschancen der Jugendlichen gegen Null tendieren lassen. Ein „Quartiersmanager" aus dem „Rollbergviertel" in Berlin-Neukölln beschreibt die Lage: „Viele Migranten in der Rollbergsiedlung stammen aus bildungsfernen Schichten; für die stellt Bildung fast keinen Wert dar. Dem zahlreichen Nachwuchs dieser Familien ist in einer Wissensgesellschaft die Dauerarbeitslosigkeit gewissermaßen in die Wiege gelegt. Bildung allein kann Integrationshemmnisse, wie das übermächtige Patriarchat, altertümliche religiöse Bräuche und Aberglaube sowie die totalitäre Macht der Familie, meist des Familienoberhauptes, über den Einzelnen, überwinden helfen. Nur Bildungsanstrengungen vom Kindergarten an können lebenslange Ausgrenzung verhindern sowie islamistische Rückzugstendenzen eindämmen. In vielen Familien muss bei der Bildung, aber auch bei dem von unserer Gesellschaft erwarteten sozialen Verhalten bei Null angefangen werden. (...) Auch der anhaltende Trend bei vielen türkischen und arabischen Männern, Ehefrauen aus den Heimatdörfern zu ,importieren', sowie der fatale Einfluss der heimatlichen Satelliten-TV-Programme verlangsamen den Spracherwerb erheblich – und somit auch Bildung und Integration."[989]

Dass es sich hier um „Differenzkonstruktionen" handelt, die „zur Legitimation von Ausgrenzung instrumentalisierbar [werden] und ... sich als anschlussfähig für alltagsweltliche rassistische Diskurse, wie

---

[988] So der Kriminologe Christian Pfeiffer, im Interview des Deutschlandradio vom 4. April 2006: „Lust auf Leben wecken"
[989] Duhem, Gilles: „Soziale Stadt – meine Sicht", in: Soziale Stadt info 17, September 2005, hrsg. vom Deutschen Institut für Urbanistik, S. 24

beispielsweise islamfeindliche Strömungen" erweisen[990], muss selbst als ideologische Konstruktion und Fehldeutung der gesellschaftlichen Wirklichkeit, ihren Notwendigkeiten und Mechanismen angesehen werden. Es handelt sich hier um den Versuch, die alltäglichen Erfahrungen unter das Verdikt von Rassismus und Fremdenfeindlichkeit zu stellen, auf diese Weise zu diskreditieren und möglichst aus dem öffentlichen Diskurs zu verdrängen. Dieser Versuch ist allerdings angesichts der mittlerweile breit angelegten Berichterstattung in regionalen und überregionalen Medien zum Scheitern verurteilt.

Bildungsniveau der Eltern

Von besonderer Bedeutung für das schulische Fortkommen der Kinder ist das Bildungsniveau der Eltern.[991] „Eine der wichtigsten Ressourcen für Bildungsinvestitionen ist die von den Eltern gesammelte eigene Bildungserfahrung."[992] Das gilt für elterliche Unterstützung bei Hausaufgaben und außerschulischen Lernprozessen ebenso wie für die Kenntnis der Struktur des Bildungssystems, die die Voraussetzung darstellt, sich dort geschickt zu verhalten.[993]

Die Herkunft aus „bildungsfernen Schichten" im Herkunftsland, Fremdheit gegenüber dem deutschen Bildungssystem, seinen Leistungsanforderungen und Mechanismen kommen zu mangelnden Sprachkenntnissen erschwerend hinzu. Die „Bildungserfahrung der Eltern entfaltet ihre volle Wirksamkeit nicht zuletzt dadurch, dass sie ganz selbstverständlich zur kontinuierlichen Unterstützung der Kinder im Alltag bereitsteht."[994]

Die Gründe für die offensichtlichen Defizite und Probleme sind auch in einer verbreiteten Unkenntnis über die Bedeutung beruflicher Ausbildung und nicht zuletzt bei traditionellen Vorstellungen über das Rollenverständnis von Mädchen zu sehen. So bewegen sich die Ausbil-

---

[990] Gomolla, Mechthild: Fördern und Fordern alleine genügt nicht! Mechanismen institutioneller Diskriminierung von Migrantenkindern und -jugendlichen im deutschen Schulsystem, in: Auernheimer: Schieflagen, S. 107

[991] vgl. Bundesministerium für Familie, Senioren, Frauen und Jugend (Hrsg.): Zwölfter Kinder- und Jugendbericht. Bericht über die Lebenssituation junger Menschen und die Leistungen der Kinder- und Jugendhilfe in Deutschland, Berlin 2005, S. 81

[992] Kirsten, Cornelia; Granato, Nadia: Bildungsinvestitionen in Migrantenfamilien, in: Bade, Klaus J.; Bommes, Michael (Hrsg.): Migration – Integration – Bildung. Grundfragen und Problembereiche (= IMIS-Beiträge 23/2004), Osnabrück 2004, S. 126

[993] vgl. ebd., S. 126 f.

[994] ebd., S. 127

dungsquoten weiblicher Jugendlicher bei türkischen Staatsangehörigen mit 31,8 und bei griechischen mit 32 Prozent deutlich unter dem Durchschnitt deutscher Auszubildender (54,6 Prozent).[995] „Schüler, die aus einem Elternhaus kommen, in dem das ethnische Milieu ausgeprägter ist, besuchen häufiger die Hauptschule. So sind etwa drei Viertel der Schüler mit mindestens einem schlecht deutsch sprechenden Elternteil auf der Hauptschule, während dieser Anteil bei Kindern mit gut deutsch sprechenden Eltern nur die Hälfte ausmacht."[996]

Von Lehrern wird immer wieder beklagt, dass in den ethnischen Kolonien nicht nur „bildungsferne" Zuwanderer und deren Nachkommen dominieren, sondern dass es sich in vielen Fällen auch um „spracharme Familien" handelt – Familien, in denen über das schulische Leben, Hausaufgaben und Probleme nicht gesprochen wird.

Fest steht, dass „die Ausstattung der Familien mit bildungsrelevanten Ressourcen entscheidend für eine erfolgreiche strukturelle Integration von Migrantenkindern ist."[997]

Die Einbindung der Eltern in soziale und informelle Netzwerke ist ebenfalls für die Chance von Bedeutung, eine Lehrstelle oder einen Arbeitsplatz zu finden. Unterdurchschnittliche Teilhabe an solchen Netzwerken (u. a. aufgrund der eigenen beruflichen Position oder aufgrund länger andauernder Arbeitslosigkeit) wirken sich negativ auf die Chancen der Kinder aus.[998]

Kulturelle Unterschiede

Die Kinder werden im Laufe der Schulzeit häufig mit ihren Problemen alleine gelassen. Die Eltern kennen nicht die Leistungsanforderungen deutscher Schulen und die Notwendigkeiten, die sich daraus ergeben. Wenn sie nicht Deutsch verstehen, können sie ihren Kinder nicht helfen.

---

[995] vgl. Loeffelholz, Hans Dietrich von; Hernold, Peter: Berufliche Integration von Zuwanderern. Gutachten im Auftrag der Unabhängigen Kommission „Zuwanderung" beim Bundesminister des Innern, hrsg. vom Rheinisch-Westfälischen Institut für Wirtschaftsforschung e.V., Essen 2001, S. 68
[996] Alba/Handl/Müller: Ethnische Ungleichheit im deutschen Bildungssystem. In: Kölner Zeitschrift für Soziologie und Sozialpsychologie 46 (1994) S. 218, 229
[997] Kirsten/Grenato: Bildungsinvestitionen, S. 141
[998] vgl. Boos-Nünning, Ursula: Berufliche Bildung von Migrantinnen und Migranten. Ein vernachlässigtes Potential für Wirtschaft und Gesellschaft, in: Friedrich-Ebert-Stiftung (Hrsg.): Kompetenzen stärken, Qualifikationen verbessern, Potentiale nutzen. Berufliche Bildung von Jugendlichen und Erwachsenen mit Migrationshintergrund, Bonn 2006, S. 18 ff.

Die notwendige Unterstützung und Förderung durch die Eltern fehlt aber auch noch aus anderen Gründen. So muss auch berücksichtigt werden – und das wird in der öffentlichen Debatte meist ausgeblendet –, dass die türkischen Zuwanderer Bildungseinstellungen mitgebracht haben, die den hiesigen ziemlich fremd sind. „Die Eltern haben aber nicht einfach nur ‚Informationsdefizite‘, sondern eine *andere* Vorstellung von Schule und Lernen, aus der sich auch die Distanz bzw. eine gewisse Abwehrhaltung der deutschen Schule gegenüber erklärt ... Sie sehen alle Fragen schulischer Bildung und beruflicher Ausbildung zunächst aus der Perspektive ihrer sozialen Vorerfahrung."[999] So hat in der traditionellen türkischen Schulwelt der Lehrer eine völlig andere und sehr viel stärkere Rolle als in Deutschland: „In der türkischen Schulwelt hat der Lehrer einen allgemeinen Erziehungsauftrag, soll gleichsam fortführen, was in der Familienerziehung begonnen und angelegt wurde. (...) Die Eltern lassen ihm nahezu freie Hand und signalisieren damit zugleich die Erwartung, dass er auftretende Konflikte selbst lösen sollte. Das Verhalten des Kindes in der Schule fällt in das Aufgabenfeld des Lehrers, aus dem sich die Eltern heraushalten werden."[1000] Dazu gehört auch das Recht zu körperlichen Strafen, das bis dahin ausschließlich dem Vater vorbehalten war. Dies erklärt unter anderem die immer wieder festgestellte große Distanz und die gering ausgeprägte Mitwirkungsbereitschaft vieler türkischer Eltern in Angelegenheiten der Schule. „Weiterhin ist in der Türkei zu beobachten, dass die Eltern sich sehr selten in die schulischen Angelegenheiten einmischen. Dort herrscht die allgemeine Meinung, dass die Schule bzw. der Lehrer das einzig Richtige und Angemessene tun wird, und alle Entscheidungen werden mit großem Respekt angenommen. Ein Widersprechen ist nicht angemessen und wird als Kompetenzüberschreitung interpretiert."[1001] In diesen Zusammenhang gehört auch das bei der Einschulung gebräuchliche Sprichwort: „Das Fleisch gehört dir, die

---

[999] Leenen, Wolf Rainer; Grosch, Harald; Kreidt, Ulrich: Bildungsverständnis, Plazierungsverhalten und Generationenkonflikt in türkischen Migrantenfamilien, in: Zeitschrift für Pädagogik, 5/1990, S. 758

[1000] ebd., S. 759

[1001] Toprak, Ahmet: „Wer sein Kind nicht schlägt, hat später das Nachsehen". Elterliche Gewaltanwendung in türkischen Migrantenfamilien und Konsequenzen für die Elternarbeit, Herbolzheim 2004, S. 121

Knochen mir". Damit soll zum Ausdruck gebracht werden, dass dem Lehrer in Erziehungsfragen alle Freiheiten zugestanden werden.[1002]

Mit dieser Haltung kommen Lehrer in Deutschland häufig schlecht zurecht – sie sind einerseits konfrontiert mit der immer wieder von Eltern vorgetragenen Aufforderung, das Kind bei Fehlverhalten doch körperlich zu züchtigen und andererseits mit der ausgeprägten Distanz und dem Desinteresse der Eltern. „... die türkischen Eltern übertragen den Lehrern viele Freiheiten – ohne dass die Lehrer dies immer wissen – in Bezug auf ihre Kinder, wollen aber auch nicht zur Verantwortung gezogen werden, wenn die schulischen Leistungen und das soziale Verhalten ihrer Kinder nicht den Normen entsprechen."[1003]

Ähnliche Unterschiede bestehen auch im Verständnis des Lernens. Das türkische Bildungswesen setzt immer noch stark auf Autorität und das Auswendiglernen. Nach wie vor „stellen sich türkische Eltern die Schule vor allem als eine Institution mit hierarchischer Ordnung, Disziplinierungstechniken und reproduzierbaren Lernergebnissen vor."[1004] Diese Einstellung hat kulturelle Ursachen. „Die Hochschätzung des Auswendiglernens geht neben Gründen, die für jede Nicht-Schrift-Kultur gelten, auch auf ein religiöses Dogma zurück, nämlich auf die Lehre des Islam, dass nur der Originaltext der arabischen Verse das von Allah gesandte Wort *ist* und nur die getreue Wiedergabe (in möglichst korrekter Aussprache) die Verbindung im Gebet herstellt."[1005] Zu Recht stellen die Fachleute fest: „Der Auffassungsgegensatz, der zwischen solchen Lernhaltungen und modernen Lehr- und Lerneinstellungen aufbricht, ist fundamental."[1006] Es spricht daher für Unverständnis der kulturellen Zusammenhänge (oder dem Unwillen, sie wahrzunehmen), wenn die Bildungsdefizite – insbesondere türkischer Zuwanderer – ausschließlich auf deren soziale Herkunft und Lage zurückgeführt werden.

[1002] vgl. ebd., S. 122
[1003] ebd., S. 135
[1004] Leenen, Wolf Rainer; Grosch, Harald; Kreidt, Ulrich: Bildungsverständnis, Plazierungsverhalten und Generationenkonflikt in türkischen Migrantenfamilien, in: Zeitschrift für Pädagogik, 5/1990, S. 760
[1005] ebd.
[1006] ebd., S. 761

Unterschiedliche kulturelle Prägungen führen nicht selten zu Missverständnissen auch im schulischen Alltag. „Kinder aus Familien mit Migrationshintergrund stehen mitunter hilflos zwischen den Werten, die in der Schule vermittelt werden, und den in der Herkunftskultur verankerten Werten ihrer Familie. Eltern und Lehrer mögen das gleiche Verhalten völlig unterschiedlich interpretieren, da sie durch unterschiedliche kulturelle Brillen schauen. Wenn ein Lehrer, der eher independent orientiert ist, den Eltern mitteilen möchte, dass sich ihr Kind ‚gut‘ in der Schule entwickele, und ihnen sagt, dass der Sohn oder die Tochter in der Lage sei, unabhängig und selbstständig zu arbeiten, so mögen die Eltern dies als Kritik an der sozialen Eingliederung ihres Kindes in der Klassengemeinschaft verstehen und heraushören, dass ihr Kind isoliert von der Gruppe sei."[1007]

Bildung, ethnische Kolonie und Zweitsprachenerwerb

Der Soziologe Hartmut Esser hat sich in einer im Februar 2006 vom Wissenschaftszentrum Berlin veröffentlichten ausführlichen Studie mit dem Zusammenhang von Migration, Sprache und Integration befasst.[1008] Sie wurde in der Öffentlichkeit nur am Rande wahrgenommen, deshalb sollen zentrale Thesen daraus hier zusammengefasst dargestellt werden.

Esser betont, der „Erwerb der Sprache des Aufnahmelandes [sei] eine zentrale Bedingung zunächst jeder weiteren *Sozial*integration der Migranten außerhalb des ethnischen Kontextes. Bildungserfolg, die Platzierung auf interessanten Positionen, die Aufnahme von Kontakten und die Strukturierung von Identitäten hängen allesamt deutlich von sprachlichen Kompetenzen ab und wirken, wenigstens teilweise – darauf wieder zurück."[1009] [Hervorhebung im Original]

Sprachliche Vielfalt an Schulen hat mehrere Aspekte: So sehr sie einerseits als Bereicherung zu begrüßen ist, wenn sie nicht mit Halb-Sprachigkeit verbunden ist, so sehr darf andererseits nicht übersehen

[1007] Keller, Heidi: Die Rolle familiärer Beziehungsmuster für die Integration von Zuwanderern, in: Bade, Klaus J.; Bommes, Michael (Hrsg.): Migration – Integration – Bildung. Grundfragen und Problembereiche (= IMIS-Beiträge 23/2004), Osnabrück 2004, S. 117
[1008] vgl. Esser, Hartmut: Migration, Sprache und Integration (= Arbeitsstelle Interkulturelle Konflikte und gesellschaftliche Integration beim Wissenschaftszentrum Berlin, Forschungsbilanz 4), Berlin 2006, [http://www.wz-berlin.de/zkd/aki/files/AKI-Forschungsbilanz_4.pdf]
[1009] ebd., S. 11

werden, dass hohe Konzentrationen von nicht-deutschsprachigen Schülern – und um die handelt es sich ja in der Regel in ethnischen Kolonien – den Erwerb der deutschen Sprache erheblich erschweren können. „Schließlich behindert u. U. eine zu große sprachliche Vielfalt etwa über starke ethno-linguistische Konzentrationen in den Schulklassen, die Funktion der Sprache als *Medium*, hier: zur Vermittlung von Lerninhalten, und erhöht auf diese Weise – ceteris paribus – den nötigen Lernaufwand."[1010]

Esser kommt in seiner Analyse zu folgenden Schlüssen:

Es gibt einen eindeutigen *Zusammenhang zwischen dem Erwerb der Zweitsprache und dem Einreisealter.* Allgemein wird ein „massiver Abfall der Lerneffizienz etwa ab dem 10. Lebensjahr" festgestellt.[1011] Je früher ein Kind die Zweitsprache lernt, desto größer sind seine Chancen einer erfolgreichen Bildungskarriere.[1012]

Es gibt einen deutlichen *Zusammenhang* zwischen der im Herkunfts- oder im Aufnahmeland erworbenen Bildung bzw. der *Bildung der Eltern* und einem erfolgreichen *Erwerb der Zweitsprache.*[1013]

Es gibt einen deutlichen *Zusammenhang* zwischen dem *ethnischen Kontext im Aufnahmeland* und dem *Zweitsprachenerwerb.* Je ausgeprägter die innerethnischen Kontakte im Alltag sind (Medienkontakte in der Herkunftssprache, die Muttersprache als Umgangssprache in der Familie, im Freundeskreis etwa) desto größer ist der Nutzen der Herkunftssprache und desto geringer ausgeprägt ist die Motivation, die Mühe des Erlernens der Zweitsprache auf sich zu nehmen. „Das dürfte bei hohen ethnischen Konzentrationen und in dabei institutionell gut ausgebauten ethnischen Gemeinden ganz besonders der Fall sein, weil sich dann mehrere der Bedingungen bündeln und sogar gegenseitig ver-

---

[1010] ebd., S. 12
[1011] ebd., S. 23
[1012] vgl. hierzu auch: Esser, Hartmut: Familienmigration, Schulsituation und interethnische Beziehungen. Prozesse der „Integration" bei der zweiten Generation von Arbeitsmigranten, in: Zeitschrift für Pädagogik, 35. Jg., H. 3, 1989, S. 317–336
[1013] Esser: Migration, Sprache und Integration, S. 23 f.

stärken."[1014] Die *Größe der jeweiligen ethnischen Gruppe spielt dabei eine wichtige Rolle:* „Bei stärkeren ethnischen Konzentrationen wirken sich die ungünstigen Bedingungen einer geringen Bildung, einer kürzeren Aufenthaltsdauer und eines höheren Einreisealters in der Tat jeweils besonders stark aus."[1015]

Dabei gibt es gerade bei den Türken „eine stärkere Tendenz zur Aufgabe der Muttersprache ...im Vergleich zu allen anderen Gastarbeiternationalitäten, dabei besonders im Vergleich zu den Griechen und auch den (Ex-) Jugoslawen. Das weist darauf hin, dass die dem ... Augenschein nach besonders starke Orientierung auf die Muttersprache bei den Türken nichts weiter ist als eine Folge der besonderen alltäglichen Bedingungen, die für die Beibehaltung der Muttersprache sorgen; mit einer besonderen ‚türkischen‚ Neigung zum Kulturerhalt hat das offenbar nichts zu tun."[1016]

Es gibt keinen nachweisbaren *Zusammenhang zwischen kompetenter Zweisprachigkeit und schulischem Erfolg.* Seit den 70er Jahren wird immer wieder wird ein eigenständiger positiver Effekt der Beibehaltung der Muttersprache behauptet. Esser kommt zu dem Schluss: „Die empirischen Belege für die Vermutung, dass bilinguale Fertigkeiten eine über die Effekte der Zweitsprachenkompetenz hinausgehende positive Wirkung auf das soziale und psychische Wohlergehen der Migranten-(kinder) haben, sind jedenfalls äußerst spärlich und es zeigt sich eher, dass die (sprachliche) *Assimilation* dazu führt, was gelegentlich der Beibehaltung der Muttersprache bzw. der Bilingualität und – allgemein – der multikulturellen Orientierung und Einbettung zugeschrieben wird; ein *höheres* Selbstwertgefühl und *geringere* psychische Probleme."[1017]

Der Sprachgebrauch im Elternhaus hat einen starken negativen Einfluss auf die Leseleistungen in der Zweitsprache.[1018] Generell besteht ein enger Zusammenhang zwischen der sozioökonomischen Position

[1014] ebd., S. 31
[1015] ebd., S. 43
[1016] ebd., S. 57
[1017] ebd., S. 75
[1018] ebd., S. 66

und dem kulturellen Kapital der Eltern einerseits und der Lesekompetenz in der Zweitsprache andererseits.[1019]

Dabei spielen für die einzelnen Zuwanderergruppen unterschiedliche Gründe für Misserfolge beim Lernen eine Rolle. Bei den Aussiedlerkindern ist es vor allem ein hohes Einreisealter, bei den Kindern der „Gastarbeiternachkommen und hier speziell der Türken [haben sie] mit der Bildung, dem Status und dem kulturellen Kapital der Eltern" zu tun.[1020]

Esser kommt zu dem Schluss, dass ethnisch-sprachliche und damit meist verbundene Konzentrationen von Kindern aus sozial schwachen Schichten sowie die damit einhergehenden Wirkungen auf das Lernklima und Lerneffizienz „eine der zentralen Ursachen der ethnischen Unterschiede in den schulischen (Sprach-) Leistungen sind und dass entsprechende Mischungen in den Schulen und Schulklassen ein wichtiger Teil der Lösung des Problems wären (unter Beachtung evtl. Schwellenwerte, etwa nach den Ergebnissen aus der PISA-Studie)."[1021]

Die negativen Auswirkungen ethnischer Konzentration in Schulklassen betreffen nicht nur die Entwicklung der sprachlichen Kompetenzen sondern auch die Bereitschaft zur Gewaltanwendung. In den aktuellen Untersuchungen des *Kriminologischen Forschungsinstituts Niedersachsen* findet sich „ein Zusammenhang zwischen dem Migrantenanteil einer Klasse und dem eigenen Gewaltverhalten. Dort, wo sich viele Migrantenkinder in einer Klasse ballen, neigt das einzelne Kind verstärkt zur Gewalt. (...) Wenn Migrantenkinder aber nun in einer Klasse beschult werden, in denen es mehrheitlich deutsche Kinder gibt, passen sie ihr Verhalten an das der Deutschen an. Klassen mit hohem Migrantenanteil bieten demgegenüber mehr Möglichkeiten für die Bildung von (ethnisch homogenen) Gruppen und Cliquen, aus denen heraus Gewalt verübt wird."[1022]

[1019] ebd., S. 67
[1020] ebd., S. 67
[1021] ebd., S. 70
[1022] Baier, Dirk; Pfeiffer, Christian; Windzio, Michael: Ethnische Gruppen und Gewalt. Junge Migranten als Opfer und Täter (Beitrag für die Bundeszentrale für politische Bildung, Veröffentlichung geplant im Sommer 2006), S. 16

Die *Beherrschung der Zweitsprache* hat auch entscheidenden Einfluss auf den *beruflichen Erfolg*. „Auf dem Arbeitsmarkt scheint es nach diesen Ergebnissen, ganz ähnlich wie beim Zusammenspiel der ethnischen Konzentration mit den anderen Lernumständen bei Spracherwerb und Bildung, eine *kumulierte* Wirkung zu geben: Gerade unter den besseren Bedingungen wirkt sich der Abbau der (sprachlichen) Defizite einkommensfördernd aus, während bei schlechten Sprachkenntnissen auch eine höhere Bildung kaum etwas nützt."[1023]

Je besser die *Sprachkenntnisse* sind, desto größer sind auch die Erfolgschancen, einen *Ausbildungsplatz* zu finden: „Jugendliche mit Migrationshintergrund, die Deutsch als erste Sprache erlernten, haben eine doppelt so große Chance auf einen Ausbildungsplatz wie Migranten, die zuerst eine andere Sprache erlernt haben. Deutsche Sprachkenntnisse sind zentral für die Bildungs- und Ausbildungsbeteiligung; es ist daher unabdingbar, dass Migrantenkinder und ihre Familien beim frühzeitigen Erlernen der deutschen Sprache gefordert und gefördert werden."[1024]

Fazit:

– Jugendliche mit Zuwanderungshintergrund im allgemeinen, Jugendliche aus der Türkei im Besonderen, weisen erhebliche Rückstände in der Bildungsbeteiligung auf gegenüber ihren einheimischen Altersgenossen. Ihre Integration in das System der Berufsausbildungsausbildung ist bisher misslungen.

– Die Ungleichverteilung auf die einzelnen Schularten (Haupt- und Sonderschulen; Realschulen und Gymnasien) sowie die ungleichen Chancen auf Erlangung eines Ausbildungsplatzes sind erheblich. Kinder von Zuwanderern (insbesondere türkische Kinder) sammeln sich in den „Restschulen". Die Tatsache, dass nahezu jeder zweite ausländische Jugendliche in Deutschland nach seiner hier verbrachten Pflichtschulzeit ohne jede Ausbildung bleibt und dass rund eine

---

[1023] Esser: Migration, Sprache und Integration, S. 90
[1024] Friedrich, Michael: Jugendliche in Ausbildung: Wunsch und Wirklichkeit. Chancen der Jugendlichen 2005 erneut verschlechtert, in: Berufsausbildung in Wissenschaft und Praxis, H.3/2006, S. 11

Million Zuwanderer in Deutschland ohne berufliche Qualifizierung leben, rechtfertigen es, von einer „neuen Bildungskatastrophe" zu sprechen.

– Bildungssozialisation im Herkunftsland, Bildungsferne und Sprachkenntnisse der Eltern sind wesentliche Ursachen.

– Andere pädagogische Vorstellungen und didaktische Ansätze aus der Herkunftsregion sind ebenfalls als Ursachen zu benennen.

– Je stärker ausgeprägt die ethnische Konzentration im Wohnumfeld ist, desto geringer sind die Motivation und die Wahrscheinlichkeit, die Sprache des Aufnahmelandes zu erlernen.

*„Je höher die soziale Distanz zu den Minderheiten in der Aufnahmege-
sellschaft ist, je größer die kulturelle Differenz zwischen Minderheit
und Aufnahmegesellschaft (z.b. durch Unterschiedlichkeit in einer Vielzahl kultureller und religiöser Gewohnheiten, Sichtbarkeit in Kleidung,
Haartracht und Hautfarbe), und je stärker die bereits vorher vorhandenen ethnischen, politischen und/oder religiösen Gemeinsamkeiten der
Minderheit im Herkunftsland waren, um so eher wird eine ,Entschei-
dung' zur Herausbildung einer ethnischen Kolonie von den Akteuren
getroffen werden ...".*[1025]

Hartmut Esser

IX. Anmerkungen zur Debatte um Integration

Seit geraumer Zeit gehört es zum politischen Konsens in der Bundesrepublik, dass sich die dauerhaft und rechtmäßig in Deutschland lebenden Zuwanderer in die Gesellschaft integrieren sollen. Zu Recht ist
festgestellt worden: „Zur ,Integration' der Zuwanderer gibt es eigentlich in einer modernen, auf Leistung, Freiheit und Gleichheit aufgebau-
ten Gesellschaft, zumal in Zeiten der wirtschaftlichen Globalisierung
und der politischen Integration in Europa, keine vernünftige Alternative."[1026]

Was aber bedeutet „Integration"? Wie unterscheiden sich die gegensätzlichen Konzepte von „Assimilation" und „Multikulturalismus"?
Welche Indikatoren gibt es für das Gelingen von Integration? Über den
Umgang mit Zuwanderern wurde seit den 70er Jahren eingehend und
kontrovers debattiert. Sahen die einen sie als „Ersatzproletariat" im
internationalen Klassenkampf, bemühten sich die anderen um einen
pädagogisch-sozialstaatlichen Zugang zum Thema. Dabei stand die
„Identität" der Zuwanderer im Mittelpunkt. Sie sollte aus unterschiedlichen Motiven, gegen „Eindeutschung" und „Zwangsgermanisierung",
bewahrt werden. Die Irrungen und Wirrungen der zurückliegenden

---

[1025] Esser, Hartmut: 'Binnenintegration' oder gesellschaftliche Integration?, in: Hoffmeyer-Zlotnik,
Jürgen H.P, (Hg.): Segregation und Integration. Die Situation von Arbeitsmigranten im Aufnahmeland, Mannheim 1986, S. 108 f.
[1026] Esser, Hartmut: Ist das Konzept der Integration gescheitert? – Zur Bilanz der Migrationspolitik,
in: Theorie und Praxis der Sozialen Arbeit, Nr. 4/98, S. 130

und gegenwärtigen Debatten sollen in diesem Kapitel nachgezeichnet und analysiert werden. Die Frage, ob von „Integration" angesichts immer intensiverer Beziehungen zwischen Herkunfts- und Aufnahmeland überhaupt noch die Rede sein kann und welche Rolle der Staat dabei übernehmen kann wird ebenso behandelt wie die unterschiedlichen kulturellen Zeiten, in denen etliche Zuwanderergruppen und die Aufnahmegesellschaft leben. Die Bedeutung der Staatsangehörigkeit für die Integration und der Zusammenhang von Integration und Recht werden erörtert.

An einer erfolgreichen Integration besteht erhebliches staatliches und gesellschaftliches Interesse: um der Bewahrung des inneren Friedens willen, aber auch um eine dauerhafte überproportionale Beanspruchung der Sozialsysteme zu vermeiden. In der politischen Debatte wird nicht selten gezielt Verwirrung gestiftet oder am Thema vorbeigeredet, um die Zusammenhänge zu verschleiern. Das gilt auch für das Thema „Integration": Nicht immer geschieht dies auf folgendem Niveau: „Wenn ein Türke in einer Berliner Kneipe ein Eisbein und ein Pils bestellen würde und der deutsche Kellner antwortete: ‚Na also, et jeht doch! – wären wir dann weiter in unserem kulturellen Zusammenleben? Sicher nicht."[1027]
Der Begriff „Integration" ist sowohl in der politischen als auch in der sozialwissenschaftlichen Debatte sehr umstritten.[1028] Die unterschiedlichen Konzepte aus Handlungs- und systemtheoretischer Perspektive sollen hier nicht erörtert werden. Die folgenden Ausführungen nehmen unter anderem das Integrationskonzept des Soziologen *Hartmut Esser* auf.

Das Ziel von Integrationspolitik muss darin bestehen, allen dauerhaft und rechtmäßig in Deutschland lebenden Personen unabhängig von ihrer Herkunft gleiche Teilhabechancen zu ermöglichen. Angehörige dieses Personenkreises sollen unabhängig von Herkunft und

[1027] „Parallelgesellschaft: Ein Modewort verheerender Kampfbegriff", in: Rheinischer Merkur Nr. 20 vom 19. Mai 2005
[1028] vgl. Mammey, Ulrich: Der Integrationsbegriff in der deutschsprachigen Sozial- und Politikwissenschaft, in: Haug, Sonja; Diehl, Claudia (Hrsg.): Aspekte der Integration. Eingliederungsmuster und Lebenssituation italienisch- und türkischstämmiger junger Erwachsener in Deutschland (= Schriftenreihe des Bundesinstituts für Bevölkerungsforschung, Bd. 35), Wiesbaden 2005, S. 23–49

Religion die Möglichkeit haben, sich einzugliedern. Einerseits muss also der aufnehmende Staat Integrationsbedingungen bieten, andererseits muss der Zuwanderer sich selbst um Eingliederung aktiv Bemühen. Dies gehört – darauf wird weiter unten eingegangen – zu den Pflichtaufgaben von Zuwanderern.

Mitarbeiter des *Bundesamtes für Bauwesen und Raumordnung* haben eine zutreffende Bestimmung entwickelt: Demnach besteht Integration in der „Chancengleichheit für Deutsche und Zuwanderer in allen Teilräumen des Bundesgebietes. Das Ziel sind gleichwertige regionale Lebensbedingungen für Deutsche und Zuwanderer. (...) Am Ende des Integrationsprozesses sollten dann keine Unterschiede in den Lebenschancen und -bedingungen bestehen, die nur auf den Status ‚deutsch' oder ‚nicht deutsch' bzw. eine entsprechende ethnische Herkunft zurückzuführen sind."[1029]

Demnach sind Indikatoren für Integration interethnisches Heiratsverhalten ebenso wie die durchschnittlichen Wohnverhältnisse, die Verteilung auf die Schularten, die erzielten Schulabschlüsse, Arbeitslosen- und Sozialhilfequoten.[1030]

Im Zuwanderungsgesetz postuliert der Gesetzgeber als Zweck der „Integrationskurse", die „Ausländer an die Sprache, die Rechtsordnung, die Kultur und die Geschichte in Deutschland heran[zu]führen. Ausländer sollen dadurch mit den Lebensverhältnissen im Bundesgebiet so weit vertraut werden, dass sie ohne die Hilfe oder Vermittlung Dritter in allen Angelegenheiten des täglichen Lebens selbständig handeln können." (§ 43 Abs. 2 AufenthG)

Integration in die Aufnahmegesellschaft ist die Voraussetzung selbstbestimmten Handelns. Das gilt nicht nur für den Alltag, der ohne fremde Hilfe bewältigt werden soll. Es gilt darüber hinaus für die Entscheidungsfreiheit, sich den mitgebrachten kulturellen Zusammenhängen gegenüber zu verhalten: mehr oder weniger bewahrend, mehr oder weniger distanzierend. Über die Grenzen kulturell bedingter Normen und Verhaltensweisen wird noch zu sprechen sein.

[1029] Böltken, Ferdinand; Gatzweiler, Hans-Peter; Meyer, Katrin: Räumliche Integration von Ausländern und Zuwanderern, in: Bundesamt für Bauwesen und Raumordnung (Hrsg.): Internationale Wanderungen und räumliche Integration (= Informationen zur Raumentwicklung, H. 8/2002), S. 397
[1030] vgl. Statistisches Bundesamt: Strukturdaten und Integrationsindikatoren über die ausländische Bevölkerung in Deutschland 2003, Wiesbaden 2005

„Integration" bedeutet vom Wortsinn her die Herstellung eines Ganzen aus unterschiedlichen Teilen. Dabei müssen die Teile unverzichtbarer Bestandteil des Ganzen sein.[1031] Integration kann sich auf drei Räume beziehen: das Aufnahmeland, das Herkunftsland oder die ethnische Kolonie im Aufnahmeland.[1032] Bei Integration geht es zum einen um das Verhältnis von *Teilsystemen* zu einander und um die Frage, in welcher Beziehung die Teile zum Ganzen stehen (Systemintegration). Sie ist von den Absichten und Motiven der einzelnen Akteure weitgehend unabhängig.[1033]

Zum zweiten geht es um die Integration der *Handelnden* in einen gesellschaftlichen Zusammenhang, um ihre Beziehungen zueinander, wie um die Eingliederung in das Bildungswesen und den Arbeitsmarkt des Aufnahmelandes (soziale Integration).[1034] Um sich dort etablieren und erfolgreich Positionen besetzen zu können, sind Wissen, Kompetenzen und Fertigkeiten („kulturelles Kapital") vonnöten. Sie werden auch im Zuge der Interaktion mit den Mitgliedern der Aufnahmegesellschaft (am Arbeitsplatz, in der Nachbarschaft, in Kindergarten und Schule) erworben. Das setzt allerdings die Integration in den Arbeitsmarkt ebenso voraus wie ausreichende Gelegenheitsstrukturen zur Kontaktaufnahme im Alltag mit Einheimischen (und nicht das Leben in einer ethnischen Kolonie, in der sich die alltäglichen Kontakte auf die Angehörigen dieser Kolonie weitestgehend beschränken).

Assimilation

Bedingung erfolgreicher Integration ist ein gewisses Maß an *Assimilation*. „Assimilation" („Angleichung" von lateinisch *similis – ähnlich*) ist die *Bedingung der Möglichkeit* erfolgreicher Integration: Zu Unrecht wird sie in der politischen Integrationsdebatte nahezu automatisch mit negativem Vorzeichen versehen und mit „Zwang" oder „Zwangsgermanisierung" gleichgesetzt. Der Soziologe Hartmut Esser stellt zu Recht fest, „dass in manchen Öffentlichkeiten alleine das Wort ‚Assimi-

[1031] vgl. Esser, Hartmut: Soziologie. Spezielle Grundlagen, Bd. 2: Die Konstruktion der Gesellschaft, Frankfurt/Main 2000, S. 261 ff.
[1032] vgl. ebd., S. 287; vgl. auch: Heckmann, Friedrich: Die Bundesrepublik als Einwanderungsland? Zur Soziologie der Gastarbeiterbevölkerung als Einwandererminorität, Stuttgart 1981, S. 231 ff.
[1033] Vgl. Esser, Hartmut: Soziologie. Spezielle Grundlagen, Bd. 2: Die Konstruktion der Gesellschaft, Frankfurt/Main 2000, S. 270
[1034] vgl. ebd., S. 271 ff.

lation' Schauer der Befremdung, wenn nicht der Entrüstung hervorruft ..."[1035]

Dabei bleibt außer Acht, dass eine *Angleichung* von Zuwanderern unumgänglich für eine erfolgreiche Integration ist. Dazu gehört in erster Linie die Sprache, aber auch eine Reihe von über die Bildungseinrichtungen vermittelten Fertigkeiten. In diesem Sinne bedeutet Assimilation tatsächlich in gewissem Maße Anpassung an die Aufnahmegesellschaft. Die wohlmeinende Formel „Integration ist keine Einbahnstraße", mit der ein sich Aufeinanderzubewegen der Aufnahmegesellschaft und der Zuwanderergruppen im Integrationsprozess ausgedrückt werden soll, vernebelt diese grundlegende Notwendigkeit der Anpassung. Sicher verändern sich auch Aufnahmegesellschaften mit der Hereinnahme größerer Zuwanderergruppen – sie werden beispielsweise religiös pluraler. Auch die Gastronomie sieht heute in Deutschland grundsätzlich anders aus als noch in den achtziger Jahren.

Hartmut Esser versteht *Assimilation* als „Prozess der Abnahme und, vielleicht auch an irgendeinem entfernten Endpunkt, der Auflösung ethnischer Differenz und daran gebundener sozialer und kultureller Unterschiede."[1036] Kulturelle Unterschiede verlieren über Generationen ihre Bedeutung, was nicht bedeutet, dass Angehörige ethnischer Minderheiten jegliche Identität und Charakteristika aufgeben. „Zu einem bestimmten Zeitpunkt mag die ethnische Zugehörigkeit entscheidend sein für praktisch alle Lebenschancen der Mitglieder einer Gruppe – wo sie wohnen, welche Arten von Arbeitsplätzen sie erhalten usw. –, und zu einem späteren Zeitpunkt mag die Bedeutung dieser Zugehörigkeit so weit in den Hintergrund getreten sein, dass die Relevanz von Ethnizität nur noch bei gelegentlichen familiären Ritualen zu beobachten ist."[1037]

Gesellschaftliche Assimilation liegt nach Esser dann vor, wenn „es die ethnischen Gemeinden nur noch als eher private und individualisierte Segregationen nach persönlichen Präferenzen, aber nicht (mehr)

[1035] Esser, Hartmut: Welche Alternativen zur ‚Assimilation' gibt es eigentlich?, in: Bade, Klaus J.; Bommes, Michael (Hrsg.): Migration – Integration – Bildung. Grundfragen und Problembereiche (= IMIS-Beiträge 23/2004), Osnabrück 2004, S. 42
[1036] Alba, Richard; Nee, Viktor: Assimilation und Einwanderung in den USA, in: Bade, Klaus J.; Bommes, Michael (Hrsg.): Migration – Integration – Bildung. Grundfragen und Problembereiche (= IMIS-Beiträge 23/2004), Osnabrück 2004, S. 27
[1037] ebd., S. 28

als institutionell vollständige, selbstgenügsame und ethnisch codierte und abgegrenzte ‚Parallelgesellschaften' gibt ..."[1038]

Auf der Ebene des Individuums bedeuten Integration und Assimilation nicht, dass Zuwanderer ihre Herkunft verleugnen, Traditionen und Vorlieben etc. ablegen müssen. „Integration hat nicht erst stattgefunden, wenn der Migrant nicht mehr als solcher erkennbar werden kann, da das Andere durchaus mit dem Integrationsbegriff vereinbar ist."[1039] Die Zugehörigkeit zu ethnischen Gruppen soll allerdings auf mittlere Sicht ihre Bedeutung verlieren, da dauerhaftes Bestehen ethnischer Gruppen erfahrungsgemäß mit sozialen Schichtungen in der Aufnahmegesellschaft einhergeht. „*Alle* dauerhaft ethnisch differenzierten Gesellschaften sind, mehr oder weniger ausgeprägte, ethnische Schichtungen. Es gibt praktisch keine ethnisch differenzierte Gesellschaft, die nicht gleichzeitig eine ethnisch geschichtete Gesellschaft wäre."[1040]

Wer in der Mehrheitsgesellschaft aufsteigen will, muss investieren und erhebliche Anpassungsleistungen erbringen: „Die wohl wichtigste Investition dafür ist die in eine weiterführende *Bildung*. Wer hier nicht mithält und wer keinen langen Atem hat, bleibt im Rennen auf der Strecke. Hier haben schon, trotz aller Maßnahmen dagegen, die bildungsferneren Schichten der deutschen Bevölkerung ihre Probleme. Die Arbeitsmigranten besetzen aber in aller Regel nach wie vor die untersten Positionen und teilen damit zunächst einmal alle die Probleme, die die unteren und bildungsferneren Schichten ohnehin schon haben. Und kein Wunder: Die Bildungsbeteiligung der Kinder der Arbeitsmigranten ist nach wie vor alarmierend gering, besonders wenn es um die Qualifikationen für die höheren Positionen geht."[1041]

Eigene Anstrengungen unverzichtbar

Voraussetzung für erfolgreiche Integration sind zuallererst erhebliche Eigenleistungen und eine entsprechende positive Motivation der Zu-

[1038] ebd., S. 51
[1039] Kecskes, Robert: Die soziale Integration von Migranten: Dimensionen, Indikatoren und Probleme ihrer Interpretation, in: Kecskes, Robert Wagner, Michael, Wolf, Christof (Hrsg.): Angewandte Soziologie, Wiesbaden 2004, S. 216
[1040] Esser: Soziologie, Bd. 2, Die Konstruktion der Gesellschaft, S. 296
[1041] Esser, Hartmut: Ist das Konzept der Integration gescheitert? – Zur Bilanz der Migrationspolitik, in: Theorie und Praxis der Sozialen Arbeit, Nr. 4/98, S. 133

wanderer. Dies wurde – in der wissenschaftlichen wie in der politischen Debatte – weitgehend ausgeblendet. So unterscheidet der Politikwissenschaftler Axel Schulte als Ursachen sozialer Ungleichheit zwar zwischen „den Faktoren, die eher bei den Migranten, und solchen, die eher bei der Mehrheitsgesellschaft liegen", führt aber konkret bei ersteren lediglich „besondere Beratungs- und Fördermaßnahmen" an, die ihnen zuteil werden müssten.[1042] Verstärkte eigene Anstrengungen oder gar ein Einstellungswandel der Betroffenen werden hingegen nicht thematisiert. Auch eine Veröffentlichung des *Beauftragten des Senats von Berlin für Integration und Migration* legt zwar ausführlich die Zahlen und Fakten zur Schul- und Ausbildungssituation Jugendlicher nichtdeutscher Herkunft dar, beschränkt sich aber in der Analyse auf die Hinweise, dass sprachliche Förderung und Ganztagsschulen notwendig und „ausreichende Deutschkenntnisse der Eltern ... wichtig" seien und stellt fest: „Die Erwartung, dass die elementare Bildung eines Kindes im Elternhaus vermittelt wird – eine der Grundannahmen des deutschen Schulsystems – geht an der Realität vieler Familien vorbei."[1043] Ein Hinweis auf eine unverzichtbare eigene Anstrengung der betroffenen Eltern, fehlt hingegen.

Die relative Erfolglosigkeit bei der Eingliederung in Bildungseinrichtungen und den Arbeitsmarkt werden stattdessen als „Anerkennungsdefizite" seitens der Aufnahmegesellschaft gedeutet.

Der herrschende politische Diskurs – auch in der „Ausländerpädagogik" – bestärkt die betroffenen Jugendlichen und Erwachsenen die deutsche Gesellschaft dafür verantwortlich zu machen: „Rassismus", „Fremdenfeindlichkeit", Diskriminierung türkischer Mitmenschen. „Zwar wird von den Migrantinnen stets Integration verlangt, doch mangelnde Akzeptanz von ‚Ausländern' sowie vor allem auch mangelnde Integrationsmaßnahmen führen dazu, dass den Migrantinnen diese Integration de facto schwer gemacht wird."[1044]

[1042] Schulte, Axel: Zwischen Anspruch und Wirklichkeit der Demokratie: Lebensverhältnisse von Migranten und staatliche Integrationspolitiken in der Bundesrepublik Deutschland, in: Schmals, Klaus M. (Hrsg.) Migration und Stadt. Entwicklungen, Defizite, Potentiale, Opladen 2000, S. 63 f.
[1043] Ohliger, Rainer; Raiser, Ulrich: Integration und Migration in Berlin. Zahlen – Daten – Fakten, hrsg. vom Beauftragten des Senats von Berlin für Integration und Migration, Berlin 2005, S. 30
[1044] Terkessidis, Mark: Kulturarbeit in der Einwanderungsgesellschaft, unter: http://www.forum-interkultur.net/fileadmin/user_upload/pdf/20.pdf [10. März 2006], S. 7

Erst in jüngster Zeit gerät etwas stärker in den Blick, dass auch die Zuwanderer und ihre Nachkommen einen unverzichtbaren Beitrag für eine Wende zum Besseren leisten müssen. An erheblichen Anpassungsleistungen führt kein Weg vorbei. Wer darüber hinwegtäuschen will oder dies für unzumutbar hält, leistet den Zuwanderern einen Bärendienst. Grundlegende Missverständnisse werden offenbar, wenn etwa an den Integrationskursen kritisiert wird, sie enthielten „Vorstellungen von einer wenn schon nicht homogenen, so doch von einer relativ eindeutigen Mehrheitskultur sowie eine einseitige Orientierungsrichtung ...: Neuzuwandernde haben sich an jener implizierten Mehrheitskultur zu orientieren – und nicht umgekehrt."[1045]

Hartmut Esser verweist darauf, dass alle Erfahrungen zeigen, dass ein hohes Maß an Anpassung an die Aufnahmegesellschaft unvermeidlich ist. „Entgegen den immer etwas naiven Auffassungen von den Möglichkeiten eines bloß horizontalen Nebeneinanders der Gruppen in multiethnischen Gesellschaften und des Verzichts auf kulturelle Angleichungen, gibt es, wenn ethnische Schichtungen vermieden werden sollen, also *keine* Alternative zur (strukturellen) Assimilation. Sie ist die *Bedingung* der sozialen Integration der Migranten und Minderheiten in die Aufnahmegesellschaft und einer Systemintegration, die auf mehr beruhen soll, als der deferenten Hinnahme des Schicksals der Unterschichtung."[1046]

Die Kontroversen der 70er Jahre

In den 1970er und 80er Jahren war es üblich, die ausländischen Arbeitnehmer in sozialistischem Gesellschaftsverständnis als „industrielle Reservearmee" des Kapitals zu interpretieren. Die Funktion der Gastarbeiterbeschäftigung wurde darin gesehen, „Krisen des ökonomischen Systems aufzuhalten, die in der kapitalistischen Struktur angelegt sind."[1047]. Aus dieser Perspektive kam es auf die Bewusstseinslage der Gastarbeiter entscheidend an, nämlich, dass sie ihre Interessen als

---

[1045] Kunz, Thomas: Orientierungskurse. Anhängsel oder Passepartout in der Debatte um Integrationsangebote?, in: Migration und Soziale Arbeit, 27. Jg., H. 3/4, Oktober 2005, S. 265
[1046] Esser: Soziologie, Bd. 2: Die Konstruktion der Gesellschaft. S. 306
[1047] Bülow, Margret; Windisch, Alfred: Gastarbeiterkinder in deutschen Schulen, in: betrifft: erziehung Nr. 6 vom 1. Juni 1973, S. 20
[1048] ebd., S. 21
[1049] ebd.

Lohnabhängige erkannten, die mit denjenigen der einheimischen Kollegen identisch waren.[1048] Das sei aber abhängig vom jeweiligen Stand der „Klassenkämpfe in den Herkunftsländern."[1049] Die ausländischen Arbeitnehmer wurden in der Klassenanalyse als „Klasse im Übergang"[1050] gesehen, über deren „politische Konfliktfähigkeit in den nächsten Jahren und Jahrzehnten" spekuliert wurde.[1051] Ihre Interessen stimmten zwar „objektiv" mit denen der einheimischen Industriearbeiterklasse überein, durch die Unterschichtung und den dadurch ermöglichten Aufstieg hätten die einheimischen Arbeiter allerdings ein „falsches Bewusstsein" (und nicht das Klassenbewusstsein, das objektiv ihren Interessen entsprochen hätte) entwickelt

Eine Lösung der Probleme der Gastarbeiter könne nicht nur in der Zubilligung gleicher Rechte liegen, sie könne nur erreicht werden „durch eine soziale Revolution, die die Besonderheiten der Ausländer und der Eingeborenen ‚aufhebt', d. h. im umfassenden Sinne: die Entfremdung [aufhebt]."[1052]

Dass der Staat in der Phase der Gastarbeiter-Anwerbung bis zum Anwerbestopp 1973 das vollzog, was die Wirtschaft von ihm forderte, ist unbestritten. Bestritten werden kann auch nicht, dass die ausländischen Arbeitnehmer die Funktion einer „industrielle Reservearmee" wahrnahmen. Dennoch schätzten im marxistischen Zeitgeist befangene Analytiker die Rolle des Staates falsch ein. Etwa wenn sie den Familiennachzug in den Jahren nach dem Anwerbestopp 1973 als gezielte Politik einer „mittelfristigen Planung des Arbeitsmarktes" und als bevölkerungspolitische Maßnahme interpretierten: „Die Familienzusammenführung, die nun durchgeführt wird, verlagert die Reproduktion der Arbeitskraft aus den Heimen in die Familien und ist darüber hinaus ein Element mittelfristiger Planung des Arbeitsmarktes: Die höchsten Zahlen ausländischer Schulabgänger sind nach den geburtenstarken deutschen Jahrgängen zu erwarten. Unter der Annahme eines stabilen oder expandierenden Arbeitsmarktes stellen diese Jugendlichen dann ein Potential dar, das für Beschäftigungen ohne oder mit geringer

1050 Blaschke, Jochen; Greussing, Kurt: Arbeitsmigranten – Klasse im Übergang, in: dies. (Hrsg.): „Dritte Welt" in Europa: Probleme der Arbeitsimmigration, Frankfurt/Main 1980
1051 ebd., S. 16
1052 Widersprüche-Redaktion: Ausländer – oder wie Sündenböcke gemacht werden, in: Widersprüche. Zeitschrift für sozialistische Politik im Bildungs- Gesundheits- und Sozialbereich, H. 9/1983, S. 9

formaler Qualifikation gebraucht wird, auf die sich die meisten ausländischen Jugendlichen aufgrund ihrer schulischen Ausbildung auch einstellen müssen. Im Gegensatz zu unmittelbar zur Arbeitsaufnahme eingereisten Migranten bieten diese Jugendlichen den Vorteil, dass sie bereits in der Kindheit und der Schulzeit mit Anpassungs- und Sprachschwierigkeiten zu leben gelernt haben."[1053]

Eine Rekonstruktion der politischen Verhältnisse der 1970er Jahre lässt allerdings deutlich werden, dass die Politik sich vor allem aus „humanitär" verstandenen Gründen als unfähig erwies, die Zuwanderung zu steuern. Von einem stabilen oder expandierenden Arbeitsmarkt war damals nicht auszugehen. Insofern erweisen sich solche Verschwörungstheorien als ungeeignet, die politische Wirklichkeit zu verstehen.

„Zwangsgermanisierung" und „Eindeutschung"

Die immer länger werdende durchschnittliche Aufenthaltsdauer und der Familiennachzug ließen immer unübersehbarer werden, dass aus den „Gastarbeitern" Zuwanderer geworden waren. Für die Städte und Ballungszentren waren sie spätestens seit Mitte der 70er Jahre zu einem festen Bestandteil ihrer Wohnbevölkerung geworden.

Die Politik stand vor der Aufgabe einer Umsteuerung in Richtung Integration in die deutsche Gesellschaft. Die überwiegend negativen Indikatoren – vor allem die mangelnden formalen Bildungsabschlüsse – machten verstärkte Anstrengungen und in Teilen einen Kurswechsel unumgänglich. „Der alarmierende Befund, insbesondere im Hinblick auf die Zukunftsperspektiven von 1 Mio. ausländischen Kindern und Jugendlichen im Bundesgebiet, macht umfassende Anstrengungen dringlich, um größten individuellen und gesamtgesellschaftlichen Schaden abzuwenden. Die bereits vorhandenen und erst recht die sich ohne eine rasche entscheidende Wende für die nahe Zukunft abzeichnenden Probleme stellen eine Aufgabe dar, die, wenn sie nicht alsbald gelöst wird, unlösbar zu werden droht und dann verhängnisvolle Konsequenzen befürchten lässt. (...) Es muss anerkannt werden, dass hier eine nicht mehr umkehrbare Entwicklung eingetreten ist ... Den (vermutlich in großer Zahl) bleibewilligen Zuwanderern, namentlich der zweiten

[1053] Potts, Lydia: Weltmarkt für Arbeitskraft. Von der Kolonisation Amerikas bis zu den Migrationen der Gegenwart, Hamburg 1988, S. 178

und dritten Generation, muss das Angebot zur vorbehaltlosen und dauerhaften Integration gemacht werden", erklärte der Ausländerbeauftragte der Bundesregierung, Heinz Kühn (SPD), 1979.[1054]

Selbst nachdem die Bundesregierung mit dem Anwerbestopp die Notbremse gezogen hatte, nahm man nicht wahr, dass ein ebenso massiver wie ungesteuerter Zuwanderungsprozess eingesetzt hatte. Weil man unzutreffender Weise immer noch annahm, ein Großteil der Zuwanderer werde wieder in seine Herkunftsländer zurückkehren, weigerte sich die deutsche Politik, klare und unmissverständliche Forderungen an Zuwanderer und an ihre Integrationsbereitschaft zu stellen. Durchgängig war in allen einschlägigen Stellungnahmen nur von „Information", „Beratung", „Eingliederungs-" und „Lebenshilfen" die Rede.[1055] Es blieb bei Hinweisen auf die wohlverstandenen Eigeninteressen der Gastarbeiter an einer erfolgreichen Integration und die vereinzelte Bemerkung, dass der Erfolg von Integrationsbemühungen „von der Mitarbeit der ausländischen Arbeitnehmer" abhängig sei[1056].

Ein pädagogisierender Integrationsbegriff, der gegen alle geschichtliche Erfahrungen mit Wanderungs- und Niederlassungsprozessen an einer unbedingt zu konservierenden Herkunftsidentität festhielt, stand dabei im Mittelpunkt. „Damit bezeichnet der ... Begriff ‚Integration' einen Prozess des gesellschaftlichen Wandels ..., in dem beide Seiten unter Wahrung ihrer psychosozialen und kulturellen Identität – sich lernend aufeinander zu bewegen und in diesem Lernprozess schrittweise das Ausmaß und den Standort wechselseitiger Annäherung jeweils neu bestimmen."[1057]

Eine sozial-fürsorgliche Grundhaltung entsprach dem Geist der Zeit – sie war (und ist bis heute) eine der Ursachen für ausgebliebene und misslungene Integration. Neben den Gewerkschaften haben sich

[1054] Kühn, Heinz: Stand und Weiterentwicklung der Integration der ausländischen Arbeitnehmer und ihrer Familien in der Bundesrepublik Deutschland. Memorandum des Beauftragten der Bundesregierung, Bonn 1979, S. 2
[1055] vgl. u.a.: die „Grundsätze zur Eingliederung ausländischer Arbeitnehmer und ihrer Familien". Sie wurden 1972 von Vertretern des Bundes, der Länder, der kommunalen Spitzenverbände, der Tarifparteien, der Kirchen und Wohlfahrtsverbände erarbeitet, veröffentlicht in: Der Bundesminister für Arbeit und Sozialordnung (Hrsg.): Eingliederung ausländischer Arbeitnehmer, Bonn 1973, S. 4 ff.
[1056] ebd., S. 5
[1057] Institut für Zukunftsforschung Berlin: Kinder ausländischer Arbeitnehmer im schulischen und außerschulischen Bereich, Im Auftrag des Regierenden Bürgermeisters von Berlin (West) Senatskanzlei/Planungsstelle, Berlin 1980, S. 22

auch die Wohlfahrtsverbände seit den 60er Jahren ihr Klientel gesichert und die Gastarbeiter nach konfessionellen und weltanschaulichen Gesichtspunkten unter sich zur Betreuung aufgeteilt.[1058]

Dietrich Thränhard kam 1983 in einer Analyse der Strukturen zu dem Schluss: „Der Ausländerbereich ist ein besonders deutliches Beispiel für die Gefahren wohlfahrts-verbandlicher Verwaltung, die in einen kartellhaften Korporatismus mündet. Die Betreuten werden – trotz aller Bemühungen der Mitarbeiter der Verbände – tendenziell in einem Zustand pädagogisiert-betreuter Unmündigkeit gehalten."[1059]

Der zugezogenen Wohnbevölkerung, der weitgehend elementare Sprachkenntnisse fehlten, begegnete man nicht mit der deutlich artikulierten Erwartung, dass die unverzichtbaren Kenntnisse unverzüglich angeeignet würden (verbunden mit Unterstützungsmaßnahmen seitens des Aufnahmelandes) sondern mit dem ausgeprägten Bemühen, fremdsprachige Betreuer für die einzelnen Gruppen in Kindergärten, Kindertagesstätten und anderen Betreuungseinrichtungen einzustellen. Das von dieser wohlmeinenden Maßnahme ausgehende Signal war allerdings kontraproduktiv: Das Leben in Deutschland war auch ohne das Erlernen der deutschen Sprache möglich, der deutsche Staat schien keinen erkennbaren Wert darauf zu legen.

Wahrung der Identität

Erschwerend für die Integration wirkte in jeder Hinsicht die Unentschiedenheit, ob man auf die möglichst vollständige Integration und damit das dauerhafte Verbleiben der „Gastarbeiter" und ihrer Nachkommen setzen sollte oder ob man die Rückkehr in das Heimatland als das eigentliche Ziel und damit die Reintegration in die Herkunftsgesellschaft erreichen wollte. Das galt auch für die Gastarbeiter selbst. Ihr Selbstverständnis entsprach dem eines „Wanderarbeiters" und nicht dem eines „Einwanderers". Ihre Orientierung an einer Rückkehr ließ das Interesse an einer Öffnung hin zur deutschen Gesellschaft, deren Sprache man nicht sprach und die in vieler Hinsicht fremd war, nicht in ausreichendem Maße aufkommen. Hierdurch unterschieden sich die

---

[1058] vgl. Thränhard, Dietrich: Ausländer im Dickicht der Verbände – Ein Beispiel verbandsgerechter Klientelselektion und korporatistischer Politikformulierung, in: Hamburger, Franz et al. (Hrsg.): Sozialarbeit und Ausländerpolitik, Darmstad, Neuwied, 1983, S. 62–78
[1059] ebd., S. 68

Gastarbeiter auch von „Einwanderern", die im Zusammenhang mit der Auswanderung eine bewusste Entscheidung für das Einwanderungsland treffen und sich dort aktiv um soziale und kulturelle Eingliederung bemühen. „Ausländer, die in solche Länder einreisen, tun das bewusst als Einwanderer; sie brechen Brücken hinter sich ab und sind entschlossen, so schnell wie möglich alles zu überwinden, was sie von der neuen Gesellschaft, der sie nun angehören wollen, trennt und unterscheidet. Diese Gesellschaft wiederum sieht in ihnen erwünschte neue Mitglieder, da sie auf Zuwachs von außen angewiesen ist."[1060]

Nicht zu unrecht ist behauptet worden, dass das Festhalten am politischen Ziel einer in großem Stil erfolgenden Rückkehr auch ein Vorwand war, sich nicht näher mit den Konsequenzen eines Verbleibens in Deutschland und einer daraus resultierenden Integrationspolitik auseinanderzusetzen.[1061] So wurde bei der Debatte um Integrationsfragen immer wieder die Formel bemüht, Integration müsse unter Beibehaltung der nationalen und kulturellen Identität der Gastarbeiter und unter Achtung fremder Kulturen erfolgen. Das Memorandum zur Ausländerintegration des Ausländerbeauftragten der Bundesregierung, Heinz Kühn, sprach 1979 von einer „auch dem Einwanderer zu garantierende(n) Chance zur Wahrung einer am Herkunftsland orientierten ‚nationalen Identität'".[1062] Der Berliner Senat erklärte 1979, er wolle „Aktivitäten fördern, die den Ausländern die Chance vermitteln, in Berlin ihre kulturelle Identität zu wahren und ihre Kultur der deutschen Bevölkerung nahe zu bringen."[1063]

Eine Integrationspolitik, die mit einem dauerhaften Verbleib der meisten Zuwanderer rechnete und deshalb auf eine weitgehende Angleichung der Zuwanderer an die deutsche Mehrheitsbevölkerung setzte, wurde aus unterschiedlichen Motiven als „Zwangsgermanisie-

[1060] Müller, Hermann: Deutsch für ausländische Kinder – Integrationskonzepte und ihre Auswirkungen auf den Sprachunterricht, in: ders. (Hrsg.) Ausländerkinder in deutschen Schulen, Stuttgart 1974, S. 162
[1061] vgl. Rist: Gastarbeiter, S. 196
[1062] Kühn, Heinz: Stand und Weiterentwicklung der Integration der ausländischen Arbeitnehmer und ihrer Familien in der Bundesrepublik Deutschland. Memorandum des Beauftragten der Bundesregierung, Bonn 1979, S.27
[1063] Presse- und Informationsamt des Landes Berlin (Hrsg.): Leitlinien und neue Initiativen zur Ausländerintegration, November 1979, S. 13

rung" („Alternative zwischen Germanisierung und Remigration"[1064])
kritisiert: Von jenen, die dies als Ausfluss eines deutschen Nationalismus und Rassismus bezeichneten und von jenen, die mit der Aufrechterhaltung einer nationalen und kulturellen Identität prinzipiell die Rückkehroption nicht ausschließen wollten.

So wandte sich der damalige bayerische Staatsminister für Arbeit und Sozialordnung, Fritz Pirkl (CSU), 1981 „gegen ein Integrationsverständnis, das letztlich auf Eindeutschung hinausläuft".[1065] Das bedeutete: „Alle Maßnahmen zur Integration in unsere Gesellschaft müssen im Rahmen des Möglichen den Weg zurück in die Heimat offen halten, müssen *Rückkehrfähigkeit* und *Rückkehrwilligkeit* erhalten."[1066] [Hervorhebung im Original] „Integration umfasst zum einen die soziale, materielle und mitmenschliche – ich möchte sagen äußere – Eingliederung der bei uns lebenden Ausländer, die mit Nachdruck gefördert und vorangetrieben werden muss. (...) Hiervon ist jedoch die ‚innere Integration', das heißt die volle nationale und kulturelle Eingliederung zu unterscheiden; also etwa eine Eindeutschung. (...) Notwendig erscheint es uns ..., neben der sozialen, materiellen und mitmenschlichen Eingliederung die Muttersprache und die heimatliche Kultur insbesondere bei den ausländischen Kindern und Jugendlichen ebenso zu wahren und zu fördern wie – soweit dies in unserer Gesellschaft möglich ist – familiäre Strukturen und gesellschaftliche Traditionen."[1067]
Nach Auffassung der Bayerischen Staatsregierung durfte Integration nicht als ein „Aufgeben heimatlicher Sprache und Kultur verstanden" werden. „Eine solche Akkulturation ist nicht Ziel der Bayerischen Staatsregierung und ließe sich in der Regel auch nur im Verlauf mehrerer Generationen verwirklichen."[1068]

Seine Distanz zu Integrationsvorstellungen brachte der damalige bayerische Staatsminister für Unterricht und Kultus, Hans Maier

---

[1064] Richter, Helmut: Subkulturelle Segregation zwischen Assimilation und Remigration – Identitätstheoretische Grundlegungen für einen dritten Weg in der Ausländerpolitik, in: Hamburger, Franz; et al. (Hrsg.): Sozialarbeit und Ausländerpolitik, Darmstadt, Neuwied 1983, S. 115
[1065] Rede im Bayerischen Landtag, Bayerischer Landtag: Plenarprotokoll 9/85 vom 25. März 1981, S. 5352
[1066] ebd., S. 5354
[1067] ebd., S. 5354 f.
[1068] Interpellation, Anlage: Bayerischer Landtag: Plenarprotokoll 9/85 vom 25. März 1981, S. 5436

(CSU), zum Ausdruck: „Angesichts einer Entwicklung, in deren Verlauf unsere bisher national und kulturell weitgehend homogene Gesellschaft sich differenziert und eine in bestimmten Landesteilen multinationale und multikulturelle Bevölkerungsschichtung sich entwickelt, geht es vor allem darum, den Kindern und Jugendlichen der zweiten oder dritten Ausländergeneration bei der Entwicklung ihrer sozialen und kulturellen Identität behilflich zu sein, sie ihnen aber nicht einfach durch Zwang zur Übernahme der sprachlichen und kulturellen Normen des Gastlandes aufzuoktroyieren. (...) Der Fehler liegt in der Annahme des Dauerverbleibs und des uneingeschränkten Willens aller Ausländer zur Assimilierung. Zu dieser Preisgabe ihrer Identität sind aber die ausländischen Familien in der ganz überwiegenden Mehrzahl keineswegs bereit."[1069]

Damit konnte sich die Bayerische Staatsregierung auch auf die „Richtlinie des Rates der Europäischen Gemeinschaften über die schulische Betreuung der Kinder von Wanderarbeitern" aus dem Jahr 1977[1070] berufen, in der es hieß: „Ferner ist es wichtig, dass die Aufnahmemitgliedstaaten in Zusammenarbeit mit den Herkunftsmitgliedstaaten geeignete Maßnahmen treffen, um die Unterweisung der genannten Kinder in ihrer Muttersprache und in der heimatlichen Landeskunde zu fördern, damit insbesondere ihre etwaige Wiedereingliederung in den Herkunftsmitgliedstaat erleichtert wird."

Integration sollte demnach nur solange erfolgen, wie ein Verbleib in der Bundesrepublik Deutschland vorgesehen war. Eine „Integration auf Zeit" war allerdings eine Konzeption, die die Zuwanderer und vor allem deren Kinder überforderte. Eine doppelte Orientierung – hin zum Aufnahmeland und zurück zum Herkunftsland – trug wesentlich zu den mangelnden Integrationserfolgen bei.

Eine dezidiert andere Politik vertrat der Berliner Senat unter Richard von Weizsäcker (CDU): Er forderte von jenen Zuwanderern, die bleiben wollten, eine dauerhafte Umorientierung. „Nach Auffassung des Senats müssen unsere ausländischen Mitbürger auf die Dauer zwischen zwei Möglichkeiten wählen: Entweder Rückkehr in die alte Heimat ...

[1069] So in einer Stellungnahme vor der Bayerischen Landtag vom 7. Mai 1980, zit. nach: Bayerischer Landtag: Plenarprotokoll 9/85 vom 25. März 1981, S. 5437
[1070] Amtsblatt der EG Nr. L 199/32 vom 6. August 1977

oder Verbleib in Berlin; dies schließt die Entscheidung ein, auf die Dauer Deutscher zu werden. Keine Dauerlösung ist dagegen ein dritter Weg; Nämlich hier zu bleiben, aber nicht und nie Berliner werden zu wollen. Dies würde zu einer ständigen und wechselseitigen Isolierung der Bevölkerungsanteile führen. Mehrere Städte würden in einer Stadt wachsen, und das muss fehlschlagen. Berlin muss die Mauer ertragen, Unsere Stadt kann nicht auch noch Zäune ertragen, die wir selbst ziehen oder zulassen."[1071]

Redeverbote

Integrationsbeauftragte behaupten, man dürfe über Probleme der Integration in das Bildungssystem und mangelnde Unterstützung durch die Eltern nicht sprechen, weil es sie verschrecke und Rückzugstendenzen befördere. „Gerade der Verweis auf die mangelnde elterliche Unterstützung wiegt schwer. Es ist leicht vorstellbar, wie Eltern, die sich mit diesem Vorwurf konfrontiert sehen, reagieren. Die mangelnde Wertschätzung und Unterstellung, dass sie kein Interesse am Bildungserfolg ihrer Kinder haben, perpetuiert zum einen ihre eigenen Ausgrenzungserfahrungen und führt zum anderen zu einem Vertrauensverlust in die Institution Schule. Die notwendige Kooperation zwischen Schule und Elternhaus ist so häufig schon zu Beginn der Schulkarriere nicht gegeben. Die auffallend geringe Beteiligung von Eltern mit Migrationshintergrund an Elternabenden lässt sich u.a. dadurch erklären."[1072] Diese Einstellung trägt wiederum dazu bei, die Gründe für die sich seit Jahren nicht verbessernde Lage in den ethnischen Kolonien in erster Linie bei der Aufnahmegesellschaft zu suchen. „Fehler in der Vergangenheit seitens der Mehrheitsgesellschaft haben sicher dazu beigetragen, dass der Beteiligungswille von Migranten/innen nur partiell vorhanden ist."[1073]

Die unverzichtbaren Beiträge der Zuwanderer, ihre Initiative, ihr Integrationswille finden nur ganz am Rande Erwähnung, obwohl sie

---

[1071] Der Regierende Bürgermeister von Berlin, Richard von Weizsäcker, in seiner Regierungserklärung vom 2. Juli 1981, zit. nach: Der Senator für Gesundheit, Soziales und Familie, Ausländerbeauftragter (Hrsg.): Miteinander leben. Ausländerpolitik in Berlin, Berlin _1983, S. 4f.
[1072] Nahawandi, Doris: Diversity-Leitlinien für eine neue Kultur der Vielfalt im Einwanderungsbezirk Friedrichshain-Kreuzberg von Berlin: Perspektiven und Herausforderungen. Potentiale fördern – Schwächen minimieren, Berlin 2004, http://www.friedrichshain-kreuzberg.de/media/de/Thesenpapier%20Diversity.pdf [2. April 2006], S. 18
[1073] ebd., S. 31

eine der zentralen Voraussetzungen für den Erfolg darstellen: „Eine Politik der Anerkennung und Förderung von Vielfalt bedeutet letztlich nichts anderes, als die Verantwortung nicht an die Minderheit zu delegieren, sondern sich in Politik und Gesellschaft selbst in der Verantwortung zu sehen und die erforderlichen Konsequenzen zu ziehen!"[1074] Gleiches gilt für Gewalttätigkeiten innerhalb ethnischer Gruppen – auch hier sollte besser der Mantel des Schweigens ausgebreitet werden.

„Gewalt gegenüber Migrant(inn)en wird auch dadurch relativiert, dass man deren Aggressivität und Brutalität im Umgang mit Familienangehörigen, Landsleuten und Mitgliedern der Mehrheitsgesellschaft dramatisiert."[1075] Diese Tendenz, das Gewaltpotential insbesondere unter den türkischen und libanesischen Zuwanderergruppen kleinzureden, ist weit verbreitet. Es werden Behauptungen in die Welt gesetzt, für die es keine empirischen Hinweise gibt: „In bestimmten Milieus herrscht ein gravierendes Ausmaß an häuslicher Gewalt – in russlanddeutschen beispielsweise weit stärker als in türkischen."[1076] Weder die bereits erwähnten Studien des *Kriminologischen Forschungsinstituts Niedersachsen* noch die repräsentative Befragung zu Gewalt gegen Frauen im Auftrag des *Bundesministeriums für Familie, Senioren, Frauen und Jugend* aus dem Jahr 2004 geben dazu Hinweise.[1077]

Tatsächlich besteht, darin ist Erol Yildiz zuzustimmen, „eine der wichtigsten Aufgaben der Massenmedien darin, Themen und Erfahrungen, mit denen Menschen in ihrem Alltag konfrontiert werden, aufzunehmen und reflexiv zu bearbeiten."[1078] Genau dies wird aber von ihm und anderen diskreditiert und als Ausdruck von Rassismus gebrandmarkt. Es ist eben nicht alles nur „Konstrukt" und „Zuschreibung" – die eklatante Gewaltbelastung besteht tatsächlich und lässt sich nicht wegdiskutieren.

[1074] Nahawandi, Doris: Diversity Management als neue Strategie für kommunale Politik, Vortrag vom 1. Juli 2005, http://www.friedrichshain-kreuzberg.de/media/de/managing_diversity_strategie_vortrag.pdf [2. April 2006], S. 4
[1075] Butterwegge, Christoph: Migrationsberichterstattung, Medienpädagogik und politische Bildung, in: ders., Hentges, Gudrun (Hrsg.): Massenmedien, Migration und Integration, Wiesbaden 2006, S. 212
[1076] Amirpur, Katajun: „Feindbild Islam", in: taz vom 5. Dezember 2005
[1077] Das gilt auch für die Studie: Babka von Gostomski, Christian: Gewalt als Reaktion auf Anerkennungsdefizite? Eine Analyse bei männlichen deutsche, türkischen und Aussiedler-Jugendlichen mit dem IKG-Jugendpanel 2001, in: Kölner Zeitschrift für Soziologie und Sozialpsychologie, Jg. 55, H. 2, 2003, S. 253-277
[1078] Yildiz, Erol: Stigmatisierende Mediendiskurse in der kosmopolitanen Einwanderungsgesellschaft, in: Butterwege, Christoph; Hentges, Gudrun (Hrsg.): Massenmedien, Migration und Integration, Wiesbaden 2006, S. 49

Ignoranz

Häufig wird der Eindruck erweckt, als sei unklar, was Integration überhaupt bedeute. Niemand könne, „wirklich genau sagen ...", was eigentlich ein integrierter Migrant, eine integrierte Migrantin ist", behaupten die Bürgermeisterin von Friedrichshain-Kreuzberg, Cornelia Reinauer und die Migrationsbeauftragte des Berliner Bezirks, Doris Nahawandi.[1079]

Mit der Vagheit des Begriffs und der angeblichen Definitionshoheit bei der „weißen deutschen Mehrheitsgesellschaft"[1080] werden eine „Abkehr vom Integrationsbegriff"[1081] und die Suche nach einer Alternative gefordert. Sie wird in dem „managing diversity Ansatz" gefunden, der aus den USA stammt und dort vor allem in der Personalpolitik von Unternehmen angewandt wird. Die Betonung liegt auch hier auf der „Verschiedenheit" kultureller Gruppen. Zwar distanziert man sich vom „Multikulturalismus", inhaltlich handelt es sich allerdings um „alten Wein in neuen Schläuchen".

An die einheimische Bevölkerung wurden mit erhobenem Zeigefinger volkspädagogische Ermahnungen gerichtet: „Vom Deutschen verlangt Integration, den Ausländer in seiner kulturellen Eigenständigkeit zu akzeptieren; *das Nebeneinander verschiedener Bräuche und Kulturen als eine Bereicherung zu erleben.*"[1082] (Hervorhebung durch den Verfasser) Der Topos der Bereicherung wird auch von Bundesinnenminister Wolfgang Schäuble immer wieder verwendet: „Ich brauche ... nicht lange zu erläutern, dass wir die Chancen der Globalisierung – die ja in einer neuen Offenheit in der Begegnung mit anderen Menschen in einem Maße, wie es frühere Generationen gar nicht gekannt haben, bestehen – nur nutzen können, wenn wir Fremdheit nicht als Bedrohung, sondern als Bereicherung empfinden."[1083]

[1079] Thesen zur Entwicklung eines Interkulturellen Konzeptes für den Bezirk Friedrichshain-Kreuzberg, in: Der Beauftragte des Senats von Berlin für Integration und Migration (Hrsg.): 1. Berliner Integrationstag. 13. September 2004: Werkstatt der Kulturen, Berlin 2004, S. 23
[1080] Nahawandi, Doris: Diversity-Leitlinien für eine neue Kultur der Vielfalt im Einwanderungsbezirk Friedrichshain-Kreuzberg von Berlin: Perspektiven und Herausforderungen. Potentiale fördern – Schwächen minimieren, Berlin 2004, http://www.friedrichshain-kreuzberg.de/media/de/Thesenpapier%20Diversity.pdf [2. April 2006], S. 7
[1081] ebd., S. 8
[1082] Fink, Ulf: Hilfen zur sozialen Integration und Reintegration, in: Geißler, Heiner (Hrsg.): Ausländer in Deutschland – Für eine gemeinsame Zukunft, Bd. II: Perspektiven, München, Wien 1983, S. 62

„Es gibt bei der alteingesessenen Bevölkerung Ängste, sie fühlen sich bedrängt und fremd in der angestammten Umgebung." So beschrieb ein SPD-Lokalpolitiker in der norddeutschen Kleinstadt Nordenham die Befindlichkeit seiner Wähler. Diese Ängste sind weit verbreitet – insbesondere unter älteren Bewohnern von Stadtvierteln, in denen sich Zuwanderer aus fremden Kulturkreisen in großer Zahl niederlassen. Obwohl diese Ängste in vieler Hinsicht unbegründet sind, müssen sie ernst genommen und dürfen keinesfalls ignoriert oder als fremdenfeindlich etikettiert werden. Der Topos von der „Bereicherung", als die die Zuwanderer empfunden werden sollen, wird von den Einheimischen in den betroffenen Stadtvierteln als zynisch empfunden. „Die herrschende Mittelklasse verachtet die kleinen Leute" – das ist der Eindruck, der sich bei innen zu Recht aufdrängt.

Der volkspädagogische Ansatz, wonach dem Volk erst das entsprechende Bewusstsein vermittelt werden musste, war allerdings bereits zu Beginn der 1970er Jahre verbreitet. So heißt es in einer Veröffentlichung des Deutschen Städtetages aus dem Jahr 1971: „Ein solch schnelles Anwachsen einer Gruppe von Menschen mit fremder Sprache, fremden Sitten und Gebräuchen, Einstellungen und Verhaltensweisen musste zu Spannungen und Schwierigkeiten führen, gerade in unserem Land, in dem demokratisches Bewusstsein und Toleranz gegenüber der Andersartigkeit besonderer Gruppen noch keineswegs Allgemeingut sind. Die Vermittlung solcher Einstellungen im Rahmen der Erziehung und der öffentlichen Meinung wird gehemmt durch kulturelle Tradition und geschichtliche Hypotheken. Die deutsche Bevölkerung hat noch nicht in ausreichendem Maße gelernt, mit anderen Völkern in einem partnerschaftlichen Verhältnis, frei von Über- oder Unterordnungstendenzen, zu leben."[1084]

Solch ein fürsorglicher volkspädagogischer Übereifer übersieht, dass sich alle europäischen Länder schwer mit außereuropäischen Zuwanderern taten, so sie in großer Zahl auftraten und in Konkurrenz zu Einheimischen traten.

[1083] Fremdheit ist Bereicherung, nicht Bedrohung. Eröffnungsrede von Bundesminister Dr. Wolfgang Schäuble beim EU-Handbuch-Seminar „Integration Infrastructure" am 19. Dezember 2005 in Berlin, veröffentlicht am 16. Januar 2006
[1084] Deutscher Städtetag (Hrsg.): Hinweise zur Hilfe für ausländische Arbeitnehmer, Köln 1971, S. 1

Allochthone, Autochthone und der „Sprachrassismus"

Mit Hilfe eines entgrenzten Rassismus-Begriffs wurde jede politische Bestrebung, den Zuzug von Ausländern zu bremsen oder eine verbesserte Integration zu erreichen, als Ausdruck von Rassismus und Fremdenfeindlichkeit gebrandmarkt.[1085] So wird die fehlende Anerkennung des Türkischen als „offizielle Sprache" in Deutschland als Ausdruck eines „impliziten Sprachrassismus" bezeichnet.[1086]

So wie der Begriff der „strukturellen Gewalt" (in Form sozialer Ungleichheit) nicht nur Gegengewalt rechtfertigte, sondern auch das staatliche Gewaltmonopol entlegitimierte[1087], so will der entgrenzte Rassismus-Begriff jedes staatliche Handeln gegenüber Zuwanderern entlegitimieren, das Unterschiede zwischen ihnen und eigenen Staatsangehörigen macht. Folgt man der einschlägigen Literatur ist der Gebrauch des Begriffs „Ausländer" bereits Ausdruck rassistischen Denkens. „Die heutige Bezeichnung ‚Ausländer' steht in Kontinuität mit entsprechenden zuvor gebrauchten Begriffen wie ‚Gastarbeiter' in den 70er Jahren, ‚Fremdarbeiter' zur Zeit des Faschismus oder ‚Saisonarbeiter' vor 1914 und verweist im Rahmen eines auf Kultur und Sprache zentrierten Selbstverständnisses der ‚Deutschen' immer schon auf die Vorstellung einer Nation von Volksgenossen."[1088] Der Politikwissenschaftler Christoph Butterwegge sieht beim deutschen Sprachgebrauch „semantische *Exklusions*mechanismen" am Werke, wenn „Migrant(inn)en und Allochthone" [Ortsfremde, Zugewanderte] als Ausländer bezeichnet werden: „Schon in diesem Sprachgebrauch manifestiert sich der Trend zur Aus- und Abgrenzung von Menschen, die den ‚Einheimischen' fremd erscheinen."[1089]

[1085] vgl. als Beispiel für viele.: Brumlik, Micha: Ausländerfeindlichkeit und Rassismus – Zur Geschichte eines menschenfeindlichen Deutungsmusters, in: Hamburger, Franz et al. (Hrsg.): Sozialarbeit und Ausländerpolitik, S. 97

[1086] Yildiz, Erol: Stigmatisierende Mediendiskurse in der kosmopolitanen Einwanderungsgesellschaft, in: Butterwege, Christoph; Hentges, Gudrun (Hrsg.): Massenmedien, Migration und Integration, Wiesbaden 2006, S. 44

[1087] vgl. Isensee, Josef: Staat und Verfassung, in: Handbuch des Staatsrechts II ³2004, Rn 87, Fn 219

[1088] Bukow, Wolf-Dietrich; Yildiz, Erol: Der aktuelle Staatsbürgerschaftsdiskurs: mehr als neuer Wein in alten Schläuchen, in: Butterwege, Christoph et al. (Hrsg.): Medien und multikulturelle Gesellschaft, Opladen 1999, S.47

[1089] Butterwege, Christoph: Migrationsberichterstattung, Medienpädagogik und politische Bildung, in: ders., Hentges, Gudrun (Hrsg.): Massenmedien, Migration und Integration, Wiesbaden 2006, S. 188

„Islamphobie" und andere Krankheiten

Diese Ansätze haben Wilhelm Heitmeyer und seine Mitarbeiter zu einem *linksliberalen politischen Katechismus* zusammengestellt. Wer sich zu den dort aufgestellten Glaubenssätzen bekennt und sie verinnerlicht, darf sich zu den Menschenfreunden rechnen. Wer sich den Glaubenssätzen widersetzt, wird dem Reich des Bösen, verkörpert in so genannter „Gruppenbezogener Menschenfeindlichkeit", zugerechnet.[1090] Darunter verstehen die Autoren neben Rassismus, Fremdenfeindlichkeit und Antisemitismus Einstellungen, die sie als *krankhafte Angstzustände* („Phobien") bezeichnen:

– „Heterophobie" („auf Angst basierende Abwertung und Abwehr von Gruppenangehörigen, die wie Homosexuelle, Obdachlose und Behinderte von der Normalität ‚abweichende' Verhaltensweisen und Lebensstile aufweisen"),

– „Islamphobie" („Bedrohungsgefühle und die ablehnenden Einstellungen gegenüber der Gruppe der Muslime, ihren Ritualen und öffentlich-politischen wie religiösen Aktivitäten"),

– „Etabliertenvorrechte" („die von Alteingesessenen, gleich welcher Herkunft, beanspruchten raum-zeitlichen Vorrangstellungen, die auf eine Unterminierung gleicher Rechte hinauslaufen und somit die Gleichwertigkeit unterschiedlicher Gruppen verletzen"[1091]) sowie

– „Sexismus".

Personen, die diese Einstellungen teilen, leiden demnach unter einer Krankheit und bedürfen einer Therapie. Bereits bei der Definition der als krankhaft inkriminierten Einstellungen wird die „Spannweite" deutlich (die auch noch als ein „besonderes Kennzeichen" „gruppenbezogener Menschenfeindlichkeit" ausgegeben wird[1092]) und damit die politische Instrumentalisierbarkeit. Hinzu kommt, dass zwischen „manifeste(r) Menschenfeindlichkeit, die sich in zerstörerischem Handeln zeigt" und der Vorstufe „latenter Menschenfeindlichkeit [die sich] in Einstellungen und Verhaltensbereitschaften" zeigt, unterschieden wird. Zum einen ist diese Unterscheidung fragwürdig, ignoriert sie doch, dass auch Reden Handeln ist. Zum anderen wird die Problematik

---

[1090] Heitmeyer, Wilhelm: Gruppenbezogene Menschenfeindlichkeit, in: ders. (Hrsg.): Deutsche Zustände, Folge 2, Frankfurt am Main 2003, S. 14 ff.
[1091] ebd., S. 15
[1092] ebd., S. 14

bei der Konkretisierung der jeweiligen Haltung deutlich: So wird Zustimmung zur Aussage „Es leben zu viele Ausländer in Deutschland" als Ausdruck von Fremdenfeindlichkeit gewertet[1093] und in der Logik der Autoren als Vorstufe von Gewalthandlungen gegen Ausländer gesehen. Wer der Aussage nicht zustimmte: „Die Muslime in Deutschland sollten das Recht haben, nach ihren eigenen Glaubensgesetzen zu leben" wurde der Gruppe zugerechnet, die unter „Islamphobie" leidet.[1094]

Selbstverständlich „darf" ein Demokrat der Auffassung sein, es lebten zu viele Ausländer in Deutschland. Wer dies als Vorstufe von Gewalt gegen „Fremde" einordnet, betreibt eine willkürliche Einschränkung des demokratischen Meinungsspektrums. Ähnliches gilt für die Behauptung „Der Islam hat eine bewundernswerte Kultur hervorgebracht", deren Ablehnung als Ausdruck von „Islamphobie" gewertet wurde.[1095] Zurecht wurde in der öffentlichen Debatte immer wieder darauf verwiesen, dass es „den Islam" gar nicht gibt, sondern dass es in Vergangenheit und Gegenwart von Indonesien bis zum Balkan unterschiedlichste Ausprägungen islamisch dominierter Kulturen gibt und gegeben hat, die weder ausschließlich als „bewundernswert" noch als das Gegenteil davon bezeichnet werden können. Es ist daher intellektuell unredlich, jemandem, der für islamische Kultur nicht ausschließlich „Bewunderung" empfindet, zu unterstellen, er werte „die islamische Kultur" ab[1096] und ihm die Diagnose *krankhafte Islamfeindlichkeit* („Islamphobie") zu stellen.

Willkür wird endgültig zur Methode, wenn die Ablehnung des Rechts von Muslimen in Deutschland, „nach ihren eigenen *Glaubensgesetzen* zu leben", als Ausdruck von „Islamphobie" gewertet wird. Es ist genau diese Haltung einer multikulturellen Beliebigkeit, die unter Berufung auf kulturelle Selbstbestimmung auch die Verletzung von Menschenrechten rechtfertigt (wie durch die Scharia), die immer wieder scharf kritisiert wurde. Ihre Ablehnung als Ausdruck einer *krankhaften* Angst vor Muslimen zu deuten, bringt vollends die geistige Ver-

---

[1093] ebd., S. 21
[1094] ebd., S. 22
[1095] vgl. Kühnel, Steffen; Leibold, Jürgen: Ilamphobie, in: Heitmeyer, Wilhelm (Hrsg.): Deutsche Zustände, Folge 2, Frankfurt am Main 2003, S. , S. 103
[1096] ebd., S. 104
[1097] ebd., S. 111

wirrung, die die Autoren stiften, zum Ausdruck. Vor diesem Hintergrund kann es auch nicht verwundern, dass die Autoren zu dem Ergebnis kommen, „dass Islamphobie keineswegs eine Einstellung ist, die nur bei Personen aus dem rechten politischen ‚Lager' zu finden ist, sondern dass auch Personen aus der politischen ‚Mitte' oder mit linker Orientierung nicht frei sind von solchen Abwehrhaltungen."[1097]

Wie stark diese *Pathologisierung* Andersdenkender für das Konzept prägend ist, kommt auch darin zum Ausdruck, dass mehrfach eine „Vergiftung" ins Spiel gebracht wird („eine *Kette der Vergiftung* einer liberalen Atmosphäre"[1098])[Hervorhebung im Original].

Die Autoren verabsolutieren die eigene politische Auffassung und erklären jene für *krankhaft* und zu „Menschenfeinden", die sie nicht teilen. Dies ist nur noch als Fanatismus zu bezeichnen. „... das Erheben eines absoluten Anspruchs für einen nur in der unmittelbaren subjektiven Gewissheit gegenwärtigen Gehalt ist seit je her mit dem Namen ‚Fanatismus' belegt worden", stellt Robert Spaemann fest.[1099] Hier leistet Sozialwissenschaft nicht einen Beitrag zur Selbstaufklärung einer Gesellschaft, sondern wird zum Instrument im politischen Machtkampf um geistige Hegemonie umfunktioniert und missbraucht.

Integrationspolitische Leerformeln

Teure Hochglanzbroschüren zeichnen sich inhaltlich häufig durch wenig hilfreiche Leerformeln aus (die meist Allgemeinplätze zusammenfassen, die schon an zahlreichen Orten zuvor der interessierten Öffentlichkeit zum Besten gegeben wurden): „Die Städte müssen darauf hinarbeiten, dass die räumliche Segregation von Zuwanderern – gleich welcher Ursache – nicht zu deren Ausschluss aus der Gesellschaft führt. (...) Räumliche Segregation in benachteiligten und benachteiligenden Quartieren darf nicht zum Integrationshemmnis werden. Sie zu akzeptieren darf nicht heißen, Abschottungstendenzen einzelner Zuwanderergruppen zu dulden."[1100]

[1098] Heitmeyer, Gruppenbezogene Menschenfeindlichkeit, in: ders. (Hrsg.): Deutsche Zustände, Folge 2, S. 24
[1099] Spaemann, Robert: Die Aktualität des Naturrechts, in: ders.: Philosophische Essays, Stuttgart ²1994, S. 62
[1100] Zuwanderer in der Stadt (Hrsg.): Empfehlungen zur stadträumlichen Integrationspolitik, Darmstadt 2005, S. 21

Hinzu kommt politisches Wortgeklingel: „Etablierung einer öffentlichen Anerkennungskultur", „Sensibilisierung", Stärkung ethnischer Kolonien als „Brücken' in die Aufnahmegesellschaft"[1101]

„Um sicherzustellen, dass alle Bewohnergruppen gleichberechtigt an der Gestaltung der Lebensbedingungen eines Stadtteils partizipieren können, gilt es Dialoge zu initiieren und zu moderieren, d. h. dafür zu sorgen, dass alle mitreden und mitmischen können."[1102]
Der Glaube bürgerlicher Kreise an die Heilkräfte des „Dialogs" ist naiv. Es werden weder die unterschiedlichen Voraussetzungen einer Teilnahme an solchen Gesprächen berücksichtigt, noch die Motivation, die die an den Rand gedrängten Zuwanderer in ethnischen Kolonien verspüren sollten, „mitzureden und mitzumischen".

Nicht länger an den Problemen vorbeireden

Die Ursache der negativen Entwicklung liegt nicht darin, dass über die Probleme vor Ort öffentlich gesprochen wurde, dass einschlägige Stadtviertel „schlechtgeredet" wurden. Mit diesen Behauptungen versucht die ehemalige Ausländerbeauftragte Berlins, Barbara John, vom Versagen der Politik der vergangenen Jahrzehnte abzulenken (sie war von 1981 bis 2003 im Amt und ist damit die am längsten amtierende Ausländerbeauftragte in Deutschland). In einem Papier für den „Zuwanderungsrat" der Bundesregierung schreibt sie: „Obwohl die Aussichtslosigkeit der erwünschten sozialräumlichen Verteilung sich immer stärker abzeichnete, wurde über lange Zeiträume weiterhin an diesem Konzept festgehalten. Die Folge war, dass sozialräumliche Segregation generell als misslungene Integration gedeutet wurde. Der Begriff der Parallelgesellschaften machte die Runde, in die sich ethnische Gruppen zurückzogen, um sich bewusst abzukapseln. Die daraufhin einsetzende Stigmatisierung von Bezirken wie Kreuzberg oder Nord-Neukölln beschleunigte den Wegzug von Bevölkerungsgruppen, die sich teurere Wohnquartiere leisten konnten ... Weil die Alternativen von vornherein falsch gestellt waren, entweder Verteilung oder Parallelgesellschaft,

---

[1101] aus dem genannten Empfehlungen
[1102] Straßburger, Gaby: Förderung der Partizipation von Zuwanderern im Stadtteil, Vortrag vom 1. Februar 2006, S. 2 http://www.schader-stiftung.de/docs/frankfurt_2006_strassburger_aybek.pdf [4. Mai 2006]

wurden über lange Zeit stabilisierende Maßnahmen unterlassen; stattdessen wurden die Bezirke schlecht geredet und damit in eine wirtschaftliche und soziale Abwärtsspirale getrieben."[1103] Diese verquere
Logik offenbart ein Unverständnis der sozialen Prozesse in den betroffenen Bezirken, die angesichts von 22 Jahren Amtszeit doch bemerkenswert ist.

Hinnehmen, was nicht zu ändern ist?

Ethnische Kolonien sind – wie wir gesehen haben – in Deutschland in
vielen Fällen zu Mobilitätsfallen und Sackgassen geworden, die eine
Integrationsbarriere bilden. Es gibt daher für die Stadtpolitik gute
Gründe, ethnisch-soziale Konzentrationen nicht zu fördern oder gar
hinzunehmen. Es ist reine Polemik, wenn behauptet wird, dies diene
lediglich der Bedienung von Ressentiments der einheimischen Bevölkerung: „Die Politik der Desegregation ist also letztlich nur mit den frem-
denfeindlichen Empfindlichkeiten der Deutschen zu begründen, für die
Zuwanderer selbst ist sie kaum hilfreich. (...) die Städte sind auf
Zuwanderung angewiesen, die Zuwanderer aber dürfen die real existie-
rende Gemütlichkeit nicht stören und sollen deshalb keine sichtbaren
Konzentrationen bilden."[1104] Hier wird die Wirklichkeit auf den Kopf
gestellt: Gerade in den ethnischen Kolonien bleiben die Zuwanderer
weitgehend unter sich und sich selbst überlassen und „stören" auf diese
Weise die besser gestellten einheimischen (und zugewanderten) Mittel-
und Oberschichten nicht. Wer die Situation mittelfristig verbessern
will, muss die bescheidenen Möglichkeiten kommunaler Politik nutzen,
ethnisch-soziale Konzentrationen nicht noch weiter zu fördern.[1105]

Der Kapitulationsstrategie wird in jüngster Zeit immer wieder angepriesen. Integrationspolitik müsse „mit einer verbreiteten Denk-
gewohnheit brechen, in dem sie davon ausgeht, dass eine räumliche
Konzentration ethnischer Gruppen in einzelnen Stadtteilen unvermeid-

1103 John, Barbara: 22 Jahre Integrationspolitik in Berlin – Bedingungen erfolgreicher Integration,
Berlin 2004, [http://www.bamf.de/nn_708934/SharedDocs/Anlagen/DE/Migration/Downloads/Ex-
pertisen/exp-john-zuwanderungsrat,templateId=renderPrint.html], S. 7
1104 Häußermann, Hartmut: Zuwanderung und die Zukunft der Stadt. Neue ethnisch-kulturelle Konflikte durch die Entstehung einer neuen sozialen „underclass"?, in: Heitmeyer, Wilhelm et al. (Hrsg.):
Die Krise der Städte, Frankfurt/Main 1998, S. 149
1105 vgl. Dangschat, Jens S.: Konzentration oder Integration? Oder Integration durch Konzentration?,
in: Kecskes, Robert et al. (Hrsg.): Angewandte Soziologie, Wiesbaden 2004, S. 66 ff.

lich und daher zugelassen ist."[1106] Hinnehmen, was scheinbar nicht zu ändern ist und es dann als wünschenswert interpretieren: Diesem Muster folgt auch eine mit Steuergeldern geförderte Kommission. Sie empfiehlt, von dem Ziel einer räumlichen Mischung von Zuwanderern und Einheimischen abzurücken, da die Segregation ohnehin nicht mehr abzuwenden sei. Deshalb wird die integrationshemmende Funktion ethnischer Kolonien der Einfachheit halber geleugnet: „Auch in Deutschland findet eine räumliche Konzentration von Zuwanderern in den Städten statt und ist letztlich nicht zu verhindern. Zu einem gewissen Teil sollte sie auch nicht verhindert oder behindert werden. Wir müssen uns von der Vorstellung lösen, dass die ‚Mischung' von Zuwanderern und Einheimischen in den Wohnquartieren der Städte ein handhabbares Instrument zur Integration der Zuwanderer in der Aufnahmegesellschaft ist. Freiwillige ethnische Segregation ist weder zu vermeiden noch ist sie von vornherein schädlich für eine erfolgreiche Integration von Zuwanderern."[1107]

Die Ahnungslosigkeit der Autoren spricht für sich selbst: So wenig wie die Segregation in der Entstehungsphase der ethnischen Kolonien in erster Linie aus freiem Willen erfolgte, so wenig handelt es sich heute um einen Ausdruck der freien Entscheidung der Zuwanderer und ihrer Nachkommen: Entweder werden sie in die ethnischen Kolonien hineingeboren, mit geringen Chancen, sie in Richtung Mehrheitsgesellschaft zu verlassen, oder sie werden aus den Herkunftsländern nachgeholt, um die kulturelle Dominanz im Wohnquartier auf Dauer aufrecht zu erhalten.

Der Leiter der Stadtentwicklungsplanung der Stadt München, Stephan Reiß-Schmidt, hat diese Vorschläge als realitätsfern und kontraproduktiv kritisiert (in einer Veröffentlichung der Heinrich-Böll-Stiftung) und betont, dass am „Ziel der Mischung von Zugewanderten und Einheimischen in Wohnquartieren, in Kindergärten und Schulen, am Arbeits- und Ausbildungsplatz" festgehalten werden müsse.[1108]

[1106] Schönig, Werner: Armut, Sozialraum und die Situation von Migranten, in: Migration und soziale Arbeit, 27. Jg., H. 3/4 Oktober 2005, S. 199
[1107] Zuwanderer in der Stadt (Hrsg.): Empfehlungen, S. 19
[1108] Stephan Reiß-Schmidt: Warum das Ziel der sozialräumlichen Integration und Mischung für die Europäische Stadt ohne Alternative ist, S. 2 www.kommunale-info.de/asp/search.asp?ID=2625 [4. Mai 2006]

„Freiwillige' und ‚maßvolle' Segregation mit differenzierten Erwägungen zu akzeptieren kann also bedeuten, eine schließlich nicht mehr zu stoppende Spirale der räumlichen und sozialen Trennung in Gang zu setzen – vor allem, wenn durch Engpässe des Wohnungsmarktes, Arbeitslosigkeit und fehlende Ausbildungsplätze für Jugendliche ethnische und soziale Benachteiligungen kumulieren. Die Vorteile stabilisierender ethnischer Netzwerke können dann eher zu zusätzlichen Integrationsbarrieren werden."[1109]

Transnationale Räume – Abschied vom Nationalstaat?

Traditionell stand am Beginn eines Wanderungsvorganges die Entscheidung zum Verlassen des Herkunftslandes (aus wirtschaftlichen, politischen oder individuellen Gründen wie Straffälligkeit). Konsequenz dieser *Auswanderung* war die Orientierung hin auf das Land, in dem man Aufnahme gefunden hatte und in dem man ein neues Leben beginnen wollte. Die bewusste *Einwanderung* war gekoppelt an den Willen, sich in der neuen Heimat erfolgreich zu etablieren. Die zunehmende Mobilität im 20. Jahrhundert machte es möglich, große Distanzen leichter zu überwinden. Die Verbreitung der Eisenbahn ließ die Überwindung räumlicher Distanzen auch für breite Massen erschwinglich werden. Die Verbreitung des Telefons und der Massenkommunikationsmittel ermöglichten es, die Brücke zur Heimat aufrechtzuerhalten.

Waren es zu Beginn der 1960er Jahre noch Kurz- und Langwellensender und wenige heimatsprachliche Zeitungen an Kiosken großer Bahnhöfe, die den Gastarbeitern den medialen Kontakt zur Heimat ermöglichten, so entwickelten sich in den 70er Jahren ein türkischer Kinomarkt sowie ein „ethnischer Videomarkt".[1110] In Berlin verfügten in den 80er Jahren 60 Prozent der türkischen Haushalte über Videorekorder.[1111] Mit der Einführung des Kabelfernsehens, der Satellitenübertragung und Zulassung privater Rundfunkanbieter in der Türkei

[1109] ebd.
[1110] vgl. Weber-Menges, Sonja: Die Entwicklung der Ethnomedien in Deutschland, in: Geißler, Rainer; Pöttker, Horst (Hrsg.) Integration durch Massenmedien. Medien und Migration im internationalen Vergleich, Bielefeld 2006, S. 125 ff., vgl. Barin, Ertunç: Unser Privat-Gefängnis. Gedanken eines türkischen Vaters über Video, in: Bayaz, Ahmet; Damolin, Mario; Ernst, Heiko (Hrsg.): Integration. Anpassung an die Deutschen? Weinheim, Basel 1984, S. 153-157
[1111] Gitmez, Ali; Wilpert, Czarina: A Micro-Society or an Ethnic Community? Social Organization and Ethnicity among Turkish Migrants in Berlin, in: Rex, John; Joly, Daniele; Wilpert, Czarina (Hrsg.): Immigrant Associations in Europe, Aldershot 1987, S. 102

stieg das Angebot ausländischer und insbesondere türkischer Fernsehsender stark an. Mittlerweile ist eine „muttersprachliche Medieninfrastruktur für nahezu alle Migrantengruppen" in Deutschland entstanden.[1112]

Die mediale Orientierung hin zum Herkunftsland war bis Mitte der 80er Jahre auf Briefe, (teure) Telefonate, Radio und Video-Kassetten begrenzt. Mit der Verbreitung des Satellitenfernsehens wurde die „Heimat" jedoch viel stärker im Alltagsleben von Zuwanderern gegenwärtig, dass der quantitative Aspekt umschlug in einen qualitativen: Das Verhaftet-Bleiben in der heimatlichen Welt trotz eines Lebens in Deutschland wurde damit, insbesondere in ethnischen Kolonien, auf eine ganz andere Weise möglich, als das bis dato der Fall war. Dies ließ das Spannungsfeld entstehen, dessen Pole der Verbleib im Aufnahmeland und das Verhaftet-Sein mit dem Herkunftsland sind.

„... der Umstand, dass die Entfernungen zwischen Heimat und Arbeitsort verhältnismäßig gering sind und durch den Ausbau des modernen Verkehrswesens immer mehr ihren trennenden Effekt verliert, trägt dazu bei, die Entscheidung darüber, ob man am Arbeitsort sesshaft werden oder in die Heimat zurückkehren will, hinauszuschieben. Dieser Schwebezustand wird von zwei Seiten noch wesentlich gefördert: einerseits durch den zunächst als provisorisch gedachten Charakter der Ausländer-Beschäftigung in der Bundesrepublik, der in dem nicht gerade glücklichen Begriff ‚Gastarbeiter' zum Ausdruck kommt, andererseits durch die anhaltende allgemeine Labilität in den Herkunftsländern, die insbesondere mit ihren Beschäftigungsschwierigkeiten abschreckend auf die Bereitschaft zur Rückkehr wirkt."[1113]

Die Vorstellung von Wanderung von einem Herkunftsland in ein Aufnahmeland, wohin man sich entweder dauerhaft oder zum Zweck des Geldverdienens zu einer zeitlich befristeten Arbeitsaufnahme begibt, wird in Zeiten globaler Vernetzungen ergänzt durch Wanderungen, die sich nicht mehr auf ein Land (Herkunfts- und Ankunftsland) beschränken, sondern zwischen und jenseits von ihnen stattfinden, die

[1112] Weber-Menges: Die Entwicklung der Ethnomedien, S. 132
[1113] Papalekas, Johannes Chr.: Ausländische Arbeiter in Deutschland – ein europäisches Problem, in: ders. (Hrsg.): Strukturfragen der Ausländerbeschäftigung (= Bochumer Schriften zur Arbeitswissenschaft), Herford 1969, S. 10

„Transmigration". Sie kann verstanden werden „als eine moderne Variante der nomadischen Lebensform"[1114]. „Für Transmigranten ist das Wechseln von Orten in unterschiedlichen Nationalgesellschaften kein auf einen Zeitpunkt begrenztes einmaliges Ereignis als Ausnahmeerscheinung, sondern ein normaler Bestandteil von transnationalen Lebens- bzw. häufig Überlebensstrategien."[1115] Durch sie entstehen Sozialräume, die sich nicht auf einzelne Staaten beschränken, sondern sich „zwischen und oberhalb von verschiedenen Wohn- und Lebensorten aufspannen."[1116]

Das Bezugssystem sind dann neue soziale Lebenswelten, „neue transnationale soziale Wirklichkeiten"[1117], „multikulturelle Sozialräume".[1118] Hier soll dann konsequenterweise auch nicht mehr von Integration oder Assimilation gesprochen werden. „Im Gegensatz zu klassischen Migranten, die sich über mehrere Generationen in die Aufnahmegesellschaft assimilieren, positionieren sich Transmigranten quer zu dieser."[1119] Die Transmigranten leben mit „komplexen, verwobenen und verschachtelten Vergesellschaftungsbezügen ... durch die sich die Individuen wie durch unterschiedliche Kraftfelder bewegen und in denen die Individuen mehrere Mitgliedschaften erwerben können."[1120] Sie verfügen über „facettenreiche widersprüchliche Zugehörigkeit".[1121] Anstelle der „stark wertgeladenen und durch politische Debatten entsprechend vorbelastet(en)" Begriffe Integration und Assimilation wird deshalb von „Inkorporation" gesprochen. Sie wird verstanden als der „ergebnisoffene soziale Prozess der ökonomischen, kulturellen, politischen und sozialen Eingliederung von Migranten auf der lokalen, regionalen, nationalen und transnationalen Ebene ..., also so-

---

1114 Pries, Ludger: Internationale Migration, Bielefeld 2001, S. 9
1115 Pries, Ludger: Transnationalismus, Migration und Inkorporation. Herausforderungen an Raum- und Sozialwissenschaften, in:geographische revue, Jg. 5, H. 2, 2003, S 25
1116 Pries, Ludger: Internationale Migration, Bielefeld 2001, S. 9; hierzu auch: Hunger, Theresa; Jeuthe, Tanja: Transnationalismus – zur Karriere eines Begriffs, in: IMIS-Beiträge 28/2006, S. 79-83
1117 Pries: Internationale Migration, S. 32
1118 ebd., S. 58
1119 Goebel, Dorothea; Pries, Ludger: Transnationale Migration und die Inkorporation von Migranten. Einige konzeptionell theoretische Überlegungen zu einem erweiterten Verständnis gegenwärtiger Inkorporationsprozesse von Migranten, in: Swiaczny, Frank; Haug, Sonja (Hrsg.): Migration – Integration – Minderheiten. Neue interdisziplinäre Forschungsergebnisse (= Materialien zur Bevölkerungswissenschaft, H. 107), Wiesbaden 2003, S. 37
1120 ebd., S. 38
1121 Pries, Ludger: Arbeitsmigration und Inkorporationsmuster in Europa, in: ders. (Hrsg.): Zwischen den Welten und amtlichen Zuschreibungen. Neue Formen und Herausforderungen der Arbeitsmigration im 21. Jahrhundert, Essen 2005, S. 35

wohl in der (bzw. den) Herkunftsregion(en) und der (bzw. den) Ankunftsregion(en)."[1122]

Auf der Grundlage eines solchen Verständnisses verlieren Staat und Aufnahmegesellschaft folgerichtig das Recht, von Zuwanderern Integrationsleistungen zu verlangen und diese zu definieren (die beispielsweise verhindern, dass eine Zuwanderung in die Sozialsysteme stattfindet). „Mit ihm [dem Prozess der Transnationalisierung der internationalen Migration] verliert die Nationalgesellschaft ihren alleinigen Vergesellschaftungsanspruch."[1123] Wenn das Konstrukt „multikultureller Sozialräume" an die Stelle von Staaten treten soll, bleibt festzuhalten, dass diese Konstrukte den Menschen weder Schutz noch die Einbeziehung in sozialstaatliche Systeme bieten können. Letztlich bleiben auch Migranten auf den Staat verwiesen. Die jeweilige nationale Kultur stellt immer noch den zentralen Bezugsrahmen für die Integration von Zuwanderern dar. „... solange die zentralen Institutionen der Aufnahmegesellschaft, und dabei erneut der Bildungsbereich, um die *nationalen* Kulturen herum organisiert sind, ist das zur Plazierung erforderliche oder hilfreiche kulturelle Kapital stets nur dasjenige der jeweiligen Nationalkultur – und eben *nicht* das der ethnischen Gruppe."[1124] (Hervorhebungen im Original)

An dieser Stelle darf nicht übersehen werden, dass es sich bei der Frage nach der Zulässigkeit von Integrationserwartungen und nach den Bedingungen von Integration um Machtfragen handelt. Wer entscheidet in einem „zukunfts- und ergebnisoffenen Prozess"[1125] der „Inkorporation" welche Rechtsnormen gelten, welche Sprache die „Landessprache" ist? Wenn in Stadtvierteln die Mehrheitssprache das Türkische ist, kann dann von den Beteiligten verlangt werden, zumindest in Teilen des öffentlichen Raums deutsch zu sprechen?

Auch wenn immer wieder vom Bedeutungsverlust des (National-)Staates gesprochen und sein Verschwinden vorhergesagt wurde[1126], so bleibt festzustellen, dass der „moderne Staat ... das heute weltweit anerkannte Modell politischer Herrschaft" bezeichnet.[1127] Der National-

---

[1122] Goebel; Pries: Transnationale Migration, S. 42
[1123] ebd., S. 43
[1124] Esser: Soziologie, Bd. 2: Die Konstruktion der Gesellschaft, S. 302
[1125] Goebel; Pries: Transnationale Migration, S. 43
[1126] vgl. Isensee, Josef: Staat und Verfassung, in: Handbuch des Staatsrechts II ³2004, Rn 6 ff.
[1127] ebd., Rn 61

staat stellt immer noch den entscheidenden Bezugsrahmen für Integration dar. „Nach wie vor und trotz aller transnationalen und suprastaatlichen Vorgänge sind dafür aber die jeweiligen *national*staatlichen Institutionen und Kulturen von entscheidender Bedeutung, vor allem in jeweiligen Bildungssystem, und wenn es die Nationalstaaten nicht sind, dann sind es mindestens die jeweiligen regionalen oder lokalen Verhältnisse, in denen sich die Migranten niederlassen oder in ihren Investitionen orientieren."[1123]

„Insgesamt belegen die feststellbaren empirischen Beziehungen die überragende und auch im Rahmen einer verstärkten Transnationalität des Migrationsgeschehens andauernde Bedeutung der institutionellen und kulturellen Vorgaben des Aufnahmelandes für die Erklärung der (intergenerationalen) Integration, und zwar in allen vier behandelten Bereichen: Zweitsprachenerwerb, Bilingualität, Bildung und Arbeitsmarkt. Hinweise auf eine besondere Bedeutung der ethnischen Ressourcen, wie der Erhalt der Muttersprache oder die Verfügung über ethnische Netzwerke, für die strukturelle Integration gibt es dagegen so gut wie nicht. Ethnische Bindungen und Beziehungen behindern sie eher ..."[1129].

„Demokratie ist die Tochter des Nationalstaates"

Trotz Zunahme internationaler Verflechtungen und humanitärer Interventionen als Ausdruck einer „Weltinnenpolitik" hat auch die Globalisierung den Staat und seine Aufgaben in vielfacher Hinsicht verändert, aber nicht zum Verschwinden gebracht. „Heute reichen soziale Transaktionen in vielen Kernbereichen über die nationalstaatlichen Grenzen hinaus, doch bleibt die Mehrheit politischer Institutionen und Regulierungen in ihrer Funktion und Reichweite an das nationalstaatliche Territorium gebunden."[1130]

Der Nationalstaat legitimiert sich durch das Staatsvolk. Seine Liquidierung brächte erhebliche demokratische Legitimationsprobleme mit sich. Historisch stehen die gewachsenen Nationalstaaten und die Staats-

1128 Esser, Hartmut: Welche Alternativen zur ‚Assimilation' gibt es eigentlich?, in: Bade, Klaus J.; Bommes, Michael (Hrsg.): Migration – Integration – Bildung. Grundfragen und Problembereiche (= IMIS-Beiträge 23/2004) Osnabrück 2004, S. 57 f.
1129 Esser, Hartmut: Migration, Sprache und Integration (= Arbeitsstelle Interkulturelle Konflikte und gesellschaftliche Integration beim Wissenschaftszentrum Berlin, Forschungsbilanz 4), Berlin 2006, [http://www.wz-berlin.de/zkd/aki/files/AKI-Forschungsbilanz_4.pdf], S. 102
1130 Leibfried, Stephan; Zürn, Michael: Von der nationalen zur post-nationalen Konstellation, in: dies. (Hrsg.): Transformationen des Staates, Frankfurt/Main 2006, S. 35

form der Demokratie in konstitutivem Zusammenhang: „Die Demokratie ist die Tochter des Nationalstaates."[1131] Schließlich bedeutete die Abschaffung der Nationalstaaten auch die Unmöglichkeit auszuwandern und über das Asyl Schutz zu erhalten.

Der Staat ist auch heute zentrale Bezugsinstitution für die Mehrheit der jeweiligen Bevölkerung. „... auch wenn Staatsgrenzen heute nur noch in geringem Maße als Hindernisse für Transaktionen fungieren, bleiben Staaten die prägnanteste politische Realität sui generis, welche auch in Europa trotz der EU das höchste Maß an politischer Identifikation und Loyalität auf sich zieht."[1132]

„Nach wie vor bildet der Nationalstaat den dominierenden Horizont rechtlichen Schutzes, politischer Solidaritätserwartungen und demokratischer Mitbestimmungsmöglichkeiten der Bevölkerung. Auch weitere Fortschritte in der politischen Integration Europas lassen angesichts der geschichtlichen und kulturellen Heterogenität seiner Staaten eine Verschiebung der sozialstaatlichen Solidaritätserwartungen auf die europäische Ebene nicht erwarten."[1133]

Auch die immer stärkere Delegation von Kompetenzen auf die Ebene der EU (Vergemeinschaftung) ändert nichts daran, dass dem Staat – so das Bundesverfassungsgericht – „Aufgaben von substantiellem Gewicht" verbleiben.[1134] Immer ausgeprägtere Zusammenarbeit stehe nicht im Widerspruch zum Ziel „die nationale Identität und Staatlichkeit in einem einheitlichen europäischen Rechtsraum zu wahren."[1135]

Französische Erfahrungen

Auch in Frankreich entstanden in den 60er Jahren lokale Konzentrationen zugewanderter Bevölkerung. Dabei waren die sozialen Verhältnisse, wie wir bereits gesehen haben (Kapitel IV), wesentlich schlechter als in der Bundesrepublik. Bis heute gibt es eine bessere wohlfahrtsstaatliche Absicherung von Zuwanderern in Deutschland als in Frankreich.[1136]

[1131] Isensee, Josef: Staat und Verfassung, in: Handbuch des Staatsrechts II ³2004, Rn 122
[1132] Kaufmann, Franz-Xaver: Schrumpfende Gesellschaft. Vom Bevölkerungsrückgang und seinen Folgen, Frankfurt/Main 2005, S. 26
[1133] ebd., S. 28
[1134] vgl. BVerfG, 2 Bvr 2236/04 vom 18.7.2005, Abs. 75 http://www.bundesverfassungsgericht.de/entscheidungen/rs20050718_2bvr223604.html
[1135] ebd.
[1136] vgl. u.a.: Tucci, Ingrid: Konfliktuelle Integration? Die sozialen Konsequenzen der Lage der türkischen Bevölkerung in Deutschland und der nordafrikanischen in Frankreich, in: Berliner Journal für Soziologie, H. 3, 2004, S. 309 ff.

Die französischen Verhältnisse sind unter anderem gekennzeichnet durch eine Vermittlung von Sprachkenntnissen, die von Anfang an als besonders erfolgreich angesehen wurde[1137], durch wesentlich bessere Kenntnisse der Zweitsprache als in Deutschland, durch eine soziale Integration, die schlechter ist als in Deutschland, was vor allem in der wesentlich ausgeprägteren sozialräumlichen Spaltung der Städte zum Ausdruck kommt. Malek Boutih, Nationalsekretär der *Sozialistischen Partei Frankreichs* und ehemaliger Vorsitzender der Organisation „SOS-Racisme": „Wenn soziale und ethnische Probleme zusammen-kommen, kann man ihnen mit den üblichen Mitteln nicht mehr bei-kommen. Das ist ein höchst explosives Gemisch. Sogar die radikalsten politischen Bewegungen, die extreme Linke, setzt in diese Orte keinen Fuß, da ihr Diskurs hier nicht funktioniert. Diese Bereiche entziehen sich jedem Diskurs. Sie befinden sich außerhalb der Nation, außerhalb der Normalität. Niemand wagt sich dorthin. Diese Vorstädte sind keine Orte für Studien, wie es in den siebziger Jahren die Fabriken waren, in denen Soziologen das Arbeitermilieu erforschten. Wenn Sie das hier versuchen, schneidet man Ihnen die Kehle durch."[1138]

Dies lässt deutlich werden, dass für eine erfolgreiche Integration mehr gegeben sein muss als Sprachkenntnisse und der Pass des Aufnah-melandes: Vor allem die ökonomischen Bedingungen müssen gegeben sein, und die Zuwanderer dürfen nicht als Unterklasse in die Randstän-digkeit weggedrückt werden:

„Frankreich bezahlt sein eigenes Versprechen teuer. Man kann den Leuten nicht Freiheit, Gleichheit und Brüderlichkeit versprechen und sie dann jahrelang in der Scheiße leben lassen, ohne dass sie irgendwann die Gleichheit fordern. Die Leute wollen nur wie alle anderen leben, also einfach Teil der Konsumgesellschaft sein."[1139]

Gleichzeitigkeit des Ungleichzeitigen

Viele zugewanderte Muslime sind in vielfacher Weise verunsichert: durch die Erfahrung der Migration und die Begegnung mit einer weit

---

[1137] vgl. Wolf, Erika: Probleme und Methoden der Einordnung in den Aufnahmeländern, in: Papale-kas, Johannes Chr.: (Hrsg.): Strukturfragen der Ausländerbeschäftigung (= Bochumer Schriften zur Arbeitswissenschaft), Herford 1959, S. 29
[1138] „Reißt die Ghettos ab". Interview mit Mael Boutih in der „Zeit" 46/2005
[1139] ebd.

verbreiteten religionslosen und teilweise religionsfeindlichen Atmosphäre in vielen Aufnahmeländern. Zuwanderer aus noch stark traditionell geprägten Strukturen in der Türkei empfinden die Situation in Deutschland in vielen Fällen als Bedrohung. Sie reagieren mit verstärkter sozialer Kontrolle. „Viele Eltern empfinden die deutsche Umgebung auch bei scheinbarem häuslichem Frieden als Gefahr für ihre Kinder, und zwar umso mehr, je stärker sie in traditionellen Werten verwurzelt sind und je weniger sie die Kinder wegen ihrer Arbeits- oder sonstigen Situation effektiv kontrollieren können. Aus diesem Grund besteht in weiten Teilen der türkischen Bevölkerung die Tendenz, außerfamiliäre Kontrollinstanzen aufzubauen bzw. zu fördern. Eine dieser Kontrollinstanzen kann die türkische Nachbarschaft sein. Sie meldet den Eltern sofort, wenn Sohn oder Tochter sich im traditionellen Sinne unziemlich, ehrlos, respektlos usw. verhalten. Eine andere Kontrollinstanz kann der vom türkischen Konsulat veranstaltete Konsulatsunterricht sein. Eine weitere Kontrollinstanz ist der Koranunterricht in der Moschee. Gerade dort werden die Kinder besonders stark dem Zwang der traditionellen türkischen und islamischen Normen, Werte und Verhaltensweisen unterstellt – vielleicht sogar noch stärker, als dies heute in der Türkei üblich ist. Der ... Fanatismus, wie er in den Koranschulen gepredigt wird, ist sicherlich eine Reaktion auf die in den Augen der Eltern enorme Gefährdung ihrer Kinder in der bundesdeutschen Gesellschaft."[1140]

So versagen zunehmend Versuche, abweichendes Verhalten der eigenen Kinder durch mehr oder weniger traditionelle Methoden „in den Griff zu bekommen" – die Rahmenbedingungen stimmen nicht. Ahmet Toprak hat das für junge Männer türkischer Herkunft analysiert:

„Zusammenfassend ist festzuhalten, dass die Eltern einige Maßnahmen zur Disziplinierung des Sohnes ergreifen, aber deren Wirkung aufgrund der inkonsequenten Umsetzung verpufft. Die ... Disziplinierungsmaßnahmen [Militärdienst in der Türkei, Verheiratung, Vaterschaft], die vor allem in der ländlichen Türkei sehr erfolgreich sein können, bleiben in der Migration erfolglos, denn sie beruhen auf der sozialen Kontrolle, die in Deutschland nicht in der Form vorhanden ist, wie in der ländli-

---

[1140] Kleff, Hans-Günter: Vom Bauern zum Industriearbeiter. Zur kollektiven Lebensgeschichte der Arbeitsmigranten aus der Türkei, Mainz ²1985, S. 209

chen Türkei. Vor allem die Verheiratung des Sohnes bleibt ohne Wirkung, da dem Mann erlaubt ist, seine Sexualität anderweitig auszuleben, was den Männern in der ländlichen Türkei nicht gelingt."[1141]

Vor allem Jugendliche sehen vielfach in islamistischen Gruppierungen eine Alternative, wenn sie sich weder von der Aufnahmegesellschaft noch vom Elternhaus verstanden und angenommen fühlen. Sie bieten Orientierung und helfen ihnen, ein Selbstbewusstsein zu entwickeln.

Durch die allseitige Betonung, es müsse die „Identität" von Zuwanderern bewahrt werden, wurde eine langsame Angleichung an die Verhältnisse des Aufnahmelandes versperrt. So trat unter den Bedingungen der Migration immer stärker die „Gleichzeitigkeit des Ungleichzeitigen" hervor: Normen und Verhaltensweisen aus der Herkunftswelt werden konserviert und in eine Umwelt hineingetragen, in der diese fremd oder sogar obskur erscheinen und in der die Erinnerung an die eigene Vergangenheit weitgehend verloren gegangen scheint. Verschleierte Frauen, eine große Kinderzahl, „Zwangsverheiratungen", „Ehrenmorde" all dies scheint einer anderen Welt zu entstammen. Hans-Günter Kleff beschreibt das Verständnis von Ehe und Familie in türkisch-ländlichen Räumen: „Zweck einer Heirat ist es nicht, einer ‚Liebe' Ausdruck zu verleihen. Eine Heirat hat vielmehr einen sozialen und ökonomischen Zweck, der über die Person der Braut und des Bräutigams hinausgeht: Der Bestand des Gemeinwesens soll gesichert werden."[1142] Wirtschaftliche Nützlichkeitserwägungen bestimmen sowohl das Verhältnis zu den Kindern als auch innerhalb der Generationen.[1143] „Die meisten Familien ausländischer Herkunft stammen aus Gesellschaften ohne ausgebaute sozialstaatliche Systeme sozialer Sicherung. Entsprechend werden alle Sozialleistungen und alle Absicherungen gegen die Risiken des Lebens zum ganz überwiegenden Teil unmittelbar zwischen den Generationen erbracht."[1144]

[1141] Toprak, Ahmet: Das schwache Geschlecht – die türkischen Männer. Zwangsheirat, häusliche Gewalt, Doppelmoral der Ehre, Freiburg im Breisgau 2005, S. 113
[1142] Kleff, Hans-Günter: Vom Bauern zum Industriearbeiter, S. 29
[1143] Nauck: Eltern-Kind-Beziehungen, S. 360 ff.
[1144] Nauck, Bernhard: Familienbeziehungen und Sozialintegration von Migranten, in: Bade, Klaus J.; Bommes, Michael (Hrsg.): Migration – Integration – Bildung. Grundfragen und Problembereiche (= IMIS-Beiträge 23/2004), Osnabrück 2004, S. 97

Dabei muss daran erinnert werden, dass soziale und wirtschaftliche Motive für die Eheschließung bis ins 20. Jahrhundert auch in Europa dominierend waren. Die freie, ausschließlich auf persönlichen Motiven basierende „romantische" Partnerwahl ist eine Folge der Entwicklung eines bürgerlichen Bewusstseins, das sich schon im 18. Jahrhunderts als Abgrenzung gegen den Adel entwickelte und von Industrialisierung und Verstädterung im 19. Jahrhundert wesentlich gefördert wurde.[1145] Solange die Eltern im Alter auf die Versorgung durch ihre Kinder angewiesen waren, nahmen sie einen zentralen Einfluss auf die Partnerwahl ihrer Kinder („Vernunftehe").

Auch das Verständnis von Ehre und der Sühne verletzter Ehre mutet den heutigen Zeitgenossen außerordentlich fremd und abstoßend an. Auch hier lohnt ein Blick 100 Jahre zurück:

„Die Tatsache, dass Frauen das Recht und die Fähigkeit abgesprochen wurden, ihre Ehre mit eigener Kraft zu verteidigen, rührte ... von der spezifischen Qualität dieser Ehre her. Weibliche Ehre war in noch viel stärkerem Ausmaß als die Ehre von Männern als Geschlechtsehre definiert, die an die körperlich-sexuelle Integrität der Frau gebunden war. Verlor sie diese Integrität, indem sie ihren Körper einem Mann hingab (oder hinzugeben gezwungen war), der dazu kein ‚Recht' hatte, büßte sie auch ihre Ehre ein. Es war nur folgerichtig, dass solcher Art verlorener Körper-Ehre nicht durch eigenen körperlichen Einsatz wiederhergestellt werden durfte. Die durch einen Mann verletzte Ehre konnte nur durch einen Mann ‚geheilt' werden: entweder, bei unverheirateten Frauen, auf dem Weg der Eheschließung oder, bei verheirateten Frauen, durch ein Duell zwischen Ehebrecher und Ehemann."[1146] Bei allen Unterschiedlichkeiten (so richtete sich die gewaltsame Wiederherstellung der Ehre nicht gegen die Frau) macht diese Beschreibung des Ehrenkodex in der bürgerlichen Gesellschaft des 19. Jahrhunderts in Deutschland deutlich, dass die „vormodernen" Normen und Verhaltensweisen von Zuwanderern heute so fremd gar nicht sind.

Diese Hinweise bewahren vor einer ungerechtfertigten Perspektive, vor einem arroganten Herabsehen auf die betroffenen Gruppen von

---

[1145] vgl. Möhle, Sylvia: Partnerwahl in historischer Perspektive, in: Klein, Thomas (Hrsg.): Partnerwahl und Heiratsmuster. Sozialstrukturelle Voraussetzungen der Liebe, Opladen 2001, S. 57-74
[1146] Frevert, Ute: Ehrenmänner. Das Duell in der bürgerlichen Gesellschaft, München 1995, S. 277

Zuwanderern. Es wird damit nichts relativiert oder gar verharmlost. Verstöße gegen Menschenrechte und Menschenwürde müssen – unabhängig von ihrer subjektiven Motivation – mit aller Härte des Gesetzes geahndet werden. Freiheit von Gewalt muss für alle gelten – unabhängig von jedweder Gruppenzugehörigkeit. Der Schriftsteller Aras Ören beschreibt die Situation: „Ich glaube, im Grunde haben die Einheimischen gedacht, wir sind sehr demokratisch, wir sind sehr liberal, und wenn jetzt welche kommen aus einer anderen Kultur, dann müssen wir großzügig sein und ihnen helfen, diese Kultur zu bewahren. Man hat nicht geguckt, was für eine Kultur die bringen, die Stammeskultur, die ländliche Kultur. Das war der Knackpunkt. Das war falsch. Denn mit einer ländlichen, halb feudalen Kultur kann man nicht in einer großen Industriestadt leben. Jetzt stehen wir ganz überrascht da und fragen uns, wie es zu solchen Morden kommen kann. Ja, das ist eben auch ein Teil dieser Kultur! (...) Die Türkei hat den gleichen Fehler gemacht, hat die Auswanderer aufgefordert, ihre Traditionen nicht zu vergessen. So ist die Kluft zwischen den Kulturen größer geworden. Da waren sie nun hier mit ihrer eigenen Kultur, haben sich ihre eigenen Parallelgesellschaften aufgebaut und eben auch ihre Traditionen gelebt. Aber das passt nicht hierher. Als Intellektueller, als Schriftsteller würde ich sagen, von solchen Traditionen muss man Abschied nehmen. Mord ist Mord und da dürfen keine ideologischen oder ethischen oder Glaubensgründe berücksichtigt werden. Es gibt ein Strafgesetzbuch und danach muss geurteilt werden. Da müssen wir hart und fest bleiben.“[1147]

Die Legenden um Einbürgerung und Integration

Welcher Zusammenhang besteht zwischen der Übernahme der Staatsangehörigkeit in Deutschland und erfolgreicher Integration? Soll die Einbürgerung als Ergebnis vollzogener Integration erfolgen, oder ist sie vielmehr Voraussetzung, damit sich Zuwanderer erfolgreich integrieren können? In der kontroversen Debatte Ende der 90er Jahre um das Staatsangehörigkeitsrecht machten sich die Legenden bemerkbar, an denen in den zurückliegenden Jahren gearbeitet worden war. Einige von ihnen sollen kritisch analysiert werden, bevor auf die Bedeutung der Staatsangehörigkeit für die Integration eingegangen wird.

[1147] „Das ist eben auch ein Teil dieser Kultur". Interview mit Aras Ören in der taz vom 5. Oktober 2005

Legende 1: Völkisches Blutrecht gegen modernes Territorialrecht

Das deutsche Staatsangehörigkeitsrecht aus dem 19. Jahrhundert basierte auf dem Abstammungsprinzip („ius sanguinis" – Blutsrecht) und wird als Ausdruck völkisch-nationalistischer Gesinnung und „deutscher Sonderweg" gewertet. Es behindere die Integration von Ausländern in Deutschland. Als leuchtendes Gegenmodell wird das „ius territorii" gepriesen, das Einwanderungsstaaten des 19. Jahrhunderts als „Beuteprinzip" einsetzten, um ihre Staatsangehörigen zu „vermehren".[1148]

Hermann Lübbe hat die Kritik am „ius sanguinis" als Ausdruck eines „rechts- und geschichtsblinden moralisierenden Eifers"[1149] bezeichnet und auf die historische Unhaltbarkeit der Vorwürfe hingewiesen. „Es ist krasser Nonsens, das den deutschen Denkern so peinliche ‚Blutrecht' für spezifisch deutsch zu halten. Ein historisches Relikt aus voraufgeklärten Zeiten ist es auch nicht. Es ist ganz im Gegenteil spezifisch modern. Es hat gerade im Aufklärungszeitalter sich rechtspolitisch durchgesetzt ... Nichts hat die rechtspolitische Geltung des Abstammungsprinzips im Staatsangehörigkeitsrecht mehr gefördert als die Französische Revolution. Im Jahre VIII des Revolutionskalenders zum Beispiel erhob ein Entwurf des Code Civil das von den Deutschen jetzt perhorreszierte *ius sanguinis* zu vorherrschender Geltung. Das ius soli, die untertänig machende Wirkung der Geburt im Lande, galt als feudales Relikt – typisch fürs antirevolutionäre England. Napoleon, gewiss, hat dann später gegenläufig verlangt, wer in Frankreich geboren sei, habe Franzose zu sein. Verabscheute er etwa, wie die fortschrittlichen Deutschen von heute, das ‚Blutrecht'? Die Antwort lautet: Er brauchte Soldaten, und er legte aus diesem Grund seine Hand auf alle, die das Licht der Welt in Frankreich erblickt hatten." Lübbe weist auch darauf hin, dass die Nationalsozialisten das Abstammungsprinzip durchbrachen und das dazu im Widerspruch stehende Rasseprinzip durchsetzten (indem sie Personen, die von der Abstammung her Deutsche waren, ausbürgerten, weil sie Juden waren, und polnische

---

[1148] vgl. Grawert, Rolf: Staatsvolk und Staatsangehörigkeit, in: Handbuch des Staatsrechts II³2004, Rn 51
[1149] Lübbe, Hermann: Wie wird man Deutscher?, in: Rheinischer Merkur vom 2. April 1993
[1150] vgl. ebd.; hierzu auch: Grawert, Rolf: Staatsvolk und Staatsangehörigkeit, in: Handbuch des Staatsrechts II³2004, Rn 44

Kinder „zwangsgermanisierten" weil sie angeblich „arische" Züge aufwiesen.[1150]

Lübbe weist zu Recht auch darauf hin, dass die Forderung, den türkischen Zuwanderern müsse es gestattet werden, ihre bisherige Staatsangehörigkeit auch bei der Einbürgerung in Deutschland zu behalten, die „fortdauernde Geltung abstammungsbegründeter türkischer Staatsangehörigkeit" voraussetzt.[1151] Während bei den türkischen Staatsangehörigen das Abstammungsprinzip ohne Debatte als Selbstverständlichkeit hingenommen wird, wird es im deutschen Fall als typisch für deutsche Rückständigkeit und zur Ursache des Bösen erklärt.

Legende 2: Einbürgerung fördert Integration

Die Verleihung der Staatsangehörigkeit ist hinsichtlich ihrer Auswirkungen auf Integrationsprozesse seit Jahren überschätzt worden. Diese Überschätzung ging nicht selten mit einer ausgeprägten Ignoranz gegenüber den tatsächlichen Integrationsproblemen einher. So behauptete der ehemalige CDU-Generalsekretär Heiner Geißler 1990 in einem Beitrag für den SPIEGEL: „Der Ausländerstatus ist ein größeres Integrationshemmnis als die *Sprachbarriere, die es bei jungen Ausländern überhaupt nicht mehr gibt*, oder als eine unvollständige Schulausbildung. Diese Menschen werden durch den Ausländerstatus ausgegrenzt, auch wenn sie bei uns geboren sind und seit Jahren bei uns leben."[1152] [Hervorhebung durch den Verfasser]

Auch der damalige Bundesinnenminister Otto Schily (SPD) dokumentierte mit seiner Einschätzung: „Wer einen deutschen Pass hat, wird nicht länger abseits stehen"[1153] eine außergewöhnliche Lebensfremdheit. Welche Integrationschancen werden sich mit der zweiten Staatsangehörigkeit für die Kinder in den ethnischen Kolonien unserer Großstädte verbessern? Was nützt ein deutscher Pass, wenn die deutsche Sprache im Elternhaus nicht gesprochen wird und auf diese Weise auch die Kinder keine Chance haben, die Schule erfolgreich zu absolvieren und anschließend einen Ausbildungsplatz zu bekommen? Welches Kind

[1151] Lübbe: Wie wird man Deutscher?
[1152] Geißler, Heiner: Meise zu Meise? Plädoyer für eine „multikulturelle Gesellschaft", in: Der Spiegel 13/1990, S. 164
[1153] „Bundesinnenminister Otto Schily stellt Arbeitsentwurf zur Reform des deutschen Staatsangehörigkeitsrechts vor", Pressemitteilung des Bundesministeriums des Innern, 13. Januar 1999

fragt nach der Staatsangehörigkeit, wenn es mit dem Nachbarkind spielt? Die Erfahrungen in den ethnischen Kolonien der Ballungszentren lassen dazu jedenfalls keinen Zusammenhang erkennen.

Die von Lobbyisten und Wissenschaftlern immer wieder mit Vehemenz vorgetragene Behauptung, die Verleihung der Staatsangehörigkeit – unter genereller Hinnahme von Mehrstaatigkeit – sei eine wichtige Voraussetzung für die Integration[1154] oder gar der „Schlüssel zur Integration" entbehrt jeder Grundlage. So versteigt sich der Direktor der Stiftung Zentrum für Türkeistudien, Faruk Şen, zu der Behauptung: „Nicht die Segregation in Städten ist das primäre Problem, sondern dass die politische Partizipation in ethnisch segregierten Quartieren nicht gewährleistet ist. (...) Die weitere Förderung der Einbürgerung ist damit nicht nur ein Aspekt von Integrationspolitik, sondern, viel mehr als Sprach- und Integrationskurse, ihr Schlüsselinstrument."[1155] Die Erfahrungen in Frankreich[1156] oder in Großbritannien zeigen deutlich, dass auch eine Politik der massenhaften Einbürgerung keineswegs massive Integrationsprobleme verhindert. Dabei muss nicht nur auf die Attentäter von London hingewiesen werden, die allesamt britische Staatsbürger waren.[1157] Der Mörder Theo van Goghs hatte die doppelte Staatsangehörigkeit.[1158] Über 70 Prozent der asiatischen und afro-karibischen Einwanderer in Großbritannien haben die britische Staatsangehörigkeit erworben. Dennoch verzeichnet das Land seit Jahrzehnten immer wieder aufflammende Unruhen.[1159]

Studien zur Anfälligkeit für gewalttätiges Handeln von Zuwanderern in Deutschland zeigen, dass die Staatsangehörigkeit keine Bedeutung für die Erklärung von Gewalthandeln hat (wobei ihr Vorhanden-

---

[1154] vgl. u.a.: Şen, Faruk: Türkische Minderheit in Deutschland, in: Türkei (= Informationen zur politischen Bildung, hrsg. von der Bundeszentrale für politische Bildung), Berlin 2002, S. 55; Keskin, Hakki: Deutschland als neue Heimat. Eine Bilanz der Integrationspolitik, Wiesbaden 2005, S. 30 ff.; Schulte, Axel: Demokratie als Leitbild einer multikulturellen Gesellschaft, in: Butterwegge, Christoph et al. (Hrsg.): Medien und multikulturelle Gesellschaft, Opladen 1999, 192 f.
[1155] Şen, Faruk: Einbürgerung ist der Schlüssel zur Integration, in: FAZ vom 28. September 2004
[1156] vgl. Manfrass, Klaus: Türken in der Bundesrepublik – Nordafrikaner in Frankreich: Ausländerproblematik im deutsch-französischen Vergleich, Bonn, Berlin 1991 (= Pariser Historische Studien, hrsg. vom Deutschen Historischen Institut Paris, Bd. 32), S. 16 ff.
[1157] vgl. „Die Täter waren Landsleute. Der britische Multikulturalismus und seine Doppelmoral", in: FAZ vom 20. Juli 2005
[1158] vgl. Nachbarsjunge, Gotteskrieger, in: Die Zeit 31/2005
[1159] Baringhorst, Sigrid: Multikulturalismus und Kommunalpolitik. Über einige nicht intendierte Folgen kommunaler Minderheitenpolitik in Großbritannien, in: Leviathan, 27. Jg. H. 3/1999, S. 293

sein in diesen Studien verstanden wird als *Ausdruck von Integration*, die nicht vorhandene deutsche Staatsangehörigkeit als *Ausdruck mangelnder gesellschaftlicher Anerkennung*.[1160] Generell gilt: Über das Gelingen von Integration entscheiden nicht der Pass, sondern Integrationsbereitschaft, Bildungsstand sowie soziale und wirtschaftliche Verhältnisse, die eine Eingliederung ermöglichen.[1161] Nur eine „sozial geglückte Einbürgerung"[1162] kann ein erstrebenswertes Ziel sein. „Eine großzügigere Ausgestaltung und Handhabung des Staatsangehörigkeitsrechts allein kann nicht die ethnischen, kulturellen und vor allem sprachlichen Unterschiede einebnen, die Einheimische von Zugezogenen trennen. Die hieraus entstehenden sozialen und politischen Spannungen kann man nicht durch Erteilung eines anderen Passes beseitigen."[1163]

Gerade die französischen Erfahrungen sprechen dafür, die Einbürgerung als Ergebnis erfolgreicher Integration zu betrachten und nicht als Mittel zu einer noch zu erfolgenden Integration. In letzterem Falle besteht die Gefahr, dass sich trotz Einbürgerung Sub-Nationen bilden, wie das in Frankreich geschah.[1164] Die immer wieder vorgebrachte Behauptung, eine Übernahme der Staatsangehörigkeit zwinge die Politik, sich der Interessen der Zuwanderer anzunehmen und fördere die Integration[1165], muss mit Fug und Recht bezweifelt werden. Die französischen[1166] und britischen Erfahrungen[1167] sprechen eher dafür, dass der gesteigerte Einfluss ethnisch-religiöser Minderheitenorganisationen und deren Wortführer (der gerade bei knappen Mehrheiten besonders groß ist) zur Verfestigung von Minderheitenstrukturen führt und das

[1160] vgl. Babka von Gostomski, Christian: Gewalt als Reaktion auf Anerkennungsdefizite? Eine Analyse bei männlichen deutsche, türkischen und Aussiedler-Jugendlichen mit dem IKG-Jugendpanel 2001, in: Kölner Zeitschrift für Soziologie und Sozialpsychologie, Jg. 55, H. 2, 2003, S. 264
[1161] Zur Gesamtproblematik ausführlicher: Luft: Ausländerpolitik, S. 343 ff.
[1162] Manfrass, Klaus: Türken in der Bundesrepublik – Nordafrikaner in Frankreich: Ausländerproblematik im deutsch-französischen Vergleich, Bonn, Berlin 1991 (= Pariser Historische Studien, hrsg. vom Deutschen Historischen Institut Paris, Bd. 32), S. 88
[1163] Renner, Günter: Asyl- und Einwanderungsgesetzgebung, in: Fritsch-Oppermann, Sybille (Hrsg.): Auf dem Weg in die interkulturelle Gesellschaft, Rehburg-Loccum 1994, S. 161
[1164] vgl. Manfrass, Klaus: Türken in der Bundesrepublik – Nordafrikaner in Frankreich: Ausländerproblematik im deutsch-französischen Vergleich, Bonn, Berlin 1991 (= Pariser Historische Studien, hrsg. vom Deutschen Historischen Institut Paris, Bd. 32), S. 22
[1165] vgl. u.a.: Rittstieg, Helmut: Staatsangehörigkeit, deutsche Leitkultur und die deutsch-türkischen Beziehungen, in: Deutsch-Türkische Juristenvereinigung (Hrsg.): Auswirkungen der deutschen Staatsangehörigkeitsreform, Berlin 2002, S. 21; Schoch, Bruno: Alle Macht geht vom Volk aus. Doch wer ist das Volk? (= HSFK-Report 12/2000), Frankfurt/Main 2000, S.48
[1166] vgl. Manfrass: Türken in der Bundesrepublik, S. 22 f.
[1167] vgl. Hillebrand: Dicke Luft in Londonistan, S. 5

Konfliktpotential erhöht. „Politische Mitwirkung ohne erfolgreiche soziale Integration beinhaltet m. E. eher Risiken politischer Instabilität und Konfliktsteigerung als zusätzliche Chancen sozialer Integration."[1168]

Legende 3: Eine generelle oder weit reichende Hinnahme doppelter Staatsangehörigkeit ist mit dem neuen Recht des Jahres 2000 nicht beabsichtigt.

Die Einbürgerung von Ausländern hat in den vergangenen zehn Jahren stark zugenommen. Alleine in diesem Zeitraum wurden rund 1,3 Millionen Menschen eingebürgert, davon seit dem neuen, von der rotgrünen Koalition durchgesetzten, Staatsangehörigkeitsrecht nahezu in jedem zweiten Fall unter Hinnahme von Mehrstaatigkeit.

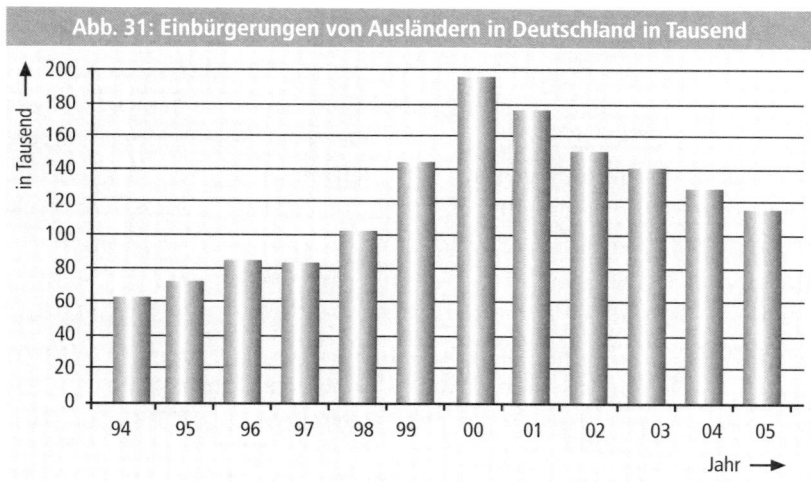

Abb. 31: Einbürgerungen von Ausländern in Deutschland in Tausend

Quellen für Abb. 31 und 32: Bericht der Beauftragten der Bundesregierung über die Lage der Ausländer, Berlin/Bonn, 2002, S. 413; Statistisches Bundesamt: Einbürgerungen im Jahr 2002 weiterhin auf hohem Niveau. Pressemitteilung Nr. 241 vom 13. Juni 2003; Deutscher Bundestag: Antwort der Bundesregierung auf die Kleine Anfrage der Abgeordneten Wolfgang Bosbach u.a.: Doppelte Staatsangehörigkeit nach dem neuen Staatsangehörigkeitsrecht, Drs. 14/9815 vom 22. Juli 2002, S. 3 f.; Statistisches Bundesamt: Einbürgerungen 2003 rückläufig. Pressemitteilung vom 24. Mai 2004; Statistisches Bundesamt: Einbürgerungen im Jahr 2004, Pressemitteilung vom 20. Juli 2005; Statistisches Bundesamt: Einbürgerungen 2005 weiter rückläufig, Pressemitteilung vom 20. Juli 2006, Auskunft des Statistischen Bundesamtes gegenüber dem Verfasser.

Dabei war in der politischen Debatte immer wieder beteuert worden, grundsätzlich halte man auch mit dem neuen Recht an der Vermei-

[1168] Manfrass: Türken in der Bundesrepublik, S. 22 f.

dung von Mehrstaatigkeit fest. Die Zahlen sprechen allerdings seit Jahren eine andere Sprache:

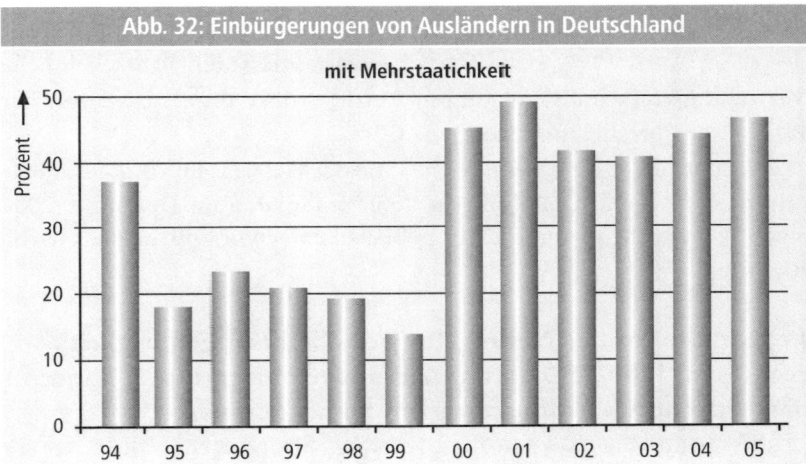

Abb. 32: Einbürgerungen von Ausländern in Deutschland

Tatsächlich sind die Möglichkeiten, die alte Staatsangehörigkeit beizubehalten, stark erweitert worden[1169], was die gestiegenen Anteile der Doppelstaatler unter den Eingebürgerten in Deutschland erklärt.

Dass es der damaligen rot-grünen Bundesregierung entgegen allen Beteuerungen um die zahlreiche Hinnahme von Mehrstaatigkeit ging, darauf weist auch die Tatsache hin, dass sie im Dezember 2001 das Europarats-Übereinkommen zur Vermeidung von Mehrstaatigkeit kündigte.[1170]

Ein Ziel der rot-grünen Reform des Staatsangehörigkeitsrechts war die generelle Hinnahme der doppelten Staatsangehörigkeit. Alle gegenteiligen Behauptungen dienen der Täuschung der Öffentlichkeit.

So wird sich der Staat außerordentlich schwer tun, die mit dem neuen Recht verbundene Optionspflicht (zugunsten der deutschen oder der ausländischen Staatsangehörigkeit) hunderttausender Heranwachsender durchzusetzen.[1171] Vieles spricht dafür, dass dieses Kalkül – der Staat

[1169] vgl. Hailbronner, Kay: Öffentlich-rechtliche Folgen der doppelten Staatsangehörigkeit aus deutscher Sicht, in: Deutsch-Türkische Juristenvereinigung (Hrsg.): Auswirkungen der deutschen Staatsangehörigkeitsreform, Berlin 2002, S. 24
[1170] Der Hinweis bei: Renner: Streitpunkte: Mehrstaatigkeit und Deutschkenntnisse. In: ZAR 10/2002, S. 393
[1171] Ausführlicher: Luft: Ausländerpolitik, S. 349 ff.

werde sich auch hier als durchsetzungsschwach erweisen und vor dem Konfliktpotential kapitulieren – von vornherein handlungsleitend war: So erklärte der damalige schleswig-holsteinische Innenminister Ekkehard Wienholtz (SPD) bei der Verabschiedung des Gesetzes im Bundesrat im April 1999, er hoffe und erwarte, dass der wahrscheinliche Verwaltungsaufwand dazu führen werde, früher oder später von der Pflicht zur Entscheidung abzugehen.[1172]

Die damalige parlamentarische Staatssekretärin im Bundesinnenministerium, die SPD-Politikerin Vogt, unternahm im Dezember 2004 einen – weitgehend unbeachtet gebliebenen – Vorstoß in die gleiche Richtung.[1173]

Legende 4: Vor der Neuregelung des Staatsangehörigkeitsrechtes im Jahr 2000 hatten Ausländer nur geringe Chancen, die deutsche Staatsangehörigkeit zu bekommen.

„Wenn überhaupt, kann die ‚deutsche' Staatsangehörigkeit nur als Gnade gewährt werden."[1174] Manche Autoren haben sich derart in Ressentiments und parteipolitischer Voreingenommenheit[1175] verfangen, dass sie die Wirklichkeit völlig ausblenden: Immerhin hat der Gesetzgeber seit 1991 im neuen Ausländergesetz erhebliche Einbürgerungserleichterungen und sogar einen Rechtsanspruch auf Einbürgerung nach 15 Jahren rechtmäßigen Aufenthalts und gesichertem Lebensunterhalt vorgesehen – eine in Europa singuläre Regelung.[1176] Daher kann auch keine Rede davon sein, dass „bisher [Stand 1999] noch jeder Versuch einer Liberalisierung des Staatsbürgerschaftsrechts gescheitert" sei.[1177]

Bis 1999 wurden rund 338.000 türkische Staatsangehörige eingebürgert, etwa ein Viertel aller 1,4 Millionen erwachsenen türkisch-stämmi-

---

[1172] Verbreitetes Redemanuskript: Rede von Innenminister Ekkehard Wienholtz zur Reform des Staatsangehörigkeitsrechts am 30. April 1999 im Bundesrat, S. 2.; in diesem Sinne vgl. auch: Rittstieg, Helmut: Staatsangehörigkeit, deutsche Leitkultur und die deutsch-türkischen Beziehungen, in: Deutsch-Türkische Juristenvereinigung (Hrsg.): Auswirkungen der deutschen Staatsangehörigkeitsreform, Berlin 2002, S. 21
[1173] „Akzeptieren, dass Leute ihre Herkunft nicht ablegen", Interview in: Berliner Zeitung vom 30. Dezember 2004
[1174] Bukow, Wolf-Dietrich; Yildiz, Erol: Der aktuelle Staatsbürgerschaftsdiskurs: mehr als neuer Wein in alten Schläuchen, in: Butterwegge, Christoph et al. (Hrsg.): Medien und multikulturelle Gesellschaft, Opladen 1999, S. 49
[1175] siehe die Tiraden der Autoren gegen angebliche, hier aber nur als Karikatur wiedergegebene Positionen der Unionsparteien, eb d., S. 51 ff.
[1176] vgl. Bericht der Beauftragten der Bundesregierung über die Lage Ausländer, Berlin/Bonn 2002, S. 61
[1177] Bukow/Yildiz: Der aktuelle Staatsangehörigkeitsdiskurs, S. 50

gen Zuwanderer.[1178] Allerdings lehnt Befragungen zufolge eine Mehrheit (57 Prozent) die Einbürgerung „definitiv ab".[1179]

Aus verfassungs- und staatsrechtlicher Sicht kommt dem Staatsbürger (und damit jenen, denen die Staatsangehörigkeit verliehen wurde) eine herausragende Bedeutung zu. Der Staatsbürger ist „Konstitutions- und Integrationselement des politischen Gemeinwesens in seiner konkreten Form".[1180]

Das Bundesverfassungsgericht hatte erst in der erfolgreichen Beschwerde gegen den Europäischen Haftbefehl im Juli 2005[1181] die Bedeutung der Staatsangehörigkeit hervorgehoben. „Die staatsbürgerlichen Rechte und Pflichten, die für jeden einzelnen mit dem Besitz der Staatsangehörigkeit verbunden sind, bilden zugleich konstituierende Grundlagen des gesamten Gemeinwesens."[1182] Vor diesem Hintergrund sollte sowohl bei der Aufnahmegesellschaft als auch bei den Antragstellern ein Bewusstsein für die Bedeutung dieses Schrittes vorhanden sein. Tatsächlich wird weder auf Seiten der deutschen Politik ein entsprechender Eindruck vermittelt, noch scheint sich bei Einbürgerungskandidaten eine zu erwartende Identifikation mit dem Staat und seinen Prinzipien abzuzeichnen.

So wurde in der Debatte um das Staatsangehörigkeitsrecht der Eindruck erweckt, als sei die Entscheidung, die beim Erwerb der Staatsangehörigkeit grundsätzlich verlangt wurde, unzumutbar: Sich zum Staat Bundesrepublik Deutschland zu bekennen und in der Konsequenz die alte Staatsangehörigkeit abzugeben, das könne nicht verlangt werden. Damit wurden integrationspolitisch die falschen Signale gegeben: Eine bewusste Entscheidung für diesen Staat wird nicht verlangt. Das hier zum Ausdruck kommende defizitäre Selbstbewusstsein, symptomatisch für die Ich-Schwäche der deutschen Integrationspolitik, löst bei vielen Zuwanderern am ehesten Verachtung aus. Dass es jenseits

---

[1178] vgl. Şen, Faruk; Sauer, Martina; Halm, Dirk: Intergeneratives Verhalten und (Selbst-)Ethnisierung von türkischen Zuwanderern Gutachten des Zentrums für Türkeistudien für die Unabhängige Kommission „Zuwanderung", Essen 2001, S. 100

[1179] ebd., S. 105

[1180] Grawert, Rolf: Staatsvolk und Staatsangehörigkeit, in: Handbuch des Staatsrechts II ³2004, Rn 135

[1181] vgl. BVerfG, 2 Bvr 2236/04 vom 18.7.2005, http://www.bundesverfassungsgericht.de/entscheidungen/rs20050718_2bvr223604.html

[1182] ebd., Abs. 66

rechtlicher und materieller Vorteile erstrebenswert sein könnte, die deutsche Staatsangehörigkeit zu erhalten, ist vor diesem Hintergrund nur schwer nachvollziehbar.

„Die Bedeutung der Staatsangehörigkeit für eine gelungene Integration kann nicht deutlich genug hervorgehoben werden. Die derzeitige Regelung ist für viele Migrant/innen nicht akzeptabel: Viele wollen z. b. ihre türkische Staatsangehörigkeit für den Fall nicht verlieren, dass hier in Deutschland Fremdenfeindlichkeit so sehr zunimmt, dass sie dann doch das Land verlassen müssen. Andere empfinden es als Verrat an ihren Eltern, wenn sie die Staatsangehörigkeit ihres ‚Mutterlandes' Türkei aufgeben."[1183] Hier wird – wie in zahlreichen anderen Stellungnahmen auch – ein tief sitzendes Misstrauen gegen den Rechtsstaat Bundesrepublik Deutschland offensichtlich. Es wird unterstellt, er könne jederzeit in eine Diktatur umkippen, die den massenhaften Exodus unerwünschter Personen betreiben könne. Vor diesem Hintergrund ist es nicht überraschend, dass eine Studie des *Zentrums für Türkeistudien* zu dem Ergebnis kam, dass von jenen Befragten, die die deutsche Staatsangehörigkeit angenommen hatten, nur 7 Prozent eine Identifikation mit Deutschland als Grund dafür angaben („Ich fühle mich als Deutscher/Sehr eng mit Deutschland verbunden"). Pragmatische Gründe wie rechtliche Vorteile und Aufenthaltssicherheit standen hingegen stark im Vordergrund.[1184] Einer Identifikation steht auch eine ausgeprägte *Loyalität zur eigenen Ethnie*, wie sie für kurdische Gruppen beschrieben wurde, im Wege.[1185] Sie ist nicht zuletzt auf den die radikale Türkisierungspolitik der türkischen Regierungen zurückzuführen.[1186] Der nicht nur bei Kurden feststellbare Nationalismus, der auch nach der Einbürgerung in Deutschland beibehalten wird, passt in dieses Bild. Allerdings steht eine starke emotionale Beziehung zum Herkunftsstaat meist im Widerspruch zum Erwerb einer fremden Staats-

---

[1183] Freise, Josef: Nicht Leitkultur, sondern Streitkultur. Erfolgreiche Integration erfordert Anstrengungen sowohl von Migranten als auch von Einheimischen, in: Frankfurter Rundschau vom 22. August 2005
[1184] vgl. Şen, Faruk; Sauer, Martina; Halm, Dirk: Intergeneratives Verhalten und (Selbst-)Ethnisierung von türkischen Zuwanderern. Gutachten des Zentrums für Türkeistudien für die Unabhängige Kommission „Zuwanderung", Essen 2001, S. 102 f.; ähnliche Ergebnisse für junge Kurden bei: Wehr, Bärbel: Rechtsverständnis und Normakzeptanz in ethnopluralen Gesellschaften. Eine rechtsanthropologische Untersuchung über das Verhältnis Deutscher kurdischer Abstammung aus der Türkei in München und der deutschen Rechtsordnung, München 2000, S. 27, S. 146 ff.
[1185] vgl. ebd., S. 88
[1186] vgl. ebd., S. 140 ff.

angehörigkeit. Bei den Kurden aus der Türkei, die sich als ethnische Gruppe von ihrem Staat verfolgt und unterdrückt fühlen, existiert diese Hemmung nicht. „Kurdische junge Menschen befinden sich jedoch in einer besonderen Situation, die ein starkes ethnisches Selbstbewusstsein, bis hin zum Nationalismus, gepaart mit der deutschen Staatsangehörigkeit widerspruchsfrei zulässt."[1187] Das führt dann dazu, dass sich „trotz Staatsangehörigkeit die Volkszugehörigkeit im Sinne einer kulturell geprägten emotionalen Bindung nicht auflöst ..."[1188] Dass trotz Annahme der Staatsangehörigkeit keinerlei Identifikation mit Deutschland vorliegt, wird auch auf eine – aus Sicht von Kurden – protürkische deutsche Außenpolitik zurückgeführt.[1189] Hier wird das Problem von Einbürgerungen deutlich, die mit keinerlei Verbundenheit mit dem Staat einhergehen. Eine solche Politik fördert letztlich das Entstehen ethnischer Minderheiten, die als Lobby für die jeweiligen Interessen ihrer Volksgruppe (im Herkunftsland oder in Deutschland) eintreten. Die sozialdemokratische Bundesregierung unter Kanzler Helmut Schmidt hatte hier entsprechende Probleme vorhergesehen: „Wenn die Anforderungen für eine Einbürgerung wesentlich herabgesetzt werden, könnte es sein, dass ein Eingebürgerter trotz des rechtlichen Bandes der Staatsangehörigkeit innerlich in Deutschland ein Fremder bleibt, der sich trotz voller rechtlicher Gleichstellung in seinen sozialen Chancen diskriminiert fühlen könnte. Es wäre dann nicht auszuschließen, dass fremdsprachige Minderheiten mit deutscher Staatsangehörigkeit in der Bundesrepublik Deutschland entstehen, die für soziale Krisen besonders anfällig werden", hieß es in einer ausländerpolitischen Positionsbestimmung aus dem Jahr 1980.[1190]

Vor diesem Hintergrund und der dargestellten Erfahrungen anderer Länder verfehlt die naiv-euphorische Beteuerung „Jede [Einbürgerung] ist ein Erfolg, den Sie feiern können, weil sich dann jemand zu Deutschland bekennt"[1191] die Wirklichkeit erheblich.

Der Staat sollte nicht auf jede identifikatorische Integration verzichten, wie es linke Staatsverächter fordern und wie es in der technokrati-

---

[1187] ebd., S. 112
[1188] ebd., S. 116
[1189] vgl. ebd., S. 150
[1190] Weiterentwicklung der Ausländerpolitik, Beschlüsse der Bundesregierung vom 19. März 1980, S. 22
[1191] „Jede Einbürgerung ist ein Erfolg", Interview mit dem nordrhein-westfälischen „Integrationsminister" Armin Laschet, in: Frankfurter Allgemeine Zeitung vom 1. Februar 2006

schen Einbürgerungspraxis bis vor wenigen Jahren gang und gäbe war. Die Einführung von Einbürgerungsfeiern waren ein überfälliger, wenn auch nicht ausreichender Schritt, der zu dieser Identifikation beitragen kann. Die Annahme der Staatsangehörigkeit ist eben nicht vergleichbar mit dem Beitritt zu einem x-beliebigen Verein, die Staatsangehörigkeitsurkunde nicht vergleichbar mit dem Führerschein. So wurden in Großbritannien, die die Feiern 2004 einführten und von Ländern wie USA, Kanada und Australien übernahmen, gute Erfahrungen damit gemacht.[1192]

Wenn das Bundesverfassungsgericht davon spricht, dass die Folgen des Zweiten Weltkrieges von den „Deutschen als Schicksalsgemeinschaft" zu tragen seien[1193], dann erfolgt mit der Einbürgerung die Aufnahme in diese „Schicksalsgemeinschaft". Das bedeutet auch, dass von Einbürgerungswilligen legitimerweise verlangt werden kann, dass sie sich mit dem Staat, dessen Angehöriger sie werden wollen, befasst und sich Landeskenntnisse angeeignet haben. Dazu gehören in erster Linie Grundkenntnisse der Geschichte und Politik Deutschlands (nicht nur der Sprache).

Zu einer „Schicksalsgemeinschaft" gehört auch ein Zusammengehörigkeitsgefühl. Dies kann allerdings weder staatlich verordnet noch in Prüfungen abgefragt werden. Es ist eine Frage des gesellschaftlichen Klimas. Wenn es den Teilnehmern in der öffentlichen Debatte an nationalem Selbstwertgefühl mangelt, kann dies nicht von Zuwanderern abverlangt werden. „Woher soll der Stolz von Einwanderern auf das neue Heimatland kommen, wenn selbst die einheimische Elite ein distanziertes Verhältnis dazu pflegt? Deutschland ist ein Land, in dem Minister Probleme mit Amtseid und Hymne haben; in dem man selbst in Veranstaltungen des Goethe-Instituts mitunter kaum ein deutsches Wort hört; wo auf mancher Konferenz der Max-Planck-Gesellschaft ausschließlich deutsche Teilnehmer auf englisch radebrechen; ein Land, dessen führende Konzerne sich global nennen und gebärden, obwohl doch alle Welt sie als deutsch (oder gar bayerisch) wahrnimmt; ein Land, das das Interesse der Welt an seiner Sprache und an seinem Rechtssystem

[1192] vgl. Duke-Evans, Jonathan: Von Migranten zu Bürgern: Die Einbürgerungstests in Großbritannien (= Blickpunkt Großbritannien der Friedrich-Ebert-Stiftung). März 2006, S. 2
[1193] BVerfG, 2 BvR 955/00 vom 26.10.2004, Abs.Nr. 132, http://www.bundesverfassungsgericht.de/entscheidungen/rs20041026_2bvr095500.html

mit der Kürzung der Mittel für den Kultur- und Wissenschaftsaustausch beantwortet. Warum sollte sich ein Türke zu diesem Land bekennen, das dessen eigene Bürger verachten?", fragt Reinhard Müller in der *Frankfurter Allgemeinen Zeitung*.[1194]

Es bleibt dabei: Mangelndes Nationalbewusstsein, mangelnde Identifikation mit dem Gemeinwesen fördern die Integration nicht. Allerdings ist auch in Staaten, in denen ein ausgeprägter Nationalstolz vorherrscht (wie in Frankreich), die Integration von Zuwanderern nicht besser (eher schlechter) als in Deutschland gelungen. Entscheidend ist also, dass Zuwanderer nicht als Gruppen an den Rand gedrängt werden, sie ihre Perspektive nicht in der dauerhaften ethnisch-sozialen Unterschichtung der Aufnahmegesellschaft sehen müssen.

Integrationsbarrieren

Das kompromisslose Bestehen auf einer „muslimischen Identität", wie sie vor allem in Islamistenkreisen definiert wird, ist eine klare Integrationsbarriere. Wenn etwa das Tragen des Kopftuchs als „göttlicher Wille" angesehen wird und die Bereitschaft es abzulegen, dementsprechend gering ist, so ist dies nicht selten ein Grund für Ablehnung durch die Mehrheitsgesellschaft – etwa bei der Bewerbung um eine Lehrstelle. Diese Ablehnung aufgrund fehlender Anpassungsbereitschaft wird als Diskriminierung bezeichnet und anklagend gegen die Aufnahmegesellschaft gewendet. Die islamistischen Wortführer machen dann die Aufnahmegesellschaft verantwortlich für eine mangelnde Integrationsbereitschaft. So antwortete der ehemalige Generalsekretär und Vorsitzende des Islamrats, Ali Kizilkaya, in einem Interview der *Frankfurter Allgemeinen Zeitung* auf die Frage „Sind für Sie Männer und Frauen wirklich gleichberechtigt?": „Man muss von der Praxis ausgehen. Der Alltag läuft mehr oder weniger reibungslos und erfüllt die Erfordernisse des Grundgesetzes. Denn gerade in dieser Gesellschaft eröffnet sich ja auch eine Chance für muslimische Frauen, sich zu emanzipieren, indem sie im Berufsleben selbstständig werden. Finanzielle Selbstständigkeit bringt auch in der Familie einen anderen Status. Gerade dem wird aber durch die Gesellschaft, teilweise durch die Politik ein Riegel vorgeschoben, etwa durch das Kopftuchverbot nur für Muslime, durch das einige

[1194] Müller, Reinhard: Leitkultur, in: FAZ vom 3. November 2005

Berufsfelder für muslimische Frauen verschlossen werden. Sie werden dann durch den Gesetzgeber oder die Gesellschaft an den Herd geschickt – nicht durch die muslimischen Männer."[1195]

Übersteigerter Nationalstolz, Nationalismus, ist in der deutschen Geschichte des 19. und 20. Jahrhunderts weit verbreitet gewesen. Der allgemeine, für gegenwärtige deutsche Verhältnisse, extreme türkische Nationalismus ist eine starke Integrationsbarriere. Die „Erziehung zum Nationalstolz" hat in der Türkei seit Atatürk eine herausragende Bedeutung. In der Grundschule müssen die Kinder einen „Eid" auswendig lernen und allmorgendlich aufsagen:

„UNSER EID
Ich bin Türke, ich bin ehrlich, ich bin fleißig.
Mein Gesetz ist es, die, die kleiner sind als ich zu schützen und die,
die größer sind, zu ehren,
mein Land und meine Nation mehr als mich selbst zu lieben.
Mein Ideal ist aufzusteigen und voranzukommen.
Meine Existenz sei der Existenz des Türkentums geschenkt.
Hey, großer Atatürk, der du unsere heutige Zeit erschaffen hast,
ich schwöre, dass ich auf dem Weg, den du geöffnet hast, für die Ideale,
die du geschaffen hast, für das Ziel, das du aufgezeigt hast, ohne
anzuhalten vorwärts gehen werde.
,Wie glücklich sind die, die sagen, ich bin Türke.'"[1196]

Die türkische Schule leistet mit ihren Erziehungszielen einen wichtigen Beitrag zur Identitätsfindung in politischer Hinsicht. Da dieser in Deutschland entfällt, übernehmen die Eltern häufig diese Aufgabe.[1197]

Freiheit

In den Herkunftsländern der Zuwanderer herrschen nicht selten politische Instabilität und politische Verfolgung vor. In Deutschland herr-

---

[1195] Interview mit Ali Kizilkaya in: FAZ vom 25. Januar 2005
[1196] Zit. nach: Toprak, Ahmet: „Auf Gottes Befehl und mit dem Worte des Propheten". Auswirkungen des Erziehungsstils auf die Partnerwahl und die Eheschließung türkischer Migranten der zweiten Generation in Deutschland, Herbolzheim 2002, S. 42
[1197] Vgl. Toprak, Ahmet: „Wer sein Kind nicht schlägt, hat später das Nachsehen". Elterliche Gewaltanwendung in türkischen Migrantenfamilien und Konsequenzen für die Elternarbeit, Herbolzheim 2004, S. 81

schen vergleichsweise stabile politische Verhältnisse, kein Angehöriger einer ethnischen Gruppe muss befürchten, als solcher verfolgt zu werden. Erfolgreiche Integration bedeutet zunächst, sich aus den (schützenden und oftmals einengenden) Bindungen der ethnischen Kolonien zu lösen und die Chancen, die das Aufnahmeland bietet, zu nutzen. Nicht nur Frauen können dann ein höheres Maß an Selbstbestimmung verwirklichen, was – wie wir gesehen haben – keineswegs das Kappen jeglicher Verbundenheit zum Herkunftsland und zu seiner Kultur bedeuten muss. Die ehemalige Vorsitzende des *Islamischen Frauenvereins* in Berlin und Tochter des Gründers der deutschen Sektion von *Milli Görüs*, Emel Abidin Algan, machte für sie unerwartete Alltagserfahrungen, als sie sich entschieden hatte, das Kopftuch abzulegen und ein selbstbestimmtes Leben zu führen: „Ich habe jetzt viel mehr Möglichkeiten, Dinge zu machen, die ich vorher nicht tun konnte. So hab ich etwa schwimmen gelernt, wobei ich einen Badeanzug mit Leggings trage. Auch hier war meine erste Erfahrung, dass kein Schaden entsteht. Beim Schwimmen dachte ich, jetzt gucken die Männer bestimmt. Aber auch da bin ich nicht aufgefallen, geschweige denn belästigt worden."[1198]

Auch junge Männer haben die Chance, sich aus dem überkommenen Rollenverständnis zu emanzipieren und ihr Verständnis von *Mann-Sein* weiterzuentwickeln. Frauen wie Männer müssen hier aktiv unterstützt werden. Dabei darf weder über vorhandene Probleme hinweggesehen werden noch, darauf wurde zu Recht hingewiesen, jede „mitgebrachte" Orientierung als Gepäck, das über Bord zu werfen sei, betrachtet werden, weil es die Integration behindere.[1199] Ein „Quartiersmanager" aus Berlin-Neukölln fasst seine Erfahrungen so zusammen:

„Entgegen der üblichen Meinung behaupte ich, dass der Islam *keine* Hürde für die Integration darstellt. Eine Hürde ist vielmehr die Art und Weise, wie die Religion von einer verhältnismäßig kleinen Gruppe konservativer Muslime skrupellos instrumentalisiert wird, um ihre Macht über andere, eingeschüchterte oder zu wenig gebildete Glau-

---

[1198] „Ich gewöhne mich an den Wind". Interview mir Emel Abidin Algan in: taz vom 21. November 2005
[1199] Boos-Nünning, Ursula; Karakaşoğlu, Yasemin: Welche Ressourcen haben junge Migrantinnen. Plädoyer für einen Perspektivenwechsel, in: Migration und Soziale Arbeit, 27. Jg., H.3/4, Oktober 2005, S. 228

bensbrüder zu sichern. (...) [Zu den wichtigen Problemstellungen] zählen die Suche nach neuen Rollenmustern junger muslimischer Männer, die Befreiung vom bleiernen Patriarchat und von archaischen Bräuchen sowie Aberglaube. Letztere ersticken jede Integrationsabsicht im Keim. Die ,Macht der Moscheen' erfolgt auf subtile Art und Weise. Schleichend unterdrückt sie moderate Muslime, die sich mit diesen Fragen auseinander setzen. Dies wird von der ,westlichen Welt' kaum wahrgenommen."[1200]

Integration und Recht

Was kann von einem Zuwanderer, der sich in Deutschland einbürgern lassen will, verlangt werden? Womit muss sich der Einbürgerungswillige identifizieren? Kann nach den Modernisierungsschüben des 20. Jahrhunderts eine „Leitkultur" noch hinreichend inhaltlich bestimmt werden? Was außer der Rechtstreue kann billigerweise verlangt und erwartet werden? Zu Recht ist festgestellt worden: „Nicht-rechtliche Verhaltensnormen wie Sitten und Bräuche haben ihre verhaltenssteuernde und gesellschaftserhaltende Bedeutung mehr und mehr verloren."[1201] Auf welches Leitbild können sich beispielsweise progressive Linksliberale und konservative Katholiken, sich entblößende Teilnehmer der *loveparade* in Berlin und fromme Lieder singende Teilnehmer der *Fronleichnamsprozession* in München, noch einigen? Das fängt beim Schutz des ungeborenen Lebens an und hört bei der „Homosexuellen-Ehe" nicht auf. Hier bestehen jeweils fundamentale Differenzen über gesellschaftspolitische Leitbilder und grundlegende Rechtsgüter – Einigkeit muss nur darin bestehen, dass die jeweiligen Gesetze in ihrer Eigenschaft als Gesetz zu respektieren sind, auch wenn sie inhaltlich kritisiert und bei vorhandenen Mehrheiten wieder geändert werden sollen. „Öffentliche Kritik bei gleichzeitigem Gehorsam gegen die Gesetze ist die einzige Weise, der Alternative zwischen dem Despotismus einer für unfehlbar erklärten Herrschaft (sei es monarchisch oder republikanisch) einerseits und dem Bürgerkrieg andererseits zu entgehen."[1202]

[1200] Duhem, Gilles: „Soziale Stadt – meine Sicht", in: Soziale Stadt info 17, September 2005, hrsg. vom Deutschen Institut für Urbanistik, S. 25
[1201] Kötter, Matthias: Integration durch Recht? Die Steuerungsfähigkeit des Rechts im Bereich seiner Geltungsvoraussetzungen, in: Sahlfeld, Konrad; Caroni, Martina; Chudozilov, Anna et al. (Hrsg.): Integration und Recht (= 43. Assistententagung Öffentliches Recht) München 2003, S. 33
[1202] Spaemann, Robert: Moral und Gewalt, in: ders.: Philosophische Essays, Stuttgart ²1994, S. 166 f.

Auch das Bundesverfassungsgericht hat bei seiner Entscheidung zur Verleihung des Status der *Körperschaft des öffentlichen Rechts* an die Religionsgemeinschaft der *Zeugen Jehovas* festgestellt: „Jede Vereinigung hat, wie jeder andere Bürger auch, die staatsbürgerliche Pflicht zur Beachtung der Gesetze."[1203] Darüber hinaus gehende Verpflichtungen seien allerdings mit dem Grundgesetz nicht vereinbar, wobei das Gericht insbesondere zu Loyalitätsforderungen auf Distanz geht: „Von den korporierten Religionsgemeinschaften eine über die genannten Anforderungen hinausgehende Loyalität zum Staat zu verlangen, ist zum Schutz der verfassungsrechtlichen Grundwerte nicht notwendig und mit ihnen im Übrigen auch nicht vereinbar."[1204] „‚Loyalität' ist ein vager Begriff, der außerordentlich viele Deutungsmöglichkeiten eröffnet bis hin zu der Erwartung, die Religionsgemeinschaft müsse sich bestimmte Staatsziele zu eigen machen oder sich als Sachwalter des Staates verstehen. Der Begriff zielt nämlich auch auf eine innere Disposition, auf eine Gesinnung, und nicht nur auf ein äußeres Verhalten."[1205] Wenn der Staat mehr als Gesetzesgehorsam verlangt, besteht die Gefahr des Entgleisens zur „Gesinnungstyrannei": „... wenn die Loyalität der Bürger sich gründet auf inhaltliche Zustimmung zu den Gesetzen des Staates, muss der Staat alles daransetzen, sich der Zustimmung zu versichern, und er müsste die Bekundung von Dissens in Bezug auf seine Gesetzgebung als Aufkündigung der Loyalität verstehen und als Aufforderung zum Ungehorsam verfolgen. Nur wo der Gehorsam gegen die Gesetze von der Zustimmung zu deren Inhalt unterschieden ist, nur dort kann jene Kritik an den Gesetzen freigegeben werden, die zu deren Verbesserung führen kann."[1206]

Die Pflicht zur Rechtstreue lässt Glaubensüberzeugungen, politische Überzeugungen und Wertmaßstäbe unberührt. Hier hat der Staat nichts vorzuschreiben und nichts zu beurteilen.[1207] Rechtstreue bedeutet, das Gewaltmonopol des Staates anzuerkennen und „Konflikte in den Bahnen des Rechts" auszutragen.[1208] Das bedeutet eine klare Absage an

---

[1203] BVerfG, 2 BvR 1500/97 vom 19.12.2000, Abs.-Nr. 80, http://www.bundesverfassungsgericht.de/entscheidungen/rs20001219_2bvr150097.html
[1204] ebd., Abs-Nr. 92
[1205] ebd., Abs.-Nr. 94
[1206] Spaemann, Robert: Philosophische Essays, Stuttgart ²1994, S. 163
[1207] vgl. ebd., S. 63
[1208] Isensee, Josef: Staat und Verfassung, in: Handbuch des Staatsrechts II ³2004, Rn 93

jede Form der Selbstjustiz. „Der Justizgewährleistungsanspruch ist der rechtsstaatliche Ausgleich für das Verbot, Richter in eigener Sache zu sein."[1209] Selbstjustiz kann und darf es im modernen Rechtsstaat nicht geben. Das gilt auch dann, wenn eine Handlung nach religiösem Verständnis als Verbrechen betrachtet wird (wie die „Satanischen Verse" von Salman Rushdie oder der Film „Submission" von van Gogh).[1210]

Die Bereitschaft, Rechtsnormen des Aufnahmelandes zu befolgen, gehört zur „Grundvoraussetzung des Funktionierens rechtlich gesteuerter Gesellschaften ... Sie muss auch das Ziel sozialer, insbesondere kultureller Integration sein."[1211]

In jeder Kultur gibt es (sich im Laufe der Zeit verändernde) Rechtsnormen, die von den Bewohnern verinnerlicht wurden. Daher können zugewanderte Personen „in Konflikte zwischen den von ihnen verinnerlichten Sozialnormen und den Handlungserwartungen unseres Rechts" geraten.[1212] Das gilt im kurdischen Bereich für die Einbindung in Stammes- und Verwandtschaftsbeziehungen, die Verpflichtung zu absolutem Gehorsam und die weiter bestehenden Feudalstrukturen.[1213] Daraus resultieren Rechtsstukturen und Rechtsvorstellungen, die mit den gegenwärtigen in westeuropäischen Ländern wenig gemein haben. Das gilt sowohl für die Schlichtungsinstanzen, die die Stämme herausgebildet haben und die bis heute zur sozialen Wirklichkeit in den Siedlungsgebieten gehören als auch für das Familien- und Eherecht, die Blutrache, die Sippenhaft und die Ehrvorstellungen.[1214] Diese Formen und Normen der Konfliktaustragung finden sich (abgeschwächt und in Mischformen) bis heute auch in den ethnischen Kolonien in deutschen Großstädten wieder. Sie missachten das staatliche Gewaltmonopol.

Die Orientierung beispielsweise an „kurdischen Moralnormen und Werten" steht häufig in Widerspruch zu deutschen Rechtsnormen.[1215] Das gilt erwartungsgemäß für den Zusammenhalt der Familie, der im Konfliktfalle höher als deutsche Rechtsvorstellungen bewertet wird. Es

---

[1209] ebd.
[1210] vgl. Amirpur, Katajun: Prozessiert! Demonstriert! Aber bekennt euch endlich!, in: Süddeutsche Zeitung vom 11. November 2004
[1211] Kötter: Integration durch Recht?, S. 38
[1212] ebd., S. 39
[1213] vgl. Wehr, Bärbel: Rechtsverständnis und Normakzeptanz in ethnopluralen Gesellschaften. Eine rechtsanthropologische Untersuchung über das Verhältnis Deutscher kurdischer Abstammung aus der Türkei in München zur deutschen Rechtsordnung, München 2000, S. 62 ff.
[1214] vgl. ebd., S. 72 ff.
[1215] vgl. ebd., S. 160 f.

gilt auch für die Strafhöhe, wenn sie dem Prinzip der Vergeltung und der Rache und dem entsprechenden Rechtsempfinden nicht entspricht.[1216] Auch werden Entscheidungen deutscher Behörden, kriminelle Aktivitäten kurdischer Organisationen (wie der PKK), zu verbieten, nicht akzeptiert.[1217] Gerade bei jüngeren Kurden dominiere in „der Auseinandersetzung mit der deutschen Mehrheitsgesellschaft ... der Eindruck, ungerecht behandelt zu werden und daher nötigenfalls selbst für Gerechtigkeit sorgen zu müssen oder diese wiederherstellen" zu müssen.[1218]

Hier entstehen tief greifende Probleme, denn ohne die Bereitschaft, die Rechtsordnung zu akzeptieren, wird dem Rechtsstaat die Grundlage entzogen.[1219] Hier muss von Zuwanderern zwingend ein erhebliches Maß an Anpassungsbereitschaft erwartet werden: „Der Zuwanderer ist deshalb gezwungen, charakteristische Elemente seiner Herkunftsidentität aufzugeben und sich dem Recht der Aufnahmegesellschaft zu unterwerfen. Das ist die Folge der Anerkennung des Rechts als Steuerungsmittel. Denn Recht erfordert oder erzwingt Einheit. (...) Kulturelle Integration mit Mitteln des Rechts ist demnach möglich. Ihr Ziel ist die Gewährleistung der Rechtsbefolgung. Von der Vorstellung, dass dies unter Wahrung der kulturellen Identität des Zuwanderers erreicht werden könne, sollte man sich verabschieden."[1220]

Ziel von Integrationspolitik muss in diesem Zusammenhang sein, dass Zuwanderer trotz anderer Sozialisation die deutschen Rechtsnormen befolgen. „In Konfliktfällen zwischen einer verinnerlichten Sozialnorm seiner Herkunftskultur und einer rechtlichen Handlungserwartung im Aufnahmeland, hat der Zuwanderer ‚legal' zu handeln."[1221] Hier haben die Integrationskurse eine wesentliche Aufgabe.

Die Religionsfreiheit und ihre Grenzen

Die im Grundgesetz verbürgte Religionsfreiheit gilt auch für nichtchristliche Religionen. Allerdings müssen ihre Anhänger die Religionsfreiheit ihrer Mitbürger anerkennen: Sie gilt uneingeschränkt sowohl für jene, die sich vom Islam abwenden („Abfall vom Glauben") und

[1216] vgl. ebd., S. 163
[1217] vgl. ebd., S. 173
[1218] vgl. ebd., S. 174
[1219] Kötter: Integration durch Recht?, S. 36
[1220] ebd., S. 46
[1221] ebd., S. 51

konvertieren oder sich von jeglicher Religion lossagen. Religionsfreiheit findet auch dort ihre Grenze, wo *politisierte Religion*, wie der *Islamismus*, Sonderrechte einfordert. Die unverzichtbare staatliche Rechtseinheit macht die Realisierung eines islamisches Zivilrechts, das sich an der Scharia als Rechtsordnung orientiert, in Deutschland unmöglich. Es wäre Ursache tief greifender Desintegration. Die friedenstiftende Kraft des Rechts ginge damit verloren. Deutsche Politik sollte gerade in diesem Zusammenhang unpräzise und zweideutige Formulierungen vermeiden, weil sie Missverständnisse von interessierter Seite provozieren. Etwa wenn die *Beauftragte der Bundesregierung für Ausländerfragen* formulierte: „So müssen wir uns z. B. mit den berechtigten Ansprüchen der islamischen Religionsgemeinschaften auseinandersetzen und gegebenenfalls unsere Rechtsvorstellungen ändern und anpassen."[1222]

In Indien ist die Einführung eines eigenen Zivilrechts für Muslime Quelle gewalttätiger Konflikte.[1223] „In diesem Sinne verschafft sich die muslimische Minderheit ein Ghetto mit eigenen Rechtsstrukturen, was die Hindu-Mehrheit provoziert und zum Radikalismus treibt. Indische Hindus weisen jede Politik zurück, die den indischen Muslimen einen Sonderstatus einräumt – was parallel für die Mehrheit des indischen Staates erhebliche Konsequenzen hat."[1224]

Antisemitische Ausfälle sind in Moscheen oder islamistischen Publikationen ebenso wenig hinnehmbar wie in nicht-islamischem Umfeld.[1225] Sie sollten auch nicht verharmlost werden. Zurecht hat der Soziologe Ralph Ghadban dem Ethnologen Werner Schiffauer vorgeworfen, er verharmlose den Antisemitismus der islamistischen Vereinigung Hizb-ut Tahir (sie war 2003 vom Bundesinnenministerium mit einem Betätigungsverbot belegt worden[1226]), wenn er in diesem Zusammenhang von „antiisraelischem Diskurs"[1227] spreche.[1228]

[1222] Beauftragte der Bundesregierung für Ausländerfragen (Hrsg.): Bericht der Beauftragten der Bundesregierung für Ausländerfragen über die Lage der Ausländer in der Bundesrepublik Deutschland, Berlin, Bonn 2000, S. 203
[1223] vgl. Tibi, Bassam: Europa ohne Identität? Die Krise der multikulturellen Gesellschaft, München 1998, S. 226 ff.
[1224] ebd., S. 232
[1225] Dass das Thema „Importierter Antisemitismus" inzwischen eine breite Aufmerksam findet belegt u. a. der Beitrag von Claudia Dantschke: „Islamismus, eine religiöse Ideologie: Schnittmengen und Abgrenzungen, in: Zentrum für demokratische Kultur (Hrsg.): Volksgemeinschaft gegen McWorld. Rechtsintellektuelle Diskurse zu Globalisierung, Nation und Kultur, Berlin, Leipzig 2002, S. 75-86
[1226] vgl. Bundesministerium des Inneren (Hrsg.): Verfassungsschutzbericht 2004, Berlin 2005, S. 208 f.
[1227] Schiffauer, Werner: Das Schweigen am Rande, in: taz vom 30. Januar 2003
[1228] Ghadban, Ralph: Den Dialog nie gesucht, in: taz vom 8. Februar 2003

Die mindere Stellung der Frau, wesentlich aus der *Scharia* begründet, muss ebenfalls strikt zurückgewiesen werden.[1229] Gewalt gegen Frauen, Morde im Namen der Ehre sind keine typisch islamischen Phänomene, sie existieren auch in anderen Kulturkreisen.[1230] Es kann aber nicht darüber hinweggesehen werden, dass auch im zeitgenössischen Islam in etlichen Ländern derartiger Gewalt zumindest Vorschub geleistet, wenn sie nicht sogar ausdrücklich gerechtfertigt wird. Das gilt nicht nur für islamistische Prediger und Theologen in islamischen Ländern, sondern mittlerweile auch für Europa im Allgemeinen[1231] und Deutschland im Besonderen. Aus einer Fülle einschlägiger Einlassungen seien hier nur drei herausgegriffen:

– Auf der Homepage des *Zentralrates der Muslime* wird mit einem Link auf einen Buchversand verwiesen wird, bei dem die Veröffentlichungen unter anderem von Scheich und Professor Yusuf Al-Qaradawi[1232] angepriesen werden, so sein Buch „Erlaubtes und Verbotenes im Islam" angepriesen: „Als Referenzbuch ist dieses Buch, das von einem führenden und weltweit anerkannten Rechtsgelehrten verfasst ist, sehr gut geeignet."[1233] In dem Werk wird unter anderem ausführlich erörtert, unter welchen Bedingungen und in welchem Ausmaß Frauen von ihren Ehemännern körperlich gezüchtigt werden dürfen.[1234] Der *Zentralrat der Muslime* ist Dialog-Partner des Staates und gesellschaftlicher Gruppen. Sein langjähriger Vorsitzender, Dr. Nadeem Elyas, war in den Medien häufig an prominenter Stelle präsent.

– Nach Angaben des Hessischen Verfassungsschutzes hat Elyas auch drakonische Strafen des islamischen Rechts, wie die Steinigung der Frau bei Ehebruch, gerechtfertigt.[1235]

– Bekanntheit erlangte auch die „Kamel-Fatwa" des langjährigen Lehrbeauftragten für Islam im Fachgebiet Religionswissenschaft des Fachbereichs Evangelische Theologie an der Johann Wolfgang von Goethe-

---

[1229] vgl. u.a.: Schirrmacher, Christine; Spuler-Stegemann, Ursula: Frauen und die Scharia. Die Menschenrechte im Islam, Kreuzlingen, München 2004, S. 186 ff.
[1230] vgl. ebd., S. 204
[1231] vgl. ebd., S. 208 f.
[1232] vgl. Becker, Hildegard: Gefährlicher Aktivist mit religiösem Anspruch, http://www.sicherheit-heute.de/personen,118.htm [10. Oktober 2004]
[1233] http://www.em-buch.de/ [10. Juli 2006]
[1234] vgl. Al-Qaradawi, Yusuf: Erlaubtes und Verbotenes im Islam, 4. Auflage, München 2003, S. 287 f.
[1235] Hessisches Ministerium des Innern und Sport (Hrsg.): Verfassungsschutz in Hessen. Bericht 2003, Wiesbaden 2004, S. 30

Universität in Frankfurt am Main und Vorsitzenden der „Islamischen Religionsgemeinschaft Hessen".[1236] Demnach soll es Schülerinnen islamischen Glaubens untersagt sein, an Klassenfahrten ohne Begleitung männlicher Verwandtschaft teilzunehmen, so die Entfernung des Reiseziels mehr als 81 Kilometer beträgt. Berechnet wurde diese Empfehlung nach der Tagesleistung eines Kamels.

Zuwanderer ohne Perspektive werden sich nicht identifizieren

Erfahren Zuwanderer die Aufnahmegesellschaft positiv, erhalten sie Chancen zu einem sozialen Aufstieg und zu wirtschaftlichem Erfolg, so wird sich in den allermeisten Fällen auch eine Identifikation mit dem Gemeinwesen einstellen. Meist bieten die Aufnahmegesellschaften mehr Entfaltungsmöglichkeiten und mehr Chancen als die Herkunftsländer, die diese Menschen nicht ohne Grund verlassen haben. Dies bedeutet aber nicht, dass sie im Aufnahmeland automatisch erfolgreich sein müssen. Die größte Zuwanderergruppe, die türkische, bildet eine stabile ethnisch-soziale Unterschicht. Dabei spielt in Deutschland die sozialstaatliche Einbettung der Zuwanderer, die in großen Teilen zu den sozial schwachen Schichten gehören, eine wichtige Rolle. Sie sichert ihnen – auch ohne Arbeit – einen Lebensstandard, den sie in ihren Herkunftsländern nicht erreicht hätten. Das dürfte ein wesentlicher Grund dafür sein, dass es Deutschland bisher nicht zu massenhaften Ausschreitungen in den Städten gekommen ist.

Dennoch orientieren sich auch die Zuwanderer und erst recht ihre Nachkommen immer weniger an den Verhältnissen, die sie zurückgelassen haben, sondern zunehmend an den Verhältnissen im Aufnahmeland. Dies führt – bei Perspektivlosigkeit und dauerhafter Randständigkeit – zu Frustration. „Loyalitäten sind eine besondere Form der Orientierung und der Bewertung. Sie entstehen nur, wenn die übrige Situation als belohnend erlebt wird, wenn das der Situation auch ‚ursächlich' zugeschrieben werden kann und wenn es keine bessere Alternative gibt."[1237]

Jugendliche Zuwanderer ohne positive Perspektive werden sich nicht mit dem Gemeinwesen identifizieren, in dem sie leben. In den

---

[1236] vgl. Schirrmacher, Christine; Spuler-Stegemann, Ursula: Frauen und die Scharia. Die Menschenrechte im Islam, Kreuzlingen, München 2004, S. 192 f.
[1237] Esser: Soziologie, Bd. 2: Die Konstruktion der Gesellschaft, S. 304

ethnischen Kolonien sehen sie für sich weder die Chance, die Schule erfolgreich zu durchlaufen noch eine Startmöglichkeit ins Berufsleben zu erhalten, sie erleben sich in vieler Hinsicht als ausgeschlossen von den Einstiegs- und Aufstiegsmöglichkeiten, die diese Gesellschaft anderen bietet. Wenn ein Drogenhändler der einzige in der Umgebung ist, der sich alle Statussymbole leisten kann, dann gilt ihm (wenigstens in dieser Hinsicht) Bewunderung.

Der Weg in die Mehrheitsgesellschaft ist in den ethnischen Kolonien in mehrfacher Hinsicht versperrt. Dass die dort lebenden Menschen keine emotionale Verbundenheit zu Deutschland oder den Prinzipien des Grundgesetzes entwickeln, kann daher nicht verwundern. Hier helfen nicht patriotische Töne weiter, sondern nur die grundsätzliche Verbesserung ihrer Lebensperspektiven.

Fazit:

– Integration wurde in den 1970er und beginnenden 80er Jahre aus unterschiedlichen Motiven kritisch gesehen: von jenen, die die herkunftsbezogene, kulturelle Identität der Zuwanderer bewahrt sehen wollten sowie von jenen, die vor allem an der Erhaltung der Rückkehrfähigkeit interessiert waren.

– In den aktuellen Debatten gibt es weiterhin starke Tendenzen, legitime Kritik (beispielsweise an Missständen im Islam oder an Zuwanderung generell) zu pathologisieren und damit aus dem demokratischen Diskurs auszugrenzen.

– Aufgrund zunehmender weltweiter Vernetzung und Mobilität wird teilweise bestritten, dass der Staat auch in Zukunft den Bezugsrahmen für Integration bilden könne. An seine Stelle, so wird behauptet, träten „multikulturelle Sozialräume". Dem muss entgegengehalten werden, dass der Staat bis heute und wohl auch in Zukunft den zentralen Bezugspunkt für Einheimische wie für Zuwanderer darstellt.

– Einbürgerung wurde und wird als Mittel zu verbesserter Integration angesehen. Die Erfahrungen anderer Staaten (wie Frankreich) zeigen allerdings, dass nur eine „sozial geglückte Einbürgerung" einen Integrationsbeitrag darstellt. Deshalb sollte die Einbürgerung nicht als Mittel zur Integration, sondern als Ergebnis eines Integrationsprozesses angesehen werden.

– Aus soziologischer Perspektive ist ein gewisses Maß an Assimilation (Angleichung) unumgänglich für Integration. Dazu gehören Sprache und bestimmte kulturelle Fertigkeiten. Das bedeutet nicht, dass Zuwanderer ihre herkunftsbezogene Identität vollständig oder in größten Teilen aufgeben müssten.

– Die Akzeptanz der Rechtsnormen des Aufnahmelandes und die Pflicht zur Rechtstreue sind zentrale und legitime Forderungen, die der Staat an Zuwanderer richten muss. Unberührt davon müssen Glaubensüberzeugungen und politische Einstellungen bleiben.

„Wer die multikulturelle Gesellschaft verabschiedet, ist entweder ein Idiot oder ein Verbrecher."[1238]

Daniel Cohn-Bendit, 2004

X. Der schwierige Abschied vom Multikulturalismus

Im Folgenden soll der Frage nachgegangen werden, warum die meisten Staaten das Konzept des Multikulturalismus aufgegeben haben. Es werden die „Konstruktionsfehler" erörtert, die dieser Vorstellung vom Zusammenleben von Menschen aus unterschiedlichen Kulturen zugrunde liegen. Die Kontroverse, die darum geführt worden ist, soll in Grundzügen nachgezeichnet werden.

Die Konzepte „Assimilation/Integration" und „multikulturelle Gesellschaft" unterscheiden sich in der Bewertung *gruppenbezogener* Merkmale wie Herkunft, Kultur, Identität. Vertreter multikultureller Positionen messen diesen kollektiven Eigenschaften eine zentrale Rolle zu für ein friedliches und gleichberechtigtes Zusammenleben verschiedener ethnischer Gruppen.

„Nur wenn Zugewanderte *ihre eigene Kultur bejahen* können und damit auch in der neuen Umgebung akzeptiert werden, gewinnen sie selbst die innere Stabilität, um sich für die neue Kultur zu öffnen. Gelingt dies nicht, sind Ghetto-Verhalten und Feindlichkeit gegenüber der aufnehmenden Gesellschaft eine Folge ..."[1239]

Ausländer, „die sich in ihrer Identität gefährdet sehen und sich häufig zurückziehen, ... fühlen sich abgelehnt, und besonders junge Menschen versuchen damit fertig zu werden, indem sie aggressiv reagieren. Tätlichkeiten zwischen zugewanderten Ethnien wie zwischen Kurden und Türken oder auch gegenüber den Deutschen können dann die Folge sein. Erst wenn fremde kulturelle Traditionen bejaht und von der neuen Umwelt akzeptiert werden, ist es möglich, sich den Einflüssen der neuen Umgebung in Offenheit zuzuwenden."[1240] Es geht um den

---

[1238] „Wir brauchen viel, viel mehr Gelassenheit', sagt Daniel Cohn-Bendit", Interview in der *tageszeitung* vom 18. November 2004
[1239] Miksch, Jürgen: Vielfalt statt Einfalt. Strategien gegen Rassismus und Fremdenfeindlichkeit, Frankfurt/Main 1997, S. 44
[1240] ebd., S. 46

„engen Zusammenhang von Identität und Anerkennung"[1241], um eine „Politik der Anerkennung" und die Bewahrung kultureller Identitäten. Kulturell verschiedene Gruppen sollen das Recht haben, nebeneinander gleichberechtigt zu bestehen. So geht es um Förderung „soziale[r] Organisationsform[en] kultureller Unterschiede"[1242], also um Kindergärten, Schulen, Vereine etc., die sich entlang ethnischer und kultureller Linien definieren.

Der Begriff des Multikulturalismus wurde von dem in Kanada lebenden Soziologen Charles Hobart 1964 geprägt und wurde dann von der kanadischen Politik aufgegriffen.[1243] Dabei ging es zunächst um das Bildungswesen, dem „eurozentristische" Lehrinhalte vorgehalten wurden und von denen eine Anerkennung der „ethnischen Vielfalt" gefordert wurde.[1244]

Auch für den Begriff des Multikulturalismus gilt, das er einerseits normativ verwendet wird (als politisches Programm für Formen anzustrebenden Zusammenlebens in einem Land) und andererseits rein positivistisch: „Die Realität des Zusammenlebens mit ethnischen Minderheiten wird mit dem Begriff ‚multikulturelle Gesellschaft' umschrieben. Damit wird nicht mehr und nicht weniger gesagt, als dass wir in einem Land mit kultureller Vielfalt und entsprechenden Konflikten und Chancen leben."[1245]

Da genügt für die Behauptung von Multikulturalität einer Gesellschaft bereits der Hinweis auf eine ethnisch heterogene Herkunft und Zusammensetzung der Bevölkerung.[1246] So behaupten etwa Daniel Cohn-Bendit und Thomas Schmid, Deutschland sei bereits vor den großen Wellen der Gastarbeiter-Zuwanderung „multikulturell" gewesen und verweisen dazu auf die polnisch-stämmigen Einwanderer im Ruhr-

---

[1241] Taylor, Charles: Multikulturalismus und die Politik der Anerkennung, Frankfurt 1997, S. 21

[1242] Zubrzycki, Jerzy: Australien als multikulturelle Gesellschaft, in: Weber, Wolfgang (Hrsg.): Einwanderungsland Australien, Frankfurt/Main 1987 (= Materialien zur Ausländerbeschäftigung, Bd. 11), S. 15

[1243] vgl. Mintzel, Alf: Multikulturelle Gesellschaften in Europa und Nordamerika. Konzepte, Streitfragen, Analysen und Befunde, Passau 1997, S. 22 ff.

[1244] vgl. ebd, S. 24

[1245] Miksch, Jürgen: Vielfalt statt Einfalt. Strategien gegen Rassismus und Fremdenfeindlichkeit, Frankfurt/Main 1997, S. 40

[1246] vgl. u.a.: Deutsche Gesellschaft für die Vereinten Nationen (Hrsg.): Kulturelle Freiheit in unserer Welt der Vielfalt. Bericht über die menschliche Entwicklung 2004, Berlin 2004; Geissler, Heiner: Multikulturelle Gesellschaft als politische Aufgabe unserer Zeit, in: Lensch, Günter (Hrsg.): Die multikulturelle Gesellschaft (= Akademie Forum Masonicum, Jahrbuch 1991), St. Ingbert 1992, S. 78

gebiet.[1247] Dass sich diese Personen komplett an die Aufnahmegesellschaft assimiliert haben und heute – außer dem Namen – nichts auf ihre Herkunft aus preußisch-polnischen Landschaften hinweist, hindert die Autoren nicht daran, auch in diesem Zusammenhang mit dem Etikett „multikulturell" zu hantieren. Gleichzeitig konstatieren sie in der gleichen Schrift: „Wenn es in Deutschland je so etwas wie einen *melting pot* gegeben hat, dann hier [im Ruhrgebiet]."[1248]

Solche Behauptungen dienen der Verwirrung – nach dem Motto: Irgendwie sind wir doch alle multikulturell. Generell gilt, dass der Begriff der „multikulturellen Gesellschaft" „vielfach vage, beliebig und schillernd" ist.[1249] Die begriffliche Vagheit bietet den Vorteil, jede Kritik am Multikulturalismus mit der Begründung zurückweisen zu können, dieser oder jener Aspekt sei ja nie Gegenstand des Konzepts gewesen, im übrigen habe es ein dezidiertes „Konzept" nie gegeben.

Erfahrungen mit dem Multikulturalismus als Staatsdoktrin

Der Europarat bezeichnete 1983 in einer Empfehlung die „multikulturelle Gesellschaft innerhalb Europas als einen nicht mehr umkehrbaren und sogar anstrebbaren Tatbestand im Sinne der Förderung des europäischen Ideals und Europas weltweiter Mission".[1250] Die Erfahrungen jener Länder, in denen der Multikulturalismus zur Staatsdoktrin wurde, bieten bei Licht besehen keinerlei Anlass, sich hier Vorbilder zu suchen:

In den *Niederlanden* wurde mehr als ein Jahr vor der Ermordung Theo van Goghs der „Zusammenbruch des multikulturellen Konsenses in der Öffentlichkeit" diagnostiziert.[1251] Eine Analyse der politisch-kulturellen Integration kommt zu dem Ergebnis, „dass niederländische Minderheiten zu den sozial-ökonomisch am wenigsten integrierten in Westeuropa zählen" und „dass eine zu große Betonung der Beibehaltung der ‚Identitäten' der Migranten zur Folge haben kann, dass viele

---

[1247] vgl. Cohn-Bendit; Schmid, Thomas: Heimat Babylon. Das Wagnis der multikulturellen Demokratie, Hamburg 1992, S. 14
[1248] ebd., S. 223
[1249] Mintzel, Alf: Multikulturelle Gesellschaften in Europa und Nordamerika. Konzepte, Streitfragen, Analysen, Befunde, Passau 1997, S. 48
[1250] Empfehlung Nr. 968 der Parlamentarischen Versammlung des Europarats von 1983, zit. nach: Manfrass: Türken in der Bundesrepublik, S. 126
[1251] Böcker, Anita; Thränhardt, Dietrich: Erfolge und Misserfolge der Integration – Deutschland und die Niederlande im Vergleich, in: Aus Politik und Zeitgeschichte B 26/2003, S. 5

nicht ausreichend darauf vorbereitet sind, auf dem Arbeitsmarkt und im Bildungssystem zurecht zu kommen. Die Arbeitslosigkeit von Migranten im Vergleich zur Mehrheitsbevölkerung und die Segregation im Bildungswesen sind in den Niederlanden in der Tat stärker als in vielen anderen westeuropäischen Ländern, einschließlich Deutschland."[1252]

In *Australien* ist seit Mitte der 90er Jahre eine radikale Umsteuerung in der Einwanderungs- und Integrationspolitik, und das heißt ebenfalls eine klare Abkehr vom Multikulturalismus, zu konstatieren. Anstelle der Betonung sozialer und kultureller Rechte für einzelne Bevölkerungsgruppen wurden die nationale Einheit und der Zusammenhalt in den Mittelpunkt der Regierungspolitik gestellt.[1253]

Großbritannien mit einem seit mittlerweile Jahrzehnten politisch durchgesetzten „dogmatischen Multikulturalismus"[1254] und einer Ideologie des „Anti-Rassismus" erlebt immer wieder heftige Straßenschlachten. In einer Analyse vom Mai 2006 kommt der Direktor des Londoner Büros der *Friedrich-Ebert-Stiftung*, Ernst Hillebrand, zu dem Schluss: „Großbritanniens Multikulturalismus ist, zumindest was die Integration von Muslimen betrifft, weitgehend gescheitert. Das Land steht vor den Scherben einer Politik, die Integration nicht über die Adaption an die Landeskultur, sondern über die pro-aktive und staatlich geförderte Proklamation und Affirmation der kulturellen und religiösen Andersartigkeit der Immigranten erreichen wollte."[1255] Eine nach Unruhen in mehreren britischen Städten 2001 eingesetzte Kommission zum „kommunalen Zusammenhalt" zeigte sich erschreckt über das Ausmaß der Gräben, die die städtischen Gesellschaften trennen und über die Parallelstrukturen, die sich herausgebildet haben. „Whilst the physical segregation of housing estates and inner city areas came as no surprise, the team was particulary struck by the depth of polarisation of

[1252] Duyvené de Witt, Thom; Koopmanns, Ruud: Die politisch-kulturelle Integration ethnischer Minderheiten in den Niederlanden und Deutschland, 2001, http://www.uni-leipzig.de/~roose/fjnsb/alt/jahrgang/2001/duyvene_koopmans.pdf [9. April 2005], S. 13
[1253] vgl. Baringhorst, Sigrid: Australien – the Lucky Country?", in: APUZ B 26/2003, S. 16
[1254] Hillebrand, Ernst: Dicke Luft in Londonistan, Informationen des Büros London der Friedrich-Ebert-Stiftung, Mai 2006, http://library.fes.de/pdf-files/bueros/london/03686.pdf [10. Juni 2006], S. 4
[1255] ebd., S. 1

our towns and cities. The extend to which these physical divisions were compounded by so many other aspects of our daily lives, was very evident. Separate educational arrangements, community and voluntary bodies, employment places of worship, language, social and cultural networks, means that many communities operate on the basis of a series of parallel lives. These lifes often do not seem to touch at any point ..."[1256]

Die Kommission zitiert einen Muslim aus Pakistan mit den Worten: „When I leave this meeting with you I will go home and not see another white face until I come back here next week."[1257]

Großbritannien hat – trotz wesentlich besserer wirtschaftlicher Entwicklung und insgesamt geringerer Arbeitslosigkeit als in Deutschland – eine drei Mal so hohe Arbeitslosigkeit bei Muslimen zu verzeichnen, wie bei Gruppen christlicher oder hinduistischer Herkunft.[1258] Insgesamt ist in Großbritannien die wirtschaftlich-soziale Integration der pakistanischen Einwanderer noch weniger gelungen, als die der türkisch-stämmigen Zuwanderer in Deutschland.

Der britische Multikulturalismus ist vor allem durch die Betonung religiöser Identitäten gekennzeichnet. Dies hat den islamistischen Wortführern in die Hände gespielt, die ihre Position entsprechend ausbauen konnten. „In der Tat ist interessant zu sehen, wie sehr gerade Labour-Administrationen auf lokaler und nationaler Ebene sich der Logik einer essentiell religiösen Definition der Identität von Immigrantengruppen unterworfen haben und diese mit ihrer Politik selbst verstärken."[1259]

Verschärftes Konfliktpotential

Gerade dort, wo soziale Marginalisierung und ausgeprägtes ethnisch-kulturelles Selbstbewusstsein im Aufnahmeland zusammenkommen, werden das Konfliktpotential moderner Gesellschaften sowie Tendenzen zur ethnisch-sozialen Abschottung durch den Multikulturalismus verschärft. „Unbeabsichtigte Nebenwirkungen" der multikulturellen Minderheiten-Politik in Großbritannien geben hierauf deutliche Hin-

---

[1256] Home Office (Hrsg.): Community Cohesion: A Report of the Independent Review Team, Chaired by Ted Cantle, London 2001, S. 9
[1257] ebd.
[1258] Hillebrand: Dicke Luft in Londonistan, S. 2 f.
[1259] ebd., S. 5

weise.[1260] Bradford, jene Stadt mit der drittgrößten muslimischen Gemeinde Großbritanniens, die durch die Rushdie-Affäre 1989 und Krawalle muslimischer Jugendlicher in den 90er Jahre Schlagzeilen machte, zeichnete sich durch eine besonders konsequent betriebene Politik des Multikulturalismus aus. Den Forderungen ethnisch-religiöser Gemeinschaften nach Sonderrechten und Sonderbehandlungen wurde weitgehend entsprochen: Das ging weit über die Beachtung religiöser Speisevorschriften an Schulen hinaus und umfasste die Förderung ethnischer Organisationen, die besondere Berücksichtigung bei der Vergabe von Sozialwohnungen, die Beachtung der Muttersprachen sowohl im schulischen Leben als auch bei anderen öffentlichen Institutionen sowie die Beteiligung ethnischer Minderheiten am kommunalen Entscheidungsprozess.[1261] Hinzu kam eine Politik des „Anti-Rassismus", die ausgesprochen ideologischen Charakter annahm.[1262] Öffentlich Bedienstete wurden zur Teilnahme an „Anti-Rassismus-Trainings-Kursen" verpflichtet. Die Behauptungen dieses Anti-Rassismus wurden so zusammengefasst: „Rassismus macht Weiße krank. Die Symptome des Rassismus sind Destruktivität, zwanghaftes Dominanzbedürfnis, Größen- und Verfolgungswahn, Realitätsverleugnung bis hin zu völligem Realitätsverlust. Weiße, die darunter leiden, werden zu hilflosen Opfern der Illusion, die auserwählte Rasse zu sein und eine Mission erfüllen zu müssen. Ihr selbstauferlegter Auftrag ist facettenreich: Einmal besteht er in der Austilgung anderer Rassen, ein anderes Mal in deren ,Zivilisierung' und Bildung. Die neueste Form von Rassismus ist die Fürsorgehaltung. Sie führt dazu, dass Schwarze von der Hilfeleistung Weißer abhängig gemacht werden. Rassismus ist das Problem der Weißen. Weiße sollten deshalb in themenzentrierten Selbsthilfegruppen lernen, damit umzugehen und sich allmählich davon zu befreien."[1263]

Die Folge dieser Politik war eine Vertiefung der Kluft zwischen einheimischen „Weißen" und Zuwanderern. Auf Seiten der Weißen wuchs

[1260] vgl. Baringhorst, Sigrid: Multikulturalismus und Kommunalpolitik. Über einige nicht intendierte Folgen kommunaler Minderheitenpolitik in Großbritannien, in: Leviathan, 27. Jg. H. 3/1999, S. 287–308
[1261] vgl. ebd., S. 294 ff.; sowie: Steiner-Khamsi, Gita: Multikulturelle Bildungspolitik in der Postmoderne, Opladen 1992, S. 108 ff.
[1262] vgl. ebd., S. 110 ff.
[1263] ebd., S. 111

der Widerstand gegen die Indoktrinierung, nationalistische Parteien erzielten Wahlerfolge (da sich sowohl Konservative wie Labour dem Multikulturalismus und Anti-Rassismus verschrieben hatten). Auf der anderen Seite entstand keine „Einwanderer-Solidarität", sondern kam es vor allem zu einer Islamisierung im fundamentalistischen Sinne.[1264] Nicht gemäßigte Muslime und deren Organisationen profitierten von der Politik des Multikulturalismus, sondern Vertreter einer harten Identitätspolitik. Ausgerechnet die Sprecher des öffentlich geförderten und politisch hofierten Moscheenrates waren es, die die „Satanischen Verse" Salman Rushdies öffentlichkeitswirksam verbrannten. So förderte die dezidierte Politik in Bradford nicht die Integration der Stadtgesellschaft, zumal die weit überdurchschnittliche Arbeitslosigkeit der Zuwanderer-Gruppen (deren Angehörige meist die britische Staatsangehörigkeit hatten) bestehen blieb: „... als negative und kontra-produktive Konsequenz der Reformpolitik muss festgehalten werden, dass trotz aller öffentlichen Appelle und Bekenntnisse zur Toleranz die Kluft zwischen einheimischen und eingewanderten Bevölkerungsgruppen in Bradford größer denn je zu sein scheint."[1265]

Auch die Analyse von Hillebrand kommt zu dem Schluss: „Die Praxis des britischen Multikulturalismus hat im Endeffekt keine integrierende, sondern eine segregierende Wirkung entfaltet."[1266]

Die Mahnung von Radtke aus dem Jahr 1990 hat bis heute nichts an Gültigkeit verloren: „Überall auf der Welt verschärfen sich die ethnisch aufgeladenen Verteilungskämpfe, die nicht mehr von frei assoziierenden Interessengruppen, sondern von Schicksalsgemeinschaften ausgefochten werden. Auch das sollte der Multikulturalismus bedenken, wenn er über die unvermeidlichen Konflikte in modernen Gesellschaften nachdenkt."[1267]

In der Ära des real-existierenden Sozialismus wurde von Apologeten behauptet, die Idee des Sozialismus sei gut, nur sei leider deren Verwirklichung bisher fehlgeschlagen. Ähnlich argumentiert die Präsiden-

[1264] Baringhorst: Multikulturalismus, S. 299 ff.
[1265] ebd., S. 305
[1266] Hillebrand: Dicke Luft in Londonistan, S. 7
[1267] Radtke, Frank-Olaf: Multikulturell – Das Gesellschaftsdesign der 90er Jahre, in: Informationsdienst zur Ausländerarbeit, H. 4/ 1990, S. 34

tin des Goethe-Instituts, Jutta Limbach, heute für den Multikulturalismus. Es gebe keinen Anlass, „eine richtige gesellschaftspolitische Idee zu Grabe tragen [zu] lassen. Die wachsende Fragmentierung in unseren Groß- und Vorstädten ist nicht das Resultat der Idee von der friedlichen Koexistenz unterschiedlicher Kulturen. Sie ist vielmehr die Folge ihrer misslungenen Umsetzung in der Wirklichkeit."[1268]

Die Konstruktionsfehler

Das Problem der politischen Bilanz des Multikulturalismus liegt aber nicht in einer falschen oder unzureichenden Umsetzung der damit verbundenen politischen Vorstellungen, sondern tatsächlich im Konzept selbst. Zu Recht ist jüngst festgestellt worden: „Wenn sich in den traditionellen Einwanderungsländern eine praktische Verwirklichung des Multikulturalismus als nicht möglich erwies, ist zu fragen, ob das Modell einen Konstruktionsfehler aufweist."[1269] Dieser „Konstruktionsfehler" liegt begründet

– in der Orientierung an der „kulturellen Identität" der Zuwanderergruppen und in der Idealisierung und romantisierenden Betrachtung der Herkunftskultur bei gleichzeitiger Abwertung der eigenen Kultur;
– in der von einigen Vertretern des Multikulturalismus propagierten Auflösung des Staatsvolkes
– in der Tatsache, dass der Multikulturalismus die Unterschiedlichkeiten von Zuwanderern und Einheimischen, statt die Gemeinsamkeiten sowie die Notwendigkeit von Anpassungsleistungen in das Zentrum zu rücken;
– im Kulturbegriff als solchem, der offen lässt, ob es den Multikulturalisten lediglich um die mehr oder weniger private Pflege und Bewahrung kultureller Traditionen oder möglicherweise auch um die „politische Kultur" oder um „Rechtskultur" der Herkunftsregionen geht;
– in der Förderung von Konfliktpotentialen.

Zwar merkten Protagonisten des Multikulturalismus immer wieder an, die Achtung kultureller Identität müsse ihre Grenze in der Achtung

---

[1268] So die ehemalige Präsidentin des Bundesverfassungsgerichts in einem Vortrag in der Kanadischen Botschaft am 2. August 2005: „Der Mehrheit trotzen – eine Lehre aus der Geschichte", veröffentlicht unter: http://www.perlentaucher.de/artikel/2557.html [19. August 2005], S. 2

der Menschenrechte finden[1270], doch ändert das nichts an der zentralen Rolle, die sie Kultur und Identität zusprachen. Damit knüpfte man in Deutschland an die Positionen der 70er und 80er Jahre an, die eine Integration der „Gastarbeiter" unter Hinweis auf deren Anspruch zu bewahrender (kultureller oder nationaler) Identität ablehnten oder zumindest hiermit Vorbehalte begründeten.

Hinzu kommt, dass der Multikulturalismus aufgrund des schwammigen Kulturbegriffs auch Missverständnisse darüber hervorruft, was in einem demokratischen Rechtsstaat verhandelbar ist und was nicht. Was unterscheidet beispielsweise eine „multikulturelle Demokratie"[1271] von einer „regulären" Demokratie westlicher Typs? Die Autoren des *Zwölften Kinder- und Jugendberichts* der Bundesregierung empfehlen „im Zuge der wachsenden Multikulturalität unserer Gesellschaft"[1272] den Einheimischen und Zugewanderten, eine „konstruktive Auseinandersetzung mit kultureller Heterogenität zu ermöglichen, gemeinsame Referenzpunkte zu verdeutlichen, die eine Basis für einen gemeinsamen Dialog und für Begegnung bilden."[1273] Floskeln wie „Integration (...) meint den beständigen Prozess der Verständigung über die gemeinsamen Grundlagen und Regeln des Zusammenlebens in einem Gemeinwesen"[1274] erwecken den Eindruck, als würde Pluralität nicht durch geltendes Recht begrenzt und Handlungsfreiheit nicht durch die allgemeinen Gesetze eingeschränkt.[1275] In diesem Sinne ist es das selbstverständliche Recht und im Sinne des Rechtsfriedens auch die Pflicht der Aufnahmegesellschaft, die *Grundlagen des Zusammenlebens* zu definieren. Die Absurdität dieser Infragestellung wird spätestens dann einsichtig, wenn man sich umgekehrt vorstellte, Zuwanderer in die Türkei würden Ansprüche anmelden, über die *Grundlagen des Zusam-*

1269 Hinrichs, Wilhelm: Auf der Suche nach einem Grundkonzept, in: Sozialmagazin 5/2004, S. 15

1270 stellvertretend: Geissler, Heiner: Multikulturelle Gesellschaft als politische Aufgabe unserer Zeit, in: Lensch, Günter (Hrsg.): Die multikulturelle Gesellschaft (= Akademie Forum Masonicum, Jahrbuch 1991), St. Ingbert 1992, S. 86 ff.

1271 So die Grünen-Politikerin Claudia Roth: Grußwort zur Demonstration „Gemeinsamen für den Frieden und gegen den Terror, 21. November 2004, Pressedienst Bündnis 90/Die Grünen, Bundesvorstand, S. 3

1272 Bundesministerium für Familie, Senioren, Frauen und Jugend (Hrsg.): Zwölfter Kinder- und Jugendbericht. Bericht über die Lebenssituation junger Menschen und die Leistungen der Kinder- und Jugendhilfe in Deutschland, Berlin 2005, S. 72

1273 ebd., S. 73

1274 Beauftragte der Bundesregierung für Ausländerfragen (Hrsg.): Bericht der Beauftragten der Bundesregierung für Ausländerfragen über die Lage der Ausländer in der Bundesrepublik Deutschland, Berlin, Bonn 2000, S. 202

1275 vgl. Kötter: Integration durch Recht?, S. 46

menlebens verhandeln zu wollen. Hier wird die „Ich-Schwäche" der deutschen Integrationspolitik mit Händen greifbar.

Identitätspolitik

Zu Recht ist bemerkt worden, dass kulturelle, religiöse, ethnische oder nationale Identität zur Durchsetzung politischer Interessen missbraucht wurden und werden.[1276] Das gilt auch für manche türkischen und vor allem muslimischen Wortführer in Deutschland, die sich immer wieder wie „Identitätswächter"[1277] verhalten, Feindbilder pflegen[1278] und damit die Abgrenzung ihrer Klientel als „Gruppe" verfestigen. Verhielten sie sich als „Integrationslotsen", liefen sie Gefahr, sich damit auf Dauer überflüssig zu machen. Dass Wortführer ethnischer Organisationen ihre Klientel pflegen, ist allerdings in Einwanderungssituationen nicht untypisch.[1279]

Islamisten betreiben eine „destruktive Identitätspolitik"[1280], ihr immer wieder dargelegtes mittelfristiges Ziel ist die „Konstruktion von islamischen Parallelgesellschaften".[1281] Langfristig streben sie „monokulturelle Gesellschaften" an, in denen auch keine Religionsfreiheit mehr gewährt wird.

Die Betonung der Differenz zur umgebenden Gesellschaft steht dabei im Mittelpunkt – das gilt nicht nur für den schulischen Raum, wo immer wieder versucht wird, Sonderrechte durchzusetzen (beispielsweise keine Teilnahmepflicht am Schwimm-, Sport- oder Biologieunterricht). Das Bundesverfassungsgericht hat dazu im Mai 2006 – aus Anlass der Verfassungsbeschwerde christlich motivierter Eltern, die sich weigerten, ihre Kinder an einer staatlich anerkannten Schule zu lassen – allgemein gültig festgestellt: „Die Allgemeinheit hat ein berechtigtes Interesse daran, der Entstehung von religiös oder weltanschaulich motivierten ‚Parallelgesellschaften' entgegenzuwirken und Minderhei-

---

[1276] Meyer, Thomas: Identitätspolitik. Vom Missbrauch kultureller Unterschiede, Frankfurt/Main 2002, S. 13

[1277] Kandel, Johannes: „Wie integriert sind Muslime?" Multikulturalismus im Spannungsfeld von Zivilgesellschaft und Parallelgesellschaft, in: Schmidt, Susanna; Wedell, Michael (Hrsg.): „Um der Freiheit willen ..." Kirche und Staat im 21. Jahrhundert. Festschrift für Burkhard Reichert, Freiburg, Basel, Wien 2002, S. 145; vgl. auch: Zentrum Demokratische Kultur (Hrsg.): Aspekte der Demokratiegefährdung im Berliner Bezirk Mitte und Möglichkeiten der demokratischen Intervention, Berlin 2004, S. 153 ff.

[1278] vgl. ebd., S. 179 ff.

[1279] vgl. Breton, Raymond: Institutional Completeness of Ethnic Communities and the Personal Relations of Immigrants, in: The American Journal of Sociology, Jg. 70, 1964, S. 199 f.

ten zu integrieren. Integration setzt dabei nicht nur voraus, dass die Mehrheit der Bevölkerung religiöse oder weltanschauliche Minderheiten nicht ausgrenzt; sie verlangt auch, dass diese sich selbst nicht abgrenzen und sich einem Dialog mit Andersdenkenden und -gläubigen nicht verschließen. Für eine offene pluralistische Gesellschaft bedeutet der Dialog mit solchen Minderheiten eine Bereicherung. Dies im Sinne gelebter Toleranz einzuüben und zu praktizieren, ist eine wichtige Aufgabe der öffentlichen Schule. Das Vorhandensein eines breiten Spektrums von Überzeugungen in einer Klassengemeinschaft kann die Fähigkeit aller Schüler zu Toleranz und Dialog als einer Grundvoraussetzung demokratischer Willensbildungsprozesse nachhaltig fördern."[1282]

Hier steht der Selbstbehauptungswille von Zuwanderergruppen und ihren Vertretern gegen das Interesse der Aufnahmegesellschaft, dass sich die Zuwanderer erfolgreich integrieren – und dafür ist in einer modernen Industrie- und Dienstleistungsgesellschaft die Kenntnis der Sprache des Aufnahmelandes von entscheidender Bedeutung. Es geht dabei nicht in erster Linie um die Wahrung sprachlicher Homogenität, sondern um die unbestreitbare Bedeutung der Sprache für Integration. Dies erkennen auch immer mehr Zuwanderer, wie der Konflikt in der Herbert Hoover-Realschule in Berlin zeigt.

Exkurs: Machtkampf – Die Auseinandersetzung um die „Deutschpflicht auf dem Pausenhof"

Von „Sprachterror"[1283], von „sprachlich und kulturell gesäuberten Schulen"[1284] war Anfang 2006 die Rede – türkische Verbandsvertreter inszenierten einen verbalen Bürgerkrieg, um ihren Mitgliedern und ihrer Zielgruppe klarzumachen, dass sie mit größtem Einsatz für ihre Interessen stritten. Worum und um wessen Interessen ging es?

[1280] Kandel, Johannes: Organisierte Muslime in Deutschland zwischen Integration und Abgrenzung, in: Senatsverwaltung für Inneres (Hrsg.): Islamismus. Diskussion eines vielschichtigen Phänomens, Berlin 2005, S. 66
[1281] ebd., dort auch zahlreiche Belege für entsprechende Absichtserklärungen
[1282] BVerfG, 2 BvR 1693/04 vom 31.5.2006, 18, http://www.bverfg.de/entscheidungen/rk20060531_2bvr169304.html [21. Juni 2006]
[1283] So eine Vertreterin der „Vereinigung Türkischer LehrerInnen und ErzieherInnen in Berlin und Brandenburg", zit. nach: „Heftige Debatte um Deutsch auf dem Schulhof", Berliner Zeitung vom 27. Januar 2006
[1284] So in einer Pressemitteilung des „Türkischen Elternvereins in Berlin-Brandenburg" vom 25. Januar 2006: „Deutschgebot – Sprachenverbot".

Im März 2005 hatten Eltern, Lehrer und Schüler einer Realschule in Berlin-Wedding, der Herbert-Hoover-Realschule, in der Schulkonferenz einmütig beschlossen, dass nicht nur im Unterricht, sondern auch auf dem Schulhof und bei Schulveranstaltungen Deutsch gesprochen werden solle. Das war keine Selbstverständlichkeit und hatte gute Gründe: 90 Prozent der Kinder haben eine nichtdeutsche Herkunftssprache, die Mehrheit ist türkischer Herkunft, hinzu kommen Kinder aus arabischen, serbischen, kroatischen, russischen und pakistanischen Familien.[1285] Das Klima an der Schule – insbesondere hinsichtlich der Gewalt auf dem Pausenhof – war in den vergangenen Jahren zusehends schlechter geworden, berichtet der stellvertretende Schulleiter, Hans-Joachim Schriefer. Schüler nutzten ihre Muttersprache, um andere auszugrenzen. Das aggressive Klima wurde dadurch gefördert. Ein knappes Jahr nach dem Beschluss der Schulkonferenz, am 19. Januar 2006, erschien in der türkischen Zeitung *Hürriyet* ein Beitrag, in der diese Vereinbarung skandalisiert wurde. Andere türkische Medien stiegen ebenfalls darauf ein. Der türkischstämmige bildungspolitische Sprecher der Fraktion von Bündnis 90/Die Grünen im Berliner Abgeordnetenhaus Özcan Mutlu – Verwandte besuchen die Hoover-Schule – bringt seine Empörung zum Ausdruck und führt die sich daran anschließende politische Auseinandersetzung an.[1286]

Die türkischen Verbände sehen einen Kulturkampf heraufziehen. „Ein Verbot der eigenen Muttersprache – außerhalb des Unterrichts – hat eine politische Dimension, die weit über die Bildungspolitik hinausgeht", erklärt die „Vereinigung Türkischer LehrerInnen und ErzieherInnen in Berlin und Brandenburg".[1287] Dass von den Eltern an der Herbert-Hoover-Schule bis dahin keine Proteste gegen die Regelung laut geworden sind und der türkischstämmige Elternvertreter die Regelung verteidigt[1288], beeindruckt die Verbandsvertreter nicht: „Ich spreche für die Eltern, die später zu mir kommen werden", meint der Geschäftsführer des Türkischen Elternvereins.[1289] Nach dem Motto:

[1285] vgl. „Bildungssenator Klaus Böger zur Herbert-Hoover-Realschule". Pressemitteilung vom 27. Januar 2006
[1286] vgl. „Deutschstunden". Beitrag von Jörg Lau in „Die Zeit" vom 2. Februar 2006
[1287] Pressemitteilung „Deutsch-Pflicht auf dem Schulhof" vom 26. Januar 2006
[1288] „Deutschpflicht: Fronten verschärfen sich", in: Der Tagesspiegel vom 26. Januar 2006
[1289] „Wir wollen politisieren", in: taz vom 27. Januar 2006

Ist die eigene Community erst ausreichend mobilisiert, werden sich schon Menschen für „betroffen" erklären.

„Das Verbot der Muttersprachen offenbart die Inkompetenz und Unfähigkeit des deutschen Bildungssystems" erklärt der „Türkische Elternverein in Berlin-Brandenburg".[1290] Die Begründung der Kritik ist bemerkenswert. In der Muttersprache könne Aggressivität am besten ausgedrückt werden, ein Verbot müsse daher zu Persönlichkeitsstörungen und zu mehr Aggression führen: „Die Gewaltbereitschaft kann hierdurch keineswegs vermindert werden, wie von der Schulleitung beabsichtigt und behauptet. Denn: Emotionalität – bspw. in Stress-Situationen – kann am besten durch die Muttersprache ausgedrückt werden. Wenn dies nicht möglich ist, wo soll die Aggressivität hin? (...) Solche diskriminierenden Verbote schwächen das Selbstwertgefühl der betroffenen Schülerinnen und Schüler und führen so zu Misserfolgen, Aggressionen und letztlich genau dem Schulversagen, das verhindert werden soll."[1291]

Hier wird ein Anspruch türkischer junger Männer postuliert, ihre ausgeprägten Aggressionen ungezügelt auszuleben – unter denen die Mitschüler ebenso zu leiden haben wie die Lehrerinnen und Lehrer. Die Mitschüler werden eingeschüchtert, insbesondere die Lehrerinnen durch ein ausgeprägtes „Macho-Gehabe" bedroht, sie fühlen sich ohnmächtig und verlassen. „Wenn so ein junger Mann auf mich zukommt, mir den Mittelfinger zeigt und sagt ‚Ich f... deine Mutter', dann habe ich einfach Angst", berichtet eine selbstbewusste Mitte 50jährige Lehrerin. Angst ist allerdings keine geeignete Grundlage für erfolgreiches pädagogisches Wirken.

Die Soziologin Necla Kelek kritisiert das Männerbild der türkischen Verbände: „Als hätten die türkischen Jungen ein Recht auf aggressives Benehmen. Da steckt ein sehr seltsames Männerbild dahinter. Türkische Jungen, das bestätigen einem alle Lehrer, haben ein Gewaltproblem. Ihre Hilflosigkeit, hier nicht anzukommen, kompensieren sie mit Aggression, mit fäkaler Sprache, mit Abwertung des anderen Geschlechts, mit Abwertung der Deutschen. Was guckst du?!, das ist die Haltung. Man hilft ihnen nicht da heraus, indem man das verteidigt.

[1290] vgl. Pressemitteilung des „Türkischen Elternvereins in Berlin-Brandenburg" vom 25. Januar 2006
[1291] ebd.

Wer ihre Integration will, muss sie aus dem moralischen Paralleluniversum herausholen."[1292]

Die Schulsprachen-Debatte zeigt: Die türkischen Verbände erheben den Anspruch zu definieren, was „türkische Identität" in Deutschland ausmacht. Im Namen dieser „Identität" stellen türkische Verbände Integrationsbarrieren auf. Kulturelle Selbstbehauptung, wie sie von ihnen verstanden wird, versperrt den Weg hin zu einer erfolgreichen Integration. Dies wiederum fördert das Konfliktpotential, was dem Machtanspruch türkischer Verbände nur nutzt. Sie beuten die Orientierungs- und Integrationsschwierigkeiten für ihre Zwecke aus und instrumentalisieren ihre Landsleute, um ihre Position zu stärken. Hinzu kommt die Einstellung: „Wir" stellen hier – in den ethnischen Kolonien – die Mehrheit, mit welchem Recht will man uns vorschreiben, die deutsche Sprache zu sprechen?

Es wird aber auch deutlich, dass es Zuwanderer-Eltern gibt, die erkannt haben, was für die Zukunft ihrer Kinder in Deutschland von Bedeutung ist: nicht eine (vermeintliche, von den politischen und religiösen Lobbyisten definierte) türkische Identität, sondern ein Schulklima, in dem die sprachlichen und kulturellen Kompetenzen optimal gefördert werden. Es sei sehr schwer, dauerhaft „in einer fremden Sprache zu leben", erklärte eine Vertreterin des „Vereinigung Türkischer LehrerInnen und ErzieherInnen in Berlin und Brandenburg" in der Debatte.[1293] Die Eltern an der Herbert-Hoover-Realschule wissen, dass ihre Kinder nur dann erfolgreich sein werden, wenn sie diese Schwierigkeiten auf sich nehmen. Dann wird eines nicht allzu fernen Tages die deutsche Sprache auch keine „fremde Sprache" mehr sein.

Kommentare von Ferne zu diesem Ereignis zeichneten sich durch Ahnungslosigkeit im allgemeinen und das Absehen von den Problemen vor Ort im besonderen aus, das machte in diesem Zusammenhang unter anderem der „Integrationsbeauftragte" der nordrhein-westfälischen Landesregierung, Thomas Kufen (CDU), deutlich. Am 3. April 2006 ließ er verlauten: „Die aktuelle Debatte um ‚Deutschpflicht' auf den Schulhöfen blendet die potentielle Zweisprachigkeit der Zuwande-

---

[1292] „Gute Sprachkenntnisse fördern Integration". Interview mit Necla Kelek in der Berliner Morgenpost vom 30. Januar 2006.
[1293] „Wir wollen politisieren", in taz vom 27. Januar 2006

rer aus und erweckt gerade zu den Eindruck, dass die mitgebrachten Ressourcen nicht wertgeschätzt werden."[1294] Er verkennt damit, dass die wichtigste Voraussetzung für Integration der Erwerb der Sprache des Aufnahmelandes ist. Sie kann nur dann erfolgreich erlernt werden, wenn die Sprache auch im Alltagsleben gesprochen wird.

Provinz Deutschland

Die kulturelle, ethnische oder nationale Identität von Zuwanderern wurde als bewahrenswert, nahezu als sakrosankt angesehen. Dies stand im Gegensatz zu der Haltung, die man der eigenen Kultur und dem eigenen Volk gegenüber einnahm. Hier wären derartige Forderungen mindestens als rechtsradikal bezeichnet worden. Frank-Olaf Radtke notierte 1990 zu Recht: „Es ist ein merkwürdig verschobener Diskurs, wenn auch ‚Modernisierer' den Fremden zuschreiben, was sie für das eigene ‚Volk' (bislang) nicht gefordert hätten: ethnische Identität, das hieße für die Ansässigen das Recht auf unangefochtenes Deutschtum."[1295]

Die Kultur in Deutschland gilt Protagonisten des Multikulturalismus entsprechend als eine zu überwindende Fehlentwicklung. „Eine ‚Kulturarbeit in der Einwanderungsgesellschaft' geht also nicht vom provinziellen ‚Deutschen' aus und auch nicht von irgendwelchen darunter oder daneben liegenden, ebenso provinziellen Wurzeln in der ‚Heimat'"[1296]

Auf eine „Multikulturalisierung der deutschen Staatsbürgernation" werden große Hoffnungen gesetzt, ebenso auf die Stärkung bürgerschaftlichen Engagements in Deutschland.[1297] Dieter Oberndörfer geht es um die „Überwindung des völkischen Nationalstaates durch den Aufbau einer multiethnischen Einwanderungsgesellschaft"[1298], die Hei-

---

[1294] Der Integrationsbeauftragte der Landesregierung Nordrhein-Westfalen: Statement des Integrationsbeauftragten Thomas Kufen zur Landespressekonferenz im Landtag NRW über das Thema: „Mehrsprachigkeit – ein Reichtum für alle" am 3. April 2006, Pressemitteilung Nr. 11/06.04.2006
[1295] Radtke, Frank-Olaf: Multikulturell – Das Gesellschaftsdesign der 90er Jahre, in: Informationsdienst zur Ausländerarbeit, H. 4/ 1990, S. 32
[1296] Terkessidis, Mark: Kulturarbeit in der Einwanderungsgesellschaft, unter: http://www.foruminterkultur.net/fileadmin/user_upload/pdf/20.pdf [10. März 2006], S. 2
[1297] Schoch, Bruno: Alle Macht geht vom Volk aus. Doch wer ist das Volk? (= HSFK-Report 12/ 2000), Frankfurt/Main 2000, S.48
[1298] Oberndörfer, Dieter: Politik für eine offene Republik. Die ideologischen, politischen und sozialen Herausforderungen einer multikulturellen Einwanderungsgesellschaft. In: Bade (Hrsg.): Das Manifest der 60, S. 147.

lung der deutschen Krankheit durch Zuwanderer. Dabei hat sein Feindbild von der deutschen Politik und ihrer Kultur – die offensichtlich nur provinziell vorstellbar ist – sehr klare Konturen: „Die Forderungen, Zuwanderer sollten sich gefälligst in die deutsche Leitkultur und die Gewohnheiten und Sitten der örtlichen Bevölkerung einfügen, müssen abschreckend wirken. Sie sind ein Aufruf zum Mobbing und zur kulturellen Vergewaltigung durch die Ortsansässigen. Wer von den Einwanderern eine Anpassung an die Vorstellungen und Gewohnheiten der Provinz verlangt, will in Wirklichkeit weitere Einwanderung verhindern."[1299] Solche verbalen Entgleisungen lassen die widersprüchliche Haltung zur Kultur sehr deutlich werden: Nicht *Kultur an sich* wird als schützenswert betrachtet, sondern lediglich die Kultur, die *nicht* mit dem Adjektiv *deutsch* verbunden wird.

Die verstockte deutsche Mehrheitsbevölkerung wird der „migrationspolitischen Fachöffentlichkeit" zur Projektionsfläche aller nur denkbaren negativen Eigenschaften: Rassismus, Fremdenfeindlichkeit, borniertes Kleinbürgertum – die Diskreditierung des „kleinen Mannes" und die Verachtung für seine Sorgen (und gelegentlich auch Existenznöte) ziehen sich wie ein roter Faden durch deren Argumentation. „Grundlagen der Abwehrhaltung bilden Konkurrenzen und neofeudalfremdenfeindliche Empfindlichkeiten der Einheimischen", heißt es im „Handbuch der kommunalen Sozialpolitik".[1300] Die Bevölkerung müsse entsprechend volkspädagogisch bearbeitet werden. Durch den konzentrierten Einsatz von Pädagogen und Sozialwissenschaftlern mit der richtigen Gesinnung bestehe eine Chance, diese irrationale Abwehrhaltung und die „bornierte Sicht der Einheimischen"[1301] zu überwinden.

Kulturalismus

Der Multikulturalismus legt darüber hinaus die Menschen auf die Zugehörigkeit zu Kulturen fest, er „kulturalisiert". Kulturelle Eigenschaften wurden als essentielle, nicht ablegbare Eigenschaften von Menschen angesehen. „Dem Begriff ‚multikulturelle Gesellschaft' liegt

[1299] Oberndörfer, Dieter: „Für sozialverträgliche Zuwanderung". In: taz vom 15. Januar 2001
[1300] Krummacher, Michael; Waltz, Viktoria: Kommunale Migrations- und Integrationspolitik. In: Berthold Dietz (Hrsg.): Handbuch der kommunalen Sozialpolitik, Opladen 1999, S. 470
[1301] ebd., S. 475

ein statisch-unhistorischer Kulturbegriff mit einseitig ethnisch-nationalen Aspekten zugrunde."[1302]

Die Herkunftskultur determiniert menschliches Handeln nach diesem Verständnis soweit, dass Gerichte Tätern türkisch/arabischer und/oder islamischer Herkunft mildernde Umstände aufgrund ihrer Einbindung in die Herkunftskultur zubilligen.[1303] Die Behauptung, die Täter hätten nicht anders handeln können, unterstellt eine Art „kulturellen Befehlsnotstand", der mit rechtsstaatlichen Maßstäben nicht zu rechtfertigen ist.

Dabei wird verkannt, dass sich bei Menschen mit „Zuwanderungshintergrund" neue Identitäten entwickeln, die sich nicht allein über eine Herkunftskultur der Eltern definieren lässt.

Auflösung des Nationalstaates?

Die Betonung der „kulturellen Identität", etwa einer „kulturautonomen Integration" und die damit verbundene Forderung „explizite(r) Anerkennung und materielle(r) wie ideelle(r) Förderung der verschiedenen Institutionen der Einwandererkolonien"[1304] schwächte das Bewusstsein für die notwendigen Anpassungsleistungen. Zuwanderer haben sie grundsätzlich zu erbringen, wenn sie sich erfolgreich integrieren wollen. Das heißt auch, nicht auf Dauer von staatlichen Transferleistungen abhängig zu sein. Darüber hinaus wurden jene in den Zuwanderergruppen bestärkt, die Abgrenzung predigten und Sonderrechte für Minderheiten einforderten. Solche Vorstellungen wurden durch Visionen einer „modernen Vielvölkerrepublik"[1305] bestärkt. Zielvorstellung ist dabei eine „Gesellschaft ohne kulturelles Zentrum und ohne hegemoniale Mehrheit. Dieser Aggregatzustand tritt ein, wenn das historische Gerüst des europäischen Universalismus, der Nationalstaat als Denk- und Handlungseinheit, nachgibt und transnationale Mobilität in einem Maße stattfindet, dass die Weltgesellschaft von einer Abstraktion zur alltäglich erfahrbaren Realität wird."[1306]

[1302] Griese, Hartmut M.: „Multikulturelle Gesellschaft"? - Ideologiekritische Anmerkungen, in: Reichard, Hartmut; Habicht-Erenler, Susanne (Hrsg.): Multikulturell - oder: Neue Migration – alte Konzepte. Ausländerpolitik vor neuen Herausforderungen (= Loccumer Protokolle 65/1989), Loccum 1991, S. 21
[1303] vgl. dazu ausführlich: Luft: Ausländerpolitik, S. 371 ff.; „Unbeugsam sein", Gespräch mit dem Islamwissenschaftler Gernot Rotter, in: FAZ vom 15. September 2005
[1304] Schulte, Axel: Multikulturelle Gesellschaft: Ideologie oder realistische Perspektive?, in: iza Informationsdienst zur Ausländerarbeit, H. 4/1990, S. 25

Diese „Gesellschaft von Fremden" stelle eine „auf den ersten Blick chaotische *Konstellation* von Personen und Gemeinschaften dar, die zueinander in einem Verhältnis struktureller Fremdheit und situativer Vergemeinschaftung stehen."[1307]

Dass sich im Zuge der Globalisierung nicht nur Informationen und Kapital weltweit bewegen, sondern auch Menschen, kann nicht bezweifelt werden. Die von Leggewie ersonnenen Konstruktionen bieten allerdings keine Perspektive für eine menschliche Zukunft. Erst recht würde eine solche Option der Auflösung aller historischen, kulturellen und ethnischen Verbundenheiten kaum eine Chance auf demokratische Zustimmung erhalten. Ähnliches gilt für die Empfehlung Christoph Butterwegges, darüber zu streiten, „ob das nationalistische Konstrukt ‚deutsches Volk' überhaupt noch zeitgemäß ist und öffentliche Aufmerksamkeit verdient oder ob die Globalisierung – hier verstanden als Prozess eines wirklichen Zusammenwachsens der Welt – die Politik nicht zu einer kosmopolitischen Umorientierung zwingt."[1308]

Das Grundgesetz sieht das deutsche Volk als Schöpfer dieser Verfassung und als Ursprung der Staatsgewalt[1309] (Art. 20 Abs. 2 S.1: „Alle Staatsgewalt geht vom Volke aus."). „Das Grundgesetz bestimmt seinen Ort nicht im Universum verfassungspatriotischer Ideen, sondern in einem bestimmten Volk auf dem Boden Mitteleuropas. (...) Der Trägerverband der grundgesetzlichen Demokratie ist das deutsche Volk, nicht etwa eine rechtlich undefinierbare, multinationale Gesellschaft."[1310] Die Forderung Butterwegges demonstriert nicht nur eine verbreitete Ignoranz gegenüber der Geschichte und geschichtlich gewachsenen kulturellen Identitäten. Sie verharrt zudem in der Negation, ohne eine Alternative anzudeuten, wer an die Stelle des Volkes als Legitimationsquelle treten soll und welche demokratiepolitischen Konsequenzen dies hätte.

Die Motive für die Haltung des Multikulturalismus sind von Land zu Land unterschiedlich, haben aber häufig mit dem Versuch zu tun,

[1305] vgl. Leggewie, Claus: Multi Kulti. Spielregeln für die Vielvölkerrepublik, Nördlingen ³1993, S. 142
[1306] ebd., S. XIII
[1307] ebd.
[1308] Butterwegge, Christoph: Migrationsberichterstattung, Medienpädagogik und politische Bildung, in: ders., Hentges, Gudrun (Hrsg.): Massenmedien, Migration und Integration, Wiesbaden 2006, S. 218
[1309] vgl. Isensee, Josef: Staat und Verfassung, in: Handbuch des Staatsrechts II ³2004, Rn 24 ff.
[1310] ebd., Rn 38

Lehren aus der Vergangenheit zu ziehen und womöglich Schuld abzutragen. Das gilt für das schlechte Gewissen wegen der Kolonialvergangenheit in Großbritannien[1311] ebenso wie für die Lehren aus der nationalsozialistischen Vernichtungs- und Vertreibungspolitik in Deutschland.

„Wenn die Bundesrepublik nun, um die Mitte dieses Jahrhunderts, so ‚reinrassig‘ war wie nie zuvor ein Staat der deutschen Vergangenheit, dann beruhte das doch gerade auf dem unheilvollen Bruch, den die rassistischen und Vernichtungsexzesse des NS-Systems herbeigeführt haben. Da wäre es doch ein Hohn, schriebe man den so geschaffenen Zustand unter dem Etikett ‚Kein Einwanderungsland‘ noch fest. Der nationalsozialistischen Rassenpolitik, die diese so genannte Säuberung des Volkskörpers vollzogen hatte, würde nachträglich noch die Weihe zuteil."[1312]

Betonung der Verschiedenheit

Die Betonung des Trennenden, der Verschiedenheit, ist ein weiterer Konstruktionsfehler. Anhänger des Multikulturalismus betonten daher häufig auch das Konfliktpotential, „dass die multikulturelle Gesellschaft eine Konfliktgesellschaft ist und bleiben wird."[1313] Sie begründeten dies mit den Kontakten von „Kulturen, Lebensstilen und Wertsystemen".[1314]

Vor dem Hintergrund der international vorhandenen Erfahrungen muss festgestellt werden, dass der Multikulturalismus das Integrationspotential westlicher Gesellschaft mehr geschwächt als gestärkt hat. „Theoretisch zeichnen sich integrative und stabile Systeme durch den Zusammenschluss/Einbezug von systemfremden Teilen auf der Basis von Gemeinsamkeiten aus. Verschiedenartigkeit hingegen bedeutet Differenz, und Differenzierung bedeutet die Ausgliederung von Teilen aus einem System, wenn diese sich qualitativ von ihm unterscheiden. Wenn, wie im Multikulturalismusmodell, Gruppenexistenzen sich durch Differenz und Verschiedenheit begründen, kann man von einem Koexistenzmodell sprechen, nicht von einem Integrationsmodell. (...)

[1311] Hillebrand: Dicke Luft in Londonistan, S. 4
[1312] Naumann, Klaus: Nachfragen zur Allerweltsformel „multikulturelle Gesellschaft", in: Vorgänge. Zeitschrift für Bürgerrechte und Gesellschaftspolitik, 29. Jg., H. 2/1990, S. 17
[1313] Cohn-Bendit/Schmid: Heimat Babylon, S. 12
[1314] ebd., S. 31

Da dieses also auf Koexistenz, nicht auf Integration setzt, ist es als systematisches Integrationsmodell auf gesamtstaatlicher Ebene nicht geeignet."[1315]

Der Multikulturalismus weckt falsche Erwartungen. Zwar sind alle Sprachen gleichermaßen wertvoll, und Mehrsprachigkeit ist in jeder Hinsicht eine Bereicherung. So wird einerseits zu Recht beklagt, dass die Mehrsprachigkeit bei Zuwanderern (sofern es sich nicht um „doppelte Halbsprachigkeit" handelt) zu wenig Beachtung und Anerkennung fänden. „Ihr aus dem familiären Aufwachsen und dem Leben in einer ethnischen Subkultur resultierendes ‚ethnisches Kapital', das sich z. B. in Zwei- (Mehr)sprachigkeit und interkulturellen Kompetenzen niederschlagen kann, wird in der deutschen Gesellschaft und in der Arbeitswelt allerdings nicht positiv eingeschätzt und daher in der Regel nicht berücksichtigt."[1316] In der Lebenswirklichkeit werden die wenigsten Handwerksmeister die Türkisch-Kenntnisse von Bewerbern um eine Lehrstelle positiv in Rechnung stellen. Der Grund liegt in der Tatsache, dass Sprachen zwar als gleichermaßen wertvoll und erhaltenswert betrachtet werden, ihr „kommunikativer Gebrauchswert" (alleine gemessen an der Zahl der weltweit vorhandenen Sprecher dieser Sprache) sich allerdings drastisch unterscheidet.[1317] Für den Handwerksmeister in Deutschland sind daher die Kenntnisse der deutschen Sprache entscheidend, Türkischkenntnisse haben für ihn keine Bedeutung. Hinzu kommt, dass in der deutschen Zuwanderungswirklichkeit eine „doppelte Halbsprachigkeit" verbreitet ist: „Die Lösung des Problems liegt im Elternhaus und in der Erziehung. Die zwei oder drei Sprachen beherrschenden jungen Eltern haben untereinander eine Kommunikationsmethode, die nicht nur ihnen selbst schadet, sondern sich auch auf die Sprachfähigkeit ihrer Kinder negativ auswirkt. Während bei ihnen zuhause ständig das Fernsehgerät läuft und die Programme ständig

[1315] Hinrichs: Auf der Suche, S. 16

[1316] Boos-Nünning, Ursula: Berufliche Bildung von Migrantinnen und Migranten. Ein vernachlässigtes Potential für Wirtschaft und Gesellschaft, in: Friedrich-Ebert-Stiftung (Hrsg.): Kompetenzen stärken, Qualifikationen verbessern, Potentiale nutzen. Berufliche Bildung von Jugendlichen und Erwachsenen mit Migrationshintergrund, Bonn 2006, S. 6

[1317] vgl. Esser, Hartmut: Migration, Sprache und Integration (= Arbeitsstelle Interkulturelle Konflikte und gesellschaftliche Integration beim Wissenschaftszentrum Berlin, Forschungsbilanz 4), Berlin 2006, S. 18

zwischen den unzähligen türkischsprachigen und deutschsprachigen Kanälen gewechselt werden, wechseln auch sie je nach Thema ihres Gespräches die Sprache. Es vergehen kaum fünf Minuten, in denen sie die Sprache nicht wechseln. Ihre Kommunikation mit dem Kind geschieht in gleicher Weise, so dass sie als Bezugspersonen für ihr Kind in Bezug auf das Spracherlernen nichts Positives bewirken können. Im Gegenteil, das Kind erlernt im Elternhaus keine Sprache, sondern ein Kauderwelsch von Wörtern unterschiedlicher Sprachen. Zum Spracherlernen im Baby- und Kindesalter ist aber die Rolle der Eltern entscheidend."[1318]

Der Multikulturalismus verstärkt die Versuchung der Zugewanderten, die Ursachen für mangelhafte Integration nicht bei sich selbst zu suchen, sondern in rassistischen und diskriminierenden Strukturen der Aufnahmegesellschaft. In der einschlägigen Literatur wird diese Perspektive nahezu durchgehend eingenommen. Für Großbritannien stellt Ernst Hillebrand ein ähnliches Diskursverhalten fest: „Arbeitslosigkeit, Schulversagen und Armut sind dieser Logik zufolge nicht das Ergebnis von Qualifikations- und Integrationsdefiziten, sondern das Ergebnis von religiös-kultureller Diskriminierung durch die Briten."[1319]

Es sind türkisch-stämmige Intellektuelle – wie Necla Kelek oder Seyran Ateş[1320] – , die die deutsche Politik der „falsch verstandenen Toleranz", der mangelnden Durchsetzungsfähigkeit und fehlender Prinzipientreue zeihen.[1321] Das kann nicht verwundern: Sie wissen wovon sie reden, sie haben es am eigenen Leib erfahren, und sie wissen, wie es ihren Leidensgenossinnen in den Parallelgesellschaften in Berlin, Hamburg und anderen Städten ergeht. In einer von der *Europäischen Kommission* und der *Evangelischen Kirche in Hessen und Nassau* mitfinanzierten Broschüre „Vielfalt statt Einfalt" spricht Jürgen Miksch „von den besonderen Diskriminierungen islamischer Frauen ...", die

[1318] Celebi-Bektas, Naciye: Welche Integrationschancen haben KurdInnen heute in Deutschland – Rechtlich, wirtschaftlich, sozial und kulturell? Bad Boll 2006 (= Online-Texte der Evangelischen Akademie Bad Boll), http://www.ev-akademie-boll.de/fileadmin/res/otg/431205-Celebi-Bektas.pdf [4. April 2006]
[1319] Hillebrand, Ernst: Dicke Luft in Londonistan, Informationen des Büros London der Friedrich-Ebert-Stiftung, Mai 2006, http://library.fes.de/pdf-files/bueros/london/03686.pdf [10. Juni 2006], S. 6
[1320] vgl. „Ätsch, ich darf stolz sein. Seyran Ateş kämpft gegen Kopftuch und Zwangsehen, in: FAZ vom 2. Februar 2006

wegen ihrer Kleidung im Arbeitsleben und Alltag vielen Benachteiligungen ausgesetzt sind."[1322] An keiner Stelle erwähnt er die Diskriminierungen, denen Frauen mit Berufung auf Tradition und Islam von Zuwanderern ausgesetzt werden.

Das Insistieren auf der Gültigkeit der Menschenrechte für alle, die in Deutschland leben, ist eine zentrale Voraussetzung für gelungene Integration. Necla Kelek weist deutlich darauf hin: „Eine Toleranz, die selbst noch die Intoleranz und alltägliche Gewaltverhältnisse als Bestandteil eines ‚anderen kulturellen Kontextes' hinzunehmen, ja, zu respektieren bereit ist, entlarvt sich letzten Endes als wertlos und gibt damit jeden Anspruch preis, die Gesellschaft nach allgemein gültigen Rechten und Verpflichtungen zu gestalten. Menschenrechte, Grundrechte sind nicht teilbar, nicht kulturell relativierbar. Sie sind die Fundamente einer aufgeklärten Gesellschaft und müssen unter allen Umständen verteidigt werden. Wer dazu nicht bereit ist, redet der Gegenaufklärung das Wort. Solange die deutsche Gesellschaft sich diesen – ihren eigenen Identitätskern nicht wirklich bewusst macht und ihn nicht offensiv zu verteidigen bereit ist, wird die Integration nicht gelingen können."[1323]

Das Fremde als „stimulierende Erlebnis-Variante" – Multikulturalismus als Ideologie der Mittelklasse

Die „multikulturelle Gesellschaft" ist ein „Konstrukt ohne Integrationspotential".[1324] Sie ist eine Schöpfung akademischer Mittelschichten. Wenn sie von Multikulturalität reden, meinen sie die Vielfalt der gehobenen Gastronomie, die gesteigerten Möglichkeiten sinnlicher Genüsse, das „Exotische", das sie damit verbinden.[1325] Der damalige Dezernent für Kultur und Freizeit der Stadt Frankfurt am Main, Hilmar Hoff-

[1321] In diesem Sinne gab es immer wieder kritische Anmerkungen zum Multikulturalismus, vgl. u.a.: Heine, Marcella: Multikulturelle Gesellschaft: „Grenzenlose" Toleranz oder demokratische Streitkultur? Thesen zu einer Enttabuisierung der „Ausländerfrage", in: Reichard, Hartmut; Habicht-Erenler, Susanne (Hrsg.): Multikulturell – oder: Neue Migration – alte Konzepte. Ausländerpolitik vor neuen Herausforderungen (= Loccumer Protokolle 65/1989), Loccum 1991, S. 27 ff.
[1322] Miksch, Jürgen: Vielfalt statt Einfalt. Strategien gegen Rassismus und Fremdenfeindlichkeit, Frankfurt/Main 1997, S. 51
[1323] Kelek: Die fremde Braut, S. 261
[1324] vgl. Mäder, Werner: „Multikulturelle Gesellschaft". Konstrukt ohne Integrationspotential", in: ZFSH 1/1999, S. 3–17
[1325] vgl. Treibel, Annette: Migration in modernen Gesellschaften. Soziale Folgen von Einwanderung, Gastarbeit und Flicht, Weinheim, München ³2003, S. 65

mann, brachte diese Haltung des „kulinarischen Multikulturalismus" beredt zum Ausdruck: „Solange Nestwärme dem Menschen ein Gefühl von Geborgenheit vermittelt, wird er sich über den eigenen Kreis der Familie und der Freunde neugierig hinausbewegen, um das für ihn Exotische zu genießen und Vielfalt als Bereicherung zu würdigen. Wir empfinden die Vielfalt der Großstadt als besonderen Reiz, auch die Vielfalt ihrer Menschen als permanente Anregung, als stimulierende Erlebnis-Variante. Wer sich aussuchen kann, aus besonderem Anlass indisch, chinesisch, vietnamesisch, türkisch, griechisch, französisch oder hessisch essen zu gehen, empfindet auch diese Freiheit als selbstverständlichen Teil uns gemeinsamen Reichtums. Noch sehr viel intensiver können wir die Existenz verschiedener Kulturen in einer Stadt als Reichtum entdecken, als Ressource vielfältiger Genüsse von Kreativität und Innovation. Gelebte Kulturalität gründet in erster Linie auf Toleranz: Vielfalt als Chance zu begreifen, empfiehlt uns die Postmoderne."[1326] Wie dramatisch diese Perspektive und die Wirklichkeit auseinander klaffen, macht ein Blick auf die französischen Verhältnisse deutlich (die noch bedrückender sind als jene in Deutschland): „Viel wichtiger [als die belebende Vielfalt] sind demgegenüber die konfliktträchtigen Elemente des multikulturellen Zusammenlebens, wie latente Aggressivität, Abkapselung, Angst/Unsicherheit (z. B. in öffentlichen Verkehrsmitteln), Kleinkriminalität, Rücksichtslosigkeit, Indifferenz und Desinteresse an öffentlichen Angelegenheiten, Schmutz und Umweltzerstörung und die für das Erscheinungsbild französischer Großstädte (nicht nur der ‚Banlieue') abseits der vom internationalen Tourismus bevorzugten Stadtgebiete so charakteristische ästhetische Verwahrlosung."[1327]

Das Lebensgefühl der gehobenen Mittelklasse spiegelt sich hier wider. Wenn sich die Großverdiener Boris Becker und Thomas Gottschalk 1999 in großformatigen Anzeigen der rot-grünen Bundesregierung für ein „weltoffenes Deutschland" und das geplante rot-grüne Staatsangehörigkeitsrecht exponierten, so trifft das ebenfalls zu: Die

---

[1326] Hoffmann, Hilmar: Im Laboratorium fürs Überleben. Die Utopie von der multikulturellen Gesellschaft, in: Süddeutsche Zeitung vom 3. Juni 1989
[1327] Manfrass, Klaus: Türken in der Bundesrepublik – Nordafrikaner in Frankreich: Ausländerproblematik im deutsch-französischen Vergleich, Bonn, Berlin 1991 (= Pariser Historische Studien, hrsg. vom Deutschen Historischen Institut Paris, Bd. 32), S. 42 f.

internationale Show- und Sportschickeria trifft in New York und Paris auf ihresgleichen verschiedenster Herkunft, für sie gilt tatsächlich: „Der moderne Mensch reist, raucht und kleidet sich multikulturell."[1328] Sie kennt aber weder die Existenzprobleme der Menschen in französischen Vorstädten noch die soziale Marginalisierung und die Konflikte der Menschen in den ethnischen Kolonien in Berlin, Duisburg, Hamburg oder Köln.

Die Angehörigen der gehobenen Mittelschichten wissen zu wenig von den zugewanderten Unterschichten und ihrem tristen Dasein in den ethnischen Kolonien. Sie wissen nichts von der Lebenswirklichkeit der sozial schwachen einheimischen Bevölkerung, um beurteilen zu können, welche überdurchschnittlichen Integrationsleistungen von ihnen im Alltag abgefordert werden und welche Anstrengung dies bedeutet. So ist das immer wieder vorgebrachte Postulat, in der multikulturellen Gesellschaft müssten ständig neue „Spielregeln" des Zusammenlebens ausgehandelt werden[1329], für die Betroffenen schlicht und einfach eine Überforderung. Die Behauptung, für die „kommunikative Einigung auf gemeinsame Mindestregeln multikulturellen Zusammenlebens" sei der „herrschaftsfreie Dialog ... die ideale Bedingung"[1330] war und bleibt lebensfremd. Unterschiedliche wirtschaftliche und soziale Ausgangspositionen, unterschiedliche kulturelle Hintergründe sowie die Tatsache, dass es immer noch um die Integration einer Minderheit in ein von einer Mehrheit geprägtes Land geht, lassen dieses Modell als völlig ungeeignet erscheinen, divergierende Interessen – auch innerhalb der jeweiligen Gruppen – zu einem Ausgleich kommen zu lassen.

Im Leugnen oder Ignorieren der Alltagsprobleme, so ist zu Recht festgestellt worden, „drückt sich eine Geringschätzung der einheimi-

---

[1328] Miksch, Jürgen: Vielfalt statt Einfalt. Strategien gegen Rassismus und Fremdenfeindlichkeit, Frankfurt/Main 1997, S. 41

[1329] So unter anderem die ehemalige Ausländerbeauftragte des Berliner Senats, Barbara John, in: dies.: 22 Jahre Integrationspolitik in Berlin – Bedingungen erfolgreicher Integration"., Berlin 2004, Gutachten für die Kommission Zuwanderung der Bundesregierung, S. 2; in diesem Sinne auch die ehemalige Migrationsbeauftragte der Bundesregierung, Marieluise Beck; „Multikulti ist noch kein Konzept", in: Bündnis 90/Die Grünen Bundestagsfraktion (Hrsg.): Profil Grün. 2/ 2005, S. 21

[1330] Gaitanides, Stefan: Das Projekt der multikulturellen Gesellschaft, in: Butterwegge, Christoph et al. (Hrsg.): Medien und multikulturelle Gesellschaft, Opladen 1999, 179

[1331] Tönnies, Sibylle: Multikulturalität, Partikularismus und Universalismus, in: Kroker, Eduard J.M.; Dechamps, Bruno (Hrsg.). Deutschland auf dem Weg zur multikulturellen Gesellschaft?, Frankfurt/Main 1996, S. 79

schen Unterschichten aus, die von diesen empfindlich gespürt wird."[1331] Die Verachtung des „kleinen Mannes" und seiner angeblich latent xenophoben Grundhaltung zieht sich wie ein roter Faden durch die Argumentation der selbsternannten „migrationspolitischen Fachöffentlichkeit".[1332]

Jens S. Dangschat kommt zu dem Schluss, dass „die Idee des ‚Multikulturalismus' ein bigottes und verlogenes Konzept der bildungsbürgerlichen Mittelschicht für die bildungsbürgerliche Mittelschicht [sei] ... Dieses Entlastungskonzept wird von jenen gesellschaftlichen Kreisen als für die gesamte Gesellschaft verbindlich entworfen, die häufig weder beruflich noch gar vom Wohnstandort her mit den Zuwanderern in Konkurrenz oder Nachbarschaft stehen. Eine ausreichende Bildung, eine brauchbare Menge an ökonomischem Kapital, insbesondere eine hohe Artikulationsfähigkeit, soziales Kapital und die Lust am Bewegen in differenzierten sozialen Kontexten bringen sie in die Lage, in den Kontakten zu ‚dem Fremden' nur Öffnung, Erweiterung, Anregung und Bedürfnisbefriedigung zu sehen – interethnische Kontakte sind für sie eine Chance und werden bisweilen demonstrativ inszeniert. Die Integrationsarbeit auf dem Arbeitsplatz und in den Wohnquartieren wird hingegen von den ‚Anderen' betrieben, von denjenigen, deren Qualifikationsstruktur wenig Selbstbewusstsein hat entstehen lassen, die aus gesellschaftlichen Bereichen stammen, in denen Risiken lähmend wirken ... (...) Das Multikulti-Angebot ist also eine ‚Entlastungsstrategie' derer, die von der Segregation profitieren, denn sie leben wegen der Segmentation und Segregation in relativ ‚störungsfreien' Kontexten. Gewöhnlich nennt man solches Vorgehen ‚Verträge zu Lasten Dritter'; die roch häufiger geschlossen würden, wenn sie nicht als sittenwidrig eingeordnet wären."[1333]

In den sozial schwierigen Gebieten geht es eben nicht um die „Kleinmütigen", die durch das „Anders- und Fremdartige" „überfordert" werden.[1334] Die Bremer Rechtsphilosophin Sybille Tönnies hat

[1332] hierzu ausführlich: Luft: Ausländerpolitik, S. 364 ff.
[1333] Dangschat, Jens S.: Residentielle Segregation – die andauernde Herausforderung an die Stadtforschung, in Fassmann, Heinz et al. (Hrsg.): Zuwanderung und Segregation. Europäische Metropolen im Vergleich, Klagenfurt 2003, S. 29 f.
[1334] John, Barbara: 22 Jahre Integrationspolitik in Berlin – Bedingungen erfolgreicher Integration, Berlin 2004, [http://www.bamf.de/nn_708934/SharedDocs/Anlagen/DE/Migration/Downloads/Expertisen/exp-john-zuwanderungsrat,templateId=renderPrint.html], S. 21

die soziale Dimension auf den Punkt gebracht und darüber hinaus kritisiert, dass die in der Bundesrepublik geführte Debatte über ausländerpolitische Fragen ideologisch voreingenommen und einseitig aus der Perspektive der Sinnvermittler und Sinnproduzenten geführt wird: „... in der bisherigen Diskussion wurde zu wenig darüber gesprochen, was der Ausländerzustrom für die Schichten bedeutet, die die Integration praktisch zu leisten haben. (...) Solange wir ... in einer Gesellschaft leben (und das wird, wie es scheint, noch eine Weile der Fall sein), die unten und oben, arm und reich sehr wohl kennt, in der sich die Schere sogar immer weiter öffnet, müssen wir der Tatsache ins Gesicht sehen, dass die Ausländerfrage in den oberen Schichten anders aussieht als in den unteren. Die Neigung zur Multikulturalität ist eine ‚kultivierte' Haltung, die die erfreulichen Seiten der Völkermischung würdigen kann, und sie liegt den gebildeten Schichten nahe, die vom unmittelbaren Existenzkampf relativ abgehoben sind. Als Bewohner der besseren Viertel einer Stadt kann man sehr wohl einen orientalischen Nachbarn, der ebenfalls wohlhabend und gebildet ist, als kulturelle Bereicherung schätzen; man kann auch die gesteigerte Farbenpracht und Geräuschentfaltung, die mit südlichen Mitbürgern einhergeht, würdigen – solange man nicht unter einer Wohnung mit einer achtköpfigen türkischen Familie lebt, sondern nur gelegentlich die pittoresken Aspekte der fremden Kultur erlebt und von der multikulturellen Wirklichkeit weit entfernt ist. Die unteren Schichten kommen tatsächlich durch einen zu hohen Ausländeranteil in Bedrängnis. Anders als die Oberschichten konkurrieren sie mit Ausländern um Wohnungen, Arbeits- und Kindergartenplätze; es sind ihre Kinder, die in den Schule und auf den Spielplätzen mit den etwas festeren Fäusten der Ausländerkinder zurechtkommen müssen. (...) ... man darf die Schwierigkeiten einer Kulturvermischung nicht leichtfertig unterschätzen. Eine solche Betrachtungsweise wird von den Freunden der Multikulturalität scharf zurückgewiesen und als vorurteilsbelastet bezeichnet. Die ökonomische Bedrückung, in die die deutschen Unterschichten mit steigendem Ausländeranteil kommen, wird geleugnet; die Rivalität auf dem Wohnungs-

[1335] Tönnies, Sybille: Multikulturalität, Partikularismus und Universalismus, in: Eduard J.M. Kroker, Bruno Dechamps (Hg.), Deutschland auf dem Weg zu einer multikulturellen Gesellschaft? Frankfurt/Main 1996, S. 78 ff.

und Arbeitsmarkt wird ignoriert, die bedeutend höhere Kriminalitäts-
rate bei ausländischen Jugendlichen wird vertuscht, die ernsten Probleme in den Grund- und Hauptschulen, die Überforderung von Lehrern
und Schülern in bestimmten Stadtteilen wird nicht beachtet – und in
dieser Haltung drückt sich eine Geringschätzung aus, die von diesen
empfindlich gespürt wird. (...) Die Millionen Menschen, die zu dieser
im Stich gelassenen Schicht gehörten, fühlen sich nicht mehr beschützt
von der Linken; sie spüren, dass die Intellektuellen sie heimlich verachten und ihre Sympathie auf die Ausländer verschoben haben, deren
Nöte traditioneller Art sind: Krieg, Obdachlosigkeit, Hunger."[1335]

Kritik von Links

Die Kritik von Links interpretierte den Multikulturalismus als bürgerliche Ideologie, die die Klassenherrschaft verschleiern und damit
aufrechterhalten sollte. „Die Auslöschung der Klassengeschichte der
Ethnisch-Australier und die Rekonstruktion ihrer Erfahrung und
Geschichte in ihren Heimatländern und in Australien als ausschließlich
kulturell bedingt (d. h. im besonderen nichtpolitisch, nicht auf Klassen
basierend und in diesem Sinne ahistorisch) sind die tatsächlichen
Ergebnisse eines als Ideologie verwendeten Multikulturalismus. (...) Im
Grunde genommen repräsentieren diese Vorgehensweisen die aufeinander folgenden Stadien bei der Rekonstruktion der australischen Klassen-
beziehungen zum Zweck der Aufrechterhaltung von Hegemonie und
Klassenherrschaft .. "[1336]

Die Entstehung eines einheitlichen Klassenbewusstseins sollte demnach durch die Ethnisierung verhindert werden. „Ethnik‘ hat sich zu
einem wichtigen Ort des Klassenkampfes entwickelt – einem Weg, der
von den herrschenden Kräften in Australien benutzt wird, um sowohl
die Arbeiterklasse aufzusplittern, als auch die konservative Haltung
und die Klassendominanz zu verstärken. (...) Die Realisierung des
anfänglichen Potentials des Multikulturalismus als Befreiungsprozess
kann nur dann eintreten, wenn dieser in den Kampf um kulturelle
Befreiung aller Australier der Arbeiterklasse eingegliedert wird, unab-

[1336] Jakubowicz, Andrew: Staat und Ethnik; Multikulturalismus als Ideologie, in: in: Weber, Wolfgang (Hrsg.): Einwanderungsland Australien, Frankfurt/Main 1987 (= Materialien zur Ausländerbeschäfti-gung, Bd. 11), S. 24 f.

hängig von deren ‚ethnischen' Hintergrund bzw. internationalem geschichtlichen Werdegang und unter Anerkennung dieser kulturellen Vielschichtigkeit."[1337]

Linke Kritik am Multikulturalismus stellte auf den *Kulturalismus* ab, auf die Behauptung kultureller Unterschiede zur einheimischen Bevölkerung als *zentralem Bezugspunkt* und als den das Verhalten von Zuwanderern bestimmenden Faktor. Die Konsequenz bestand in dem Absehen von der sozialen Dimension, von den Funktionen in einer modernen Industrie- und Dienstleistungsgesellschaft, die sowohl Zuwanderer als auch Einheimische einnahmen. Zuwanderer würden nicht als Wohnungssuchende, Arbeiter, Taxifahrer, Eltern wahrgenommen, sondern als Türken, Muslime, Italiener etc., als „(kleine) Repräsentanten einer fremden Kultur, die ihr Verhalten wie eine zweite Natur determiniert, so dass sie mit den Lebensumständen im Aufnahmeland notwendig in Konflikt geraten müssen. Oder sie gelten als solche, die zum eigenen Überleben ihre ethnische Identität erhalten müssen, uns also immer fremd bleiben werden. (....) Man kehrt an ihnen hervor, worin sie sich kulturell unterscheiden, lässt aber unberücksichtigt, was sie, die in eine funktional differenzierte Gesellschaft integriert wurden und dort ihre Leistungen als Taxifahrer, Putzfrauen, Kreditnehmer erbringen, mit der Mehrheitsbevölkerung sozial gemein haben. Damit löst sich das Problem von seinen rationalen Grundlagen und wechselt über in den Bereich des Mythos."[1338] Die Kritik von Links warf den Multikulturalisten (nicht zu Unrecht) vor, von den realen Machtverhältnissen (in wirtschaftlicher und rechtlicher Hinsicht) zu abstrahieren[1339] – im Übrigen nicht nur von den Machtverhältnissen sondern auch von den Interessen der Gastarbeiter selbst. Multikulturalisten folgten einem naiven Kulturbegriff: „... wie soll eine fortschrittliche multikulturelle Kultur entstehen, gar eine Gesellschaft und ganz ohne an den Produktionsverhältnissen, den Kapitalinteressen und dar-

[1337] ebd., S. 42
[1338] Radtke, Frank-Olaf: Multikulturalismus – Ein Gegengift gegen Ausländerfeindlichkeit und Rassismus?, in: Heßler, Manfred(Hrsg.) Zwischen Nationalstaat und multikultureller Gesellschaft. Einwanderung und Fremdenfeindlichkeit in der Bundesrepublik Deutschland, Berlin 1993, S. 95 f.
[1339] vgl. Klingeberg, Bendix: „Was heißt multikulturelle Gesellschaft?". Die Kunst, einen Schneeball zu braten und dafür ein Rezept zu schreiben, in: Widersprüche. Zeitschrift für sozialistische Politik im Bildungs- Gesundheits- und Sozialbereich, H. 9/1983, S. 107-113

aus resultierenden Verfassungen, Gesetzen und Dienstanweisungen zu rütteln?"[1340]

Der Multikulturalismus hindere die Zuwanderer daran, sich gegen die Gruppennormen zu stellen, aus dem Gruppenzwang auszubrechen und sich den Anforderungen in der neuen Umgebung zu stellen. „Die Individuen werden in dieser Vorstellung wiederum zu Gefangenen ihrer Herkunftskultur. Wenn dazu noch die relative Autonomie der Gruppenkulturen und Gruppennormen gegenüber den gesellschaftlichen Strukturen behauptet wird, werden letztere ... von dem Legitimationsdruck entlastet, der sich aus dem Gleichheitspostulat des Rechtsstaates ergibt ..."[1341]

Skeptisch zeigte sich diese Position auch gegenüber den Erwartungen, es werde sich eine neue, fortschrittliche Kultur aus der Vermischung unterschiedlicher nationaler Kulturen bilden. „Die Erwartung ist, es könne auf dem Boden der BRD – sozusagen als eine Art Gemisch – eine neue Kultur mit neuen fortschrittlichen Merkmalen entstehen, wenn sich das Deutsche mit dem Gastarbeiterischen vermischt. Wenn das so wäre, dann sicher nicht in Form einer türkisch-deutschen Mischkultur oder einer spanisch-deutschen Mischkultur. Wenn eine multikulturelle Mischung entstehen soll – dazu noch fortschrittlich – dann wohl nur aus bestimmten Elementen der jeweiligen Kulturen und sicher nicht aus den nationalistisch geprägten."[1342]

Anstatt sich mit einer Verbesserung der sozialen Lage der Unterschichten (einheimischer wie zugewanderter) zu befassen, beschäftige man sich gutbürgerlich mit dem unverfänglichen Thema der Kultur. Der Multikulturalismus „lenkt ab von den realen politischen Problemen, die im Felde der Sozialpolitik und der Herstellung sozialer Gerechtigkeit zu suchen wären und verschiebt das Problem in den Bereich einer Kulturdiskussion, die das diffuse Unbehagen an den Fremden mit neuer Nahrung versorgt."[1343] Der Multikulturalismus verdecke die Widersprüchlichkeit der kapitalistischen Gesellschaft: „Der programmatisch-pädagogische Multikulturalismus, zu dem sich

1340 ebd., S. 109
1341 Dittrich, Eckard J.; Radtke, Frank-Olaf: Einleitung. Der Beitrag der Wissenschaften zur Konstruktion ethnischer Minderheiten, in: dies. (Hrsg.) Ethnizität. Wissenschaft und Minderheiten, Opladen 1990, S. 29
1342 Klingenberg: „Was heißt multikulturelle Gesellschaft?", S. 110
1343 Radtke: Multikulturalismus – ein Gegengift, S. 98

Sozialdemokraten und große Teile der Grünen bekennen, stellt eine neue (manchmal hilflose) Form des Antifaschismus bzw. Antirassismus dar und dient in vielen Fällen der Psychohygiene seiner Vertreter. Diese Form des Multikulturalismus tendiert zu einer sozial-romantischen Verklärung der in der Gesellschaft virulenten Widersprüche, sie neigt zu einem Kulturalismus, der die strukturellen Gegebenheiten und die materiellen Konflikte unterschätzt und steht in der Gefahr, bei Folklorisierung zu enden."[1344]

Der Multikulturalismus setze auf Moral und moralischen Druck, anstelle wirtschaftliche, soziale und rechtliche Gleichstellungspolitik zu betreiben. „Multikulturalismus in Deutschland ist ein groß angelegtes, volkspädagogisches Umerziehungsprogramm, mit dem die ganze Bevölkerung, bevorzugt die Jugend, aber auch die Parteien, die Wissenschaft und die Medien, in neue Problembeschreibungen eingeübt werden sollen. Die immer wiederholte Suggestion ‚Wir leben in einer multikulturellen Gesellschaft' soll der beklagten Verleugnung einer ‚neuen Realität' entgegenwirken, die mit der Einwanderung seit der Mitte der 50er Jahre entstanden sei. Die Gesellschaft soll ein neues Bewusstsein über sich selbst entwickeln; sie soll ihr altes Selbstverständnis der nationalen Homogenität austauschen durch die Idee der ‚Multikulturalität', in der als Normalität akzeptiert wird, dass Menschen unterschiedlicher nationaler, kultureller, religiöser und sprachlicher Herkunft in einer Gesellschaft gleichberechtigt nebeneinander leben (müssen). Der Bevölkerung sollen neue moralische Maßstäbe beigebracht werden. So wie die westdeutsche Gesellschaft nach der ‚Kulturrevolution' von 1968 gelernt hat, z. B. ihre Kinder zu Hause und in der öffentlichen Schule nicht mehr zu prügeln, soll sie nun lernen, dass man Ausländern tolerant und respektvoll begegnet. Der Multikulturalismus ist ein Steuerungsversuch, der angesichts eines fehlenden politischen Konsenses zur sozialen und rechtlichen Inklusion der Zuwanderer auf das Steuerungsmedium *Moral* setzt und versucht, sich gegen jenen Zerfallprozess der Gesellschaft zu stemmen, der gerade doch durch das Nachlassen der Bindewirkung der Moral ausgelöst ist."[1345]

[1344] Radtke, Frank-Olaf: Multikulturalismus – vier Formen der Ethnisierung, in: Frankfurter Rundschau vom 19. Juni 1990
[1345] Radtke: Multikulturalismus – ein Gegengift, S. 96 f.

Kritik von Rechts

Im völkisch-nationalen Denken gibt es sehr unterschiedliche Bewertungen des Multikulturalismus. Von den Modernisierungsverweigerern unter den Rechtsextremen wird er als Instrument der Zerstörung völkischer Identität angesehen und werden Forderungen nach mindestens massenhafter „Rückführung", wenn nicht gar Vernichtung „rassefremder" Ausländer damit gerechtfertigt. Von Vertretern der „neuen Rechten" wird der Grundgedanke aufgegriffen und ein „Multikulturalismus von rechts" entwickelt. Gemeinsam bleibt die Ablehnung der westlichen, repräsentativen Demokratie.

Auf der Grundlage eines biologischen Volks- und Rassegedankens wird „die Propagierung der multikulturellen Gesellschaft [als] ein weiterer Versuch zur Zerstörung des Volkes" bezeichnet.[1346] Das Erbe des sozialistischen Internationalismus trete – nach dem Niedergang des Kommunismus – der Multikulturalismus an. „Der Multi-Kulti-Antifaschismus der Neunziger ist der legitime Spross des klassischen Realsozialismus."[1347] Das Ziel bleibe gleich: die Zerstörung der „immer noch von intakten Völkern" getragenen „Industriegesellschaften des Westens".[1348] Im Zentrum dieses Ansatzes, wie er in der Monatsschrift „Nation und Europa" (einem „der wichtigsten Sprachrohre deutscher Rechtsextremisten"[1349]) vertreten wird, steht die völkische Identität: Die „Idee vom ethnisch, kulturell und historisch definierten Staatsvolk", die „Idee von den unveräußerlichen Bestandsrechten dieses Staatsvolkes, wozu etwa das Recht auf Erhalt der ethnischen Identität; des Lebensraums ... gehört."[1350]

In diesem biologistischen Denken werden Völker als „biologische Tatsachen"[1351], als „unterschiedliche genetische Sammelbecken", als „Fortpflanzungsgemeinschaften"[1352] angesehen. Zuwanderung wird als

---

[1346] Kosiek, Rolf: Die Wirklichkeit des Volkes in der modernen Welt. Wissenschaftliche Erkenntnisse zum Volksbegriff, in: Ulbrich, Stefan (Hrsg.): Multikultopia. Gedanken zur multikulturellen Gesellschaft, Vilsbiburg 1991, S. 113
[1347] Richter, Karl: Multikulti – eine Utopie zerbricht, in: Nation und Europa. Deutsche Monatshefte zur europäischen Neuordnung, 43. Jg., H. 9/1993, S. 3
[1348] ebd.
[1349] Bundesminister des Innern (Hrsg.): Verfassungsschutzbericht 2004, Berlin 2005, S. 73
[1350] Richter: Multikulti – eine Utopie zerbricht, S. 4
[1351] Kosiek: Die Wirklichkeit des Volkes, S. 120
[1352] ebd., S. 118

„Überfremdung", die „bis zum Völkertod führen" kann, betrachtet.[1353] Um „Völker- und Rassenmischungen"[1354] zu verhindern, müssten unter anderem die „Heiratsschranken an den Volksgrenzen" als „natürliche und für die jeweilige Menschenart und ihre Kultur notwendige Grenzen" beachtet werden."[1355] Hier wird unmittelbar an die nationalsozialistische Rassenlehre angeknüpft, deren Irrationalität und deren destruktive Konsequenzen bekannt sind.

Rassistisch motivierter Vernichtungswahn

Die Konsequenz dieses Ansatzes ist einerseits die Ablehnung jeglicher „Integration" von Zuwanderern, andererseits eine Politik mit dem Ziel, „volksfremde" Gruppen zu entfernen: So formuliert die NPD das Ziel, eine „menschenfeindliche Integrationspolitik [zu] beenden sowie die deutsche Volkssubstanz [zu] erhalten.[1356] In ihrem „Aktionsprogramm" kündigt sie die „Rückführung der Ausländer in ihre Heimat" an.[1357]

Rechtsextremisten wie der umtriebige Jürgen Rieger bringen ihre rassistisch-biologistische Weltanschauung auf den Punkt und liefern damit den ausländerfeindlichen Gewalttätern eine „Rechtfertigung": „Multikulturelle Gesellschaft bedeutet Mischung und Mischung bedeutet Untergang letztendlich jeder Kultur."[1358] Dieses absurde Untergangsszenario rechtfertigt für Rieger eine Art Notwehr des deutschen Volkes, wie sie schon die Nationalsozialisten im „Dritten Reich" betrieben hätten: Hasserfüllt propagiert er in Form einer „sich selbst erfüllenden Voraussage" die Vernichtung „rassefremder" Gruppen: „... wir werden hier Rassenkriege bekommen, die ungeahnt sind. Und da täusche man sich nicht: Die Deutschen sind Schafe, die Deutschen lassen sich unheimlich viel gefallen, lassen sich auch von Asylbewerbern Rassismusvorwürfe gefallen. (...) Nur man täusche sich nicht. (...) Churchill hat gesagt, die Deutschen lecken einem entweder die Füße ab oder sie sitzen einem an der Kehle. Noch lecken die Deutschen den Ausländern hier die Füße, irgendwann sitzen sie den Ausländern aber an der Kehle.

[1353] ebd., S. 120
[1354] ebd., S. 123
[1355] ebd., S. 120
[1356] Nationaldemokratische Partei Deutschlands: Parteiprogramm, hrsg. vom NPD-Parteivorstand, Berlin 2004, Punkt 8
[1357] Aktionsprogramm für ein besseres Deutschland, hrsg. vom NPD-Parteivorstand, Berlin o.J., S. 13
[1358] So Rieger und Meinolf Schönborn in einem Interview, in: Ulbrich, Stefan (Hrsg.): Multikultopia. Gedanken zur multikulturellen Gesellschaft, Vilsbiburg 1991, S. 264

Das sage ich. Ich möchte das nicht, das will ich betonen, aber es wird kommen. Und es wird deswegen kommen, weil die Ausländerzahl hier laufend zunimmt. Dann sitzen die Deutschen den Ausländern an der Kehle und dann passiert mit den Ausländern, was mit den Juden und Zigeunern passiert ist."[1359]

Hier wird Gewalt nicht nur gerechtfertigt, sondern geradezu gefordert. Verfassungsschutz und Öffentlichkeit haben allen Grund, ein wachsames Auge darauf zu werfen.

McDonald's oder Moschee – Multikulturalismus von Rechts

Andere Konsequenzen aus dem Ansatz des Multikulturalismus ziehen Vertreter der „neuen Rechten". Ausgehend von der zentralen Rolle, die sie der Bewahrung der „kulturellen Identität" zusprechen, wird die Politik der Integration als „rassistisch" bezeichnet. In „völkisch-kulturellem Fundamentalismus"[1360] wird eine Reaktion auf globalen Kapitalismus und Vorherrschaft eines „amerikazentrierten Imperialismus"[1361] gesehen. Für den Theoretiker der französischen *Neuen Rechten*[1362], Alain de Benoist, stellt der „liberale Individualismus"[1363] die größte Bedrohung der nationalen Identität Frankreichs dar. „Die Amerikanisierung der Welt, die Vereinheitlichung der Produktionsweisen und Konsumgewohnheiten, die Herrschaft der Ware, die Ausbreitung des Weltmarktes, die systematische Erosion der Kulturen unter den Folgen der Globalisierung untergraben die Identität der Völker noch weitaus mehr, als es die Einwanderung tut. Die Eröffnung einer Fast-Food-Filiale oder eines Supermarktes stellt für unsere Identität sicher eine größere Bedrohung dar als der Bau einer Moschee!"[1364]

Auch Vertreter der „neuen Rechten" betonen die Differenz: „Unterscheiden zu können zwischen ‚Wir' und ‚Die', das macht ‚kulturelle Identität' aus."[1365] Vor dem Hintergrund der Bedrohung durch die

[1359] ebd., S. 276
[1360] Bauer, Marcus: Vielfalt gestalten. Rechte Perspektiven zum Projekt „multikulturelle Gesellschaft", in: Ulbrich, Stefan (Hrsg.): Multikultopia. Gedanken zur multikulturellen Gesellschaft, Vilsbiburg 1991, S. 139
[1361] Benoist, Alain de: Aufstand der Kulturen. Europäisches Manifest für das 21. Jahrhundert, Berlin 22003, S. 107
[1362] vgl. Manfrass: Türken in der Bundesrepublik, S. 147 ff.
[1363] Benoist: Aufstand der Kulturen, S. 112
[1364] ebd., S. 128
[1365] Bauer: Vielfalt gestalten, S. 138

„Destruktivität der industriekapitalistischen Einheitszivilisation"[1366] vertrage sich der Multikulturalismus – verstanden als Bewahrung kultureller Vielfalt – durchaus mit dem Konzept des „Ethnopluralismus" der „neuen Rechten"[1367]. Die Linke missbrauche den Multikulturalismus nur, um eine „Einschmelzung der Völker"[1368] zu rechtfertigen. Die Rechte habe hingegen die politischen Konzepte, um den Multikulturalismus in eine adäquate Praxis umzusetzen. Da eine „umfassende Repatriierung der Abermillionen von Fremden in ihre Heimatländer … kaum vorstellbar" sei[1369], müsse man von der Parole „Ausländer raus" abgehen und für ein dauerhaftes Zusammenleben in einer „ethnopluralen" Gesellschaft Konzepte entwickeln. Dabei werden jene Zuwanderer, die sich nicht westlich-hedonistischen Lebensweisen anpassen, die an ihrer nationalen und kulturellen Identität festhalten, zum Vorbild: „Bedenkt man, wie sehr die Europäer und namentlich die Deutschen dem genormten Konsumverhalten und weichlichen Hedonismus der Wohlstandsgesellschaft verfallen sind, so wirkt es fast beschämend, mit welcher Härte und Zähigkeit fern ihrer Heimat lebende Ausländer in diesem Sumpf an ihren kulturellen Überlieferungen, religiösen und politischen Wertorientierungen festzuhalten versuchen. Ob es nun der vielbeschworene Familiensinn der Türken ist, deren ausgeprägte Vaterlandsliebe, die in der glitzernden Hedonistenwelt besonders beanspruchte religiöse Standfestigkeit hier lebender Muslime, die Opferbereitschaft kurdischer Nationalisten: all dies … wird noch einmal als lobenswertes, anschauliches Beispiel dienen können, wenn es darum geht, dem verkommenen Europäertum und so manchen verwahrlost-verwestlichten Landsleuten die Köpfe wieder zurechtzurücken."[1370]

Auch Bauer fordert eine Abkehr von Vorstellungen einer „als ‚Integration' beschönigten rassistischen Assimilationspolitik" und fordert „deren Überwindung durch die Anerkennung des Prinzips kultureller Vielfalt, durch die Achtung der Unterschiedlichkeit der Menschen und Respektierung ihres Rechts, gemäß dieser ihrer Anders- und Eigen-Artigkeit zu leben."[1371]

[1366] ebd.
[1367] vgl. Pfeiffer, Thomas: Die Kultur als Machtfrage. Die Neue Rechte in Deutschland, hrsg. vom Innenministerium des Landes Nordrhein-Westfalen, Düsseldorf ³2005, S. 70 ff.
[1368] Bauer: Vielfalt gestalten, S. 142
[1369] ebd., S. 142
[1370] ebd., S. 146
[1371] ebd., S. 147

Diesen Ansatz entwickelt der Autor weiter und verlangt, dass die Zuwanderer-Gruppen in Deutschland als „Minderheiten" anerkannt werden müssten, verbunden mit „kultureller und politischer Autonomie". „Hier zeigt sich denn auch, dass das Konzept der multikulturellen Gesellschaft die logische Konsequenz des neurechten Ethnopluralismus ist."[1372] Gefordert wird ein Rätesystem, in dem jede Volksgruppe einen „Zentralrat" bildet, der diese Minderheit vertritt. Diese Räte entsenden – proportional zur Größe der Minderheit – Vertreter in die Parlamente auf kommunaler, Landes- und Bundesebene. Die „Volksgruppen" sollen „möglichst weitreichende, eigene Gerichtsbarkeit" erhalten.[1373] Diese Konstruktion eines *Vielvölkerstaates von Rechts* bietet dem Autor die Gelegenheit, das allgemeine Wahlrecht, den Parteienpluralismus und die parlamentarische Demokratie ad acta zu legen.[1374] Das „allgemeine Wahlrecht' ist doch ohnehin nur eine Unsitte, die es zu überwinden, jedoch nicht weiter auszubreiten gilt."[1375] Diese Vorstellung von multikultureller Gesellschaft dient als Vorwand, um den „organischen Stände-Staat" anstelle der – lediglich als „formal" denunzierten – Prinzipien westlicher Demokratie zu setzen. „Multikulturelle Gesellschaft, das heißt also auch: Überwindung des formlosen westlichen Massendemokratismus und pseudopluralistischen Parteienschwindels zugunsten einer ‚organischen' Staats- und Gesellschaftsordnung."[1376] Hier knüpft der Autor an einen zentralen Begriff antidemokratischen Denkens in der Weimarer Republik an, in dem eine „organisch-konservative" gegen eine „mechanisch-liberale" Weltanschauung gesetzt wurde. „Volk", „Gemeinschaft" und „Organismus" bildeten die Begriffstrias eines die Republik und Demokratie abwertenden Denkens.[1377]

Mit diesem Konstrukt werden zwei Fliegen mit einer Klappe geschlagen: Gegen „fremdethnische" Zuwanderer werden Mauern hoch-

---

[1372] ebd., S. 149
[1373] ebd.
[1374] Zu den politischen Vorstellungen der Neuen Rechten vgl. u.a.: Gessenharter, Wolfgang: Im Spannungsfeld. Intellektuelle Neue Rechte und demokratische Verfassung, in: ders.; Pfeiffer, Thomas (Hrsg.): Die Neue Rechte – eine Gefahr für die Demokratie? Wiesbaden 2004, S. 31–49 sowie im gleichen Band: Pfahl-Traughber, Armin: Die „Umwertung der Werte" als Bestandteil einer Strategie der „Kulturrevolution". Die Begriffsdeutung von „Demokratie" durch rechtsextremistische Intellektuelle, S. 73–94
[1375] Bauer: Vielfalt gestalten, S. 150
[1376] ebd., S. 151
[1377] vgl. Sontheimer, Kurt: Antidemokratisches Denken in der Weimarer Republik, München ²1983, S. 255 ff.

gezogen, sie werden dauerhaft in Volksgruppen-Ghettos gesperrt, in denen sie unter sich bleiben und ihre Identität pflegen sollen. Wenn schon Zuwanderung nicht rückgängig gemacht oder in Zukunft unterbunden werden kann, soll wenigstens „Überfremdung" vermieden werden.

Zwischen Untergangsszenarien und Erziehungsdiktatur

Es gibt unterschiedliche Strategien von Anhängern des Multikulturalismus, auf Kritik zu reagieren:

Der Rassismus-Reflex: „Wer sagt, die multikulturelle Gesellschaft sei gescheitert, der hängt dem längst überkommenen Konzept einer homogenen deutschen Nation an. Er hat nicht verstanden, dass Deutschland seit Jahrzehnten ein Einwanderungsland ist und es auch in Zukunft bleiben wird. (...) Die aktuelle Integrationsdebatte nimmt mehr und mehr rassistische Züge an", so der Vorsitzende des *Interkulturellen Rates,* Jürgen Miksch, im April 2006.[1378] Eine Politik, die nicht den Vorstellungen des Multikulturalismus entspreche, laufe, so wird behauptet, „auf eine Strategie der Zwangsassimilation hinaus ..., die den rückwärtsgewandten religiösen und nationalistischen Fanatikern Auftrieb gibt."[1379] Am deutlichsten wird das Mitglied des Europäischen Parlaments, Daniel Cohn-Bendit, von den *Grünen:* „Wer die multikulturelle Gesellschaft verabschiedet, ist entweder ein Idiot oder ein Verbrecher."[1380] Er begründet dies mit der Behauptung, wer vom Ende der multikulturellen Gesellschaft spreche, wolle in der Konsequenz die Rückführung von Millionen Zuwanderern aus Deutschland.

Die Untergangsprophetie: Heiner Geißler sieht den Multikulturalismus als einzig mögliche Zukunftsoption an. Unterwirft man sich diesen Vorstellungen nicht, ist man dem Untergang geweiht: „Wir werden in diese multikulturelle Gesellschaft hineinwachsen, hineinwachsen müssen, wenn wir nicht untergehen wollen."[1381]

[1378] „Deutsche Integrationsdebatte nimmt rassistische Züge an". Pressemitteilung des „Interkulturellen Rates in Deutschland" vom 5. April 2006
[1379] Gaitanides, Stefan: Das Projekt der multikulturellen Gesellschaft, in: Butterwegge, Christoph et al. (Hrsg.): Medien und multikulturelle Gesellschaft, Opladen 1999, S. 178
[1380] „'Wir brauchen viel, viel mehr Gelassenheit', sagt Daniel Cohn-Bendit", Interview in der *tageszeitung* vom 18. November 2004
[1381] Geißler, Heiner: Multikulturelle Gesellschaft als politische Aufgabe unserer Zeit, in: Lensch, Günter (Hrsg.): Die multikulturelle Gesellschaft (= Jahrbuch/ Akademie Forum Masonicum 1991), St. Ingbert 1992, S. 89

Die Medien- und Volkspädagogik: Medien müssen demnach die Glaubenssätze des Multikulturalismus und das „richtige" Bewusstsein vermitteln: Volk und Nation sind Konstrukte, die der rassistischen Abwertung Nicht-Dazugehöriger dienen, der multikulturellen Gesellschaft gehört die Zukunft. „Politik und politische Bildung sind gleichermaßen gefordert, einen grundlegenden Bewusstseinswandel im Hinblick auf Migration und Integration durchzusetzen. Um den öffentlichen Mediendiskurs zu beeinflussen, sollten sie für das Modell der multikulturellen Gesellschaft bzw. der Offenen Europäischen Republik Partei ergreifen."[1382]

Die Druckkulisse und die Schere im Kopf: Um den Medien die Daumenschrauben anlegen zu können, empfiehlt der Politikwissenschaftler Butterwegge, die Möglichkeit der Verbandsklage auszuweiten, „wodurch Migranten(selbst)organisationen auch im Medienbereich als kollektive Kläger auftreten könnten. Darüber hinaus müssten Nichtregierungsorganisationen in dem Bemühen unterstützt werden, die Medien auf eine weder rassistische noch die multikulturelle Realität der Einwanderungsgesellschaft leugnende oder verzerrende Berichterstattung hin zu beobachten und diese, wenn sie denn auftritt, zu skandalisieren."[1383]

Wenn immer wieder einzelne Politiker[1384] oder Parteien für den Multikulturalismus eintreten, dann spricht dies für eine weit verbreitete, bestürzende Unkenntnis der Zusammenhänge und für ein hohes Maß an (parteipolitisch motiviertem) Opportunismus gegenüber dem Zeitgeist.

Grundsätzliche Erwägungen und die Erfahrungen anderer Länder sprechen eindeutig gegen die Empfehlungen des Grünen-Politikers Ralf Fücks, am Leitbild einer multikulturellen Gesellschaft festzuhalten („Wir werden es noch brauchen"[1385]). Gleiches gilt für Rettungsversu-

---

[1382] Butterwegge, Christoph: Migrationsberichterstattung, Medienpädagogik und politische Bildung, in: ders., Hentges, Gudrun (Hrsg.): Massenmedien, Migration und Integration, Wiesbaden 2006, S. 218
[1383] ebd., S. 226
[1384] So wie der nordrhein-westfälische CDU-Politiker und Minister für Generationen, Familie, Frauen und Integration, Armin Laschet: CDU-Minister Laschet für Multikulti, Spiegel Online vom 31. Juli 2005, http://www.spiegel.de/politik/deutschland/0,1518,367421,00.html [2. August 2005]
[1385] Fücks, Ralf: Immigranten, werdet Bürger! Die multikulturelle Gesellschaft ist eine Realität – es kommt darauf an, was wir aus ihr machen, Mai 2005, http://www.boell.de/downloads/vkal5/Immigranten_werdet_B%C3%BCrger.pdf [30. Mai 2005], S. 4

che, nach denen ein „freiheitliches Konzept multikultureller Gesellschaft" entworfen werden soll.[1386] Das Ziel „freier Selbstbestimmung"[1387] wird durch eine Politik, die Zuwanderern wie Einheimischen die Teilhabe am erarbeiteten Reichtum sichert, die also zuerst und unabhängig von Herkunft auf die soziale Integration abstellt, besser gelingen als durch eine Politik, die durch die Betonung kultureller Differenzen (die es zweifelsohne gibt) Gräben vertieft, wo Solidarität vonnöten wäre.

Eine auf die Zukunft der Menschen in einem Staat gerichtete Politik muss sich vom Multikulturalismus verabschieden. Sie darf nicht verschweigen, dass eine dauerhafte Niederlassung in einem fremden Land erhebliche Anpassungsnotwendigkeiten mit sich bringt und kulturelle Veränderungsprozesse zur Folge hat. Das gilt unabhängig von der ausgeprägten Pluralisierung moderner Gesellschaften und der Erosion einheitsstiftender Werte und Identifikationen. „*Jede* Gesellschaft, auch unabhängig davon, ob sie als Nationalstaat organisiert ist oder nicht, setzt mit ihrer, formellen wie informellen ‚Verfassung' gewisse, nicht einfach ‚multikulturell' wegzudefinierende Bedingungen."[1388] Wer sich dieser Einsicht verweigert, wird die Unterschichtung der deutschen Gesellschaft durch große Gruppen der Zuwanderer zementieren und damit Unfreiheit fördern. Das ist bereits vor mehr als 35 Jahren festgestellt worden: „Ein ... Dilemma betrifft den berechtigten Wunsch der ausländischen Bevölkerung, die Rückkehr in die Herkunftsländer nicht durch den Verlust der eigenen kulturellen Identität unmöglich zu machen. Wirkliche Assimilation und der langfristige Aufenthalt in der Bundesrepublik sind aber auf Dauer ohne einen zumindest teilweisen Verlust der kulturellen Identität nicht möglich. Dies gilt besonders für die in der Bundesrepublik heranwachsenden Kinder der ausländischen Arbeitnehmer. Chancengleichheit ohne eine weitgehende Orientierung an den Verhaltensstandards der Aufnahmegesellschaft dürfte unmöglich sein. Selbst wenn die Bevölkerung tolerant genug wäre, ‚kulturelle Inseln' in Wohngebieten zu akzeptieren, ist ein Leben in zwei zum Teil

[1386] Bielefeldt, Heiner: Zwangsheirat und multikulturelle Gesellschaft, hrsg. vom Deutschen Institut für Menschenrechte, Berlin 2005, S. 6
[1387] ebd., S. 9
[1388] Esser, Hartmut: Was ist dran am Begriff der „Leitkultur"?, in: Kecskes, Robert: Wagner, Michael; Wolf, Christof (Hrsg.): Angewandte Soziologie, Wiesbaden 2004, S. 208

widerstreitenden Kulturkreisen, das lehrt die Erfahrung, nur unter Verlust an Lebenschancen in beiden Kulturen möglich. An dieser Tatsache ändert auch das Schlagwort von der ‚Germanisierung‘ der Ausländer nichts. Ganz unabhängig vom Verlust oder von der Aufrechterhaltung der kulturellen Identität machen die mit dem Aufenthalt in der Bundesrepublik und zunehmender Assimilation steigenden Ansprüche der ausländischen Arbeitnehmer eine Rückkehr in die Herkunftsländer, das zeigen die Daten, ohnehin unwahrscheinlich. Der ... Argumentation folgend würde also die dauerhafte und uneingeschränkte Aufrechterhaltung der eigenen kulturellen Identität die Chancengleichheit verhindern und damit das erwähnte Konfliktpotential schaffen.“[1389] [Hervorhebung im Original] Dem ist nichts hinzuzufügen.

Fazit:

– Dem Multikulturalismus geht es um die Anerkennung verschiedener Kulturen und kultureller Identitäten als solche. Wesentliches Kennzeichen ist seine inhaltliche Unbestimmtheit. Eine große Bandbreite bestimmt das Bild: vom „dogmatischen Multikulturalismus“ bis zum Multikulturalismus, der alleine schon die dauerhafte Anwesenheit von Zuwanderern aus anderen Kulturen als Kriterium gelten lässt. Dabei besteht eine Tendenz, menschenrechtliche Standards zu relativieren und kulturelle Vielfalt kritiklos als Wert anzusehen.

– Länder wie Kanada, Australien, die Niederlande und Großbritannien erhoben den Multikulturalismus zur Staatsdoktrin. Die meisten von ihnen sind allerdings mittlerweile davon abgekommen, weil sie die desintegrierenden Auswirkungen des Multikulturalismus nicht länger hinnehmen wollen.

– Die linke Kritik am Multikulturalismus stellt in den Vordergrund, dass gesellschaftliche Herrschaftsverhältnisse kulturalisiert und damit verschleiert würden.

– Die rechte Kritik sieht ihn als Ausdruck von aus ihrer Sicht unerwünschter „Völkervermischung“. Einzelne Stimmen vertreten einen rechten Multikulturalismus, der eine Fragmentierung der Gesellschaft entlang ethnischer Linien ausdrücklich befürwortet.

[1389] Forschungsverbund „Probleme der Ausländerbeschäftigung“: Integrierter Endbericht, o.O., 1979, S. 252

– Integration in die Aufnahmegesellschaft gelingt allerdings nur, wenn nicht die kulturelle, herkunftsbezogene Identität verabsolutiert wird, sondern wenn ein Mindestmaß an Bereitschaft zur kulturellen Anpassung besteht.

„Wir müssen verhindern, dass die bildungsfernen Schichten immer wieder nachwachsen. Zurzeit haben 70 Prozent der Migrantenkinder in Neukölln-Nord entweder gar keinen oder nur einen Hauptschulabschluss. Die haben keine Chance auf dem Arbeitsmarkt. Lediglich fünf Prozent stehen in einem Ausbildungsverhältnis – das ist eine Katastrophe. Also rutschen sie entweder in die Kriminalität oder sind ansprechbar für islamistische Kreise, die versprechen: Bei uns bist du wer."

Heinz Buschkowsky, Bürgermeister von Berlin-Neukölln[1390]

„Es ist nicht mehr die Frage, ob und wie viele qualifizierte Zuwanderer wir benötigen. Gesellschaftspolitisch und wirtschaftspolitisch geht es heute in erster Linie darum, die zu qualifizieren, d.h. mit Eintrittskarten für Wirtschaft und Gesellschaft auszustatten, die schon da sind."[1391]

Klaus Peter Strohmeier

XI. Wege aus der Integrationskrise

Wie kann „französischen Verhältnissen" in Deutschland vorgebeugt werden? Was kann, was muss unternommen werden, um einer dauerhaften Randständigkeit großer Teile der Zuwanderer und ihrer Nachkommen entgegenzuwirken und ein Umschlagen von Frustration und Resignation in Hass und Gewalt zu verhindern? Wie kann die negative Dynamik in den ethnischen Kolonien durchbrochen werden? Wie können die über Jahrzehnte erfolgten Verfestigungen, die integrationshemmenden Strukturen aufgebrochen oder sogar „rückabgewickelt" werden? Wesentliche Schlussfolgerungen aus dem bisher dargestellten sollen hier zusammengefasst werden.

Die Bildungskatastrophe und die mangelnde Integration in den Arbeitsmarkt machen es erforderlich, die Anstrengungen auf diese beiden Felder zu konzentrieren. Alleine zwischen den Jahren 2000 und 2005 kamen jährlich rund 630.000 Ausländer in die Bundesrepublik.[1392]

[1390] „Abschied von soziologischen Multikulti-Träumereien", Interview mit Heinz Buschkowsky und Günter Piening, Berliner Zeitung vom 29. Dezember 2004
[1391] Strohmeier, Klaus Peter: Bevölkerungsentwicklung und Sozialraumstruktur im Ruhrgebiet, Essen 2002, S. 62
[1392] vgl. Migrationsbericht des Bundesamtes für Migration und Flüchtlinge im Auftrag der Bundesregierung, Nürnberg 2006, S. 8; „Erstmals seit 1990 weniger als 600.000 Ausländer zugezogen". Pressemitteilung des Statistischen Bundesamtes vom 6. Juli 2006

Bevor über zusätzliche Zuwanderung gesprochen wird, müssen die gravierenden Probleme der hier dauerhaft lebenden und der jährlich neu zu integrierenden Menschen gelöst werden. Dazu muss es tatsächlich zu einer „Steuerung und Begrenzung" der Zuwanderung kommen. Die Entwicklung einer Einwanderungspolitik auf Ebene der EU lässt dabei allerdings die staatlichen Akteure immer stärker in den Hintergrund treten und ihre Steuerungsmöglichkeiten dramatisch abnehmen. Hinzu kommt der Beitritt der Türkei zur EU, der unter dem Gesichtspunkt der Integrationsmöglichkeiten der Bundesrepublik Deutschland ebenfalls kritisch debattiert werden muss.

Bildung, Bildung, Bildung

Bildung ist die notwendige Voraussetzung, um die sich dynamisch entwickelnde Desintegration in den ethnischen Kolonien in deutschen Städten zu stoppen und eine dauerhafte Unterschichtung der einheimischen Bevölkerung durch die Zuwanderer zu vermeiden. „Kinder aus Zuwandererfamilien können in der Regel nur über Bildungsabschlüsse langfristig attraktive und gesellschaftlich anerkannte Positionen im Einwanderungsland einnehmen und damit im Kontext des Einwanderungslandes aufsteigen."[1393] Gerade Kinder aus bildungsfernen Familien – und darum handelt es sich bei großen Zuwanderergruppen – benötigen eine umfassende Förderung, damit sie sich erfolgreich um Lehrstellen bemühen, ein Studium beginnen oder den Eintritt in das Berufsleben vollziehen können. Lange Zeit war man der Auffassung, dass es sich bei der Integration von Zuwanderern um einen sich über die Zeit selbst vollziehenden Automatismus handele: Integration werde das „Ergebnis einer zwei bis drei Generationen übergreifenden, quasi naturgesetzlichen Entwicklung" sein.[1394] Dies war – wie wir gesehen haben – ein Irrtum. Trotz massiver Sprachförderprogramme (Berlin hat alleine rund 740 Lehrerstellen für zusätzlichen Unterricht zum Erwerb von Deutsch als Zweitsprache eingesetzt mit einem finanziellen Volumen von 37 Millionen Euro[1395]) ist es – insbesondere in den ethnischen

---

[1393] Kristen, Cornelia: Ethnische Unterschiede im deutschen Schulsystem, in: APUZ B 21-22/2003, S. 26
[1394] Eckstein, Karlfriedrich: „Es sind einfach zu viele ..." Bemerkungen zur Ausländerpolitik in der Bundesrepublik Deutschland, in: Aus Politik und Zeitgeschichte B25/1982, S. 19
[1395] Vgl. John, Barbara: 22 Jahre Integrationspolitik in Berlin – Bedingungen erfolgreicher Integration, Berlin 2004, [http://www.bamf.de/nn_708934/SharedDocs/Anlagen/DE/Migration/Downloads/Expertisen/exp-john-zuwanderungsrat,templateId=renderPrint.html], S. 9

Kolonien – zu einer Festschreibung der Verhältnisse gekommen. Die Gründe dafür wurden ausführlich dargelegt. Die Konsequenz muss lauten: Sprachförderung darf nicht alleine stehen, sondern es müssen die Gelegenheiten zu Kontakten mit der deutschen Mehrheitsgesellschaft im Wohnumfeld gefördert werden.

Integration ist Aufgabe für alle

Weil es die dargelegten positiven Zusammenhänge von Zweitspracherwerb und Bildungs- sowie Berufserfolg gibt, weil es die negativen Zusammenhänge von ethnischer Kolonie und mangelndem Zweitsprachenerwerb gibt[1396], deswegen liegt es – nicht zuletzt aus demografischen Gründen – im elementaren Interesse aller, hier etwas zu ändern. Eine veränderte Zusammensetzung der Wohnbevölkerung in den ethnischen Kolonien durch administrative Maßnahmen ist nicht erreichbar. Seit Jahrzehnten sollen die ethnischen Segregationen und die sozial selektiven innerstädtischen Wanderungen gebremst werden[1397] – gelungen ist dies, wie dargelegt, bisher nicht. Eine Aufwertung der einschlägigen Wohngebiete gestaltet sich schwierig und führt überdies zu neuen Verdrängungsprozessen. Im Ergebnis wird das Problem dann nur verschoben, nicht aber gelöst. Aus diesen Gründen gibt es nur eine Möglichkeit: Die extrem hohen Anteile von Schülern nichtdeutscher Herkunft in den ethnischen Kolonien müssen deutlich reduziert werden. Dies kann nur durch eine Verteilung auf die anderen Bezirke, die eine andere Zusammensetzung der Schülerschaft zu verzeichnen haben, geschehen. Dazu müsste ein Wert festgelegt werden. Wird er an einer Schule überschritten, erfolgt eine Verteilung.

Die Hauptlast der Integration kann sinnvollerweise den sozial schwächsten Angehörigen dieser Gesellschaft nicht auf Dauer weitgehend überlassen bleiben. An der konkreten Integrationsaufgabe – soweit sie von deutscher Seite aus zu leisten ist – müssen alle sozialen Schichten mitwirken. Seit Jahrzehnten wird in den „besseren Vierteln" der Städte eine weltläufige tolerante Haltung gepflegt und die Nase

---

[1396] vgl. hierzu auch jüngst: Senatsverwaltung für Gesundheit, Soziales und Verbraucherschutz (Hrsg.): Zur gesundheitlichen und sozialen Lage von Kindern in Berlin – Ergebnisse und Handlungsempfehlungen auf der Basis der Einschulungsuntersuchungen 2004, Berlin 2006, S. 10 ff.
[1397] vgl. u.a.: Der Regierende Bürgermeister von Berlin (Hrsg.): Wohnraumversorgung von Ausländern und Entballung überlasteter Gebiete durch städtebauliche Maßnahmen, Berlin 1980: Teil III: Freie Planungsgruppe Berlin GmbH und PROGNOS AG Basel: Strategien und Maßnahmen

gerümpft über angebliche oder tatsächliche Fremdenfeindlichkeit in den Mittel- und Unterschichten. Es ist an der Zeit, dass an der Integration alle sozialen Schichten mitwirken – das gilt auch für die bereits arrivierten „Landsleute" der Zuwanderer, von denen ebenfalls mehr Engagement und positives Vorbild erwartet werden müssen.

Die hier vorgeschlagene Verteilung würde auf erheblichen politischen Widerstand stoßen. Hier würde sich herausstellen, ob die immer wieder strapazierte Aussage, Integration sei eine „gesamtgesellschaftliche Aufgabe", nur den politischen Konsens in den berühmten *Sonntagsreden* darstellt, oder ob dies auch Konsequenzen für die gesellschaftliche Wirklichkeit hat. Wenn es lediglich bedeutet, noch mehr staatliches Geld in einzelne Projekte zu stecken und dabei die Integrationslasten den ohnehin schon belasteten sozial schwachen Einheimischen zu überlassen, wird es auf Dauer keine Wende zum Besseren geben. Sollte die Entsolidarisierung inzwischen so weit fortgeschritten sein, dass eine Wahrung der gesamtgesellschaftlichen Interessen unmöglich wird, wird sich das latente Konfliktpotential in absehbarer Zeit entladen und den inneren Frieden erheblich belasten.

Tatsächlich wäre die innerstädtische Verteilung nur als Übergangslösung zu praktizieren, allerdings dürfte dieser Übergang erhebliche Zeit andauern. Selbstverständlich dürfen auch die Nachteile einer solchen Verteilung nicht außer Acht gelassen werden: Schule und Freizeit fallen auseinander, was sicherlich für die sozialen Kontakte nicht von Vorteil ist. Hinzu kommen zusätzliche öffentliche Aufwendungen für den Transport durch die Busse vom Wohnviertel zu den Schulen. Das Hauptproblem dürfte allerdings in der schwierigen politischen Durchsetzbarkeit dieser Maßnahme liegen.

Zu berücksichtigen ist allerdings auch, dass eine Verteilung über das Stadtgebiet als Ganzes das Klima zwischen jenen Zuwanderern, die gemeinhin als Problemgruppen wahrgenommen werden, und der einheimischen Bevölkerung entspannen kann. Umfragen ergaben, dass bei zunehmender Häufigkeit von Kontakten zwischen Einheimischen und Zuwanderern die Vorbehalte abnehmen.[1398] Bei der hier vorgeschlagenen Verteilung, die nicht auf gemeinsames Wohnen setzt, bliebe zudem die Balance zwischen Nähe und Distanz erhalten.

Ganztagsschulen als Integrations- und Familienzentren

Die bereits laufenden Programme für mehr Ganztagsschulen gehen in die richtige Richtung. Sie müssen verstärkt werden. Die Kinder in ethnischen Kolonien, die meist zu den *Armutsvierteln* gehören, brauchen längere verbindliche Schulpräsenz. Sie benötigen dazu personell und materiell besonders gut ausgestattete Schulen. Deshalb sind Modelle, bei denen Schulen mit besonders niedrigem Sozialindex ein Anrecht auf zusätzliche Mittel erhalten, sinnvoll.[1399] Sie brauchen Schulen, die ihnen auch an Nachmittagen die Gelegenheit bieten, (spielerisch) zu lernen, sich in einem fördernden pädagogisch geschulten Umfeld zu bewegen, das ihnen zuhause weitgehend fehlt. Die Kinder erfahren hier auch stabile soziale Beziehungen, die dazu beitragen, ihre soziale Kompetenz zu fördern.

Die Schulen in diesen Vierteln müssen sich auf die *Familien* ausrichten, das heißt, sie müssen die Eltern in ihre Arbeit nahezu genauso einbeziehen wie die Kinder. Die Nachfrage nach den „Mütterkursen" an den Schulen (nicht nur in Berlin) zeigt, dass entsprechende Angebote tatsächlich nachgefragt werden. Die Schulen müssen auch in die Lage versetzt werden, Verbindungen zu potentiellen Arbeitgebern ihrer Schüler herzustellen und zu pflegen, um für sie und den nötigen Vertrauensvorschuss zu werben.[1400]

Die schulische Situation in den ethnischen Kolonien stellt ein wesentliches Motiv der sozialen Entmischung dar. Eltern fürchten um die Zukunftschancen ihrer Kinder. Deshalb sind die vorgeschlagenen Höchstgrenzen und der Ausbau des schulischen Angebots als Maßnahme gegen sozial selektive innerstädtische Wanderungen von großer Bedeutung.

Das bedeutet, dass nicht nur finanzielle Mittel für *bauliche Investitionen* bereitgestellt werden müssen, wie sie vor allem die Gebiete im

---

[1398] vgl. Wolf, Carina; Wagner, Ulrich; Christ, Oliver: Die Belastungsgrenze ist nicht überschritten. Empirische Ergebnisse gegen die Behauptung vom „vollen Boot", in: Heitmeyer, Wilhelm (Hrsg.): Deutsche Zustände, Folge 3, Frankfurt/Main 2005, S.73 ff.
[1399] So praktiziert in Hamburg, vgl. Konsortium Bildungsberichterstattung (Hrsg.): Bildung in Deutschland. Ein Indikatorengestützter Bericht mit einer Analyse zu Bildung und Migration. Im Auftrag der Ständigen Konferenz der Kultusminister der Länder in der Bundesrepublik Deutschland und des Bundesministeriums für Bildung und Forschung, Bielefeld 2006, S. 167
[1400] vgl. hierzu sehr praxisbezogen: Strohmeier, Klaus Peter: Bevölkerungsentwicklung und Sozialraumstruktur im Ruhrgebiet, Essen 2002, S. 63 ff.

Bund-Länder-Programm „Stadtteile mit besonderem Entwicklunsgbedarf – die soziale Stadt" erhalten haben.[1401] Die bauliche Aufwertung, die dem Eindruck der Verwahrlosung und der Abkoppelung von „besseren" Wohngebieten entgegenwirkt, ist nicht zu unterschätzen.[1402] Es reicht allerdings nicht aus, neue Stadtteilzentren zu errichten, es muss vor allem in den vorschulischen Einrichtungen ausreichend *Personal* vorhanden sein. Hier ist allerdings festzustellen, dass in den allermeisten Kommunen eher Personal abgebaut wird.

Um der sozialen Polarisierung und interethnischen Konflikten entgegenzuwirken, sind erhebliche finanzielle Anstrengungen unumgänglich. Bund, Länder und Kommunen benötigen dafür eine solide finanzielle Basis. Die Kommunen befinden sich derzeit aber in einer schweren Finanzkrise. Steigende Sozialausgaben und über Jahre sinkende Einnahmen haben die Defizite in den städtischen Verwaltungshaushalten auf Rekordniveau ansteigen lassen.[1403] Die Zahl der Städte, Gemeinden und Kreise in Nordrhein-Westfalen, die sich in der „Haushaltssicherung" befinden, hat sich im Zeitraum von 2000 bis 2005 verdoppelt – von 99 auf 198. Damit waren die Fehlbeträge bei nahezu jeder zweiten Gemeinde so hoch, dass sie ein genehmigungspflichtiges *Haushaltssicherungskonzept* aufzustellen hatten.[1404] Starke Einschnitte bei den Investitionen und beim Personal gehören zu den Folgen. Die Kommunen, die bereits viel in Sachen Integration leisten[1405], können so ihren Aufgaben, die in gesamtstaatlichem Interesse liegen, nicht gerecht werden. So nehmen die Handlungsnotwendigkeiten zu, während gleichzeitig die Handlungsmöglichkeiten zurückgehen. Viele Länder stehen allerdings nicht besser da: Elf von 16 Ländern wiesen 2003 einen verfassungswidrigen Haushalt auf (weil sie konsumtive Ausgaben mindestens teilweise mit Krediten finanzierten).[1406]

[1401] vgl. Häußermann, Hartmut: Das Programm „Stadtteile mit besonderem Entwicklungsbedarf – die soziale Stadt. Gesamtbewertung und Empfehlungen der Zwischenevaluation 2003/2004, in: Informationen zur Raumentwicklung, H. 2/3, 2005, S. 75-85
[1402] vgl. ebd., S. 83
[1403] vgl. Gemeindefinanzbericht 2005, in: der Städtetag, H. 5/2005, S. 5 ff.
[1404] vgl. Innenministerium des Landes Nordrhein-Westfalen (Hrsg.): Kommunalbericht November 2005, Düsseldorf 2005, S. 51 f.; sowie die aktuellen Angaben unter: Kommunalhaushalte: Haushaltssanierung und vorläufige Haushaltswirtschaft, http://www.im.nrw.de/bue/280.htm [24. Juli 2006]
[1405] vgl. Bertelsmann-Stiftung (Hrsg.); Bundesministerium des Inneren (Hrsg.): Erfolgreiche Integration ist kein Zufall. Strategien kommunaler Integrationspolitik, Gütersloh 2005
[1406] vgl. Dannemann, Günter: Stadtstaaten in der Krise?!, in: ders.; Luft, Stefan: Die Zukunft der Stadtstaaten, Bremen 2006, S. 12

Hingewiesen werden muss in diesen Zusammenhang auch auf die Tatsache, dass Ausgaben für die Bildung einen erheblichen Einfluss auf die wirtschaftliche Entwicklung von Regionen haben: Je besser ausgebildet die Arbeitskräfte sind, desto höher sind das Wirtschaftswachstum und die Beschäftigung. „Produktinnovationen erfordern in hohem Maße Humankapital, so dass wirtschaftliche Prosperität und als Folge eine Zunahme des Beschäftigungsvolumens vor allem in Regionen zu erwarten sind, die über gut ausgebildete Arbeitskräfte verfügen. (...) Je höher der Anteil der Beschäftigten mit Hochschulabschluss in einer Region, desto besser ist die Beschäftigungsentwicklung."[1407]

In diesem Zusammenhang ist auf einen anderen Gesichtspunkt hinzuweisen: Die Lehrer an Hauptschulen haben die schwierigste Klientel und mit den größten Schwierigkeiten zu kämpfen. Es ist daher inakzeptabel, dass in einigen Ländern Lehrer an Hauptschulen schlechter bezahlt werden und eine größere Lehrverpflichtung haben, als ihre Kollegen an Gymnasien. Darauf hat die „Gewerkschaft Erziehung und Wissenschaft" zu Recht hingewiesen.[1408]

Konzentration der Mittel

In Zeiten knapper Kassen müssen die öffentlichen Mittel auf die Sprachförderung konzentriert werden. Es darf nicht sein, dass beispielsweise in Berlin die Nachfrage nach Sprachkursen von Volkshochschulen das Angebot seit Jahren um 30 Prozent übersteigt.[1409] Die Klage über mangelnde Bereitschaft von Zuwanderern und ihrer Nachkommen, die deutsche Sprache zu erlernen, läuft ins Leere, wenn nicht gleichzeitig ausreichend Sprachkurse zur Verfügung stehen. Die (nicht nur in Berlin[1410]) vielfach zu beobachtende Förderung politisch-kultureller Initiativen – sie dienen nicht selten der Pflege parteipolitischen

[1407] Farhauser, Oliver; Granato, Nadia: Standortfaktoren und Branchenmix entscheidend für Beschäftigung (= IAB Kurzbericht Nr. 4) vom 24. März 2006, S. 2
[1408] vgl. „Alle Mitnehmen – Keine/n zurücklassen – niemanden ausgrenzen" Positionspapier von Marianne Dummer, stellvertretende Vorsitzende der GEW, [http://www.gew.de/Binaries/Binary 16494/04_03_pp_AnlageGEWPositionen.pdf]
[1409] vgl. Abgeordnetenhaus Berlin: Antwort auf die Kleine Anfrage des Abgeordneten Frank Henkel (CDU) „Integrationsleistungen Berlins", Drs. 15/11521 vom 24. Mai 2004
[1410] vgl. u.a.: Abgeordnetenhaus von Berlin: Antwort auf die Kleine Anfrage des Abgeordneten Özcan Mutlu „Förderung von Aktivitäten von Migrantinnen und Migranten in Berlin" vom 10. Februar 2006, Drs. 15/13086

Klientels – sollte daher zurückgestellt werden. Die Pflege der Herkunftskultur beispielsweise kann durchaus auch ohne Steuergelder erfolgen. Die Subvention ethnischer Organisationen gehört nicht zu den notwendigen Voraussetzungen erfolgreicher Integration – auch hier ist eine Abkehr vom Multikulturalismus angebracht.

Mitwirkungspflicht der Eltern

Wenn sich die Eltern verweigern – aus welchen Gründen auch immer –, wenn nicht die unverzichtbaren positiven Impulse kommen, wenn nicht ein Mindestmaß an Erziehung geleistet wird, werden vor- und außerschulische und schulische Angebote stets nur sehr begrenzte Wirkung zeitigen. Die Erfahrung zeigt, dass das alleinige Setzen auf Appelle und Angebote die Lage nicht entscheidend verbessert.

Es ist ein Teufelskreis: Die Eltern stammen aus bildungsfernen Schichten, erlernen die Sprache nicht und sind dann meist nicht in der Lage, ihren Kindern die notwendige Unterstützung zu geben: weder bei den Hausaufgaben oder der Vorbereitung auf Prüfungen noch bei allgemeinen erzieherischen Maßnahmen, die für die Erfüllung der schulischen Pflichten notwendig sind.[1411]

Nach Einschätzung von Ertekin Özcan, dem Bundesvorsitzenden der „Föderation Türkischer Elternvereine in Deutschland" und Koordinator des „Türkischen Elternvereins Berlin-Brandenburg", kümmern sich drei Viertel der Eltern türkischer Herkunft nicht um die schulischen Belange ihrer Kinder.[1412] Das zeigt: Ohne einen grundlegenden Einstellungswandel der Eltern werden die Integrationsbemühungen weitgehend erfolglos bleiben. Für eine echte Trendwende entscheidend ist der Einstellungswandel der Eltern. Ohne die nachdrücklich vermittelte Einsicht, dass Ausländer, die auf Dauer in Deutschland leben und Rechte in Anspruch nehmen wollen, eine Pflicht zur Integration haben, wird es keine dauerhaften Erfolge geben. Der zunehmend ins Wanken geratende und zwangsläufig auf Kernaufgaben reduzierte Sozialstaat wird zwar Unterstützung geben, aber nicht mehr den Eindruck er-

---

[1411] vgl. Kreisten, Cornelia: Ethnische Unterschiede im deutschen Schulsystem, in: APUZ B 21-22/2003, S. 31
[1412] vgl. „Die natürliche Zweisprachigkeit fördern", Interview mit Ertekin Özcan vom 10. April 2003, in: Bildung Plus: http://bildungplus.forum-bildung.de/templates/infokus_inhalt.php?artid=178&start=0&str1=%D6zcan&str2=&str3=&lib=&art=&details= [11. März 2005]

wecken können, die erforderliche Integrationsanstrengung weitgehend abnehmen zu können.

Nicht von ungefähr spricht das Grundgesetz nicht nur vom „natürlichen *Recht* der Eltern" zur Pflege und Erziehung der Kinder, sondern im gleichen Atemzug auch von der „zuvörderst ihnen obliegenden *Pflicht*" (Art.6, Abs. 2 GG).

Der Vorschlag des Bürgermeisters von Neukölln, Heinz Buschkowsky, in den sozial benachteiligten Stadtvierteln den Eltern die Beiträge für den Besuch von Kindertagesstätten zu erlassen, Beziehern von Transferleistungen allerdings die KITA-Essensgebühren bereits vorab abzuziehen, um sie auf diese Weise dazu zu bewegen, ihre Kinder dorthin zu schicken, weist in die richtige Richtung.[1413] Auch sollte der Bezug von Kindergeld grundsätzlich an den Nachweis des Schulbesuchs gekoppelt werden.[1414]

Positive Vorbilder

Erfolgreiche Integrationsbemühungen müssen durch den Einsatz positiver Vorbilder unterstützt werden. Eine der wesentlichen Ursachen der Entmischung in den Städten besteht – wie wir gesehen haben – im Mangel an positiven Vorbildern in den ethnischen Kolonien. Dabei gibt es hochqualifizierte Zuwanderer – sowohl in formaler Hinsicht als auch in Hinsicht ihrer sozialen Kompetenz. Sie sind leider nicht selten (vorübergehend) arbeitslos, aber meist an einer sinnvollen Beschäftigung stark interessiert und könnten daher ihren „Landsleuten" hilfreich zur Seite stehen. Ein Beispiel dafür ist das Projekt „Die Brücke", das vom Bezirksamt Mitte von Berlin umgesetzt wird. Hier werden qualifizierte Arbeitslosengeld-II-Empfänger nichtdeutscher Herkunft als ABM-Kräfte beschäftigt und arbeiten als „Integrationslotsen". Dies findet großen Anklang, sowohl bei der eigentlichen Zielgruppe, als auch bei den Lotsen selbst, die sich in ihren hochmotivierten Gruppen immer wieder zusammenfinden und Erfahrungen austauschen.[1415]

[1413] vgl. Buschkowsky, Heinz: Wege aus der Isolation, in: Tagesspiegel vom 4. Dezember 2004
[1414] So der Vorschlag des CDU-Politikers Pflüger: „Vielfalt bejahen – Rechtsstaat durchsetzen. Neue Wege in der Integrationspolitik, Berlin 2006, S. 5 [http://www.friedbert-pflueger.de/NeU/PDF/2006-03-14_Integrationskonzept.pdf, 28. März 2006]
[1415] „Das Gemeinschaftsprojekt von Verwaltung und Zuwanderern des Bezirks Mitte von Berlin: Die Brücke, Pressemitteilung vom 9. März 2006

Arbeitsmarkt- und Beschäftigungspolitik

Die Integration insbesondere von Zuwanderern von außerhalb der EU in den Arbeitsmarkt geht seit Jahren zurück, so dass von „einer Integration von Ausländern in das Beschäftigungssystem ... nur sehr eingeschränkt die Rede sein" kann.[1416] Dabei spielen mangelnde Qualifikationen und Strukturveränderungen auf dem Arbeitsmarkt durch Rationalisierung, Automatisierung und Verlagerung von Arbeitsplätzen in Billiglohnländer die entscheidende Rolle.

Als ein seit Jahrzehnten gültiger Erfahrungssatz des deutschen Arbeitsmarktes gilt: „Niedrige Qualifikation – hohes Arbeitsmarktrisiko".[1417] Bei fehlendem Berufsabschluss besteht das größte Risiko, arbeitslos zu werden. Die mittelfristigen Strukturveränderungen am Arbeitsmarkt bedeuten Arbeitsplatzverluste bei Geringqualifizierten, denen deutliche Zuwächse bei Hochqualifizierten gegenüber stehen. Dieser Trend ist weitgehend unabhängig von der Konjunkturentwicklung: „Es ist deshalb fraglich, ob selbst ein Wirtschaftswachstum, das die Beschäftigungsschwelle über einen längeren Zeitraum hinweg überschreitet (in Deutschland ist dabei von Werten zwischen 1,5 Prozent bis 2,0 Prozent auszugehen), in diesem Qualifikationssegment [der Geringqualifizierten] tatsächlich zusätzliche Arbeitsplätze schaffen würde. Die vorliegenden Befunde stimmen eher skeptisch", stellen die Fachleute vom *Institut für Arbeitsmarkt- und Berufsforschung* der *Bundesagentur für Arbeit* fest.[1418] Nach ihren Angaben sind zwischen 20 und 40 Prozent der ungelernten Erwerbstätigen nur noch geringfügig beschäftigt. Auch bei den sozialversicherungspflichtig Vollbeschäftigten weitet sich der Niedriglohnsektor aus. „Auch hier sind Geringqualifizierte überproportional vertreten. Für viele ‚Ungelernte' ist der häufig geforderte Niedriglohnbereich also längst Realität geworden, ohne dass sich an deren prekärer Arbeitsmarktsituation sonderlich viel geändert hätte."[1419]

[1416] Böltken, Ferdinand; Gatzweiler, Hans-Peter; Meyer, Katrin: Räumliche Integration von Ausländern und Zuwanderern, in: Bundesamt für Bauwesen und Raumordnung (Hrsg.): Internationale Wanderungen und räumliche Integration (= Informationen zur Raumentwicklung, H. 8/2002), S. 405; OECD Wirtschaftsberichte Deutschland 2004, Paris 2004, S. 100; vgl. auch: Friedrich-Ebert-Stiftung (Hrsg.): Prekäre Arbeit (Gutachten), Bonn 2006, S. 42 ff.
[1417] Reinberg, Alexander; Hummel, Markus: Höhere Bildung schützt auch in der Krise vor Arbeitslosigkeit (= IAB Kurzbericht Nr. 9 vom 13. Juni 2005) Nürnberg 2005, S. 1
[1418] ebd., S. 2
[1419] ebd., S. 3

Die Arbeitsmarktexperten kommen zu dem Schluss: „Weder ein Niedriglohnsektor noch ein Wirtschaftswachstum in realistischen Größenordnungen allein werden die Probleme der Geringqualifizierten auf dem Arbeitsmarkt lösen können."[1420] Hinzu kommt, dass aufgrund der günstigen Altersstruktur aktuell und in den kommenden Jahren wesentlich mehr Ausländer (vor allem türkische Staatsangehörige) in den Arbeitsmarkt eintreten wollen als aus Altersgründen ausscheiden.[1421] Auch vor diesem Hintergrund wird deutlich, wie unverzichtbar Anstrengungen sind, die auf die Bildungskatastrophe reagieren.

Integration kann nicht an den Staat delegiert werden

Immer wieder wurde und wird bis heute der Eindruck erweckt, der deutsche Staat sei für die Integration der Zuwanderer verantwortlich. Die deutsche Politik hat es zugelassen, dass sich dieses Missverständnis bei zu vielen Menschen festsetzen konnte – nicht zuletzt haben natürlich jene daran aktiv mitgewirkt, die davon profitieren, die in der „Integrationsindustrie" für sich und für Gleichgesinnte einen attraktiven Arbeitsmarkt sehen. So heißt es in einem Wahlaufruf: „Vor allem aber haben BÜNDNIS 90/DIE GRÜNEN einen grundlegenden Neuanfang in der deutschen Integrationspolitik ermöglicht: Ein Großteil der Neuzuwanderer hat nun einen Rechtsanspruch darauf, Deutsch zu lernen."[1422] So beklagt der (damals) stellvertretende Bundesvorsitzende der *Türkischen Gemeinde in Deutschland* und Geschäftsführer des *Türkischen Bundes in Berlin-Brandenburg*, Kenan Kolat[1423]: „Die Bundesrepublik hat es offenbar nicht geschafft, den Kindern, die zu Hause ihre Muttersprache sprechen, Deutsch beizubringen."[1424] Die staatliche Übernahme der Integrationskosten für Gering- und Nichtqualifizierte

---

[1420] ebd.
[1421] vgl. Stellungnahme des Instituts für Arbeitsmarkt- und Berufsforschung (IAB) der Bundesanstalt für Arbeit für die Öffentliche Anhörung des Innenausschusses des Deutschen Bundestages am 16. Januar 2002, S. 8
[1422] „JA zu Grün! Wahlaufruf" vom 7. September 2005, http://www.ekin.de/arbeit/arbeit_aktuell_1.html [8. September 2005]
[1423] Kolat wurde im Oktober 2005 zum Bundesvorsitzenden der Türkischen Gemeinde in Deutschland gewählt. Er trat damit die Nachfolge von Hakki Keskin an, der für die Linkspartei in den Deutschen Bundestag gewählt worden war. vgl. Newsletter des Türkischen Bundes Berlin-Brandenburg vom 24. Oktober 2005
[1424] Kolat, Kenan: Strategien und Perspektiven zur Gleichbehandlung von Jugendlichen mit Migrationshintergrund beim Zugang zur Ausbildung, in: Migration-Online, Bildungswerk des DGB, www.migration-online.de/beitrag._X19wcmludD0xJnBpZD0yMyZpZD0xNDkzJl89_.html [18. Februar 2005]

im jetzigen Zuwanderungsgesetz wertet er als „erstmalige Akzeptanz der Integration als staatliche Aufgabe"[1425]. Diese Äußerungen sind Ausdruck mangelnder Bereitschaft, Verantwortung für sich selbst zu übernehmen. Darüber hinaus werfen sie ein Licht auf ein weit verbreitetes Missverständnis: Die Bundesrepublik Deutschland ist ihrem Selbstverständnis nach ein Sozialstaat. Das bedeutet allerdings nicht, dass die Verantwortung für die kulturelle und sprachliche Integration an den Staat delegiert werden kann. Die Bundesrepublik Deutschland hat ein grundlegendes Interesse, dass sich die wachsende zugewanderte Bevölkerung wirtschaftlich und kulturell integriert. Deshalb gab und gibt es umfangreiche staatliche Hilfen. Im Übrigen wird der Eindruck erweckt, als habe die deutsche Politik erst mit dem Zuwanderungsgesetz überhaupt die Integrationspolitik entdeckt. Das hat mit der Wirklichkeit nichts zu tun. Zu Recht ist darauf hingewiesen worden, dass die Programme der vergangenen Jahrzehnte „weltweit zu den größten staatlich organisierten Sprachprogrammen gehört haben dürften".[1426] Bund, Länder, Kommunen und Wohlfahrtsverbände haben hier Milliarden-Beträge investiert.[1427]

Integrationspolitik, die erfolgreich sein will, braucht Realismus, kein Selbstmitleid. So müssen in jedem Einwanderungsprozess die Einwanderer Vorbehalte und Widerstände seitens der Einheimischen überwinden. In der integrationspolitischen Debatte in Deutschland wurde dieser Tatbestand moralisiert und diese Vorbehalte als spezifisch deutschen Rassismus und Fremdenfeindlichkeit etikettiert. Neben der sozialstaatlichen Einbettung war diese Einstellung ein wesentlicher Faktor für den mangelnden Aufstiegswillen vieler Zuwanderer: Schuld waren ja immer *die anderen*. In diesem Sinne hat auch der Multikulturalismus gewirkt. „Die Rhetorik des Multikulturalismus pervertiert den Integrationsprozess, in dem sie die normalen Schwierigkeiten und Rückschläge als ungerecht und diskriminierend stilisiert und damit den Willen zu deren Überwindung schwächt."[1428]

[1425] Pressemitteilung des Türkischen Bundes in Berlin Brandenburg: Zum Zuwanderungskompromiss: Ein kleiner Wurf, vom 18. Juni 2004
[1426] Böcker/Thränhardt: Erfolge und Misserfolge der Integration, in: APUZ B 26/2003, S. 6
[1427] vgl. Unabhängige Kommission Zuwanderung: Zuwanderung gestalten. Integration fördern, Berlin 2001, S. 204 ff.
[1428] Margolina, Sonja: Die Tücken der Integration. Thesen zum Multikulturalismus, in: Deutsche Sektion der Internationalen Juristen-Kommission (Hrsg.): Multikulturelle Gesellschaft und Wertegesellschaft, Heidelberg 2000, S. 116

Keine staatliche Ersatzreligion

Der Staat ist nicht für das „Seelenheil" zuständig. Da sich der moderne Staat „mit keiner Religion mehr identifiziert, kann er Menschen jedweder Religion als seine Bürger akzeptieren, wie diese den Staat als ihre Heimstatt annehmen können."[1429] Der Staat muss – wie dargelegt wurde – Gesetzesgehorsam verlangen, er wird aber zur Gesinnungsdiktatur, wenn er im Namen der Toleranz die Anerkennung bestimmter „Werte" verlangt, obwohl er dafür keine gesetzliche Grundlage hat. Ein Beispiel dafür bietet der Fragebogen des Innenministeriums von Baden-Württemberg, der für Einbürgerungsbewerber entwickelt wurde. Frage 29 lautet: „Stellen Sie sich vor, Ihr volljähriger Sohn kommt zu Ihnen und erklärt, er sei homosexuell und möchte gerne mit einem anderen Mann zusammenleben. Wie reagieren Sie?"[1430]

Tatsächlich haben staatliche Institutionen keinerlei Recht, die persönliche Haltung zu Fragen der Homosexualität abzufragen – weder von Muslimen, noch von Katholiken, noch von Personen anderer Glaubensüberzeugung. Hier geht es dann um eine „Art homosexueller deutscher Leitkultur", wie ein linker Kritiker spöttelte.[1431] So ist es in Folge dieser Denkweise nur konsequent, dass der „Lesben- und Schwulenverband" (LSVD) in einem „Migrationspolitischen Papier" verlangt, das Thema Homosexualität müsse „integraler Bestandteil von Sprach- und Integrationskursen werden."[1432]

Diese Form staatlicher Ersatzreligion, die im Namen der Toleranz einen *Katechismus* aufstellt und *Bekenntnisse aller Art* verlangt (die Homosexualität ist nur eines von vielen denkbaren Themen) ist eine Spielart des *Fundamentalismus* und strikt abzulehnen.[1433]

Der Staat sollte sich auch aus der Förderung von Ersatzreligionen heraushalten, wie den „Abrahamischen und interreligiösen Teams" des „Interkulturellen Rats in Deutschland e.V.".[1434] Es kann nicht staatli-

---

[1429] Isensee, Josef: Staat und Verfassung, in: Handbuch des Staatsrechts II ³2004, Rn 69

[1430] Der Fragebogen war abgedruckt in: taz vom 4. Januar 2006: „Die Gesinnungsprüfung"

[1431] „Homos gut, Moslems böse", in: Junge Welt vom 28. März 2006

[1432] Beschluss des 18. LSVD-Verbandstages am 25. März 2006, http://typo3.lsvd.de/615.0.html [6. April 2006]

[1433] vgl. Spaemann, Robert: Europa ist kein Werteverbund, in: Cicero, April 2004

[1434] Misch, Jürgen: Abrahamische und Interreligiöse Teams", http://www.interkultureller-rat.de/Themen/Abr_Forum/broschuere-micksch.pdf [2. Mai 2006]

che Aufgabe sein (gemeinsam mit der Industrie), Gruppen zu finanzieren, die eine bestimmte (religiös verbrämte) *Gesinnung* als staatsbürgerliche Pflicht deklarieren. Unter dem Label „Toleranz" wird damit das demokratische Meinungsspektrum ein weiteres Mal eingeengt.

Kein Kulturkampf

Die Politik sollte sich bei der Zusammenarbeit mit einzelnen islamischen und islamistischen Organisationen zurückhalten. Ihr Einfluss hängt auch von der Anerkennung ab, die die deutsche Politik und Öffentlichkeit diesen Gruppen und ihren Repräsentanten zuteil werden lässt.[1435] Versuche, eine einheitliche Vertretung für alle Personen mit muslimischem Hintergrund in Deutschland zu schaffen, erscheinen angesichts der ethnischen und religiösen Unterschiede in der Tat unmöglich.[1436]

Die britischen Erfahrungen mit einer Politik des Multikulturalismus und dessen „unbeabsichtigter Folgen" sollten hier berücksichtigt werden. „Da die Repräsentanten der Aufnahmegesellschaft meist keine intimen Kenntnisse der Konfliktlinien und Kräfteverhältnisse in den Zuwanderergemeinschaften besitzen, sollten sie mehr als vorsichtig sein, wenn sie Sprechermonopole, die von einzelnen Vertretern reklamiert werden, ungeprüft und ohne Reflexion möglicher Folgen anerkennen."[1437]

Johannes Kandel ist zuzustimmen, dass „die große Mehrheit der Muslime unauffällig friedlich einen schlichten ‚Volksislam' lebt und von dem ‚Elitendialog' zwischen Vertretern des organisierten Islam und der Mehrheitsgesellschaft weitgehend unberührt bleibt."[1438] Gerade die ausgesprochen schlechten britischen Erfahrungen mit einer Politik, die „auf die religiösen Faktoren bei der Definition von Gruppenidentitä-

---

[1435] vgl. Kandel, Johannes: Organisierte Muslime in Deutschland zwischen Integration und Abgrenzung, in: Senatsverwaltung für Inneres (Hrsg.): Islamismus. Diskussion eines vielschichtigen Phänomens, Berlin 2005, S. 64
[1436] Darauf weist zu Recht hin: Spielhaus, Riem: Religion und Identität. Vom deutschen Versuch, „Ausländer" zu „Muslimen" zu machen, in: Internationale Politik, 61. Jg., H. 3/2006, S. 32
[1437] Baringhorst, Sigrid: Multikulturalismus und Kommunalpolitik. Über einige nicht intendierte Folgen kommunaler Minderheitenpolitik in Großbritannien, in: Leviathan, 27. Jg. H. 3/1999, S. 306
[1438] Kandel, Johannes: „Wie integriert sind Muslime?" Multikulturalismus im Spannungsfeld von Zivilgesellschaft und Parallelgesellschaft, in: Schmidt, Susanna; Wedell, Michael (Hrsg.): „Um der Freiheit willen ..." Kirche und Staat im 21. Jahrhundert. Festschrift für Burkhard Reichert, Freiburg, Basel, Wien 2002, S. 148

ten" setzt[1439] sollten der deutschen Politik eine Mahnung sein. Sie stellt das Trennende in den Mittelpunkt und ermuntert gerade fundamentalistische Gruppen, an ihrem Hegemonieanspruch für *die* Muslime in Deutschland zu arbeiten. Die Zuwanderer aus dem islamischen Regionen (wie Türken, Iraner oder Bosnier) sind keine homogene Gruppe: weder in religiöser, ethnischer, politischer oder in allgemein kultureller Hinsicht. Sie sind Sunniten, Schiiten, Yeziden, türkische Nationalisten, Kurden, westlich orientierte Akademiker aus den Metropolen, Bauern und deren Nachfahren aus Ost-Anatolien ...

Die Religionsausübung und die Orientierung an der Religion sind bei Muslimen verbreiteter als bei der christlich registrierten Bevölkerung.[1440] Dies ist einerseits auf die stärkere lebensweltliche Prägung des Islam zurückzuführen, andererseits auf die Situation der Zuwanderer, die in der Fremde Rückhalt an Hergebrachtem suchen. Eine Kategorisierung – beispielsweise der türkischstämmigen Bevölkerung – unter dem Oberbegriff „Islam" verfehlt dennoch die Wirklichkeit: „So wird quasi allen Menschen mit muslimischem Hintergrund unterstellt, in ihrem Leben spiele der Islam die bestimmende Rolle. Dem liegt eine kulturalistische Auffassung von Religionszugehörigkeit zugrunde, in der unterschiedliche Interpretationen, Religionswechsel, Kulturwandel oder gar die Abkehr von der Religion nicht vorgesehen sind."[1441]

Rechter Gebrauch der Freiheit

Es darf nicht vergessen werden, dass die christlichen Kirchen lange Jahrhunderte benötigten, um sich von Gewalttätigkeit, Unterdrückungen und anderen Irrungen und Wirrungen zu befreien. Der katholische „Integralismus" kämpfte noch vor ein paar Generationen gegen „Modernismus" und Gewissensfreiheit. Dass es nicht nur *islamische* Hassprediger in Deutschland gibt, ist ebenso klar wie die Tatsache, dass es neben dem islamischen Fundamentalismus auch einen Fundamentalismus christlicher Provenienz gibt, der insbesondere in den USA über

---

[1439] Hillebrand, Ernst: Dicke Luft in Londonistan, Informationen des Büros London der Friedrich-Ebert-Stiftung, Mai 2006, http://library.fes.de/pdf-files/bueros/london/03686.pdf [10. Juni 2006], S. 4
[1440] vgl. Worbs, Susanne; Heckmann, Friedrich: Islam in Deutschland. Aufarbeitung des gegenwärtigen Forschungsstandes und Auswertung eines Datensatzes zur zweiten Migrantengeneration, in: Bundesministerium des Innern (Hrsg.): Islamismus, Berlin 2003, S. 133–220
[1441] Spielhaus, Riem: Religion und Identität. Vom deutschen Versuch, „Ausländer" zu „Muslimen" zu machen, in: Internationale Politik, 61. Jg., H. 3/2006, S. 31 f.

erheblichen Einfluss verfügt. Seine Prediger gefallen sich darin, zur letzten Schlacht von *Armageddon* aufzurufen, die im Nahen Osten stattfinden soll. Auch Mordaufrufe sind keine ausschließliche Besonderheit islamischer Geistlicher. Der Gründer der einflussreichen „Christian Coalition", Pat Robertson, etwa rief 2005 zur Ermordung des venezolanischen Präsidenten Hugo Chavez auf.[1442]

Diese Hinweise können die Gewaltexzesse unter Berufung auf den Islam nicht relativieren. Sie machen jedoch deutlich, dass es keinen Grund für die Haltung einer moralischen Überlegenheit gegenüber dem Islam gibt. In diesem Zusammenhang bleibt festzustellen, dass es genauso zweifelhaft sein muss, die Terrorattentate des 11. September 2001 „dem Islam" zuzuschreiben, wie es zweifelhaft wäre, die Folterungen irakischer Kriegsgefangener und Zivilisten durch amerikanische und britische Soldaten der „christlichen Zivilisation" oder der westlichen Welt zuzuschreiben.

Es ist auch kein Ausweis herausragender demokratischer Gesinnung und Liberalität, unter Berufung auf die Meinungs- und Pressefreiheit herabsetzende Karikaturen des Propheten Mohammed nachzudrucken und damit religiöse Gefühle von Muslimen nachhaltig zu verletzen. Es ist kein Ausdruck eines verantwortlichen Gebrauchs von Freiheit, Heiliges zu verspotten und zu erniedrigen. Hier wird Freiheit missbraucht und Kulturkampf betrieben. Es ist kein Zeichen von Klugheit, in einer weltweit politisch aufgeheizten Atmosphäre anti-religiösen Affekten, wie sie unter anderem in mancher Islam-Kritik durchscheint, freien Lauf zu lassen. Der Theologe Klaus Berger formuliert unter Berufung auf Paulus: „Wenn der Friede so extrem gefährdet ist wie jetzt, dann müssen Menschen, die sich für aufgeklärter halten, im Einzelfall auf die Äußerung der beleidigenden Meinung verzichten. Warum sollte das nicht sein: Binnenchristliches Verhalten wird zum Maßstab für Frieden zwischen den Religionen? Besagt das nicht das Bild vom Sauerteig, das christliche Gemeinden für die Welt sein sollen?"[1443]

[1442] vgl. U.S. dismisses call for Chavez's killing, Venezuela VP urges U.S. to act on Robertson's 'criminal' remark, http://www.cnn.com/2005/US/08/23/robertson.chavez [21. September 2005]
[1443] Berger, Klaus: Wer den Boten verhöhnt. Im Namen des Herrn: Welche Toleranz lehrt die Bibel, in: FAZ vom 10. Februar 2006

Damit sind weder die Legitimität jeglicher Religionskritik bestritten noch die gewalttätigen Proteste gegen die Karikaturen gerechtfertigt. Es geht ausschließlich um eine offensichtliche Verletzung religiöser Gefühle zu politischen Zwecken.

Die Kritik an vorschnellen Schlüssen auf „kulturelle Konflikte", wo soziale und wirtschaftliche Probleme zugrunde liegen, ist berechtigt.[1444] Dennoch verfehlt auch die gegenläufige Tendenz, kulturell bedingte Verhaltensweisen völlig auszublenden oder deren Erwähnung gar unter das Rassismus-Verdikt zu stellen, die Wirklichkeit. Es können eben nicht alle problematischen Verhaltensweisen insbesondere islamischer Zuwanderer – vom Aggressionspotential und der Kriminalitätsbelastung bis zum Frauenbild – allein auf „soziale" Ursachen zurückgeführt werden. Es geht dabei auch nicht um „irreversible Volkseigenschaften". Es geht um Eigenschaften, die sich aus kultureller Prägung ergeben und die eine Integration in die europäischen Kulturen und Rechtssysteme erschweren.

Umgang mit Gewalt – „Konfrontative Pädagogik"

Die türkischstämmige Juristin und Frauenrechtlerin, Seyran Ateş, sieht das Maß an Gewalttätigkeit als das Trennende zwischen der deutschen Gesellschaft und Zuwanderern mit türkischem Hintergrund an. „Die Gewaltbereitschaft in der türkischen und kurdischen Kultur wird mir wohl für immer ein Rätsel bleiben. Sie löst sich nur dort ein wenig auf, wo Türken und Kurden viele deutsche Kontakte pflegen. Ansonsten ist es im Augenblick der zentrale Unterschied zwischen unseren Kulturen."[1445]

Tatsächlich stellt die hohe Gewaltbelastung türkisch/kurdischer Jugendlicher ein erhebliches Problem für das Zusammenleben in den Städten dar. Sie ist Ausdruck von Desintegration und verstärkt wiederum Prozesse von Desintegration. Insbesondere Lehrerinnen und Lehrer haben darunter zu leiden und sehen sich häufig überfordert. Unmittelbare Reaktionen auf Gewalttätigkeiten und enge Zusammenarbeit mit

[1444] vgl. u.a.: Bommes, Michael; Schert, Albert: Die soziale Konstruktion des Fremden. Kulturelle und politische Bedingungen von Ausländerfeindlichkeit in der Bundesrepublik, in: Vorgänge. Zeitschrift für Bürgerrechte und Gesellschaftspolitik, 29. Jg. H. 1/1990, S. 43
[1445] Ateş, Seyran: Große Reise ins Feuer. Die Geschichte einer deutschen Türkin, Berlin ³2006, S. 239

der Polizei gehören für viele Schulen in den Brennpunkten zum Repertoire.

Der Pädagoge Ahmet Toprak hat darauf hingewiesen, dass insbesondere straffällig gewordene türkische Jugendliche aufgrund ihrer Erziehung[1446] andere Erwartungen an den Umgang mit ihnen haben als andere Altersgenossen. Sie suchen die Konfrontation. Das bedeutet zu allererst, Grenzen zu ziehen. Nachgiebigkeit wird als Schwäche gedeutet. „… die meisten (mehrfach auffälligen) Jugendlichen in sozialen Einrichtungen haben nie erfahren, dass ihnen klare und überprüfbare Grenzen gesetzt wurden, an denen sie sich orientieren können. (…) Wird diese Grenze nicht früh und rechtzeitig gesetzt, wird die Hemmschwelle kleiner und die Grenzüberschreitung alltäglicher. Wird nicht konsequent gehandelt, aber das Verhalten der Heranwachsenden ‚geduldet', versucht der Heranwachsende sich etwas anderes einfallen zu lassen, weil die Überschreitung der gleichen Grenze uninteressant ist und die Übertretung gesteigert werden muss."[1447] Das Verfahren – konsequent bei Verstößen im Alltag angewandt – ist ein geeignetes Mittel, sich Respekt zu verschaffen.

Zuwanderung steuern und begrenzen

Zuwanderungspolitik folgte auch in Deutschland zu lange der irrtümlichen Vorstellung, „Migration könne wie ein Wasserhahn durch angemessene Politik auf- und zugedreht werden."[1448] Zuwanderungsprozesse sind jedoch dynamische und langfristige Prozesse. Wurden sie – aus welchen Motiven auch immer – angestoßen, ist es demokratischen Rechtsstaaten erfahrungsgemäß unmöglich, sie zu steuern und Zuwanderung zu begrenzen. „Einmal in Gang gesetzt, werden Migrationsbewegungen zu sich selbst erhaltenden Prozessen."[1449] Divergierende Interessen gesellschaftlicher Gruppen (Industrie, Zuwanderungslobby etc.), die „humanitäre Rückführungshemmung westlicher Gesellschaften"[1450], mangelndes Problembewusstsein politischer Eliten und der

[1446] vgl. Toprak, Ahmet: Jungen und Gewalt. Die Anwendung der Konfrontativen Pädagogik in der Beratungssituation mit türkischen Jugendlichen, Herbolzheim 2005, S. 33 ff.
[1447] ebd., S. 78 f.
[1448] Castles, Stephen: Warum Migrationspolitiken scheitern, in: Peripherie Nr. 97/98, 25. Jg., 2005, S. 15
[1449] ebd.
[1450] Müller-Schneider: Zuwanderung, S. 203

Durchsetzungswille der Zuwanderer – gespeist von Perspektivlosigkeit im Herkunftsland und (teilweise illusorischen) Vorstellungen über die Erfolgsaussichten im Zielland – bilden das Ursachenbündel. Abstoßungs- und Anziehungskräfte (Push- und Pull-Faktoren)[1451] verstärken sich häufig gegenseitig. Dabei können sie unterschiedliche Dimensionen haben: Abstoßungskräfte (insbesondere aus ländlichen Regionen) können aufgrund schlechter (Über-)Lebensbedingungen stärker ausgeprägt sein als die Anziehungskräfte der urbanen Zentren (wenn beispielsweise Arbeitsplätze dort nicht in der notwendigen Zahl vorhanden sind).[1452]

Eine der zentralen Ursachen internationaler Wanderung ist ein Entwicklungsgefälle zwischen Herkunfts- und Zielländern. „Die modernen Massenwanderungen im internationalen System werden in erster Linie durch das dieses System kennzeichnende Entwicklungsgefälle determiniert."[1453] Hinzu müssen Wanderungsgelegenheiten kommen – wie im Falle Türkei/Bundesrepublik Deutschland die Anwerbung von Gastarbeitern. Aus diesen Wanderungsopportunitäten entstehen schließlich Mechanismen, die dem Wanderungsprozess eine Dynamik verleihen, die zur Verselbständigung der Wanderungen führt.

Die Erfahrungen zeigen, dass es ein Irrtum war,

– anzunehmen, Deutschland könne sich Arbeitskräfte auf Zeit aus dem Ausland holen und sie bei nicht mehr vorhandenem Bedarf wieder nach Hause schicken;

– eine Politik zu betreiben, die sich dem Druck der Wirtschaft beugte, das Rotationsprinzip von Anfang ins Leere laufen ließ, aber aus politischen Opportunitätserwägungen für das „Publikum" daran festhielt.

[1451] vgl. Nuscheler, Franz: Internationale Migration. Flucht und Asyl, Wiesbaden ²2004, S. 101 ff.; Müller-Schneider: Zuwanderung, S. 97 ff.

[1452] Germani, Gino: Migration und Akkulturisation, in: Atteslander, Peter; Hamm, Bernd: Materialien zur Siedlungssoziologie, Köln 1974, S. 301 ff.

[1453] Hoffmann-Nowotny, Hans-Joachim: Sozial-strukturelle Konsequenzen der Kompensation eines Geburtenrückgangs durch Einwanderung, in: Kaufmann, Franz-Xaver (Hrsg.): Bevölkerungsbewegung zwischen Quantität und Qualität. Beiträge zum Problem einer Bevölkerungspolitik in industriellen Gesellschaften, Stuttgart 1975, S. 73

[1454] Deutsche Gesellschaft für die Vereinten Nationen (Hrsg.): Migration in einer interdependenten Welt: Neue Handlungsprinzipien. Bericht der Weltkommission für internationale Migration, Berlin 2005, S. 17

Diesen Erfahrungen zum Trotz empfehlen internationale Gremien bis heute das „Rotationsprinzip"[1454] und argumentieren für die Arbeitsmigration in ähnlicher Weise wie in Westdeutschland in den 60er Jahren.[1455] Auch die EU-Kommission spricht sich für eine intensivierte „Politik zur Anwerbung von Wirtschaftsmigranten und zur Erleichterung ihrer Aufnahme" aus.[1456]

Tatsächliche oder vermeintliche Konkurrenzen (um Arbeitsplätze, soziale Versorgung), Fremdheitserfahrungen im eigenen unmittelbaren Wohnumfeld, Vorbehalte gegen Zuwanderer aus anderen Kulturen tragen zu einer eher restriktiven und ablehnenden Haltung in der einheimischen Bevölkerung bei. Das ist in Deutschland seit Jahrzehnten der Fall. Bereits Anfang 80er Jahre befürwortete eine große Mehrheit der Bevölkerung eine Begrenzung der Zuwanderung und eine Rückkehr der Gastarbeiter und ihrer Nachkommen.[1457] Es ist bis heute so geblieben.[1458]

Diese Einstellung kann dazu beitragen, dass die öffentlich artikulierten politischen Zielvorstellungen der Regierenden und ihr tatsächliches politisches Handeln eklatant voneinander abweichen. „Das kann bedeuten, dass Politiker sich damit zufrieden geben, Anti-Einwanderungsrhetorik zu betreiben, während sie in Wirklichkeit Politiken verfolgen, die zu mehr Einwanderung führen und damit wichtige wirtschaftliche oder Arbeitsmarktziele verfolgen. Das erklärt die versteckten Zielsetzungen vieler Migrationspolitiken – also Politiken, die vorgeblich bestimmten Zielvorgaben folgen, während sie in Wirklichkeit das Gegenteil tun."[1459]

Es hilft auch nicht weiter, wenn Bundesinnenminister Wolfgang Schäuble behauptet, es gebe gar keine Zuwanderung nach Deutschland mehr, deshalb müsse auch nichts gesteuert werden. „Gerade weil wir zurzeit so gut wie keine Zuwanderung haben, müssen wir uns von der Illusion befreien, wir könnten die Integrationsdefizite durch die Steue-

---

[1455] vgl. ebd., S. 23 f

[1456] Kommission der Europäischen Gemeinschaften: Grünbuch über ein EU-Konzept zur Verwaltung der Wirtschaftsmigration", Brüssel 2005, S. 13

[1457] vgl. Herbert, Ulrich: Geschichte der Ausländerpolitik in Deutschland. Saisonarbeiter, Zwangsarbeiter, Gastarbeiter, Flüchtlinge, Bonn 2003, S. 241

[1458] vgl. Dorbitz, Jürgen; Lengerer, Andrea; Ruckdeschel, Kerstin: Einstellungen zu demographischen Trends und zu bevölkerungsrelevanten Politiken. Ergebnisse der Population Policy Acceptance Study in Deutschland (= Schriftenreihe des Bundesinstituts für Bevölkerungsforschung, Sonderheft), Wiesbaden 2005, S. 52 ff.

[1459] Castles: Migrationspolitiken, S. 20 f.

rung von Zuwanderung lösen."[1460] Wie eine solche Behauptung zu vereinbaren ist mit der Tatsache, dass alleine zwischen 2000 und 2005 3,8 Millionen Ausländer[1461] in die Bundesrepublik Deutschland zugewandert sind, ist nicht ersichtlich. Selbst wenn die in diesem Zeitraum vermittelten 2,1 Millionen Saisonarbeitnehmer und Schaustellergehilfen (die sich nur einige Monate in der Bundesrepublik aufhalten, in den meisten Fällen aber meldepflichtig sind und damit als Zuzüge gewertet werden)[1462] abgezogen werden, bleiben immerhin noch 1,7 Millionen Zuwanderer seit dem Jahr 2000 übrig. Das entspricht im Durchschnitt rund 280.000 Personen jährlich.

Für die soziale Wirklichkeit ist entscheidend, dass jährlich Ausländer, die der Bewohnerzahl einer mittleren deutschen Großstadt entsprechen, integriert werden müssen. Durch „Kleinreden" wird die Politik jedenfalls ebenso wenig Probleme lösen wie durch Alarmismus. Gleiches gilt für die Absicht des Bundesinnenministers, „das ganze Thema möglichst aus dem politischen Streit heraushalten" zu wollen.[1463] Ein zentrales Thema der deutschen (und europäischen) Innenpolitik der politischen Debatte entziehen zu wollen, bedeutet demokratiepolitisch vor allem, dem Bürger die Urteilsfähigkeit zu erschweren (oder sie ihm abzusprechen).

Das „Zuwanderungsgesetz" dient der „Steuerung und Begrenzung des Zuzugs von Ausländern in die Bundesrepublik Deutschland." (§ 1 AufenthG, Abs. 1, S. 1). Auf diese Zielbestimmung haben sich immer wieder Politiker berufen, um eine kritische Öffentlichkeit, die weiterer ungeregelter Zuwanderung ablehnend gegenüber steht, zu beruhigen. Inwieweit kann und will die Politik Zuwanderung tatsächlich steuern?

Staatliche Steuerungsmöglichkeiten nehmen ab
Durch die schrittweise Abschaffung der internen Grenzkontrollen durch das Schengener Abkommen von 1985 wurde die Vergemein-

[1460] „Ausländerpolitik muss eine sensible Politik sein". Interview mit Bundesinnenminister Wolfgang Schäuble in der Süddeutschen Zeitung vom 22./23. Juli 2006
[1461] vgl. Migrationsbericht des Bundesamtes für Migration und Flüchtlinge im Auftrag der Bundesregierung, Nürnberg 2006, S. 8; „Erstmals seit 1990 weniger als 600.000 Ausländer zugezogen". Pressemitteilung des Statistischen Bundesamtes vom 6. Juli 2006
[1462] vgl. Bundesamt für Migration und Flüchtlinge:vgl. Migrationsbericht 2005, S. 81 ff., S. 159
[1463] „Ausländerpolitik muss eine sensible Politik sein". Interview mit Bundesinnenminister Wolfgang Schäuble in der Süddeutschen Zeitung vom 22./23. Juli 2006

schaftung des Asyl- und Flüchtlingsrechts auf EU-Ebene vorgegeben. Dabei handelt es sich um ein zentrales Feld nationaler Souveränität, das im Vertrag von Amsterdam 1997 (konkretisiert im *Haager Programm* von 2004[1464]) der einzelstaatlichen Souveränität entzogen und dem Gemeinschaftsrecht unterworfen wurde.[1465] Dabei wurde die Zuwanderungspolitik den Entscheidungen des *Europäischen Gerichtshofes* (EuGH) in Luxemburg ausgeliefert, der sich durch eine rigorose *richterliche Rechtsfortbildung*, insbesondere hinsichtlich des Assoziationsrechts mit der Türkei, einen Namen gemacht hat.[1466] So ist, darauf hat der Ausländerrechtsexperte Kay Hailbronner bereist 1998 hingewiesen, „gerade für die häufig vage und kompromissartig formulierten politisch hoch sensitiven Regelungsbereiche wie das Ausländerrecht von fundamentaler Bedeutung, dass in Zukunft der EuGH letztverbindlich über die Auslegungen dieser Norm entscheiden wird."[1467]

In einer detaillierten Analyse wirft Hailbronner den Richtern des EuGH „rechtspolitisches Sendungsbewusstsein"[1468] und unzulässige „richterliche Rechtsfortbildung"[1469] vor: „Es entwickelt sich eine ‚Rechtsfortbildung', die sich nicht mehr darauf beschränkt, die Lücken des Gemeinschaftsrecht zu schließen, sondern die den Gemeinschaftsgesetzgeber dadurch korrigiert, indem seine Gesetze zwar nicht als gemeinschaftsrechtswidrig, aber doch völlig anders ausgelegt werden, als Wortlaut, Systematik und Entstehungsgeschichte der Vorschrift es eigentliche nahe legen würden."[1470] Dies und die Bedeutung der in den vergangenen Jahren vorgelegten Richtlinien der EU-Kommission sind offenbar von den nationalen Regierungen und Fachleuten massiv unterschätzt worden. Die Eigendynamik des EU-Rechts, völkerrechtli-

---

[1464] vgl. Beauftragte der Bundesregierung für Migration, Flüchtlinge und Integration (Hrsg.): Bericht über die Lage der Ausländerinnen und Ausländer in Deutschland, Berlin 2005, S. 436 f.

[1465] vgl. Weber, Albrecht: Die Europäisierung des Asyl und Migrationsrechts und ihre Folgen für die Bundesrepublik, in: Bundesamt für Migration und Flüchtlinge (Hrsg.): Asylmigration in Europa, Nürnberg 2004, S. 117

[1466] Hailbronner, Kay: Die Rechtsstellung der Ausländer im Blick auf Europa, in: Deutsche Sektion der Internationalen Juristen-Kommission (Hrsg.): Multikulturelle Gesellschaft und Wertegesellschaft, Heidelberg 2000, S. 37 f.

[1467] ebd., S. 40

[1468] Hailbronner, Kay: Die Unionsbürgerschaft und das Ende rationaler Jurisprudenz durch den EuGH?, in: NJW 57. Jg. H. 31, S. 2187

[1469] ebd.

[1470] ebd., S. 2189

[1471] vgl. Groenendijk, Kees: Familienzusammenführung als Recht nach Gemeinschaftsrecht, in: ZAR 5-6/2006, S. 194

cher Bestimmungen und der Rolle des EuGH fanden nicht die notwendige Beachtung bei der Abschätzung der Folgen.[1471]

Zur Zeit müssen elf Richtlinien der Europäischen Union zum Ausländer- und Asylrecht in nationales Recht umgesetzt werden.[1472] Die große Zahl einzelner Richtlinien ist Ausdruck eines inkonsistenten ausländerrechtlichen Konzeptes auf Ebene der EU, das zwangsläufig „Umsetzungs- und Anwendungsprobleme" mit sich bringt.[1473]

Die Steuerungsmöglichkeiten der nationalen Gesetzgeber und Verwaltungen werden durch die Vergemeinschaftung drastisch reduziert. „Dem deutschen Recht verbleibt künftig weitgehend nur noch die Funktion der Ausführung und der Lückenfüllung, von der Zuwanderung von Erwerbstätigen einmal abgesehen."[1474]

Familienzusammenführung

Seit dem Anwerbestopp stellt der Familiennachzug einen der breiten „Trampelpfade" in die Bundesrepublik Deutschland dar. Der nationale und internationale Schutz von Ehe und Familie bildet dabei den rechtlichen Rahmen.[1475] Dabei wurde – wie gezeigt wurde – immer wieder einmal die Frage aufgeworfen, warum denn die Familieneinheit bei Zuwanderern, die nicht als Flüchtlinge oder Asylbewerber gekommen waren, grundsätzlich nur in der Bundesrepublik und nicht im Herkunftsland hergestellt werden musste.

Heute stellt Nachzug von Familienangehörigen die hauptsächliche Zugangsmöglichkeit nach Europa dar, Schätzungen zufolge macht er 40 bis 50 Prozent der gesamten Einwanderung in die EU aus.[1476] Dabei geht es sowohl um den Familiennachzug, bei dem ein Drittstaatsangehöriger seine Familienangehörigen in einen EU-Mitgliedsstaat aus

---

1472 vgl. Maaßen, Hans-Georg: Zum Stand der Umsetzung von elf aufenthalts- und asylrechtlichen Richtlinien der Europäischen Union, in: ZAR 5-6/2006, S. 161-167
1473 ebd., S. 162
1474 Renner, Günter: Das Zuwanderungsgesetz – Ende des deutschen Ausländerrechts?, in: IMIS-Beiträge 27/2005, S. 19
1475 vgl. Migrationsbericht des Bundesamtes für Migration und Flüchtlinge im Auftrag der Bundesregierung, Nürnberg 2006, S. 34 ff.; Dienelt, Klaus: Auswirkungen der Familienzusammenführungsrichtlinie auf das AufenthG unter Berücksichtigung des 2. Änderungsgesetzes, Eschborn 2006, S. 32 ff.
1476 vgl. Groenendijk: Familienzusammenführung als Recht, in: ZAR 5-6/2006, S. 191; Müller-Schneider: Zuwanderung in westliche Gesellschaften. Analyse und Steuerungsoptionen, Opladen 2000, S. 247 ff.
1477 vgl. Dienelt: Auswirkungen der Familienzusammenführungsrichtlinie, S. 32

437

dem Heimatstaat nachholt, als auch um Drittstaatsangehörige, die Personen zur Familiengründung in ein Land der EU nachholen.[1477]

Für die Frage, ob sich ethnische Kolonien in Deutschland dauerhaft etablieren oder nicht, spielen die Regelungen des Familiennachzugs eine wichtige Rolle. Über den Ehegattennachzug erfolgt häufig eine Zuwanderung in die Sozialsysteme. Darauf weist die Tatsache hin, dass das *Bundesamt für Migration und Flüchtlinge* 2005 28,4 Prozent der Zuwanderer von der Zahlung des Teilnahmebeitrags für den Besuch eines Integrationskurses befreien musste, weil Sozialleistungen bezogen wurden.[1478] „Die aufgrund des Familiennachzugs weiter steigende Zahl von Migranten kommt überwiegend aus ländlichen Gebieten oder aus Krisengebieten. Armut, geringe Bildung, Orientierung an traditionellen Werten der Agrargesellschaft einerseits, von Krieg und Flucht vor den politischen Verhältnissen im Heimatland andererseits bilden den emotionalen und kognitiven Hintergrund der Migranten. D.h., die konstruktiven Potentiale der Migranten sind, wenn sie dieses Land betreten, gering, die Konflikte, die sich mit sich tragen, groß. Das ist nicht den Personen anzulasten, sondern ihren Lebensumständen."[1479] Nur wenn verhindert wird, dass sich die ethnischen Kolonien immer wieder neu mit Zuwanderern „auffüllen", die weder eine formale schulische Bildung noch Grundkenntnisse der deutschen Sprache mitbringen, kann es eine Chance auf Entspannung und strukturelle Besserung geben.

Grundsätzlich wäre eine Einschränkung des Familiennachzugs notwendig, um die Situation in den ethnischen Kolonien zu entspannen. Dies wird allerdings alleine aufgrund der rechtlichen Verpflichtungen auf Ebene der EU kaum durchsetzbar sein.

Unverzichtbar (und keineswegs eine „Extremposition"[1480]) ist allerdings, dass nachziehende Familienangehörige bereits im Herkunftsland Sprach- und Landeskenntnisse nachweisen. Das ist integrationspolitisch von elementarer Bedeutung. Es darf nicht sein, dass ein erhebli-

---

[1478] vgl. BMI: Zur Evaluation, S. 103
[1479] so das Neuköllner Jugendamt in einem Positionspapier: Bezirksamt Neukölln von Berlin, Abteilung Jugend: „Mehr Vorsorge – Weniger Nachsorge" vom 5. Februar 2004, S. 6 [http://www.berlin.de/imperia/md/content/baneukoelln/67.pdf , 10. April 2006]
[1480] So die ehemalige Ausländerbeauftragte der Bundesregierung in ihrem Bericht zur Lage der Ausländer, Berlin/Bonn 2002, S. 34

cher Teil der Zuwanderer nach Deutschland kommt, ohne die deutsche Sprache auch nur in Ansätzen zu beherrschen und sie auch in den meisten ethnischen Kolonien erwerben muss.

Verpflichtende Sprachtests im Herkunftsland haben sich bewährt. Sie sind seit 1996 für Aussiedler vorgeschrieben. Deren zunehmender Erfolg auf dem Arbeitsmarkt wird auch auf diese Maßnahmen zurückgeführt.[1481] Sinnvoll ist auch die vom Bundesinnenministerium vorgeschlagene Pflicht zum Nachweis eines gesicherten Lebensunterhaltes beim Nachzug des Ehepartners.[1482] Eine solche Regelung würde nicht nur die sozialen Sicherungssystem entlasten, sie wäre auch ein Beitrag, um die Situation in den ethnischen Kolonien zu verbessern.

Insbesondere der Nachzug von Ehefrauen aus der Türkei ist eine Schlüsselfrage für die Integrationspolitik. Wenn mittelfristig Chancen bestehen sollen, die Dynamik der Desintegration zu durchbrechen, muss hier angesetzt werden. „Die Sprachkenntnisse würden das Selbstvertrauen der Ehefrauen stärken und eigenständige Handlungsfähigkeit ermöglichen. (...) Durch eine entsprechende Vorschrift würden die Männer im Vorfeld der Eheschließung in Zugzwang kommen und müssten ihren Frauen erlauben, bereits im Heimatland Deutschkenntnisse zu erwerben und damit einhergehend mehr Selbstbewusstsein und Eigeninitiative zu entwickeln."[1483] Die Soziologin Necla Kelek hat vorgeschlagen, ähnlich wie in den Niederlanden und in Schweden bereits geschehen, ein Mindestalter von 21 oder 24 Jahren für den Familiennachzug vorzuschreiben und bereits bei der Einreise Sprachkenntnisse zu prüfen.[1484] Der niedersächsische Innenminister griff diese Forderung auf.[1485] Die Innenministerkonferenz forderte im Juni 2005 den Bundesinnenminister dazu auf, in einer Änderung des Aufenthaltsgesetzes das Mindestalter für nachziehende Ehegatten auf 21 Jahre festzulegen und „grundlegende Sprachkenntnisse" vom nachziehenden Ehe-

---

[1481] vgl. OECD (Hrsg.): Die Arbeitsmarktintegration von Zuwanderern in Deutschland, o. O. 2005, S. 36
[1482] vgl. BMI: Zur Evaluation, S. 102 ff.
[1483] Toprak, Ahmet: Das schwache Geschlecht – die türkischen Männer. Zwangsheirat, häusliche Gewalt, Doppelmoral der Ehre Freiburg im Breisgau 2005, S. 176
[1484] Kelek, Necla: Die fremde Braut, S. 229 ff.
[1485] Pressemitteilung des Niedersächsischen Ministeriums für Inneres und Sport: „Sprachprüfung und Mindestalter bei Nachzug von Ehepartnern", vom 9. Mai 2005

partner zu fordern.[1486] Das Bundesinnenministerium beabsichtigt, bei der Umsetzung der Familiennachzugsrichtlinie eine entsprechende Bestimmung vorzusehen.[1487] Diese sinnvolle Maßnahme könnte allerdings unter anderem an der nach dreijährigen schwierigen Verhandlungen im September 2003 verabschiedeten Familienrichtlinie[1488] scheitern.[1489] Auch hier liegt die letztinstanzliche Entscheidung beim Europäischen Gerichtshof, der über eine Klage des Europäischen Parlaments entscheiden muss.[1490]

Zuwanderung begrenzen

Immer wieder wird behauptet, der Arbeitsmarkt bedürfe zusätzlicher Arbeitskräfte und damit müsse es weitere Zuwanderung geben. Das ist angesichts von mehr als einer halben Million arbeitsloser ausländischer Arbeitnehmer (582.000 im Durchschnitt des Jahres 2005[1491]) sowie noch einmal 300.000 Personen aus der „stillen Reserve"[1492]) unplausibel. Die erste Aufgabe muss darin bestehen, den hier bereits lebenden Zuwanderern den Eintritt in gesicherte Beschäftigungsverhältnisse zu ermöglichen. Dazu müssen in erster Linie die Qualifizierungsdefizite überwunden werden. „Arbeitsmarktorientierte Zuwanderung sollte weiterhin nicht generell als Ausgleich für Versäumnisse in der Bildungspolitik fungieren ...", stellt das Institut für Arbeitsmarkt- und Berufsforschung der Bundesagentur für Arbeit fest.[1493]

[1486] Ständige Konferenz der Innenminister und -senatoren der Länder: Sammlung der zur Veröffentlichung freigegebenen Beschlüsse der 178. Sitzung der Ständigen Konferenz der Innenminister und -senatoren der Länder am 24. Juni 2005 in Stuttgart, http://www.innenministerium.baden-wuerttemberg.de/sixcms/media.php/1227/Freie_Beschl%FCsse_24062005.pdf [22. September 2005], TOP 11. Nachzug ausländischer Ehegatten nur nach Vollendung des 21. Lebensjahres und bei Nachweis von Grundkenntnissen der deutschen Sprache
[1487] vgl. Maaßen, Hans-Georg: Zum Stand der Umsetzung von elf aufenthalts- und asylrechtlichen Richtlinien der Europäischen Union, in: ZAR 5-6/2006, S. 163
[1488] vgl. Weber: Die Europäisierung, S. 117 ff.;
[1489] vgl. Groenendijk, Kees: Familienzusammenführung als Recht nach Gemeinschaftsrecht, in: ZAR 5-6/2006, S. 193
[1490] vgl. Beauftragte der Bundesregierung für Migration, Flüchtlinge und Integration (Hrsg.): Bericht über die Lage der Ausländerinnen und Ausländer in Deutschland, Berlin 2005, S. 439
[1491] Statistisches Bundesamt, http://www.destatis.de/basis/d/erwerb/erwerbtab3.php [8. August 2006]
[1492] Es handelt sich um Personen, die zwar rechtlich die Möglichkeit einer Arbeitsaufnahme haben, denen aber keine Arbeitserlaubnis erteilt wird, weil es bevorrechtigte Deutsche oder EU-Staatsangehörige gibt. Für den Arbeitsmarkt sind sie verfügbar, aber arbeitslos, und dennoch als solches nicht registriert; vgl. Fuchs, Johann; Weber, Brigitte: Neuschätzung der Stillen Reserve und des Erwerbspersonenpotentials für Westdeutschland (inkl. Berlin-West) (= IAB Forschungsbericht Nr. 15/2005), S. 60
[1493] Stellungnahme des Instituts für Arbeitsmarkt- und Berufsforschung (IAB) der Bundesanstalt für Arbeit für die Öffentliche Anhörung des Innenausschusses des Deutschen Bundestages am 16. Januar 2002, S. 4

Eine zunehmende Zuwanderung Geringqualifizierter würde Verdrängungsprozesse auf dem Arbeitsmarkt bewirken sowie die Gefahr einer weiteren Belastung der sozialen Sicherungssysteme bedeuten. „Im Gegensatz zu den Hochqualifizierten würde eine stärkere Zuwanderung von Geringqualifizierten vor allem in der nahen Zukunft Probleme aufwerfen, was angesichts der immer noch hohen Unterbeschäftigung auch nicht überraschen kann. Zu nennen sind an dieser Stelle Lohndruck und Substitution in einem ohnehin schwierigen Marktsegment sowie ein Verzögern des Strukturwandels in Richtung intelligenter Produkte und Dienste. Hinzu käme ein höheres Arbeitslosen- und Transferempfängerrisiko der Betroffenen und die daraus resultierenden Schwierigkeiten bei ihrer Integration."[1494]

Auf absehbare Zeit kein Beitritt der Türkei zur EU

Die türkische oder türkisch-stämmige Bevölkerungsgruppe ist die größte Ausländergruppe in Deutschland – sie ist zugleich diejenige, die die schwächsten Integrationsindikatoren aufweist. Die Arbeitslosenquote türkischer Staatsangehöriger im arbeitsfähigen Alter lag im Jahr 2003 bei 25 Prozent und damit an der Spitze der größeren Zuwanderergruppen.[1495]

Die Bundesrepublik Deutschland muss daher ein elementares Interesse an einer Veränderung zum Positiven haben. Dazu ist die Begrenzung der Zuwanderung aus der Türkei unverzichtbar.

Vor diesem Hintergrund müssen die Folgen eines möglichen, wohl wahrscheinlichen, Beitritts der Türkei zur EU bedacht werden. Dabei geht es nicht darum, das Thema „populistisch zu instrumentalisieren", wie es von Bündnis 90/Die Grünen behauptet wird[1496] – mit dem Ziel, das Thema EU-Türkei aus der politischen Auseinandersetzung herauszuhalten. Dem vormaligen Bundeskanzler Gerhard Schröder (SPD) ist ebenfalls zu widersprechen: Er legte großen Wert darauf, dass kein Zusammenhang zwischen den Themen *Integration* und *EU-Beitritt* hergestellt werde. „Ich warne vor einem: davor, die Debatte über die

---

[1494] ebd., S. 5
[1495] vgl. Statistisches Bundesamt: Strukturdaten und Integrationsindikatoren über die ausländische Bevölkerung in Deutschland 2003, Wiesbaden 2005, S. 30
[1496] „JA zu Grün! Wahlaufruf" vom 7. September 2005, http://www.ekin.de/arbeit/arbeit_aktuell_1.html [8. September 2005]

Frage ... ob man Beitrittsverhandlungen mit der Türkei ... aufnehmen soll, mit der Integrationsdebatte im Inneren unseres Landes zu verquicken. Ich warne davor, weil das in keinem Fall im deutschen Interesse sein kann: nicht was die Friedlichkeit im Inneren unserer Gesellschaft angeht und schon gar nicht, was die deutschen außenpolitischen Interessen angeht. Also lassen Sie uns das trennen."[1497]

Es besteht jedoch ein eindeutiger Zusammenhang zwischen der Integration der hier bereits lebenden Zuwanderer aus der Türkei und ihrer Nachkommen sowie dem Ausmaß zusätzlicher Zuwanderung. Die Vorgängerregierungen – auch sozialdemokratische – waren sich noch bewusst, dass zwischen Integrationsmöglichkeiten und Zuwanderungsbegrenzung ein innerer Zusammenhang besteht. Es ist geradezu die Pflicht verantwortlicher Politik, mittel- und langfristige Folgen von Entscheidungen abzuschätzen, d. h. in diesem Fall, zu prüfen, welche Wanderungsbewegungen durch einen EU-Beitritt der Türkei ausgelöst oder zumindest deutlich verstärkt werden könnten. An derartigen Politikfolgeabschätzungen hat es bislang, insbesondere im Zusammenhang mit der Gastarbeiter-Anwerbung, deutlich gefehlt. Die Lehren sollten daraus gezogen werden. Es gibt keine Berechtigung, Themen, die als politisch bedeutsam eingeschätzt werden, dem demokratischen Diskurs zu entziehen.

Seit den 1960er Jahren haben die türkischen Regierungen die Auswanderung als Mittel ihrer Arbeitsmarkt- und Wirtschaftspolitik eingesetzt. Offene und verdeckte Arbeitslosigkeit wurde nach Westeuropa, in erster Linie in die Bundesrepublik, exportiert. „Für die Türkei war und ist sie [die Einführung der Freizügigkeit für türkische Arbeitnehmer] eine der wichtigsten Forderungen an die EG, denn die Freizügigkeitsregelung ist eine wesentliche beschäftigungspolitische Zielsetzung, die schnell Arbeitsmarktentlastungseffekte bieten könnte."[1498]

Bereits in der 1980er Jahren war klar, dass die Gewährung von Niederlassungsfreiheit für türkische Staatsangehörige in der EG einen

[1497] Rede von Bundeskanzler Gerhard Schröder zum Haushaltsgesetz 2005 vor dem Deutschen Bundestag am 24. November 2004, Bulletin der Bundesregierung Nr. 104-1 vom 24. November 2004, S. 10
[1498] Gümrükçü, Harun: Beschäftigung und Migration in der Türkei. Unter Berücksichtigung der Auswirkungen der Auswanderung auf die Volkswirtschaft der Bundesrepublik Deutschland (= Beiträge zur Arbeitsmarkt- und Berufsforschung 104) Nürnberg 1986, S. 123

erheblichen weiteren Wanderungsschub auslösen würde. „Da im Falle einer vollen Freizügigkeitsregelung die türkischen Arbeitnehmer mit anderen EG-Angehörigen gleichgestellt und gleichbehandelt werden müssten, würde die Auswanderung aus der Türkei ... neue Dimensionen gewinnen."[1499]

Hinzu kam – wie wir gesehen haben – das starke Interesse an Devisen. Das zentrale Interesse daran war einer der wesentlichen Gründe, warum die Türkei alles daran setzte, ihre Staatsangehörigen im Ausland an sich zu binden. Versuche der deutschen Bundesregierungen, die Zuwanderung aus der Türkei zu begrenzen, wurden seitens der offiziellen türkischen Politik heftiger Kritik unterzogen. Dabei wurde stets unterschlagen, dass das deutsch-türkische Anwerbeabkommen auf Initiative der Türkei zustande gekommen war. So erklärte Staatspräsident General Kenan Evren in seiner Neujahrs-Ansprache 1982: „Wir verfolgen mit Schrecken und Bestürzung, wie die nämlichen Länder, die ehemals billige Arbeitskräfte riefen, um ihren eigenen wirtschaftlichen Fortschritt voranzutreiben, unter Missachtung der Menschenrechte nun dieselben Arbeiter des Landes zu verweisen suchen. Unsere Regierung setzte sich gegen dieses Unrecht mit aller Kraft zur Wehr. Wir hoffen aber noch, dass diese Ungerechtigkeiten rückgängig gemacht werden."[1500]

Darüber hinaus waren langfristige außenpolitische Ziele handlungsleitend. Der damalige türkische Staatspräsident Süleyman Demirel erklärte im April 1994 bei einem Empfang des *Zentrums für Türkeistudien* in Essen: „Für die Ausreise von rund 60 bis 70 Prozent der etwa drei Millionen Türken in Europa war ich in den 60er und 70er Jahren verantwortlich, weil ich immer eine Lobby in Europa haben wollte."[1501]

Weiterhin starkes Bevölkerungswachstum

Die wirtschaftlichen und sozialen Verhältnisse in der Türkei haben sich zwar in den zurückliegenden 40 Jahren verbessert, dennoch bestehen bis heute erhebliche Probleme, die die Wanderungsmotive in

---

[1499] ebd., S. 4
[1500] Geiss, Bernd: Türkische Standpunkte zur deutschen Ausländerpolitik, in: Ronneberger, Franz (Hrsg.) Türkische Kinder in Deutschland (= Südosteuropa-Studien, Heft 26), Nürnberg 1976, S. 98
[1501] „Türkei/Deutschland: Demirel ruft Türken zur Einbürgerung in Deutschland auf". dpa-Meldung vom 16. April 1994

großen Teilen weiterhin bestehen lassen. „Die Türkei hat ein ungelöstes und mittelfristig unlösbares soziales Gefälle im Gepäck nach Europa mit. Die Türkei ist von einem wohlhabenden Osten und Nordosten einerseits und dem deutlich ärmeren Südosten gekennzeichnet: Städte wie Istanbul oder Ankara haben einen bemerkenswert hohen Lebensstandard – auch im EU-Vergleich. Städte im Südosten hingegen können hier nicht mithalten und sind teilweise auf dem Niveau eines Entwicklungslandes. Begründet ist das soziale Gefälle in der Bevölkerungsentwicklung. Die jährliche Bevölkerungszunahme von etwa 1,8 Millionen hat enorme negative Effekte auf die Infrastruktur und die gesamte soziale Entwicklung. Der Überhang junger Menschen, die in den nächsten Jahren ins Berufsleben treten werden, wird die Lage noch zusätzlich verschärfen."[1502]

So wachsen weiterhin in den besonders schwach entwickelten Gebieten starke Generationen heran, für die die wirtschaftliche, soziale und kulturelle Rückständigkeit nur einen Weg aus der Misere weist: die Wanderung in die urbanen Zentren oder in das europäische, vor allem deutsche, Ausland. „In den unterentwickelten Gebieten im Osten (Mittel- und Ostanatolien, Schwarzmeergebiet) werden immer etwa doppelt so viele Kinder je Frau geboren wie in entwickelten westlichen Regionen, etwa dem Großraum Istanbul. 1993 wurde für den Westteil der Türkei eines Gesamtfertilitätsrate von 2,0, für den Ostteil dagegen von 4,4 ermittelt. Die höchsten Geburtenraten wiesen 1993 die südöstlichen Provinzen Hakkari (7,4) und Siirt (6,3) auf. Dies erzeugt eine erhebliche soziale Sprengkraft, denn gerade die agrarischen, wirtschaftlich unterentwickelten Provinzen im Osten der Türkei verzeichnen das größte Bevölkerungswachstum und den größten Anteil der jungen Bevölkerung."[1503]
Angesichts der (bereits geschilderten) sozialen Situation können diese Befunde nicht überraschen.

[1502] Riemer, Andrea K.: Konsequenzen eines möglichen EU-Beitritts der Türkei, in: Landeszentrale für politische Bildung (Hrsg.): Europa und die Türkei (= Der Bürger im Staat, 55. Jg. H. 3) 2005, S. 88
[1503] Kröhnert, Steffen: Bevölkerungsentwicklung in der Türkei, S. 2, http://www.berlin-institut.org/pdfs/Kroehnert_Tuerkei.pdf [28. November 2005]

„Enormes Potential an unqualifizierten Migranten"

Alleine in Istanbul lebten 1961 1,3 Millionen Menschen, heute sind es zehn Millionen. Rund 60 Prozent der Istanbuler Bevölkerung leben bis heute in den „Gecekondu"-Siedlungen.[1504]

Gerade diese starken Jahrgänge verfügen über äußerst geringe formale Bildung und haben keine ausreichenden Chancen einer Integration in den heimischen Arbeitsmarkt. Bevölkerungswissenschaftler weisen darauf hin, dass es sich um hier das Zentrum eines bis weit in die Zukunft hinein bestehenden Auswanderungsdrucks handelt. „In einzelnen, wenig entwickelten Regionen der Türkei sind heute bis zu 50 % der Bevölkerung jünger als 15 Jahre. In den folgenden Jahrzehnten wird eine enorme Zahl junger Menschen auf den Arbeitsmarkt drängen und eine berufliche Perspektive einfordern. Dabei haben diese Menschen in ihrer Mehrzahl keine Bildung genossen, die sie für Tätigkeiten in einer entwickelten Industriegesellschaft qualifiziert. Trotz erheblicher Fortschritte bei der Alphabetisierung liegt noch heute die Quote der nicht Schreib- und Lesekundigen bei den Frauen bei ca. 23 % (Männer 7 %). Der Anteil derjenigen Kinder im Sekundarschulalter, die eine weitergehende schulische Ausbildung genießen (also eine Schulbildung, die über die 8jährige Grundschulpflicht hinaus geht) liegt 2001 bei lediglich 43 %. Es ist nicht absehbar, ob die türkische Politik und Wirtschaftsentwicklung dieses Problem lösen kann. Es entsteht ein enormes Potential an unqualifizierten Migranten, die in den türkischen Ballungszentren, aber auch in anderen europäischen Ländern eine wirtschaftliche Perspektive suchen werden. Für Deutschland, das den größten Teil der im Ausland lebenden Türken beherbergt, könnte dies eine besondere Herausforderung darstellen."[1505]

Während die meisten der 25 Mitgliedsländer der EU eine rückläufige oder zumindest stagnierende demografische Tendenz aufweisen, wird die Türkei über die kommenden Jahrzehnte von einem weiterhin starken Wachstum der Bevölkerung gekennzeichnet sein: 2025 wird die Bevölkerungszahl – so die Prognosen – bei 86,6 Millionen liegen.[1506]

[1504] ebd.

[1505] ebd., S. 4

[1506] vgl.: Wöhlcke, Manfred; Höhn, Charlotte; Schmid, Susanne: Demographische Entwicklungen in und um Europa. Politische Konsequenzen (= Aktuelle Materialien zur Internationalen Politik, hrsg. von der Stiftung Wissenschaft und Politik, Berlin, Bd. 69) Baden-Baden 2004, S. 39 ff.

Zu Recht ist festgestellt worden, dass sich die Türkei hinsichtlich ihres Entwicklungsniveaus nur wenig von Schwellenländern unterscheidet und dass nach einem Beitritt die Türkei „das bevölkerungsreichste Mitgliedsland der EU und zugleich das am wenigsten entwickelte" wäre.[1507]

Die Bevölkerung der Türkei ist innerhalb von 72 Jahren um das 4,5 fache angestiegen: von 14,5 Millionen im Jahr 1930 auf 65,3 Millionen 2002.[1508] Zu den Ursachen zählen nicht nur die hohe Geburtenrate sondern auch Errungenschaften wie eine reduzierte Kindersterblichkeit (1965 starben noch 166 von 1.000 Säuglingen, 1997 nur noch 40) und eine höhere Lebenserwartung.[1509]

Alleine die wirtschaftliche, soziale und demografische Lage in der Türkei lässt es als hinreichend wahrscheinlich erscheinen, dass die Niederlassungsfreiheit für EU-Bürger zu einer erheblichen Verstärkung der Wanderung nach Deutschland führen wird. Die wirtschaftswissenschaftliche Abteilung des Osteuropa-Instituts München nennt in einem Gutachten im Auftrag des Bundesministeriums der Finanzen[1510] ein Migrationspotential von 4,4 Millionen Menschen.[1511]

Deutschland wäre am stärksten betroffen

Seit der Gastarbeiter-Anwerbung hat – wie gezeigt wurde – eine ausgeprägte Kettenwanderung eingesetzt. In dieser Hinsicht bestehen stabile Beziehungen zwischen der Türkei und Deutschland. Diese Eigendynamik sollte den Zuwanderungsprozess der nächsten Jahrzehnte wesentlich kennzeichnen: Aufgrund des entstandenen Netzwerkeffektes haben sich drei Viertel aller Türken und 70 Prozent aller Jugoslawen innerhalb der Europäischen Union in Deutschland niedergelassen.[1512] 53 Prozent der rund 2,5 Millionen türkischstämmigen Einwohner sind über den Familiennachzug nach Deutschland gekommen.[1513]

[1507] ebd., S. 39
[1508] vgl. Kröhnert, Steffen: Bevölkerungsentwicklung in der Türkei, S. 1, http://www.berlin-institut.org/pdfs/Kroehnert_Tuerkei.pdf [28. November 2005]
[1509] vgl. ebd.
[1510] Osteuropa-Institut München: „EU-Beitrittsreife der Türkei und Konsequenzen einer EU-Mitgliedschaft", Working Papers Nr. 252, Januar 2004
[1511] ebd., S. 77
[1512] vgl. Herbert Brückner, Parvati Trübswetter, Christian Weise: EU-Osterweiterung: Keine massive Zuwanderung zu erwarten (= DIW Wochenbericht 21/00)
[1513] vgl. Thalheimer, Philipp: Migration und Integration am Beispiel Türkei, in: Bundesamt für die Anerkennung ausländischer Flüchtlinge (Hrsg.): Wanderungsbewegungen (= Migration, Flüchtlinge und Integration, Schriftenreihe, Bd. 10), S. 83

Schließlich suchten sich die Zuwanderungswilligen noch den Weg über das Asyl. So wurden nach Angaben des UNO-Flüchtlingshilfswerkes UNHCR in den Jahren 1992 bis 2002 58,5 Prozent aller Asylanträge türkischer Staatsangehöriger in den westeuropäischen Staaten in Deutschland gestellt.[1514] Die Anerkennungsquoten (einschließlich der Feststellung von Abschiebehindernissen) beliefen sich nach Angaben des Bundesamtes für die Anerkennung ausländischer Flüchtlinge (BAFL) 2001 auf rund 18 und 2002 auf 14 Prozent. Damit liegen sie zwar bei den zugangsstärksten Herkunftsländern an der Spitze, geben aber dennoch einen deutlichen Hinwies darauf, dass in den allermeisten Fällen asylfremde Motive für die Versuche, ein Bleiberecht in Deutschland zu erlangen, maßgeblich waren und sind.[1515]

Auch in sozialer Hinsicht sind die Zuwanderer über das Asyl vergleichbar mit den Arbeitsmigranten der 60er Jahre: „Der überwiegende Teil türkischer Asylbewerber ist männlich, ledig, zwischen 20 und 30 Jahre alt, kommt hauptsächlich aus der Land- und Forstwirtschaft, dem Hotel-, Gaststätten- und Baugewerbe, war als Reinigungskraft oder Fahrer beschäftigt oder auch arbeitslos", analysiert eine Studie des BAFL.[1516]

Vor diesem Hintergrund ist die Bundesrepublik Deutschland das Mitglied der EU, das am stärksten von einer Türkei-Mitgliedschaft in der Europäischen Union betroffen wäre. Unzweifelhaft kann es nicht im Interesse der Bundesrepublik Deutschland liegen, mit dem Beitritt der Türkei die Niederlassungsfreiheit für türkische Staatsbürger innerhalb der EU zu erreichen.

Offene politische Debatte

Während deutsche Integrationspolitiker ständig „Sensibilität" im Umgang mit Zuwanderern und deren „kultureller Identität" anmahnen, gehören aggressive Töne bis hin zu Bürgerkriegsdrohungen, inzwischen zum „guten Ton" türkischer Lobbyisten in Deutschland. Eine angemessene Zurückweisung dieser polarisierenden und erpresse-

---

[1514] vgl. ebd., S. 83
[1515] vgl. ebd., S. 89
[1516] vgl. ebd., S. 98

rischen Äußerungen durch deutsche Politiker ist bisher ausgeblieben, obwohl diese Drohungen für den inneren Frieden Deutschlands eine Belastung darstellen.

Die Position von CDU und CSU zur Frage eines Beitritts der Türkei zur EU sei „gefährlich und türkeifeindlich", erklärte der Präsident der Türkischen Gemeinde zu Berlin, Taciddin Yatkin[1517], und verstieg sich gegenüber der „taz" gar zu der Äußerung, es handele sich um eine „Kriegserklärung" gegen die Türken in Deutschland.[1518] „Hinter dieser Mogelpackung ‚privilegierte Partnerschaft' steht eine freche Art von Manieren, wie man sie von Kolonialherren des 19. Jahrhunderts kennt und sie bezeugt, wie weit die Unionsführung von einer verantwortlichen Außenpolitik entfernt ist", schrieb der Vorsitzende der Türkischen Gemeinde in Deutschland, Hakki Keskin, in einem kurz vor der Bundestagswahl 2005 erschienenen Werk.[1519]

Bundeskanzler Gerhard Schröder warb offensiv um die Stimmen türkisch-stämmiger Wähler im Bundestagswahlkampf 2005. Der Besuch bei Mediengroßunternehmer Aydin Dogan im hessischen Mörfelden-Walldorf in der Woche unmittelbar vor der Wahl wurde sowohl von den deutschen Medien als auch von den Umworbenen als symbolischer Akt wahrgenommen. Die Reaktion von Dogan – er ist nicht nur Verleger von „Hürriyet" sondern betreibt auch einen türkisch-sprachigen Fernsehsender für Deutschland (Kanal D) – war entsprechend überschwänglich: „Wir lieben Sie nicht nur als Kanzler, sondern auch als verständnisvollen Freund der Türken. Ihr Einsatz für unser Land ist bemerkenswert."[1520]

Entsprechend euphorisch war die Reaktion türkischer Medien über das unerwartet schlechte Bundestagswahlergebnis für CDU/CSU.[1521] Hätten die Unionsparteien gewonnen; „wäre das eine Katastrophe für die Türken gewesen", kommentierte Mehmet Ali Birand, Chefmoderator des Kanal D in der „Zeit".[1522] Er vergaß nicht hinzuzufügen, dass es

---

[1517] Presseerklärung der Türkischen Gemeinde zu Berlin vom 31. August 2005
[1518] zit. nach: „Türken gegen CDU. Der Präsident der Türkischen Gemeinde zu Berlin warnt vor der Wahl der Union wegen der Türkeipolitik", in: taz vom 1. September 2005
[1519] Keskin, Hakki: Deutschland als neue Heimat, Opladen 2005, S. 276
[1520] Am 13. September 2005, vgl.: „Türkische Wähler: Wo die CDU unter fünf Prozent liegt, Spiegel Online http://www.spiegel.de/politik/deutschland/0,1518,374502,00.html
[1521] vgl. „Wir haben unsere Pflicht erfüllt" Wie türkische Blätter über die Wahl und ihre Folgen berichten, in: Tagesspiegel vom 26. September 2005
[1522] Birand, Mehmet Ali: „Merkels Niederlage lässt die Türken aufatmen", in: Die Zeit 39/2005

die türkischstämmigen Deutschen gewesen seien, die „den Kanzler vor einer kompletten Niederlage bewahrt haben".

Die aggressiven Töne dürfen nicht um des lieben Friedens willen ignoriert werden, sie aus Rücksicht auf die Stimmen türkisch-stämmiger Wähler hinzunehmen, bedeutet, zur Eskalation gegenseitiger Ablehnung beizutragen. Deutsche Politik sollte den Wortführern „türkischer Interessen" deutlich machen, dass Lobbyismus legitim, Vergiftung des politischen Klimas in Deutschland aber schädlich für alle ist.

Der Verantwortung stellen

Angriff ist die beste Verteidigung: Das scheint das Motto des Präsidenten der *Bundesvereinigung der Deutschen Arbeitgeberverbände*, Dieter Hundt, zu sein. „Deutschland hat eine falsche Einwanderungspolitik betrieben, die sich nicht an den Interessen unseres Landes orientiert hat. Die Folge ist, dass ein Großteil über keinen Berufsabschluss verfügt und unser Bildungssystem zu wenig Kinder aus Migrantenfamilien fördert und fordert. Das beginnt bei der Sprache. Deutsch muss systematisch und von allen Zuwanderern verbindlich erlernt werden."[1523] Unerwähnt bleibt bei dieser Bewertung, dass die Zuwanderung aus den Gastarbeiter-Anwerbestaaten auf eine Politik zurückgeht, die bis weit in die 1970er Jahre das nachvollzog, was die Wirtschaftsverbände von ihr gefordert hatten. Das gilt – wie bereits geschildert – für die Anwerbung der Gastarbeiter im Allgemeinen sowie die Novellierung des Abkommens mit der Türkei und den Prozess der Kettenwanderung im Besonderen, der ebenfalls von den Arbeitgebern (gemeinsam mit den bereits eingereisten Gastarbeitern) ausging. Auch wurde die Grundlage der Sprachmisere wesentlich von den Arbeitgebern gelegt, die die Kostenminimierung im Blick hatten. Alle gesellschaftlichen Gruppen müssen sich ihrer Verantwortung stellen und dürfen sie nicht „der Politik" zuschieben (was einer Geschichtsfälschung gleichkäme). Die Industrie trägt eine herausgehobene Verantwortung für die heutige Lage. Ihre Vertreter haben allen Grund, nicht die Verantwortung bei anderen zu suchen, sondern selbst aktive Beiträge zu einer Verbesserung der Lage zu leisten und aus Fehlern der Vergangenheit die Konsequenzen zu ziehen.

[1523] „Großer Irrglaube", Interview mit Dieter Hundt in: Wirtschaftswoche vom 3. Juli 2006, Nr. 27, S. 14

Missstände im Ausländerrecht beseitigen

Gelingt es nicht, diejenigen, die sich als Asylbewerber zu Unrecht auf das Asylrecht berufen, und diejenigen, die überhaupt keinen Asylantrag stellen, tatsächlich wieder zur Ausreise zu bringen, bleibt das Tor zu einer ungesteuerten Zuwanderung weiterhin geöffnet. Die damit verbundenen Belastungen der Kommunen über die gezahlten Sozialleistungen und die Kriminalitätsbelastungen werden auf diese Weise ebenso bestehen bleiben wie die verfestigten ethnisch abgeschotteten Subkulturen. Verschiedene Voraussetzungen gehören dazu, um hier zu einer Trendwende zu kommen:

Zum einen haben zu lange Verfahren der Verwaltungsgerichtsbarkeit und eine schlechte personelle (und materielle) Ausstattung vieler Ausländerbehörden (ein Problem, das in Großstädten häufig seit Jahrzehnten besteht[1524]) gravierende gesellschaftliche Folgen, die nicht länger hingenommen werden dürfen. Es darf nicht mehrere Jahre dauern, bis ein Urteil zu einem Asylantrag Rechtskraft erlangt hat. Die erheblichen Unterschiede zwischen den einzelnen Bundesländern (von durchschnittlich sechs Monaten in der 1. Instanz von Verwaltungsgerichten in Rheinland-Pfalz bis zu 34 Monaten in Berlin, jeweils in 2005[1525]) zeigen, dass hier politisches Handeln erforderlich ist. Würden die rund 190.000 „geduldeten" Ausländer, die sich ohne Aufenthaltsrecht in Deutschland aufhalten, aber nicht abgeschoben werden können, tatsächlich in ihre Herkunftsländer zurückgeführt werden, so ergäbe sich – da die allermeisten von ihnen Leistungen nach dem Asylbewerberleistungsgesetz beziehen – eine rechnerische jährliche Einsparung alleine hinsichtlich der Sozialleistungen in Höhe von mehr als 900 Millionen Euro.[1526]

Erfahrungen aus der Praxis besagen, dass die Mehrheit dieser Gruppe ihre Ausreisepflicht hintertreibt, das heißt ihrer Pflicht zur Mitwirkung nicht nachkommt, die Identität verschleiert und andere Missbrauchsmöglichkeiten nutzt.[1527] In etwa 80 Prozent der Asylverfahren

---

[1524] zur Situation in Frankfurt/Main vgl. die Schilderungen des Leiter des dortigen Ausländeramtes 1990: „Wozu braucht Frankfurt ein Amt für multikulturelle Angelegenheiten?, in: iza Informationen zur Ausländerarbeit, H. 4/1990, S. 49
[1525] vgl. BMI: Bericht zur Evaluierung des Gesetzes, Entwurf, S. 47
[1526] Dem liegt ein durchschnittlicher Bezug von monatlich rund 400 Euro pro Person zugrunde.
[1527] vgl. BMI: Bericht zur Evaluierung des Gesetzes, Entwurf, S. 80 f.

legen die Antragsteller keine Pässe vor, weil sie keine besitzen, sie vernichtet haben oder verbergen.[1528]

Der Druck auf jene abgelehnten Asylbewerber, die ihre Mitwirkungspflichten an der Ausreise ignorieren und durch Verschleierung ihrer Identität ihre Rückkehr hintertreiben, muss deutlich erhöht werden. Die Erfahrungen mit offenen Ausreiseeinrichtungen[1529] (die allerdings nur in Bayern, Niedersachsen, Rheinland-Pfalz und Sachsen-Anhalt eingerichtet wurden) zeigen, wie empfindlich ein Teil des Personenkreises auf diese zaghaften Ansätze des Rechtsstaates reagiert. Diese Ansätze gehen in die richtige Richtung und müssen intensiviert werden. Das Zuwanderungsgesetz lässt hier allerdings Praxistauglichkeit vermissen. So wird zwar eine gesetzliche Grundlage für „Ausreiseeinrichtungen" geschaffen (§ 61 Abs. 2 AufenthG), in denen „durch Beratung und Betreuung die Bereitschaft zur freiwilligen Ausreise gefördert" werden soll. Diese Einrichtungen konnten allerdings auch schon nach altem Recht geschaffen werden. Zudem ist die Rechtsgrundlage dürftig, so dass es weiterhin vom politischen Willen der jeweiligen Landesregierungen abhängt, solche Einrichtungen zu schaffen und so zu gestalten, dass der notwendige Ausreisedruck tatsächlich zustande kommt. Dazu gehört auch, dass in derartigen Fällen ohne zeitliche Verzögerung nicht mehr die üblichen Leistungen nach dem Asylbewerberleistungsgesetz gezahlt werden dürfen, sondern nur noch im Einzelfall unabweisbare Hilfe gewährt wird.[1530]

Diese Herausforderung kann nur bewältigt werden, wenn die Verwaltungen über ausreichende Personalausstattung verfügen und die beteiligten Behörden eng zusammenarbeiten. Das gilt nicht nur für Polizei, Staatsanwaltschaft und Ausländerbehörden, sondern auch für die beteiligten Sozial-, Jugend- und Standesämter. Hier gibt es in der Praxis erhebliche Mängel und Defizite. Auch müssen datenschutz-

---

[1528] vgl. Zuwanderung gestalten, Integration fördern. Bericht der Unabhängigen Kommission „Zuwanderung", Berlin 2001, S. 147
[1529] vgl. zum bayerischen Konzept: Bayerisches Staatsministerium des Innern: Erste bayerische Ausreiseeinrichtung Fürth Hafenstraße, 30. August 2002", www.stmi.bayern.de/infothek/ausreise/pdf/konzept.pdf.
[1530] In diese Richtung gehen auch die Empfehlungen der Zuwanderungskommission der Bundesregierung: Zuwanderung gestalten, S. 149 f.

rechtliche Erwägungen dem öffentlichen Interesse an der Beendigung des massiven Missbrauchs untergeordnet werden. Die Zusammenarbeit ist nicht zuletzt auch zum Schutz der Behördenmitarbeiter notwendig, die nicht selten von den Betroffenen bedroht und eingeschüchtert werden.

Grundsätzlich gilt: Aufenthaltsbeendende Maßnahmen haben für die ethnisch abgeschotteten Subkulturen generalpräventiven Charakter. Sie signalisieren unmissverständlich: Jetzt wird es ernst, der deutsche Staat toleriert ein solches Verhalten nicht. Der Meinung, bei der hier behaupteten Wirkung handele es sich hier um „blanke Ideologie, mit der ... Existenzen zerstört werden dürfen, statt sie ins bürgerliche Leben zurückzuführen"[1531], entbehrt jeder sachlichen Grundlage. Die Erfahrungen der Strafverfolgungsbehörden zeigen, dass gerade bei den Exponenten der hochkriminellen und verfestigten Strukturen in den Parallelgesellschaften solche staatlichen Willensbekundungen ihre Wirkung nicht verfehlen.

Ein weiterer Missstand besteht darin, dass – nach Erfahrungen der Strafverfolgungsbehörden – bei Fällen mittlerer und schwerer Kriminalität Heranwachsender (18 bis 21 Jahre) in den allermeisten Fällen von den Gerichten das Jugendrecht angewendet wird, womit die Abschreckungswirkung verfehlt wird.

Änderungen sind auch beim Staatsangehörigkeitsrecht vonnöten. Die Einführung des *ius soli* und die massenhafte Hinnahme von Mehrstaatigkeit lösen keine Probleme, sie werden sie auf Dauer verschärfen. Daher sollte die Verleihung der Staatsangehörigkeit kraft Geburt rückgängig gemacht und die doppelte Staatsangehörigkeit nur dann hingenommen werden, wenn sich der Herkunftsstaat weigert, aus der Staatsangehörigkeit zu entlassen.

Ein Problem stellen in der Praxis auch Einbürgerungsbewerber aus dem kurdisch-libanesischen Milieu dar: Hier bewerben sich nicht be-

---

[1531] Gutmann, Rolf: 40 Jahre Ausländerrecht für Türken in Deutschland, in: ZAR 1/2002, S. 27

lastete Ehefrauen um die Einbürgerung, womit Kinder und Ehemänner vor einer Ausweisung geschützt werden. Da das familiäre Umfeld bei der Einbürgerung nicht berücksichtigt werden darf, gibt es hier derzeit keine Handhabe.

Einen grundlegenden rechtssystematischen Bruch stellen die *Härtefallkommissionen* dar, deren Einrichtung das Gesetz den Landesregierungen ausdrücklich ermöglicht (§ 23 a AufenthG). Davon haben mittlerweile 15 Länder Gebrauch gemacht (bzw. stehen kurz vor der Realisierung). Es kann nicht verwundern, dass Asyl-Lobby-Gruppen dies als großen Erfolg feierten. Härtefallkommissionen geben die Möglichkeit, nach jahrelangem Durchlaufen des gesamten Instanzenzuges und trotz eindeutiger Rechtslage letztlich doch noch ein dauerhaftes Bleiberecht zu erzwingen – und das weitgehend unter Ausschluss der Öffentlichkeit und unter Beteiligung von Lobbygruppen, denen jede demokratische Legitimation fehlt. Die Behauptung der Notwendigkeit von Härtefallkommissionen desavouiert darüber hinaus die am Asylverfahren beteiligten Institutionen (Bundesamt, Verwaltungsgerichte, Ausländerbehörden) und unterstellt, sie alle hätten in dem aufwändigen Verfahren nicht ausreichend auf „humanitäre" Aspekte geachtet. So werden die beteiligten Beamten und Verwaltungsrichter in Zukunft noch mehr als bisher „für den Papierkorb" arbeiten.[1532] Ob diese Kommissionen verfassungskonform sind (oder ob hier ein Verstoß gegen den Grundsatz der Gesetzesbindung der Verwaltung vorliegt), ist ebenso offen wie die Frage, ob der geplante Rechtswegeausschluss tatsächlich haltbar ist.[1533]

Das Elend der deutschen Ausländerpolitik machen die zahlreichen *Altfall- und Bleiberechtsregelungen* deutlich. Damit werden jene mit einem dauerhaften Aufenthaltsrecht belohnt, die es geschafft haben, sich über Jahre in Deutschland aufzuhalten, obwohl ihnen von Anfang an vermittelt wurde, dass ihnen kein Aufenthaltsrecht zusteht.[1534] Solche Regelungen verstärken die Einwanderung in die Sozialsysteme und

---

[1532] vgl. ausführlicher: Luft: Ausländerpolitik, S. 90 ff.
[1533] vgl. hierzu die grundlegende Kritik: Schönenbroicher, Klaus: Rechtsstaat auf Abwegen? – Die neue ‚Härtefallklausel' des Ausländerrechts, in: ZAR 10/2004, S. 351-358
[1534] vgl. Luft: Ausländerpolitik, S. 73 ff.

damit die Sogwirkung (Pull-Faktoren) der Bundesrepublik Deutschland und erschweren eine Steuerung.[1534a]

Ein wesentlicher Grund für diesen Missstand aufeinander folgender Altfallregelungen liegt darin, dass die Asylverfahren zu lange betrieben werden können und dass Justiz- und Ausländerbehörden, wie bereits erwähnt, von den politisch Verantwortlichen häufig nicht in die Lage versetzt werden, Recht in angemessenen Fristen zu sprechen und es dann in der ausländerrechtlichen Praxis umzusetzen. Dass Bundesinnenminister Schäuble bereits eine neue „Altfallregelung" in Aussicht gestellt hat[1535], spricht für einen weiteren Fall der Kapitulation.

Der demokratische Rechtsstaat muss sich nicht aufgeben, wenn er wirkungsvoll gegen die Parallelgesellschaften, die damit verbundenen Verletzungen der Menschenwürde, die kriminellen Strukturen und die hohen sozialen Kosten vorgehen will. Es gibt keinen Grund zu Resignation oder gar zur Kapitulation. Der Auseinandersetzung um die Regeln des Zusammenlebens kann allerdings nicht ausgewichen werden.

Was wir brauchen, ist schlüssiges Handeln, dem ein solides Selbstbewusstsein zugrunde liegt. Die Bundesrepublik Deutschland hat als demokratischer und sozialer Rechtsstaat viel zu bieten. Sie ist ein *Raum der Freiheit und des Rechts* und unterscheidet sich damit von vielen Herkunftsländern der Zuwanderer in Deutschland. Loyalität und demokratischer Patriotismus sind auch für den liberalen Verfassungsstaat unverzichtbar, sie können allerdings nicht vorgeschrieben oder abverlangt werden.[1536] Sie müssen vorgelebt werden. Das bedeutet auch, den Mut zu finden, jene Probleme anzugehen, die durch Fehlentscheidungen und Versäumnisse der Vergangenheit verursacht wurden. Es bedeutet auch, die soziale Polarisierung nicht weiter vorantreiben zu lassen und niemanden gegeneinander auszuspielen.

Den Hang zum Opportunismus zu überwinden, bleibt bei allem die größte Hürde.

[1534a] vgl. Bericht zur Evaluierung, S. 86ff.
[1535] „Ausländerpolitik muss eine sensible Politik sein". Interview mit Bundesinnenminister Wolfgang Schäuble in der Süddeutschen Zeitung vom 22./23. Juli 2006
[1536] vgl. Kluxen-Pyta, Donate: Nation und Ethos. Die Moral des Patriotismus, Freiburg/Breisgau, München 1991, S. 202

Literaturverzeichnis

Abgeordnetenhaus von Berlin: Vorlage zur Kenntnisnahme über Maßnahmen zur weiteren sozialen Eingliederung der ausländischen Arbeitnehmer und ihrer Familien, Mitteilungen des Präsidenten Nr. 95, Drs. 6/1496 vom 16. August 1974

AG Kiezforschung (Hrsg.): In den Straßen des Soldiner Kiezes. Studien über einen „gefährlichen" Stadtteil, Berlin 2005

Al-Hamarneh, Ala: Re-Arabisierung arabischer Einwanderer in Deutschland durch Satellitenfernsehen, in: Meyer, Günter (Hrsg.): Die Arabische Welt im Spiegel der Kulturgeographie (= Veröffentlichungen des Zentrums für Forschung zur Arabischen Welt, Bd. 1) Mainz 2004, S. 448-452

Al-Qaradawi, Yusuf: Erlaubtes und Verbotenes im Islam, 4. Auflage, München 2003

Albrecht, Georg (Hrsg.): Das Düsseldorfer Reformprogramm zum Ausländerrecht, Vorgelegt vom Initiativkreis für die Reform des Ausländerrechts beim Diakonischen Werk der Evangelischen Kirche im Rheinland, Bonn 1976

Albrecht, Günter: Soziologie der geographischen Mobilität. Zugleich ein Beitrag zur Soziologie des sozialen Wandels, Stuttgart 1972

Althammer, Walter (Hrsg.): Das Gastarbeiterproblem. Rotation? Integration? Arbeitsplatzverlagerung? (= Südosteuropa-Studien, 23), München 1974

Ansay, Tuğrul; Gessner, Volkmar (Hrsg.) Gastarbeiter in Gesellschaft und Recht, München 1974

Arbeitsgruppe Bildungsbericht am Max-Planck-Institut für Bildungsforschung: Das Bildungswesen in der Bundesrepublik Deutschland. Strukturen und Entwicklungen im Überblick, Einbeck 1994

Ateş, Seyran: Große Reise ins Feuer. Die Geschichte einer deutschen Türkin, Berlin ³2006

Atteslander, Peter; Hamm, Bernd (Hrsg.): Materialien zur Siedlungssoziologie, Köln 1974

Auernheimer, Georg (Hrsg.): Schieflagen im Bildungssystem. Die Benachteiligung der Migrantenkinder, Opladen 2003

Babka von Gostomski, Christian: Gewalt als Reaktion auf Anerkennungsdefizite? Eine Analyse bei männlichen deutsche, türkischen und Aussiedler-Jugendlichen mit dem IKG-Jugendpanel 2001, in: Kölner Zeitschrift für Soziologie und Sozialpsychologie, Jg. 55, H. 2, 2003, S. 253-277

Bach, Hans-Uwe; Brinkmann, Christian; Kohler, Hans Zur Arbeitsmarktsituation der Ausländer in der Bundesrepublik, in: Mitteilungen aus der Arbeitsmarkt- und Berufsforschung, Jg. 20, H. 3/1987), S. 277–282

Bade, Klaus J.: Europa in Bewegung. Migration vom späten 18. Jahrhundert bis zur Gegenwart, München 2000

Bade, Klaus J.; Bommes, Michael (Hrsg.): Migration – Integration – Bildung. Grundfragen und Problembereiche (= IMIS-Beiträge 23/2004), Osnabrück 2004

Bahadir, Sefik Alp: Vor- und Nachteile der Wanderung von Arbeitskräften für die türkische Volkswirtschaft, in: Mitteilungen aus der Arbeitsmarkt- und Berufsforschung, Jg. 11, 4/1978, S. 473–483

Baringhorst, Sigrid: Multikulturalismus und Kommunalpolitik. Über einige nicht intendierte Folgen kommunaler Minderheitenpolitik in Großbritannien, in: Leviathan, 27. Jg. H. 3/1999, S. 287–308

Baringhorst, Sigrid: Australien – the Lucky Country?", in: APUZ B 26/2003, S. 12–18

Bayaz, Ahmet; Damolin, Mario, Ernst, Heiko (Hrsg.): Integration. Anpassung an die Deutschen? Weinheim, Basel 1984

Beauftragte der Bundesregierung für Ausländerfragen (Hrsg.): Bericht der Beauftragten der Bundesregierung für Ausländerfragen über die Lage der Ausländer in der Bundesrepublik Deutschland, Berlin, Bonn 2000

Beauftragte der Bundesregierung für Migration, Flüchtlinge und Integration (Hrsg.): Religion – Migration – Integration in Wissenschaft, Politik und Gesellschaft, Fachtagung am 22. April 2004, Dokumentation, Berlin, Bonn 2004

Beauftragte der Bundesregierung für Migration, Flüchtlinge und Integration (Hrsg.): Bericht der Beauftragten der Bundesregierung für Migration, Flüchtlinge und Integration über die Lage der Ausländerinnen und Ausländer in Deutschland, Berlin 2005

Becker, Heidede; Schulz zur Wiesch, Jochen (Hrsg.): Sanierungsfolgen. Eine Wirkungsanalyse von Sanierungsmaßnahmen in Berlin (= Schriften des Deutschen Instituts für Urbanistik, Bd. 70), Berlin, Köln, Mainz 1982

Beyersdörfer, Frank: Multikulturelle Gesellschaft. Begriffe, Phänomene, Verhaltensregeln (= Fremde Nähe – Beiträge zur interkulturellen Diskussion Bd. 21) Münster 2004

Bellmann, Lutz: Selektive Freisetzung von Ausländern während der Rezession 1974/75 in der Bundesrepublik Deutschland (Mitteilungen aus der Arbeitsmarkt- und Berufsforschung 15. Jg. H. 3/1982), Nürnberg 1982, S. 141–150

Bender, Stefan; Karr, Werner: Arbeitslosigkeit von ausländischen Arbeitnehmern, in: Mitteilungen aus der Arbeitsmarkt und Berufsforschung 26. Jg./1993, Nr. 2, Nürnberg 1993, S. 192–206

Benoist, Alain de: Aufstand der Kulturen. Europäisches Manifest für das 21. Jahrhundert, Berlin²2003

Bertelsmann-Stiftung (Hrsg.); Bundesministerium des Inneren (Hrsg.): Erfolgreiche Integration ist kein Zufall. Strategien kommunaler Integrationspolitik, Gütersloh 2005

Bezirksamt Neukölln von Berlin, Abteilung Jugend: Neuköllner Kinder- und Jugendbericht 2002/2003, Teile 1 und 2, Berlin 2003

Bielefeld, Ulrich (Hrsg.): Das Eigene und das Fremde. Neuer Rassismus in der Alten Welt? Hamburg 1998

Bielefeldt, Heiner: Zwangsheirat und multikulturelle Gesellschaft. Anmerkungen zur aktuellen Debatte, hrsg. vom Deutschen Institut für Menschenrechte, Berlin 2005

Birg, Herwig: Die Weltbevölkerung. Dynamik und Gefahren, München 1996

Birg, Herwig: Die demografische Zeitenwende. Der Bevölkerungsrückgang in Deutschland und Europa, München 2001

Birg, Herwig: Dynamik der demografischen Alterung, Bevölkerungsschrumpfung und Zuwanderung in Deutschland, in: Aus Politik und Zeitgeschichte B 20/2003 vom 12. Mai 2003, S. 6–17

Birg, Herwig: Strategische Optionen der Familien- und Migrationspolitik in Deutschland und Europa, in: Leipert, Christian (Hrsg.): Demografie und Wohlstand. Neuer Stellenwert für Familie in Wirtschaft und Gesellschaft , Opladen 2003, S. 27–56

Blaschke, Jochen; Greussing, Kurt (Hrsg.): „Dritte Welt" in Europa: Probleme der Arbeitsimmigration, Frankfurt/Main 1980

Böcker, Anita; Thränhardt, Dietrich: Erfolge und Misserfolge der Integration – Deutschland und die Niederlande im Vergleich, in: Aus Politik und Zeitgeschichte B 26/2003, S. 3–11

Bodenbender, Wolfgang: Zwischenbilanz der Ausländerpolitik, in: Ronneberger, Franz (Hrsg.): Türkische Kinder in Deutschland, Nürnberg 1977, S. 25–57

Bommes, Michael: „Die meisten türkische Väter sind so.", in: Informationen zur Ausländerarbeit H. 4/1990, S. 35–38

Bommes, Michael; Scherr, Albert: Die soziale Konstruktion des Fremden. Kulturelle und politische Bedingungen von Ausländerfeindlichkeit in der Bundesrepublik, in: Vorgänge. Zeitschrift für Bürgerrechte und Gesellschaftspolitik, 29. Jg. H. 1/1990, S. 40–50

Bommes, Michael: Ist die Assimilation von Migranten alternativlos? Zur Debatte zwischen Transnationalismus und Assimilationismus in der Migrationsforschung, in: ders.; Noack, Christina; Tophinke, Doris (Hrsg.): Sprache als Form. Festschrift für Utz Maas zum 60. Geburtstag, Wiesbaden 2002, S. 225–242

Bomsdorf, Eckart; Babel, Bernhard: Deutschlands Millionenstädte im demografischen Wandel. Fakten und Perspektiven bis 2040 (= Materialien zur Bevölkerungswissenschaft, H. 116), Wiesbaden 2005

Boos-Nünning, Ursula; Karakaşoğlu, Yasemin: Viele Welten leben. Lebenslagen von Mädchen und jungen Frauen mit griechischem, italienischem, jugoslawischem, türkischem und Aussiedlerhintergrund, hrsg. vom Bundesministerium für Familie, Senioren, Frauen und Jugend, Berlin 2004

Boos-Nünning, Ursula; Karakaşoğlu, Yasemin: Welche Ressourcen haben junge Migrantinnen. Plädoyer für einen Perspektivenwechsel, in: Migration und Soziale Arbeit, 27. Jg., H.3/4, Oktober 2005, S. 219–232

Bremer, Peter: Ausgrenzungsprozesse und die Spaltung der Städte. Zur Lebenssituation von Migranten (= Stadt, Raum und Gesellschaft, hrsg. von Hartmut Häußermann, Detlev Ipsen, Thomas Krämer-Badoni et al., Bd. 11) Opladen 2000

Breton, Raymond: Institutional Completeness of Ethnic Communities and the Personal Relations of Immigrants, in: The American Journal of Sociology, Jg. 70, 1964, S. 193–205

Brink, Henning van den: Ethnisch-kulturelle Konflikte: Ursachen, Folgen und Handlungsempfehlungen am Beispiel der Stadt Duisburg, hrsg. vom Institut für Geographie der Universität Duisburg-Essen (= Diskussionspapier 1/2004), Duisburg 2004

Bucher, Hansjörg; Kocks, Martina; Siedhoff, Mathias: Wanderungen von Ausländern in der Bundesrepublik Deutschland der 80er Jahre, in: Bundesforschungsanstalt für Landeskunde und Raumordnung (Hrsg.): Informationen zur Raumentwicklung, H. 7/8 1991, S. 501–511

Bullinger, Siegfried; Huber, Peter; Köhler, Horst, Ott, Alfred E.; Wagner, Adolf: Die volkswirtschaftliche Bedeutung der Beschäftigung ausländischer Arbeitnehmer in Baden-Württemberg. Gutachten im Auftrag des Arbeits- und Sozialministeriums Baden-Württemberg, Tübingen 1972, unveränderter Nachdruck 1973

Bundesamt für Bauwesen und Raumordnung (Hrsg.): Internationale Wanderungen und räumliche Integration (= Informationen zur Raumentwicklung, H. 8/2002), Bonn 2002

Bundesamt für Migration und Flüchtlinge (Hrsg.): Migration, Integration und Asyl in Zahlen, Nürnberg 13. Auflage 2004

Bundesamt für Migration und Flüchtlinge (Hrsg.): Migrationsbericht des Bundesamtes für Migration und Flüchtlinge im Auftrag der Bundesregierung, Nürnberg 2006

Bundesanstalt für Arbeit (Hrsg.): Ausländische Arbeitnehmer. Beschäftigung, Anwerbung, Vermittlung – Erfahrungsberichte 1969, 1970, 1972/73. Nürnberg 1970–1974

Bundesanstalt für Arbeitsvermittlung und Arbeitslosenversicherung (Hrsg.): Beschäftigung, Anwerbung, Vermittlung ausländischer Arbeitnehmer. Erfahrungsbericht 1964–1967, Nürnberg 1965 – 1968

Bundesinstitut für Berufsbildung (Hrsg.): Integration durch Qualifikation. Chancengleichheit für Migrantinnen und Migranten in der beruflichen Bildung, Bonn 2003

Bundeskriminalamt (Hrsg.): Presseinformation zu den Ergebnissen einer Bund-Länderabfrage zum Phänomenbereich „Ehrenmorde in Deutschland", Wiesbaden 2006, http://www.bka.de/pressemitteilungen/2006/060519_pi_ehrenmorde.pdf [21. Mai 2006]

Bundesministerium des Inneren (Hrsg.): Bericht zur Evaluierung des Gesetzes zur Steuerung und Begrenzung der Zuwanderung und zur Regelung des Aufenthalts und der Integration von Unionsbürgern und Ausländern (Zuwanderungsgesetz) vom 30. Juni 2006 – Entwurf

Bundesministerium für Bildung und Forschung (Hrsg.): Berufsbildungsbericht 2004, Berlin 2004

Bundesministerium für Familie, Senioren, Frauen und Jugend (Hrsg.): Lebenssituation, Sicherheit und Gesundheit von Frauen in Deutschland. Eine repräsentative Untersuchung zu Gewalt gegen Frauen in Deutschland, Berlin 2004

Bundesministerium für Familie, Senioren, Frauen und Jugend (Hrsg.): Zwölfter Kinder- und Jugendbericht. Bericht über die Lebenssituation junger Menschen und die Leistungen der Kinder- und Jugendhilfe in Deutschland, Berlin 2005

Butterwege, Christoph; Hentges, Gudrun; Sarigöz, Fatma (Hrsg.): Medien und multikulturelle Gesellschaft, Opladen 1999

Butterwege, Christoph; Hentges, Gudrun (Hrsg.): Zuwanderung im Zeichen der Globalisierung. Migrations-, Integrations- und Minderheitenpolitik, Opladen[2]2003

Butterwege, Christoph; Hentges, Gudrun (Hrsg.): Massenmedien, Migration und Integration, Wiesbaden 2006

Castles, Stephen: Warum Migrationspolitiken scheitern, in: Peripherie Nr. 97/98, 25. Jg., 2005, S. 10–34

Celebi-Bektas, Naciye: Welche Integrationschancen haben KurdInnen heute in Deutschland – Rechtlich, wirtschaftlich, sozial und kulturell? Bad Boll 2006 (= Online-Texte der Evangelischen Akademie Bad Boll), http://www.ev-akademie-boll.de/fileadmin/res/otg/431205-Celebi-Bektas.pdf [4. April 2006]

Cyrus, Norbert: Aufenthaltsrechtliche Illegalität in Deutschland. Sozialstrukturbildung – Wechselwirkungen – Politische Optionen. Bericht für den Sachverständigenrat für Zuwanderung und Integration, Oldenburg 2004, http://www.bafl.de/template/index_zuwanderungsrat_gutachten.htm

Dannemann, Günter: Stadtstaaten in der Krise?!, in: ders.; Luft, Stefan: Die Zukunft der Stadtstaaten, Bremen 2006, S. 11–28

Deutsche Gesellschaft für die Vereinten Nationen (Hrsg.): Kulturelle Freiheit in unserer Welt der Vielfalt. Bericht über die menschliche Entwicklung 2004, Berlin 2004

Deutsche Gesellschaft für die Vereinten Nationen (Hrsg.): Migration in einer interdependenten Welt: Neue Handlungsprinzipien. Bericht der Weltkommission für internationale Migration, Berlin 2005

Deutsche Sektion der Internationalen Juristen-Kommission (Hrsg.): Multikulturelle Gesellschaft und Wertegesellschaft, Heidelberg 2000

Deutscher Städtetag (Hrsg.): Hinweise zur Hilfe für ausländische Arbeitnehmer (= Sozialpolitische Schriften des Deutschen Städtetages Nr. 6), Köln 1971

Deutsches Institut für Wirtschaftsforschung (Hrsg.): Ausländer in Berlin (West). Demografische Perspektiven bis zum Jahr 2000, bearbeitet von Pfeiffer, Ingo (= DIW Wochenbericht 42/79 vom 18. Oktober 1979, S. 431–434

Deutsches Institut für Wirtschaftsforschung (Hrsg.): Ausländer und Ausländerbeschäftigung in der Bundesrepublik Deutschland, bearbeitet von Brasche, Ulrich; Schultz, Siegfried (= DIW-Wochenbericht 37/82 vom 16. September 1982, S. 455–461

Deutsches Institut für Wirtschaftsforschung (Hrsg.): Ausländerbeschäftigung in Berlin (West): Hohe Arbeitsplatzverluste verschärfen Integrationsprobleme, bearbeitet von Gaulke, Klaus-Peter; Pfeiffer, Ingo (= DIW-Wochenbericht 37/82 vom 16. September 1982, S. 462–465

Der Beauftragte des Senats von Berlin für Integration und Migration (Hrsg.): 1. Berliner Integrationstag. 13. September 2004: Werkstatt der Kulturen, Berlin 2004

Der Bundesminister des Innern (Hrsg.): Raumordnungsbericht 1972 der Bundesregierung (= Deutscher Bundestag, Drs. VI/3793 vom 19. September 1972), Bonn 1972

Der Bundesminister für Arbeit und Sozialordnung (Hrsg.): Eingliederung ausländischer Arbeitnehmer, Bonn 1973

Der Bundesminister für Arbeit –und Sozialordnung (Hrsg.): Sozialpolitische Informationen. Sozialpolitik in der 7. Legislaturperiode, Bonn 1975

Der Bundesminister für Arbeit und Sozialordnung: Vorschläge der Bund-Länder-Kommission zur Fortentwicklung einer umfassenden Konzeption der Ausländerbeschäftigungspolitik, Bonn 1977

Der Polizeipräsident in Berlin (Hrsg.): Jugenddelinquenz in Berlin, Berlin 2004

Der Polizeipräsident in Berlin (Hrsg.): Polizeiliche Kriminalstatistik 2005 Berlin, Berlin 2006

Der Regierende Bürgermeister von Berlin (Hrsg.): Eingliederung der ausländischen Arbeitnehmer und ihrer Familien, Abschlussbericht, Berlin 1972

Der Regierende Bürgermeister von Berlin (Hrsg.): Bericht zur Lage der Ausländer in Berlin, Berlin 1978

Der Regierende Bürgermeister von Berlin (Hrsg.): Wohnraumversorgung von Ausländern und Entballung überlasteter Gebiete durch städtebauliche Maßnahmen, Berlin 1980: Teil I: Freie Planungsgruppe Berlin GmbH: Flächendeckende Analyse; Teil II: PROGNOS AG Basel: Kleinräumige Analyse in Fallbeispielen; Teil III: Freie Planungsgruppe Berlin GmbH und PROGNOS AG Basel: Strategien und Maßnahmen

Der Senator für Gesundheit, Soziales und Familie, Ausländerbeauftragter (Hrsg.): Miteinander leben. Ausländerpolitik in Berlin, Berlin²1983

Deutsch-Türkische Juristenvereinigung (Hrsg.): Auswirkungen der deutschen Staatsangehörigkeitsreform, Berlin 2002

Dienelt, Klaus: Auswirkungen der Familienzusammenführungsrichtlinie auf das AufenthG unter Berücksichtigung des 2. Änderungsgesetzes, Eschborn²2006

Dietz, Berthold (Hrsg.): Handbuch der kommunalen Sozialpolitik, Opladen 1999

Dinkel, Rainer Hans; Lebok, Uwe: Demografische Aspekte der vergangenen und zukünftigen Zuwanderung nach Deutschland, in: Aus Politik und Zeitgeschichte B 48 (1994), S. 27–36

Dorbitz, Jürgen; Lengerer, Andrea; Ruckdeschel, Kerstin: Einstellungen zu demografischen Trends und zu bevölkerungsrelevanten Politiken. Ergebnisse der Population Policy Acceptance Study in Deutschland (= Schriftenreihe des Bundesinstituts für Bevölkerungsforschung, Sonderheft), Wiesbaden 2005

Duke-Evans, Jonathan: Von Migranten zu Bürgern: Die Einbürgerungstests in Großbritannien (= Blickpunkt Großbritannien der Friedrich-Ebert-Stiftung), März 2006

Eisenstadt, Michael G.; Kaltefleiter, Werner: Minoritäten in Ballungsräumen. Ein deutsch-amerikanischer Vergleich (= Sozialwissenschaftliche Studien zur Politik, Bd. 6), Bonn 1975

Elsner, Erich; Molnar, Hans-Joachim: Kriminalität Heranwachsender und Jungerwachsener in München

Elwert, Georg: Probleme der Ausländerintegration. Gesellschaftliche Integration durch Binnenintegration?, in: Kölner Zeitschrift für Soziologie und Sozialpsychologie, Jg. 34, 1982, S. 717–731

Entwurf von Thesen zur Ausländerpolitik eines Ausschusses der Bundesregierung vom 23. Oktober 1975, in: epd-Dokumentation Nr. 5/76, S. 4–10

Enzmann, Dirk; Brettfeld, Katrin; Wetzels, Peter: Männlichkeitsnormen und die Kultur der Ehre. Empirische Prüfung eines theoretischen Modells zur Erklärung erhöhter Delinquenzraten jugendlicher Migranten, in: Oberwittler, Dietrich; Karstedt, Susanne (Hrsg.): Soziologie der Kriminalität (= Kölner Zeitschrift für Soziologie und Sozialpsychologie) Wiesbaden 2004, S. 264–287

Esser, Hartmut: Aspekte der Wanderungssoziologie. Assimilation und Integration von Wanderern, ethnischen Gruppen und Minderheiten. Eine handlungstheoretische Analyse, Darmstadt, Neuwied 1980

Esser, Hartmut: Gastarbeiter, in: Benz, Wolfgang (Hrsg.): Die Bundesrepublik Deutschland. Geschichte in drei Bänden, Bd. 2: Gesellschaft, Frankfurt/Main 1983, S. 127–156

Esser, Hartmut; Friedrichs, Jürgen (Hrsg.): Generation und Identität. Theoretische und empirische Beiträge zur Migrationssoziologie, Opladen 1990

Esser, Hartmut: Soziale Differenzierung als ungeplante Folge absichtsvollen Handelns: Der Fall der ethnischen Segmentation, in: Zeitschrift für Soziologie, Jg. 14, H. 6, 1985, S. 435–449

Esser, Hartmut: Familienmigration, Schulsituation und interethnische Beziehungen. Prozesse der „Integration" bei der zweiten Generation von Arbeitsmigranten, in: Zeitschrift für Pädagogik, 35. Jg., H. 3, 1989, S. 317–336

Esser, Hartmut: Die Eingliederung der zweiten Generation. Zur Erklärung „kultureller" Differenzen, in: Zeitschrift für Soziologie, Jg. 18, H. 6/1989, S. 426–443

Esser, Hartmut: Die Entstehung ethnische Konflikte, in: Hradil, Stefan (Hrsg.): Differenz und Integration. Die Zukunft moderner Gesellschaften. Verhandlungen des 28. Kongresses der Deutschen Gesellschaft für Soziologie in Dresden 1996, Frankfurt/Main, New York, S. 876–894

Esser, Hartmut: Ist das Konzept der Integration gescheitert? – Zur Bilanz der Migrationspolitik, in: Theorie und Praxis der Sozialen Arbeit, Nr. 4/98, S. 128–135

Esser, Hartmut: Assimilation, Integration und ethnische Konflikte. Können sie durch „Kommunikation" beeinflusst werden?, in: Schatz, Heribert; Holtz-Bacha, Christina; Nieland, Jörg-Uwe (Hrsg.): Migranten und Medien. Neue Herausforderungen an die Integrationsfunktion von Presse und Rundfunk, Wiesbaden 2000, S. 25–37

Esser, Hartmut: Integration und ethnische Schichtung (= Arbeitspapiere des Mannheimer Zentrums für Europäische Sozialforschung, Nr. 40) Mannheim 2001

Esser, Hartmut: Kommentar zu: Braucht die Gesellschaft eine gemeinsame Kultur?, in: Hoffmann-Nowotny, Hans-Joachim (Hrsg.): Das Fremde in der Schweiz. Ergebnisse soziologischer Forschung, Zürich 2001, S. 259-265

Esser, Hartmut: Ist das Konzept der Assimilation überholt?, in: geographische revue, Jg. 5, 2003. H. 2, S. 5–22

Esser, Hartmut: Was ist dran am Begriff der „Leitkultur"?, in: Kecskes, Robert: Wagner, Michael; Wolf, Christof (Hrsg.): Angewandte Soziologie, Wiesbaden 2004, S. 199–214

Esser, Hartmut: Migration, Sprache und Integration (= Arbeitsstelle Interkulturelle Konflikte und gesellschaftliche Integration beim Wissenschaftszentrum Berlin, Forschungsbilanz 4), Berlin 2006

Farhauser, Oliver; Granato, Nadia: Standortfaktoren und Branchenmix entscheidend für Beschäftigung (= IAB Kurzbericht Nr. 4) vom 24. März 2006

Fassmann, Heinz; Kohlbacher, Josef; Reger, Ursula (Hrsg.): Zuwanderung und Segregation. Europäische Metropolen im Vergleich, Klagenfurt 2002

Fennema, Meindert; Tillie, Jean: ‚Civic community', politische Partizipation und politisches Vertrauen. Ethnische Minderheiten in den Niederlanden, in: Forschungsjournal NSB, Jg. 14, H. 1, 2001, S. 42–58

Franz, Fritz: Überlastetes Siedlungsgebiet" Berlin?, in: Juristische Rundschau, H. 4/1976, S. 146–150 sowie H. 5/1976, S. 188-191

Frevert, Ute: Ehrenmänner. Das Duell in der bürgerlichen Gesellschaft, München 1995

Friedrich, Michael: Jugendliche in Ausbildung: Wunsch und Wirklichkeit. Chancen der Jugendlichen 2005 erneut verschlechtert, in: Berufsausbildung in Wissenschaft und Praxis, H.3/2006, S. 7–11

Friedrich-Ebert-Stiftung (Hrsg.): Prekäre Arbeit. Ursachen. Ausmaß, soziale Folgen und subjektive Verarbeitungsformen unsicherer Beschäftigungsverhältnisse (Gutachten), Bonn 2006

Friedrich-Ebert-Stiftung (Hrsg.): Kompetenzen stärken, Qualifikationen verbessern, Potentiale nutzen. Berufliche Bildung von Jugendlichen und Erwachsenen mit Migrationshintergrund, Bonn 2006

Fritsch-Oppermann, Sybille (Hrsg.): Auf dem Weg in die interkulturelle Gesellschaft. Politische und rechtliche Lösungsmodelle im europäischen Kontext (= Loccumer Protokolle 13/93), Rehburg-Loccum 1994

Fuchs, Johann; Weber, Brigitte: Neuschätzung der Stillen Reserve und des Erwerbspersonenpotentials für Westdeutschland (inkl. Berlin-West) (= IAB Forschungsbericht Nr. 15/2005)

Gehmacher, Ernst; Kubat, Daniel; Mehrländer, Ursula (Hrsg.): Ausländerpolitik im Konflikt. Arbeitskräfte oder Einwanderer? Konzepte der Aufnahme- und Entsendeländer, Bonn 1978 (= Schriftenreihe des Forschungsinstituts der Friedrich-Ebert-Stiftung, Bd. 139)

Geißler, Heiner (Hrsg.): Ausländer in Deutschland – Für eine gemeinsame Zukunft, Bd. I: Entwicklungen und Prognosen, München/Wien 1982

Geißler, Heiner (Hrsg.): Ausländer in Deutschland – Für eine gemeinsame Zukunft, Bd. II: Perspektiven, München/Wien 1983

Geißler, Heiner: Meise zu Meise? Plädoyer für eine „multikulturelle Gesellschaft", in: Der Spiegel 13/1990, S. 155–173

Geißler, Heiner: Multikulturelle Gesellschaft als politische Aufgabe unserer Zeit, in: Lensch, Günter (Hrsg.): Die multikulturelle Gesellschaft (= Jahrbuch/ Akademie Forum Masonicum 1991), St. Ingbert 1992, S. 77–92

Geißler, Rainer: Multikulturalismus in Kanada – Modell für Deutschland?, in: ApuZ B26/2003, S. 19–25

Geißler, Rainer: Einheit-in-Verschiedenheit. Die interkulturelle Integration von Migranten – ein humaner Mittelweg zwischen Assimilation und Segregation, in: Berliner Journal für Soziologie, H. 3/2004, S. 287–298

Geißler, Rainer; Pöttker, Horst (Hrsg.) Integration durch Massenmedien. Medien und Migration im internationalen Vergleich, Bielefeld 2006

Gesemann, Frank (Hrsg.): Migration und Integration in Berlin. Wissenschaftliche Analysen und politische Perspektiven, Opladen 2001

Gessenharter, Wolfgang; Pfeiffer, Thomas (hrsg.): Die Neue Rechte – eine Gefahr für die Demokratie? Wiesbaden 2004

Gestring, Thomas: Parallelgesellschaften – ein Kommentar, in: ders., Glasauer, Herbert; Hannemann, Christine et al. (Hrsg.): Jahrbuch StadtRegion 2004/05, Wiesbaden 2005, S. 163–169

Ghadban, Ralph: Die Libanon-Flüchtlinge in Berlin. Zur Integration ethnischer Minderheiten, Berlin 2000

Ghadban, Ralph: Reaktionen auf muslimische Zuwanderung in Europa, in: ApuZ B 26/2003, S. 26–32

Giese, Ernst: Räumliche Diffusion ausländischer Arbeitnehmer in der Bundesrepublik Deutschland 1960–1976, in: Die Erde. Zeitschrift der Gesellschaft für Erdkunde zu Berlin. Jg. 109, 1978, S. 92–110

Gitmez, Ali; Wilpert, Czarina: A Micro-Society or an Ethnic Community? Social Organization and Ethnicity among Turkish Migrants in Berlin, in: Rex, John; Joly, Daniele; Wilpert, Czarina (Hrsg.): Immigrant Associations in Europe, Aldershot 1987, S. 87–125

Goldberg, Andreas; Halm, Dirk; Sauer, Martina (Hrsg.): Migrationsbericht des Zentrums für Türkeistudien, Münster 2001

Goldberg, Andreas; Halm, Dirk; Şen, Faruk: Die deutschen Türken, Münster 2004

Gomolla, Mechtild; Radtke, Frank-Olaf: Institutionelle Diskriminierung. Die Herstellung ethnischer Differenz in der Schule, Opladen 2002

Grawert, Rolf: Staatsvolk und Staatsangehörigkeit, in: Handbuch des Staatsrechts II [3]2004, S. 107–141

Groenendijk, Kees: Familienzusammenführung als Recht nach Gemeinschaftsrecht, in: ZAR 5-6/2006, S. 191–198

Grünheid, Evelyn; Roloff, Juliane: Die demografische Lage in Deutschland 1999 mit dem Teil B „Die demografische Entwicklung in den Bundesländern – ein Vergleich, in: Zeitschrift für Bevölkerungswissenschaft, Jg. 25, H. 1/2000, S. 3–150

Gümrükçü, Harun: Beschäftigung und Migration in der Türkei. Unter Berücksichtigung der Auswirkungen der Auswanderung auf die Volkswirtschaft der Bundesrepublik Deutschland (= Beiträge zur Arbeitsmarkt- und Berufsforschung 104) Nürnberg 1986

Habermeier, Eleonore: Türkische Arbeiter in Deutschland, in: Orient H.1/1966, S. 121–124

Häußermann, Hartmut; Kronauer. Martin; Siebel, Walter (Hrsg.): An den Rändern der Städte. Armut und Ausgrenzung, Frankfurt am Main 2004

Hafez, Kai: Türkische Mediennutzung in Deutschland: Hemmnis oder Chance der gesellschaftlichen Integration? Eine qualitative Studie im Auftrag des Presse- und Informationsamtes der Bundesregierung, Hamburg/Berlin 2002

Hailbronner, Kay: Die Unionsbürgerschaft und das Ende rationaler Jurisprudenz durch den EuGH?, in: NJW 57 Jg. H. 31, S. 2185–2189

Halm, Dirk; Sauer, Martina: Das Zusammenleben von Deutschen und Türken – Entwicklung einer Parallelgesellschaft?, in: WSI-Mitteilungen, Monatszeitschrift des Wirtschafts- und Sozialwissenschaftlichen Instituts der Hans-Böckler-Stiftung 10/2004, S. 547–554

Halm, Dirk; Sauer, Martina: Parallelgesellschaft und ethnische Schichtung, in: Aus Politik und Zeitgeschichte 1-2/2006, S. 18–24

Härle, Jörg: Personen mit ‚Migrationshintergrund' – ein neuer Begriff und seine Operationalisierung, in: Stadtforschung und Statistik, H. 1/2004, S. 16–18

Hagemeister, Ulrike: Soziale Polarisation in Berlin Mitte. Zur räumlichen Konzentration und Sozialstruktur der Sozialhilfeempfänger in Berlin Mitte, hrsg. vom Institut für angewandte Demografie, Berlin 2004

Halm, Dirk; Sauer, Martina: Das Zusammenleben von Deutschen und Türken – Entwicklung einer Parallelgesellschaft?, in: WSI-Mitteilungen, Monatszeitschrift des Wirtschafts- und Sozialwissenschaftlichen Instituts der Hans-Böckler-Stiftung 10/2004, S. 547–554

Hamburger, Franz; Karsten, Maria-Eleonora; Otto, Hans-Uwe; Richter, Helmut (Hrsg.): Sozialarbeit und Ausländerpolitik, Darmstadt, Neuwied 1983

Harth, Annette; Scheller, Gitta; Tessin, Wulf (Hrsg.): Stadt und soziale Ungleichheit, Opladen 2000

Haug, Sonja: Arbeitsmigration, Familiennachzug, Heiratsmigration, in: Zeitschrift für Bevölkerungswissenschaft, Jg. 28, H. 2-4, 2003, S. 335-353

Häußermann, Hartmut: Das Programm „Stadtteile mit besonderem Entwicklungsbedarf – die soziale Stadt. Gesamtbewertung und Empfehlungen der Zwischenevaluation 2003/2004, in: Informationen zur Raumentwicklung, H. 2/3, 2005, S. 75–85

Hecker, Pierre: Länderprofil Türkei (= focus Migration Nr. 5) April 2006, hrsg. vom Hamburgischen Weltwirtschaftsinstitut

Heckmann, Friedrich: Die Bundesrepublik als Einwanderungsland? Zur Soziologie der Gastarbeiterbevölkerung als Einwandererminorität, Stuttgart 1981

Heckmann, Friedrich: Ethnische Minderheiten, Volk und Nation. Soziologie inter-ethnischer Beziehungen, Stuttgart 1992

Heitmeyer, Wilhelm; Dollase, Rainer, Backes, Otto (Hrsg.): Die Krise der Städte. Analysen zu den Folgen desintegrativer Stadtentwicklung für das ethnisch-kulturelle Zusammenleben, Frankfurt/Main 1998

Heitmeyer, Wilhelm (Hrsg.): Deutsche Zustände, Folge 2, Frankfurt am Main 2003

Heitmeyer, Wilhelm (Hrsg.): Deutsche Zustände, Folge 3, Frankfurt am Main 2005

Herbert, Ulrich: Geschichte der Ausländerpolitik in Deutschland. Saisonarbeiter, Zwangsarbeiter, Gastarbeiter, Flüchtlinge, München 2001

Herlyn, Ulfert (Hrsg.): Stadt und Sozialstruktur. Arbeiten zur sozialen Segregation, Ghettobildung und Stadtplanung, München 1974

Hillebrand, Ernst: Dicke Luft in Londonistan, Informationen des Büros London der Friedrich-Ebert-Stiftung, Mai 2006, http://library.fes.de/pdf-files/bueros/london/03686.pdf [10. Juni 2006]

Höhn, Charlotte; Mammey, Ulrich; Schwarz, Karl: Die demografische Lage in der Bundesrepublik Deutschland, in: Zeitschrift für Bevölkerungswissenschaft, Jg. 7, H. 2/ 1981, S. 139–220

Höhn, Charlotte; Rein Detlev B. (Hrsg.) Ausländer in der Bundesrepublik Deutschland. Deutsche Gesellschaft für Bevölkerungswissenschaft, 24. Arbeitstagung (Schriftenreihe des Bundesinstituts für Bevölkerungsforschung, Bd. 20), Wiesbaden 1990

Hoffmeyer-Zlotnik, Jürgen: Der Prozess der Sukzession. Die Unterwanderung von Berlin-Kreuzberg (Diss.phil.), Hamburg 1976

Hoffmeyer-Zlotnik, Jürgen H.P, (Hg.): Segregation und Integration. Die Situation von Arbeitsmigranten im Aufnahmeland, Mannheim 1986

Hohmann, Manfred (Hrsg.): Unterricht mit ausländischen Kindern, Düsseldorf 1976

Home Office (Hrsg.) Community Cohesion: A Report of the Independent Review Team, Chaired by Ted Cantle, London 2001

Huber, Peter: Bevölkerungspolitik durch Wanderungen? Demografische und regionalwirtschaftliche Grundlagen zur Beurteilung und Steuerung der Ausländerbeschäftigung in Europa (= Forschungsberichte aus dem Institut für angewandte Wirtschaftsforschung Tübingen, Serie A, Forschungsbericht Nr. 16), Tübingen 1977

Hunger, Uwe: Vom Brain Drain zum Brain Gain. Die Auswirkungen der Migration von Hochqualifizierten auf Abgabe- und Aufnahmeländer, hrsg. vom Wirtschafts- und sozialpolitischen Forschungs- und Beratungszentrum der Friedrich-Ebert-Stiftung, Bonn 2003

Institut für Zukunftsforschung (Hrsg.): Ausländer oder Deutsche. Integrationsprobleme griechischer, jugoslawischer und türkischer Bevölkerungsgruppen. Mit einem Vorwort der Beauftragten der Bundesregierung für die Integration der ausländischen Arbeitnehmer und ihrer Familien, Köln 1981

Institut für Zukunftsforschung Berlin: Kinder ausländischer Arbeitnehmer im schulischen und außerschulischen Bereich, Im Auftrag des Regierenden Bürgermeisters von Berlin (West) Senatskanzlei/Planungsstelle, Berlin 1980

Institut für praxisorientierte Sozialforschung (Hrsg.): Jugendliche und junge Erwachsene in Deutschland. Ergebnisse einer repräsentativen Bevölkerungsumfrage November/Dezember 2002, Mannheim 2003

Institut für Landes- und Stadtentwicklung und Bauwesen des Landes Nordrhein-Westfalen (ILS NRW) (Hrsg.): Sozialraumanalyse. Soziale, ethnische und demografische Segregation in den nordrhein-westfälischen Städten, Dortmund 2006

Integration ausländischer Mitarbeiter. Referate und Diskussionsbeiträge der 8. öffentlichen Vortragsveranstaltung der Gesellschaft für Unternehmensgeschichte e.V. am 25. Mai 1983 (= Zeitschrift für Unternehmensgeschichte, Beiheft 32), Wiesbaden 1984

Interkulturelle Stadtteilpolitik. Dokumentation der Veranstaltung vom 8. und 9. Dezember 2003 Berlin, hrsg. von der Stiftung Sozialpädagogisches Institut Berlin und dem Bundesministerium für Familie, Senioren, Frauen und Jugend, Berlin 2004

Isensee, Josef: Staat und Verfassung, in: Handbuch des Staatsrechts II ³2004, § 15

Italiaander, Rolf (Hrsg.): ‚Fremde raus?' Fremdenangst und Ausländerfeindlichkeit, Frankfurt/Main 1983

Jäger, Margret: Fatale Effekte. Die Kritik am Patriarchat im Einwanderungsdiskurs, Duisburg 1996

Kade, Gerhard; Schiller, Günter: Gastarbeiterpolitik im Nebel, in: Wirtschaftsdienst, 53. Jg. H. 2/1973, S. 61–65

Kandel, Johannes: „Wie integriert sind Muslime?" Multikulturalismus im Spannungsfeld von Zivilgesellschaft und Parallelgesellschaft, in: Schmidt, Susanna; Wedell, Michael (Hrsg.): „Um der Freiheit willen ..." Kirche und Staat im 21. Jahrhundert. Festschrift für Burkhard Reichert, Freiburg, Basel, Wien 2002, S. 143–153

Kandel, Johannes: Organisierte Muslime in Deutschland zwischen Integration und Abgrenzung, in: Senatsverwaltung für Inneres (Hrsg.): Islamismus. Diskussion eines vielschichtigen Phänomens, Berlin 2005, S. 60–78

Kanein, Werner: Das Ausländergesetz und die wesentlichen fremdenrechtlichen Vorschriften. Kommentar, München, Berlin 1966

Kaufmann, Franz-Xaver (Hrsg.): Bevölkerungsbewegung zwischen Quantität und Qualität. Beiträge zum Problem einer Bevölkerungspolitik in industriellen Gesellschaften, Stuttgart 1975

Kaufmann, Franz-Xaver: Schrumpfende Gesellschaft. Vom Bevölkerungsrückgang und seinen Folgen, Frankfurt/Main 2005

Karstedt, Susanne: Der urbane Raum als Zentrum sozialer Prozesse – Kriminalität in der polarisierten Stadt. In: Ludwig-Mayerhofer, Wolfgang (Hrsg.), Soziale Ungleichheit, Kriminalität und Kriminalisierung. Sozialstrukturanalyse Band 14, Opladen 2000, S. 23–48

Karstedt, Susanne: Die moralische Stärke schwacher Bindungen. Individualismus und Gewalt im Kulturvergleich, in: Monatsschrift für Kriminologie und Strafrechtsreform, 2001, H. 84, S. 226–243

Kecskes, Robert; Wagner, Michael, Wolf, Christof (Hrsg.): Angewandte Soziologie, Wiesbaden 2004

Kersting, Volker: Städte und Stadtteile in Nordrhein-Westfalen - Der Versuch einer sozialräumlichen Typisierung, in: vhw Forum Wohneigentum. Zeitschrift für Wohneigentum in der Stadtentwicklung und Immobilienwirtschaft, H. 5/2005, S. 250–254

Keskin, Hakki: Deutschland als neue Heimat. Eine Bilanz der Integrationspolitik, Wiesbaden 2005

Kirchhof, Paul: Deutsche Sprache, Handbuch des Staatsrechts II ³2004, S. 209–258

Klauder, Wolfgang: Tendenzen und Probleme der Ausländerbeschäftigung (= Materialien aus der Arbeitsmarkt- und Berufsforschung H.4/1982), Nürnberg 1982

Kleff, Hans-Günter: Vom Bauern zum Industriearbeiter. Zur kollektiven Lebensgeschichte der Arbeitsmigranten aus der Türkei, Mainz _1985

Kleff, Sanem (Hrsg.) Islam im Klassenzimmer. Impulse für die Bildungsarbeit, Hamburg 2005

Klein, Ansgar; Kern, Kristine; Geißel, Brigitte; Berger, Maria (Hrsg.): Zivilgesellschaft und Sozialkapital. Herausforderungen politischer und sozialer Integration, Berlin 2004

Klein, Thomas (Hrsg.): Partnerwahl und Heiratsmuster. Sozialstrukturelle Voraussetzungen der Liebe, Opladen 2001

Klingeberg, Bendix: „Was heißt multikulturelle Gesellschaft?". Die Kunst, einen Schneeball zu braten und dafür ein Rezept zu schreiben, in: Widersprüche. Zeitschrift für sozialistische Politik im Bildungs- Gesundheits- und Sozialbereich, H. 9/1983, S. 107–113

Kluxen-Pyta, Donate: Nation und Ethos. Die Moral des Patriotismus, Freiburg/Breisgau, München 1991

Kommission der Europäischen Gemeinschaften: Grünbuch über ein EU-Konzept zur Verwaltung der Wirtschaftsmigration", Brüssel 2005

Körner, Heiko: Das Gesetz zur Förderung der Rückkehrbereitschaft von Ausländern vom 28. November 1983 – Eine kritische Bilanz, in: ders.; Mehrländer, Ursula (Hrsg.): Die „neue" Ausländerpolitik in Europa. Erfahrungen in den Aufnahme- und Entsendeländern (= Forschungsinstitut der Friedrich-Ebert-Stiftung, Reihe: Ausländerforschung und Ausländerpolitik, Bd. 3) Bonn 1986, S. 65–72

Kötter, Matthias: Integration durch Recht? Die Steuerungsfähigkeit des rechts im Bereich seiner Geltungsvoraussetzungen, in: Sahlfeld, Konrad; Caroni, Martina; Chudozilov, Anna et al. (Hrsg.): Integration und Recht (= 43. Assistententagung Öffentliches Recht) München 2003, S. 31–52

Kötter, Matthias: Rechtskultur statt Leitkultur. Zur Versachlichung der Integrationsdebatte, in: Blätter für deutsche und internationale Politik, H. 1/2005, S. 83–89

Konsortium Bildungsberichterstattung (Hrsg.): Bildung in Deutschland. Ein indikatorengestützter Bericht mit einer Analyse zu Bildung und Migration. Im Auftrag der Ständigen Konferenz der Kultusminister der Länder in der Bundesrepublik Deutschland und des Bundesministeriums für Bildung und Forschung, Bielefeld 2006

Korte, Hermann: Entwicklung und Bedeutung von Arbeitsmigration und Ausländerbeschäftigung in der Bundesrepublik Deutschland zwischen 1950 und 1976, in: Mommsen, Hans; Schulze, Winfried Hrsg.): Vom Elend der Handarbeit. Probleme historischer Unterschichtenforschung (= Geschichte und Gesellschaft, Bochumer Historische Studien, Bd. 24) Stuttgart 1981, S. 537–560,

Kramer, Heinz: Die Europäische Gemeinschaft und die Türkei. Entwicklung, Probleme und Perspektiven einer schwierigen Partnerschaft (= Internationale Politik und Sicherheit, hrsg. von der Stiftung Wissenschaft und Politik, Bd. 21), Baden-Baden 1988

Kristen, Cornelia: Ethnische Diskriminierung in der Grundschule? Die Vergabe von Noten und Bildungsempfehlungen, in: Kölner Zeitschrift für Soziologie und Sozialpsychologie, Jg. 58, H. 1, 2006, S. 79–97

Kröhnert, Steffen: Bevölkerungsentwicklung in der Türkei, http://www.berlin-institut. org/pdfs/Kroehnert_Tuerkei.pdf [28. November 2005]

Krummacher, Michael; Waltz, Viktoria: Einwanderer in der Kommune. Analysen, Aufgaben und Modelle für eine multikulturelle Stadtpolitik, Essen 1996

Kühn, Heinz: Stand und Weiterentwicklung der Integration der ausländischen Arbeitnehmer und ihrer Familien in der Bundesrepublik Deutschland. Memorandum des Beauftragten der Bundesregierung, Bonn 1979

Kunz, Thomas: Orientierungskurse. Anhängsel oder Passepartout in der Debatte um Integrationsangebote?, in: Migration und Soziale Arbeit, 27. Jg., H. 3/4, Oktober 2005, S. 261–268

Landeskommission Berlin gegen Gewalt (Hrsg.): Kriminalität, Gewalt und Gewalterfahrungen von Jugendlichen nichtdeutscher Herkunft in Berlin, Berlin 2000

Landeszentrale für politische Bildung Baden-Württemberg (Hrsg.): Europa und die Türkei (= Der Bürger im Staat, 55. Jg., H. 3) 2005

Leggewie, Claus: Multi Kulti. Spielregeln für die Vielvölkerrepublik, Nördlingen ³1993

Leibfried, Stephan; Zürn, Michael (Hrsg.): Transformationen des Staates? Frankfurt/Main 2006

Leiken, Robert S.: Mythos Integration. Über „negative Anpassung", Islam, Terror und Vorstadtkrawalle, in: Internationale Politik, 61. Jg. Nr. 3/2006, S. 22-27

Leitlinien und neue Maßnahmen zur Ausländerintegration in Berlin und deren Durchführung, Abgeordnetenhaus von Berlin, Drs. 8/428 vom 2. Juni 1980

Lensch, Günter (Hrsg.): Die multikulturelle Gesellschaft (= Akademie Forum Masonicum, Jahrbuch 1991), St. Ingbert 1992

Löw, Martina (Hrsg.): Differenzierungen des Städtischen (= Stadt, Raum und Gesellschaft, Bd. 15), Opladen 2002

Lohrmann, Reinhard; Manfrass, Klaus (Hrsg.): Ausländerbeschäftigung und internationale Politik. Zur Analyse transnationaler Sozialprozesse, München, Wien, 1974

Ludäscher, Peter: Wanderungen und konjunkturelle Entwicklung in der Bundesrepublik Deutschland seit Anfang der sechziger Jahre, in: Geographische Zeitschrift Jg. 74, 1986, H. 1, S. 43–61

Luft, Stefan: Ausländerpolitik in Deutschland. Mechanismen, Manipulation, Missbrauch, Gräfelfing ²2003

Maas, Utz: Sprache und Migration (= IMIS Beiträge 26) Osnabrück 2005

Maaßen, Hans-Georg: Zum Stand der Umsetzung von elf aufenthalts- und asylrechtlichen Richtlinien der Europäischen Union, in: ZAR 5-6/2006, S. 161-167

Mäder, Werner: „Multikulturelle Gesellschaft". Konstrukt ohne Integrationspotential", in: ZFSH 1/1999, S. 3–17

Magnet Bundesrepublik. Probleme der Ausländerbeschäftigung (= H. 42 der Schriftenreihe der Bundesvereinigung der Deutschen Arbeitgeberverbände), Bonn 1966

Mammey, Ulrich: Der Integrationsbegriff in der deutschsprachigen Sozial- und Politikwissenschaft, in: Haug, Sonja; Diehl, Claudia (Hrsg.): Aspekte der Integration. Eingliederungsmuster und Lebenssituation italienisch- und türkischstämmiger junger Erwachsener in Deutschland (= Schriftenreihe des Bundesinstituts für Bevölkerungsforschung, Bd. 35), Wiesbaden 2005, S. 23–49

467

Manfrass, Klaus: Die Politik der Ausländerbeschäftigung in Frankreich seit 1945, in: Dokumente. Zeitschrift für übernationale Zusammenarbeit, Jg. 36, H. 2, 1980, S. 106–127

Manfrass, Klaus: Türken in der Bundesrepublik – Nordafrikaner in Frankreich: Ausländerproblematik im deutsch-französischen Vergleich, Bonn, Berlin 1991 (= Pariser Historische Studien, hrsg. vom Deutschen Historischen Institut Paris, Bd. 32)

Mauruszat, Regine: Expertise „Sicherung von Ausbildungserfolg bei Auszubildenden mit Migrationshintergrund" (= Berliner Beiträge zur Integration und Migration, hrsg. vom Beauftragten des Senats für Integration und Migration), Berlin 2004

Mehrländer, Ursula: Soziale Aspekte der Ausländerbeschäftigung (= Schriftenreihe des Forschungsinstituts der Friedrich-Ebert-Stiftung Bd. 103, im Auftrag des Bundesministers für Arbeit und Sozialordnung), Bonn 1974

Mertens, Gabriele; Akpinar, Ünal: Türkische Migrantenfamilien, Bonn 1977: Teil A: Gabriele Mertens: Strukturen türkischer Migrantenfamilien in ihrer Heimat und der Bundesrepublik Deutschland; Teil B: Ünal Akpinar: Angleichungsprobleme türkischer Arbeiterfamilien. Eine empirische Untersuchung

Meyer, Thomas: Identitätspolitik. Vom Missbrauch kultureller Unterschiede, Frankfurt/Main 2002

Meyer, Thomas: Parallelgesellschaft und Demokratie, in: Friedrich-Ebert-Stiftung (Hrsg.): Die Bürgergesellschaft: Perspektiven für Bürgerbeteiligung und Bürgerkommunikation, Bonn 2002, S. 343–372

Miksch, Jürgen: Vielfalt statt Einfalt. Strategien gegen Rassismus und Fremdenfeindlichkeit (= Interkulturelle Beiträge 17, hrsg. vom Interkulturellen Rat in Deutschland mit freundlicher Unterstützung der Europäischen Kommission und der Evangelischen Kirche in Hessen und Nassau), Frankfurt/Main 1997

Miksch, Jürgen: Abrahamische und Interreligiöse Teams, Frankfurt am Main 2003

Migrationsbericht 2004. Bericht des Sachverständigenrates für Zuwanderung und Integration im Auftrag der Bundesregierung im Zusammenarbeit mit dem europäischen forum für migrationsstudien (efms) an der Universität Bamberg, o.O., 2004 (www.bmni.bund.de)

Mitteilung der Kommission der Europäischen Gemeinschaften an den Rat, das Europäische Parlament, den Europäischen Wirtschafts- und Sozialausschuss und den Ausschuss der Regionen über Einwanderung, Integration und Beschäftigung KOM (2003) 336 endg.; Ratsdok. 10293/03

Motte, Jan; Ohliger, Rainer; Oswald, Anne von (Hrsg.): 50 Jahre Bundesrepublik – 50 Jahre Einwanderung. Nachkriegsgeschichte als Migrationsgeschichte, Frankfurt/New York 1999

Müller, Hermann (Hrsg.): Ausländerkinder in deutschen Schulen, Stuttgart 1974

Müller-Schneider, Thomas: Zuwanderung in westliche Gesellschaften. Analyse und Steuerungsoptionen, Opladen 2000

Münscher, Alice: Ausländische Familien in der Bundesrepublik Deutschland. Familiennachzug und generatives Verhalten (= Materialien zum Dritten Familienbericht der Bundesregierung) München 1979

Münz, Rainer; Ulrich, Ralf: Internationale Wanderungen von und nach Deutschland 1945–1994. Demografische, politische und gesellschaftliche Aspekte räumlicher Mobilität, in: Allgemeines Statistisches Archiv 80, 1996, S. 5–35

Münz, Rainer; Ulrich, Ralf: Das zukünftige Wachstum der ausländischen Bevölkerung in Deutschland. Demografische Prognosen bis 2030 (= Demografie aktuell Nr. 12), Berlin 1997

Nahawandi, Doris: Diversity-Leitlinien für eine neue Kultur der Vielfalt im Einwanderungsbezirk Friedrichshain-Kreuzberg von Berlin: Perspektiven und Herausforderungen. Potentiale fördern – Schwächen minimieren, Berlin 2004, http://www.friedrichshain-kreuzberg.de/media/de/Thesenpapier%20Diversity.pdf [2. April 2006]

Nahawandi, Doris: Diversity Management als neue Strategie für kommunale Politik, Vortrag vom 1. Juli 2005, http://www.friedrichshain-kreuzberg.de/media/de/managing_diversity_strategie_vortrag.pdf [2. April 2006]

Naumann, Klaus: Nachfragen zur Allerweltsformel „multikulturelle Gesellschaft", in: Vorgänge, 29. Jg. H. 2/1990, S. 16-21

Nationaldemokratische Partei Deutschlands: Parteiprogramm, hrsg. vom NPD-Parteivorstand, Berlin 2004

Aktionsprogramm für ein besseres Deutschland, hrsg. vom NPD-Parteivorstand, Berlin o.J.

Nenning, Gertraud: Schulische und berufliche Bildung im Wandel, in: Statistisches Landesamt Berlin (Hrsg.): Berliner Statistik, Monatsschrift, Nr. 1 / 2006, S. 18–26

Nuscheler, Franz: Internationale Migration. Flucht und Asyl. Wiesbaden 22004

Ohliger, Rainer; Raiser, Ulrich: Integration und Migration in Berlin. Zahlen – Daten – Fakten, hrsg. vom Beauftragten des Senats von Berlin für Integration und Migration, Berlin 2005

Oltmer, Jochen (Hrsg.): Migration steuern und verwalten. Deutschland vom späten 19. Jahrhundert bis zur Gegenwart (= Schriften des Instituts für Migrationsforschung und interkulturelle Studien der Universität Osnabrück, Bd. 12) Osnabrück 2003

Organisation für wirtschaftliche Zusammenarbeit und Entwicklung: Die Arbeitsmarktintegration von Zuwanderern in Deutschland, o. O. 2005

Paffhausen, Jürgen: Ausländer in Berlin 2004 – eine kleinräumige Betrachtung, in: Statistisches Landesamt Berlin (Hrsg.): Berliner Statistik, Monatsschrift, Nr. 7/2005, S. 226–230

Papalekas, Johannes Chr. (Hrsg.): Strukturfragen der Ausländerbeschäftigung (= Bochumer Schriften zur Arbeitswissenschaft), Herford 1969

Peters, Anke (Hrsg.): Materialien zur Ausländerbeschäftigung (= Beiträge zur Arbeitsmarkt- und Berufsforschung der Bundesanstalt für Arbeit 68) Nürnberg 1982

Pfeiffer, Thomas: Die Kultur als Machtfrage. Die Neue Rechte in Deutschland, hrsg. vom Innenministerium des Landes Nordrhein-Westfalen, Düsseldorf 32005

Planck, Ulrich: Zur Frage der Verdörflichung orientalischer Städte am Beispiel der Türkei, in: Orient, Deutsche Zeitschrift für den Modernen Orient, Jg.15, 1974, S. 43–46

Pöschl, Angelika; Schmuck, Peter: Die Rückkehr – Ende einer Illusion. Türkische Gastarbeiterfamilien in der Bundesrepublik Deutschland und die Probleme der Rückkehr in die Türkei (= DJI Materialien) München 1984

Potts, Lydia: Weltmarkt für Arbeitskraft. Von der Kolonisation Amerikas bis zu den Migrationen der Gegenwart, Hamburg 1988

Powell, Justin J. W.; Wagner, Sandra: Daten und Fakten zu Migrantenjugendlichen an Sonderschulen in der Bundesrepublik Deutschland, Selbständige Nachwuchsgruppe

Working Paper 1/2001, Max-Planck-Institut für Bildungsforschung, Berlin 2001, http://www.mpib-berlin.mpg.de/en/forschung/nwg/NWG_PowellWagner-WP1=2001.pdf [15. September 2005]

Presse- und Informationsamt des Landes Berlin (Hrsg.): Leitlinien und neue Initiativen zur Ausländerintegration, November 1979

Pries, Ludger: Internationale Migration, Bielefeld 2001

Pries, Ludger: Transnationalismus, Migration und Inkorporation. Herausforderungen an Raum- und Sozialwissenschaften, in: geographische revue, Jg. 5H. 2, 2003, S. 23–39

Pries, Ludger (Hrsg.): Zwischen den Welten und amtlichen Zuschreibungen. Neue Formen und Herausforderungen der Arbeitsmigration im 21. Jahrhundert, Essen 2005

Pütz, Robert: Transkulturalität in der Praxis. Unternehmer türkischer Herkunft in Berlin, Bielefeld 2004

Rabold, Susanne; Diehl, Claudia: Migration und familiale Konflikte, in: Zeitschrift für Bevölkerungswissenschaft, Jg. 28, H.2-4, 2003, S. 355–368

Radtke, Frank-Olaf: Multikulturell – Das Gesellschaftsdesign der 90er Jahre, in: Informationsdienst zur Ausländerarbeit, H. 4/1990, S. 27–34

Radtke, Frank-Olaf: Multikulturalismus – Ein Gegengift gegen Ausländerfeindlichkeit und Rassismus?, in: Heßler, Manfred(Hrsg.) Zwischen Nationalstaat und multikultureller Gesellschaft. Einwanderung und Fremdenfeindlichkeit in der Bundesrepublik Deutschland, Berlin 1993, S. 91-103

Redaktion diskus (Hrsg.): Die freundliche Zivilgesellschaft. Rassismus und Nationalismus in Deutschland, Berlin 1992

Reichard, Hartmut; Habicht-Erenler, Susanne (Hrsg.): Multikulturell – oder: Neue Migration – alte Konzepte. Ausländerpolitik vor neuen Herausforderungen (= Loccumer Protokolle 65/1989), Loccum 1991

Reinberg, Alexander; Hummel, Markus: Höhere Bildung schützt auch in der Krise vor Arbeitslosigkeit (= IAB Kurzbericht Nr. 9 vom 13. Juni 2005), Nürnberg 2005

Renner, Günter: Das Zuwanderungsgesetz – Ende des deutschen Ausländerrechts?, in: IMIS-Beiträge 27/2005, S. 9–24

Reulecke, Jürgen: Geschichte der Urbanisierung in Deutschland, Frankfurt/Main 1985

Reusch, Roman: Intensivtäterbekämpfung in Berlin – Konzept und bisherige Erfahrungen bei der Staatsanwaltschaft, in: der kriminalist, H. 05/2006, S. 205–210

Richter, Helmut: Einwanderungsland, subkulturelle Segregation und Hilfe zum Selbstsein -Perspektiven für eine Neuorientierung der Ausländerarbeit, in: Neue Praxis. Kritische Zeitschrift für Sozialarbeit und Sozialpädagogik, H. 2/1982, S. 116–128

Ritter, Gert; Richter, Wolfgang: Aktuelle Urbanisierungstendenzen in der Türkei (= Geostudien 12), Leverkusen 1990

Rist, Ray C.: Die ungewisse Zukunft der Gastarbeiter. Eingewanderte Bevölkerungsgruppen verändern Wirtschaft und Gesellschaft, Stuttgart 1980

Roloff, Juliane: Die ausländische und deutsche Bevölkerung in der Bundesrepublik Deutschland – ein bevölkerungsstatistischer Vergleich, in: Zeitschrift für Bevölkerungswissenschaft, Jg. 22, H. 1/1997, S. 73–98

Ronneberger, Franz (Hrsg.) Türkische Kinder in Deutschland (= Südosteuropa-Studien, H. 26), Nürnberg 1977

Ronneberger, Franz; Vogel, Rudolf (Hrsg.): Gastarbeiterpolitik oder Immigrationspolitik (= Südosteuropa-Studien, H. 31) München/Wien 1982

Rothammer, Peter: Integration ausländischer Arbeitnehmer und ihrer Familien im Städtevergleich. Probleme. Maßnahmen, Steuerungsinstrumente. (Gutachten des Deutschen Instituts für Urbanistik im Auftrag der Stadt Nürnberg), Berlin 1974

Sachverständigenkommission 6. Familienbericht (Hrsg): Familien ausländischer Herkunft in Deutschland. Empirische Beiträge zur Familienentwicklung und Akkulturation (= Materialien zum 6. Familienbericht, Bd. 1), Opladen 2000

Sachverständigenkommission 6. Familienbericht (Hrsg.): Familien ausländischer Herkunft in Deutschland. Lebensalltag (= Materialien zum 6. Familienbericht, Bd. II) Opladen 2000

Schader-Stiftung; Deutscher Städtetag; GdW Bundesverband deutscher Wohnungs- und Immobilienunternehmen u.a. (Hrsg.): Zuwanderer in der Stadt: Empfehlungen zur stadträumlichen Integrationspolitik, Darmstadt 2005

Schatz, Klaus-Werner: Wachstum und Strukturwandel der westdeutschen Wirtschaft im internationalen Verbund. Analysen und Prognosen (= Kieler Studien, Institut für Weltwirtschaft an der Universität Kiel, Bd. 128) Tübingen 1974

Schirrmacher, Christine; Spuler-Stegemann, Ursula: Frauen und die Scharia. Die Menschenrechte im Islam, Kreuzlingen, München 2004

Schlaffke, Winfried; Voss, Rüdiger von (Hrsg.): Vom Gastarbeiter zum Mitarbeiter. Ursachen, Folgen und Konsequenzen der Ausländerbeschäftigung in Deutschland, Köln 1982

Schmid, Josef: Bevölkerungsentwicklung und Migration in Deutschland, in: APUZ B 43 (2001), S. 20 - 30

Schnur, Peter: Projektion des Arbeitskräftebedarfs für die Jahre 1980, 1985 und 1990 (= Mitteilungen aus der Arbeitsmarkt- und Berufsforschung 3) Nürnberg 1974

Schober, Karen: Zur Ausbildungs- und Arbeitsmarktsituation ausländischer Jugendlicher in der Bundesrepublik Deutschland – gegenwärtige Lage und künftige Perspektiven, in: Mitteilungen aus der Arbeitsmarkt- und Berufsforschung 14. Jg./1981, H. 1, S. 11–21

Schoch, Bruno: Alle Macht geht vom Volk aus. Doch wer ist das Volk? (= HSFK-Report 12/2000),Frankfurt/Main 2000 (Hessische Stiftung Friedens- und Konfliktforschung)

Schönenbroicher, Klaus: Rechtsstaat auf Abwegen? – Die neue ‚Härtefallklausel' des Ausländerrechts, in: ZAR 10/2004, S. 351–358

Schönig, Werner: Armut, Sozialraum und die Situation von Migranten, in: Migration und soziale Arbeit, 27. Jg., H. 3/4 Oktober 2005, S. 194–201

Schönwälder, Karen; Vogel, Dita; Sciortino, Guiseppe: Migration und Illegalität in Deutschland, hrsg. von Arbeitsstelle Interkulturelle Konflikte und gesellschaftliche Integration, Wissenschaftszentrum Berlin für Sozialforschung, Berlin 2004, http://www.wz-berlin.de/zkd/aki/files/aki%20Illegalitätsbericht.pdf [12. Januar 2005]

Schader-Stiftung; Deutscher Städtetag; Bundesverband deutscher Wohnungs- und Immobilienunternehmen et al. (Hrsg.): Zuwanderer in der Stadt. Expertisen zum Projekt, Darmstadt 2005

Schulte, Axel: Multikulturelle Gesellschaft: Ideologie oder realistische Perspektive?, in: iza Informationsdienst zur Ausländerarbeit, H. 4/1990, S. 19-26

Schulz, Rainer: Die demografische Lage im Jahr 2000; Teil B: Weltbevölkerung – Strukturen, Entwicklungen und deren Determinanten, in: Zeitschrift für Bevölkerungswissenschaft, Jg. 26, 2/2001, S. 145–171

Schwarz, Karl: Die Kinderzahl der Ausländer und ihre Bedeutung für die Bevölkerungsentwicklung in den alten Bundesländern, in: Zeitschrift für Bevölkerungswissenschaft Jg. 21, H. 1/1996, S. 57–67

Schwarz, Karl: Bericht 2000 über die demografische Lage in Deutschland, in: Zeitschrift für Bevölkerungswissenschaft, Jg. 26, H. 1/2001, S. 3–54

Sekretariat der Ständigen Konferenz der Kultusminister der Länder in der Bundesrepublik Deutschland (Hrsg.): Neufassung der Vereinbarung „Unterricht für Kinder ausländischer Arbeitnehmer". Beschluss der Kultusministerkonferenz vom 8. April 1976, Darmstadt 1977

Selke, Wolf: Regionale Prognosen der Ausländerwanderung in der Bundesrepublik Deutschland und Möglichkeiten ihrer Steuerung, in: Informationen zur Raumentwicklung H. 2, 1974, S. 39–48

Selke, Welf: Die Ausländerwanderung als Problem der Raumordnungspolitik in der Bundesrepublik Deutschland. Eine politisch-geographische Studie (= Bonner Geographische Abhandlungen, H. 55), Bonn 1977

Selke, Welf: Räumliche Entwicklungschancen und Ausländerwanderung, in: Geographische Rundschau Jg. 31, 1979, H. 8, S. 310–314

Şen, Faruk: Türkische Arbeitnehmergesellschaften. Gründung, Struktur und wirtschaftliche Funktion der türkischen Arbeitnehmergesellschaften in der Bundesrepublik Deutschland für die sozioökonomische Lage der Türkei, Frankfurt/Main 1980

Şen, Faruk; Sauer, Martina; Halm, Dirk: Intergeneratives verhalten und (Selbst-)Ethnisierung von türkischen Zuwanderern. Gutachten des Zentrums für Türkeistudien für die Unabhängige Kommission „Zuwanderung", Essen 2001

Senatsverwaltung für Gesundheit, Soziales und Verbraucherschutz (Hrsg.): Sozialstrukturatlas Berlin 2003 – Ein Instrument der quantitativen, interregionalen und intertemporalen Sozialraumanalyse und -planung, Spezialbericht 2004 – 1, Berlin 2004

Senatsverwaltung für Gesundheit, Soziales und Verbraucherschutz (Hrsg.): Konzepte und Methoden zur Abbildung von Lebenslagen – Bildung von Lebenslagen-Indices am Beispiel der Berliner Sozialhilfestatistik, Spezialbericht 2005 – 1, von Kerstin Schmidtke, Berlin 2005

Senatsverwaltung für Gesundheit, Soziales und Verbraucherschutz (Hrsg.): Zur gesundheitlichen und sozialen Lage von Kindern in Berlin – Ergebnisse und Handlungsempfehlungen auf der Basis der Einschulungsuntersuchungen 2004, Berlin 2006

Senatsverwaltung für Schule, Jugend und Sport (Hrsg.): Interkulturelle Bildung und Erziehung. Handreichung für Lehrkräfte an Berliner Schulen, Berlin 2001

Senatsverwaltung für Stadtentwicklung, Umweltschutz und Technologie (Hrsg.): Bevölkerungsprognose für Berlin bis zum Jahr 2010. Soziodemografische und teilräumliche Differenzierung, Berlin 1997

Senatsverwaltung für Stadtentwicklung (Hrsg.) Bevölkerungsprognose für Berlin 2002–2020, Bevölkerungsentwicklung in der Metropolregion 2002–2020, Berlin 2004

Siebel, Walter: Die europäische Stadt, Frankfurt am Main 2004

472

Solga, Heike: Ausbildungslose und ihre soziale Ausgrenzung. Selbstständige Nachwuchsgruppe „Ausbildungslosigkeit: Bedingungen und Folgen mangelnder Berufsausbildung" Working Paper 4/2002, Max-Planck-Institut für Bildungsforschung, Berlin 2002, http://www.mpib-berlin.mpg.de/de/forschung/nwg/NWG_solga_WP4_2002.pdf [15. September 2005]

Sontheimer, Kurt: Antidemokratisches Denken in der Weimarer Republik, München [2]1983

Spaemann, Robert: Philosophische Essays, Stuttgart [2]1994

Spielhaus, Riem: Religion und Identität. Vom deutschen Versuch, „Ausländer" zu „Muslimen" zu machen, in: Internationale Politik, 61. Jg., H. 3./2006, S. 28-26

Spitznagel, Eugen; Wagner, Susanne: Mit längeren Arbeitszeiten aus der Beschäftigungskrise? (= IAB Kurzbericht Nr. 10/ 28. Juli 2004)

Statistisches Bundesamt (Hrsg.): Länderberichte Türkei, Wiesbaden 1955

Statistische Veröffentlichungen der Kultusministerkonferenz: Ausländische Schüler in der Bundesrepublik Deutschland 1965 bis 1979, o.O., o.J. (Dokumentation Nr. 69)

Statistisches Bundesamt (Hrsg.): Strukturdaten über Ausländer in der Bundesrepublik Deutschland, Ausgabe 1983, Wiesbaden 1983

Statistisches Bundesamt: Strukturdaten und Integrationsindikatoren über die ausländische Bevölkerung in Deutschland 2003, Wiesbaden 2005

Statistisches Bundesamt (Hrsg.): Leben in Deutschland – Haushalte, Familien und Gesundheit, Ergebnisse des Mikrozensus 2005, Wiesbaden 2006

Stegmann, Heinz: Ausländische Jugendliche zwischen Schule und Beruf, in: Mitteilungen aus der Arbeitsmarkt- und Berufsforschung 14. Jg./1981, Nr. 1, S. 1–10

Steiner-Khamsi, Gita: Multikulturelle Bildungspolitik in der Postmoderne, Opladen 1992

Steinert, Johannes-Dieter: Migration und Politik. Westdeutschland – Europa – Übersee 1945–1961, Osnabrück 1995

Stirn, Hans: Die gesellschaftliche Zukunft der ausländischen Arbeitnehmer in der Bundesrepublik Deutschland: zwischen Integration und Sonderstatus, in: Archiv für Wissenschaft und Praxis der sozialen Arbeit, 8. Jg. 1977, S. 1–20

Straßburger, Gaby: Heiratsverhalten und Partnerwahl im Einwanderungskontext. Eheschließungen der zweiten Migrantengeneration türkischer Herkunft, Würzburg 2003

Strohmeier, Klaus Peter: Determinanants of Urban Violence in the Ruhr and their interlinkages – A Analysis of Ecological Distributions and Correlations, in: Strohmeier, Klaus Peter; Köhler, Götz; Laaser, Ulrich (Hrsg.) Pilot Project on Urban Violence an Health. Determinants and Mangament. A Study in Jakarta, Karachi and Conurban Ruhrgebiet, Lage 2001, S. 173–200

Strohmeier, Klaus Peter: Bevölkerungsentwicklung und Sozialraumstruktur im Ruhrgebiet, Essen 2002

Strohmeier, Klaus-Peter; Kersting, Volker: Segregierte Armut in der Stadtgesellschaft. Problemstrukturen und Handlungskonzepte im Stadtteil, in: Informationen zur Raumentwicklung, H. 3/4, 2003, S. 231–246

Swiaczny, Frank; Haug, Sonja (Hrsg.): Migration – Integration – Minderheiten. Neue interdisziplinäre Forschungsergebnisse (= Materialien zur Bevölkerungswissenschaft, H. 107), Wiesbaden 2003

Taylor, Charles: Multikulturalismus und die Politik der Anerkennung. Mit einem Beitrag von Jürgen Habermas, Frankfurt/Main 1997

Thalheimer, Philipp: Migration und Integration am Beispiel Türkei, in: Bundesamt für die Anerkennung ausländischer Flüchtlinge (Hrsg.): Wanderungsbewegungen (= Migration, Flüchtlinge und Integration, Schriftenreihe, Bd. 10), Nürnberg 2003, S. 75–120

Tibi, Bassam: Europa ohne Identität? Die Krise der multikulturellen Gesellschaft, München 1998

Tiemann, Sophia: Die Integration islamischer Migranten in Deutschland und Frankreich – ein Situationsvergleich ausgewählter Bevölkerungsgruppen, Berlin 2004

Tönnies, Sybille: Multikulturalität, Partikularismus und Universalismus, in: Kroker, Eduard J.M.; Dechamps, Bruno (Hrsg.): Deutschland auf dem Weg zu einer multikulturellen Gesellschaft? Frankfurt/Main 1996, S. 77–88

Toprak, Ahmet: „Auf Gottes Befehl und mit dem Worte des Propheten". Auswirkungen des Erziehungsstils auf die Partnerwahl und die Eheschließung türkischer Migranten der zweiten Generation in Deutschland, Herbolzheim 2002

Toprak, Ahmet: „Wer sein Kind nicht schlägt, hat später das Nachsehen". Elterliche Gewaltanwendung in türkischen Migrantenfamilien und Konsequenzen für die Elternarbeit, Herbolzheim 2004

Toprak, Ahmet: Das schwache Geschlecht – die türkischen Männer. Zwangsheirat, häusliche Gewalt, Doppelmoral der Ehre, Freiburg im Breisgau 2005

Toprak, Ahmet: Jungen und Gewalt. Die Anwendung der Konfrontativen Pädagogik in der Beratungssituation mit türkischen Jugendlichen, Herbolzheim 2005

Treibel, Annette: Migration in modernen Gesellschaften. Soziale Folgen von Einwanderung, Gastarbeit und Flucht, Weinheim, München [3]2003

Troltsch, Klaus: 1,6 Millionen Jugendliche im Abseits? Strukturelle Arbeitslosigkeit in Deutschland, in: Berufsbildung in Wissenschaft und Praxis, H. 3/2006, S. 44–46

Tucci, Ingrid: Konfliktuelle Integration? Die sozialen Konsequenzen der Lage der türkischen Bevölkerung in Deutschland und der nordafrikanischen in Frankreich, in: Berliner Journal für Soziologie, H. 3, 2004, S. 299–317

Tucci, Ingrid: Armutsentwicklung und Arbeitsmarktlage von Migranten und Migrantinnen, in: Migration und soziale Arbeit, 27. Jg., H. 3/4 Oktober 2005, S. 184–193

Türkische Kinder in unseren Schulen – Eine pädagogische Herausforderung, mit Beiträgen von Ursula Coburn-Staege

Uhly, Alexandra; Granato, Mona: Werden ausländische Jugendliche aus dem dualen System der Berufsausbildung verdrängt, in: Berufsbildung in Wissenschaft und Praxis, H. 3/2006, S. 51–55

Vogel, Dita (Hrsg.): Einwanderungsland Niederlande – Politik und Kultur, Frankfurt am Main/London 2003

Weber, Albrecht: Die Europäisierung des Asyl- und Migrationsrechts und ihre Folgen für die Bundesrepublik, in: Bundesamt für Migration und Flüchtlinge (Hrsg.): Asylmigration in Europa, Nürnberg 2004, S. 97–129

Weber, Wolfgang (Hrsg.): Einwanderungsland Australien, Frankfurt/Main 1987 (= Materialien zur Ausländerbeschäftigung, Bd. 11)

Wehr, Bärbel: Rechtsverständnis und Normakzeptanz in ethnopluralen Gesellschaften. Eine rechtsanthropologische Untersuchung über das Verhältnis Deutscher kurdischer Abstammung aus der Türkei in München zur deutscher Rechtsordnung, München 2000

Wendt, Hartmut: Zuwanderung und Asyl in Deutschland – vor dem Hintergrund demografischer Entwicklungen, in: Zeitschrift für Bevölkerungswissenschaft, Jg. 22, H. 2–3/ 1997, S. 319-346

Wendt, Hartmut: Asylwanderung nach Deutschland. Dimensionen, Flüchtlingskategorien, rechtliche Grundlagen, Verlauf, Herkunftsregionen und europäischer Vergleich, in: Zeitschrift für Bevölkerungswissenschaft, Jg. 28, H.1/2003, S. 67–90

Werner, Heinz: Ausländerbeschäftigung und Ausländerpolitik in Frankreich, in: Mitteilungen aus der Arbeitsmarkt- und Berufsforschung, 16. Jg./1983, H. 4, S. 360–377

Werner, Heinz; König, Ingeborg: Ausländerbeschäftigung und Ausländerpolitik in einigen westeuropäischen Industriestaaten (= Beiträge zur Arbeitsmarkt- und Berufsforschung 89) Nürnberg 1984

Wetzels, Peter; Brettfeld, Katrin: Auge um Auge, Zahn um Zahn? Migration, Religion und Gewalt junger Menschen. Eine empirisch-kriminologische Analyse der Bedeutung persönlicher Religiosität für Gewalterfahrungen, -einstellungen und -handeln muslimischer junger Migranten im Vergleich zu Jugendlichen anderer religiöser Bekenntnisse (= Hamburger Studien zur Kriminologie und Kriminalpolitik, Bd. 34) Münster 2003

Widersprüche-Redaktion: Ausländer – oder wie Sündenböcke gemacht werden, in: Widersprüche. Zeitschrift für sozialistische Politik im Bildungs- Gesundheits- und Sozialbereich, H. 9/1983, S. 7–17

Wiley, Norbert F.: The Ethnic Mobility Trap and Stratification Theorie, in: Rose, Peter I. (Hrsg.): The Study of Society. An Integrated Anthology, New York [3]1973, S. 400–411

Wissenschaftlicher Beirat beim Bundesministerium für Wirtschaft: Probleme der Ausländerbeschäftigung, 16. März 1974 (typografiert)

Wöhlcke, Manfred; Höhn, Charlotte; Schmid, Susanne: Demografische Entwicklungen in und um Europa. Politische Konsequenzen (= Aktuelle Materialien zur Internationalen Politik, hrsg. von der Stiftung Wissenschaft und Politik, Berlin, Bd. 69) Baden-Baden 2004

Worbs, Susanne; Heckmann, Friedrich: Islam in Deutschland. Aufarbeitung des gegenwärtigen Forschungsstandes und Auswertung eines Datensatzes zur zweiten Migrantengeneration, in: Bundesministerium des Innern (Hrsg.): Islamismus, Berlin 2003, S. 133–220

Zentrum Demokratische Kultur (Hrsg.): Aspekte der Demokratiegefährdung im Berliner Bezirk Mitte und Möglichkeiten der demokratischen Intervention, Berlin 2004

Zimmermann, Clemens: Die Zeit der Metropolen. Urbanisierung und Großstadtentwicklung, Frankfurt/Main 1996

Stichwortverzeichnis

Stefan Luft, geboren 1961. Studium der Geschichte und Politischen Wissenschaft an der Ludwig-Maximilians-Universität München, Promotion zum Dr. phil. Tätigkeit als Journalist. 1992 bis 1995 Referent in der „Journalistischen Nachwuchsförderung" der Konrad-Adenauer-Stiftung. Von 1995 bis 1999 Pressesprecher und persönlicher Referent beim Senator für Inneres der Freien Hansestadt Bremen. Bis 2004 stellvertretender Sprecher des Senats und verschiedener Senatsressorts. Seit 2004 Politikwissenschaftler an der Universität Bremen.

Veröffentlichungen u. a.: Ausländerpolitik in Deutschland. Mechanismen, Manipulation Missbrauch, 2. Auflage (Resch-Verlag), mehrere Beiträge zu Zuwanderung und Integration u. a. in der Frankfurter Allgemeinen Zeitung.

Weitere Bücher von Stefan Luft im Resch-Verlag:

Dr. Stefan Luft

Ausländerpolitik in Deutschland

– Mechanismen, Manipulation, Missbrauch

2. vollständig überarbeitete, aktualisierte und ergänzte Auflage 2003
400 Seiten, € 19,90 (D)
ISBN-10: 3-935197-35-7, ISBN-13: 978-3-935197-35-9

Aus dem Inhalt:
– Ungesteuerte Zuwanderung nach Deutschland
– Vom Gastarbeiter zum Zuwanderer
– Die Auseinandersetzung um Asyl und Zuwanderung
– Integration ungenügend: Einblicke in die Lebenswirklichkeit deutscher Großstädte
– Der Islamismus – aktiv gegen Integration
– Vom Integrationsangebot zur Integrationspflicht

Die Ausländerpolitik gehört zu den umstrittensten Themen der deutschen Innenpolitik. Das sich aufbauende Konfliktpotential wird in weiten Kreisen verharmlost und mit den Argumenten der mulitkulturellen Gesellschaft versucht zu entkräften. Doch die Realität auf dem Arbeitsmarkt, in den Schulen und in den sich bildenden Ghettos verschiedener deutscher Großstädte spricht eine andere Sprache. Deshalb ist eine sachliche und gründliche Analyse der Situation dringend erforderlich. Dr. Stefan Luft hat beruflich mit dieser Frage zu tun, er kennt also die Problematik nicht nur aus der Perspektive des politischen Beobachters, sondern auch aus einer staatlichen Institution, die sich dem Vollzug des Ausländerrechts ausgesetzt sieht. Der Autor beleuchtet die Frage der legalen und illegalen Zuwanderung und ihrer Steuerungsmechanismen. Ein umfangreiches Datenmaterial untermauert die verschiedenen Aussagen. Dies ist auch wichtig, wenn die Integrations- und Desintegrationsprozesse am Beispiel der Großstädte Duisburg, Hamburg und Berlin auf dem Arbeitsmarkt und im Bereich der Bildung analysiert werden. Auf das Problemfeld Ausländerkriminalität wird ausführlich eingegangen. Besondere Beachtung schenkt der Verfasser gegen Integration gerichteten Aktivitäten der Islamisten. Aufgrund der Analyse der bisherigen Integrationsbilanz plädiert der Autor für den Paradigmenwechsel vom „Integrationsangebot" zur „Integrationspflicht", die jedoch nur unter einem „Integrationsdruck" zu den gewünschten Ergebnissen führen könne.
Die zweite, aktualisierte und überarbeitete Auflage liefert neuestes Datenmaterial und erweiterte Kapitel zur Integration und zum kontrovers diskutierten „Zuwanderungsgesetz".
Stefan Luft versteht es die schwierigen und auch zum Teil trockenen Zusammenhänge leicht verständlich darzustellen, ohne dabei den Standpunkt der Objektivität zu verlassen. Somit kann jeder, dem die Bevölkerungsentwicklung in Deutschland Sorge bereitet, die Zusammenhänge, die Zwänge aber auch die Möglichkeiten einer Lösung gut verstehen. Es ist verdienstvoll ein so heikles Thema, das schnell mit politischen Vorurteilen belegt wird, sachlich einwandfrei aufzuarbeiten; nur so können Lösungsansätze gefunden werden. Dies zeigt sich auch gerade an so heißen Themen bzw. Beispielen wie dem Kirchenasyl, den Scheinehen, den Altfallregelungen usw., die beschrieben und deren Hintergründe beleuchtet werden.

Verlag Dr. Ingo Resch GmbH   http: www.resch-verlag.com
Maria-Eich-Straße 77 · D-82166 Gräfelfing · 089/8 54 65-0 · Fax 089/8 54 65-11

Mark A. Gabriel, PH.D

Ehemals Professor für islamische Geschichte an der Al-Azhar
Universität, Kairo

Islam und Terrorismus

– was der Koran wirklich über Christentum, Gewalt und die Ziele des Djihad lehrt

3. unveränderte Auflage 2005
272 Seiten, € 14,90 (D)
ISBN-10: 3-935197-39-X, ISBN-13: 978-3-935197-39-7

Dieses Buch ist eine Sensation: ein Professor für Islamgeschichte der Al-Azhar
Universität in Kairo und Imam an der Moschee von Gizeh, zweifelt an der Friedfertig-
keit des Islam, wird daraufhin gefoltert und sollte getötet werden. Er sagt sich von
seinem Glauben an Allah los und nach einem Jahr „Gottlosigkeit" bekehrt er sich zum
Christentum. Heute lebt der Autor in den USA und setzt sich mit den Unterschieden
zwischen Islam und Christentum auseinander. Seinen jetzigen Namen Mark A. Gabriel
hat er nach seiner Bekehrung angenommen. In diesem Buch beschreibt er nicht nur seine
Lebensgeschichte, sondern er untersucht die Wurzeln des modernen Terrorismus.

Mark A. Gabriel, PH.D

Ehemals Professor für islamische Geschichte an der Al-Azhar
Universität, Kairo

Islamistische Terroristen

– eine Reise in ihre religiöse Gedankenwelt

1. Auflage 2006 (derzeit in Vorbereitung, Stand 9/2006)
ca. 272 Seiten, ca. € 14,90 (D)
– erscheint ca. Ende 2006 –
ISBN 10: 3-935197-51-9, ISBN 13: 978-3-935197-51-0

Wie können wir wissen, was Terroristen denken? Wir sind so sehr damit beschäftigt zu
erfahren wo, was, wie geschah, dass wir die Frage des Warum übersehen. Dieses Buch
beschäftigt sich mit der Frage was hinter dem islamistischen Terrorismus steht, was die
Terroristen bewegt und wieso sie diese schrecklichen Taten begehen. Das Besondere
dieses Buches besteht darin die fünf Säulen dieser radikalen Philosophie zu verstehen.
Gabriel wertet die Schriften von Osama bin Laden, Ayman al-Zawahiri und anderen aus
und dokumentiert, wie die Terroristen ihre Aktionen durch den Koran rechtfertigen.
Gabriel zeigt aber auch, wie frühere terroristische Gruppen gestoppt wurden und wie die
Welt heute zusammenarbeiten kann, um die Terroristen vor ihren Aktivitäten abzuhalten.
Gabriel greift dabei auch auf seine persönlichen Erfahrungen und Freundschaft mit
einem ehemaligen Terroristen zurück. Er schildert die Entwicklung der terroristischen
Bewegungen mit ihrem Ausgangspunkt in Ägypten, ehe er auf die geistigen Grundlagen
dieser Bewegungen eingeht. Er warnt aber auch davor, dass wir uns nicht täuschen lassen
sollen und welche Hoffnungen wir für die Zukunft haben können.
Dieses Buch ist daher in der jetzigen Auseinandersetzung äußerst wichtig. Wir wissen,
dass auch Deutschland vor terroristischen Anschlägen nicht sicher ist und dass wir dieses
Problem aktiv und nicht passiv angehen müssen.

Verlag Dr. Ingo Resch GmbH

http: www.resch-verlag.com

Maria-Eich-Straße 77 · D-82166 Gräfelfing · 089/8 54 65-0 · Fax 089/8 54 65-11

Weitere Titel im Resch-Verlag:

Von Hans-Hermann Gockel
Deutschland – die übertrapazierte Nation
Bilanz jahrzehntelanger Fehlentwicklung in Politik, Wirtschaft und Gesellschaft
1. Auflage 2006, 208 Seiten, € 13,90 (D)

Von Roland Baader
Geld, Gold und Gottspieler – am Vorabend der nächsten Weltwirtschaftskrise
2. Auflage 2005, 344 Seiten, TB € 18,90 (D)
Das Kapital am Pranger – ein Kompaß durch den politischen Begriffsnebel
1. Auflage 2005, 304 Seiten, € 18,- (D)
totgedacht – warum Intellektuelle unsere Welt zerstören
1. Auflage 2002, 288 Seiten, € 22,80 (D)
Die belogene Generation – politisch manipuliert, statt zukunftsfähig informiert
4. Auflage 2005, 224 Seiten, € 14,32 (D)
Fauler Zauber – Schein und Wirklichkeit des Sozialstaats
2. Auflage 1998, 292 Seiten, € 24,54 (D)

Von Wieland Kurzka
Im Paragrafenrausch – Überregulierung in Deutschland – Fakten, Ursachen, Auswege
1. Auflage 2005, 304 Seiten, € 14,90 (D)

Von Mark A. Gabriel
Jesus und Mohammed – Erstaunliche Unterschiede und überraschende Ähnlichkeiten
1. Auflage 2006, 304 Seiten, € 13,90 (D)

Von Bat Ye'Or
Der Niedergang des orientalischen Christentums unter dem Islam – zwischen Dschihad und Schutzvertrag, 7. bis 20. Jahrhundert
2. Auflage 2005, 484 Seiten, € 24,90 (D)
Eurabien (Titel in Vorbereitung, erscheint ca. Anfang 2007)
1. Auflage 2007, ca. 484 Seiten, ca. € 24,90 (D)

Von David A. Noebel
Kampf um die Wahrheit – die bedeutendsten Weltanschauungen im Vergleich
(Titel in Vorbereitung, erscheint ca. Anfang 2007)
1. Auflage 2007, ca. 230 Seiten, ca. € 14,90 (D)

...und viele weitere interessante und neue Titel, die wir in Vorbereitung haben. Am besten, Sie fordern noch heute unseren kostenlosen Prospekt zu dieser Buchreihe an!

Verlag Dr. Ingo Resch GmbH http: www.resch-verlag.com
Maria-Eich-Straße 77 · D-82166 Gräfelfing · 089/8 54 65-0 · Fax 089/8 54 65-11